苏东坡一生之镜

宗伟方 著

之 年谱 （上）

人民出版社

责任编辑：翟金明

封面设计：曹　双

图书在版编目（CIP）数据

蒋之奇年谱 / 宗伟方著． — 北京：人民出版社，
　　2024.4

ISBN 978-7-01-026474-5

Ⅰ．①蒋… Ⅱ．①宗… Ⅲ．①蒋之奇—年谱 Ⅳ．
　　①K827=441

中国国家版本馆 CIP 数据核字（2024）第 070979 号

蒋之奇年谱

JIANGZHIQI NIANPU

宗伟方　著

人民出版社 出版发行

（100706 北京市东城区隆福寺街 99 号）

北京九州迅驰传媒文化有限公司　　新华书店经销

2024 年 4 月第 1 版　　2024 年 7 月北京第 2 次印刷

开本：710 毫米 ×1000 毫米 1/16

印张：46.25 字数：576 千字

ISBN 978-7-01-026474-5 定价：218.00 元（上、下册）

邮购地址 100706 北京市东城区隆福寺街 99 号

人民东方图书销售中心 电话（010）65250042 65289539

版权所有·侵权必究

凡购买本社图书，如有印制质量问题，我社负责调换。

服务电话：（010）65250042

九十世祖魏國公像

序

北宋后期，欧阳修、司马光、王安石、苏轼乃至吕惠卿、章惇、蔡京等著名人物，黑白交替，交相辉映，党争倾轧，纷繁异常，他们共同"上演"了中国历史上最为动人的历史活剧，以至后世许多文人都梦想穿越时空、生活在那个时代。读书年代，我曾读过林语堂的《苏东坡传》，那娓娓道来的笔调，让苏东坡真实而又鲜活，真是让人心羡。其中有多处提到东坡卜居宜兴之事，让我这个宜兴人倍感亲切，对东坡更生景仰。由此，在我的观念里，这个时代也就被简单地视作"东坡时代"。后来因工作关系，了解到苏东坡与宜兴的因缘际会，背后还有一位关键人物，就是他的同年好友蒋之奇。而蒋之奇始祖蒋澄是宋代宜兴凸亭（即今杨巷镇）人，后其高祖蒋幼蟾徙居神安乡丰义（今官林镇），于我而言，是地道的乡贤先辈，由此我产生了研究蒋之奇的想法。

近二十年来，我在档案部门工作，每天的任务就是在各种资料中爬梳剔抉。其间，将有关蒋之奇、苏轼与宜兴的各种信息、资料，分门别类，归置于案头几角。最近，又花近三年时间，细细研读、分类编年，终于对蒋之奇的一生有了一个大致了解。

一

概括地讲,蒋之奇的一生,为学勤勉精进、博学强识;为官文武皆备、勤廉能干;为人敢言守信、结交广泛。仕途跌宕起伏,事业波澜壮阔,人生丰富多彩。其才智和贡献,在"东坡时代"所有名士名臣之中,也称得上是出类拔萃;而在宜兴历史上所有名人之中,蒋之奇堪称是最杰出者之一。因其敢言直谏,特别是弹劾"座主"欧阳修,北宋时就为"清流"所"薄议";又因其著作诗文散佚无数,现代人则少有研究,致使今天的宜兴人甚至整个学界对他缺乏系统的了解和认识。本谱试图从学术上对其一生作全面叙述和考察,以期有识之士能深加研究,进一步丰富和弘扬从他身上洋溢出来的优秀精神。

蒋之奇出生于宋仁宗天圣九年(1031),其童年称得上是无忧无虑、幸福快乐。其家族是宜兴名门望族,祖父蒋九皋曾为江宁令,父亲蒋滂亦任过江宁主簿。父亲过世后,立嗣给伯父蒋堂。蒋堂是宋代宜兴第一位进士,为官期间,敢作敢为、政绩斐然,一生职务变动近三十次,做过监察御史、江南东路转运使、江淮发运使,在眉州(今四川眉山)、许州(今河南许昌)、吉州(今江西吉安)、楚州(今江苏淮安)做过通判,先后知泗州(今江苏泗洪、泗阳,安徽泗县一带)、苏州、洪州(今江西南昌)、应天(今河南商丘)、杭州、河中(今山西永济一带)等,终以礼部侍郎致仕。《宋史·蒋之奇传》评价说:"堂为人清修纯饬,遇事毅然不屈,贫而乐施。好学,工文辞,延誉晚进,至老不倦,尤嗜作诗。"蒋堂是当时一位颇具名望的诗人、学者和名宦,对蒋之奇的成长成材和为人处世,影响是不言而喻的。

蒋之奇懂事之后,一直跟随蒋堂,继承深厚家学,同道有林希、林旦兄弟。后又随著名学者安定先生胡瑗学习理学。在江宁期间,又入王安石之门,同道则有王逢等人。庆历八年(1048),蒋之奇考中解元。约皇祐二年（1050），蒋之奇因荫伯父蒋堂而得官。嘉祐二年（1057），蒋之奇举进士第，同年中有苏轼兄弟、曾巩、胡宗愈、单锡等。该科进士中有许多人成为当世名流，又因为这次科考，许多人成为了终生好友，蒋之奇与苏轼、钱勰、王钦臣就被称为"元祐四友"，与胡宗愈、丁骘、张巨等也被乡人称为"毗陵四友"。因此次科考的主考是一代文豪欧阳修，蒋之奇又入欧阳公之门。同时，因此榜录取了不少有真才实学的士子，在整个科举史上显得非常有名。蒋、苏等人从出生到登进士，再到初仕，都是在宋仁宗时期，而仁宗皇帝是中国历史上难得的一个好皇帝，苏东坡曾赞其"圣明有道唐虞世，日月无私天地春"。也正因为仁宗一生注重"搜揽天下豪杰"，为后世树立了良好典范，也为蒋、苏等后起之秀的成长成材创造了良好的政治环境。

二

入仕之初，蒋之奇的详细经历失考。有案可稽的是，蒋之奇是在通山知县、青阳知县的任上开启了自己的仕途。不久，又考中"《春秋》三传科"，被擢升为太常博士。治平元年（1064），蒋之奇又考中"贤良方正科"，得到英宗赏识，擢升为监察御史。在"濮议"事件中，蒋之奇支持欧阳修，但遭到了以司马光为代表的多数大臣的强烈反对。进而为殿中侍御史，掌"以仪法纠百官之失"的职责。其间，从御史中丞彭思永处听说欧阳修"帷薄不修"一事，出于公义，也出于职责，蒋之奇单独上殿，弹劾自己的"座主"时任参知政事（执政官）欧阳修。此事一出，闹得满朝风雨。最终，因查无实据，蒋之奇由主客员外郎、殿中侍御史降为太常博士、监道州（治在今湖南道县）酒税。不久，神宗念及蒋之奇的忠心敢言，又念他家中有老母，改任为监宣州税，并升其为尚书金部员外郎。

熙宁二年（1069），神宗重用王安石，迅速在各个领域推行"新法"。一系列"新法"，当然需要一群"新人"去实施和执行，其门生蒋之奇成了首批人选之一。于是，蒋之奇调任福建转运判官，负责经办福建一路财税等事务。蒋之奇在推行"新法"过程中，抛开烦琐的条文，按照负担相对平均、百姓容易接受的公平原则和简约方式施行，得到了官府、百姓认可，显示其出众的理财和"治漕"的本领。不到一年，便升任淮东转运副使。因此地离京城较近，又是南方六路漕运的要冲，调蒋之奇于此，无疑是出于王安石的极大信任。任上，治河赈灾，察官举贤，各项事务，井井有条。于是，转任于江西、河北、陕西等路转运副使。每到一任，蒋之奇坚持量入为出、精打细算的原则，惩治腐败、补齐漏洞，使得治下各地特别是西北边陲的地方财政得到充实，这让朝野对他都刮目相看。这十几年中，蒋之奇一直醉心于经世致用，为皇家操心、为新法操心、为地方操心、为百姓操心，一个循吏干臣的良好形象已为同道认可。

元丰初（1078），丁忧复出的蒋之奇兼领"提举楚州市易司"一职，仍有颇多建树。翌年，擢升为江淮、荆浙六路发运副使，正式移镇真州，这可是主管全国漕运的要职。其间，他深入实际，向神宗提出了开凿龟山左面至洪泽河新河的建议，并很快得到实施，使淮河和运河实现分流，减轻了水患，疏通了漕运。元丰六年（1083），江淮等六路发运司"漕粟至京，比常岁溢六百二十万石"，正常年份一年只有一千二百万石左右。由于他经营有方，政绩卓著，神宗亲自召见他，且说："朕不复除官，漕事一以委卿。"蒋之奇一面谦虚辞谢，一面乘机"因条画利病三十余事，多见纳用"。锡服三品、诏增二秩。同时，朝廷也给了他更大的权力，加龙图阁直学士，升为发运使。此后，许多人敬称其为"大漕"，类似后世的漕运总督。在"大漕"任上，蒋之奇一干就是六年，成绩有目共睹，苏轼之子苏迨也有专门记述，夸赞蒋的精明强干。

元祐初（1086），蒋之奇晋升为天章阁待制，朝廷下诏让他出知潭州（今湖南长沙，荆湖南路首府）。这一年，朝廷重新起用司马光，王安石郁郁而终。朝堂之上又出现了微妙的变化，一些言官以"卫道士"自居，重拾旧话，御史韩川、孙升，谏官朱光庭等指责蒋之奇弹劾欧阳修，是"小人之举"，不配做这样的封疆大吏。朝廷不得不收回成命，仍将其置于发运使任，并兼领楚州。没到三个月时间，广州爆发农民起义（岑探起义），朝廷加授蒋之奇为集贤殿修撰，出知广州（广南东路最高军政长官）。蒋之奇一到广州任，迅速平息事态，安抚百姓，兴学校，育贤才，倡教化，变风俗，岭南为之一变。从此，蒋之奇的仕途拉开了另一道序幕，就是作为封疆大吏，辗转各地，一直充当"救火队长"的角色。

元祐四年（1089）三月乙酉，蒋之奇知广州任期已满，朝廷诏回，仍为江淮荆浙等路制置发运使。到任没几天，黄河泛滥，并在河北境内改道，史称"元祐回河"事件。究竟如何治理，朝廷上下久议不决，百姓苦不堪言。于是，朝廷又想到了蒋之奇，改任其为河北都转运使，负责处理黄河改道和救灾事宜。蒋之奇或对此事有自己的想法，所以迟迟不愿赴任，但最终也只能屈就。一到任，他便亲临现场，雷厉风行，指挥调度，按照实际妥善处置。事后，朝廷升任其为刑部侍郎，又因"畔欧"事件被言官所阻，朝廷改授其为知瀛州（河北路军政长官）。任上，稳健处置宋辽关系，得到上下认可。任期未满，调任河中知府，主要是协助处理西北边疆事务。

元祐七年（1092），刚到河中一个多月的蒋之奇又被急调入京，为尚书户部侍郎，专门负责处理漕运、财税、预算等事务。当时，地处西北的西夏与吐蕃政局不稳，战事不断，而这两处人马时时骚扰宋朝西北边境。西夏提出重新勘定疆界，西北地方官员拿不定主意。回京约半年的蒋之奇临危受命，以户部侍郎、宝文阁待制衔，出镇熙州（今甘肃临洮），成为西北地区最高军政长官。作为主帅，他深知西夏并非出于诚心，一边表面周旋应付，一边暗中强化守备、训练兵马，在各要冲地点，设立军事情报传送机构，组织动员边民也参与边境的守备，并经常演练，随时准备迎战来犯之敌。因此，直到蒋之奇被调走之前，西夏一直不敢来犯。而边疆局面稳固，百姓安定，财税充足。离任时，提出战、守、和三策，可惜朝廷内部忙于党争，无人问津。

元祐八年（1093）九月，高太后逝世，哲宗亲政，对时时处处管束自己的"元祐党人"加以惩罚，并在第二年改元为"绍圣"。受此牵连，蒋之奇的好友苏轼、苏辙、黄庭坚、刘世安等再次被贬出京，发配岭南。因朝中可用之人日益减少，蒋之奇被召为中书舍人，不久，升为翰林学士，负责起草诏书、顾问朝事等工作。绍圣二年（1095）初，蒋之奇改知开封府，进龙图阁直学士，拜翰林学士兼侍读学士。其间，一面要负责开封府大小事务，一面还兼顾翰林院的讲读。元符二年（1099），蒋之奇的好友兼同乡邹浩上书，劝阻皇帝废皇后而立宠妃。皇帝大怒，邹浩被贬。蒋之奇因作诗相送，同年十一月，也被贬为知汝州（治在今河南汝州）。是年，北宋乘吐蕃政权内讧的机会，进军青海，夺取了邈川、青唐等地，改设湟州（治在今青海乐都南）。年底，西北路主帅、知庆州（治在今甘肃庆城）高遵惠卒。朝廷一时没有合适人选，急命新知汝州的蒋之奇改知庆州，再次担任西北地区军政长官。

元符三年（1100）初，哲宗驾崩，徽宗即位，"元祐党人"得到解救。苏轼遇赦，准许回内郡居住，蒋之奇也被召入京师。四月，自翰林学士、通议大夫、知制诰，除同知枢密院事（执政），掌管全国的军事。这一年，蒋之奇对西北边陲原有的政军合一的体制进行改革，罢陕西五路并河东提举司、罢提举弓箭手司，但他初来乍到，也许真没看清楚事情的严重性，这一举措成为日后湟州及河东失守的原因。建中靖国元年（1101）七月二十八日，蒋之奇拜知枢密院事，阶至正一品。同日，苏轼因病卒于常州。蒋之奇主政枢密院期间，调兵遣将，讨伐平定了南方沅州（治在今湖南芷江）蛮民边境之乱。至此，年逾古稀的蒋之奇也达到了仕途的顶峰。

徽宗即位不久，向太后仙逝，徽宗改变了当初"雄心勃勃"的做法。崇宁元年（1102），开始重用善于献媚的蔡京，对蒋之奇这些老臣当然是敬而远之。蒋之奇内心的"宰相梦"已经破灭，便顺上意，上书乞外补官，于是以观文殿学士出知杭州。不久，蔡京等人收回西北边陲的湟州、鄯州（治在今青海西宁）等地，并要求追查弃守湟州的责任。因蒋之奇负有"领导责任"，旋被夺职，并削去三秩。是时，又命其赴蜀，衰老的蒋之奇知道这是一场游戏，便以病告老回乡。当然，如果他真的踏上四川大地，大宋的国土可以说全部走遍。崇宁三年（1104），蒋之奇在宜兴去世，终年74岁。去世不久，徽宗念其在哲宗"绍述"过程中有过功绩，又全部恢复了他的官职，追封为魏国公，谥"文穆"。

从朝廷封谥的几个字的意义看，当时对蒋之奇的评价还是非常全面、准确的。"魏"的意思是"克威捷行""克威惠礼"，指其在行事过程中有威严，且果敢高效。"文"的意思比较多，用在蒋之奇身上，大意是"道德博厚""慈惠爱民""悯民惠礼"，指其"无不知之""惠以成文""以礼安人"。蒋之奇自身博学强识，治政强调"以礼育人""以文化人"，确实当得起这个"文"字。"穆"的意思是"布德执义""中情见貌"，是指蒋之奇一生以德义为先，且心性直露，直言无忌。这三个字，确实能概括其一生大貌。

《宋史·蒋之奇传》评论说："之奇为部使者十二任，六曲会府，以治办称。且孜孜以人物为己任，在闽荐处士陈烈，在淮南荐孝子徐积，每行部至，必造之。特以畔欧阳修之故，为清议所薄。"蒋之奇一生仕途，大半在"漕事"，即转运使、发运使，这是一项管理头绪多、管辖范围广的工作，蒋之奇以其精明强干、果敢敏锐，出色完成了各项任务，在其同时代人中，确实是无居其右者。一生中曾担任六地军政长官，大部分是在边疆地区、边远地带，或者就是京畿重地；任内处置的事务大多是急而重、繁而难的事，但其在任内，处事稳健，使社会太平，财税充裕，足见其有安邦定国的非凡才干。这在同辈人中，也是极少见的。

三

蒋之奇能如此干练地处事理政，源于他丰富而厚实的学识。早年，他随伯父蒋堂生活、学习，深受家学熏陶。从蒋之奇的处事方法上，可以看出有许多蒋堂的"影子"，说明蒋氏的家学对蒋之奇的影响是极其深刻的。蒋堂是"庆历新政"的骨干之一，其学识当类同于范仲淹、富弼、韩琦诸公。身上有秉公直言、敢于担当的改革精神，同时有强烈的兼济天下的士大夫意识。蒋之奇数次受命平叛、戍边、治河，与范仲淹的经历也有相似之处，其"积极防御"的守边方略，与范仲淹是一脉相承的。蒋之奇在考进士之前，曾入王安石之门，所以，他对王氏"新学"是耳熟能详的，对现实的弊病、对现行制度的优劣，都有系统性的认识。王安石之所以直到终老还十分器重、看好于蒋，当然也就基于这种认识。蒋之奇对王氏"新学"并非一味追捧，他对新法执行过程中的不便，也提出过反对意见，王安石也处分过他。从中可以看出，蒋之奇与王安石的理想主义不同，他是高效而务实的改良派。

另外，蒋之奇又入欧阳修之门，对庐陵学派推崇的传统儒学也有切身体认，但他又不是一个十分教条的人。蒋之奇年轻时之所以对欧阳修提出弹劾，从学理的角度讲，也许是出于对欧阳氏"卫道士"做法的一种反感。

欧阳修家中接二连三传出一些风言风语，而且常常也作一些艳词小调，这与欧阳氏自己标榜的"明王政而兴礼义"的庐陵门风是背道而驰的。身为殿中侍御史的蒋之奇出于公义、出于责任提出弹劾，于情于理都是应该得到理解的。所以，宋代文人周紫芝就说："蒋公身为台谏，既有所闻，义不当默耳。故世谓'蒋公当言，欧公不当辨'，此最为至论。"

与庐陵门人不同的是，蒋之奇不仅不反对佛教，而且热心于道学、佛学，对老庄思想、佛教经典也有自己独特的理解和看法。他所到之处，无论是道州、宣州，还是福建、淮南，无论是广帅、熙帅，还是开封尹、杭州守，他对当地的寺庙道观，都极其重视、尽力支持；对那些高士大德，也是恩礼有加、尊崇备至。九华山、杯渡山、麦积山，僧伽塔、东林寺、香山寺，法云法秀、佛印了元、元照律师、慧因净源，湖南九疑山何仲涓、泰州天庆观徐守信、江西梅坛观寿春真人、广州蓬莱仙陈仁娇，秦州老子超然台，这些佛教、道教的著名场所和著名人物，都与蒋之奇结下了深厚因缘。他之所以看重这些学说，并不是强调其清心寡欲、养生延年、超然出世的修行功夫，更重要的是看中这些学说有劝人为善、向导世俗、助益风教的成分和功效。当然，晚年的蒋之奇沉浸于佛教，确实是一种避世之举，应另当别论。蒋之奇在佛学、道学方面的建树，其功绩是无法衡量的。他曾和苏轼一起，为张方平施印《楞伽经》作序。蒋之奇作了长篇序言，而苏轼谦虚地作了跋（后序），从中也可以看出，张方平、苏轼，包括王安石也承认蒋在佛教经典方面的学识是出众的。另外，蒋之奇曾为法云法秀作诔文、为佛印了元撰塔铭、为香山寺作《大悲菩萨传》，在佛教史上都是大功德，足见他佛学功底的深厚。

明代胡应麟《诗薮》云："宋世人才之盛，亡出庆历、熙宁间，大都尽入欧、苏、王三氏门下。"对于蒋之奇而言，他先入王门，又入欧门，而后既入道门（徐守信），又入佛门（法云法秀），而且与苏轼之间维持了一生友谊。从中可以看出蒋之奇涉猎之广、学识之博。蒋之奇与苏轼则既同而异、又和而别。无论是当官理政，还是为人处世，蒋之奇的精明强干确实高人一头，而作诗撰文，谈理论道，两人各有侧重，志趣不一。

四

蒋之奇一生多才多艺，建树颇多。《宋史》律历、河渠、职官、食货、兵、艺文等各门类《志》中，都可以查找到蒋之奇的名字，足见其学识广博，记忆超群，而且建言献策，见地卓著。蒋之奇在任期间，除了孜孜不倦地工作，就是对每项工作倾注精力，踏实研究，寻求对策。他在礼制、官制、兵制等方面都有自己的见解，其建言献策，多著为令。在科举、教育，特别在育人、荐人、用人方面，更有自己的认识和做法。蒋之奇、苏轼之后的一代，就是遭遇方腊起义、靖康之变的这一代，这一代人中，真正起到"顶梁柱"作用的肱股之臣不多，其中最突出的就是张叔夜、陈遘（亨伯），而这两人都曾是蒋的下属，并由蒋举荐而得到重用。反观苏轼，他将自己的小史留给王诜（晋卿），最后成长为一味弄权的高太尉（俅）。从这些"小事"上，可以看出蒋、苏识人用人的差别。世人都说苏轼一生博学多艺，确实，苏轼在政治、经济等方面也富有见地，但与其诗书琴画、吃喝玩乐方面的特长比，政绩似乎单薄了一点。元祐初至崇宁朝，朝廷许多大臣都指责苏轼之学为"邪学"，后又诏毁其书籍文字，虽然过分，但亦是情势使然。再说蒋之奇的博学多才，则集中在漕运、军事、财赋、吕律、礼乐、诗文等各个方面，其稳健踏实、政绩卓著是有目共睹的。在历次政治倾轧中，蒋之奇虽然也受到过影响，但为时都不长，处分也不重。主要原因是他的政绩和作为，无人能轻视，这在他们同辈人中，似乎是绝无仅有的。

蒋之奇著述甚富，《宋史》《（乾隆）江南通志》中记到的就有数百卷，如《尚书集解（合著）》《孟子解》《老子解》《老子系辞解》《荆溪前集》《荆溪后集》《荆溪别集》《荆溪外集》《北扉集》《西枢集》《厄言集》《刍言》《蒋之奇集》《广州十贤赞》《逸史》《蒋颖叔日录》《枢府日记》等，其生前就刊行于世。南宋著名学者、西山先生真德秀称："蒋公经述，为世所宗，虽金陵犹尊，让不敢后。"而全祖望在《宋枢密蒋文穆公端研记》中说："文穆在熙宁、元祐、崇宁，推为博闻强识之儒，曾在禁林，记诸典章文物之旧，曰《逸史》，至数百卷，兵火后尽失之。丞相（蒋帝）为捃摭遗稿，仅得二十卷。……靖康之变，汴都之球璧弓刃，已与文穆之书，不可复问，而研尚存于其家。德祐之变至今，几同于蓬莱之三浅，丞相之书，不可复问，而研尚得留落人间，可不谓幸欤？"蒋之奇的著作大多毁于兵燹，第一次毁于靖康之变（北宋灭亡），第二次则毁于德祐之变（南宋灭亡）。至今，《全宋文》汇编其文三卷，《全宋诗》汇编其诗二卷，对于蒋之奇著述而言，确实只是全豹之一斑。

五

在交游方面，蒋之奇也是可圈可点，其一生中最重要的交往并不是苏轼，而应该是王安石。无论是早年入其门，后又得到王的奖掖。晚年，王安石屏居江宁，蒋之奇则驻司真州，两地紧邻，对于蒋大漕而言，这点距离根本不是问题，所以过从更密。王、蒋的交情，早年是建立在父辈的基础上的，后来则是建立在"新法"上，晚年则大多建立于佛学方面。蒋之奇从父辈那里沿袭下来的交往，当然不止王安石一人，另外如常州胡宿家族、杭州沈扶家族的交往，蒋之奇也维系了一生。蒋之奇家族与这两个世族有着千丝万缕的紧密关系，这既是前辈留给他的人脉财富，也是他进一步发展这种关系的基础。蒋之奇与胡宗俞、胡宗回，与沈遘、沈辽、沈遠、王子韶等关系密切，虽然都是建立在姻亲基础上，但后来又发展为兄弟一般的朋友关系。蒋之奇与张方平、苏轼、吕陶等蜀人的关系，开始也是建立在父辈的基础上。如果没有蒋堂、苏涣之间的前因，蒋之奇、苏轼两人或许就不可能在琼林宴相识、定交，而且将这种关系保持终生。

自登科之后，蒋之奇逐渐形成自己的交往圈子，其中著名的圈子有两个，一是与张巨、胡宗愈、丁骘合称的"毗陵四友"，另一就是与苏轼、钱勰、王钦臣合称的"元祐四友"。另外，散见于各种笔记中有诗书往来的朋友，包括苏颂、王安国、林希兄弟、曾巩、曾肇、陈舜俞、郭祥正、李荐、黄庭坚、米芾、秦观、蒋夔、毕仲游、邹浩、韦骧、吴子野等；同僚且又有交往的，则大有人在，其中以朋友身份交往的有彭思永、余良肱、张舜民、范祖禹、陈瓘、许将、龚夬、彭汝砺、黄裳等；还有一大批其下属或所举荐官员，这批人比较多，一时难以统计，其中重要的有何执中（宰相）、钟正甫、魏纶、郭峻、虞策、徐师闵、张叔夜（观文殿大学士）、陈遘（亨伯，大元帅）、任谅（京兆尹）。另外就是陈烈、徐积（耳疾）、朱长文（足疾）等著名的"三先生"，还有王从似（王继忠子）、种谦（种放侄孙）等名臣之后。而会稽华镇（朝奉大夫知漳州军事）、宣州王荐（宣州推官）、广州李修（进士，元祐党人）等，都自称或明文记录为蒋之奇门生。当然，蒋之奇交往的朋友中，还有一大批佛道界的方外朋友，如法秀、了元、净源、元照等等。

不难发现，在这些朋友里边，大多与苏轼也有交往，说明蒋、苏两人的"朋友圈"是交叉的，这也证明两人的交情确实非同寻常。当然，蒋之奇交友、荐人，与苏轼还存在很大区别，特别是对方外之友，两人之间的差别尤其明显。蒋之奇对待这些人，一般都是以友相待、以礼相待，而苏轼则不然。苏轼对一些亲近的方外友人，如了元等，非常友善；对当时东京大相国寺法秀禅师也比较尊敬。但在杭州时，对华严宗七祖、慧因寺净源法师就一直持批评态度，甚至上书判其为"庸僧"。同样这三位僧人，了元与蒋之奇关系非常亲密，其圆寂后，蒋之奇为其撰塔铭。而法秀禅师是蒋之奇嫡亲法师，法秀住真州长芦寺期间，蒋之奇也一直驻真州，两人交往频繁而深入。法秀圆寂后，蒋之奇为其作诔文。蒋晚年时被贬知杭州，重新对慧因寺净源法师进行评价，并为其立了功德碑。从这些细节可以看出，蒋之奇是真正相信并重视佛教，而苏轼大概是穷困时的一种寄托。从中也可看出，两人对事、对朋友确实存在很大差别。蒋之奇的几个门生，都是进士及第，官声也不差，只不过到崇宁年间，有的和恩师遭遇一样，被列入了党籍。从这一点看，蒋的门生确实还是有些风骨的。而苏轼门生中有得意"六君子"，其中最亲近的弟子是李廌。在苏轼知举贡时惨遭淘汰，除了自己羞愧外，害得李廌母亲自缢而终。从中也可以看出，苏轼交友识人的眼光确实欠些火候。

据苏迨讲，蒋之奇对下属及漕运官员管理是十分严格的，货物从一地转拨到另一地，都有严格的时间规定。另外，他对自己的属下，也非常关心支持，一旦发现他们的长处，会立即向上举荐。对下属虽未经允许但做得及时、做得正确的事情，也敢于担责，为下属撑腰。在江西，就曾为黄庭坚舅舅李莘求情，要求从宽处理。后经查实，确实是朝廷对李莘的处理过重。在淮南时，张次元（亦是苏轼友人）先斩后奏、开仓放粮，后来要追究责任，蒋之奇秉公而断，给予支持和奖励。有意思的是，蒋之奇在弹劾欧阳修之后，欧阳修移任青州，时蒋之奇堂兄之仪为临淄知县。有人到欧阳修面前告黑状，但欧阳修亦是秉公而论，并未处分蒋之仪。蒋之奇另外一位堂兄之翰，在提点京西北路刑狱时，也曾弹劾过苏轼判案失实等事，苏轼也只作简单辩解。而这些事情，似乎一点也没有影响蒋、苏两人的交往和友谊，古人的雅量，也确实值得我们学习。

《宋史·蒋之奇传》称其：“六典会府，以治办称。且孜孜以人物为己任，在闽荐处士陈烈，在淮南荐孝子徐积，每行部至，必造之。”蒋之奇每到一任上，按察、举荐是其重要工作内容，这一点上，与他的伯父蒋堂十分相像。当时保举、奏荐人才是存在很大风险的，蒋堂、蒋之奇都吃过不少苦头。除了罚款，还要降职、降薪，有的甚至罢官撤职，但蒋之奇乐此不疲。其所举荐的人才，并非都是十全十美，只要有一技之长，便极力保举。北宋“三先生”中徐积有耳疾、朱长文有足疾、陈烈年老而古怪，但都有真才实学，所以他屡屡举荐。当然，分别举荐过这三个人的大臣还有很多，但同时举荐过这三个人的，似乎只有蒋之奇一人。可以说，如果没有蒋之奇，北宋时期也就没有“三先生”这一雅号。苏轼门生黄庭坚在《别蒋颖叔》一诗中说：“下榻见贤倾礼数，后车载士回风骚。”这是对蒋之奇待人以礼、求贤若渴的真实写照。

六

除了这些事关社稷黎民的家国之事外，蒋之奇于诗书也有非常深厚的造诣。蒋之奇所著诗文很多，可惜大多已经亡佚，我们只能从他历仕州郡的方志中、金石上寻找残篇逸句。早年，蒋之奇在通山、青阳任职时，就喜欢山水古迹，遍游境内，多有题诗、考证。此后，又贬谪道州、宣州，职位不高，心情结郁，他只能不负青山绿水，处处留下足迹墨痕。想不到的是，到今日，这些都已成为当地重要文化资源，让当地百姓念念不忘。而后，他到福建、淮南、江西、陕西、广州，其间，蒋之奇兴致不退，热情不减，留下大量题留石刻。之后，是大名（河北都转运司）、瀛州、河中、熙州、开封、汝州、庆州、杭州，也许是年纪增长，心境、心性已经大为改观，这期间，蒋之奇大多与佛门、道观结缘，也留下许多诗文，成为佛教、道教史上的佳话。

蒋之奇的题留，无论长短，大多是纪事、说理，内容和词句一样，平实而见学识，散淡而见功夫。元祐在禁中时，四友唱和频频，但蒋诗多佚，从仅有的几首看，也时有佳句，为人称道。因此，在元祐老臣被清除时，唯独蒋之奇又被召入宫中，为翰林学士兼侍读学士，其间也草制了许多重要诏书。从这一点看，蒋之奇的文字功夫，还是得到哲宗朝后期、徽宗朝早期的一致认可的。从蒋之奇留下的文字看，确实有过于烦琐细碎的毛病，但引经据典，说理清晰，逻辑严谨，措辞准确，不愧是名家大儒之笔。之所以蒋之奇能留下大量石刻题咏，除了他能诗喜古之外，还擅长书法。他的手札，后世题跋大都说有"苏黄法"，娟秀中透出老到，其书法与同时期诸名家，难分上下。另外，蒋之奇喜书大字，精通古篆，所以他的题刻成为今人追踪研究的对象。总的说来，蒋之奇一生勤勤恳恳、忙忙碌碌，似乎一直在为帝王家事、为江山社稷奔忙，就连他的诗书手札，几乎也找不到什么市井乡村、日常生活，这种烟火气息的缺失，也许不是蒋之奇自身的缺点，而是他的诗文早已散佚的缘故，导致我们已经无法再看清他的完整面目。

纵观蒋之奇一生，早年的他，直言极谏，敢说敢当，由此也给他"染"上了终身的污点。在短暂的贬谪时期，则纵情山水，抒发幽情。接着就成了"新法"干将，风风火火，从东南的福建转运一直干至西北的陕西发运，再干到六路大漕，执掌全国漕运。之后就是广州平叛、河北"回河"、西北划界，处处充当"救火队长"的角色。蒋之奇所到之地，除了巴山蜀水，其足迹几乎踏遍了北宋所有版图。许多人认为苏轼的宦迹十分广大，其实，蒋之奇的宦迹有过之而无不及。蒋之奇一生的政治生涯，从参与"濮议"启程，到推行新法，经元祐更化、绍述之政，再到元符上书、最后又遇崇宁禁锢，北宋后期的各种"政治运动"，应接不暇。许多同道和政敌一样，纷纷落马，贬的贬，死的死，一片凄凉。蒋之奇一路走来，越行越慢，也越走越稳，到了晚年，他的身边已经见不到出发时的同道，甚至也见不到原来的敌人。蒋之奇能坚持走到最后，堪称是"东坡时代"里的一个奇迹。

　　苏轼回望自己一生，说了句："问汝平生功业，黄州惠州儋州。"显得十分凄凉。其实，苏轼也经历过人生的高光时刻，只不过他听不进朋友的劝告，改不了自己的秉性，一意率性，一路放逐。这种性格上的特点或说缺陷，注定他不可能在政治舞台上待得太久。如果说，苏轼一生主要与这三个"边鄙小郡"联系在一起的话，那么，蒋之奇的精彩一生，则是与"真州广州熙州开封"联系在一起。真州是发运司所在地，蒋之奇在此大显身手，建功立业。广州是南极重镇，蒋之奇平叛安民，教化大众，岭表为之一新。熙州是西北帅府所在，边关雄镇，蒋之奇虽然没有完成开疆拓土，但巧妙筹划，妥善处置宋朝与西夏、吐蕃的关系，巩固边疆，充裕财税，稳定百姓，功莫大焉。开封既是京师所在，也是他的主政之地，在这里，他挥洒翰墨，书写精彩，他运筹帷幄，夹缝求生，终于攀上了人生的顶峰。蒋之奇、苏东坡，两个同年进士，一对终生朋友，同处一个时代，同遇相同的政治环境，但两人的处境、最终的结局，竟然有如此巨大的差别，细细品味，真让人不胜唏嘘。【参见宗伟方：《闲品阳羡——历史名人与宜兴文化遗存散考》第13章《北宋能臣蒋之奇》】

目录

凡　例

一、本谱按时间顺序纪述蒋之奇一生行实，同时简要考察蒋之奇亲友事迹、蒋之奇与苏轼之间的关系，兼及苏轼在宜兴的相关活动，还考察了蒋、苏共同的交游圈。

二、本谱在行文中叙述谱主活动时，均省略主语。

三、事迹大体按公历年、月、日编排，一年一纪，并注明年号纪年。每年开头注明谱主年龄。时间无法具体的事迹，归入该年月末尾，个别视情况酌定。部分相关重要事件，如濮议、弹劾欧阳修、广州平叛、元祐回河、绍述之政、宋夏战争、西北划界等，采用纪事本末体。《宋史·蒋之奇传》为附录。

四、本谱纪年依据方诗铭《中国历史纪年表》（上海人民出版社 2007 年版）。行文中年号纪年不再标注公元年月，另附年号对照。纪月、纪日以干支或数字，不再标注公历月日。读者可参照陈垣《二十史朔闰表》。

五、本谱中与蒋之奇生平事迹相关的文字，以《宋史》《续资治通鉴长编》《续资治通鉴长编拾补》《宋会要辑稿》《东都事略》等为主。与苏轼相关的文字，参考孔凡礼《苏轼年谱》。

六、本谱引用文献版本情况，见"参考文献"附后。引用《文渊阁四库全书》电子版者（上海人民出版社、迪志文化出版有限公司 1999 年版），简称"库本"。

七、本谱引用文献，古籍只注明卷次，今人校勘、标点的古籍及论著，注明卷次、页码。

八、本谱引用文献，个别书名引用时采用简称，如《续资治通鉴长编》简称"《长编》"，《续资治通鉴长编拾补》简称"《长编拾补》"、《宋通鉴长编纪事本末》简称"长编纪事本末"、《苏轼年谱》简称"《苏谱》"、《咸淳重修毗陵志》简称"《毗陵志》"、《重刊宜兴县旧志》简称"宜兴旧志"、《宜兴荆溪县新志》简称"宜兴新志"、《资治通鉴后编》简称"通鉴后编"等。

九、本谱引用文献，均照录原文，为避免引号层次过多，在不影响文义前提下，第一层引号皆略去。

十、蒋之奇百余卷诗文集已佚，本谱辑录蒋之奇诗文，以今人汇编的《全宋诗》《全宋文》为主，同时辑录佚文、佚诗。佚文、佚诗如与某事件直接相关，则全文收录，其余仅录标题或摘录相应词句。苏轼诗文以《四库全书》为主，参考今人关于苏诗考订成果。

十一、本谱辑录的蒋之奇诗文及佚诗、佚文等，依据所引版本照录原文，对文本异同、正误的进行初步校勘。结合前人研究成果，对家谱、碑刻、金石、考古等所载史实、文献进行简要辨析。

十二、本谱中对引用文献的文字差错也进行简单校勘，错误之处用（）标示，正确文字在［］内注出。

十三、本谱对同一史实或文献多次出现，则联系具体内容，所选内容各有侧重。对重复出现的历史人物，则根据论述需要简要介绍，内容有所侧重，或注明简介详见本谱具体页码。

十四、本谱于辽、西夏、吐蕃人名，以《宋史》记载为主，有必要的，则注明清代之后的译名。古代地名、区划，以《宋史》为准。首次出现的

古地名，在括号内标注最新今地名，以《中华人民共和国行政区划简册
2020》（中国地图出版社 2020 年版）为准。

十五，本谱中对知识、词语、人物等作了注释，用【注】表示。对一
些史实，作了按语，用【按】表示。另外，引用文献中的原注、原按语，
则用［注］［按］［案］表示。

第一卷 天圣九年（1031）

宋仁宗赵祯天圣九年（1031）辛未 一岁

正月十二日，蒋之奇生于宜兴。

《宋史》传载：蒋之奇，字颖叔，常州宜兴人。……崇宁元年，除观文殿学士、知杭州。以弃河、湟事夺职，由正议大夫降中大夫。以疾告归，提举灵仙观。三年，卒，年七十四。【《宋史》卷343《蒋之奇传》】

李纲《蒋之奇墓铭》所载："生于明道壬申正月十二日，享年八十有三。"【《方东蒋氏宗谱》卷3、《桥下蒋氏宗谱》卷2、《柚山蒋氏宗谱》卷7等】

【按】照本传推算，蒋之奇生于天圣九年辛未（1031），具体日期采于李纲（1083—1140）所撰《宋故观文殿大学士枢密使刑部侍郎赠太师魏国公墓志铭》（本谱简称《蒋之奇墓铭》），此铭文辨正见下文。

考异：

《蒋之奇世表》云：之奇，字颖叔。"生于明道元年（1032）壬申壬寅月甲子日子时，薨于政和四年（1114）甲午，寿登八十有三。"【《方东蒋氏宗谱》卷7、《湖陵蒋氏宗谱》卷7、《柚山蒋氏宗谱》卷7等】

《蒋之奇世表（二）》云：堂公嗣子，字颖叔，号迈南。登宋嘉祐十年进士第，中《春秋》三传科。除太常博士。擢监察御史，转殿中侍御史。贬监道州酒税，改宣州，迁淮东转运副使。历江西、河北、陕西、淮南、荆浙发运使，进天章阁待制、知潭州，充宝文阁待制，徙河北都转运使、知瀛州。加户部侍郎、中书舍人，擢知开封府事，拜龙图阁直学士，同知枢密院事兼畿内劝农使，除观文殿大学士，上柱国，弋阳郡开国侯，食邑二千户。致仕。提举灵仙观。赠太师，魏国公。配少师胡宿公女，封魏国夫人。子五，球、珍、琄、琳、玑。寿八十有三岁，生于宋明道元年壬申，薨于政和四年甲午，葬沋溪沧浦，谥文忠。【《陵上蒋氏宗谱》卷5】

《蒋之奇墓铭》所载"生于明道壬申正月十二日，享年八十有三""政和甲午秋八月二十八日以疾终于正寝"相符。【《方东蒋氏宗谱》卷3、《桥下蒋氏宗谱》卷2、《柚山蒋氏宗谱》卷7等】

【按】《蒋氏宗谱》所载蒋之奇出生，比正史推算要晚一年，而逝世之年，晚了十年，十分离奇。宜兴《蒋氏家谱》中的记载，大概源于《蒋之奇墓铭》。此铭仅载于《蒋氏宗谱》，李纲《梁溪集》中未见收录。该《铭》中说："魏国公谥文忠公颖叔之奇，于政和甲午秋八月二十八日以疾终于正寝。蒙子球偕弟珍、琄、琳、玑服衰持状，乞予曰：'球等不幸，祸延先考，迄今将奉枢于沧浦，欲立石以记之，愿君为志。'"知其写作时间是"政和甲午（四年）秋八月底或九月"。《铭》中所谓"观文殿大学士""谥文忠"等说法，明显与史实不符；而"魏国公、谥文忠公、颖叔、之奇"四个名称一齐表述，与古代墓志铭的通常写法明显不同，推知此《铭》并非出自古人之手；另外又说"孙男及曾孙二十余人。蒂乃神童，余俱不凡之器"。考宜兴各《蒋氏宗谱》及宋人所记，蒋蒂生于政和七年丁酉（1117），也就是说，李纲作此《铭》时，蒋蒂尚未出生。综上可知，此《铭》应该是后人讹托，各谱皆为讹传。因蒋之奇生日无从可考，姑采之。

蒋之奇字号：一字颖叔（亦作颢叔）。

各正史、地方志、宗谱说法一致。"颖叔"又作"颢叔"，如同年进士曾巩有《庭桧呈蒋颖叔》《酬江西运使蒋颖叔》诸诗。【《元丰类稿》卷7】

苏轼有《次韵蒋颖叔钱穆父从驾景灵宫》《次韵奉和钱穆父蒋颖叔王仲至诗》等诗。【《东坡全集》卷20】

吕希哲《吕氏杂记》记曰：时蒋颖叔亦在介甫之门，或问二人之行，

以王令方申公，以蒋方刘原甫。【《吕氏杂记》卷下】

周煇《清波杂志》记曰：鲍娘有诗云："谿驿旧名彡，……"后蒋颍叔和之。【《清波杂志》卷10】

高似孙《纬略》中记曰：蒋颍叔《观太史局铜浑仪》诗："日月双连璧，乾坤一弹丸。"【《纬略》卷10】

【按】疑"颍""颖"音、形、义相近而混淆，历代沿袭而传抄，本谱据实而书。

又字永叔。

王辟之《渑水燕谈录》在记述高士种放（955—1015）事迹时，顺带讲到蒋之奇荐种放孙种谦一事，云："故蒋永叔荐（种）放孙谦云：'（种）放早以逸民被遇章圣，有握手登楼之眷。'"【《渑水燕谈录》卷5《高逸》】

曾布《遗录》记载：元符三年四月甲辰，"以子开奏乞罢绌，文字不出，因面陈，乞降付三省。以既乞罢，不敢赴省供职故。晚，师朴报云：'已批出，令赴省供职'（师）朴勉以如旨，（子）开亦不敢复请。是日，晚批：'李邦直门侍，蒋永叔同枢。'初批答书中书，再书遂令依林希例。"
【《曾公遗录（残卷）》卷9】

【按】曾布文中"子开"，即曾肇（1047—1107），字子开，曾巩弟，时任中书舍人。"师朴"，即韩忠彦（1038—1109），字师朴，韩琦长子，时为宰相。李邦直，即李清臣（1032—1102），徽宗时门下侍郎。

李如篪《太玄踦嬴二赞》中记：蒋永叔《韶音集进》卷中却云："扬雄立两赞，多于期数四分日之一者，……"【《东园丛说》卷上】

张叡（端平间知永州零陵县）《奇兽岩铭（端平三年）》云："惟蒋永叔，文高节奇。正名兹岩，作为铭诗。往何人斯，大字覆之。……"【《全宋文》卷7782，第384页】

《方舆胜览·潭州·道林寺》载：道林寺，在岳麓山下，距善化县八里。寺有四绝堂，保大中马氏建，谓沈傅师、裴休笔札，宋之问、杜甫篇章。治平间，蒋永叔作记曰："彼以杜诗、沈书为绝，吾岂敢议？若夫遗欧阳询而取裴休，置韩愈而取宋之问，则未然，乃为诠次：沈书，一也；询书，二也；杜诗，三也；韩诗，四也。此之谓四绝。"【《方舆胜览》卷23《湖南路》】

缪荃孙《金石分地编目（上）·山东》载，宋：（灵岩寺）蒋永叔等题名，正书。蒋永叔再题名，正书，二年二月三十日。【《缪荃孙全集》卷5《金石四》，第190页】

杨守敬《三续〈寰宇访碑录〉》载：灵岩寺蒋永叔等题名，正书，无年月。蒋永叔再题名，正书，无年月。（山东长青）【《杨守敬集》第8册，第877页】

【按】以上诸条中所谓"蒋永叔"，即蒋之奇。永叔，或为"颖叔"之简。又因题名碑刻中存有"蒋永叔"，疑蒋之奇一度曾自署为"蒋永叔"。

号㠥南。

宜兴各蒋氏家谱都有此记载，但未见其他文献记载。㠥，山名，在今宜兴市杨巷镇西，与溧阳市交界。杨巷镇古称㠥亭，是东汉时蒋澄封地，也是宜兴蒋氏最早的聚居地。宜兴蒋氏一般亦称"㠥亭世泽"，故"㠥"字亦可视作宜兴蒋氏的徽号。因此字过于生僻，或误作"山"或"函"字。

蒋之奇《蒋氏近祖总要》云：余家于义兴，实在滆湖之西，距山、洮湖皆不远。默居滆湖之东，而澄居其西，则余之祖系出于澄后，无疑也。【《武岭蒋氏宗谱》卷1】

㠥，《唐韵》乌后切，《集韵》于口切，并音欧。山名，同在溧阳。杨慎《丹铅录》：㠥山，在宜兴县，汉㠥亭侯、㠥山即其地。今桐城有㠥山，读若偶。与溧阳、宜兴㠥山同名异地。【《康熙字典·子集·山部》】

㠥山，在宜兴县西北七十里，西界溧阳。汉建武中尝封蒋澄为㠥乡亭侯，即此。【乾隆《江南通志》卷13《舆地志·山川三》】

㠥亭，在（宜兴）县西六十五里。汉封蒋澄为侯，其后因家焉。【《毗陵志》卷27《古迹》】

㠥乡亭，在荆溪县西六十五里㠥姥山。后汉封蒋澄为㠥乡亭侯（一般作

亭侯、亭乡侯），即此。宋蒋堂有诗。【乾隆《江南通志》卷32《舆地志·古迹三》】

亭乡侯二人：蒋澄、蒋休（澄子，袭封）。【《宜兴旧志》卷5《爵秩》】

又号荆溪居士。

张邦基《墨庄漫录》云：灵璧县张氏兰皋园一石甚奇，所谓小蓬莱也。……蒋颖叔过见之，复题云："荆溪居士暑中观此，爽然而凉。"【《墨庄漫录》卷1】

苏轼《跋荆溪外集》云：荆溪居士作《传灯传》若干篇，扶奖义学，以救玄之弊。譬如牧羊，然视其后者而鞭之，无常羊也。【《苏轼文集编年笺注》卷66，第58—59页】

乾隆《江南通志·艺文志》载：《荆溪前集》《荆溪后集》，八十九卷，俱宜兴蒋之奇。【乾隆《江南通志》卷193《艺文志·集部一》】

黄庭坚《别蒋颖叔》云：金城千里要人豪，理君乱丝须孟劳。……荆溪居士傲轩冕，胸吞云梦如秋毫。【《山谷外集诗注》卷9】

《宜荆新志·疆土》云：[荆溪]古人以荆溪为中江，盖统胥溪以上言之。今则独以入宜兴境之长溪为荆溪，故以杨巷河为始。杨巷，古亭城，汉蒋澄居亭，今杨巷西之湖墅里，乃其故地。后即所居处封亭侯。【《宜荆新志》卷1】《明史·地理志》载，溧水：东流为宜兴县荆溪，入太湖，旧名永阳江，又曰中江也。……宜兴，北有运河，南有荆溪，西南有百渎，疏荆溪之下流，注于太湖，后多埋废。【《明史》卷40《地理志一》】

【按】蒋氏祖居地亭即在荆溪之阳，蒋之奇自号"荆溪居士"，并有《荆溪前集》《荆溪后集》《荆溪外集》等，寓有不忘先祖之意。

宜兴蒋氏家族

义兴蒋氏源出周公，自东汉初蒋默、蒋澄兄弟避难落脚，此后人才辈出，历代显赫，逐步形成云阳侯（默）系、亭侯（澄）系两大世系，云阳侯（默）

封地在宜兴滆湖之东，世称湖东支，家族以葛墟（今宜兴市和桥镇一带）为核心生活区域；亚亭侯（澄）封地在宜兴滆湖之西，世称湖西支，家族以亚亭（今宜兴市杨巷镇、官林镇、新建镇，溧阳市上黄镇一带）为核心生活区域。蒋之奇即属于湖西支，大宗世系为第九十世。【参见宗伟方《闲品阳羡》，第23—26页；蒋之奇《蒋氏远祖总要》《蒋氏近祖总要》《蒋氏世系赋（并序）》诸文；见《武岭蒋氏宗谱》卷1（下）、《方东蒋氏谱》卷1等】

蒋之奇《蒋氏近祖总要》云：余家于义兴，实在滆湖之西，距亚山、洮湖皆不远。默居滆湖之东，而澄居其西，则余之祖系出于澄后，无疑也。【《武岭蒋氏宗谱》卷1】

曾祖弘谨（？—955），诰赠司空。曾祖母史氏（生卒不详），封庆国夫人。

《蒋宏谨世表》云：宏谨，字追慎，以孙堂贵诰赠司空。配史氏，封庆国夫人。子一，九皋。【《方东蒋氏宗谱》卷7等】

《毗陵志•纪遗养鹅墩》云：弘谨，早卒。其妻史氏，生子五岁而寡，时年二十有二，誓不嫁。诲子以学，孙堂仕显，封庆国夫人。【《毗陵志》卷31《纪遗》】

【按】"宏""弘"，清康熙之后为通假字。

《宜兴旧志•遗址》云：（养鹅墩）在县北滆湖西，庆国夫人史氏，蒋堂祖母，寡居课子，婺甚，育鹅自给。朝纵去，暮揭竿于岸则毕集焉。墩以此名。【《宜兴旧志》卷9《遗址》】

苏颂《丞相魏公谭训》云：蒋颖叔父为江宁簿，祖父为宰。蒋方幼，侍其父来，亦能强记。其父每呼，令诵书史，不差一字。故颖叔为《曾祖母祭文》云："在昔先人佐夫人之子，之奇于夫人，义犹祖母。"【《丞相魏公谭训》卷4】

【按】根据以上《宜兴蒋氏家族》《养鹅墩》等记载，得知蒋之奇祖辈、父辈生活在宜兴滆湖之西，即今宜兴市官林镇丰义村一带。蒋之奇曾与曾祖母一起，随祖父、父亲生活于江宁（今属南京）。

邹浩《蒋之奇赠曾祖制》曰：……具官曾祖某，躬行仁义，迹晦丘园。

佑启后人，总冠枢极，积德之报，至此益彰。虽已表于储宫，尚未配其流泽。从于一品，就陟崇阶。服我命书，永光泉壤。

邹浩《蒋之奇赠曾祖母制》曰：……具官曾祖母某氏，躬有淑德，归于令门。惟积善以滋深，故庆流而益远。执我大政，实尔曾孙。用新列国之封，光配宫僚之峻。尚其冥漠，不昧歆承。【俱《道乡集》卷17】

祖父九皋(950—1017)，为江宁宰，赠太子太傅。祖母张氏(生卒不详)。

张铸《九皋公墓志铭》云：九皋公继配毗陵张观公之女，赠（泰）[秦]国夫人。子八，常、堂、当、滂、昂、康、章、祥。寿七十有三。同时载九皋有堂兄弟四人，九韶、九华、九萃、九有。【《湖陵蒋氏宗谱》卷2、卷7】

【按】张铸，常州人，蒋堂同年进士。其集已佚。铸，字希颜。世居滁之清流，后迁晋陵。登祥符进士甲科。王安石，其门人也。历官南阳帅，与侄显之并以光禄卿致仕，缙绅荣之。杜祁公诸贤各以诗赠，乡人即居地号东西二乡。【《毗陵志》卷18《人物》】

苏颂《丞相魏公谭训》云：蒋颖叔父为江宁簿，祖父为宰。蒋方幼，侍其父来，亦能强记。【《丞相魏公谭训》卷4】

大理寺评事张景《宋故赠兵部尚书九皋公墓志铭》云："天禧元年冬十月，卒。曾祖松，唐末之乱，仕李氏为晋陵丞。祖幼蟾，考弘谨。五岁而孤。前娶史氏，后娶尚氏。子十一，常、航、当、堂、商、昂、相、章、滂、康、翔。商及长女早卒，次女适沈氏，次适宋氏，次尚幼。寿六十八岁。葬神安乡易庄。"【《孝思堂蒋氏宗谱》卷3】

邹浩《蒋之奇追赠祖制》曰：……具官祖某，安于隐约，以德自丰，源深流长，至孙而显。总于宥密，清议归之。越从宫傅之崇，进陟公台之峻。用昭尔祉，以对天休。

邹浩《蒋之奇追赠祖母制》曰：……具官祖母某氏，被服七章，兼全四行，既归从于望族，遂协济于肥家。积是休祥，蔚其孙子，朕所登用，赖以乂安，载嘉流泽之光，式茂追荣之数。进封显国，增焕私庭。【俱《道乡集》卷17】

谢维新记云：东朝二品，《曲阜行蒋九皋赠太子太傅制》。【《古今合璧事类备要后集》卷44】

富大用记云：太子太傅，东朝二品，《行蒋九皋太傅制》。东朝，太子朝也。【《古今事文类聚外集》卷1】

《蒋九皋世表》云：九皋（973—1045），字奉天，赠太子太傅兵部尚书。宜兴蒋氏八十八世祖。宋庆历五年乙酉卒，寿七十三。葬五牧尚书墓。配史氏，赠卫国夫人；继配尚氏，赠邢国夫人；继配毗陵张氏，赠秦国夫人。子十一，常、航、当、堂、商、昂、相、章、滂、康、翔。【《柚山蒋氏宗谱》卷7等】

胡宿《宋故朝散大夫尚书礼部侍郎致仕上柱国乐安县开国侯食邑一千三百户赐紫金鱼袋赠吏部侍郎蒋公神道碑》[本谱以下简称《蒋堂神道碑》]："讳堂。……祥符五年（1012）登进士甲科，授楚州团练推官，尝权州事，阅器仗，牙门军校不待白，已辄启库钥，公械而治其罪，郡中肃然。丁先大夫忧，服除，吏部试甲乙判，文在优等。陛见日，章圣（宋真宗）命取所试判视之，嘉赏焉。改大理寺丞、知抚州临川县。"【《文恭集》卷39】

【按】胡宿（995—1064），字武平，常州晋陵县（今常州市）人。蒋堂门人，北宋名臣。宋人张邦基云："顷胡文恭宿知苏州时，蒋堂希鲁将致政归。文恭昔为诸生，尝受学于蒋公，乃即其里第，表之为难老坊。"[《墨庄漫录》卷7]明代何良俊《语林·德行》中也有类似记载。蒋堂与胡宿既为师友，又为同乡，且先后都知苏州。胡宿所撰《蒋堂神道碑》内容翔实，堪称是最接近历史真相的文本，故本谱蒋堂及其家族的内容，大都采用或比照胡氏所言。

【又按】细审蒋氏谱所载两篇《蒋九皋墓志》，疑为后世传抄，已掺入不少讹误。张铸所撰铭中，蒋九皋生卒年或是误载。据《蒋堂神道碑》的记载推算，蒋堂"丁先大夫忧"的时间当在天禧年间，即1017—1020年左右，这也就是蒋九皋的卒年。而张景（疑为常州张景修）所撰铭文的记载一致，故采之。蒋九皋生于南唐保大八年（950），卒于天禧元年（1017）冬十月，寿六十八岁。另据上文所引苏颂之言，蒋九皋曾官江宁宰。后因子孙贵，赠兵部尚书、加赠太子太傅。

生父滂（995—1059），江宁主簿，后为国子监主簿。卒，追赠太师（正一品）。

《蒋滂世表（一）》云：滂（生卒缺载），字孟博，仕为国子监主簿，因子之奇贵，诰赠太师。蒋氏八十九世祖，行九，配周安宅女，诰赠岐国夫人。子二，之奇、之美。葬蒋墓。【《方东蒋氏宗谱》卷7等】

《蒋滂世表（二）》云：滂，字孟博，仕宋，国子监主簿，因子之奇贵显，赠太师。生于至道元年乙未，卒于嘉祐四年己亥，寿六十五岁。葬于蒋墓。配周氏，安宅公女。子四，之奇、之纯、之美、之武，之武出继堂公为嗣。【《柚山蒋氏宗谱》卷7等】

邹浩《蒋之奇追赠父制》曰：……具官服在下僚，阴自殖德，命有所制，志不获伸。笃生贤英，擢总枢极，肆厥谋猷之助，亟成夷夏之安。推原所从，褒锡敢后，冠三公之峻秩，正一品之崇阶。兹谓异恩，往告子弟。【《道乡集》卷17】

【按】《赠父制》中云"具官服在下僚，阴自殖德"，知蒋滂早年确实是小官；又云"冠三公之峻秩，正一品之崇阶"，知蒋之奇官阶为正一品。

汪藻《徽猷阁待制致仕蒋公（瑎）墓志铭》（以下简称《蒋瑎墓志铭》）云：绍兴八年正月癸卯，左大中大夫、徽猷阁待制、致仕蒋公卒于家。其孤及祖以公治命，用其年三月丁酉，葬公宜兴县筱岭之原。……蒋氏世为常州宜兴人。公讳瑎，字梦锡，以赠太傅讳九皋者为曾祖，赠太师讳滂者为祖，而观文殿学士、赠太师、魏国公讳之奇之季子也。【《浮溪集》卷27】

【按】据上文所引苏颂之言，蒋滂曾为江宁主簿。后仕为"国子监主簿"，正史无考。另外，从下文蒋昂、蒋航的世表和蒋滂夫人的生辰推断，蒋滂生年应该在1005年左右。

生母周氏（1007—1074），封永宁县太君，诰赠岐国夫人。

王雱《宋故永宁县太君滂公夫人周氏墓志铭》云："夫人永宁县太君，宜兴周氏子，适同县蒋氏，为赠尚书都官员外郎讳滂之妻，而之奇、（之美）、之纯、之武母也。以熙宁七年七月壬寅卒于楚州转运使官舍，享年六十有八。……而之奇尤显于世，及夫人在，为尚书金部员外郎、权淮南转运副使，而之美以进士举得科名。之纯早亡。之武以目疾退处，亦皆举进士、业文学。女嫁为士妻，尤有礼法、通道理，能安于义命。之奇自御史贬，几废，已而复用。"【《柚山蒋氏宗谱》卷3】

邹浩《蒋之奇等追赠母制》曰：……某氏以正承夫，以恩睦族，祥发闺门之内，功形夷夏之中。有子而然，朕所眷赖。自郡开国，褒进尔封。尚克承之，以昌厥后。【《道乡集》卷17】

蒋之奇《〈周氏宗谱〉跋》：周氏为江南巨族，其来久矣。……周氏，余之世戚也，其孙出谱求跋，不佞乌能文哉？独有感于惟德获后，因识之，以为后人鉴。【《黄干周氏宗谱》卷1】

【按】蒋之奇母周氏，宜兴人。生于景德四年，卒于熙宁七年七月，生子四，即之奇、之美、之纯、之武。但诸家谱所载记载不一。《周氏墓志铭》作者王雱（1044—1076），亦作王雱，字元泽。《宋史·王安石传（附雱）》记载：其为人剽悍阴刻，无所顾忌。举进士，调旌德尉。王安石以王雱"所作策及注《道德经》镂板鬻于市，遂传达于上。邓绾、曾布又力荐之，召见，除太子中允、崇政殿说书。神宗数留与语，受诏注《诗》《书》义，擢天章阁待制兼侍讲。书成，迁龙图阁直学士，以病辞不拜。"卒时才三十三。[《宋史》卷327《王安石传》]另据李焘《长编》记载：熙宁七年夏四月己丑，"太子中允、崇政殿说书兼国子监同修撰经义王雱为右正言、天章阁待制兼侍讲。雱以疾不能朝，又诏特给俸免朝谢，许从安石之江宁。"【《长编》卷252】

大伯父常（989—1066），仕至朝散大夫（疑为赠官）。

《蒋常世表》云：常，字师道，举进士第，仕至朝散大夫。葬西滆沙子湖边（乐安堂）。蒋氏八十九世祖，行一，配杜文周女，子二，之勉、之正。【《方东蒋氏宗谱》卷7等】

【按】谱中所载蒋常"举进士第"，仕至"朝散大夫"，正史无考，疑是赠官。世表所载出生年月，亦误。其子之勉，详后。

伯父堂（980—1054），早为神童，仕至尚书礼部侍郎（详见本谱第二卷）。

《蒋堂世表（一）》云：堂（？—？），字希鲁，举进士第，以尚书礼部侍郎封乐安伯。葬金墩。蒋氏八十九世祖，行四，配修撰张处仁女，继配盛氏。子一，之武。【《方东蒋氏宗谱》卷7】

《蒋堂世表（二）》云：堂（991—1070），字希鲁，举进士第，以礼部侍郎致仕，封乐安伯、礼部侍郎。葬龙潭墓，一云苏州鲁坞龙山潭墓。徙居姑苏灵芝坊。配修撰张处仁女，封睦国夫人，未嗣；继配盛贲幼公女，生子一，之武。【《湖陵蒋氏宗谱》卷7】

宋阮阅记云：蒋堂侍郎方六岁，父令作《栀子花》诗，曰："庭前栀子树，四畔有椏杈。未结黄金子，先开白玉花。"【《增修诗话总龟》卷2】

《宜兴旧志·进士》载：大中祥符五年壬子徐奭榜：蒋堂，礼部侍郎，有传（与《宋史》略同）。【《宜兴旧志》卷7《进士》】

《宋史·蒋堂传》云：蒋堂，字希鲁，常州宜兴人。擢进士第，为楚州团练推官。满岁，吏部引对，真宗览所试判，善之，特授大理寺丞、知临川县。县富人李甲多为不法，前令莫能制，堂戒谕不悛，白州以兵索其家，得僭乘舆物，置于死。历通判眉、许、吉、楚州，以太常博士知泗州，召为监察御史。……以尚书礼部侍郎致仕，卒，特赠吏部侍郎。堂为人清修纯饬，遇事毅然不屈，贫而乐施。好学，工文辞，延誉晚进，至老不倦。尤嗜作诗，有《吴门集》二十卷。【《宋史》卷298《蒋堂传》】

《蒋堂神道碑》云：宋有大雅全德之老、尚书礼部侍郎致仕蒋公，以皇祐六年（1054）三月辛酉考终于吴郡灵芝坊私第，以至和元年（1054）九月乙酉葬于吴县尧峰之鲁坞。……含玉之日，寿七十五。……初义兴家墅滨溻湖之右，蒋氏大宗之碑在焉。公之曾王父讳幼蟾，大王父讳宏谨，皆隐德弗官。王父讳九皋，以公贵赠尚书刑部侍郎；妣史氏，追封广陵郡，尚氏宣城郡，二俱太君。公出史氏，娶钱氏，封寿昌县君，先庚辰十二年而亡，后举以合葬焉。子三人，长群玉，早卒；次长生，次长源皆为大理评事；女四人，长适刑部郎中知制诰邵必；次适都官员外郎王景芬；次早卒；次适处州青田县尉宋宽。孙续任大理寺丞、通判利州。

苏轼《题伯父谢启后》云：天圣（元年）中，伯父中都公（即苏涣）始举进士于眉，年二十有三。时进士法宽，未有糊名也。试日，通判、殿中丞蒋希鲁下堂，观进士程文，见公所赋，叹其精妙绝伦。曰："第一人无以易子。"公力自言："年少学浅，有父兄在，决不敢当此选。"希鲁大贤之，曰："君子成人之美。"乃以为第三。明年登乙科。此则其亲书启事谢希鲁者也。【《苏东坡全集》卷114，第3106页】

苏辙《伯父墓表》云：天圣元年，始就乡试，通判州事蒋公堂就阅所为文，叹其工，曰："子第一人矣。"公曰："有父兄在，杨异、宋辅与吾游，不愿先之。"蒋公益以此贤公，曰："以子为第三人，以成子美名。"明年登科。【《栾城集》卷25】

纪昀等《〈春卿遗稿〉提要》云：《春卿遗稿》一卷，宋蒋堂撰。堂，字希鲁，宜兴人。大中祥符五年擢进士第。仁宗朝历官左谏议大夫、知苏州。改给事中，仍知州事。后以礼部侍郎致仕，因家于苏。事迹具《宋史》本传。案：胡宿《文恭集》有堂《神道碑》，称"堂以皇祐六年卒，赠吏部侍郎"。此集题曰"春卿"，仍举其致仕之官所未详也。【《春卿遗稿》卷首】

【按】蒋堂是宋代宜兴第一位进士，据《宋史·蒋堂传》《神道碑》等记载，其生卒、仕历十分清楚，宜兴蒋氏谱所载或有误。蒋堂（980—1054），大中祥符五年（1012）进士。天禧元年（1017）十月，丁父忧。天禧、乾兴、天圣（1019—1031）中，改大理寺丞，知抚州临川县。又历眉、吉、楚三通判，改太常博士，知泗州。其中，天圣初年（1023），蒋堂任眉州通判时，赏识并鼓励新进举子苏涣，也即苏轼伯父，这大概是日后蒋之奇与苏轼相知相交一生的前缘。约在天圣末（1031），也就是蒋之奇出生时，蒋堂被召为监察御史。因蒋之奇日后经历与蒋堂直接相关，故自明道元年之后，蒋堂事迹逐年记述。

【又】是年，按《文武臣僚奏荐亲属条制》，本年乾元节（皇帝生日），御史蒋堂有资格"奏亲属一人"入官（见本卷后附何郯《论恩泽等级》）。

伯父航（997—1062），仕至将作郎、太子洗马；伯母沈氏（999—1082）。

《蒋航世表》云：航（？—？），字仲涉，仕至将作郎、太子洗马，以徽猷阁致仕。葬蒋元庄。蒋氏八十九世祖，行二，配沈氏，子二，之洽、之方。【《方东蒋氏宗谱》卷7等】

直龙图阁学士邵饮《宋故府君航公墓志铭》云：讳航，字仲涉。以兄之贵，始授试将作监主簿，调补潭州刘阳县尉，再为越州诸暨尉，代还，当入县令州录事，不可，复为歙州歙县尉。半年后告老，迁太子洗马，致仕。以嘉祐七年（1062）二月三日疾终于家，享年六十有六。……母史氏，封宣城太君，袁氏未及封而府君卒。娶沈氏，生四子，之仪，今为卫尉寺丞；次之裕（或作之袷），举进士；次之方、之清，皆从学。五女。【《孝思堂蒋氏宗谱》卷3】

蒋之奇《蒋之仪墓志铭》云：公讳之仪，字德表，常州宜兴人。……大父讳九皋……父讳航，以兄堂仕至太子洗马致仕，累赠中大夫。【《孝思堂蒋氏宗谱》卷3】

蒋之奇《蒋航夫人沈氏铭》云："长寿县太君进封长安县君沈氏，宜兴人，嫁同县蒋氏。为兵部尚书讳九皋之妇，太子洗马赠光禄少卿讳航之妻，朝奉郎通判扬州军事之仪及之裕（或作之袷）、之清、之方之母，年八十四以卒。""四男子，而朝奉为长，居官循良有法度。之裕进士，行义纯笃，乡称长者。之方、之清，皆克家有立。五女子，嫁诸葛某、张诘、徐泽民、堵庆基、陈衮。而张诘以进士得假承务郎。夫人尤爱其季女，闻其丧而哭之哀，遂成疾以卒，实元丰五年（1082）十一月一日也。"【《孝思堂蒋氏宗谱》卷3】

【按】蒋氏谱载蒋航"行二"，为蒋常弟、蒋堂兄，并不是蒋之仪的父亲。而据《宋故府君航公墓志铭》《蒋之仪墓志铭》《蒋航夫人沈氏铭》中所载，蒋航为之仪父亲、蒋堂弟，仕为太子洗马，赠中大夫。特别是蒋航夫妇二铭，所载子、女、婿及历官、封赠等都完全相符，故采之。约于是年，蒋航或荫兄恩入仕，始授将作监主簿。正史无考。

伯父昂（998—1062），尝为凉州经略使司从官。伯母唐氏（生卒不详）。

邵必《蒋昂墓志铭》云：昂，字希达，以兄堂贵，授试将作监主簿，调补潭州浏阳尉，再为越州诸暨县尉，代还……复为歙州歙县尉，半年，迁蒲州司法参军，转凉州经略，致仕。嘉祐七年二月卒于家，寿六十有五。……配唐氏，子二，长之器，为卫尉；次之裕。女四，长适丹阳诸葛骧、张诘（进士）、徐汝霖（宜兴徐氏）、堵庆基，孙男七。【《湖陵蒋氏宗谱》卷2】

《蒋昂世表》云：昂（？—？），字希达，除蒲州司法参军，转凉州经略使。葬蒋墓。蒋氏八十九世祖，行六，配唐公适女，子三，之器、之裕、之策。【《方东蒋氏宗谱》卷7等】

《宜兴旧志•治绩》载：蒋昂，字希远，堂之弟。康定初，任蒲州司法参军，为政不忍杖罚百姓，号曰"仁主"，相约"有犯法者众斥之"，讫二载，不杖一人。【《宜兴旧志》卷8《治绩》】

【按】蒋氏谱记载蒋昂仕至"凉州经略使"，正史无考。据《宋史•职官志》所述，某州司法参军一般为从八品，而某州经略使应该是正三品左右，品阶相差悬殊，疑为谱牒记载有所缺漏或者舛误。蒋昂最终的官职可能是"凉州经略使司"的从官，为正七品左右。

【又】《蒋昂墓志铭》中所载蒋昂早期的仕宦经历，与《宋故府君航公墓志铭》完全相同，而所载子、女、婿的情况，与《蒋航夫人沈氏铭》中所载完全一致，疑《蒋昂墓志铭》即为《蒋航墓志铭》的舛误。

伯父章（生卒不详），仕至大中大夫（疑为赠官）。伯母钱氏（1003—1082）。

《蒋章世表》云：章（？—？），字希采，出宰真定，仕至大中大夫。以诗名，号湖南先生。葬乐安墓。蒋氏八十九世祖，行八，配李衍公女，子二，之翰、之纯。【《方东蒋氏宗谱》卷7等】

资政殿学士、正奉大夫吕惠卿《宋故保宁县太君章公夫人钱氏墓志铭》云：元丰五年三月二十九日，保宁县太君钱氏卒于荆湖北（路）提举司其子之翰仲甫之官舍。之翰护丧归，属其从弟之奇颖叔曰："为吾状吾母之行，从世之望人乞铭，以信后嗣。"……（钱氏），武进人。曾祖仁完，祖咸享，考向，皆不仕。……（年八十而逝）。子男五人，之翰、之问、之敏、之邵、之表，皆举进士。……女三人，其季适进士路从，余皆早卒。【《柚山蒋氏宗谱》卷3】

【按】蒋章及夫人钱氏，即蒋之翰的亲生父母。钱氏生于咸平六年（1003），卒于元丰五年（1082）三月。育有五男三女。

【又】《钱氏墓志铭》作者吕惠卿（1032—1111），是北宋著名政治人物，与蒋之奇、苏轼为同年进士。吕去世后，蒋之奇族侄蒋静作《吕惠卿家传》，知其与宜兴蒋氏关系比较紧密，故先作介绍。惠卿，字吉甫，号恩祖，泉州晋江人。嘉祐二年进士及第。后知遇王安石，成为变法中重要人物。熙宁七年四月丙戌，自翰林学士、右正言兼侍读除右谏议大夫、参知政事。元丰五年，加大学士知太原府。后又因政见不合，与王安石关系破裂，被贬出京。政和元年卒，追赠开府仪同三司，谥文敏。因长期卷入新旧党争，历史评价褒贬不一。《宋史》列入"奸臣传"。【参见《宋史》卷471《奸臣传》】

叔父翔（生卒不详），庐州通判；叔母宋氏（1011—1088），封永安县君。

《蒋翔世表》云：翔（？—？），字希瑞，奏补虞部员外郎，通判庐州，致仕。配葛文忠公女，子七，之义、之智、之信、之彦、之贲、之杰、之宰。【《方东蒋氏宗谱》卷7等】

蒋之奇《宋故永安县太君（蒋）翔公夫人宋氏墓志铭》云：夫人姓宋氏，常州宜兴人。……（及笄），宜述君子我叔虞部员外郎讳翔，迎夫人于湖伏（即今湖㳇），御轮以归，是为正室。虞曹登朝，封永安县君。方夫人入蒋氏之门，实与我亡姊汝南郡太夫人同日，邻里贺庆，萃于一家，举族荣之。……五男，之彦，以伯考太尉恩补将作监主簿，为睦州青溪簿；之贲、之杰以文词，数与开封太学之荐，及之文、之宰皆先夫人而卒。……五女，长适龙图学士三司司徒邵必，封仁寿郡君，赐霞帔；次适建州建安尉；次适华州观察推官陈璞；次适澧州卫南主簿洪茂；次适乡贡进士沈时中。孙男女十三人。以元祐三年四月八日卒，享年七十八，以元祐五年二月二十五日葬于函亭

乡柯庄之原。【《孝思堂蒋氏宗谱》卷3】

【按】蒋翔，滂弟，家谱中说其仕为虞部员外郎，历官南北七县，晚年为泸州（一说庐州）通判。正史无考。其妻宋氏，宜兴湖氵父镇人，生于大中祥符四年（1011），卒于元祐三年（1088）四月。育有五子五女，其中长女亦嫁丹阳邵必。宋氏与之奇母周氏同一日嫁入蒋门，两人亲密无间。宋氏为之奇尊属辈中最后一位离世者，其铭真切感人，当是出于蒋之奇之手。《世表》中所载蒋翔配"葛文忠公女，子七"，或为蒋翔的另一房，与正室宋氏并不矛盾。

族叔祺，曾官签判江阴军、知永州府江华县，余不详。

蒋之奇《暖谷铭（并序）》云：治平四年十月，余陪沈公仪至其上，见其傍有暖谷者，方盛寒，入之而其气温然。……问其所以得之者，本邑尉李伯英也；问其所以名之者，县宰吾族叔祺也。噫！是可铭也。【《八琼室金石补正》卷103】

【按】沈公仪，即沈绅，会稽人。景祐五年（1038）进士。治平四年（1067），以尚书屯田员外郎为荆湖南路转运判官。【参见周欣《"水石文化"的记忆——蒋之奇潇湘行迹考述》，《湘学》第7辑】

《八琼室金石补正》云：蒋祺，永州府江华知县（太常博士）。能诗，有《暖谷诗（并序）》云："岩成，李君请余名。余命之曰暖谷。……"另有《题暖谷五言律诗（三首）》。【《八琼室金石补正》卷103】

嘉靖《江阴县志·守令》载：蒋祺，皇祐四年签判江阴军。【嘉靖《江阴县志》卷12】

【按】蒋祺，宜兴蒋氏谱未载。或其为湖南蒋氏后人，遇蒋之奇后叙为同宗，故有此称。

姑母蒋氏（985—1054），封永安县君；姑丈钱冶（982—1033），赠兵部员外郎。

王安石（1021—1086）《永安县太君蒋氏墓志铭》云：毗陵钱公悚、公谨、公辅、公仪、公佐，以皇祐六年三月戊子葬其母永安县太君蒋氏。方是时，太君年七十矣，公谨为郑州新郑尉。公辅为太常丞、集贤校理。五子者，卜明年之三月壬午，祔于皇考府君屯田员外郎、赠兵部员外郎讳冶之墓。……蒋氏，常之宜兴人，世以财杰其乡，而其族人有以进士至大官者。太君年二十一，归于钱氏，与兵部君致其孝。……既其子官于朝，丰显矣，里巷之士以为太君荣。【《临川文集》卷99】

欧阳修（1007—1072）《尚书屯田员外郎赠兵部员外郎钱君墓表》云：君讳冶，字良范，姓钱氏，世为彭城人，后徙吴兴，自君之七世祖宝，又徙常州之武进。……迁秘书丞、知泰州如皋县，再迁屯田员外郎、通判宣州，未行。明道二年（1033）六月十一日，以疾卒于家，享年五十有二。……娶蒋氏，初封乐安县君，又封福清。子男五人，曰公铼、公瑾、公辅、公仪、公佐。蒋氏有贤行，自君之卒，日以君所为勖其五子以学。蒋氏后君二十年以卒。卒时，公瑾、公辅皆以进士及第，公瑾为新郑尉，公辅以文章知名当世，为太常丞集贤校理。【《欧阳修全集》卷25《居士集》卷25】

【按】钱冶、蒋氏即钱公辅（1021—1072）的父母亲。王安石所谓"其族人有以进士至大官者"，即指蒋堂。照此而论，钱公辅即为蒋之奇表兄。因蒋、钱有此关系，故本谱中附带记述钱公辅经历。

胞弟之美（1036—1098），熙宁六年（1073）余中榜进士，仕至直州（今陕西安康）通判，卒赠正议大夫。

《蒋之美世表》云：之美，字彦叔，蒋滂子。熙宁六年余中榜进士。除太府卿，赠正议大夫。子二，璨、珙。【《方东蒋氏宗谱》卷7等】

万历《宜兴县志·选举志》载：熙宁六年余中榜：余中……蒋之美（旧志缺）。【万历《宜兴县志》卷7《选举志》】

《无锡县志·学校三》载：蒋之美：熙宁癸丑余榜。【《无锡县志》卷3下】

蒋之美作《游惠山寺》诗："之美，之奇弟，宜兴人。熙宁六年进士。"【《宋诗纪事》卷26】

孙觌《蒋璨墓志铭》云：公讳璨，字宣卿。曾祖九皋，赠太傅。祖滂，江宁县主簿，赠太师。考，之美，奉议郎、通判直州，赠正议大夫。妣，硕人程氏，所生母李氏，令人。公生十三岁而孤，鞠于世父魏公（即蒋之奇）。……
【《鸿庆居士集》卷37】

【按】根据《蒋璨墓志铭》记载，蒋璨"十三岁而孤"，照此推算，蒋之美卒年当是
1097年或1098年，宜兴蒋氏谱记载或误。

胞弟之武（1038—1108），举进士第，未仕。

蒋静《蒋之武墓志》云："公讳之武，字文翁。……之奇亲弟也。……
年十五，能词赋，……弱冠试春官，累迁贡魁，以目疾废，逾三十年。……
绍圣丁丑，枢密公尹京，强之试于礼部，既触闻罢而奏名，对策高第。"【《孝
思堂蒋氏宗谱》卷3】

《蒋之武世表》云：之武（1057—？），字卫叔，蒋堂子。绍圣四年进士，
授睦州推官，历鄜延环庆经略安抚使，迁宣徽院宣徽使。子三。【《方东蒋
氏宗谱》卷7等】

【按】前文所述，蒋堂的卒年为1054年，而蒋氏谱记载的蒋之武生年为1057年，明
显不可能。故蒋之武的生父、生卒年、履历，当从墓志。蒋之武与沈辽多有交往，见本谱
第十八卷"熙宁十年"、第十九卷"元丰元年"条目。

从兄之勉（生卒不详）。

《宜兴旧志·隐逸》云：蒋之勉，字敬叔，吏部尚书堂从子。博通典籍，
为浙西大儒。屡荐不仕，学者称"荆南先生"。【《宜兴旧志》卷8《隐逸》】

葛万里《别号录》卷一云：荆南：蒋之勉敬叔。

《宜兴新志·古迹（遗址）》载：柚山精舍：在柚山东麓，宋处士蒋
之勉读书处，见单子发《续风土记》，亦见《旧志·山川》。【《宜兴新志》卷9】

**从兄之仪（1025—1093），官右朝散大夫、知广德军；从兄叔靖（生
卒不详），南安府（治今江西大余）户掾。**

蒋之奇《朝奉大夫之仪公墓志铭》云：……公讳之仪，字德表，常州

宜兴人。……大父讳九皋，累赠兵部尚书。父讳航，以兄堂仕至太子洗马致仕，累赠中大夫。母沈氏，由吴兴郡太君皇祐中进封长寿、长安二邑太君。……中大夫府君捐馆，既二年，复丞尉，知青州临淄，徙丞大理。裕陵即位，泛恩进太子中舍。……亡兄叔靖任南安户掾，卒官。之奇时帅广，致其器以归而未葬。及公赴广德，归扫先茔，合族人葬之，尽哀而去。申公守维扬，之奇时总六路漕事，时见屡称其能，且言："顷治颍上，赖其裨益，太守蒙成焉。"……公娶宋氏，累封崇德、永嘉两县君。……男十二人，璀、璠、玘、璩、莹、瑛、瑄、琚、玿、玠、珲、谷，皆修饬有立。女八人，四人嫁为士妻，余在室。【《孝思堂蒋氏宗谱》卷3】

欧阳发等述《先公事迹》云：先公初贬滁州，盖钱明逸辈为之。……近日小人蒋之奇妄兴大谤，及公移青州，其兄之仪知临淄县，为二司所不喜，力欲坏之，亦以托公。公察其实无他，力保全之。【《欧阳修集编年笺注》第8册，第558页】

《蒋之仪世表》云：之仪，字表叔，蒋康子，元丰三年擢知（广）德州。子一，瑗。【《方东蒋氏宗谱》卷7等】

【按】蒋之仪墓志与蒋氏谱载迥异，不知何故，今从墓志。同时得知蒋之仪另有一兄长，叫蒋叔靖，为南安军（治大庾，今江西大余县）司户参军，卒于官。从蒋之奇所撰《墓志铭》的措辞和内容看，语言烦琐古朴、细节完整翔实，且与蒋之奇自身经历密切相关，当为蒋之奇所作。其中内容，本谱逐年采入。

从兄之翰（1030—1101），曾提点京西北路刑狱，后任知苏州、洪州、湖州、亳州等（本谱后文俱详）。

蒋之奇《宋故朝请大夫知亳州军事之翰公墓志铭》云：建中靖国元年九月丙寅，朝请大夫知亳州军事蒋公宪仲以疾终于州廨之正寝。讣闻，弟之奇适在右府，闻讣号恸。……公讳之翰，宪仲其字也。赠司空讳宏谨、庆国太夫人史氏之曾孙，卫国太夫人尚氏之孙，赠太中大夫讳章、彭城郡太君钱氏之子。……公前在杭州，与今观文吕公惠卿吉甫从事，及吉甫帅鄜延，妙选僚佐，两辟幕府，辞以亲老。辞不行，监内酒坊马军粮院。……裕陵（神宗）上宾，用事者以公在先朝擢常平官，疑必不附己，欲褫所迁官，而公初未拜命，乃撼前言非是，罢知楚州。寻提点广南西路刑狱，改知亳州，易寿州，复得亳，又徙提点京西北路刑狱。……迁职方郎中。哲宗亲政，摄吏部，方乡用公而以疾乞补外，得宣州。未至，易苏州。……知荆南府，充荆湖北路都钤辖。……公春秋七十有二，累官至朝请大夫，勋上柱国，爵武功县开国男，食邑四百户，赐四品服。……先娶薛氏，封金华县君，次娶邵氏，旌德县君，皆先公卒。后娶郎氏，永和县君，治家睦族，咸有条序。之奇蒙恩擢长枢府，遇天宁节，奏赐冠帔。三子，长即璘也，郏府湖城尉，尝锁厅以进士试漕司，褒举首。珣，饶州德兴县尉；琳，苏州常熟簿，皆延赏所及也。……四女，一适信州军事判官邵如（宜兴邵光兄，熙宁进士）；宣德郎、知扬州天长县事郑祖吉；博州防御推官、河东路转运司管勾帐司陈彦文；镇南宁节度推官徐文，莅官业儒，皆有声称。……入本朝，自太尉堂以进士起家，擢第祥符间，职至枢密直学士，官至尚书礼部侍郎，致仕，累赠至太尉，为一时名宦，传在国史。太中兄弟十一人，而三人早亡，则广州司相与大中及我考太师也，故之奇与公为从兄弟，初皆受太尉荫补后，而后乃分散仕宦云。【《孝思堂蒋氏宗谱》卷3】

《蒋之翰世表》云：之翰，字文叔，蒋当子，致和中知亳州、补汴州节度判官，迁荆南军府事兼劝农使，充荆南湖北路兵马钤辖。子一，珒（津）。【《方东蒋氏宗谱》卷7等】

《宜兴旧志·治绩》载："蒋之翰，字文叔，之奇同祖弟。熙宁中以荐，擢签书镇东军节度判官，案无留牍。吕惠卿帅鄜延，两辟幕府，辞不赴。后选知登州，陛辞，神宗顾问久，敷奏详明，甚称上意。明日语宰相曰：'蒋之翰有风力，可使一道，讵止郡守耶？'寻除提点京西北路公事。剧贼王冲往来商邓间，之翰计擒之。哲宗亲政，命摄吏部，以疾乞补外，充荆湖北路都钤辖，肃清诸弊。民间以竹为屋，屡遭回禄。之翰莅任后，无火灾，人以为善政所感。"【《宜兴旧志》卷8《治绩》】

【按】《蒋之翰铭》与蒋氏谱所载内容,差距非常大。另外,蒋之奇有《贺兄之翰宠换苏郡(二首)》,蒋之翰也有和答诗。[《吴都文粹》卷10]知之翰确为之奇兄长,由此可知蒋之奇所撰《蒋之翰墓志铭》所言不虚。同样,蒋之翰之子为蒋璘、蒋珣、蒋珽,并非蒋珒(津)。《宜兴旧志》谓"之奇同祖弟",误。因《蒋之翰铭》内容、笔调与《蒋之仪铭》相类,且与蒋之奇、苏轼都密切相关,故本谱采之并逐年记入。

从兄之器(1031—1097),曾官秘书省校书郎。

《蒋之器世表》云:之器,字成叔,昂子。未仕。配阮宜安女,子三,瑛、珠、玠。【《方东蒋氏宗谱》卷7等】

胡宿《礼部侍郎致仕蒋堂侄之器可试秘书省校书郎制》云:敕具官某侄某:惟乃仲父,实予名臣,鉴知止于道家,还时事于宰旅。寖延酬赏,参泽近支。以尔业承清门,义均爱子,被风训而逾劭,闻学尚之足佳。往试秘丘,初有官簿,懋勉时术,旧取世科,以为庆阀之光,宠不亦美欤!【《文恭集》卷19】

【按】胡宿文中有"惟乃仲父",知蒋堂为蒋之器的大叔父,堂乃蒋昂的大弟。邵必《蒋昂墓志铭》记载蒋昂为蒋堂之弟,疑误。蒋之器授为"秘书省校书郎",也是荫蒋堂之恩,时间是在蒋堂致仕之际,也即皇祐五年(1053)。家谱中说其"未仕",误。

从弟长生(生卒不详)。曾任泉州通判、知海州。

蒋之奇《蒋之仪墓志铭》云:元祐七年秋,吾兄德表任成庆军使终,更代还京师。时之奇蒙恩召为尚书户部侍郎,亦到辇下。……之奇既不得辞,遂入就职。未几,弟长生永伯又罢泉倅到阙。……于是,朝郊祀会,往往接辔连袵,朝夕得以会聚。……居数月,之奇首被命帅镇洮,而兄与永伯又出饯于城西之普安寺。已闻兄以选知广德军矣,而永伯亦擢守海州。明日,皆当过门下省,遂亟以别,各受命之官。【《孝思堂蒋氏宗谱》卷3】

《蒋长生世表》云:长生,字永伯。以父荫秘书正字,历右朝散大夫,知海州,尚书司勋员外郎,知淮南,提点刑狱,知襄州,转中散大夫。生五子,

绾、纬、綖、结、绶。【《柚山蒋氏宗谱》卷7】

胡宿《蒋堂神道碑》云：（蒋堂）子三人，长群玉早卒；次长生；次长源皆为大理评事。女四人，长适刑部郎中知制诰邵必；次适都官员外郎王景芬；次早卒；次适处州青田县尉宋宽。孙续，任大理寺丞、通判利州。初公捐馆，遗恩以续签书平江军节度判官厅公事。自言少孤，育于祖，乞服衰粗以报。朝议以公有子，不许，遂辞疾谒医，去职行服，虽不如礼，识者重焉。

弘治《八闽通志·秩官》载：宋（泉州）知州事：蒋长生，绍圣间任。【弘治《八闽通志》卷32《秩官》】

【按】蒋长生，字永伯，蒋堂次子。曾任泉州通判，擢知海州、知泉州。具体仕宦年月，本谱后文有记述。

从弟之裕（1034—1100），未仕。

《蒋之裕世表》云：昂公次子之裕，字益叔。生于景祐元年甲戌，卒于元符三年庚辰，寿六十有七岁。葬蒋墓。配杨村杨希公女，子一，圆。【《方东蒋氏宗谱》卷7】

【按】宜兴蒋氏宗谱对蒋之裕的记载多有舛误，或云其为蒋航次子，蒋之仪胞弟。或误。

岳珂《苏文忠公书简帖跋》云：轼启。近别，想体中佳胜。田事想烦经画，今遣侄孙赍钱赴州纳。有所买牛车等钱，本欲擘画百缗足，今只有省陌，请收检支用。如少，不过来年正、二月，续得面纳也。余惟万万自爱，不宣。轼顿首公裕蒋君良亲足下。十月十二日。【《宝真斋法书赞》卷12】

【注】另据李之亮［笺注］云：此书（苏文忠公书简帖）作于元丰七年自黄州团练副使量移汝州途中，在阳羡买田后作。蒋公裕，东坡亲情之家。东坡在宜兴买田之后，一直委托此人代为经纪。【《苏轼文集编年笺注》卷74，第401页】

【按】蒋之裕当是"蒋公裕"之讹：宜兴诸《蒋氏宗谱》中无"公裕"之名，同年代人物中只有"之裕"。考苏轼在宜兴交往人士，姓名多有舛讹，诸如县令李去盈、单君觌兄弟、邵彦瞻等等，明清之后宜兴旧志、家谱中，名字分别刻作"李元盈""单君赐""邵民瞻"，这让后人一头雾水。联系北宋崇宁禁锢中，曾诏毁苏公文字，宜兴的东坡题刻、文字尽毁无遗。以上这些人物的名字之所以略作改动，绝非手民误植一语可搪塞，当是后人为避祸而刻意为之。蒋公裕与"蒋之裕"之讹，当属同类情形。详见本谱第 13 卷。

从弟长源（生卒不详），官至朝奉大夫。

米芾《蒋长源小记》云：长源（约生于 1041），字永仲，或曰仲永，蒋堂幼子。官梓州通判、知亳州。工画，喜收藏。【米芾《画史》】

《蒋长源世表》云：长源，字永仲。承父荫秘书正字，历右朝奉大夫，历通梓歙三州太守。配李氏，生一子，彝。【《柚山蒋氏宗谱》卷 7】

程俱《朝散郎直秘阁赠徽猷阁待制蒋公墓志铭》云："公讳彝，字子有，姓蒋氏，常州宜兴人。汉太尉浚道侯横者，有子九人，其季曰默、曰澄，封维岱、亘亭乡侯，始家宜兴。公则亭侯之后也，曾祖讳九皋，累赠太傅。祖讳堂，尚书礼部侍郎，为时名臣，国史有传，累赠少师。考讳长源，庄重博雅，不以势利累心，官至朝奉大夫。以公升朝，累赠至中奉大夫。"【《北山小集》卷 30】

【按】宜兴蒋氏谱大多记载蒋堂的子嗣只有蒋之武一人，与《蒋堂神道碑》《蒋之仪墓志铭》《蒋彝墓志铭》及宋人记述多有不同，疑是蒋堂后人皆移居苏州之故，宜兴蒋氏谱或有缺漏。

从姊丈慕容瓘（生卒不详）。

慕容彦逢（1067—1117）《辞免监察御史奏状》云：兼臣之从祖父瓘，娶知枢密院事蒋之奇从父兄之女，虽臣于之奇非合避亲，及从祖父、从祖母皆已亡殁，然终非所安。伏望圣慈察臣诚恳，特赐追寝成命，所有告命，未敢祗受。谨录奏闻，伏候敕旨。【《摛文堂集》卷 9】

【注】慕容彦逢，宜兴人，北宋晚期刑部尚书。蒋瑎《慕容彦逢墓志铭》载：慕容彦逢，字淑遇，一作叔遇，慕容瓘从孙，宜兴人。哲宗元祐三年进士。崇宁元年，除秘书省校书郎，擢监察御史，中书舍人。大观中，历翰林学士、尚书兵部侍郎、吏部侍郎、兼侍读、知汝州，加集贤

殿修撰。政和七年，以刑部尚书致仕，卒，谥文定。……女婿蒋宁祖，即蒋之奇孙，蒋瑎子。【参见《摛文堂集·附录》】

【按】"蒋之奇从父兄"，即蒋堂兄蒋常，其女，无考。

从姊丈邵必（1005—1068）、王景芬（生卒不详）、宋宽（生卒不详）。

胡宿《蒋堂神道碑》云：（蒋公）女四人，长适刑部郎中知制诰邵必；次适都官员外郎王景芬；次早卒；次适处州青田县尉宋宽。

【注】邵必，亦作邵馞，字不疑，丹阳人。宝元元年进士。历上元主簿、国子监直讲，知高邮军、淮南提点刑狱，京西转运使，居官严厉。入修起居注，知制诰，知谏院。累迁龙图阁学士，知成都，卒于道。子纳史，字公言，蒋之奇之婿。官至秀州通判。【参见《京口耆旧传》卷3、《宋史》卷317《邵亢传（附邵必）》】

王安石《上邵学士书》云：仲详足下：数日前辱示乐安公（即蒋堂）诗石本，及足下所撰《复鉴湖记》。……某幸观乐安、足下之所著，譬由笙磬之音，圭璋之器，有节奏焉，有法度焉。……使后之议者必曰："乐安公，圣宋之儒宗也，犹唐之昌黎而勋业过之。"又曰："邵公，乐安公之婿也，犹昌黎之李汉而器略过之。"……且贺乐安公之得人也。【《临川集》卷75】

【按】邵必两娶蒋氏，一为蒋堂女，一为蒋翔女。

王景芬，武进人。景祐元年（1034）进士，都官员外郎。余不详。【参见乾隆《江南通志》卷119《选举志》】

宋宽，处州青田县尉。余不详。

【按】蒋航墓志铭作者，谱上刊印作"直龙图阁学士邵饮"，疑为"邵馞"之讹。邵馞，也即邵必，蒋堂女婿。邵必，字不疑，擢宝元元年进士第，主上元簿，擢国子监直讲。[《京口耆旧传》卷3]《宋会要》云："龙图阁直学士，治平四年初置，以邵必为之。"[《群书考索·后集》卷10]《御定佩文韵府》云：邵馞，"字不疑，使契丹，以理折屈之，还知谏院"。[《御定佩文韵府》卷98之8]《长编》云：治平二年八月"乙巳，命知制诰邵必权知谏院"。[《长编》卷206]

【又按】宜兴现存清代、民国年间修编的《蒋氏宗谱》有30多种，各谱所载明代以前的世系、世表大同小异。蒋堂、蒋之奇（蒋之翰）、蒋璨（蒋瑃）等几位历史人物为宜兴蒋氏第八十九世、九十世、九十一世的杰出代表，因这几位人物在正史、方志、笔记中记载较多，人物经历的记载大同小异，但生、卒、葬、配、子女的情况，各谱记载不一，疑为后人因故编造篡改。本谱在尊重家谱的基础上，主要采信正史、宋人笔记、墓志中的记载。

是年，单锷（1031—1110）生于宜兴县湖㳇镇，兄锡，弟镇。

慕容彦逢《单季隐墓志铭》云："君讳锷，字季隐，其先金陵人。曾祖谊，初有籍于常之宜兴。……尤能言吴中水利……有献其说于朝者，事下部使者。使者诿君按行，君察其属忌之弗往也。……大观四年（1110）正月十有三日壬子，以疾终于家。享年八十。……而君之兄锡中进士第，儒术吏方有过人者，乃卒于州县。君与弟镇又皆老于场屋。论者疑之。"【《摛文堂集》卷15】

【按】从《单季隐墓志铭》推断，锷与蒋之奇同年生，其兄锡至少出生于前此一年。

附：何郯（1005—1073）《论恩泽等级奏（皇祐二年八月）》。

臣伏见朝廷以文武官入流无限，审官、三班院、流内铨皆除注不行。故尝诏群臣博讲利害，以求省官之策。今选人改官已增立年考，胥吏出职，又议塞他岐，唯贵势奏荐子弟不加裁损，则除弊之源，有所未尽。臣检会文武臣僚奏荐亲属条制文臣自御史知杂已上，武臣自阁门使已上，每岁遇乾元节，得奏亲属一人。诸路转运使、提点刑狱、三司判官、开封府判官、推官、郎中至带馆职员、外郎、诸司使至副使，遇郊禋得奏亲属一人。总计员数，自公卿下至庶官子弟以荫得官及他横恩，每三年为率，不减千余人。旧制虽以服纪亲疏等降推恩，然未立年月远近为限，所以恩例频数。臣僚荫尽近亲外，多及疏属，遂致入仕之门，不知纪极。汉法保任，唐制资荫，本只及子孙，他亲无预，又不著为常例。今本朝沛泽至广，人臣多继世不绝，恩固甚厚，然事久则弊生，亦当改张，以救其失。臣欲乞今后文武臣僚官序合每岁遇乾元节得奏荐亲属之人，除子孙依旧外，期亲候遇郊禋，许奏一人。其余亲属，再遇郊禋，许奏一人。其官序每遇郊禋得奏荐亲属之人，除子孙依旧外，期亲候再遇郊禋，许奏一人。其余亲属，候三次遇郊禋，许奏一人。如此等级裁减，一年内可省入官数十人。积年而计，所省渐多，则仕路之冗，不澄汰而自清矣。朝廷向来已曾更改资荫条制，然而亲子孙亦以限年厘革，是致人心嗟怨，遂即复故。臣今所请，以奏荐疏数为等降，皆缘人情。盖人情于近亲则恩甚厚，于疏属则恩渐薄。今既许近亲依旧制，其疏属止以年月远近为限，不尽隔绝，酌于众心，计亦无怨。惟圣明断而行之，则官滥之源，庶或可塞。其边臣及路分合得恩例，即乞仍旧。如许施行，乞候过今秋大飨后为始。【《长编》卷 169】

　　【按】乾元节：即皇帝生日。郊禋：指升烟祭祀天地。期亲：依丧服制应服齐衰期年之服的亲戚，即服丧一年的亲属。大飨：合祀先王的祭礼。

第二卷 明道元年（1032）至庆历八年（1048）

天圣十年明道元年（1032）壬申 二岁

八月，宫中起火，监察御史蒋堂上书要求赦免当事宫女。

《蒋堂神道碑》云："禁中火，有司欲文致其事，委罪宫人。公上言：'火灾，天意也，陛下恐惧修省，犹恐未至，如闻吏议，欲以宫人为解，女子一问即承，然天可诬乎？'上悟，遽命原之。"

《宋史·仁宗纪二》载：八月辛丑，以晏殊为枢密副使。……壬戌，大内火，延八殿。癸亥，移御延福宫。【《宋史》卷10《仁宗纪二》】

《宋史·五行志二上》载：明道元年八月壬戌，修文德殿成。是夜禁中火，延燔崇德、长春、滋福、会庆、崇徽、天和、承明八殿。【《宋史》卷63《五行志二上》】

十一月，蒋堂上书劾宠臣张耆（？—1048）"慢朝亏职，宜加显黜"。

《蒋堂神道碑》云：时枢密使张耆，章圣藩邸旧臣，尝有德于献后（即刘太后）。后方临朝，耆数移疾，弗治务。公以其"慢朝亏职，宜加显黜"，疏比上，不省。

《宋史·宰辅表二》云：明道元年壬申十一月癸未，张耆自枢密使加兼侍中。【《宋史》卷211《宰辅表二》】

《宋史·张耆传》云：张耆，字元弼，开封人。年十一，给事真宗藩邸，及即位，授西头供奉官。……时建玉清宫，耆奏疏谓殚国财力，非所以承天意。迁相州观察使、马军副都指挥使。从祀汾阴，授威塞军节度使，进宣徽南院使兼枢密副使。……先名旻，至是表改名耆。加尚书左仆射，……进兼侍中，封邓国公。章献太后崩，以左仆射、护国军节度出判许州，移襄、邓、孟、许、陈、寿六州，封徐国公。耆为人重密，有智数。……章献太后微时，尝寓其家，耆事之甚谨。及太后预政，宠遇最厚。……所历藩镇，人颇以为扰……以太子太师致仕，卒，赠太师兼侍中，谥荣僖。【《宋史》卷290《张耆传》】

【注】章献太后，章献明肃皇后（969—1033），真宗赵恒第三任皇后，名不详。益州华阳（今四川成都）人。宋朝第一位摄政的太后，也即民间相传"狸猫换太子"中的刘娥。

《长编》载：天圣五年春正月庚申（初九），降枢密副使、刑部侍郎晏殊知宣州。先是，太后召张耆为枢密使。殊言："枢密与中书两府，同任天下大事，就令乏贤，亦宜使中材处之。耆无它勋劳，徒以恩倖极宠荣，天下已有私徇非材之议，奈何复用为枢密使也？"【《长编》卷105】

十一月甲戌，天圣改元明道。

《宋史·仁宗纪二》载：十一月甲戌，以修内成，恭谢天地于天安殿，谒太庙。大赦。改元。百官进秩，优赏诸军。【《宋史》卷10《仁宗纪二》】

【注】修内司，官署名。北宋始置，属将作监。掌官城和太庙缮修事宜，监官兼用宦官。南宋修内司监烧的瓷器，即修内司窑。【《文史大全》，第257页】

曾巩《隆平集·夏国》记曰：天圣十年，改元明道。元昊避其父名，止称"显道"。【《隆平集》卷20】

欧阳修《归田录》记曰：仁宗即位，改元"天圣"，时章献明肃太后临朝称制，议者谓撰号者，取"天"字于文为"二人"，以为"二人圣者"，悦太后尔。至九年，改元"明道"。又以为"明"字于文"日月并也"，与二人旨同。无何，以犯契丹讳，明年遽改曰"景祐"。是时连岁天下大旱，改元诏意冀以迎和气也。五年，因郊，又改曰"宝元"。自景祐初，群臣慕唐元宗，以"开元"加尊号，遂请加"景祐"于尊号之上。至宝元亦然。是岁，赵元昊以河西叛，改姓元氏，朝廷恶之，遽改元曰"康定"，而不复加于尊号。而好事者又曰："康定乃谥尔。"明年，又改曰"庆历"。至九年，大旱，河北尤甚，民死者十八九。于是又改元曰"皇祐"，犹"景祐"也。六年，日蚀。四月朔，以谓正阳之月，自古所忌，又改元曰"至和"。三年，仁宗不豫，久之康复，又改元曰"嘉祐"。自天圣至此，凡年号九，皆有谓也。【《归田录》卷上】

张端义《改元九次》云：宋仁宗立朝，前后改元九次，宋人亦多有议论。……本朝年号，或者皆曰有谶纬于其间。太平，有一人六十卒字，太宗五十九而止。仁宗、刘后并政，天圣曰"二圣人"，明道曰"日月同道"。【《贵耳集》卷中】

【按】刘后，即章献明肃太后。

明道二年（1033）癸酉　三岁

三月，刘皇后（969—1033）崩，仁宗专政，蒋堂因敢言而擢为侍御史。

《蒋堂神道碑》云：及仁宗复辟，同僚语公盍辩前疏，答曰："彼（张耆）已失势，言之伤薄，吾弗为也。"未几，同僚蹑公前迹而言疏入之。明日，仁宗见称敢言，擢居近侍。执政知公抗疏在前，他日见之，有慰安之语，公曰："言责本职，岂规赏耶？"

《宋史·刘皇后传》云：（章献明肃刘皇后），其先家太原，后徙益州，为华阳人。……年十五入襄邸，王乳母秦国夫人性严整，因为太宗言之，令王斥去，王不得已，置之王宫指使张耆家。太宗崩，真宗即位，入为美人。……天禧四年，帝久疾居宫中，事多决于后。宰相寇准密议奏请皇太子监国，以谋泄罢相，用丁谓代之。……真宗崩，遗诏尊后为皇太后，军国重事权取处分，谓等请太后御别殿……帝位左、太后位右，垂帘决事。……明道元年（1032）冬至，复御文德殿，有司陈黄麾仗，设宫架、登歌、二舞。明年，帝亲耕耤田，太后亦谒太庙，乘玉辂，服袆衣，九龙花钗冠，斋于庙。……

是岁崩，年六十五，谥曰"章献明肃"，葬于永定陵之西北。……后称制凡十一年，自仁宗即位……设幄崇政殿之西庑，而日命近臣侍讲读。……太后保护帝既尽力，而仁宗所以奉太后亦甚备。上春秋长，犹不知为宸妃所出，终太后之世，无毫发间隙焉。及不豫，帝为大赦。【《宋史》卷242《后妃传上》】

十一月，蒋堂与范仲淹、孔道辅等赴垂拱殿伏奏，力阻宋仁宗废郭皇后。

《长编》记曰：十一月乙卯，诏称皇后以无子愿入道，特封"净妃玉京冲妙仙师"，名"清悟"，别居长宁宫。台谏章疏果不得入，范仲淹、孔道辅、蒋堂等赴垂拱殿伏奏力阻。【《长编》卷114】

《宋史·郭皇后传》云：仁宗郭皇后（1012—1035），其先应州金城人，平卢军节度使崇之孙也。天圣二年立为皇后。……后遂废，诏封为"净妃玉京冲妙仙师"，赐名"清悟"，居长乐宫。于是中丞孔道辅、谏官御史范仲淹、段少连等十人伏阁，言后无过，不可废，道辅等俱被黜责。景祐元年出居瑶华宫。【《宋史》卷242《后妃传上》】

宫梦仁《谏官伏阁十人》记曰：仁宗欲废郭后，十人诣垂拱殿伏奏，诏知远州：孔道辅、范仲淹、孙祖德、段少连、宋庠、蒋堂、郭劝、马绛、杨偕、刘涣。【《读书纪数略》卷22】

十二月乙卯，仁宗废皇后郭氏，孔道辅、范仲淹等被贬谪，蒋堂幸免。丁巳，诏明年改元"景祐"。

《宋史·仁宗纪二》载：十二月乙卯，废皇后郭氏为净妃、玉京冲妙仙师，居长宁宫。御史中丞孔道辅率谏官、御史，大呼殿门请对，诏宰相告以皇后当废状。丙辰，出道辅及谏官范仲淹，仍诏台谏自今毋相率请对。丁巳，诏明年改元。……是岁，畿内、京东西、河北、河东、陕西蝗，淮南、江东、两川饥，遣使安抚，除民租。【《宋史》卷10《仁宗纪二》】

景祐元年（1034）甲戌　四岁

约是年初，蒋堂进侍御史。正月，任科考封印官。不久，在御史台台院、殿院、察院（三院）任职，旋调任三司度支院（主管财政支出）负责人，因表现突出，赐绯衣银鱼（五品以上官员的一种服饰）。

《宋会要辑稿·选举》载：正月十六日，以翰林学士章得象等权知贡举，侍御史蒋堂、右正言滕宗谅封印卷首，直史馆张子皋、集贤校理陈商充覆考官，侍御史杨偕、直集贤院王举正、崇文院检讨王宗道考试知举官亲戚举人，直集贤院韩琦充覆考官。【《宋会要辑稿·选举一九》】

《蒋堂神道碑》云：岁余，（蒋堂）遍历三院，判三司度支勾院，赐绯衣银鱼。

三四月间，蒋堂的上司范讽好高骛远、放逸渎职，蒋堂十分担忧。不久，以侍御史出为江南东路转运使，驻昇州（今江苏南京）。朝堂陛辞时，当面向仁宗检举范讽。范讽罢职。蒋堂刚到转运使任上，即上书建议减少任命武官为知州、知军，应多任命文职官员。不久，建言裁撤淮南、江浙、荆湖制置发运使，其职责由淮南转运使兼领。

《蒋堂神道碑》云：时三司使范讽高虚废务，公以为忧。顷之，以侍御史出为江南东路转运使。辞日，面陈（范）讽放逸不事事，大隳厥职。仁宗额之。未几讽罢。

胡宿《送御史蒋公赴漕江东》诗云：簪笔天阶柱下官，孤风凛凛振台端。坐曹常佐甘泉计，奏事曾纡武帐冠。一日雕龙分使节，几年骢马避朝鞍。商功未是须贤地，荷橐行归侍玉銮。【《文恭集》卷4】

《宋会要辑稿·礼》载：景祐元年四月十三日，侍御史蒋堂言："敕差江东转运使，未曾朝辞，遇乾元节，乞随班上寿。"诏许令陪位上寿，应授差遣未辞谢人，准此例。【《宋会要辑稿·礼五七》】

《长编》记载：元年四月丁巳，新江东转运使蒋堂言："窃见诸路差武臣知州军等，多是素昧条教，不知民事。欲乞自今除扼要边陲之处，合选任近上武臣外，其余州军即改差文资。"上令谕枢密院："今后差武臣知州军并须择人。"〔原注：《会要》景祐元年四月二十九日事。〕《长编》又载：冬十月庚申，罢淮南江浙荆湖制置发运使，仍诏淮南转运使兼领发运使司事，其制置茶盐矾税，各归逐路转运司。〔原注：此必有献议者，当考。蒋堂亦其一人也。〕【《长编》卷114、卷115】

戴扬本《北宋时期转运司分合时间并治所一览表（以下简称"转运司一览表"）》云：江南路，开宝九年置。太平兴国元年分东、西路。东路治所昇州，西路治所洪州。【《北宋转运使考述》，第138页】

是年，昇州重修蒋庙（祀蒋子文），蒋堂为之作祭文，女婿邵必篆书。

张敦颐《六朝事迹编类》载：景祐重造蒋庙。碑，凌阳景撰，今置蒋庙庭下。……蒋庙篆祭文：蒋堂文，邵必篆。今在庙中。【《六朝事迹编类》卷下《碑刻门第十四》】

《六艺之一录·南直隶碑》云：蒋庙祭文：蒋堂撰，邵必篆。在本庙。【《六艺之一录》卷111】

景祐二年（1035）乙亥 五岁

新春正月十七日，蒋堂改任淮南转运使兼发运司事，驻楚州（今江苏淮安）。当时因为中央政府认为发运使的设置并不方便，建议裁撤。蒋堂认为，为保证京城日常所需，应该保留发运使司。宋仁宗同意蒋堂的建议。蒋堂在任上，年内超额完成任务。淮南任内约一年中，蒋堂向吏部举荐二百多名下属官员，认为如果有二三成能用，也是对国家的一种报答，其中就有天章阁待制杜杞（1005—1050）、知江都县范端（1008—1060）、监淮岸局丁元规（1001—1054）等。

《蒋堂神道碑》云：至江东数月，会朝廷废江淮发运使，均岁漕钱帛之数，取办六路，以公为淮南转运使兼发运使。更张甫至，纲目未立，凡百经制，出于心术，岁终奏计六百万，玺书褒美焉。

《长编》载：春正月壬寅，徙江东转运使蒋堂为淮南转运使兼发运司事，时上封者屡以废发运司非便。堂言："裴耀卿、刘晏、第五琦、李巽、裴休皆尝为江淮、河南转运使兼领发运司事，而岁输京师常足。"诏用其议。堂在淮南岁荐部吏二百员，曰："十得二三亦足报国矣。"【《长编》卷116】

沈括《梦溪笔谈》载：蒋堂侍郎为淮南转运使日，属县例致贺冬至书，皆投书即还。有一县令使人独不肯去，须责回书，左右谕之皆不听，以至呵逐亦不去，曰："宁得罪。不得书，不敢回邑。"时苏子美在坐，颇骇怪，曰："皂隶如此野很，其令可知。"蒋曰："不然，令必健者，能使人不敢慢其命令如此。"乃为一简答之，方去。子美归吴中月余，得蒋书曰："县令果健者。"遂为之延誉，后卒为名臣。或云乃天章阁待制杜杞也。【《梦溪笔谈》卷10《人事二》】

曾巩《库部员外郎知临江军范君墓志铭》云：嘉祐五年六月辛巳，尚书库部员外郎、知临江军事范君卒于位，年五十有三。……君讳端，字思道，江州德化人也。……始为江都，会岁旱，张若谷为扬州，遣吏数人与君皆出视民田，他吏还者白岁善，君还独白田实旱，若谷初不是之也，君持旱苗力争，乃卒是君所白。吴遵路、蒋堂为淮南转运使，使君护河役，君往视之，还言河不可为。遂罢君，用他吏护役，而河果不可为。二人者，其初皆怒，已乃感悟，共荐之。【《元丰类稿》卷43】

胡宿《故尚书都官员外郎丁公墓志铭》载：至和甲午六月二十四日，尚书都官员外郎济阳丁公卒于京师之朝集院，年五十四。位不配德，论者伤之。君讳某，字元规……中叶迁播，徙贯于晋陵。……再调楚州团练判官，发运使吏部蒋公举监淮岸局，督是漕事。秩满，迁秘书省著作佐郎，知江宁府句容县。【《文恭集》卷37】

胡宿《寄临淮蒋使君》云：汉台分刺辍名臣，隼旆还临磐水滨。殿石乍辞龙尾远，印鬐初结兽头新。贯花佛会连香刹，种杏仙阴接宝邻。荆府依刘心未获，却怜驯鹿伴行春。【《文恭集》卷4】

戴扬本《转运司一览表》云：淮南路，乾德元年置，治所楚州。太平兴国元年分东、西路。东路治所楚州，西路治所寿州。至道三年，合并，治所扬州。熙宁五年九月分，东路治所扬州，西路治所寿州。元丰元年，合并，治所扬州。八年分，东路治所扬州，西路治所寿州。【《北宋转运使考述》，第138页】

【注】因蒋堂、蒋之奇、蒋璨等蒋氏族人曾长期担任"转运使"和"发运使"，特将这两个官职作一简单说明。

【都转运使（转运使副使、判官）】掌经度一路财赋，而察其登耗有无，以足上供及郡县之费。岁行所部，检察储积，稽考帐籍，凡吏蠹民瘼，悉条以上达，及专举刺官吏之事。熙宁初，诏河东、河北、陕西三路漕臣许乘传赴阙，留毋过浃日。既又诏三路漕臣，令自辟属各二员，以京朝官曾历知县者为之。二年，诏川、陕、闽、广七路除堂选守臣外，委转运司依四选例，立格就注，免赴选。具为令。元丰初，诏河北、淮南、京东、京西及陕右虽各析为两路，许依未析时通治两路之事，钱谷听其移用。元祐初，司马光请漕臣除三路外，余路毋得过二员。其属官溢员亦省之。绍圣中，诏淮、浙、江、湖六路上供米，计其近远分三限，自季冬至明年八月，以次输足。大观中，陕西漕臣以四员为额。……[《宋史》卷167《职官志七》] 转运使本来是主管运输事务的地方官职。宋太宗时，为削夺节度使的权力，于各路设转运使，其官衔称"转运使司"，俗称"漕司"。转运使除掌握一路或数路财赋外，还兼领考察地方官吏、维持治安、清点刑狱、举贤荐能等职责，实际上已成为一路之最高行政长官。以后，陆续设立了提点刑狱司、安抚司等机构，分割转运使的权力。若以两省五品以上官任，或需兼领数路财赋者，称"都转运使"。

【发运使（副、判官）】掌经度山泽财货之源，漕淮、浙、江、湖六路储廪以输中都，而兼制茶盐、泉宝之政，及专举刺官吏之事。熙宁初，辅臣陈升之、王安石领《制置三司条例》，建言："发运使实总六路之出入，宜假以钱货，继其用之不给，使周知六路之有无而移用之。凡上供之物，皆得徙贵就贱，用近易远。令预知在京仓库之数所当办者，得以便宜蓄买以待上令，稍收轻重敛散之权归于公上，则国用可足，民财不匮矣。"从之。既又诏六路转运使弗协力者宜改择，且许发运使薛向自辟其属。又令举真、楚、泗守臣及兼提举九路坑冶、市舶之事。元祐中，诏发运使兼制置茶事。至崇宁三年，始别差官提举茶盐。……[《宋史》

卷 167《职官志七》] 宋朝发运使是发运司的最高长官，一般设一至两名，而发运司是全国漕运的管理机构。发运司对上承担中央下达的使命，对下负责漕运的调度管理、货物运输。宋朝发运使的权力相当大，除了管理漕运物资以外，还兼有监督地方官员的权力。同时，对地方茶盐贸易、铸钱等领域进行干涉，还参与地方赈灾及水利修建。

景祐三年（1036）丙子　六岁

蒋堂在发运使任上，因表现突出，考绩而升尚书吏部员外郎，复以劳赐金鱼袋及紫衣（官阶在三品以上）。

《蒋堂神道碑》云：以公为淮南转运使兼发运使。更张甫至，纲目未立，凡百经制，出于心术。岁终奏计六百万，玺书褒美焉。未几，就除尚书吏部员外郎，复以劳赐金紫，坐部吏犯法，按举失实，移知越州。

八月庚申，王蒙正"姑入人罪案"案发，因蒋堂未及时察举，受牵连而降为知越州（今浙江绍兴）。九月（一说十二月），到越州任。

《长编》记载：三年八月庚申，初知蕲州、虞部员外郎王蒙正故入知蕲水县、太常博士林宗言死罪，诏殿中侍御史萧定基往按之。定基谕所随吏蔡颙等曰："蒙正必赂汝，汝第受之，亟告我。"蒙正果赂颙等直三百万，定基因以正其狱。庚申，贬蒙正为洪州别驾。本路转运使蒋堂坐失察举，降知越州。【《长编》卷119】

【按】某路"转运使"的职级，在"知某州（一般州郡，非会府）"之上。

《宋会要辑稿·刑法》记载：景祐三年八月十五日，知蕲州、虞部负外郎王蒙正责洪州别驾，坐故入林宗言死罪，合追三官勒停，特有是命。……宗言将官麻入己，罚铜八斤，特勒停。……转运使蒋堂、吴遵路以勾当发运劳绩，免勘，优与知州。【《宋会要辑稿·刑法四》】

郑戬《宋（越州）太守题名记（并序）》载：吏部员外郎蒋堂，景祐三年九月移自淮南转运使，四年五月知苏州。【《会稽掇英总集》卷18】

嘉庆《大清一统志·名宦（绍兴府）》载：蒋堂，宜兴人。景祐中知越

州，州有鉴湖，溉田八千顷，前守听民自占，多为豪右所侵。堂奏复之。【嘉庆《大清一统志》卷107】

《会稽志·职官志》记载：李照，景祐二年十二月以刑部员外郎、集贤校理知，三年十一月移明州。蒋堂，景祐三年十二月以吏部员外郎知，四年五月移苏州。郎简，景祐四年五月以右谏议大夫知。【《会稽志》卷2】

知越州期间，蒋堂设法收回被非法围垦的鉴湖水面，废淫祠，重修禹庙、马侯故祠等，深得百姓爱戴。邵必作《复鉴湖记》，王安石高度赞赏。

《蒋堂神道碑》云：未几，就除尚书吏部员外郎，复以劳赐金紫。坐部吏犯法，按举失实，移知越州。汉太守马臻所治鉴湖在焉，无虑溉田八千顷，至是，越人夺湖水以名己田，故水日堙，湖田日广，贫民失水利，豪姓擅地产。公条奏利病，诏复为湖。俗信奸巫，奉淫鬼，境内所祀非旧典者，皆翦治之，取其像弃湖中，材瓦悉送官。众初骇，以为蔑神。公乃尊禹祀，新马侯故祠，岁时斋荐之。民靡然而趋正享，知淫祀之无福焉。曾巩《序越州鉴湖图》记曰："湖周三百五十八里，汉顺帝永和五年马臻所创。南并山，北属漕渠，东西距江，溉山阴、会稽两县十四乡田九千顷。宋兴，民始有盗湖为田者，祥符间二十七户，庆历间二户，为田四顷。时三司转运司犹切责州县，复田为湖。治平间，盗者八十余户，田七百余顷，而湖几尽矣。自此，蒋堂、杜杞、吴奎、张次山、刁约、范师道、张元长、张伯玉、陈宗喜、赵诚等各为之计，而废日甚，盖法令不行，而苟且之俗胜也。""禁民为田而岁以农隙浚湖，则蒋堂以后诸公成说具在，故南丰具载之，以待来者。其事可载国史，而其文可成诵云。"【《黄氏日抄》卷63】

王安石《上邵学士书》云：仲详足下：数日前辱示乐安公（即蒋堂）诗石本，及足下所撰《复鉴湖记》……某幸观乐安、足下之所著，譬由笙磬之音，圭璋之器。……【《临川集》卷75】

十二月十九日，苏轼降生。

《东坡先生年谱》云：仁宗皇帝景祐三年丙子，先生生于是年十二月十九日乙卯时。［按］先生《送沈逵诗》云："嗟我与君皆丙子。"又有《赠长芦长老诗》云："与公同丙子，三万六千日。"［又按］《玉局文》云："十二月十九日，东坡生日，置酒赤壁矶上。"［又按］《志林》云："退之以磨蝎为身宫，而仆以磨蝎为命。"若以磨蝎为命，推之则为卯时生。议者以先生十二月为辛丑，十九日为癸亥。日丙子、癸亥水向东流，故才汗漫而澄清。子卯相刑，晚年多难。【《东坡全集》卷首】

景祐四年（1037）丁丑　七岁

年初，蒋堂在越州任上。闲暇时刻，蒋堂常与同僚和文人墨客悠游作诗，追慕永和王羲之故事，会友作诗。又为"妙喜庵"题名，并以诗记之。

蒋堂越州诗：《题曲水阁诗》《诸官诗成因书二韵于后》《寄题望湖楼》《寄题西园》【《会稽掇英总集》卷2】《景祐丁丑创曲水亭寮属同赋（二首）》（略）。【蒋堂：《春卿遗稿》】

嘉庆《大清一统志·古迹（绍兴府）》载：曲水阁，在卧龙山西麓。宋景祐间太守蒋堂建，取兰亭故事为名。又有惠风阁，宋史浩建，与曲水相接，有若阁道，今为飞盖堂。【嘉庆《大清一统志》卷106】

蒋堂《题妙喜庵（并序）》云："闰公者，越之大士也。今年秋，于鉴湖中得有唐妙喜寺遗址，结茅而居，昔刺史李逊作记，云'云霞草树，横在一目'，即其地也。予嘉之，乃以寺之昔名名其庵。复赞道行，形于鄙句云：禅公览古意徘徊，偶结云庵向北来。满目沧洲围野景，一枝金策卓秋苔。沙边水鸟衔花至，月下渔人施供回。或访稽山旧徒侣，樵风应为送浮杯。"【《会稽掇英总集》卷9】

五月，有诏，蒋堂移知苏州，遍修苏州池馆庙宇。此前，蒋堂在离开越州前夕，上书弹劾齐廓、齐唐"弃亲不养"。

蒋堂《北池赋（并序）》云：余景祐丁丑岁被命守苏，池馆必葺，常赋《北池宴集》诗。是时,端明张安道(即张方平)为邑昆山,亦留风什,传刻于石,故事在焉。去此涉一纪,余复佩苏印,感旧成赋,聊以寄怀云。【蒋堂:《春卿遗稿》】

《吴郡志·牧守》记载,范仲淹:朝散大夫、员外郎、天章阁待制,景祐;蒋堂:朝奉郎、尚书吏部员外郎,景祐四年六月。【《吴郡志》卷11《牧守》】

叶清臣《御书(云岩寺)阁碑》记载:景祐四年冬十月,知军事臣(蒋)堂始大前构,撤故以新。奏取郡民绝籍而财入县官者钱一百七十万,以售工材。……惟(蒋)堂以直清通敏,行己从政,忠而爱君,不以远迩。【《吴郡志》卷32《郭外寺》】

正德《姑苏志·古今守令表》云:蒋堂,景祐四年五月以知越州移任,在官百日,召判尚书刑部三司户部勾院。【正德《姑苏志》卷3】

七月辛酉,因蒋堂上奏弹劾,齐唐被罢职,齐廓未受处置。

《长编》载:秋七月辛酉,知越州蒋堂言:"太子中舍致仕齐执象,有子廓为荆湖南路提点刑狱、唐为吉州司理参军。执象与其妻皆年高,居里中,而唐仍累任不归。请除唐邻近一官,以便侍养。"诏唐使归,置廓不问。廓,会稽人,在湖南,能任其职,潭州鞫系囚七人为强盗,当论死,廓讯得其状非强,付州使劾正,乃悉免死,不取以为功。平阳县自马氏时税民丁身钱,岁输银二万八千两,民生子,至壮不敢束发,廓奏悉蠲除焉。唐既坐责,虽置廓不问,然士论薄之。【《长编》卷120】

《宋史·齐廓传》云:越州蒋堂奏廓及唐父母垂老,穷居乡里,二子委而之官,唐复久不归省,于是罢唐,令归侍养。廓方使湖南,虽置不问,然士论薄之。【《宋史》卷301《齐廓传》】

约在是年秋后,蒋堂至苏州。一到任上,结识知昆山县张方平(1007—1091)。蒋堂大为赏识,并举荐其参与贤良方正、能直言极谏科选拔,张

方平考中优等。作《北池赋（并序）》以赠。

苏轼《张文定公墓志铭》云：公姓张氏，讳方平，字安道。其先宋人（今河南商丘）也，后徙扬州。……景祐元年中选，授校书郎，知昆山县。蒋堂为苏州，得公所著《刍荛论》五十篇，上之，以贤良方正能直言极谏荐公，射策优等，迁著作佐郎，通判睦州。……以太子太保致仕。元祐六年诏复置宣徽使，乃命公复南院。章四上，不拜，玺书嘉之。以其年十二月二日薨，享年八十五。【《东坡全集》卷88】

蒋堂延誉年轻的卢秉（？—1092），后官至待制。

《宋史·卢革传》云：卢革（1004—1085），字仲辛，湖州德清人。少举童子，知杭州马亮见所为诗，嗟异之。……至登第，年才十六。……以光禄卿致仕。用子秉恩转通议大夫，退居于吴十五年。……卒，年八十二。秉，字仲甫，未冠，有隽誉。尝谒蒋堂，坐池亭，堂曰："亭沼粗适，恨林木未就尔。"秉曰："亭沼如爵位，时来或有之；林木非培植根株弗成，大似士大夫立名节也。"堂赏味其言，曰："吾子必为佳器。"中进士甲科。……元祐中，知荆南。刘安世论其行盐法虐民，降待制、提举洞霄宫，卒。【《宋史》卷331《卢革传》】

蒋堂爱苏州山水，于是在苏州置地筑宅，移家苏州。在官仅百日，召判尚书刑部三司户部勾院。

《吴郡志·园亭》记载：隐圃，在灵芝坊，枢密直学士蒋堂之居。堂两守吴，谢事因家焉，自号遂翁。圃中有岩扃、水月庵、烟萝亭、风篁亭、香严峰、古井、贪山等，堂尝自赋《隐圃十二咏》，结庵池上，名水月。宅南小溪上结宇十余柱，名溪馆，又筑南湖台于水中，皆有诗。【《吴郡志》卷14《园亭》】

宝元元年（1038）戊寅　八岁

景祐末宝元初，蒋堂回京，判尚书刑部、三司、户部的勾院任职（专职审计），后又在三司担任副使（主管财政收支平衡）。当时，西北地区因遭西夏入侵，蒋堂建议"蠲去横赋，以纾其民"。

《蒋堂神道碑》云：代还，判尚书刑部、三司户部勾院，历户部度支盐铁三司副使。乘西师之后，关中困乏，及夏人送款，疆事略定，公建白一切蠲去横赋，以纾其民。

是年，蒋潪生幼子之武，后立为蒋堂嗣子。

蒋静《宋故宣德郎致仕之武公墓志》云：公讳之武，字文翁。蒋自后汉以来为常州宜兴著姓。公乃赠司空讳弘谨之曾孙，太傅讳九皋之孙，曾太师讳潪之子，而礼部侍郎赠太尉讳堂之侄，知枢密院事、故观文殿学士讳之奇之亲弟也。……未几，以疾卒于宜兴正寝，实大观二年（1108）二月二十日也，享年七十有一。【《柚山蒋氏宗谱》卷3】

【按】照蒋之武卒年推算，之武约生于宝元元年。

是年，邵必登吕溱榜进士第，同年中有司马光（1019—1086）、吴充（1021—1080）等。

司马光《和吴冲卿崇文宿直，睹壁上题名见寄，并寄邵不疑》诗序：冲卿诗序，仆与不疑三人同登进士，同自太学官入校集贤书，又尝同直一室。今不疑谪南方，仆佐东平，冲卿因宿直，观壁上题名，为诗代书。【《传家集》卷2】

宝元二年（1039）己卯 九岁

秋七月丁丑，户部副使蒋堂出任体量安抚使，负责梓夔路（辖今鄂西、川东、渝、黔大部）的赈济安抚。

《蒋堂神道碑》云：东川饥，受诏为梓州路安抚使，劳徕安定，全活甚多。

《长编》记载：秋七月丁丑，两川自夏至秋不雨，民大饥。庚辰，命起居舍人、知制诰韩琦为益利路体量安抚使，西染院副使兼阁门通事舍人王从益副之；户部副使、吏部员外郎蒋堂为梓夔路体量安抚使，左藏库副使兼阁门通事舍人夏元正副之。【《长编》卷124】

蒋堂还朝，任户部郎中、天章阁待制。女婿邵必（不疑）为国子监直讲。

孔平仲《青骨不识字》中记载：宋庠罢参、郑戬罢枢、叶清臣罢计、吴安道罢尹，盖吕文靖恶其党盛也。时数公多以短封廋词（隐语）相往来，如"青骨不识字""米蒂子作版"之类。"青骨"谓蒋堂，时谚谓"知制诰"为"识字"，"待制"为"不识字"。杨吉作发运，以饷权要，得户部副使。【《谈苑》卷3】

【按】吕文靖，即吕夷简（978—1044），字坦夫，寿州（今安徽凤台）人。天圣六年（1028），拜相。明道二年（1033），罢相，不久复职。景祐二年（1035），迁右仆射。康定元年（1040），再次拜相。名列"昭勋阁二十四功臣"之一。

江休复《嘉祐杂志》载：宋子京判国子监，进《礼记》石经本，并请邵不疑同上殿，以备顾问。无何，上问："古文如何？"邵不疑对："古文大篆，于六体义训不通。今人之浅学，遂于一字之中，偏傍上下杂用，古文遂致乖乱。"又问："林氏小说？"对云："亦有长义，然亦有好怪处。"上一一问之，对云："许慎《说文》云：'归'字从堆，从止，从帚，从堆为声。林氏云从'追'，于声为近，此长于许矣。许氏'哭'从哭从狱省文。林乃云'象犬嗥'。此怪也。"

【按】宋子京，即宋祁（998—1061），字子京，小字选郎。开封府雍丘县（今河南杞县）人。天圣二年，与其兄庠同举进士。宝元二年，升天章阁待制，判太常礼院，至国子监。嘉祐五年，修《唐书》毕，升为尚书左丞、工部尚书。六年，拜翰林学士承旨，复任群牧使。三月，卒于东京，谥"景文"。

康定元年（1040）庚辰 十岁

蒋堂以天章阁待制，充淮南江浙荆湖制置发运使，负责江淮荆浙诸路转运司货物采办。蒋堂在任五年，从未假公济私。

《蒋堂神道碑》云：还朝，除户部郎中、天章阁待制，充江淮发运使。承前居是职者，每岁上计，必取大艑载奇物、输权门以售进，公再任前后五年，未尝一至都辇，章奏皆附驿而上。

《宋会要辑稿·职官》云：康定元年五月一日，中书门下言："近差天章阁待制蒋堂充江淮等路发运使，其淮南、两浙、江南东西、荆湖北路转运司，自来凡有发运司文牒，移易钱帛，逐路多占留，欲令自今公共应副，务从办集。"从之。【《宋会要辑稿·职官四二》】

徐乾学《通鉴后编》及《江苏省通志稿》记载：夏四月庚寅，以盐铁副使、吏部员外郎蒋堂为天章阁待制、淮南江浙荆湖制置发运使。先是，发运使上计造大舟数十，载江湖物入遗京师权贵。堂曰："吾岂为此？岁入自可附驿奏也。"前后五年，未尝一至京师。【《通鉴后编》卷46、《江苏省通志稿·大事记》】

乾隆《江南通志·舆地志》载：（句容）下蜀镇，县北六十里，东去镇江府界十五里。唐置盐铁转运使在扬州，宋发运使在真州，皆于江南岸置仓转搬。今下蜀镇北有仓城基并盐仓，遗址尚存。乾隆《江南通志·职官志》载：自太平兴国二年初，置江淮发运使于京师，遥掌漕事。至道元年，始就淮南置局，其后屡省屡复，俱在淮南之地。庆历七年，置司于真州（今扬州仪征）。【乾隆《江南通志》卷25《舆地志·关津一》、卷101《职官志·文职三》】

时，王安石丁父忧，居江宁。期间有《上蒋侍郎书》。

王安石《上蒋侍郎书》云：某尝读《易》，见《晋》之初六曰："晋如摧如，贞吉。罔孚，裕，无咎。"此谓离明在上，己往应之。……虽某居丧之制，越在草土，厌冠苴屦，不入公门，苟候外除，然后请于左右，倏然朝廷走一封之传，升执事于严近，与诸公对掌机政，召和气于天下，则必廉隅之上，体貌之殊绝，廊庙之间，贵贱之不接。某于是时，愿拜风采，则无因而至前矣。今所以道可进之时，不以丧礼自忌，直诣铃下，期一拜伏者，诚以斯时之难得会也。执事必以某进得其时，于道无所戾，赐之坐次，察其言行。若乃时政之得失，国家之大体，虽不能尽识其所底，至于前古之盛鉴，圣贤之大意，亦少见其素蕴焉。而某受知于执事，岂止于兹乎？冀异时执事陶熔之下，庶或裨于均政之万一。言质意直，干浼英听，无任惶越之至。【《王文公文集》卷2，第22—27页】

【按】王安石文中云"虽某居丧之制，越在草土"，而《宋史·王安石传》有云"（嘉祐末）以母忧去，终英宗世，召不赴"。故知此时王安石是为其父居丧。当时，蒋堂为淮南江浙荆湖制置发运使（驻真州），王安石一直没有前去拜访，故作此书以投。

乘闲暇时间，蒋堂移古桧于淮南发运使司，元绛等赠以诗。

魏了翁《跋蒋希鲁密学帖》记云：右枢密直学士蒋堂希鲁二诗。前诗遂翁者，乃公自号也。元厚之（元绛）赋《淮漕司庭桧》诗，有"孤根元是遂翁移"之语，即指公也。【《鹤山集》卷59】

【注】元绛（1008—1083），字厚之，钱塘人。登进士第，为江宁推官。迁江西转运判官，知台州。累迁翰林学士，拜参知政事。

庆历元年（1041）辛巳　十一岁

蒋堂以吏部郎中出知洪州（今江西南昌），不久，改知应天府兼南京留守司（今河南商丘古城）。年底，升左司郎中，改知杭州。

《蒋堂神道碑》云：除河东转运使，未行，徙知洪州。又改应天府兼南京留守司。岁余，迁左司郎中，知杭州。

雍正《江西通志·秩官（知洪州）》有：高继宣，由西上阁门使任。蒋堂，字希鲁，宜兴人。以吏部郎中任，历礼部侍郎。张若谷，字德绦，沙县人，庆历间任。【雍正《江西通志》卷46】

庆历二年（1042）壬午　十二岁

年初，蒋堂到杭州任。六月，由天章阁待制升为枢密直学士，知杭州如故。胡宿有贺诗。其间，在成都的下属张俞来游杭州，互有唱和。另外，

与著名僧人惟政为方外之交，也有诗书往来。

《蒋堂神道碑》云：岁余，迁左司郎中，知杭州。会高选名臣，以殿右蜀，迁枢密直学士。

《乾道临安志·牧守》中记载：庆历二年（1042）六月甲午，以尚书户部郎中、天章阁待制、知应天府蒋堂为左司郎中、知杭州。【《乾道临安志》卷3】

胡宿《酬杭州知府蒋密学以移漕见赠之什》诗云：雕章传赠至苏台，盥手焚香日几回。玉札已叨三锡命，瑶华兼枉二南才。清明花卉迎前发，紫翠湖山满望来。曾是绛纱为弟子，故时经帙许重陪。【《永乐大典》卷10999】

魏了翁《跋蒋希鲁密学帖》记云：右枢密直学士蒋堂希鲁二诗。……少愚，则白云张氏（即张俞，又作张愈）字也。公再守杭，白云自蜀游杭，道旧赋诗，情思蔼然，而笔画劲直有法，尤为可宝。传谓公修洁，遇事不少屈，好学工文词，尤耆作诗。而伊川程子记蜀守，亦称公损遨乐、毁祠、修府舍三事，观此盖可想见其为人矣。或曰之二诗盖装背失次，后诗当在前，乃白云留杭日面故书名；前诗当在后，乃白云去杭后寄住，故称私号，亦未知然否？【《鹤山集》卷59】

《宋史·张愈传》云：张愈，字少愚，益州郫人。其先自河东徙。愈隽伟有大志，游学四方，屡举不第。宝元初，上书言边事，请使契丹，令外夷相攻，以完中国之势，其论甚壮。用使者荐，除试秘书省校书郎，愿以授父显忠而隐于家。文彦博治蜀，为置青城山白云溪，杜光庭故居以处之。丁内艰，盐酪不入口，再期，植所持柳杖于墓，忽生枝叶，后合抱。六召不应。喜奕棋，乐山水，遇有兴，虽数千里辄尽室往。遂浮湘沅，观浙江，升罗浮，入九疑，买石载鹤以归。杜门著书，未就卒。【《宋史》卷458《隐逸传中·张愈》】

《佛祖纲目·净土素法嗣法眼第四世·惟正小传》记载：惟正，华亭黄氏子。……年十八为大僧。独拥毳袍且弊，复有愿输岁时用度，俾继院务。正复谢曰："闻托钵乞食，未闻安坐以享；闻历谒诸祖，未闻废学自任。

况我齿茂气完，正在筋力为礼，非从事屋庐之秋也。"遂游方。……尝跨一黄犊出入，军持、巾钵悉挂角上，故俗呼为"正黄牛"。侍郎蒋堂出守杭州，与正为方外交。正每往谒，至郡庭下犊，谈笑终日而去。【《佛祖纲目》卷36】

厉鹗《惟政小传》记载：惟政，余杭僧，有《锦溪集》。《补续高僧传》云：政禅师住功臣山，标致甚高。蒋侍郎堂守钱塘，与师为方外友。冬不拥炉，以荻花作毬，纳足于中，客至共之。好玩月，盘膝大盆中，浮于水上，自旋其盘，吟笑达旦，率以为常。出入常跨一黄牛，世称为"政黄牛"。【《宋诗纪事》卷91】

惟政《辞侍郎蒋公宴客见招》诗云：昨日曾将今日期，出门倚杖又思惟。为僧只合居岩谷，国士筵中甚不宜。【《宋诗纪事》卷91】

庆历三年（1043）癸未 十三岁

三月戊子，贾昌朝（997—1065）自右谏议大夫、权御史中丞除参知政事。在天圣初，贾昌朝尝为常州主簿。五年（1027），知宜兴县事，期间曾重修宜兴城中的长桥。

《宜兴旧志·桥梁》载：长桥，在县治正南，去县治二十步。……宋景德初复毁。三年修建，令李若谷经始，嗣令贾昌朝竣工，高广有加于旧。《宜兴旧志·守令》载：贾昌朝，真定获鹿人。殿中丞。天圣五年任。【《宜兴旧志》卷2《桥梁》、卷5《守令》】

【按】贾昌朝，字子明，真定获鹿人。赐同进士出身，主晋陵簿。赐对便殿，除国子监说书。再迁殿中丞，历知宜兴、东明县。……嘉祐元年，以同中书门下平章事为枢密使。三年，文彦博请罢，谏官称其建大宅第、勾结宦官等，以镇安军节度使、右仆射出判许州，又以保平军节度使、陕州大都督府长史移判大名府兼安抚使。宋英宗即位，改任凤翔节度使，加左仆射、凤翔尹。治平元年，以侍中再守许州。二年，因病留居京师，以左仆射、观文殿大学士判尚书都省。七月病逝。赠司空兼侍中，谥文元。【参见《宋史》卷211《宰辅表二》、卷285《贾昌朝传》】

上半年，蒋堂仍在知杭州任上。其间，于旧府治之东南建巽亭，并在旧府治后建望越亭。蒋之奇妻兄沈遘后来作诗称颂。

《乾道临安志·牧守（政绩）》记载：三年六月丁巳，除枢密直学士知益州。《宋史·蒋堂传》云：字希鲁，宜兴人。始知杭州，徙益州，移河中府，再知杭州。……《乾道临安志·馆驿》记载：南园巽亭：庆历三年，郡守蒋堂于旧治之东南建巽亭，以对江山之胜。崇宁三年，蒋之奇作诗纪其事。胡宿诗云：武林天下奇，巽亭境中绝。……望越亭，在旧治后，庆历中郡守蒋堂建。政和元年，郡守张阁迁巽亭于此，遂废。【《乾道临安志》卷3】

沈遘《以后圃诸亭观为题得巽亭》诗云：守居凤凰背，兹亭压其颠。苍崖当前断，崩腾埶将骞。洪涛从天来，万鼓泻百川。高士耳目旷，壮夫胸胆塞。维昔埶经始，蒋侯世称贤。斯人去已久，陈迹亦屡迁。我来感且慕，拂拭颇增妍。尚存甘棠意，善政或有传。【《西溪集》卷1】

蒋之奇从侄蒋圆（1043—1130）出生。

张守《蒋圆墓志铭》云：公讳圆，字粹仲。蒋氏系出周公……故礼部侍郎堂、知枢密院之奇，即其后也。……公曾祖某、祖某、考某，皆隐不仕。考以公赠宣奉大夫，母邱氏赠淑人。初宣奉遣公就学，年十五，诵书史，夜分不倦。……中元祐六年进士第，调海州司理参军。……未几，徙知沂州。宋江啸聚亡命，剽掠山东一路，州县大震，吏多避匿，公独修战守之备，以兵扼其冲，贼不得逞，祈哀假道。公呿然阳应，侦食尽，督兵鏖击，大破之，余众北走龟蒙间，卒投戈请降。或请上其状，公曰："此郡将职也，何功之有焉！"除开封少尹，辄乘驿诣阙，陛见赐对。上问宋江事，公敷奏始末，益多其才。时年已七十矣，赞贰浩穰，智力不少衰，以治办闻。被旨鞫浙寇方腊，毕赐三品服。……遂除秘阁修撰、知通州，复以疾辞提举江州太平观，岁满再任。素清俭，归即故居……诵佛而逝。……实建炎四年七月十七日也，享年八十有八，职官至中奉大夫，爵宜兴县开国男，食邑三百户。娶扶风马氏，再娶丹阳葛氏，皆有贤行，先卒，并赠令人。子男二人，时右从事郎，昽将仕郎，女、孙女并嫁为士人妻。孙男二人，逢吉右迪功郎，永吉登仁郎，遗表恩及其外孙，以其年九月二十六日祔葬于安乐山宣奉之域。【《毗陵集》卷13】

《蒋圆世表》云：之裕公子圆（1060—1132），字圣规，宋神宗元祐六年进士。知宝庆府、工部侍郎，后以文华阁致仕。生于宋神宗嘉祐五年庚子，卒于宋高宗绍兴二年，寿登七十三岁。葬蒋墓。配鸿胪卿邵材公女。子二，天经、天统。【《方东蒋氏宗谱》卷7】

【按】《蒋圆世表》所载生卒年与《蒋圆墓志铭》所记，完全不同。本谱从《蒋圆墓志铭》。

庆历四年（1044）甲申　十四岁

是年春，蒋堂以枢密直学士知益州（今四川成都），接替杨日严。任上推行"庆历新政"，全力兴学。后因不拘小节，又因所举荐下属犯事，遭人举报弹劾，被贬知河中府（即蒲州，今山西永济）。离开成都之后，蜀中百姓方知其贤，崇祀于成都十贤堂。

《宋史·蒋堂传》云：庆历初，诏天下建学。汉文翁石室在孔子庙中，堂因广其舍为学宫，选属官以教诸生，士人翕然称之。杨日严在蜀，有能名，堂素不乐之。于是节游宴，减厨传，专尚宽纵，颇变日严之政。

张俞《送杨府公归朝序》云：枢密学士、谏议大夫号某杨公治益州，政成有庸。天子赐玺书褒嘉，以慰蜀人之思。四年春，公遂朝京师。【《成都文类》卷22】

【按】《乾道临安志·牧守》中记载，蒋堂知益州在庆历三年六月，而张俞《送杨府公归朝序》中称，四年春，杨公（日严）始离开成都，知蒋堂守蜀当在四年春。

《蒋堂神道碑》云：会高选名臣，以殿右蜀，迁枢密直学士，知益州。蜀人偷浮，不识敦本。前守如乖崖，承寇乱甫平，一切权宜，务安远俗。后之来者，以为治蜀适然耳，而又增益侈费，十倍于前。公曩官于眉，习知敝俗，常曰："国家承平百年，声教万国，蜀士学尚，不减邹鲁，惟此习俗，尚安余风。二千石恬而不怪，岂承流宣化意耶？"乃兴学校、省厨传，凡过泰无名之费，姑息不正之事，多所裁革，未始顾虑。耆旧有识者，窃喜公所为，咸言庶几数年，吾俗且变。贪吏丑正，恶不利己。复有肺腑旧族，逋责列肆，累政不敢治，公裁之以法，遂入诉近习，且造险语，飞闻于上，谓公变乱旧制，蜀土且摇，遽移公知河中府。迄今蜀人歌思之不已。

宋祁《府学文翁祠画像十赞》云：宋蒋堂，字希鲁。赞曰：蒋侯挺挺，天与严方，健而文明，不逢不将。始治蜀人，政未及孚，纤者嫉侯，膏吻腾诬。侯政已孚，蜀人熙熙，侯坐徙官，远近惊咨。侯始兴学，绍文之余，百堵增增，大度厥居。髦俊聿来，昼经夜更，盎然西南，号多君子。侯既去州，右区即毁。侯惠在人，已肤而髓。子产相郑，先谤后歌。来世视之，谓侯如何？……按，吴曾《漫录》云："蒋堂，字希鲁，宜兴人。仁宗时以枢密直学士知成都。尝召高才硕生会试府事，亲较才等，劝成学者，于学之侧别建西学，以广诸生斋室。迄成而公移蒲中，其后转运使毁之，以增廨舍。"【雍正《四川通志》卷40《艺文》】

张俞《华阳县学馆记》云：三代之学由秦废，蜀郡之学由汉兴，而天下之学由蜀起。……究得江东沈扶来承其政，益用儒雅，要归于道，兴学饰像，严翼堂宇。上以遵朝廷之制，下以成杨君之故也。惟华阳理于州内，而州故自有汉学。前乐安蒋公既已大之，今平阳文公率而教之。济济洋洋，礼乐流衍，县乡之学亦从而兴。上动下效，风化柔靡，可追古治，可表后式，长世不坠，惟贤是执。宋庆历四年杨君始修之，后一年而沈君克成之，又一年晋人张俞为之记。【雍正《四川通志》卷41《艺文》】

宋祁《文翁祠堂记》云：蜀之庙食，千五百年不绝者，秦李公冰、汉文公党两祠。……本古学之复，莫若联，本今学之盛，莫若故枢密直学士蒋公堂，故绘二公于宦漏，皆配祠焉。【雍正《四川通志》卷41《艺文》】

雍正《四川通志·名宦》云：蒋堂，天圣中通判眉州，有令名。后累历州郡，皆以善政闻。祀于益州十贤堂。……蒋堂，知益州。庆历初，诏天下建学，汉文翁石室在孔子庙右侧，因广其舍为学宫。选官属以教诸生，士

人翕然称之。【雍正《四川通志》卷6、卷7上】

　　蒋堂在益州任上，力荐下属石待举，蜀中士人吕陶、章詧等，遇见狂士何宗韩，结识隐士张愈，也各有荐举。

　　嘉庆《大清一统志·吕陶小传》云：吕陶，成都人。蒋堂守蜀，见陶所作论，曰："此贾谊之文也。"皇祐中进士，调铜梁令。……后以集贤学士出知潞州，以元祐党夺职。徽宗立，起知梓州，致仕，卒。【嘉庆《大清一统志》卷386《成都府三·人物》】

　　纪昀等《〈净德集〉提要》云：陶，字符钧，号净德，成都人。皇祐中进士，熙宁间复登制科。历官给事中……至哲宗亲政之始，陶首言："太皇太后垂帘九年，小人不无怨憾，万一奸邪之人谓某人宜复用，某政宜复行，此安危之机，不可不察。"其后兴绍述之说，卒应其言。其深识远虑，亦不在范祖禹下，故其所上奏议类，皆畅达剀切，洞悉事机。蒋堂以贾谊比之，良非虚誉。其余诗文，亦多典雅可观。【《净德集》卷首】

　　吕陶《送蒋熙州》诗云：昔登蒋公门，忽忽五十载。于今见犹子，省记似前代。……【《全宋诗》卷622，第7752页】

　　【按】蒋之奇知熙州，在元祐七年（1092）冬十月乙亥，"忽忽五十载"一语，知其初识蒋堂约在此年。

　　《宋史·章詧传》云："章詧，字隐之，成都双流人。少孤，鞠于兄嫂，以所事父母事之。博通经学，尤长《易》《太玄》，著《发隐》三篇，明用蓍索道之法，知以数寓道之用、三摹九据始终之变。蜀守蒋堂、杨察、张方平、何郯、赵抃咸以逸民荐，一赐粟帛，再命州助教，不就。嘉祐中赐号'冲退处士'。……"【《宋史》卷458《隐逸传中》、雍正《四川通志》卷38】

　　晁公武《郡斋读书志》记载：《太玄经解》十卷并《发隐》三卷、《释文》一卷，皇朝张詧撰。嘉祐中，成都帅蒋堂献其书于朝，诏书宠奖，赐号"同退处士"。《实录》称：詧，字隐之，双流人。通经术，善属文，性恬淡，屏居林泉，以养生治气为事。【《郡斋读书志》卷3上】

【按】晁公武所谓"张詧",疑即"章詧"之讹。所谓"嘉祐中成都帅蒋堂",时间亦误。

吕祖谦《紫薇杂记》记载:神宗朝蒋堂为枢密直学士,知成都府。有狂士何宗韩上堂诗,有"截断剑门烧栈阁,此中别是一乾坤"。堂惧,遽下宗韩吏,缴其诗待罪。一日,上问政府:"何宗韩事如何?"诸公对:"方欲进呈,此本狂生,欲诸州编置可也?"上曰:"不可。如此穷措,大为饥寒迫所致,与一不管事官。"遂授邓州司士参军,仍赐袍笏。【《说郛》卷19上】

在成都,蒋堂铜壶阁(漏阁)。

吴拭《铜壶阁记》云:府门稍东,垂五十步,庆历四年知府事蒋公堂作漏阁,以直午门。嘉祐中,先公签书府幕事,拭侍行,犹及见阁,以八分大字题其额曰"铜壶",岿然南向,一府之冠也。崇宁元年七月乙酉,阁灾。政和元年三月乙卯,拭承乏尹事,始至府,视阁故处,累土如台然。问吏,吏曰:"前尹蒋即台为门,治材略具,朝廷亦尝赐度牒,售钱六百万有奇,尹去弗克成。"问:"钱与材今安在?"曰:"材为他所缮备辍用之,钱则帑官专辄兑费矣。"【《四川通志》卷41《艺文》】

十二月甲辰,蒋堂罢知益州,改知河中府。蒋在益州任职不足一年,文彦博代知益州。

《长编》记曰:四年十二月甲辰(十三日),龙图阁直学士、吏部员外郎知秦州文彦博为枢密直学士知益州,代蒋堂也。初晏殊欲用堂代杨日严,王举正谓不如明镐,争累日不得,卒用堂。会诏天下建学,汉文翁石室在孔子庙中,堂因广其舍为学宫,选属官以教诸生,士人翕然称之。日严在蜀有能名,堂不喜之,于是节游燕、减厨传,专尚宽纵,颇变日严之政。又建铜壶阁,其制宏敞而材不预具,功既半,乃伐乔木于蜀先主定陵江渎祠,又毁后土及刘禅祠。蜀人寖不悦,狱讼滋多。久之,反私官妓,为清议所嗤。日严时在朝,因进对,从容言:"远方所宜抚安之,无容变法以生事。"

故不俟岁满，亟徙堂知河中府。【《长编》卷153】

【按】蒋堂罢知益州，在当时也曾轰动一时，其原因比较复杂，归纳而言，个人方面有四原因：一是保举石待举不当。二是与官妓陈凤仪有私情。三是毁刘禅庙、毁诸淫祀而兴办学校，伐江渎庙木而修府衙官舍（铜壶阁）。四是裁减官府奢侈性支出。当时著名学者程颐《蜀守记》中说："其尤失人心者，节遨乐也。"至于说其"私官妓""毁淫祀"等等，都只是一种借口。所以，蒋堂离开成都后，当地百姓对他非常感念。

包拯《请重坐举边吏者》云：臣伏睹近降敕命，以枢密直学士知益州蒋堂为奏举前保州通判、秘书丞石待举不当，罚铜四十斤。放。案：石待举残虐屯兵，刻削廪食，群凶相扇，固守城壁，杀害民吏，几成大患。原其情状，免死犹未塞责，而保任之者，止从轻典，窃恐不足以诚其监举也。【《包孝肃奏议集》卷4】

成都乐妓陈凤仪《一落索·送蜀守蒋龙图》词曰："蜀江春色浓如雾，拥双旌归去，海棠也似别君难，一点点啼红雨。〇此去马蹄何处，沙堤新路，禁林赐宴赏花时，还忆着西楼否？"【《花庵词选》卷10】

李昌龄《成都妓陈凤仪》云：昔蒋希鲁知成都，妓籍中有陈凤仪者，姿技绝人。希鲁爱之，每宴席未尝离侧，以此招谤，朝廷知之。及潞公为代，颇惩其失，虽妓女满前，未尝一顾。一日因宴客，襟纽偶脱，自上弗获，凤仪从旁上之。公转乡微笑。凤仪曰："相公亦有觑人时耶？"自此意惬，即多与语。有飞语闻朝廷，因令御史何郯密察其事。郯至汉州，见妓女有杨其姓者，舞态颇妙，偶曰："所谓杨台柳也。"以此一语人，因传之，遂达圣听。然则逸乐之地，可不谨乎？二公尚尔，况余人乎？【《太上感应篇》卷21】

吕柟《蜀守记》云：成都人称近时镇蜀之善者，莫如田元钧、文潞公，语不善必曰蒋堂、程戡，故谣言曰："彦博亏田况，程戡胜蒋堂。"亏，犹言不如也。最善之中言田更优，不善之中程犹差胜也。予访之士大夫以至闾里间，察其善不善之迹，所谓善者，得民心之悦，固有可善焉。所谓最不善者，乃可谓最善者也。至今人言及蒋公时事，必有不乐之言。问其所不乐者,众口所同,惟三事而已:减损邀乐、毁后土庙及诸淫祀、伐江渎庙木修府舍也。其尤失人心者,节邀乐也。前蒋堂十年为政(原文阙)。[原注:欲知官之贤否,视何等人称。]【《二程子抄释》卷9、《二程文集》卷9《伊川文集》】

陆游《成都犀浦国宁观古楠记》云:予在成都,尝以事至沉犀,过国宁观,有古楠四,皆千岁木也。……予发书且叹且喜。夫勿翦憩棠,恭敬桑梓,爱其人及其木,自古已然。姑以蜀事言之,则唐节度使取孔明祠柏一小枝为手板,书于图志,今见非诋。蒋堂守成都,有美政,止以筑铜壶阁,伐江渎庙一木,坐谣言罢,亦书国史。【《渭南文集》卷18】

吴曾《两王难当二堂》记载:蜀先主祠在成都锦官门外,西挟即武侯祠,东挟即后主刘禅祠。蒋公堂帅蜀,以禅不能保有土宇,因去之。大慈寺有蜀后主王衍铜像,程公堂权帅毁以铸钟,蜀语曰:"任是两王,难当二堂。"【《能改斋漫录》卷12《谨正》】

【按】蒋堂被谪,就当时的政治背景而言,当与"庆历改革"失败紧密相关。庆历年间,官僚队伍庞大,行政效率低下,人民生活困苦,辽和西夏威胁北方和西北边疆,社会危机日益严重。三年四月甲辰,范仲淹自安抚经略招讨使,任枢密副使。与韩琦、富弼等同时执政,欧阳修、蔡襄、王素、余靖同为谏官。七月丁丑,范仲淹除参知政事。冬十月十二日,上《答手诏条陈十事疏》,提出明黜陟、抑侥幸、精贡举、择长官、均公田、厚农桑、修武备、减徭役、推恩信、重命令等十策。以整顿吏治为中心,提出限冗官、节钱财的主张。欧阳修等人也纷纷上疏言事。仁宗采纳了部分意见,施行新政。诏中书、枢密院同选诸路转运使和提点刑狱;规定官员必须按时考核政绩,以其政绩好坏分别升降。更荫补法,规定除长子外,其余子孙须年满15岁、弟侄年满20岁才得恩荫,而恩荫出身必须经过一定的考试,才得补官。四年,更定科举法,颁布减徭役、废并县、减役人等诏令。因新政触犯贵族官僚的利益,因而遭到强力阻挠。六月壬子,范仲淹自参知政事出为陕西、河东宣抚使。八月甲午,富弼自枢密副使出为河北宣抚使。次年初,范仲淹、韩琦、富弼、欧阳修等人相继被逐出朝廷,各项改革也被废止,新政彻底失败。【参见《长编》卷144—154】

庆历五年（1045）　乙酉　十五岁

蒋堂谪迁知河中府（即蒲州，今山西永济）。

《蒋堂神道碑》云：公至蒲，尝感危疾，表求便郡。再知杭州，迁左谏议大夫，复徙知苏州。

雍正《山西通志·职官四》云：河中府：蒋堂，仁宗时河东路都转运使，又知河中府。【雍正《山西通志》卷76】

雍正《山西通志·名宦十五》云：蒲州府：蒋堂，字希鲁，常州宜兴人。第进士。仁宗时以天章阁待制发运江淮，前后五年，不一载物遗汴京权贵，上嘉之，就除河东路都转运使，未行知洪州。又以枢密直学士知河中府。以礼部侍郎致仕。卒。【雍正《山西通志》卷97】

蒋堂知河中府时，堵塞黄河中潭（黄河中沙洲）之西流，筑为西堤。

吴曾《能改斋漫录·河中府浮桥》云：河中府河有中潭，其上有舜庙及井。唐明皇始为浮桥，铸铁为牛，有铁席，席下为铁柱，埋之地中，以系桥绳。张燕公为之赞。自是桥未尝坏。庆历以前，河水数西溢，浸朝邑，民苦之，屡请塞堤。蒋希鲁知河中府，始塞之。自是每岁缮修西堤。及刘元瑜知河中府，河水大涨，不得决泄，桥遂坏。铁牛皆拔，流数十步，沉河中，中潭亦坏，自是不能复修。津济阻碍，人畜数有溺死者。英宗时，有真定僧怀炳，请于水浅时以緪系牛于水底，上以大木为桔槔状，系巨舰于其后。俟水涨以土石压之，稍稍出水，引置于岸。每岁止于出一牛。至治平四年闰三月，新桥乃成，然中潭亦终不能立也。【《能改斋漫录》卷13】

蒋堂在蒲州任上偶得涌泉石。

司马光《和邵不疑校理蒲州十诗·涌泉石》，题注：枢密学士蒋公（蒋堂）知府事，得片石大如席，上有数十窍，莫知所施。公问石工，对曰："此盖涌泉石也。"乃于饮亭下凿地为埒，置石其上。夏日从旁激水灌之，跃高数尺，以清暑气。【《传家集》卷2、雍正《山西通志》卷230】

约于是年，蒋之奇祖母卒于江宁。时蒋堂丁母忧，居乡。少年蒋之奇作《曾祖母祭文》。

苏颂《谭训》云：蒋颖叔父为江宁簿，祖父为宰。蒋方幼，侍其父来，亦能强记。其父每呼令诵书史，不差一字。故颖叔为《曾祖母祭文》云："在昔先人，佐夫人之子。"之奇于夫人，义犹祖母。【《丞相魏公谭训》卷4】

《蒋九皋世表》载：九皋（973—1045），字奉天，赠太子太傅兵部尚书。庆历五年乙酉卒，寿七十三。葬五牧尚书墓。配史氏，赠卫国夫人；继配尚氏，赠邢国夫人；继配毗陵张氏，赠秦国夫人。子十一，常、航、当、堂、商、昂、相、章、滂、康、翔。【《柚山蒋氏宗谱》卷7等】

【按】蒋堂在益州遭受打击后，远谪山西河中。蒋堂生了一场重病，于是上表求便郡（离家不远的地方），即改知杭州。但蒋堂并未即刻赴任，而在家中修养了两年多时间。其间事迹，《宋史·蒋堂传》《蒋堂神道碑》都失载。据笔者推测，当是丁母忧。宜兴诸蒋氏谱载，蒋九皋卒于该年，寿七十三。时年蒋堂已六十有五，明显不可能。九皋公卒年，实在天禧元年（1017），寿六十八。因其配有三，史氏、尚氏、张氏，生卒年月俱缺。疑本年为九皋公夫人蒋堂母亲之卒年。

庆历六年（1046）丙戌 十六岁
时，蒋堂丁母忧，居乡。蒋之奇或随伯父学。

庆历七年（1047）丁亥 十七岁
时，蒋堂丁忧居乡期间，在宜兴游亭等地，并重立蒋氏大宗碑。

蒋堂《题亭》诗云：亭深处枕清溪，万目回环尽翠微。梅萼破香知腊近，柳梢含绿认春归。风前列嶂琴三叠，雪后群山玉四围。顾我此来盘礴久，尘劳潇洒顿忘机。《过葛墟读蒋列大宗碑》云：天宝年中立此碑，轩裳鳞次美当时。自从寂绝牛头梦，力振家声合在兹。【蒋堂：《春卿遗稿》】

《毗陵志·碑碣》载：蒋氏大宗碑，在葛墟道傍。唐民部侍郎蒋列撰。【《毗陵志》卷29《碑碣》】

《宜兴旧志·人物》云：蒋洌，云阳侯默之后。举进士，历官尚书左丞。父挺卒，洌及弟涣庐墓侧，植松柏千余株。撰《蒋氏大宗碑》，立之滆湖东葛墟村，以彰世德。时天宝十五载也。后之奇、之翰以旧碑湮泐，用完石重刻之。今在湖西冲寂观前。【《宜兴旧志》卷8《人物》】

《亭乡侯蒋公碑铭》，唐秘书少监齐光乂撰。宋绍圣三年，蒋之翰重刻，在冲寂观。《蒋氏大宗碑》，唐蒋洌撰。明万历二十九年，蒋瑞卿重刻，在冲寂观。【《宜兴旧志》卷9《碑刻》】

是年（1047），蔡京出生。

《宋史·蔡京传》载：是年，蔡京出生。【《宋史》卷472《蔡京传》】

【按】蔡京（1047—1126），字元长，兴化军仙游县（今福建仙游）人。因其后来与蒋之奇同朝为官，多有恩怨，姑系此。

约七年七月庚子，蒋堂再知杭州。

《乾道临安志·牧守·政绩附》载：蒋堂（再除），庆历二年六月甲午，以尚书户部郎中、天章阁待制、知应天府蒋堂为左司郎中，知杭州。三年六月丁巳，除枢密直学士，知益州。堂本传云：字希鲁，宜兴人。始知杭州，徙益州，移河中府，再知杭州。……方偕，庆历五年十月戊寅，徙淮南江浙荆湖制置发运使、尚书兵部员外郎、天章阁待制方偕知杭州。六年六月甲戌，转刑部郎中。七年七月庚子，除太常少卿，分司西京。……范仲淹，皇祐元年正月乙卯，以知邓州、资政殿学士、给事中、礼部侍郎范仲淹知杭州。【《乾道临安志》卷3】

【按】《乾道临安志》中，庆历、皇祐间知杭州人选都十分完整，唯庆历七年七月至皇祐元年正月为空档，推知期间知杭州即蒋堂。

蒋堂官杭州时，王安石为明州府鄞县知县（为亡女作墓志）。蒋堂甫任，王安石作《贺杭州蒋密学启》以贺。

王安石《贺杭州蒋密学启》云：右某，近者伏审拜命徽章，升荣北省，伏维庆慰。窃以上大夫为内谏，汉攉忠良；府学士统要藩，唐称优显。逮宋兼任，非贤不居。恭惟某官，天与粹温，岳储灵哲。夙抱经济，游天子之彤庭；首见推明，为士林之高选。断直躬以自处，伏大节而不回，名动一朝，官历两省。望之补外，理固非宜；阳城拜官，贺者甚众。上方图任，夕有召书。某展庆未遑，抃心窃倍。顾言尘冗，将幸坏掏，依戴所深，翰墨难致。【《王文公文集》卷22，第254页】

王安石《鄞女墓志铭》载：鄞女者，知鄞县事临川王某之女子也。庆历七年四月壬戌前日出而生，明年六月辛巳后日入而死，壬午日出葬崇法院之西北。吾女生惠异甚，吾固疑其成之难也，噫！【《临川文集》卷100】

约于是年，蒋之奇入王安石之门。

吕希哲《蒋之奇与王令同在王安石之门》载：江南进士王令逢原，少不羁……后改节，师事王介甫，介甫雅重之。时蒋颍叔亦在介甫之门，或问二人之行，以王令方申公，以蒋方刘原甫。【《吕氏杂记》卷下】

《宋代人物辞典·王令》云：王令（1032—1059），北宋大名元城（今河北大名）人，长于广陵（今江苏扬州）。初字钟美，改字逢原。少年孤贫，以教书为生。诗风奇峻，识度高远。王安石奇其才，妻以夫人之妹吴氏。著有《广陵集》《论语注》《孟子讲义》等。【《宋代人物辞典（下）》，第798页】

【按】从吕希哲记载看，蒋之奇先于王令入王安石之门。从蒋之奇科举情况推断，随王安石学习的时间应该在十八岁之前，故系于此。参见下文。

庆历八年（1048）戊子 十八岁

蒋堂再任杭州之后，行事风格并未改变。甫至杭，便邀同年进士关鲁、刘晔等欢宴，宴罢赋诗。陈襄为其唱和诗作序。

《蒋堂神道碑》云：公至蒲，尝感危疾，表求便郡，再知杭州。……公在杭州日，业已治第吴下。

陈襄作《同年会宴诗序》云：枢密直学士蒋公出镇余杭，以礼节用，酒会同年。屯田郎中刘公，都官员外郎关公、葛公，观察推官张君五人，有唱和同年会宴之诗，其有取乎？蒋公之诗，志故旧也。公为显官大臣，而能饮御诸友，不忘故旧，厚之至也。夫友贤不弃，故旧不遗，则民德归厚矣。诗云："伐木于阪，酾酒有衍。笾豆有践，兄弟无远。"蒋公之谓也。……关公为台州之明年，出其诗，总继而和者十有三篇，令某为之序云。【《古灵集》卷18】

【按】陈襄此作，是应知台州关鲁所请。当时，陈襄始任台州仙居令。廖用贤《关鲁小传》云："关鲁，以进士起家，尽力于官，历守池、台两州，为尚书郎，年八十归老钱塘，陈襄作《鸿飞诗》送之。"[《尚友录》卷5]叶祖洽《古灵先生行状》云："（襄）庆历之二年中进士及第，主建州之浦城簿。会邑阙令，公独当县事。……俄举台州仙居令，时新有诏举令，而公衰然为首。……皇祐三年，改著作郎，知孟州河阳县……"【《古灵集》卷25《附录》】

【又】查《宋登科记考》大中祥符五年徐奭榜，关姓进士一人，即关鲁；刘姓进士二人，刘若冲、刘晔（曾官屯田郎中）；葛姓进士二人，葛宫（常州江阴人）、葛源；张姓进士有四人，其中有张铸（常州人）。陈襄文中所说蒋堂用酒会四同年，当即关鲁、刘晔、葛宫、张铸。【《宋登科记考》卷3，第99—100页】

蒋堂此次守杭，重修忠清庙（伍子胥祠）。庙成，邀鄞县知县王安石作铭。

王安石《重建忠清庙记》云：予观子胥出死亡逋窜之中，以客寄之身，卒以说吴，折不测之楚，仇报耻雪，名震天下，岂不壮哉？及其危疑之际，自能慷慨，不顾万死，毕谏于所事，此其志与夫自恕以偷一时之利者异也。孔子论古之士大夫，若管夷吾、臧武仲之属，苟志于善而有补于当世者，咸不废也。然则子胥之义，又曷可少耶？康定二年，予过所谓胥山者，周行庙庭，叹吴亡千有余年，事之兴坏废革者，不可胜数，独子胥之祠，不徒不绝，何其盛也！岂独神之事吴之所以兴，盖亦子胥之节有以动后世，而遗爱尤在吴也。后九年，乐安蒋君为杭使，其州人力而新之，临川王安石

与之铭。【《海塘录》卷11《祠祀一》】

雍正《浙江通志·古迹·宁波府》记载：读书台，《宁波府志》云：在鄞县治。宋庆历七年，王安石宰鄞时所筑。遗址尚存。【雍正《浙江通志》卷43】

《(乾隆)御制浙海神庙碑文》云：恭勒贞珉，以昭崇祀。二十五年六月，巡抚庄有恭以江海沙涨奏闻，皇上以佳兆，命虔往观潮楼海神祠致祭。抚臣于七月初一日遵旨诣庙虔祀，建英卫公庙。在吴山，宋名忠清庙，亦称中兴观，俗称伍庙，祀吴行人伍员。……大中祥符五年，海潮大溢，冲激杭城，诏每岁春秋醮祭，赐忠清庙额，封英烈。九年，马亮知杭州，祷于祠下。明日，潮杀又出，横沙数里，堤岸乃成。康定九年，守蒋堂重建。嘉祐七年，太守沈遘修。政和六年，加封威显。……雍正三年，以神为浙省保障之神，敕封英卫公，奉旨重修祠宇，两庑附祀掌潮神祇，每岁春秋二祭。【《海塘录》卷11《祠祀一》】

【按】王安石记中说："康定二年，予过所谓胥山者。……后九年，乐安蒋君为杭使。"证明皇祐元年左右蒋堂仍知杭州，而《御制浙海神庙碑文》中直言"康定九年守蒋堂重建"，查历代纪元表，北宋"康定"年号一共使用了二年，即庚辰二月至辛巳十一月。如果说乾隆年间因避讳，改"庆历"称"康定"，那么康定九年即庆历八年。由此推算，蒋堂再知杭州当在庆历末至皇祐初。另，蒋堂在江东转运使时，便开始与王安石有交往，至此又有贺信，又是作铭，知两人之间并非泛泛之交。

约在是年，蒋之奇被王安石目为刘敞。不久，王令亦为王安石门生，被目为吕公著。

吕希哲《蒋之奇与王令同在王安石之门》载：江南进士王令逢原，少不羁，好为狂诡之行，或跨驴入山，每以蒸饼十数挂驴项上。后改节，师事王介甫，介甫雅重之。时蒋颍叔亦在介甫之门，或问二人之行，以王令方申公，以蒋方刘原甫。王令既卒，有诗云："行藏已许终身共，生死那知半路分。"后为之作传云。王令《蝗诗》其略曰："始知在人不在天，譬如蚤虱生裳衣。鱼枯生虫肉腐蠹，理有常尔夫何疑。"又《长篇》云："至和改元之一年，有蝗不知自何来。一蝗百儿月再孕，渐恐高厚塞九垓。"死时才二十三，早慧而夭。逢原见器于荆公，公以夫人女弟妻之，为嫁其遗腹女与吴师礼，后历右司员外郎。子说，其外孙也。【《吕氏杂记》卷下】

王安石《王逢原墓志铭》云：余友字逢原，讳令，姓王氏，广陵人也。……五岁而孤，二十八而卒，卒之九十三日，嘉祐四年九月丙申，葬于常州武进县南乡薛村之原。夫人吴氏，亦有贤行，于是方娠也，未知其子之男女。【《临川文集》卷97】

【注】申公：即吕公著（1018—1089），字晦叔（一作诲叔），寿州（今安徽凤台）人。《宋史·吕公著传》云：太尉吕夷简第三子，王安石早年好友。元丰中拜尚书右丞、门下侍郎，又进尚书右仆射兼中书侍郎，与司马光同心辅政。元祐三年恳辞，次年逝世。赠太师、申国公，谥正献。【参见《宋史》卷336《吕公著传》】

【又】吕诲叔、王介甫同为馆职，当时阁中皆知名士，每评论古今人物治乱，众人之论必止于介甫，介甫之论又为晦叔止也。……王荆公与吕申公素相厚。荆公尝曰："吕十六不作相，天下不太平。"又曰："晦叔作相，吾辈可以言仕矣。"其重之如此。荆公荐申公为中丞，欲其为助，故申公初多用条例司人作台官。既而天下苦条例司为民害，申公乃言新法不便。荆公怒其叛己，始有逐申公意矣。……【《闻见录》卷12】

【又】刘原甫：即刘敞（1019—1068），字原父（一作原甫），临江新喻人。《宋史·刘敞传》云："举庆历进士，廷试第一。编排官王尧臣，其内兄也，以亲嫌自列，乃以为第二。通判蔡州，直集贤院，判尚书考功。……权度支判官，徙三司使。……奉使契丹，素习知山川道径，契丹导之行，自古北口至柳河，回屈殆千里，欲夸示险远。……使还，求知扬州。……敞以识论与众忤，求知永兴军，拜翰林侍读学士。……敞侍英宗讲读，每指事据经，因以讽谏。……疾少间，复求外，以为汝州，旋改集贤院学士、判南京御史台。熙宁元年，卒，年五十。……敞学问渊博，自佛老、卜筮、天文、方药、山经、地志，皆究知大略。……长于《春秋》，为书四十卷，行于时。"【参见《宋史》卷319《刘敞传》】

【又】《宋史·吴师礼传》云：吴师礼，字安仲，杭州钱塘人。太学上舍赐第，调泾县主簿，知天长县。召太学博士、秘书省正字，预饯邹浩，免。徽宗初，为开封府推官。蔡王似官吏有不顺语，下之府，师礼主治。狱成，不使一词及王；吏虽有死者，亦不被以指斥罪。擢右司谏，改右司员外郎。师礼工翰墨，帝尝访以字学，对曰："陛下御极之初，当志其大者，臣不敢以末伎对。"闻者奖其得体。以直秘阁知宿州，卒。【《宋史》卷347《吴师礼传》】

闰五月，大理寺丞、国子监直讲邵必辞编修《唐书》官。

《长编》记载：闰五月庚子，度支员外郎、集贤校理兼天章阁侍讲、史馆检讨曾公亮，宗正丞、崇文院检讨兼天章阁侍讲赵师民，殿中丞、集贤校理何中立，校书郎宋敏求，大理寺丞、馆阁校勘范镇，大理寺丞、国子监直讲邵必并为编修《唐书》官。必以为史出众手非是，卒辞之。中立，长社人。必，丹阳人也。【《长编》卷156】

邵雍（康节先生）与邵必初叙同宗之谊，因邵必年长，邵雍以兄拜之。

邵伯温《闻见录》载：康节先生少时游京师，与国子监直讲邵必不疑初叙宗盟。不疑年长，康节先生以兄拜之。盖不疑自河朔迁丹阳，康节先公上世亦河朔人故也。至康节自卫入洛，不疑为京西提刑。嘉祐中，河南府荐康节先公以遗逸，不疑自作荐章，其词有"厚德足以镇薄俗，清风可以遗来世"，相推重如此。熙宁初，不疑以龙图阁学士知成都府，过洛，谓康节先公曰："某陛辞日再荐先生矣。"康节先公追路洛北，别去，不疑中途寄康节先生诗云："我乘孤传经崎渑，君拥群书卧洛城。富贵人间亦何有，闲忙趣味甚分明。"不疑次金牛驿，暴卒，丧归，康节先公哭之恸。女嫁杨国宝应之。应之亦康节先公门生，康节先公视之犹子也。【《闻见录》卷20】

约是年八月，蒋之奇参加乡试，陈舜俞拔其为首（解元）。

《宋史·仁宗纪四》载：庆历八年春三月甲辰，诏礼部贡举。……皇祐四年三月己酉，诏礼部贡举。【《宋史》卷12《仁宗纪四》】

《蒋之奇世表》载：之奇，字颖叔，号江南，孟博公长子。年十七举戊子解元，嘉祐二年登章衡榜进士，举贤良方正。……生于明道元年壬申。

【《湖陵蒋氏宗谱》卷7】

【按】《蒋氏宗谱·名贤》记载："之奇，年十七举乙酉解元，嘉祐二年登章衡榜进士第。"此谱《世表》载"之奇出生于明道元年壬申"，与"年十七举乙酉解元"相矛盾，乙酉时，蒋仅十四岁。【《方东蒋氏宗谱》卷2《名贤录》、卷7《世表》】

蒋之奇《都官集序》记曰：嘉祐四年，仁宗皇帝临轩，策贤良方正能直言极谏之士，而以陈侯令举为第一。……以余之不肖，言不足以取信，则岂足以张令举之美而慰开祖之意哉？特以余少时举进士于有司，而令举适当文衡，见擢为第一，于知奖为最深者。【《都官集》卷首】

【注】陈舜俞（1026—1076），字令举，号白牛居士，秀州枫泾（今属上海）人。庆历六年（1046）登乙科进士，嘉祐四年（1059）获制科第一。与欧阳修、司马光、蒋之奇、苏轼等过从甚密，参与《资治通鉴》编纂。在山阴知县任上，因反对王安石青苗法被贬黜。后隐白牛村，著书立说。著有《都官集》《应制策论》《庐山纪略》。【参见《上海名镇志》，第691页】

【按】蒋之奇中解元，是有确凿依据的，但具体是何年，没有明文记载。家谱中的记载，仅仅是一个线索。《常州府志》《宜兴县志》俱失载。另据《宋登科记考》载："（庆历）七年三月，诏权停贡举。七月，应天府举人进士三举、诸科五举，曾经省试及经殿试者，特与免将来文解。八月十一日，任命开封府、国子监举人解试考试官。'命集贤校理掌禹锡、直集贤院修起居注李绚、直集贤院韩绛、集贤校理吴充同考试开封府举人。殿中侍御史何郯、尚书屯田员外郎王畴、秘阁校理杨石休、集贤院王珪同考试国子监举人。集紧校理孙锡、秘阁校理李大临同考试锁厅举人。'"[《宋登科记考》卷4，第219页]另外，北宋庆历间，贡举并不正常。"庆历四年（1044）三月丁亥，诏权停贡举。"[《长编》卷147]《至元嘉禾志·宋登科题名》云："庆历六年（1046）贾黯榜：陈舜俞、韩洞。"[《至元嘉禾志》卷15]"庆历七年（1047）三月癸卯，诏权停贡举。"[《长编》卷160]"庆历九年（1049）己丑冯京榜，钱公辅为探花。"[《宋登科记考》卷4，第222页]庆历六年、九年为正常贡举（廷试）年份，说明庆历七年或八年是府试（乡试）之年。开封府于是年八月试举人，知蒋之奇参加府试（乡试）只可能在这一年。

【又】从《北宋名士陈舜俞》一文记载看，陈舜俞庆历六年（1046）进士，时年二十一岁。

明年，丁父忧。服除，为宣德郎、试大理评事，后为雄州防御推官、明州观察推官等等，之后则未在朝中任职。陈舜俞作为考试官，肯定是在服满之后、外放之前，故推断蒋之奇举解元在庆历八年的秋后。【参见《上海名镇志》，第 691 页】

庆历末皇祐初，祠部员外郎沈扶知明州。

延祐《四明志·职官考》云：范思道，户部郎中、直龙图阁，庆历中；沈扶，祠部员外郎，庆历中；孙沔，皇祐三年，以龙图阁直学士知。【《延祐四明志》卷 2】

【按】沈扶，生卒年不详。钱塘人。沈括堂兄，蒋之奇岳父。详见本谱第三卷。

第三卷 皇祐元年（1049）至嘉祐元年（1056）

皇祐元年（1049）己丑 十九岁

正月，蒋堂迁左谏议大夫（四品寄禄官），旋徙知苏州。

《蒋堂神道碑》云：迁左谏议大夫，复徙知苏州。……公治杭与苏，俱有遗爱，及重临二州，幼艾相携，迎拜道路。

宋祁《上杭州蒋密谏启》曰：昨过都之辰，凡五月始得手教，承以便时止官下，福祚蕃衍，甚休。然音容缅邈，悁怅参积。虽玉音满纸，瑶华在前，而心府精蕴，畴能宣其一二也。希鲁旧得雅望，治绩俊声，出为方国翰垣，入为吾僚景式。乐迩乡部，遂丐郡麾。然朝须老成，治有连最，虽尔静胜，恐难滞留。宜专舍冲气，显介眉艾，副前席之延拜云。秋暑犹剧，加进常膳，斋仗回占答，不尽万一，怅恨。【《景文集》卷56】

《吴郡志·牧守》记载：赵㮚，尚书刑部郎中。蒋堂，枢密直学士、左谏议大夫，皇祐。王琪，尚书度支员外郎、龙图阁待制，皇祐二年。【《吴郡志》卷11】

正德《姑苏志·古今守令表》载：蒋堂，皇祐元年正月乙卯，自杭州再任。

蒋之奇——夕阳下的涠湖

二年十月改给事中，仍旧任。三年四月丙午，以礼部侍郎致仕。【正德《姑苏志》卷3】

【按】《吴郡志》中"皇祐"乃"景祐"之误。景祐四年（1037）秋，蒋堂自越州移知苏州，至此正十二年。另外，皇祐二年（1050）由龙图阁待制王琪接任，三年四月丙午，蒋堂致仕，似误（后详）。

苏州任上，蒋堂做了许多好事实事，苏州百姓在虎丘为其立生祠，敬仰之情，可见一斑。

《蒋堂神道碑》云：公治杭与苏，俱有遗爱。及重临二州，幼艾相携，迎拜道路，吴人于虎丘生为立祠。

《吴郡志·官宇》记载：北池又名后池，唐在木兰堂后，韦白常有歌咏。……本朝皇祐间蒋堂守郡，乃增葺池馆，赋《北池宴集诗》及《和梅挚北池十咏》。后十二年，复守郡，遂作《北池赋》。【按】堂赋咏池中有"危桥""虚阁"，今池皆不能容，则知承平时，池更大矣。【《吴郡志》卷6】

蒋堂移知苏州日，胡宿曾寄诗相赠，并有《上苏州蒋谏议》书。

胡宿《诗寄苏台知府蒋密学》诗云：清德临藩第二回，东南时望滞盐梅。武林间岁移星座，温树多年直斗魁。楚客江山供逸思，吴王风月属高才。空传宴寝凝香句，〔原注：公吴中前后题咏，好事者多摘佳句传诵都下。〕文酒无因得仰陪。【《永乐大典》卷10999】

胡宿有《上苏州蒋谏议》曰："近削柔函，恭尘侍阁。仰承左顾，迥笃光谦。托琼蕴以致言，损玉音而流问。得孟公之牍，素所荣藏，比淮王之书，更逾苑秘。……"【《文恭集》卷30】

是年春己丑冯京榜，钱公辅（1021—1072）为探花。〔《宋登科记考》卷4，第222页〕

王令《送钱公辅赴举》云：广庭簪绂立差肩，黼坐雍容第众贤。士得

采衣如昼锦，人瞻归马若天仙。况提巨笔乘时出，应有高文与世传。我久疏慵无壮思，聊倾病耳待江边。【《广陵集》卷15】

是年春，锁厅人沈遘（1028—1067）弱冠之年登进士第，屈居榜眼。除大理评事，通判江宁府。蒋之奇夫人沈氏，即沈遘妹。

王安石《内翰沈公墓志铭》载：公姓沈氏，讳遘，字文通，世为杭州钱塘人。曾祖讳某，皇赠兵部尚书。祖讳某，皇赠吏部尚书。父扶，今为尚书金部员外郎。公初以祖荫补郊社斋郎，举进士于廷中为第一，大臣疑已仕者例不得为第一，故以为第二，除大理评事，通判江宁府。当是时，公年二十。【《王安石全集》卷93】

蒋堂居苏州期间，收留前任知府林概之子林希、林旦，与蒋之奇共读。

赵彦卫《云麓漫钞》载：林高，闽人，擢第，终屯田郎中。子槩，亦擢第，为集贤校理，入《儒学传》，终于京师。妻黄氏携其孤扶护，将归葬闽，道出姑苏。时蒋公侍郎堂知姑苏。二子，长子希、次子旦，方年十二三，赍文上谒。蒋大奇之，留姑苏，给以戴城桥官屋，后号孺学坊。为葬二槩于宝华山。蒋公遣其子与二林读。希，字子言，后为枢密，旦亦为从官。蒋之子即之奇，字颖叔，亦为枢密。子言昆弟六人，希、旦、绍、颜并登科，遂为姑苏人。【《云麓漫钞》卷10、《宋人轶事汇编》卷13】

《吴郡志·园亭》记载：小隐堂、秀野亭，在城北。蒋堂尝有《过叶道卿侍读小园》诗，云：秀野亭连小隐堂，红蕖绿筱媚沧浪。卞山居士〔原注：道卿自号也。〕无归意，却借吴侬作醉乡。〔原注：苏人多游饮于此园。〕【《吴郡志》卷14】

《吴郡志·园亭》记载：红梅阁，在小市桥。天圣中殿中丞吴感所居。吴有姬曰"红梅"，因以名阁。又作《折红梅》词传于一时。蒋堂亦有《吴殿丞新葺两圃》诗，有"深锁烟光在楼阁，旋移春色入门墙"之句。吴死，阁为林少卿家所得。【《吴郡志》卷14】

《吴郡志·川》记载：松江，在郡南四十五里。……【按】松江南与太湖接，吴江县在江滨，垂虹跨其上，天下绝景也。蒋堂《游松江》云："江人见我谓谁何，行李无羁野意多。六幅青帆趁潮去，一樽白酒扣舷歌。沙边历历辨云树，岛外溅溅弄月波。兴尽归来还更喜，舞鸥相送入烟萝。"【《吴郡志》卷18】

吴景旭《鲈鱼乡》记载：陈了翁（即陈瓘，字莹中）诗"秋风斜日鲈鱼乡"，别本"乡"作"香"。……【按】屯田郎林肇为吴江日，作亭江上，因以"鲈乡"名之。盖慕爱了翁之句以命亭。……陆放翁诗"欲与众生共安隐，秋来梦不到鲈乡"，正用了翁语也。蒋堂诗"一水菇鲈国，群山橘柚乡"，亦用"乡""国"字。【《历代诗话》卷55】

是年，都官员外郎彭思永（1000—1070）出知常州。

《毗陵志·秩官·国朝郡中》载：彭思永，庐陵人。皇祐元年，以都官员外郎知常州。先时，郡多火灾，公至，其患遂息。后寻召为侍御史。【《毗陵志》卷8《秩官》】

皇祐二年（1050）庚寅 二十岁

十月，仁宗大享祭天，并配祀祖宗，遍赐恩泽。蒋堂遇恩，改官给事中，并荫子侄。蒋之奇入仕，不知授何官职。另外，蒋之仪遇明堂泛恩，迁太常寺太祝，监海州酒税。

《蒋堂神道碑》云：徙知苏州，明堂泛恩，改给事中。

《宋史·蒋之奇传》云：蒋之奇，字颖叔，常州宜兴人。以伯父枢密直学士堂荫得官。

蒋之奇《蒋之翰墓志铭》记载：（蒋之翰父）太中兄弟十一人，而三人早亡，则广州司相与太中及我考太师也，故之奇与公为从兄弟，初皆受太尉荫补后，而后乃分散仕宦云。而《蒋之仪墓志铭》记载：伯考太尉守苏州，会乾元节得推恩，官子孙，奏授守将作监主簿。是年，明堂泛恩，迁太常寺太祝，监海州酒税，改大理评事，监衢州盐税、尉丞。【《柚山蒋氏宗谱》卷3】

《长编》载：皇祐二年八月乙卯朔，诏罢祀。前一夕警场。先是，帝谓辅臣曰：明堂直端门，而致斋于内，奏严于外，恐失静恭之意。下礼院议。……丙寅，福州草泽郑叔豹上《宗祀书》三卷，述明堂制度及配飨冕服之义。丁卯，以明堂礼近，罢秋宴。……丁丑，诏立冬罢祭神州地祇。初，礼院以黑帝及神州地祇，皆当合祭于明堂，请罢立冬之祭。上以"四时迎气不可辍"，故止罢祭神州地祇。……辛卯，诏明堂礼毕，并以袭衣、金带、器币、鞍勒、马赐夏竦、王德用、程琳、李昭亮，将相在外遇大礼有赐，自此始。【《长编》卷169】

沈辽《张司勋墓志铭》云：公讳某，字隐直。……三年，鱼周询拜御史中丞，荐以为主簿。仁宗方开言路，台谏官尽人物之选，其言执政得失无不听，当是执政者不敢作威福，陈旸叔、唐子方诸公以此显名一时。隐直在台中乃主簿，诸公皆推以为友。皇祐二年，拜明堂。既斋前殿矣，人籍籍传有泛恩，过以问何郯。【《云巢编》卷9】

刘敞《皇侄孙故右监门率府率叔僧石记》云：皇侄孙叔僧，庆历丁亥十二月二十日生。……皇祐二年，上祀明堂，用泛恩，迁右监门率府率。至和元年十一月九日以疾卒。【《公是集》卷54】

【按】同年八月己未，吏部员外郎、直龙图阁、新知汉州何郯（1005—1073）在赴任前，上书议论本朝各级官员推恩的利弊，认为原来的《文武臣僚奏荐亲属条制》过于宽泛，每年因推恩入仕的官员亲属超过330人，致使冗吏过多，开支庞大。建议朝廷要按亲属的亲疏远近，适当推迟推恩年月，减少恩荫入仕官吏的数量。四年九月，改革旧制，其后遂罢。之后改为"圣节奏补"制。［参见《长编》卷169］另从沈辽、刘敞的记载中可知，蒋堂遇"明堂泛恩"，即在是年秋后。

【又】蒋之奇荫伯父枢密直学士恩入仕，未见具体日期。蒋堂于庆历二年（1042）六月，由天章阁待制擢枢密直学士，此后，每年乾元节（即皇帝生辰），可恩荫一人，同时规定，恩荫者须年满二十岁。因蒋之奇堂兄之仪、之翰等皆荫蒋堂得官，故系于此。

是年，蒋之奇从侄蒋津（1050—1117）出生。

《蒋肆世表》云：之翰公子津（一作肆），字公济，宋神宗熙宁三年（1070）进士。兖州教授，召为直学，迁太傅。神宗元丰三年（1080），除江东提刑。以政著声，诏奖谕，进秩一级，除右正言，辞不就。出持宪福建江浙，守信州。哲宗绍圣四年（1097），除吏部侍郎，以敷文阁待制终。生于宋皇祐二年（1050）庚寅，卒于宋政和七年（1117）丁酉，享年六十八岁。葬蒋墓。配司谏苏舜举公女，封郑国夫人。子二，天麟、天衷。【《方东蒋氏宗谱》卷7】

《蒋肆世表（二）》云：肆，旧谱："津，字不回。载元祐党人碑。"之翰公子，字公济。……配苏司谏舜举公女，封郑国夫人。子二，天麟、天衷，寿六十有八岁。生于宋神宗皇祐二年庚寅，卒于徽宗政和七年丁酉。葬弋庄。【《陵上蒋氏宗谱》卷5】

【按】《蒋之翰墓志铭》载其子中无蒋津（肆），举进士的叫蒋璘，疑即此人。或因其曾入党籍，家谱中有改动。

皇祐三年（1051）辛卯 二十一岁

四月丙午，蒋堂上书，要求致仕。

正德《姑苏志·古今守令表》载：蒋堂，三年四月丙午，以礼部侍郎致仕。……王琪，四月乙巳自知舒州移苏。【正德《姑苏志》卷3】

【按】蒋堂致仕在五年四月，王鏊《姑苏志》所记或误，疑于是年上书乞致仕。

另载：约于是年，蒋之奇娶胡宿之女。

《蒋之奇世表》云：堂公嗣子，字颖叔，号江南。……配少师胡宿公女，封魏国夫人。子五，球、珍、瑎、琳、玑。寿八十有三岁，生于宋明道元年壬申，薨于政和四年甲午，葬狄溪沧浦，谥文忠。【《陵上蒋氏宗谱》卷5】

《蒋之奇墓志铭》云：殿中御史、宝文阁待制、观文殿大学士、枢密使、刑部侍郎、赠太师、魏国公谥文忠（蒋）公颖叔之奇，于政和甲午秋八月二十八日，以疾终于正寝。……公与张巨、胡宗愈、丁骘志同道合，心利断金，诚为朋至之孚，当时目为四友。东坡公卜居阳羡之约，盖为公同年意气相孚者也。……娶胡氏，封魏国夫人，子五，球，字天粹，朝奉大夫，娶钱氏；次珍，字梦儒，举贤良方正科，朝散大夫，娶丁氏；三瑎，字梦锡，登进士第，以明经荐为大司乐，娶丁氏；四琳，字梦玉，娶马氏；五玑，字梦翊，娶陈氏。［原注：据魏国公手刻《总括图》载，五子球、珍、瑎、琳、玑，而《旧谱》与《墓志铭》止载球、珍、瑎，存疑。］孙男及曾孙二十余人。【《茗岭蒋氏宗谱》卷3、《方东蒋氏宗谱》卷3】

　　欧阳修《赠太子太傅胡公墓志铭》记载：太子少师致仕、赠太子太傅胡公，讳宿，字武平，其先豫章人也，后徙常州之晋陵。世有隐德，为晋陵著姓。公举进士，中天圣二年乙科，为真州杨子尉。……治平三年，累上表乞致仕，未允。久之，拜尚书吏部侍郎、观文殿学士知杭州。……明年，今上即位，迁左丞。五月，公以疾告，遂除太子少师，致仕，命未至而公以六月某日薨于正寝，享年七十有三。……初娶吴氏，追封兰陵郡夫人；再娶何氏，封南康郡夫人。子男五人，长曰宗尧，今为都官员外郎；次曰遵路，早卒；次曰宗质，国子博士；次曰宗炎，著作佐郎；次曰宗厚，早卒。女四人，皆适士族。……【《欧阳修全集》卷34《居士集》卷34，第518页】

　　【按】宜兴蒋氏诸谱都记载：之奇配常州胡宿（995—1064）之女，但未见其他明确记载。《胡太傅宿墓志铭》中也只是简单地说："女四人，皆适士族。"按古人习俗，男子二十岁行加冠之礼，可以婚娶，姑系于此。

是年，米芾（1051—1107）出生。

　　韩刚《米芾书画考论》云：米芾，皇祐三年生。初名黻，后改芾，字元章，祖居太原，迁湖北襄阳，谪居润州（现江苏镇江），与蔡襄、苏轼、黄庭坚合称"宋四家"。曾任校书郎、书画博士、礼部员外郎。大观二年卒，年五十八。【《米芾书画考论》，第1页】

皇祐四年（1052）壬辰　二十二岁

是年，蒋堂婿邵必出知常州，时为祠部员外郎、集贤校理，不久召升开封府推官。

《毗陵志·国朝郡守》载：邵必，宜兴县天申宫有"张公洞"三大字石刻，云"太守丹阳不疑所书，皇祐壬辰"。不疑，公字。壬辰为四年。【《毗陵志》卷8《秩官》、卷29《碑碣》】

皇祐五年（1053）癸巳 二十三岁

蒋堂所居宅第生灵芝，作诗记之。四月，以礼部侍郎致仕，在苏州颐养天年。其侄蒋之器荫恩，授秘书省校书郎。

《宋会要辑稿·仪制》云：礼部侍郎致仕，蒋堂，五年四月。……赠吏部侍郎。【《宋会要辑稿·仪制十一》】

《蒋堂神道碑》云：明年，表还官政，朝廷崇礼耆硕，闵烦事物，以小宗伯〔礼部侍郎雅称。〕秩听行其志力。是时，年耆者类不即退。公在杭州日，业已治第吴下，既而得请，角巾休舍，搢绅高其识。平生爱客，应接不倦，亦既告老，精力尚强，佳宾至前，清谈不废。所居溪馆有芝草产焉。

胡宿《蒋堂可礼部侍郎致仕制》曰：敕，非达人无以蹈止足之美，惟贤者乃能洁去就之分。眷言旧德，适殿中兵。援经礼以露诚，抗封章而还政。且优哲艾，用遂晏安。具官某，才粹而文，道冲且正，体风识而尽远，怀资术而本强，进直计枢之严，比历藩房之重。老于政事，故吏道之可师；式是风华，惟名教之为乐。绩宣中外，治盛东南。引周任之有言，遵祁奚之请老。朕方希古忠厚，惜时耆明，稔闻归志之坚，姑从缮性之适，闵劳烦事，就成美名。周官亚旅之联，春卿宗伯之贰，峻是仪等，昭我恩章，勉尔啬和，以永遐福。【《文恭集》卷20《外制》】

胡宿《礼部侍郎致仕蒋堂侄之器可试秘书省校书郎》曰：敕，具官某侄某：惟乃仲父，实予名臣，鉴知止于道家，还时事于宰旅。寖延酬赏，参泽近支。以尔业承清门，义均爱子。被风训而逾劭，闻学尚之足佳。往试秘丘，初有官簿，懋勉时术，奋取世科。以为庆阀之光宠，不亦美欤？【《文恭集》卷19《外制》】

胡宿《寄致政蒋侍郎》诗云：八十磻溪用钓翁，丈人冰雪在颜容。乞身未及调缘鹄，济世何当起卧龙。先觉令名侔大蔡，后雕遐福集寒松。怜才好客还依旧，终日清谈绿酒醲。【《文恭集》卷4】

蒋堂《因芝草生谢兵部（一）》云：黄菌诞丘园，灵堪配醴泉。至和非我召，美化自公宣。秀色邻三径，幽光被一廛。时髦均秉笔，为我列详编。【《吴郡志》卷6、《吴都文粹》卷2】

蒋堂《因芝草生谢兵部（二）》云：使君有意饰门闾，雅为灵芝揭表初。招隐溪边往还者，从兹认得野人居。【《吴郡志》卷6、《吴都文粹》卷2】

曾慥《闲慢缄题必不看》载：蒋堂侍郎告老姑苏，有僧将游钱唐，求吕济叔书，公作诗曰："告老于君惟掩户，年来无事老江干。吾师莫讶无书去，闲慢缄题必不看。"济叔见之，厚遇其僧，且以书愧谢焉。【《类说》卷46】

刘斧《青琐诗话》有曰：蒋侍郎（棠）[堂]还镇告老，高如苏公，吟咏韵峭格清，士君子颇称赏之。一日，有僧谒公回，将归钱塘（时吕济叔住巨川），愿得一书，以光其行。公曰："吾无书，有诗饯子之行。"诗曰："告老于君意洒然，年来无事老江边。吾归莫讶无诗去，闲慢缄题必不看。"僧得诗遂行。僧以公诗陈，济叔为之恻然，厚遇其僧，且以诗愧谢公焉。公之诗，清而有格，意旨远到，盖皆类此也。【《说郛》卷81】

【按】吕济叔，即吕溱（1014—1068），字济叔，扬州人。宝元元年进士第一。历知制诰、翰林学士，尝疏论宰相陈执中奸邪。神宗时知开封府，精识过人，辨讼立断，豪恶敛迹。官终枢密直学士。卒年五十五。史称其："开敏善议论，一时名辈皆推许。然自贵重，在杭州接宾客，不过数语，时目为'七字舍人'云。"【参见《宋史》卷320《吕溱传》】

《吴郡志·坊市》载：灵芝坊，初名"难老坊"。蒋堂谢事所居，李之仪作。范正平《遗录》云："胡文恭公宿为诸生时，尝受学于蒋堂。文恭守吴郡，蒋居第表为难老坊。蒋不乐，曰：'此俚俗歆艳，内不足而假之人以夸者，非所望于故人，愿即撤去。'胡乃用蒋氏尝有芝草之瑞，更名灵芝。"[按]堂皇祐六年三月作《平江军新修大厅》记云："当兵部员外郎李公晋卿守郡之明年十月修此厅，又有《因芝草生谢兵部》诗，据此则所谓兵部者，正谓李晋卿，而揭灵芝于坊表者，亦李也。李之仪所记，乃谓揭坊。名为胡宿，疑有误。"［又按］《胡宿墓志》云："自祠部员外郎判度支，后知苏州。盖未尝为兵部，其为晋卿无疑。晋卿，逸其名，今太守题名皆不著，胡、李盖阙文。方芝产时，堂有诗记之。"【《吴郡志》卷6】

【按】李之仪（1048—1117），胡宿孙女婿，李之纯之弟。苏轼朋友。《宋史》云李之纯，字端伯，沧州无棣人。……从弟之仪，字端叔，登第几三十年，乃从苏轼于定州幕府。历枢密院编修官，通判原州。元符中，监内香药库。御史石豫言其尝从苏轼辟，不可以任京官，诏勒停。徽宗初，提举河东常平。坐为范纯仁遗表作行状，编管太平，遂居姑熟（今安徽当涂），久之，徙唐州，终朝请大夫。之仪能为文，尤工尺牍，轼谓入刀笔三昧。【《宋史》卷344《李之纯传》】

《吴郡志·园亭》载：隐圃，在灵芝坊，枢密直学士蒋堂之居。堂两守吴，谢事因家焉，自号遂翁。圃中有岩扃、水月庵、烟萝亭、风篁亭、香严峰、古井、贪山等，堂尝自赋《隐圃十二咏》。结庵池上，名水月。宅南小溪，上结宇十余柱，名溪馆。又筑南湖台于水中，皆有诗。【《吴郡志》卷14】

蒋堂《隐圃》云：雅得菀裛地，清宜隐者心。绿葵才有甲，青桂渐成阴。独曳山屐往，无劳俗驾寻。湛然常寂处，水月一庵深。《溪馆》云：年来纳组去，林下得身还。泚泚清流处，童童碧树间。渊鱼乐且静，庭鹤寿而闲。粗有淮安趣，谁同赋小山。野意本自遂，兹溪称独醒。云萝环静室，水石照疏棂，杀竹编书古，纫兰作佩馨。王通昔不偶，时亦坐汾亭。《南湖台》云：危台竹树间，湖水伴深闲。清浅采香径，方圆明月湾。放鱼随物性，载石作家山。自喜归休早，全胜贺老还。峣树水中央，兹为隐遁乡。小园香寂寂，一派晓泱泱。烟草碧弥岸，霜桃红压墙。鸱夷倘居此，未必入沧浪。水次揭危亭，烟堤四面平。栽芦延宿鹭，种柳待啼莺。雪霁清流涨，风来夜艇横。轻肥莫临暨，吾老懒逢迎。【《吴郡志》卷14】

约是年，蒋之翰为金书镇东军（驻越州）节度判官。

蒋之奇《蒋之翰墓志铭》云：之奇与公（之翰）为从兄弟，初皆受太尉荫补而后乃分散宦云。……授将作监主簿。……历黄州及无为军茶盐酒税，用荐者及监杭州清酒务，计钞四十万。……考满，佥书镇东军节度判官。
【《孝思堂蒋氏宗谱》卷3】

雍正《浙江通志·建置》载：《元丰九域志》，大都督府：杭州余杭郡宁海军节度大都督府，越州会稽郡镇东军节度（上），湖州吴兴郡昭庆军节度（上），婺州东阳郡保宁军节度（上）。【雍正《浙江通志》卷5《建置》】

秋七月，知常州邵必落职，改监邵武军酒税。范镇等大臣认为邵必因误判而落职，处分过重，建议恢复旧职。

《长编》载：五年秋七月乙丑，前知常州祠部员外郎、集贤校理邵必落职监邵武军酒，坐在任日误断犯事盐人高庆徒刑。《长编》又载：至和元年八月癸巳，范镇言："臣伏见祠部员外郎邵必先知常州日，误以杖六十罪作徒一年决遣，自开封府推官落集贤校理，降充邵武军监税。准法，去官迁官流以下罪勿论，当时特旨已为过重。近以南郊赦恩并今年三月德音，才移扬州监酒，中外之说以为用法过当。使必犯情涉深故，虽废终身亦不为过，然出于失误，于法本轻，又别无难恕情理，伏望特与牵复职任，庶合用法之意。臣与必同在馆阁，知其本末甚详，窃恐如必之比尚多，伏乞下大理寺、刑部检会闻奏，比类施行。"［原注：镇论邵必不得其时，据《奏稿》，在论买交抄后。］【《长编》卷175、卷176】

约是年，蒋之奇娶杭州沈扶女。

王安石《乐安郡君翟氏墓志铭（并序）》云：尚书主客员外郎、钱塘沈君名扶之夫人翟氏者，鄂州节度推官讳希言之子。……乃以治平三年九月十日卒于京师，享年五十七。……始封长安县君，进京兆、乐安二郡君。生五男三女：男曰遵，翰林学士、右谏议大夫、知制诰；曰迥，泰州军事判官；曰辽，将作监主簿、监寿州酒；曰邃，漳州漳浦县主簿；曰迪，试将作监主簿；女适秘书省著作佐郎颜处恭、邢州尧山县令王子韶、太常博

士监察御史里行蒋之奇。【《临川文集》卷100】

蒋之奇《沈睿达墓志铭》云：睿达，讳辽，姓沈氏，世为钱唐人。赠吏部尚书讳英之曾孙，太常少卿、赠开府仪同三司讳同之孙，金部郎中、赠光禄卿讳扶之子，翰林学士、右谏议大夫讳遘之弟也。……受垢夺官，徙永州。丁父忧，哀毁如母夫人。时更赦，徙池州，卒。实元丰八年二月九日也，享年五十四。……将葬，其孤教师以余职在论撰，驰书以马倩所纪行迹来请铭。余娶君之妹，岂惟戚姻，实有雅好。【《沈氏三先生文集》卷61】

汪藻《徽猷阁待制致仕蒋公（琦）墓志铭》云：绍兴八年正月癸卯，左大中大夫、徽猷阁待制致仕蒋公卒于家。其孤及祖以公治命，用其年三月丁酉葬公宜兴县篠岭之原。……公讳琦，字梦锡，以赠太傅讳九皋者为曾祖，赠太师讳滂者为祖，而观文殿学士、赠太师、魏国公讳之奇之季子也。……迁鸿胪少卿，丁内艰，终制，除光禄卿。……妻沈氏，有贤操，封令人，先卒十五年。子五人，康祖，承务郎知饶州永平监；宁祖，左朝奉大夫致仕；益祖，文林郎东平府刑曹橼；及祖，左奉议郎主管台州崇道观；庆祖，承务郎。而康祖、宁祖亦前卒，庆祖陷敌中。孙七人，曰华；曰繁；曰蒂，登仕郎；曰荀；曰著；曰庄，将仕郎；曰芹。【《浮溪集》卷27】

【按】前文记载蒋之奇配胡宿之女，仅见于蒋氏宗谱。而蒋之奇撰《沈睿达墓志铭》中说："余娶君之妹，岂惟戚姻，实有雅好。"蒋娶沈扶之女，记载确凿。从行文口气中可以看出，娶沈氏当是蒋自己的主张。另外，蒋之奇长子蒋球生于至和二年（1055）乙未，至迟，蒋之奇于是年已娶妻室。故系于此。蒋之奇妻沈氏，约卒于政和末宣和初（1118—1119），时其子蒋琦为鸿胪少卿。

强至有《上致政蒋侍郎二十六韵》诗，知两人也有交往。

强至《上致政蒋侍郎二十六韵》诗，略云：忆昔初登第，公时再镇杭。诸生尽宾礼，贱子正亲丧。……倾仰心摇旆，兢惭背负芒。功成何以祝，五福具无疆。【《祠部集》卷11】

【注】强至（1022—1076），字几圣，杭州吴山里人。……庆历六年登进士第，素

受知于韩琦。琦镇相、魏，尝引至自助。琦为诗遍和宾客，独至诗思致逸发，不可追蹑。琦上奏及他书，皆至属稿。琦乞不散青苗，神宗阅其奏，曰："此必强至之文也。"琦数荐充馆阁，未及用而卒。官至祠部员外郎。【雍正《浙江通志》卷178《人物六》】

皇祐六年（1054）至和元年甲午　二十四岁
三月，蒋堂作《苏州府重修大厅记》。

蒋堂《苏州府重修大厅记》云：姑苏受署厅新成，当兵部员外郎李公晋卿守屏之明年冬十月也。政修事举，所至精明，完葺之初见梁间有题识，乃有唐乾宁元年刺史成及所建，乾宁距圣宋一百六十有余年矣。刺是郡者接迹不绝，凡受署讫，即临便阁，烦鞅沉迷其于厅事，或旬日不一至，以至年祀浸远，栋将挠焉。余昔两绾苏印，班禄余闲，每浚隍濠、构台榭，以馆过宾，以备宴衍，以追韦白二公风迹。虽自以为适然于是厅，缮完有所未至。今观李公之为有过人者，图新补废，俾唐末之遗构，巍乎显明。吏民瞻之，靡不胥悦。君子谓李公急于先务，知布政之本焉。余目是事，怃然自咎，因书本末云。时皇祐六年三月日记。【蒋堂：《春卿遗稿》】

三四月间，蒋堂感疾，命之奇书遗嘱，旋卒。九月，葬于苏州吴县尧峰山鲁坞。时嫡孙蒋续（蒋群玉子）金判平江军，谋丁忧粗服，未允，辞官守孝。

《蒋堂神道碑》云：尚书礼部侍郎致仕蒋公，以皇祐六年三月辛酉，考终于吴郡灵芝坊私第，以至和元年九月乙酉，葬于吴县尧峰之鲁坞。门人邵必志其圹。……一孙，少孤，二子皆幼，至是参侍左右，咸以为阴德之报。感疾，既革遗言，诲以力学，口占后事，命弟之子之奇疏于牍背，已与亲友诀，神色不乱。含玉之日，寿七十五。吴中士大夫若吏与民，莫不相与流涕。朝廷公卿表其德范，宜加旌赉。天子恻然，命以优恤，特赠尚书吏部侍郎，未三品，非例也。

门人胡宿作《礼部蒋侍郎挽词（五首）》，其五曰：茂苑来书迹，蓝桥别泪痕。如何一交臂，不觉九招魂。东里嗟遗爱，西州哭旧恩。二孤犹在卯，未免怼乾坤。后又作《宋故朝散大夫尚书礼部侍郎致仕上柱国乐安县开国侯食邑一千三百户赐紫金鱼袋赠吏部侍郎蒋堂神道碑》。【《文恭集》卷2、卷39】

纪昀等《春卿遗稿·提要》云：（臣）等谨案：《春卿遗稿》一卷，宋蒋堂撰。堂，字希鲁，宜兴人。大中祥符五年擢进士第。仁宗朝历官左谏议大夫、知苏州。改给事中，仍知州事。后以礼部侍郎致仕，因家于苏。事迹具《宋史》本传。案：胡宿《文恭集》有堂《神道碑》，称堂以皇祐六年卒，赠吏部侍郎。此集题曰"春卿"，仍举其致仕之官所未详也。碑称其有高情，富清藻，多所缀述，尤邃于诗，其间所得，往往清绝。善作尺牍，思致简诣，时人得之，藏为名笔。及退居林下，神机日旺，虽饮食寝处，未尝忘诗，亦天性然。有文集二十卷。本传亦称其"好学工文词，尤嗜作诗"。与碑文合，所载文集卷数亦同。然原集今不传，此本乃明天启中堂二十世孙镤掇拾佚稿而成，凡赋一篇、诗三十七篇、记一篇，不及原集十分之一。其间惟诗独多，则碑所云尤邃于诗者，信也。其诗虽兴象不深，而平正通达，无雕镂纤琐之习。北宋遗集流传日少，录之亦可备一家焉。【蒋堂：《春卿遗稿》卷首】

【按】查《宋史》《长编》及宋人笔记，皇祐六年三月十七日（一说七日），诏定于其年四月改元"至和"，而三月中无"辛酉"日，疑胡宿误记日期，当作四月辛酉（二十八日）。宋人记载有：李攸《宋朝事实·纪元》中记载："皇祐六年（原注：甲午三月十七日改至和元年）。"宋祁《五龙堂谢雨文》云："维皇祐六年，岁次甲午三月乙丑朔（初一），越二十日甲申，具位宋祁谨以清酌之奠，昭告于五龙之神。"[《景文集》卷48] 王应麟《至和御制攻守卫图》中记载："《实录》云：至和元年三月壬申（初八），赐边臣《御制攻守御卫图》。《会要》云：皇祐六年，枢密副使王尧臣进《兵策》，诏以《圣制攻守卫图》为名，送《崇文院镂板书目》三卷。"【《玉海》卷141】

正德《姑苏志·名臣》记载：蒋堂，字希鲁，宜兴人。……至和初卒，年七十五。特赠吏部侍郎。……子之奇，字颖叔。孙续，皇祐中佥判平江军。堂卒，续自言少孤，育于祖，乞服衰粗以报。朝议以堂有子，不许。遂辞疾谒医，去职行服。嘉祐三年，复知吴县事。【正德《姑苏志》卷49】

《蒋续世表》云：续，字延祖，群玉子（行二十），母邵氏。将作监主簿，至承议郎，历端、真、海、宣四郡太守，福建路转运判官。配谢氏、继钱氏，生子一，天宜。【《柚山蒋氏宗谱》卷7】

正德《姑苏志·宦迹》记载：蒋续，一作结，堂之孙也。皇祐中金判平江军。堂卒，续自言少孤育于祖，乞服衰以报。朝议以堂有子，不许，遂辞疾谒医，去职行服。嘉祐三年知吴县事。【正德《姑苏志》卷39】

同治《苏州府志·艺文》记载：（宋）蒋堂《吴门集》二十卷，堂集世无传本，今《春卿遗稿》一卷，乃堂裔孙镶所辑。宜兴人。【同治《苏州府志》卷139】

《苏州历代人物大辞典·蒋续》云：蒋续，宋吴县（今江苏苏州）人。字延祖。蒋堂孙。皇祐（1049—1054）中，以祖父遗恩签书平江军节度判官厅公事。嘉祐（1056—1063）间，知吴县，称名宦。历迁大理评事、卫尉寺丞、大理寺丞，通判利州。熙宁（1068—1077）中，知端州，慕包拯，首建包公祠。元丰（1078—1085）末为承议郎、福建转运判官。【《苏州历代人物大辞典》，第915页】

【按】王鏊记载"蒋续，一作结，堂之孙"，误。蒋续、蒋结俱为蒋堂孙。蒋结出仕的记录多在南宋时期，乃蒋长生子，晚于蒋续。蒋镶，生平无考。疑为蒋长源子。

是岁，蒋之奇因料理伯父葬事而寓苏州。

陆友仁《吴中旧事》云：至和中，乐安公守姑苏日，虎邱厓下水涌出竹简数十小片，皆朱书，有孝建年号，盖宋武时纪年也。蒋颖叔自记于手稿，其孙世昌录收之。

正德《姑苏志·园池》载：徐都官山亭，在胥门外，都官名祐，郡守蒋希鲁公为作七石诗。时杜祁公亦有诗，其卒章云："上刻希鲁诗，英词何缥缈"，此出于蒋之奇跋语。之奇，希鲁公侄也。【正德《姑苏志》卷32】

《正德琼台志》载，是年下半年，蒋之奇接周敦颐为知琼州。

李之亮《宋代郡守通考》记载：《琼台志》云："皇祐六年至和元年（1054）：蒋之奇，知琼州。"在周（敦）颐后一人。《琼州府志》云：蒋之奇，与颖叔同名。又载："至和二年（1055）：蒋之奇，知琼州。"接任者唐恭。【《宋代郡守通考·两广》，第403页】

【按】蒋之奇知琼州，疑误。详见本谱第二十八卷"元祐二年"条。

钱公辅母亲永安县太君蒋氏（985—1054）卒。蒋氏，之奇姑母。

王安石《永安县太君蒋氏墓志铭》载：毗陵钱公辣、公谨、公辅、公仪、公佐，以皇祐六年三月戊子葬其母永安县太君蒋氏。方是时，太君年七十矣。……蒋氏，常之宜兴人。世以财杰其乡，而其族人有以进士至大官者。太君年二十一归于钱氏。【《临川文集》卷99】

是年，苏轼娶十六岁的王弗（1039—1065）。

苏轼《亡妻王氏墓志铭》云：治平二年五月丁亥，赵郡苏轼之妻王氏卒于京师，六月甲午殡于京城之西。……君讳弗，眉之青神人，乡贡进士方之女。生十有六年而归于轼。有子迈。……其死也，盖年二十有七而已。【《东坡全集》卷89】

至和二年（1055）乙未 二十五岁

春，邵必被谪知高邮军。

《宋史·邵必传》云：坐在常州日杖人至死，责监邵武税，然杖者实不死。久之，知高邮军，提点淮南刑狱，为京西转运使。【《宋史》卷317《邵必传》】

《长编》记载：至和二年春正月庚子，殿中侍御史赵抃言："臣近累次弹奏宰臣陈执中，兴废制狱，乞正其罪。……攽司之法，天下公共。执中轻重出己，喜怒任权。至如邵必知常州日，讹误决人徒刑，既自举觉，复会赦宥，又该去官迁官。执中素所恶必，乃罢必开封府推官，落馆职，降充邵武军监。当后来有汀州石民英勘入使臣犯赃，杖背黥面，配广南牢城，本州诉雪，悉是虚枉，却只降民英差遣。以邵必比之民英，则民英所犯绝重，而断罪遂轻，邵必所犯甚轻，而断罪反重。搢绅议论至此，无不嗟愤扼腕。此执中舞法，宜罢免者五也。……寻有诏邵必复职，知高邮军。"【《长编》卷178】

李之亮《宋代郡守通考》记载：《高邮志》"邵必，至和中任。""至和二年，以祠部员外郎、集贤校理知高邮军事。"接任者唐恭。【《宋代郡守通考·两淮》，第278—279页】

邵必在高邮军，大兴儒学，盛邀年轻才子王令赴州任学官。试讲之后，王令固辞。

嘉靖《惟扬志·公署志》载：高邮州儒学，旧在本州东。至和二年，知军事邵必建。【嘉靖《惟扬志》卷7】

刘发《广陵先生传》云：王氏旧望太原，自先生之七世祖居于魏之元城，不知其始何迁也。叔祖父乙居广陵，先生幼育于乙，故遂为广陵人。年十数岁，昼从群儿嬉，夜独诵书，往往达旦不眠，率以是为常。……是时，丞相荆国公赴召，道由淮南，先生赋《南山之田》诗往见之。公得先生，大喜，期其材可与共功业于天下，因妻以夫人之女弟焉。既而徙高邮，太守邵公必延请主学，先生辞不获，已强应之，寻亦辞去。邵公为部使者，以其节行闻于朝廷，不报。先生既喜退隐，思江南山水之胜，乃迁居润。【《广陵集》附录】

王令有《上邵不疑书》《再上邵不疑书（丙申）》《讲罢谢邵牧不疑书》《谢邵牧》《又谢邵牧》等。

王令《上邵不疑书》中有云：知军学士阁下：夫草茅之微、布衣之贱，游身于公侯之门，托迹于卿相之庭，古人为之为宜，今人为之为羞。学大而谋远，先义而后禄，古人为之为祥，今人为之为狂。……虽然，目不望富贵之门，身不杂缙绅之间，非惟己不喜取合于人，计其从之，亦人之不取也。伏惟阁下之德，其闻有日矣。始也迫穷饿之役，愿从事于左右而无由，今则少间以来也。幸阁下怜进之，杂文一编，辄敢赘左右，律诗一首，因以赋侍者。其学浅狭，无足收采，如阁下姑进之，则令齿尚少，自待未易已，则阁下犹可待其他日之成，庶几不辱门下也。干浼尊听，惭恐无已。不宣。令再拜。【《广陵集》卷24】

王令《讲罢谢邵牧不疑书》曰：令尝闻《春秋》之学，约而畅，隐而不没事，皆系圣人之取舍进退，非诚通圣心而志在事变者，不可与也。……令尝学之，三年而未能也，尝思得通实之士而见之。今也既自幸，又推思其从来，则阁下有以赐之，何敢不拜？有如穷达之分，贵贱上下之等，进皆有拜伏承事之礼，是皆仆仆事人之道。而令方有所学，力不足使令，令不敢辱执事，亦不敢拜。以是伏惟阁下加亮焉。不宣。令再拜。【《广陵集》卷26】

王令《谢邵牧》又曰：伏承学士明公，哀令之穷，特有馈赆，感愧之素，何能已已。……又尝闻古之君子，周之则受，赐之不敢拜。然阁下必以为周，令已有余而无或不足，赐不敢拜。阁下必以为赐，则士之不敢当有前闻矣，何独今而疑之？人固各有志，令方志在贫贱，愿阁下怜其有志，全之而不强。假为无志，则阁下之门，亦无所用之。不胜皇恐之至。不宣。令再拜。【《广陵集》卷26】

蒋之奇长子蒋球出生。

《蒋球世表》云：之奇长子球，字天粹，宋元丰中荫补太庙斋郎，七迁至朝奉大夫，行尚书员外郎，致仕。生于宋致和二年乙未，卒于宋徽宗政和四年，享寿六十。葬易庄蒋墓。配钱庄钱瑾公女，封宜人。子四，似祖、继祖、师祖、道祖。【《方东蒋氏宗谱》卷7】

徐勣《宋故朝奉大夫尚书司勋员外郎球公墓志》云：公讳球，字天粹，姓蒋氏，常州宜兴人。观文殿学士、弋阳郡开国公讳之奇之长子也。曾祖讳九皋，赠太傅。祖讳滂，赠太师。……元丰中，以荫补太庙斋郎，改宣德郎，七迁至朝奉大夫。……以疾致仕，未几卒，享年六十，实政和四年四月四日。……娶钱氏，封宜人，生子四人。似祖，承务郎，早卒；继祖，监恩州酒税，承务郎；师祖，承务郎管勾南康，逍遥而卒；道祖，将仕郎，皆力学有闻，能世其家者也。女二，长适将仕郎监杭州合同茶场王仲良，次适议郎宗正寺丞薛苍舒。【《柚山蒋氏宗谱》卷3】

至和三年　嘉祐元年（1056）丙申　二十六岁

是年，邵必以天章阁直学士、仍知高邮军。后又荐王令于朝廷，未报。

王令《再上邵不疑书（丙申）》云：知军学士阁下贵富矣，何求而不得哉？穷南之珠，极西之玉，山海之象犀，蜀里之锦，楚南荆北之材，天下之殊也，然皆水断陆绝，去其人常千万有余里，然一日欲之，则无不如意而至前。何其甚易，如出于左右哉？……昔者，尝有一日之幸，而阁下以令有姊，以贫而不嫁，过时，将捐金币以资之，时适无可亲者，则止矣。世之靡靡，方以妾马从事，而阁下乃独恤人之孤，世之方思得其所无，而阁下乃思散其所有。以令之甚贱，才谋不足以裨左右之长，誉说不足以取当世之重，不识阁下是诚何求哉？信亦与世之异也。故令今且将终其所赐，以实阁下之德焉。夫高邮，小地也。是亦地不能分高而借人，力不能举重以与士也，亦明矣。而一时之人，势力出阁下者犹众，然不之彼而之此，去有余而就不足以求之，良以阁下之所好恶而为与不为者，与世之富贵者异也。异日阁下常有以赐之，而令辞不受。今则谒之，而阁下之所得，士之自信，如此难有也，阁下之德如何？杂文一轴，少见所志，幸加采焉。不宣。再拜。【《广陵集》卷25】

《宋史·职官志二》载：庆历七年初，置天章阁直学士，在龙图阁直学士之下。【《宋史》卷162《职官志二》】

淮南部使者邵必《奏状》言：臣伏见国家诏下，开岁贡士，丁宁告劝，勤亦至矣。然士亦有负其业不求闻达者，臣恐州县不得而荐，天子不得而知。臣伏见扬州布衣王令，文学德行，俱出人右，奉寡姊如严父，教孤

甥如爱子。寒饥穷困，不改其守。求之士人，未见其比。臣叨列职司，国家利病皆得言之，见贤不举，实臣之罪。【《广陵集》附录】

蒋续起复卫尉寺丞。

沈遘《大理评事蒋续可卫尉寺丞》云：敕某：吴大县也，号为难治。今汝为令，蔼然有声，惟汝名臣之后，能济其美，吾甚嘉之。而有司方以大比之书来，上故陟汝，丞于司卫，汝其懋哉！吾尚有以褒汝者，且无爱焉尔。可。【《西溪集》卷5】

【按】卫尉寺丞：寄禄官，元丰前为从六品。

第四卷　嘉祐二年（1057）至嘉祐八年（1063）

嘉祐二年（1057）丁酉　二十七岁

三月，蒋之奇锁厅试进士及第，旋，又中《春秋》三传科。

《宋史·蒋之奇传》云：蒋之奇，字颖叔，常州宜兴人。以伯父枢密直学士堂荫得官。擢进士第，中《春秋》三传科，至太常博士。

《毗陵志·选举·文事·科目》载：嘉祐二年章衡榜：胡宪臣、孙云、蒋之奇、苏舜举、严助、丁鹭、张思、胡信臣、单锡、胡象德、姚仲容。【《毗陵志》卷11《选举》】

《无锡县志·学校》载：宋：钱凯，庆历丙戌贾榜；蒋之奇，嘉祐丁酉榜。……【《无锡县志》卷3下】

万历《宜兴县志·选举志》载：嘉祐二年章衡榜：单锡；蒋之奇（原注：无锡志误载）。……【万历《宜兴县志》卷7】

【按】蒋之奇举进士时，已经有官职在身。元代《无锡县志》既已收录，疑蒋或在无锡为官，可能是县丞、主簿一类的从官。因缺少其他资料佐证，姑存疑。

《宋史·选举志一》载：宋之科目，有进士，有诸科，有武举。常选之外，又有制科，有童子举，而进士得人为盛。神宗始罢诸科，而分经义、诗赋以取士，其后遵行，未之有改。自仁宗命郡县建学，而熙宁以来，其法浸备，学校之设遍天下，而海内文治彬彬矣。今以科目、学校之制，各著于篇。初，礼部贡举，设进士、九经、五经、开元礼、三史、三礼、三传、学究、明经、明法等科，皆秋取解，冬集礼部，春考试。合格及第者，列名放榜于尚书省。……凡命士应举，谓之锁厅试。所属先以名闻，得旨而后解。……嘉祐二年，亲试举人，凡与殿试者始免黜落。时进士益相习为奇僻，钩章棘句，浸失浑淳。欧阳修知贡举，尤以为患，痛裁抑之，仍严禁挟书者。既而试榜出，时所推誉，皆不在选。浇薄之士，候修晨朝，群聚诋斥之，街司逻卒不能止，至为祭文投其家，卒不能求其主名置于法，然自是文体亦少变。待试京师者恒六七千人，一不幸有故不应诏，往往沉沦十数年，以此毁行干进者，不可胜数。……仁宗之朝十有三举，进士四千五百七十人；其甲第之三人凡三十有九，其后不至于公卿者，五人而已。英宗即位，议者以间岁贡士法不便。乃诏礼部三岁一贡举，天下解额，取未行间岁之前四之三为率，明经、诸科毋过进士之数。【《宋史》卷155《选举志一》】

苏轼《和蒋发运》诗，［施注］云："蒋发运，名之奇，字颖叔，宜兴人。锁厅擢进士第，举贤良方正，试六论，中选，及对策，以失书问目，报罢。英宗览而善之，擢监察御史。"【《苏轼诗集》卷27，第1432页；《苏诗补注》卷27】

《宋史·选举志一》载：天圣初，宋兴六十有二载，天下乂安。……旧制，锁厅试落辄停官，至是始诏免罪。【《宋史》卷155《选举志一》】

【按】锁厅试：亦作"鏁厅试"。宋代称现任官或有爵禄者应进士试。宋叶适《太府少卿福建运判直宝谟阁李公墓志铭》云："复锁厅试礼部，词致瑰特，有司异之。"《宋史·选举志一》云："凡命士应举，谓之鏁厅试。所属先以名闻，得旨而后解。""熙宁十年，始立《宗子试法》。凡祖宗袒免亲已受命者，附锁厅试，自袒免以外，得试于国子监。"【参见《宋史》卷155《选举志一》、卷157《选举志三》】

彭百川《仁宗科举取士》记载：嘉祐二年春正月，翰林学士欧阳修权知贡举。……三月丁亥，赐进士章衡等二百六十三人及第，一百二十六人同出身。是岁，进士与殿试者始皆不落。［原注：李复圭《纪闻》云：是春以进士辱欧阳修之故，殿试及第不落一人。当考《民监赋》《鸾刀诗》《重巽申命论》，章衡、窦卞、郑雍、吕惠卿、蒋之奇、苏轼、曾肇（当作巩）、朱光庭、曾布、宋希、史元道、王韶、梁焘、

苏惟贤、苏辙、刘元喻。]【《太平治迹统类》卷27】

《长编》记载：三月辛巳，御崇政殿试礼部奏名进士，又试特奏名。壬午，试诸科。丁亥，赐进士建安章衡等二百六十二人及第，一百二十六人同出身。是岁，进士与殿试者始皆不落。己丑，赐诸科三百八十九人及第，又赐特奏名进士、诸科二百十四人同出身，及补诸州长史、文学。【《长编》卷185】

《宋史·职官志四》载：太常寺：卿、少卿、丞各一人，博士四人，主簿、协律郎、奉礼郎、太祝各一人。……博士：掌讲定五礼仪式，有改革则据经审议。凡于法应谥者，考其行状，撰定谥文。有祠事，则监视仪物，掌凡赞导之事。【《宋史》卷164《职官志四》】

【按】嘉祐二年榜是中国科举史上的神话，同榜中诞生了一批对当时政局乃至中国后世有巨大影响的人物。同榜中与蒋之奇（宜兴）关系密切的有苏轼、苏辙、曾巩、曾布、吕惠卿、林旦、林希、王无咎（1024—1069）、褚理等。同时，常州一府同榜进士，可考者11人，其中包括寓居常州的苏舜举、常州人丁骘、宜兴人单锡等。

蒋之奇、胡宗愈、丁骘、张巨为毗陵四友。

《毗陵志·人物二》载：张巨，字微之。居武进。擢嘉祐二年第，举明经。少从安定先生游，居乡与蒋之奇、胡宗愈、丁骘为四友。学易于欧阳文忠公，公甚器之，荐充国子监直讲。新法行，与同职数人相继引去，时论高之。家藏文忠往复书迹甚富。所著《文集》四十卷、《易解》十卷，文忠公为之序。……丁骘，字公点。举嘉祐进士第，眉山二苏为同年友。以经学倡后进，尤长于《易》《春秋》，为文自成一家。方新法行，李定用事，辟为属。骘辞以疾。于是，苏轼、曾肇、孔文仲诸公交荐之。会司马公当国，曰："士大夫无不登光之门者，丁君独不来，真自重之士。"久之，除太常博士，入门下、中书为左右正言。时熙、河禽鬼章，中外称贺。骘独以为鬼章西番酋领，得之不足为贺。元祐间，士大夫之憸险趋竞者，相为朋比，朝议有"五鬼十物"之号，如唐"八关十六子"者。骘上疏请穷治之。后以胡宗愈亲嫌，繇仪曹出知处州。公有女，适二苏从子彭孙，得甥，东坡报以诗。鹭赓云："秀出眉山有庆门，风流长与蜀山存。翰林未老生曾嫡，想见累累百世孙。"有《文集》二十卷。蒋公之奇志其墓。【《毗陵志》卷17《人物》】

《宋史·胡宿传（附宗愈）》载：从子宗愈，字完夫。举进士甲科，为光禄丞。宿得请杭州，英宗问子弟谁可继者，以宗愈对，召试学士院。神宗立，以为集贤校理。久之，兼史馆检讨，遂同知谏院。殿内卒盗皇城器物，宗愈言：……王安石用李定为御史，宗愈言："御史当用学士及丞杂论荐，又须官博士员外郎。今定以幕职，不因荐得之。是殆一出执政意，即大臣不法，谁复言之？"苏颂、李大临不草制，坐绌。宗愈又争之。安石怒，出通判真州。历提点河东刑狱、开封府推官、吏部右司郎中。元祐初，进起居郎中、书舍人、给事中、御史中丞。……明日，具《君子无党论》以进，拜尚书右丞。于是，谏议大夫王觌论其不当，而刘安世、韩川、孙觉等合攻之。……乃罢为资政殿学士、知陈州，徙成都府。蜀人安其政。召为礼部尚书，迁吏部，卒年六十六，赠左银青光禄大夫。【《宋史》卷381《胡宿传》】

《宋代人物辞典·丁鹭》条云：丁鹭（？—1094），北宋常州武进（治今江苏常州）人，字公点。嘉祐二年（1057）进士，累官至国子监直讲。以经学倡后进，尤长于《周易》《春秋》，为文自成一家。自王安石行新法，即不肯为知县，折资监当，几二十年。元祐中，历任太常博士、右正言、左正言、礼部员外郎、知处州、司封员外郎等职。元祐八年（1093），出知宿州，以食河豚而死。【《宋代人物辞典（上）》，第122页】

【按】《武进县志》《江南通志》等载丁鹭，皆作"字公点"，苏轼、范祖禹等宋人笔记中作"公默"。《尚书注疏》汉孔安国传有云："鹭，定也。天不言而默定下民。"故其字当作"公默"。

是年，蒋之奇受知欧阳修，为庐陵门人。

黄宗羲《庐陵学案表》云：欧阳修门人：（子）发、棐……陈舜俞、丁鹭、张巨、胡宗愈、王安石、曾巩、苏轼、苏辙、徐无党、（别附）蒋之奇。……

蒋之奇，字颖叔，宜兴人。举进士。元祐初，累拜翰林学士，兼侍读。坐责守汝州，徙庆州。徽宗立，拜知枢密院事。崇宁元年，知杭州。以弃河湟事夺职，降中大夫，以疾告归，提举灵仙观。三年，卒。尝入元祐党籍。后录其陈绍述之言，尽复官职，谥文穆。梓材（王梓材）谨案：谢山（全祖望）为《文穆端砚记》云："文穆在熙宁、元祐、崇宁推为博闻强识之儒，曾在禁林，记诸典章文物之旧，曰《逸史》，至数百卷。是亦北宋一魁儒也。惜其受知庐陵，因患'奸邪'之目，转劾庐陵，为瑜不掩瑕耳。"【《宋元学案》卷4】

中进士不久，苏轼母丧，丁忧。

《宋史·苏轼传》云：嘉祐二年，试礼部。方时文磔裂诡异之弊胜，主司欧阳修思有以救之，得轼《刑赏忠厚论》，惊喜，欲擢冠多士，犹疑其客曾巩所为，但置第二。复以《春秋》对义，居第一，殿试中乙科。后以书见修，修语梅圣俞曰："吾当避此人出一头地。"闻者始哗不厌，久乃信服。丁母忧。【《宋史》卷338《苏轼传》】

四月，王安石以太常博士知常州。是年，司马光之兄司马旦知宜兴县，有政声。

《毗陵志·秩官（国朝郡中）》载：王安石，嘉祐二年，太常博士。三年二月，除江南路提点刑狱。【《毗陵志》卷8《秩官》】

《长编》载：嘉祐三年春正月丙辰，诏新提点江南东路刑狱沈康知常州，知常州王安石提点江南东路刑狱。以谏官陈旭言："康才品凡下，又素无廉白之称。"故易之。〔原注：安石知常州在二年秋，康以是年二月丙午，自度外集校，除江东宪，才旬日改签。〕【《长编》卷187】

王令《寄介甫（时为郡牧）》云：已推事业皆归命，空有文章自满家。借使牛羊虽有责，岂于凤鸟独无嗟。人留孟子皆非道，客议扬雄正自哗。贤哲相望每千古，得逢犹设与时差。【《广陵集》卷16】

《宜兴旧志·守令》载：司马旦（司马光之兄），陕州夏县人。太子中舍，嘉祐二年任。【《宜兴旧志》卷5《守令》】

【注】《宋史·司马池传（附）》云：司马池子旦，字伯康。……以父任，为秘书省校书郎，历郑县主簿。……知祁县，……举监在京百万仓，时祁隶太原，以太原留，不召。通判乾州，未行，举监在京杂物库。知宜兴县，其民嚣讼，旦每狱必穷根株，痛绳之，校系县门，民稍以诋冒为耻。市贯大溪，贾昌朝所作长桥，坏废岁久，旦劝民葺复，不劳而成。……以熙宁八年致仕，历官十七迁，至大中大夫。元祐二年卒，年八十二。旦澹薄无欲，奉养苟完，人不见其贵。与弟光尤友爱终始，人无间言。光居洛，旦居夏县，皆有园沼胜概。光岁一往省旦，旦亦间至洛视光。凡光平时所与论天下事，旦有助焉。及光被门下侍郎召，固辞不拜。【《宋史》卷298《司马池传》】

四五月间，蒋之奇与苏轼共赴琼林宴，接席而语，与苏轼相约卜居宜兴。其后，同年王无咎也寓居宜兴，卒葬静乐山。

《宋会要辑稿·选举》中载：嘉祐二年五月四日，以新及第进士第一人章衡为将作监丞，第二人窦卞、第三人罗恺并为大理评事、通判诸州；第四人郑雅、第五人朱初平并为两使幕职官；第六人以下及九经及第，并为初等幕职；第二甲为试衔大县簿尉；第三、第四等试衔判司簿尉；第五甲及诸科同出身，并守选。【《宋会要辑稿·选举二九》】

《御批历代通鉴辑览·宋》载：太平兴国八年春三月，宴进士于琼林苑。[原注：琼林宴之名始此。]帝亲试礼部贡士于讲武殿，始分三甲，锡宴于琼林苑，宠之以诗。遂为定制。【《御批历代通鉴辑览》卷72】

苏轼《次韵蒋颖叔（尧卿，名之奇。公嘉祐二年章衡榜与颖叔同登第）》诗略云：……琼林花草闻前语，罨画溪山指后期。[缋，刘商隐爱义兴之罨画溪，遂葺居焉。次公先生诗尾本注：所谓阳羡，则常州也。古云：阳羡三湖九溪。《地志》云：今只有六溪，其三溪不知其处。而六溪之中有荆溪，则首受芜湖，东至阳羡入海圻，俗呼为罨画溪。]岂敢便为鸡黍约，玉堂金殿要论思。[附：诗记及第时琼林宴坐中所言，且约同卜居阳羡。]【《东坡诗集注》卷13】

【按】苏轼诗为唱和诗，蒋诗已佚。两人之诗并非作于及第时，因言及及第情形，故先摘录于此。

《毗陵志·人物·寓贤》载：苏轼，嘉祐二年与蒋颖叔连名策第，宴琼林日坐相接，遂约卜居阳羡。邑人单锡亦同年进士，轼以甥女妻之，属以问田。后谪黄州，移临汝，上章乞居阳羡。《谢表》有云："买田阳羡，誓毕此生。"【《毗陵志》卷18《人物》】

《武进县志·孙觌小传》载：觌，字仲益，别号鸿庆居士。宋嘉祐二年，苏轼与阳羡蒋之奇同宴琼林，日坐相接，慕阳羡山水之胜，遂约卜居。有单锡，亦同年进士，妻以甥女，托问田于常。【《明伦汇编·氏族典》卷147】

五月四日，新及第进士授官。蒋之奇、苏轼初官不详。

《宋登科记考》云：五月四日庚辰，新及第进士、诸科初授官或授守选。"嘉祐二年五月四日，以新及第进士第一人章衡为将作监丞，第二人窦卞、第三人罗恺并为大理评事、通判诸州，第四人郑雅、第五人朱初平并为两使幕职官，第六人以下及九经及第，并为初等幕职；第二甲为试衔大县簿尉：第三、第四等试衔判司簿尉；第五甲及诸科同出身，并守选。"《宋会要·选举二之九·进士科》"嘉祐二年三月丁亥，赐进士章衡等二百六十三人及第，一百二十六人同出身。是岁，进士与殿试者始皆不落。章衡、窦卞、郑雍、吕惠卿、蒋之奇、苏轼、曾巩（原误书肇）、朱光庭、曾布、宋希、史元道、王韶、梁焘、苏惟贤、苏辙、刘元瑜"。【《宋登科记考》卷4，第252—263页】

是年，邵必由知高邮军提点淮南刑狱、为京西转运使。

《宋史·邵必传》载：坐在常州日杖人至死，责监邵武税，然杖者实不死。久之，知高邮军，提点淮南刑狱，为京西转运使。【《宋史》卷317《邵必传》】

刘敞《郡斋燕居，寄海陵道粹、仪真景休、高邮不疑三太守学士》诗云：尚容耻玩世，畏景希就阴。一麾谐微愿，千里非遐心。平生志江海，窬寐在山林。及此吏如隐，始知古犹今。鹡鸰避落实，蜎蠖安蹄涔。但恐得已多，尚非力可任。诸公蓬莱秀，夙昔交契深。击柝声相闻，照邻光四临。清浊泾以渭，离合商与参。愿言三秋思，毋閟金玉音。【《公是集》卷7】

是年，有传蒋之奇归省，苏轼有诗相赠。又传其为父母作一乐堂。

苏轼《赠蒋颖叔荣归》诗云：裔出钟山远，源流溹水赊。江南无二蒋，尽是九侯家。【《桥下蒋氏宗谱》卷3《诗》】

苏轼《再送蒋颖叔荣归》诗曰：裔出钟山远，源流溹水赊。江南无二蒋，尽是九侯家。【周秋良：《观音故事与观音信仰研究》，第36页】

宋学士张瑛《一乐堂记》云：蒋君颖叔，讳之奇，以一乐名其堂，同年友瑛谂而讯之，曰："予平生之乐亦多矣，岂止于一而已哉？"公以儒行明经领乡荐，登进士，又获荣归，斯乐之尤也。奉天子优诏，俾归依亲读书，时之言曰："人生无如进士乐，既登进士，又获荣归，其乐宁有已耶？"况父母宠褒，复循例归省，得拜二亲于高堂之上，昭画锦之荣。唐人五言联曰："紫诰鸾回纸，清朝燕贺人。"其乐又不可胜言者焉，岂止于一而已哉？颖叔曰："余幸生圣明之世，忝以儒行发身而有今职，获推恩之荣。然自以皆父母劬劳教育之恩，兄弟达宦相助之力。今幸二亲皆康强无恙，兄弟亦皆显达于朝。切自附于孟轲氏所谓父母俱在、兄弟无故之说，而号曰一乐，不敢以荣贵表暴于人也。"于是，瑛作而叹曰：……【《丹阳蒋氏宗谱》卷1】

【按】宋学士张瑛，蒋之奇同年友。疑即蒋之奇同僚、嘉祐进士、后官翰林学士的张璪（？—1093）。余无考。

嘉祐三年（1058）戊戌 二十八岁
二月，王安石罢知常州，除江南路提点刑狱。

《毗陵志·秩官·国朝郡中》载：王安石，嘉祐三年二月，除江南路提点刑狱。"【《毗陵志》卷8《秩官》】

蒋之奇被授通山令，任上廉以持己、宽以治民，听讼公平敏捷。

《蒋之奇墓志铭》云：公登嘉祐二年进士第，举贤良方正科。初为通山县令，廉以持己，宽以治民，听讼公平敏捷。

《明一统志·武昌府》云：名宦：蒋之奇，知通山县。通山令有名显于史册者，由之奇始。【《明一统志》卷59】

嘉庆《大清一统志·武昌府》云：蒋之奇，宜兴人。熙宁中为通山令，有政绩。【嘉庆《大清一统志》卷124】

【按】蒋之奇任通山令，具体时间未见记载。考其之后经历，都有明文记载。治平年间，蒋之奇被召入朝。熙宁之后，蒋之奇仕历十分清晰。只有进士及第之后一段时间空白，故系于此。嘉庆《大清一统志》所载"熙宁中"，误。通山县，位于湖北省东南部，宋时属江南西道兴国军，今隶咸宁市。

通山令任内，蒋之奇畅游通山及武昌等地，并作《爱山堂诗（十首）》《（汉阳）清光亭》《钓台》《（武昌）怡亭序》《会仙（山）》《大泉洞》等诗文。

《宋诗纪事补遗》载：蒋之奇《爱山堂诗（十首）》《大泉洞》等诗（俱略），其《会仙（山）》诗云："我爱蓬莱编，复此会群仙。仙人笑拍手，索我瑶华篇。《通山县志》"【《宋诗纪事补遗》卷14，第301页】

《舆地纪胜·兴国军·仙释》载：地行仙，会仙岩在通山县之南山，昔有樵人见一僧杖锡自言："我乃地仙。"樵人惊异，欲问其故，则已入岩矣。蒋之奇尝有留题。【《舆地纪胜》卷33，第1074页】

《方舆胜览·兴国军·永兴、通山、大冶》云：蒋颖叔诗：我爱通山好，青山便是城。白云深处宿，一枕玉泉声。【《方舆胜览》卷22】

《舆地纪胜·兴国军·风俗形胜》载：宿云亭，在通山县后山。取蒋之奇"白云深处宿"之句。【《舆地纪胜》卷33，第1064页】

《方舆汇编·武昌府·山川二》载：大泉洞，在（通山）县五里。《旧志》云：石航泉，又名含泉。在石航山下，其洞门高敞，盘折深幽，危石如门者

数重。宋县令蒋之奇有诗刻第三重石门上。【《方舆汇编·职方典》卷1117】

嘉祐四年（1059）己亥 二十九岁

春正月，蒋之奇岳父胡宿权知贡举。是科，蒋之奇弟之武（1038—1108）举进士第。是科，常州胡宗愈为进士第二人，宜兴单锷亦举进士第。是年，胡宗愈、张巨、陈舜俞等人的先生胡瑗（993—1059）病归海陵（今江苏泰州），翌年卒。

《长编》载：四年春正月甲辰，翰林学士胡宿权知贡举。太子中允、天章阁侍讲、管勾太学胡瑗病，不能朝。戊午，授太常博士致仕。瑗归海陵，诸生与朝士祖饯东门外，时以为荣。及卒，诏赙其家。集贤校理钱公辅率太学诸生百余人，即佛舍为位哭，又自陈师丧，给假二日。【《长编》卷189】

蒋静《宋故宣德郎致仕之武公墓志》云：蒋之武，字文翁。……之奇亲弟也。……年十五，能词赋……弱冠试春官，累迁贡魁，以目疾废，逾三十年，学士大夫咸嗟悼之。【《孝思堂蒋氏宗谱》卷3】

万历《宜兴县志·选举志》载：嘉祐四年刘辉榜：单锷，锡弟。郡志缺，见人物。……尝著《吴中水利书》，书成，苏轼录进于朝，不果，遂隐居不仕。【万历《宜兴县志》卷7《选举志》、卷8《人物志》】

乾隆《江南通志·人物志》载：宋单锷，字季隐，宜兴人。兄锡，字君赐，嘉祐二年进士。明阴阳、图纬、星历诸书，尝修周处《阳羡风土记》。锷，嘉祐五年进士。博学明经，著《吴中水利书》。苏轼录进于朝，不果行。后言水利者必宗之。子发，政和进士，官太学录。【乾隆《江南通志》卷166《人物志·文苑三》】

【按】《江南通志》云单锡"尝修周处《阳羡风土记》"，表述错误，当作"尝修《宜兴风土记》"。

蒋之奇次子蒋珍（1059—1120）出生。

《蒋珍世表》云：之奇次子珍，字梦儒，哲宗朝仕为中散大夫。生于宋仁宗嘉祐四年己亥，卒于宋徽宗宣和二年庚子，享寿六十有二。葬易庄蒋墓。配正言丁骘公女，封安人。子二，宁祖、循祖。【《方东蒋氏宗谱》卷7】

汪藻《左朝请大夫知全州汪君（恺）墓志铭》云：新安汪氏……世有清德，为江南闻家。皇考讳槃，少傅长子也。以少傅春秋高，就养左右，不求仕，而纵其弟藻于学。藻复与君连取科第，里人荣之。皇考以君赠大中大夫。君讳恺，字伯强。少奇颖浑厚，甫冠为有司所推，入太学为诸生，有能文声。绍圣四年，解褐调常州晋陵县主簿。……绍兴十二年八月某甲子，以疾卒于饶州德兴县所居之第，春秋七十有三。……三娶，初室吕氏，次蒋氏，次李氏。朝散郎、赠通奉大夫吕全，宣德郎蒋珍，中散大夫李演之女。而观文殿学士蒋之奇、枢密使李咨之孙也。皆封宜人。【《浮溪集》卷26】

《宜兴旧志·侨寓》载：汪藻，字彦章，饶州德兴人。婿于宜兴庄氏。爱溪山之胜，因卜居焉。有《避地亭野步》诗。绍兴中，历官显谟阁学士，立朝三十年，校三馆秘书，掌内制文学，议论推重一时。著有《浮溪集》。【《宜兴旧志》卷8《侨寓》】

【按】蒋珍，宣德郎，正史无考。其婿汪恺（1070—1142），即汪藻（1079—1154）之侄，但年岁或长于叔父。

六月，蒋之奇学友王令（1032—1059）卒。王安石作挽辞。

王安石《王逢原墓志铭》云："余友字逢原，讳令，姓王氏，广陵人也。……五岁而孤，二十八而卒，卒之九十三日，嘉祐四年九月丙申，葬于常州武进县南乡薛村之原。夫人吴氏，亦有贤行，于是方娠也，未知其子之男女。【《临川文集》卷97】

王安石《王逢原挽辞》云：蒿里竟何在，死生从此分。谩传仙掌籍，谁见鬼修文。蔡琰能传业，侯芭为起坟。伤心北风路，吹泪湿江云。【《临川文集》卷35】

是年，苏轼长子苏迈（1059—1119）出生。

《宋代人物辞典·苏迈》条云：苏迈，北宋眉州眉山（今四川眉山）人。字伯达，苏轼长子。豪迈虽不及其父，而问学语言亦胜他人。元丰中，历任酸枣县尉、德兴县丞。绍圣中，因其父南谪惠州，自求为知潮州安化县，以便侍亲。未几，死于任上。【《宋代人物辞典（下）》，第650页】

李之仪《姑溪居士论书（注）》云：苏迈（1059—1119），字维康，眉州眉山人。苏轼长子。历任饶州德兴尉、房州军事推官、知河间县令。【《历代经典书论释读》，第135页】

是年，蒋之奇父亲卒，寿六十五岁。丁忧（二十七个月）。弟之武因悲伤过度，哭坏了双眼，归乡隐逸三十年。

《蒋滂世表（二）》云：滂，字孟博，仕宋，国子监主簿，因子之奇贵显，赠太师。生于至道元年乙未，卒于嘉祐四年己亥，寿六十五岁。葬于蒋墓。配周氏，安宅公女。子四，之奇、之纯、之美，之武出继堂公为嗣。【《柚山蒋氏宗谱》卷7等】

蒋静《宋故宣德郎致仕之武公墓志》云：公讳之武，字文翁。蒋自后汉以来为常州宜兴著姓。公乃赠司空讳弘谨之曾孙，太傅讳九皋之孙，曾太师讳滂之子，而礼部侍郎赠太尉讳堂之侄，知枢密院事、故观文殿学士讳之奇之亲弟也。幼不喜弄，卓有成人之风。年十五，出其所为词赋，宿儒大惊。弱冠试春官，累迁贡魁，以目疾废，逾三十年。学士大夫咸嗟悼之。【《孝思堂蒋氏宗谱》卷3】

宋刘敞《小功不税论》云：我朝成宪，凡人子执亲之丧，不计闰二十七个月。夫官制给由必计闰，而守制不计闰者，盖推人子无穷之心，虽加一日，愈于己之意。【《读礼通考》卷26《丧期》】

【注】丁忧：亦称丁艰。古代丧礼。自晋代始见，沿至清代。凡父母死，子女居家守丧三年（实为二十七个月），称丁忧。丧期不任官，不婚，不宴乐，不应考。宋代武官丁忧若不解除官职，则给假一百日，大祥、小祥、禫（去丧服）、卒哭等另给假日。父丧，或承重祖父之丧为"丁外艰"；母丧，或承重祖母之表为"丁内艰"。【《中国历史大辞典》（1），第27页】

嘉祐五年（1060）　庚子　三十岁

蒋之奇丁忧在家。读《昌黎先生文集》，有论韩愈诗，已佚。

赵希弁《郡斋读书志（后志）》记载：《昌黎先生文集》四十卷《外集》三卷《顺宗实录》五卷《附录》三卷。右唐韩愈退之之文也。《读书志》云：《韩愈集》四十卷，《集外文》一卷，希弁所藏，合五十一卷。……遂写杭本欧阳之序，饶本汲公之记，续于《附录》之后，石守道、秦少游、张文潜之论，黄鲁直、蒋颍叔、李伯纪之诗，郑介甫之《祭文》，陈元光之《集序》，黄直卿之记新庙，真希元之记祠堂，又写附欧、吕二公之后，而诸贤评论先生之文者，各以其说注于逐篇之上。【《郡斋读书志》卷5上】

沈扶任江浙等路提点铸钱公事。钱公辅知明州。

《宋史·食货志下四》载：嘉祐以来，或请商贩广南盐入虔、汀，所过州县收算。……继命提点铸钱沈扶覆视可否，扶等请选江西漕船团为十纲，以三班使臣部之，直取通、泰、楚都仓盐。诏用炳等策，然岁才增枭六十余万斤。【《宋史》卷182《食货志下四》】

《长编》载：春正月乙亥，户部判官、太常博士、集贤校理钱公辅知明州。【《长编》卷191】

苏轼调河南府福昌县（今河南宜阳）主簿。

《宋史·苏轼传》云：五年，调福昌（今河南宜阳）主簿。欧阳修以才识兼茂，荐之秘阁。试六论，旧不起草，以故文多不工。轼始具草，文义粲然。复对制策，入三等。自宋初以来，制策入三等，惟吴育与轼而已。除大理评事、签书凤翔府判官。【《宋史》卷338《苏轼传》】

嘉祐六年（1061）　辛丑　三十一岁

蒋之奇丁忧在家。三月，宜兴黄肇中举进士第，旋授曲阜县尹。

《宜兴旧志·进士》云：嘉祐六年王俊民榜：黄肇中，曲阜知县。《府

志》《咸淳志》《旧志》俱缺，《徐志》补入。由曲阜县知县屡迁至福建路廉访使。【《宜兴旧志》卷7《进士》】

蒋之奇《忠毅（黄）先生墓志铭》云：治平丁未冬十二月二十日，黄先生允执卒于福州行在。……先生黄姓，讳肇中，字允执。……先生奋志力学，无分昼夜寒暑，少读《易》，后改《尚书》，登嘉祐辛丑（1061）第十六，旋以职干敕授曲阜县尹。……先生生于天圣三年四月十二日，享年四十有三。夫人谷氏，即太学君字仲昭之姊，毓有令德。子一，云，即议聘不佞之奇女。【《福全圩黄氏宗谱》卷3《艺文志》】

【按】黄肇中卒后，蒋之奇将女儿许配其年仅九岁的儿子黄云。故书之。

欧阳修拜枢密副使、参知政事；胡宿自翰林学士兼端明殿学士、左司郎中、知制诰、史馆修撰、枢密副使。

《宋史·宰辅表二》载：四月庚辰，包拯自三司使、给事中除枢密副使。闰八月庚子，张昇自右谏议大夫、参知政事加检校太傅、行工部侍郎，除枢密使。欧阳修自礼部侍郎、枢密副使除参知政事。胡宿自翰林学士兼端明殿学士、翰林学士、左司郎中、知制诰、史馆修撰除左谏议大夫、枢密副使。【《宋史》卷211《宰辅表二》】

《长编》记载：闰八月辛丑，参知政事孙抃，枢密副使欧阳修、赵槩、包拯并进官一等，仍改修参知政事、翰林学士兼端明殿学士。翰林侍读学士、左司郎中、知制诰、史馆修撰胡宿为左谏议大夫、枢密副使。宿既谨静，及当重任，尤顾惜大体，群臣方建利害，多更张庶事，以革宿弊。宿独厌之，曰："变法，古人所难，不务守祖宗成法，而徒纷纷无益于治也。"【《长编》卷195】

八月，苏轼、苏辙赴京试贤良方正、能直言极谏科，入三等。胡宿、沈遘为试官。苏轼改官大理评事、签书凤翔府判官事。

《长编》载：八月乙亥，御崇政殿策试贤良方正、能直言极谏。著作佐郎王介，福昌县主簿苏轼，渑池县主簿苏辙。轼所对第三等。介第四等。辙第四等次。以轼为大理评事签书凤翔府判官事，介为秘书丞知静海县，辙为商州军事推官。时辙对语最切直……谏官司马光考其策入三等，翰林学士范镇难之，欲降其等。蔡襄曰："吾三司使，司会之名，吾愧之而不敢怨。"惟胡宿以为"策不对所问，而引唐穆宗、恭宗以况盛世，非所宜言，力请绌之"。光言："是于同科三人中，独有爱君忧国之心，不可不收。"而执政亦以为当绌，上不许。曰："求直言而以直弃之，天下其谓我何？"乃收入第四等次。及除官，知制诰王安石疑辙右宰相，专攻人主，比之谷永，不肯为词。韩琦笑曰："彼策谓宰相不足用，欲得娄师德、郝处俊而用之，尚以谷永疑之乎？"改命沈遘。遘亦考官也，乃为之辞。已而谏官杨畋见上，曰："苏辙，臣所荐也，陛下赦其狂直而收之，此盛德事，乞宣付史馆。"上悦从之。

【《长编》卷 194】

是年，陈襄（1017—1080）知常州，赴宜兴张渚劝农事，游善权洞。

《毗陵志·秩官·国朝郡中》载：陈襄，嘉祐六年，尚书祠部员外郎、秘阁校理，在任迁度支司封员外郎。治平元年（1064），以开封府推官召见（叶祖洽所撰《行状》）。【《毗陵志》卷 8《秩官》】

陈襄《题张渚道中》诗云：班春无术劝污莱，五十年间此一回。黄发路傍应怪问，使君何事入山来。《游善权洞（二首）》（略）。【《古灵集》卷 25】

乾隆《江南通志·河渠志》载：嘉祐六年，宜兴县尉阮洪疏四十九渎。洪以吴中水患，屡上书监司，乞开百渎，得请，遂疏四十九渎，田禾大稔。是年，知常州陈襄浚运河。襄以太湖积水横遏，运河不得入江为民患，立法浚之，其患遂息。【乾隆《江南通志》卷 64《河渠志·水利治绩二》】

陈襄此行已决定移家宜兴，然未能完全如愿。其卒后归葬宜兴，建祠堂于善权山。陈氏后人居此世守，其弟陈章（字时发）迁居宜兴善权，亦与苏轼友善。

吴骞《小草斋旧钞〈陈古灵先生集〉跋》云：古灵，本福建侯官人，以尝守毗陵，殁葬宜兴永（定）［丰］乡蒋山之原。见孙觉所撰《墓志》。迄今善权有祠堂，子孙世守。且七百余载，其流风余泽，久而未泯。【《愚谷文存》卷5】

《宜兴新志·疆土·山》载：铜官之山起焉，西出为箬山，形如箬笠，故名。宋太守陈襄墓在焉。【《宜兴新志》卷1】

《陈章世表》云：三十二世：（陈）襄弟章，字时发（皇祐三年进士），居宜兴，子三。葬宜兴马鞍山。【《德星堂陈氏宗谱》卷60】

【按】陈氏谱云陈章"皇祐三年进士"，误，翌年方有贡举，陈章或为举人（乡贡进士）。

十二月，沈遘以父扶坐事免职，求知越州。

《宋史·沈遘传》云：沈遘，字文通，钱塘人，以荫为郊社斋郎。举进士，廷唱第一。……顷之，修起居注，遂知制诰。以父扶坐事免，求知越州，徙杭州。【《宋史》卷331《沈遘传》】

《会稽志·太守》载：沈遘，嘉祐六年十二月，以右正言、知制诰知。七年七月，转起居舍人，依前知制诰，移扬州。【《会稽志》卷2】

沈绅《越帅沈公生祠堂记》云：上在御之四十年，揆古监观，熙神无为，委成庶工，克慎付畀。眷是会稽，大屏东部，整齐师纪，坐以抚安，宜得严诸侯。嘉祐六年十二月己未，始命右正言、知制诰吴兴沈公遘以府事。……及是七年七月壬子，优诏褒加，迁于江都。【《会稽掇英总集》卷19】

嘉祐七年（1062）壬寅 三十二岁
蒋之奇服除，复官，改知池州府青阳县。或与程正甫（1035—？）同游九华山，题观音岩、白龟泉。

沈辽《三游山记》记曰：余卜居齐山逾月，欲一探左史洞，而不知其地。……时元丰五年壬戌也。……九月癸巳，处善邀余游九华，即上马行至石堵寺，日已夕矣。……明日先上头陁寺，寺甚佳，乃唐王文季书堂，上有五粒松。蒋颖叔为青阳令时，题其壁间云："昔金地藏自新罗浮海来，庵于左山，即化成寺是也。松种出新罗，至今生子可食，与他松异矣。"至寺，即大雨，旁其左下，食曾庄，乃上观音岩。上山甚峻，松竹夹道，云气荟蔚，跬步不见人。临观上下二雪潭，其巅飞瀑下淙，涧中常如积雪。寺僧云："春夏之交尤佳，其旁数百步无暑气也。"复上数里，几山顶，乃至其寺，亦有颖叔题处。今余二十年（1060—1082），如新墨，余无佳士名迹。【《云巢编》卷7】

周必大《九华山录》云：九月乙丑朔……丙戌，入清溪，水碧色，泊弄水亭，入门即池州州治。……丁亥……遂至齐山……法堂之下曰"蕉笔岩"，亦名"唐公岩"，有黄大临诸人题字。山之上曰"春流泉"，进窥无底洞，历武功岩，遂至观音岩。岩本名"上清"，两崖对起，三面环抱。有程正辅、蒋颖叔题字，右转登寄隐亭，西面皆翠石，有小岩，刻"寄隐岩"三字，其前有熙宁甲寅重阳日太守刘敳思甫题名。……化城，九华最高处，蒋颖叔尝有悔游之语。俗传十里，殆不止此。【《说郛》卷64下】

乾隆《江南通志·舆地志·古迹六》云：池州府：白龟泉，在青阳县化城寺西，龟山下。蒋之奇题名石上。乾隆《江南通志·舆地志·寺观五》云：池州府：崇寿寺，在龟山南。唐升元间建。西有泉曰灵源，蒋之奇题。【乾隆《江南通志》卷34《舆地志·古迹六》、卷47《舆地志·寺观五》】

《九华山大辞典·游化城寺诗》云：《游化城寺》，北宋蒋之奇作。诗曰："级级跻攀险，肩舆若上天。云端开净刹，峰顶见平田。水石清无价，烟霞翠满前。高僧卜居此，意欲断尘缘。"蒋之奇任青阳县令时，曾游九华山和池州一些名胜之地。【《九华山大辞典》，第300页】

【按】沈辽游九华山在元丰五年（1082），探知二十年前青阳令蒋之奇有《题五粒松》石刻，还有《观音岩题壁》石刻。所谓"二十年前"，推算为嘉祐七年（1062）。蒋之奇为青阳令，不见其他记载。因沈辽与蒋有深交，其记载当真实不虚，或可补正史之阙。

【注】程正辅，即苏轼表兄程之才，嘉祐间进士。《苏诗补注·表兄正辅》云：《齐东野语》云：老苏与妻党程氏大不咸，有《自尤》诗述其女事外家，不得志以死，其怨隙不平久矣。

其后，东坡兄弟以念母之故，相与释憾。程正辅（名之才）于坡为表弟，坡之南迁时，宰闻其先世之隙，遂以正辅为本路宪，将使之甘心焉。而正辅反笃中外之义，周旋甚至。坡唱和中亦可概见也。○慎按：先生于程氏兄弟德孺、懿叔则称表弟，正辅则称表兄。周公谨以为表弟者，讹。【《苏诗补注》卷 39】

八月甲申，沈遘徙知杭州，为府衙中诸亭阁题诗，作《五言得巽亭》称赞蒋堂。

《宋史·沈遘传》云：沈遘，字文通，钱塘人，以荫为郊社斋郎。举进士，廷唱第一。……顷之，修起居注，遂知制诰。以父扶坐事免，求知越州，徙杭州。【《宋史》卷 331《沈遘传》】

《乾道临安志·牧守》载：八月甲申，以起居舍人、知制诰沈遘为尚书礼部郎中、知杭州。【《乾道临安志》卷 3】

沈遘《五言得巽亭（以后圃诸亭亭观为题）》诗云：守居凤凰背，兹亭压其颠。苍崖当前断，崩腾势将骞。洪涛从天来，万鼓泻百川。高士耳目旷，壮夫胸胆塞。维昔孰经始，蒋侯世称贤。斯人去已久，陈迹亦屡迁。我来感且慕，拂拭颇增妍。尚存甘棠意，善政或有传。【《西溪文集》卷 1】

八月，越州（绍兴）百姓为沈遘作生祠，沈绅应邀作《越帅沈公生祠堂记》。

沈绅《越帅沈公生祠堂记》云：上在御之四十年，揆古监观，熙神无为，委成庶工，克慎付畀。眷是会稽，大屏东部，整齐师纪，坐以抚安，宜得严诸侯。嘉祐六年十二月己未，始命右正言、知制诰吴兴沈公遘以府事。公尝以文学相先天下，名重一时。陟降外内，发舒辉光，众实伟之。既至府，思将大起其政，以当上意。甫留神明，洞见底里，所迎立剖，疾甚破竹。乃占属僚，分董曹事，乃简燕游，辑完疲羸。有无赖三人，乡邑魁蠹，公拉而黥之，远迄肃观。自尔户弛禁，横猾惴栗，一方风动，屹然岳立。公方材育群士，遂大治学校，新其宫居而尊劝焉。朝廷初以起居舍人进公，公

恳让者再，以纾父谴。及是七年七月壬子，优诏褒加，迁于江都。凡邦之
耆耋、荐绅、秀民、缁黄、列校，惜公之行，以谓撤大厦而暴之途，夺慈
母而绝其乳，欢言呶呶，逯无攸依。相与画公仪形，揭于永福佛寺，以虔
慕詹。从而铺其治行，属绅叙次，光明世闻。绅迹，公为政，本乎爱民，才
六七月而人皆爱之不忘。人知爱公，而不知朝廷迁公于迩，且将施之大政矣。
虽深其思，与古异矣。若汉之中兴，郡国良政，增赐金爵，使民尚久其惠。
公卿缺，则选所表以进用。今夫民得良政而朝夕去之，失其所安，宜乎？越
民思公，无复已时。夫以僖公善于鲁人，彼能请命于周，史克为之颂。其
声章章，不泯于兹。今公之行，二者既不克获，使绅不得以鄙陋固避，奉
纪盛烈，以慰邦人于万斯年。是岁八月壬午，尚书都官员外郎沈绅谨记。【《会
稽掇英总集》卷19】

【按】沈绅言："七年七月壬子，优诏褒加，迁于江都（扬州）"，误。《会稽志》亦误，
当"迁于杭州"。

嘉祐八年（1063）癸卯　三十三岁

三月，蒋之奇又举贤良方正。同时，宜兴邵光等及第。

《宋史·蒋之奇传》载：蒋之奇……又举贤良方正，试《六论》中选，
及对策，失书问目，报罢。英宗览而善之，擢监察御史。

《长编》记载：三月甲子，御延和殿，赐进士许将等一百二十七人及
第，六十七人同出身，诸科一百四十七人及第，同出身，又赐特奏名进士
诸科一百人及第、同出身，诸州文学、长史。将，闽人也。……辛未晦，上
暴崩于福宁殿。【《长编》卷198】

《宋史·仁宗纪四》载：三月甲子，御延和殿，赐进士、诸科及第同
出身三百四十一人。【《宋史》卷12《仁宗纪四》】

《毗陵志·文事·甲科》载：嘉祐八年许将榜：袁默、孙廷筠、王泽民、
邵光、李镇、沈兑。【《毗陵志》卷11《文事》】

范祖禹《范太史集》卷五十五《手记》云："邵光，子瞻称之，已卒"。

《手记》约作于元祐末。【《苏轼年谱》，第 113 页】

【按】邵光，即邵彦瞻，宜兴人。苏轼友人，疑即人们所称的"邵民瞻"（见本谱第十三卷所考）。

四月初一日，英宗继位，擢蒋之奇为监察御史。时妻兄沈遘勾当三班院兼提举兵吏司封官告院、兼判集贤院。

《宋史·英宗纪》载：夏四月壬申朔，皇后传遗诏，命帝嗣皇帝位。百官入，哭尽哀。【《宋史》卷 13《英宗纪》】

《宋史·蒋之奇传》载：蒋之奇，字颖叔。……又举贤良方正，试六论中选，及对策，失书问目，报罢。英宗览而善之，擢监察御史。

《宋史·职官志四》载：御史台：掌纠察官邪，肃正纲纪。……侍御史，一人，掌贰台政。殿中侍御史，二人，掌以仪法纠百官之失。凡大朝会及朔望、六参，则东西对立，弹其失仪者。监察御史，六人，掌分察六曹及百司之事，纠其谬误，大事则奏劾，小事则举正。【《宋史》卷 164《职官志四》】

王安石《内翰沈公墓志铭》云：英宗即位，召还沈遘勾当三班院，兼提举兵吏司封官告院，兼判集贤院。居一月，权发遣开封府事。初至，开封指以相告，曰："此杭州沈公也。"及摄事，人吏皆屏息。既而以知审官院，遂以龙图阁直学士权知开封府。【《王安石全集》卷 93】

是年，蒋之奇三子蒋瑎（1063—1138）出生，母亲即杭州沈氏。

《蒋瑎世表》云：之奇三子瑎，字梦锡，登元祐三年进士第。知兴元府事，时有军卒王靖作乱，公擒斩之。奉祠鸿庆宫。生卒缺。葬易庄蒋墓。配晋陵双桂坊秘阁丁公宝臣女，封安人。子三，兴祖、绍祖、益祖。【《方东蒋氏宗谱》卷 7】

《宜兴旧志·忠义》云：蒋瑎，字梦锡。元祐三年李常宁榜进士，宰执以明经荐，徽宗擢为大司乐。时内侍梁师成权倾中外，号为隐相。瑎与议乐舞不合，师成怒，瑎曰："一代典礼，当质诸经。"不顾而去。燕云初复，廷臣议上尊号。琯曰：“裕陵却徽号，为万世法，奈何谀悦以亏盛德？”出知兴元府。军卒王靖作乱，琯擒戮之，晓谕余党，帖伏。后引疾，奉祠鸿庆宫。

【《宜兴旧志》卷8《忠义》】

汪藻《徽猷阁待制致仕蒋公墓志铭》载：绍兴八年正月癸卯，左大中大夫、徽猷阁待制致仕蒋公卒于家。……公讳琯，字梦锡，以赠太傅讳九皋者为曾祖，赠太师讳滂者为祖，而观文殿学士、赠太师、魏国公讳之奇之季子也。……卒年七十六。……妻沈氏，有贤操，封令人，先卒十五年。

【《浮溪集》卷27】

第五卷　治平元年（1064）

宋英宗赵曙治平元年（1064）甲辰　三十四岁

十月丙申，蒋之奇擢升为监察御史。

《宋史·英宗纪》载：冬十月丙申，诏中外近臣、监司举治行素著、可备升擢者二人。【《宋史》卷13《英宗纪》】

《宋史·蒋之奇传》云：蒋之奇……又举贤良方正，试六论中选，及对策，失书问目，报罢。英宗览而善之，擢监察御史。

《宋史·职官志四》载：御史台：掌纠察官邪，肃正纲纪。大事则廷辨，小事则奏弹。其属有三院：一曰台院，侍御史隶焉；二曰殿院，殿中侍御史隶焉；三曰察院，监察御史隶焉。凡祭祀、朝会，则率其属正百官之班序。……监察御史，六人，掌分察六曹及百司之事，纠其谬误，大事则奏劾，小事则举正。【《宋史》卷164《职官志四》】

十二月，知制诰钱公辅拒绝为新任枢密副使王畴（1007—1065）草诏，责授滁州团练副使，不得签书本州事。

《长编》载：冬十二月丙午，翰林学士、礼部侍郎王畴为枢密副使。……畴辞不敢拜。上遣内侍趣畴入，御延和殿以俟之。日已昳须，畴入乃归。知制诰钱公辅封还词头，言：畴望轻资浅，在台素餐，不可大用。又颇荐引近臣，可为辅弼者。上以初政除两府，而公辅沮格，制命不行。丁未，责授滁州团练副使，不签书本州事。知制诰祖无择乞薄责公辅，且不即草诏。上欲并责无择，中书救之。戊申，坐罚铜三十斤。知谏院事吕诲言：畴自登科三十五年，仕宦不出京城，进身由径，从而可知。公辅言其资浅望轻，盖欲朝廷选任贤才，未为过也。责降太重，士论纷纭。臣窃为陛下惜之。伏乞复公辅旧官，止夺其职，移知僻小州军，俾令思过，稍息纷纭之论。天章阁待制兼侍讲吕公著亦上疏，乞寝公辅责，命不报。后数日，龙图阁直学士卢士宗因奏审刑院事，对便殿，从容又为上言：外议皆谓责公辅太重，讫不从。明年十二月，乃以刑部员外郎知广德军。【《长编》卷203】

蒋之奇作《与钱舍人帖》三章，主要是认为朝廷处罚过重，对钱的遭遇表示同情慰问，并询问钱公辅回乡情况，还劝其早日至贬所。

蒋之奇《与钱舍人帖（一）》曰：舍人以职事得罪，此固贤人君子立朝之大节，可无愧于古人矣。名望事业，固已素重于天下，而由此又益加重，在小人以为可暗，而君子以君为可贺也。士之进退，固有义命，不计于一日升黜之间，则今日之贬，安知不为后日光大之渐也？世俗慰藉之辞，皆非之奇所当陈左右者，惟泛然自豫，不问朝廷贬责之轻重，随所至而安之，以俟进用者，此惓惓之所望也（余略）。【《全宋文》卷1705，第591—592页】

是年，陨铁堕落宜兴县民许氏园中。时王无咎（1024—1069）寓宜兴，传其事。沈括《梦溪笔谈》记之。

《梦溪笔谈·神奇》载：治平元年常州日昺（日落）时，天有大声如雷，乃一火星，几如月，见于东南，少时而又震一声，移著西南，又一震，而坠在宜兴县民许氏园中，远近皆见火光，赫然照天，许氏藩篱皆为所焚。是时火息，视地中只有一窍，如杯大，极深。下视之，星在其中，荧荧然，良久渐暗，尚热不可近。又久之，发其窍，深三尺余，乃得一圆石，犹热。其大如拳，一头微锐，色如铁，重亦如之。州守郑伸得之，送润州金山寺，至今匣藏。游人到则发视。王无咎为之传甚详。【《梦溪笔谈》卷20】

《宋史·王无咎传》云：王无咎，字补之，建昌南城人。第进士，为江都尉、仪真主簿、天台令，弃而从王安石学，久之，无以衣食其妻子，复调南康主簿，已又弃去。……王安石为政，无咎至京师，士大夫多从之游，有卜邻以考经质疑者。然与人寡合，常闭门治书，惟安石言论莫逆也。安石上章荐其才行该备，守道安贫，而久弃不用，诏以为国子直讲，命未下而卒，年四十六。【《宋史》卷444《王无咎传》】

《宜兴新志·寓贤》云：王无咎，字补之，建昌人。宋治平中来宜兴，著《许氏园堕星记》。后卒，葬静乐山。【《宜兴新志》卷末《杂著·捃佚》、《毗陵志》卷19《人物·遗逸》】

马端临《文献通考》：陈氏曰："天台县令南城王无咎补之撰。无咎，嘉祐二年进士，曾巩之妹夫。从王安石游最久，将用为国子学官，未及而卒，为之志墓。曾肇序其集。"【《文献通考》卷236《经籍考六十三》】

第六卷 治平二年（1065）

治平二年（1065）乙巳 三十五岁

春，宜兴马隆、张磐和常州胡宿子胡宗炎、胡宿从子胡宗回等同登彭汝砺榜进士。

《毗陵志·文事·甲科》载：治平二年彭汝砺榜：凌浩、冯震、李宗古、沈充、陈毅、陈需、胡宗炎、胡宗回、孙庭臣、马隆、张磐。【《毗陵志》卷11《文事》】

蒋之奇有《制举投献第一、二书》，认为当时的科举之途不一定能尽录有用之士。

蒋之奇《制举投献第一书》曰：

三代取士之法，本于行而不本于言。士之出于其时，能有所立于下，则上必莫之遗。于是勉励激率，以笃于行义之习，而华言枝辞无所用于天下。及其有言，亦皆近于可用。盖其非有要利之欲挠于其心，则凡其所以言者，皆以情自竭，无所文饰，以求合于上，而必切于利害之际。

下至战国之时，如诈伪反覆倾侧之仪、秦，骋其浮辩，以游说于诸侯，至提其国而卖之。当时之君，固有深仇而切恶之者，然至其有言，则回意易虑，无人不听者，何也？以其所道之利害，晓然别白乎其前，从之者安，不从者危，则虽欲不听，而其断亦不足以自守。彼仪、秦之徒，言纵则天下合，言横则天下散，其离合天下之势，如在于掌股之间。而其揣摩捭合，六国之君皆耸动振慑，改容加礼，真若得其所未闻者，岂非其言之切于事欤？惜乎不出于诚信，而用之于诡谲，以卒败其名。使其推是辩以极于先王仁义之际，则何施而不适于用哉？

自汉以来，患天下难得可用之言，于是设科举以待天下文学之士，而求其直言极谏，以究于天下之治乱，与夫政教得失、灾异之变。复有应诏之士，承问进退，类皆以射策决科为利，而其意不主于言，是以虚词滥说多近于迂阔而无用，其间可称者才一二而已。甚哉，其言之难也。盖汉之董仲舒、公孙弘、晁错，唐之裴度、元稹、刘蕡之徒，此皆常以科举中而有闻于后世，就其所言以观其行事，亦未必皆合。岂有言者不能行，能行者或不能言欤？然则，言者果足以信其实哉？夫董仲舒之谈王道，信粹美矣，然而泥于《春秋》灾异之说，则未为守经而据古。刘蕡之评时务，信悻直矣，然而违于大《易》慎密之戒，则颇若无术而不逊。晁错之词章可观矣，而临事不足于权智；裴度之勋业可尚矣，而垂世不见于文采。至于公孙弘诡诈、元稹浮躁，盖无足道者。

呜呼！上下千有余年之间，设科以待天下之士，而应选者不为鲜矣，而卓荦超越之士彦寥寥而无闻，幸而有此数子者，尚皆有曲学之蔽，以玷其纯而缺其完，则于今之时而求其全人者，盖益难矣！何则？其所以待之者，又不若于汉唐也。夫汉唐之所以策贤良者，皆及于其所谓大者，而不考其纤悉之记问。士之应诏者，前既有积久之学，而其心之所潜，莫非在于天下治乱之要，而究尽于天人之际。至于苛碎剥杂之说，皆略而不治。惟其所存者大，则其所得者亦大。是以仲舒之徒，以三年不窥园之精，一发而见于三道之对，虽未必尽究于理，而后世之学者遂不能出其右，此亦善取之效矣。

而今之所以待天下之士则不然。始，密阁之试，收猎于百家笺传隐僻之说，度人之所不能及者，出而为论，以观其记否。及大庭之问，则又及于区区之名数，而所谓教化之要、灾异之说，则问者不切，对者不明。不识朝廷所以延直言之士，为将求其近小之记问，则今诸科之选自足以得之，而何至于须天下之士耶？且惟朝廷所以取之之术如此，故夫士之进者，虽有积久之学，而未尝措一毫之思虑以及于天下治乱，惫精弊神，不知其他。是以今之学者不能望于汉唐之盛者，良以此。

某不肖，学不足以明道，而词不足以达意，而妄欲从事于此。惟其所谓大者，盖切尝略而讲之矣，其小者，十或仅得其二三。今者不量，乃欲应诏而起。而或者以为，持此之学，与夫今之所取者正异术也，往则必触于报罢，而无可以必得之理。与其蒙黜去之耻，孰若引而去之，则犹足以完其美名，而不至于自辱哉！噫！为是说者，其亦近于伪矣。昔者魏舒尝策孝廉，而宗党以其不足于学术，劝之不就，以为自高。而舒之意以为，进而不中者，自我之负，何可以虚窃不就之高而为荣哉！然则舒之说，乃某今日之说也。伏惟执事以经济之业，当明天子重任，方虚心垂意，以诱进天下之善，多士颙颙，想望风采，虽某之愚，犹欲振饰拯治，而一自通于门下也。

伏惟执事，以其可进而进之，因其可就而就之，某之幸也，非所敢望也。

蒋之奇《制举投献第二书》曰：

君子之为学，非有意于进取也，将以求明夫道而已。道之在内，沛然而有余；则势之在外者，眇然若不足荣也。

始愚之学也，闻道之美，盖尝深探远取，尽锐以求之耳。求之久，而卒莫之有得，于是乃知道之妙，盖在于无得也。天下之书，既略读之矣，方其未读也，知有所未得焉；及其既读也，亦不知其所得者，果何有也？始之立行也，以求夫超世出俗，无所羁束，以自为高。当天下之进，而独安于退；当天下之动，而独乐于静。盖自以为得之矣，无以加矣。已而又自惟曰：天下皆进，吾独屑于进；天下皆动，吾独污于动。忘天下之进而进，虽进犹退也；忘天下之动而动，虽动犹静也。是故以退为可尚而固持之者，何以异于进？以静为可乐而固守之者，何以异动？惟忘进退者知进退，忘动静者知动静。某之于万物，思有以兼忘之，而况于动静进退之际乎？

于是有告某，以世有进士之举，既往而偶得之矣。又有以告某以制科之举者，盖又世之所谓才者也，其亦何恤而不一游于其间哉？世之人皆曰：学者，所以仕也。学而不为仕，焉以学为？愚亦安知学之果为仕耶？果不为仕耶？亦何能介然自异，而不下同世之为说者耶？然则某之所以进者，非以此为足以得美仕也，盖所以为同俗者，不欲为苟异而已矣。

伏惟执事，高才达识，出众人之表；明名广誉，倾天下之望，此固不肖者之所愿主以为归者也。进卷五十篇，其言略有次序，不阙一则。力不能殚写，谨报其二十篇尘献。统绪不完，比赋不尽，赋诗断章，姑取其意焉。伏惟亮之而已。【《宋代科举资料长编》（北宋卷下），第 620—622 页】

【按】因蒋之奇此后任地方官时间较长，一直重视学校教育和人才培养，特录此全文，可见其对造就人才的基本认识。

约是年春，曲阜知县黄肇中至都下，考功居最。敕授刑部主事兼福建路廉访使，前往福州督办狱讼。

蒋之奇《忠毅（黄）先生墓志铭》云：先生黄姓，讳肇中，字允执。……登嘉祐辛丑第十六，旋以职干敕授曲阜县尹。……后以朝命至都，考功居最。上以福建盗贼之区，刑狱失当，遂敕授刑部主事兼福建路廉访使，往督福州狱讼。【《福全圩黄氏宗谱》卷 3《艺文志》】

春，欧阳修上表乞外，不允。秋，再上表，仍未允。

《欧阳修年谱》云：是春，上表乞外，不允。四月辛丑，景灵宫奉安，仁宗御容车驾，行酌献之礼，摄侍中。八月，以大雨水再乞避位，不允。【《欧阳修全集·附录》卷 1，第 2617 页】

四月戊戌，诏议崇奉濮安懿王典礼（史称"濮议"），朝廷内争论不休。

《宋史·英宗纪》载：夏四月戊戌，诏议崇奉濮安懿王典礼。……六月己酉，诏尚书集三省、御史台议奉濮安懿王典礼。【《宋史》卷 13《英宗纪》】

《宋史·濮安懿王传》载：濮安懿王允让，字益之。……庆历四年，封汝南郡王，拜同平章事，改判大宗正司。嘉祐四年薨，年六十五，赠太尉、中书令，追封濮王，谥安懿。仁宗在位久无子，乃以王第十三子宗实为皇子。仁宗崩，皇子即位，是为英宗。治平元年，宰相韩琦等奏：请下有司议濮安懿王及谯国夫人王氏、襄国夫人韩氏、仙游县君任氏合行典礼。诏须大祥后议之。二年，乃诏礼官与待制以上议。翰林学士王圭等奏曰："……濮安懿王虽于陛下有天性之亲，顾复之恩，然陛下所以负扆端冕，富有四海，子子孙孙万世相承，皆先帝德也。臣等窃以为濮王宜准先朝封赠期亲尊属故事，尊以高官大国，谯国、襄国、仙游并封太夫人，考之古今为宜称。"于是中书奏："王圭等所议，未见详定濮王当称何亲，名与不名？"圭等议："濮安于仁宗为兄，于皇帝宜称皇伯而不名，如楚王、泾王故事。"中书又奏："礼与令及五服年月敕：出继之子于所继、所生皆称父母。又汉宣帝、光武皆称父为皇考。今圭等议称濮王为皇伯，于典礼未有明据，请下尚书省，集三省、御史台议奏。"方议而皇太后手诏诘责执政，于是诏曰："如闻集议不一，权宜罢议，令有司博求典故以闻。"礼官范镇等又奏："汉之称皇考、称帝、称皇，立寝庙，序昭穆，皆非陛下圣明之所法，宜如前议为便。"自是御史吕诲等弹奏欧阳修首建邪议，韩琦、曾公亮、赵㮣附会不正之罪，固请如王圭等议。既而内出皇太后手诏曰："吾闻群臣议请皇帝封崇濮安懿王，至今未见施行。吾载阅前史，乃知自有故事。濮安懿王、谯国夫人王氏、襄国夫人韩氏、仙游县君任氏，可令皇帝称亲，濮安懿王称皇，王氏、韩氏、任氏并称后。"事方施行，而英宗即日手诏曰："称亲之礼，谨遵慈训；追崇之典，岂易克当。且欲以茔为园，即园立庙，俾王子孙主奉祠事。"翌日，诲等以所论列弹奏不见听用，缴纳御史敕告，家居待罪。诲等所列，大抵以为前诏称"权罢集议"，后诏又称"且欲以茔为园"，即追崇之意未已。英宗命阁门以告还之。诲等力辞台职。诲等既出，而濮议亦寝。至神宗元丰二年，诏以濮安懿王三夫人可并称王夫人云。【《宋史》卷245《濮安懿王传》】

是时，蒋之奇赞同欧阳修在"濮议"中的主张，欧阳修也向皇上推荐蒋之奇。

《宋史·蒋之奇传》载：初，之奇为欧阳修所厚，制科既黜，乃诣修盛言濮议之善，以得御史。……之奇为部使者十二任，六曲会府，以治办称。……特以畔欧阳修之故，为清议所薄。

《欧阳修传》云：英宗问："执政当如何？"修对曰："御史以为理难并立，臣等有罪，即留御史，若以臣等为无罪，则取圣旨。"英宗犹豫良久，乃令出御史，而曰："不宜责之太重。"蒋之奇者，私论濮园事与修合，修荐之。时已用王珪等所荐，御史孙昌龄、郭源明、黄照。又特批以之奇为御史，论者以此短修。修议濮园事，虽不叶群议，观修结发立朝，说直不回，身任众怨。至于白首而谤讪不已，卒以不污。年六十以论政不合，固求去位，可谓有君子之勇。而言者指修既为执政，行私以专，宠禄亦过矣。
【《欧阳修全集·附录》卷3，第2662页】

【按】濮议事件，是由英宗皇帝为生父赵允让追崇尊礼而引起的一起政治事件。仁宗无嗣，死后由濮安懿王之子赵曙继位，是为英宗。即位第二年，诏议崇奉生父濮王典礼。侍御史吕诲、范纯仁及司马光等力主称仁宗为"皇考"，生父濮王为"皇伯"，而中书韩琦、欧阳修等则主张称濮王为"皇考"。英宗因立濮王园陵，终将吕诲、吕大防、范纯仁等三人贬出京外。史称"濮议"。整个事件经过比较复杂，牵涉到英宗皇帝、慈圣光献皇后（曹太后）及中书省、御史台等所有官员。虽然欧阳修等人因赞成皇上主张，暂时赢得胜利，但朝野反而认可被贬的各位大臣，这让欧阳修等十分不安。后世多以为蒋之奇因为赞同欧阳修的主张，才擢升为监察御史，其实，欧阳修推荐蒋时，蒋已经由王珪等人推荐，皇上特批为御史。因此事涉及欧阳修、蒋之奇终生恩怨，故将欧阳修所撰"濮议"经过全文录此。

欧阳修《濮议》卷一云：英宗皇帝初即位，既覃大庆于天下，群臣并进爵秩，恩泽遍及存亡，而宗室故诸王亦已加封赠，惟濮安懿王，上所生父也，中书以为不可与诸王一例，乃奏请下有司议合行典礼。奏状具别卷。有旨宜俟服除，其议遂格。治平二年四月，上既释服，乃下其奏两制、杂学士、待制、礼官详议。翰林学士王圭等议："濮安懿王高官大国，极其尊荣而已。"其议状具别卷。中书以为赠官及改封大国，当降制行册。命而制册，有式制则当曰："某亲具官某可赠某官，追封某国王。"其册则当曰："皇帝若曰：咨尔某、亲某、官某，今册命尔为某官、某王。"而濮王于上，父子也。未审制册称为何亲，及名与不名，乃再下其议。而圭等请称皇伯而不名。其议状具别卷。中书据《仪礼·丧服记》云："为人后者，为其父母报。"又据《开元》《开宝礼》皆云："为人后者，为其所生父齐衰，不杖期，为所后父斩衰三年"，是所后、所生皆称父母、而古今典礼皆无改称皇伯之文。又历检前世以藩侯入继大统之君，不幸多当衰乱之世，不可以为法。唯汉宣帝及光武，盛德之君也，皆称其父为皇考，而皇伯之称既非典礼，出于无稽，故未敢施行。乃略具古今典礼及汉孝宣、光武故事，并录皇伯之议，别下三省集官与台官共加详议。未及集议，而皇太后以手书责中书不当称皇考，中书具对所以然。其对札子具别卷。而上见皇太后手书，惊骇，遽降手诏罢议，而追崇之礼亦寝。后数日，礼官范镇等坚请必行皇伯之议，其奏留中。已而台官亦各有论列。上既以皇太后之故，决意罢议，故凡有言者，一切留中。上圣性聪睿英果，烛理至明，待遇臣下，礼极谦恭，然而不为姑急。台官所论濮园事既悉已留中，其言他事不可从者，又多寝而不行。台官由此积忿，出怨言并怒中书不为施行。中书亦尝奏云："近日台官忿朝廷不用其言，谓臣等壅塞言路，致陛下为拒谏之主，乞略与施行一二事。"上曰："朝廷当以至公待天下，若台官所言可行，当即尽理施行，何止略行一二？若所言难行，岂当应副人情，以不可行之事勉强行之，岂不害事耶？"中书以上语切中事理，不敢更有所请。上仍问曰："所言莫有可行而未行者否？"韩琦已下相顾曰："实无之。"因奏曰："如此则未有。"是时，杂端御史数人皆新被擢用，锐于进取，务求速誉，见事辄言，不复更思职分，故事多乖缪，不可施行。是时，京师大雨水，官私屋宇倒塌无数，而军营尤甚。上以军士暴露，圣心焦劳，而两府之臣相与忧畏，夙夜劳心竭虑，部分处置，各有条目矣。是时，范纯仁新除御史，初上殿，中外竦听所言何事。而第一札子催修营房，责中书何不速了，因请每一营差监官一员，中书勘会在京倒塌军营五百二十坐，如纯仁所请，当差监官五百二十员，每员当直兵士四人。是于国家仓卒多事阙人之际，虚破役兵二千人，当直五百员监官，而未有瓦木笆箔，一并兴修未得，其狂率疏缪如此。故于中书聚议时，臣修不觉笑之，而台中亦自觉其非。后数日，吕大防再言乞两营共差一官，其所言烦碎，不识事体，不可施行多类此。而台官不自知其言不可施行，但怨朝廷沮而不行。故吕大防又言今后台官言事不行者，乞令中书具因何不行报台。其忿戾如此，而怨怒之言渐传于士大夫间。台官亲旧有戏而激之者曰："近日台官言事，中书尽批进呈讫，外人谓御史台为进呈院矣。"此语甚著，朝士相传以为戏笑。而台官益怏怏惭愤，遂为决去就之计，以谓因言得罪，犹足取美名。

是时，人主圣德恭俭，举动无差失，两府大臣亦各无大过，未有事可决去就者，惟濮议未定，乃曰此好题目，所谓奇货不可失也，于是相与力言。然是时手诏既已罢议，皇伯、皇考之说俱未有适从，其他追崇礼数又未尝议及，朝廷于濮议未有过失，故言事者但乞早行皇伯之议而已。中书以谓："前世议礼，连年不决者甚多，此事体大，况人主谦抑，已罢不议，有何过举可以论列？"于是置而不问。台官群至中书，扬言曰："相公宜早了此事，无使他人作奇货。"上亦已决意罢议，故言者虽多，一切不听。由是，台官愈益愧耻，既势不能止，又其本欲以言得罪而买名，故其言惟务激怒朝廷，无所忌惮，而肆为诬罔，多引董宏、朱博等事，借指臣某为首议之人，恣其丑诋。初，两制以朝廷不用其议，意已有不平者，及台宪有言，遂翕然相与为表里，而庸俗中下之人不识礼义者，不知圣人重绝人嗣，凡无子者，明许立后，是大公之道，但习见闾阎俚俗养过房子及异姓乞养义男之类，畏人知者，皆讳其所生父母，以为当然，遂以皇伯之议为是。

台官既挟两制之助，而外论又如此，因以言惑众，云："朝廷背弃仁宗恩德，崇奖濮王。"而庸俗俚巷之人，至相语云："待将濮王入太庙，换了仁宗木主。"中外汹汹，莫可晓谕。而有识之士知皇伯之议为非者，微有一言佑朝廷，便指为奸邪。太常博士孙固尝有议请称亲，议未及上，而台官交章弹之，由是有识之士皆钳口畏祸矣。久之，中书商量，欲共定一酌中礼数行之，以息群论，乃略草一事目进呈，乞依此降诏，云："濮安懿王是朕本生亲也，群臣咸请封崇，而子无爵父之义，宜令中书门下以茔为园，即园立庙，令王子孙岁时奉祠，其礼止于如此而已。"乃是岁九月也。忘其日矣。上览之，略无难色，曰："只如此极好，然须白过太后乃可行，且少待之。"是时渐近南郊，朝廷事多，台议亦稍中息。上又未暇白太后，中书亦更不议。及郊禋既罢，明年正月，台议复作，中书再将前所草事目进呈，乞降诏，上曰："待三两日间，白过太后便可施行矣。"不期是夕忽遣高居简就曾公亮宅，降出皇太后手书，云："濮王许皇帝称亲。"又云："濮王宜称皇，三夫人宜称后。"与中书所进诏草中事绝异。而称皇称后二事，上亦不曾先有宣谕。从初中书进呈诏草时，但乞上直降诏施行，初无一语及慈寿宫，而上但云欲白过太后然后施行，亦不云请太后降手书。此数事皆非上本意，亦非中书本意。

是日，韩琦以祠祭致斋，惟曾公亮、赵槩与臣修在垂拱殿门阁子内，相顾愕然，以事出不意，莫知所为，因请就致斋处召韩琦同取旨。少顷，琦至，不及交言，遂同上殿。琦前奏曰："臣有一愚见，未知可否？"上曰："如何？"琦曰："今太后手书三事，其称亲一事，可以奉行，而称皇称后，乞陛下辞免，别降手诏，止称亲。而却以臣等前日进呈诏草，以茔为园，即园立庙，令王子孙奉祠等事，便载于手诏施行。"上欣然曰："甚好。"遂依此降手诏施行。手诏具别卷。初中外之人为台官眩惑，云朝廷尊崇濮王，欲夺仁宗正统，故人情汹汹。及见手诏所行礼数，止于如此，皆以为朝廷处置合宜，遂更无异论。惟建皇伯之议者，犹以称亲为不然。而吕诲等已纳告敕，杜门不出，其势亦难中止，遂专指称亲为非，益肆其诬罔，言韩琦交结中官苏利涉、高居简，惑乱皇太后，致降手书。又专指臣修为首议之人，乞行诛戮，以谢祖宗。其奏章正本进入，副本便与进奏官，令传布。

诲等既欲得罪以去，故每对见，所言悖慢，惟恐上不怒也。上亦数谕中书云："诲等遇人主，无复君臣之礼。"然上圣性仁厚，不欲因濮王事逐言事官，故屈意含容久之，至此，知其必不可留，犹数遣中使还其告敕，就家宣召。既决不出，遂各止以本官除外任。盖濮园之议，自中书始初建请以至称亲立庙，上未尝有一言欲如何追崇，但虚怀恭己，一付大臣与有司，而惟典礼是从尔。其不称皇伯，欲称皇考，自是中书执议，上亦无所偏执。及诲等累论，久而不决者，盖以上性严重，不可轻回，谓已降手诏罢议，故称伯称考，一切置而不议尔，非意有所偏执也。上尝谕韩琦等云："昔汉宣帝即位八年，始议追尊皇考。昨中书所议，何太速也。"以此见上意慎重，不敢轻议耳，岂欲过当追崇也？至于中书，惟称号不敢用皇伯无稽之说，欲一遵典故耳，其他追崇礼数，皆未尝议及者，盖皇伯、皇考称呼犹未决而遽罢议，故未暇及追崇之礼也。其后所议，止于即园立庙而已。……士大夫但见诲等所诬之言，而不知濮事本末，不究诲等用心者，但谓以言被黜便是忠臣，而争为之誉。果如诲等所料，诲等既果以此得虚名，而荐诲等者又欲因以取名。夫扬君之恶而彰己善犹不可，况诬君以恶而买虚名哉？呜呼！使诲等心迹不露而诬罔不明，先帝之志不谕于后世，臣等之罪也。故直书其实，以备史官之采。【《欧阳修全集》卷120《濮议》卷1，第1852页】

五月，知制诰沈遘为龙图阁直学士、权知开封府。

《长编》载：治平二年五月辛巳，知制诰沈遘为龙图阁直学士、权知开封府。遘为人轻俊明敏，通达世务，前知杭州，令行禁止。……其治开封如治杭，晨起视事，及午事毕，出与宾旧往还，从容谈笑，以示有余。士大夫交称其能，以为且大用矣。逾月加龙图阁学士，逾年迁翰林学士。【《长编》卷205】

八月，欧阳修上表再乞避位，不允。

欧阳修《独对语（八月十四日）》云：是日，昭文与西厅赵侍郎皆在，告集贤私忌。臣修独对崇政殿，进呈文字毕，敛笏将退。上有所问。所问不录。臣修因奏曰："近闻台谏累有文字，弹奏臣不合专主濮王之议。上荷陛下保全，知此议非臣所得独主，台谏文字既悉留中，言者于是稍息。"上曰："参政性直，不避众怨，每见奏事时，或与二相公有所异同，便相折难，其语更无回避，亦闻台谏论事，往往面折其短，若似奏事时语，可知人皆不喜也。今后宜少戒此。【《欧阳修全集》卷119《奏事录·独对语》，第1835页】

十月，邵必知谏院。

《九朝编年备要·英宗皇帝》记载：冬十月，以邵必知谏院。【《九朝编年备要》卷17】

十二月丁未，滁州团练副使钱公辅以刑部员外郎知广德军。

《长编》记载：治平元年冬十二月丁未，（钱公辅）责授滁州团练副使，不签书本州事。……明年十二月，乃以刑部员外郎知广德军。【《长编》卷203】

苏轼回京判登闻鼓院；妻丧。

《东坡先生年谱》云：自凤翔罢任。按，子由作先生墓志云：治平二年罢还，判登闻鼓院。英宗皇帝在藩邸，闻先生名，欲以唐故事召入翰林。宰相限以近例，召试秘阁，皆入三等，得直史馆。是年，通义郡君王氏卒于京师。【《东坡全集》卷首】

第七卷 治平三年（1066）

治平三年（1066）丙午 三十六岁

二月初一日，苏轼任职史馆。

《长编》载：二月乙酉朔，白虹贯日。殿中丞苏轼直史馆，上在藩邸，闻轼名，欲以唐故事召入翰林，便授知制诰韩琦曰："苏轼远大之器也，他日自当为天下用，在朝廷培养之，使天下之士莫不畏慕降伏，然后取而用之，则人人无复异词。今骤用之，恐天下之士未必皆以为然，适足累之也。"上曰："知制诰既未可，与修《起居注》，可乎？"琦曰："记注与制诰为邻，未可遽授，不若于馆阁中择近上帖职与之，且近例当召试。"上曰："未知其能否？故试，如苏轼有不能耶？"琦言："不可。"乃试而命之。他日，欧阳修具以告轼，轼曰："韩公待轼之意，乃古所谓君子爱人以德者也。"【《长编》卷207】

《九朝编年备要·英宗皇帝》记曰：二月，以苏轼直史馆。上在藩邸闻轼名，欲召入翰林。知制诰韩琦曰："轼远大器也，在朝廷培养，使天下畏慕降伏。今骤用之，人情未必皆以为然。"上曰："与修《起居注》，可乎？"琦曰："记注与制诰为邻，不若召试馆职。"上曰："未知能否？故试，若轼有不能耶？"琦不可，乃试而命之。他日，欧阳修以告轼，轼曰："韩公所以待轼，乃君子爱人以德也。"【《九朝编年备要》卷17】

二月庚寅，沈遘知开封府，要求增置判官一员。

《长编》载：二月庚寅，从知开封府沈遘之请，增置判官一员。以祠部员外郎秘阁校理孙坦为之，专管勾使院诸按公事。开封府推判官各二人，日力所给两军狱讼而已，诸按多留滞为奸，及增置，人皆便焉。坦因条画纲目，凡四十九事，为后法。坦，开封人也。【《长编》卷 207】

二月十九日，监察御史蒋之奇上《乞两制五年转一官奏》，为裁减冗官、推迟官员晋升建言献策。

《宋会要辑稿·职官》载：治平三年二月十九日，翰林学士承旨张方平等言：准中书送下臣僚上言："伏见审官院京朝官以上磨勘转官者举一岁中约有千数，其因职任升擢者尚不与焉。……"诏令两制详定之间，续降下。权御史中丞彭思永……同知谏院傅卞言。……监察御史蒋之奇言："切见两制以上皆四年转两资，比京朝官皆是二年一转，欲乞两制亦依京朝官例五年磨勘转一官，至前行郎中后乃更添左司郎中一转。"臣等检详祖宗朝中外官不立迁转条限，大中祥符八年始降诏，京朝官并以三周年令审官院磨勘引对与转官。……况上自于要官，俾一从于新令，凡曰在位，咸体朕怀。【《宋会要辑稿·职官一一》】

《长编》载：九月丙辰，帝欲去官冗之患。献言者皆谓三岁一磨勘，其进甚亟，稍迁以至高位，故获荫者众。诏两制详定。……监察御史里行蒋之奇言："两制已上皆四年转两官，比京官乃是二年一转，欲乞两制亦依京朝官制五年磨勘转一官，至前行郎中后更添左司郎中一转。"【《长编》卷 208；《全宋文》卷 1705，第 579 页】

《长编纪事本末》载：治平三年九月初，帝欲去冗官之弊，献言者皆谓三岁一磨勘，其进甚亟，稍迁以至高位，故获荫者众。诏悉付两制详定最切，刊去姓名。……监察御史里行蒋之奇言："两制以上四年转两官，比京官乃是二年一转。欲乞两制亦依京朝官例五年磨勘转一官，至前行郎中后更添左司郎中一转。"【《长编纪事本末》卷 56】

【按】两制：唐宋时，翰林学士受皇帝之命起草诏令，称为内制；中书舍人与他官加知制诰衔者，为中书门下撰拟诏令，称为外制。合称两制。

【又】张方平上疏在二月，称"监察御史蒋之奇"，三月，蒋之奇为"监察御史里行"。具体时间，当以张方平疏为是。

三月，欧阳修因主"濮议"一事，被言官指为"邪说"，上书自劾。

《欧阳修年谱》云：三月三日，赐上巳宴。……是月以言者指"濮议"为邪说，力求去。不允。七月癸酉，荐飨太庙，摄太尉行事。【《欧阳修全集·附录》卷1，第2618页】

三月甲子，太常博士蒋之奇为监察御史里行，皇上特批之奇入对。

王珪《华阳集》云：治平三年三月壬戌，孙昌龄为殿中侍御史，郭源明为监察御史里行。甲子，黄照为侍御史，蒋之奇为监察御史里行。初，命王珪等举官，已除昌龄及源明，而尚阙两员中书，以珪等前所举都官员外郎孔宗翰等七名进，而照中选上。又特批之奇入对，面谕曰："朕向览卿策甚善，而有司误遗，故亲有是除。"【《华阳集》卷5《附录》】

《长编》载：治平三年三月甲子，都官员外郎黄照为侍御史，太常博士蒋之奇为监察御史里行。初命王珪等举官。……上又特批之奇与御史。欧阳修素厚之奇，之奇前举制策不入等，尝诣修盛言追崇濮王为是，深非范百禄所对，修因力荐之。既与照并命，之奇入对，上面谕曰："朕向览卿所对策甚善，而有司误遗，故亲有是除。"昌龄，晋陵人；照，江陵人，源明劝子；之奇，宜兴人，堂从子；宗翰，道辅子也。【《长编》卷207】

《宋史·职官志四》载：太常寺：卿、少卿、丞，各一人；博士四人；主簿、协律郎、奉礼郎、太祝，各一人。……博士，掌讲定五礼仪式，有改革则据经审议。凡于法应谥者，考其行状，撰定谥文。有祠事，则监视仪物，掌凡赞导之事。【《宋史》卷164《职官志四》】

【按】时蒋之奇官太常博士，建言是其分内事。

四月庚戌，胡宿自枢密副使以观文殿学士、吏部侍郎知杭州。同日，郭逵同签书枢密院事，知制诰邵必认为武官不能留在中央政府，皇上不听。不久，邵必等奉命详定天下印文，之后，除宝文阁学士。

《宋史·宰辅表二》："四月庚戌，郭逵自殿前都虞候、容州观察使加检校太保，除同签书枢密院事。胡宿自枢密副使以观文殿学士、吏部侍郎知杭州。"【《宋史》卷211《宰辅表二》】

《九朝编年备要·英宗皇帝》载：夏四月，以郭逵同签书枢密院。同签书始此。知制诰邵必言："逵，武力之士，不可置庙堂，望留诰敕熟议。"不听。【《九朝编年备要》卷17】

王应麟《邵必详定天下印文》载：治平三年，命知制诰邵必、殿中丞苏唐卿详定天下印文。二人通篆籀，寻复废罢，无所厘改。【《玉海》卷84】

宋敏求《春明退朝录》记载：治平三年，予为知制诰。夏六月，梦丞相遣朱衣吏召，命草某人为窽清殿学士制。既寤，不能记其姓名及其文词也。明年五月甲辰，丞相遣朱衣吏召当制舍人吕缙叔草制，除邵不疑为宝文阁学士。后数日，得承旨张公所作诏云："乃规层宇，窽在西清。"恍然记去岁之梦，与诏文离合，其名若符契焉。【《春明退朝录》卷中】

宋敏求《春明退朝录》记载：治平中，邵不疑以知制诰权知谏院，请选官撰本朝冠丧祭之礼，乃诏礼院详定，遂奏请置局于本院，不许，因循寝之。【《春明退朝录》卷中】

朱胜非《压角》记曰：舍人院知制诰上事，必设紫褥于庭，面北拜厅阁长，立褥之东北隅，谓之压角。……子为舍人：邵兴宗（邵亢，邵必侄）入院，邵不疑为阁长，遂压角，时议美之。【《绀珠集》卷11】

徐自明《宋宰辅编年录》记载：四月庚戌，胡宿罢枢密副使，授观文殿学士、吏部侍郎知杭州。宿自嘉祐六年闰八月除枢密副使，是年四月罢，在枢府凡六年。宿累乞致仕，故有是命。后迁尚书左丞，以太子少师致仕。四年卒，年七十二。赠太子太傅，谥文恭。【《宋宰辅编年录》卷6】

四月二十五日，苏轼父洵卒，享年五十八岁。六月初九，应苏轼请，特赠光禄寺丞，命有司具舟归蜀。

《东坡先生年谱》云：丁老苏忧，扶护归蜀。［按］欧阳文忠公作老苏墓志云："明允《太常因革礼书》一百卷，书成，方奏未报，君以疾卒，实治平三年四月戊申也。"［又按］张安道作老苏文安先生墓表云："《太常礼书》成，未报，以疾卒，实治平三年四月也。"英宗皇帝闻而伤之，命有司具舟载其丧，归葬于蜀。【《施注苏诗》卷首】

《长编》载：夏四月辛卯，太常博士刘庠为监察御史里行。……赠故霸州文安县主簿、太常礼院编纂礼书苏洵光禄寺丞。所修书方奏，未报而洵卒。赐其家银绢各百两疋，其子殿中丞、直史馆轼辞所赐求赠官既从之。又特敕有司具舟载其丧归蜀。嘉祐初，王安石名始盛，党友倾一时。欧阳修亦善之，劝洵与安石游，而安石亦愿交于洵。洵曰："吾知其人矣。"安石母死，士大夫皆吊，洵独不往。作《辨奸》一篇。【《长编》卷208】

《苏谱》云：六月初九，轼辞所赐，求赠父官，特赠光禄寺丞。策有司具舟，载其丧归蜀。［参见《宋史》卷443《苏洵传》］六月，葬妻王弗于母程氏墓侧。【《苏谱》，第144页】

是年，章惇受欧阳修推荐，召试馆职，考试合格，遭攻击未之任，改知常州府武进县。

《名臣碑传琬琰·章丞相惇传（实录）》载：崇宁四年十一月己未，舒州团练副使章惇卒。惇，字子厚，建州浦城人。始生，族父得象奇其风骨，以为必贵。举进士甲科，知商州商洛县、雄武军节度推官。欧阳修荐，召试馆职，改著作佐郎、知常州武进县。王安石秉政，召编修三司条例，除秘书丞、集贤校理。【《名臣碑传琬琰集》（下）卷18】

是年中，邵必撰《复鉴湖记》，记述蒋堂知越州故事，请王安石题词。不久，王安石作《上邵学士书》。

王安石《上邵学士书》曰：仲详（邵必）足下：数日前辱示乐安公诗

石本，及足下所撰《复鉴湖记》，启封缓读，心目开涤。词简而精，义深而明，不候按图而尽越绝之形胜，不候入国而熟贤牧之爱民，非夫诚发乎文，文贯乎道，仁思义色，表里相济者，其孰能至于此哉？因环列书室，且欣且庆，非有厚也，公义之然也。某尝患近世之文，辞弗顾于理，理弗顾于事，以襞积故实为有学，以雕绘语句为精新，譬之撷奇花之英，积而玩之，虽光华馨采，鲜缛可爱，求其根柢济用，则蔑如也。某幸观乐安、足下之所著，譬由笙磬之音，圭璋之器，有节奏焉，有法度焉，虽庸耳必知雅正之可贵，温润之可宝也。仲尼曰："有德必有言""德不孤，必有邻"，其斯之谓乎？昔昌黎为唐儒宗，得子婿李汉，然后其文益振，其道益大。今乐安公懿文茂行，超越朝右，复得足下，以宏识清议，相须光润。苟力而不已，使后之议者必曰："乐安公，圣宋之儒宗也，犹唐之昌黎而勋业过之。"又曰："邵公，乐安公之婿也，犹昌黎之李汉而器略过之。"则韩李、蒋邵之名，各齐驱并骤，与此金石之刻不朽矣。所以且欣且庆者，在于兹焉。郡庠拘率，复偶足下有西笑之谋，未获亲交谈议，聊因手书，以道钦谢之意，且贺乐安公之得人也。　【《临川文集》卷75】

八月，命监察御史蒋之奇、秘阁校理陈襄、秘阁校理曾巩等，考试开封府举人。

《宋会要辑稿·选举》载：八月七日，命监察御史蒋之奇，秘阁校理陈襄、窦卞、曾巩，国子监直讲刘攽考试开封府举人，修起居注滕甫、直集贤院章衡、集贤校理郑穆考试国子监举人，殿中侍御史吴申、集贤校理孙觉考试锁［镂］厅举人。以上《国朝会要》。　【《宋会要辑稿·选举一九》】

九月，权知开封府事沈遘翰林学士、知制诰，充郡牧使，兼权判吏部流内铨、判尚书礼部。沈辽以将作监主簿、监寿州酒税。旋沈母（蒋之奇岳母）卒于京师，沈遘、沈辽丁忧归。王安石应邀作《乐安郡君翟氏墓志铭（并序）》。沈扶以金部员外郎知苏州。

《长编》载：治平二年五月辛巳，知制诰沈遘为龙图阁直学士、权知开封府。……逾年迁翰林学士，寻以母丧去位。遽卒。〔原注：遘迁翰林学士在三年九月，卒在四年九月。今并书。〕【《长编》卷205】

王安石《乐安郡君翟氏墓志铭（并序）》云：尚书主客员外郎、钱塘沈君名扶之夫人翟氏者，鄂州节度推官讳希言之子，……乃以治平三年九月十日卒于京师，享年五十七。……生五男三女：男曰遘，翰林学士、右谏议大夫，知制诰；曰迥，泰州军事判官；曰辽，将作监主簿、监寿州酒；曰遨，漳州漳浦县主簿；曰逌，试将作监主簿；女适秘书省著作佐郎颜处恭、邢州尧山县令王子韶、太常博士监察御史里行蒋之奇。【《临川集·文集》卷100】

王安石《内翰沈公墓志铭》云：公姓沈氏，讳遘，字文通，……会母夫人疾病，请东南一州视疾。英宗曰："学士岂可以去朝廷也？"明日，除翰林学士、知制诰，充群牧使，兼权判吏部流内铨、判尚书礼部。公虽去开封，然皆以为朝夕且大用矣，而遭母夫人丧以去。英宗闻公去，尤悼惜，时遣使者追赐黄金，而以金部君知苏州。【《王安石全集》卷93】

蒋之奇《沈睿达墓志铭》云：睿达，讳辽，姓沈氏，世为钱唐人。……迫于亲命，出应有司，再不中。乃次翰林公（沈遘）任，为将作监主簿、寿监之酒税。未就官，丁母夫人忧，哀毁几不胜。【《沈氏三先生文集》卷61】

《吴郡志·牧守》载：滕甫，龙图阁学士、右光禄大夫，治平；沈扶，尚书金部员外郎，治平；孙觉，右司谏，熙宁。【《吴郡志》卷11】

是年，蒋之奇四子蒋琳（1066—1134）出生。

《蒋琳世表》云：之奇四子琳，字梦玉，登元祐六年马涓榜进士第。历集贤院校理，同修起居注，累迁至尚书，知枢密院事。生于治平三年丙午，卒于宋绍兴四年甲寅。享寿六十有九岁。葬蒋墓。配翰林马公元康女。子一，尊祖。【《方东蒋氏宗谱》卷7】

　　或传：是年蒋之奇为道州江华（今湖南江华）九疑山作《碧虚岩铭》，有石刻。疑误，当在次年。

　　蒋之奇《碧虚岩铭》：潇水之阳，九疑之谷。清池涵镜，乱峰插笏。庙临溪口，寺在山麓。谁其爱之，义兴颖叔。

　　〔缺〕之□奉〔缺〕因□□登九疑〔缺〕为□□无为洞□□□石室遂□□福寺憩□兹□勒铭□□治□□午〔下缺〕

　　颖叔《碧虚岩铭》，瘦笔真书六行，左行，在九疑山永福寺左后圃石壁上。本不见字迹，余与李家隽、千之、家麒、止斋伐竹削苔，刮磨而出之。并得郑安祖书于其右。又得沈公仪铭遗迹之复显。实自道光戊子始也。【宗稷辰：《游疑载笔》】

　　〔陆增祥按〕《永志》载此，蒋之奇上多"义兴"二字，石本所无。铭词前三行行末，石已缺损。《永志》补"谷、笏、麓"三字，当是据《旧志》之文。署款六行为郑安祖磨去首行，尚存"之"字。五行有勒"铭"字，六行有"治□□午"字，盖"治平三年丙午"也，其即之奇所题无疑。《通志》别载有"蒋之奇九疑山题名"，疑即此刻。【《八琼室金石补正》卷102】

　　【注】沈公仪，即沈绅，字公仪，会稽（今绍兴）人。仁宗景祐五年（1038）进士。皇祐时知桐庐，为人所陷，改知南昌县。嘉祐间知温州军，治平中（1064—1067），以尚书屯田员外郎为荆湖南路转运判官。熙宁中为福建提刑，擢升苏州，元丰中知庐州。【参见《湘学》第7辑】

　　【按】蒋之奇《碧虚岩铭》，《（光绪）湖南通志·艺文志（金石）》《全宋文（卷1706）》等都有收录，写作年代都署作"治平丙午"，即治平三年（1066）。是年，蒋之奇在朝中为监察御史，不知何故赴湖南。据治平四年蒋、沈游历，此石刻当在治平丁未十月。

第八卷 治平四年（1067）

治平四年（1067）丁未 三十七岁

正月八日丁巳（1月25日），英赵曙因病驾崩于福宁殿，年三十六岁。神宗即位，未改元。

《宋史·英宗纪》载：春正月庚戌朔（初一），群臣上尊号曰"体乾膺历文武圣孝皇帝"。……丁巳，帝崩于福宁殿，寿三十六。谥曰宪文肃武宣孝皇帝，庙号英宗。【《宋史》卷13《英宗纪》】

《宋史·神宗纪一》载：正月丁巳，英庙崩，帝即皇帝位。戊午，赦天下常赦所不原者。……三月壬子，曹佾加检校太尉兼侍中。赐礼部进士及第、出身四百六十一人。……壬申，欧阳修罢知亳州。癸酉，吴奎参知政事。【《宋史》卷14《神宗纪一》】

神宗即位，蒋之奇转任殿中侍御史，上《谨始五事》策。

《宋史·蒋之奇传》云：神宗立，转殿中侍御史，上谨始五事：一曰进忠贤，二曰退奸邪，三曰纳谏诤，四曰远近习，五曰闭女谒。神宗顾之曰："斜封、墨敕必无有，至于近习之戒，孟子所谓'观远臣以其所主'者也。"之奇对曰："陛下之言及此，天下何忧不治。"

《宋史·职官志四》载：殿中侍御史：二人，掌以仪法，纠百官之失。凡大朝会及朔望、六参，则东西对立，弹其失仪者。【《宋史》卷164《职

官志四》】

王称《蒋之奇列传》载：蒋之奇，字颖叔。……献谨始五事：一曰进忠贤，二曰退奸邪，三曰纳谏诤，四曰远近习，五曰闭女谒，凡数百言。初，之奇游欧阳修之门，修主濮议，之奇盛称之。及是，以浮语弹修，考验无实，出监道州税，改宣州。而之奇遂为清议所非。【《东都事略》卷97《蒋之奇传》】

【注】北宋时的台谏官有"风闻纵言"的传统。《宋史·杨察传》云：杨察，字隐甫。……（真宗庆历时，右谏议大夫权御史中丞）杨察又言："御史故事许风闻，纵所言不当，自系朝廷采择。今以疑似之间，遽被诘问，臣恐台谏官畏罪缄默，非所以广言路也。"【《宋史》卷295《杨察传》】

是年，王说（1028—1101）知常州，兴办学校，延致名儒，聘王安国（1028—1076）为教授。

《毗陵志·秩官·国朝郡中》载：王说，治平四年，尚书职方员外郎，见王安国《州学记》。熙宁二年三月，冲替（即贬降官职）。【《毗陵志》卷8《秩官》】

邹浩《中大夫直龙图阁知青州军州事王公墓志铭》云：公王氏，讳说，字岩夫。……建中靖国元年十六日，终于青州治所，享年七十有四。……历管当在京马军粮料院，马步军专计司，西京、陕府、河阳、郑州提辖收捉私盐，通判滑州、相州，知卫州、常州……常州士喜学，公为延致名儒临川王安国平甫教授。平甫时虽布衣，义甚高，非贤有礼弗就，既从公游，士人慕向，自远而至。未几，朝廷改科，专用经术。常之士试开封、礼部及策于廷皆第一。已而相属为从官、郎吏、二千石者甚众，世益以为美谈。……女八人，长适枢密直学士孙览，次适承议郎李去盈，次适通直郎杨彦章。【《道乡集》卷35】

【按】王安国，字平甫，抚州临川人，王安礼之弟也。幼敏悟，未尝从学而文词天成。年十二，出所作诗、铭、论、赋数十篇示人，语皆警拔，遂以文章闻于世，士大夫交口誉之。熙宁元年（1068），赐进士及第，历任武昌军节度推官、西京国子教授、崇文院校书

郎，改著作佐郎、秘阁校理，止于大理寺丞。熙宁九年卒，年四十七。【《宋史》卷327《王安国传》】

【又】王说，其婿李去盈，元丰中知宜兴县，苏轼曾托其买田阳羡，故附此。

二月，蒋之奇奏弹钱明逸（1015—1071）奸邪。

蒋之奇《弹钱明逸奏（治平四年三月）》（略）。【《全宋文》卷1705，第579页】

彭百川《祖宗制科取人》载：二月，御史蒋之奇奏弹钱明逸奸邪，"在仁宗朝附贾昌朝等，陷杜衍、范仲淹、尹洙、石介之徒，朝廷一空，天下同疾。况文辞纰缪，贪赋有闻，岂可与昌朝同居禁苑。"同知谏院傅卞亦言："执政召明逸，示以章疏，使自引疾。"上他日谓吴奎曰："钱明逸不解作文字，何因中大科？"奎言："应举亦系侥倖，一日之间，未见其善，其人可知也。"【《太平治迹统类》卷26】

《长编》载：二月丙寅，翰林学士兼端明殿学士、尚书左丞钱明逸罢翰林学士，为端明殿学士兼龙图阁学士。先是，御史蒋之奇言："臣累奏弹明逸奸邪，及吴申、刘庠亦尝论列，先帝属疾，未及施行。臣与明逸素无嫌隙，但以倾险憸薄，在仁宗朝附贾昌朝、夏竦、王拱辰、张方平之党，陷杜衍、范仲淹、尹洙、石介之徒，朝廷一空，天下同疾。况文辞纰缪，政术乖疏。贪赃有闻，沉湎污滥，岂可冒居禁苑？"而同知谏院傅卞亦有言："执政召明逸，示以台谏章疏，使自引疾，因改命之。"上它日谓吴奎曰："钱明逸不解作文字，何因中大科？"奎言："应举亦系人之幸，一日之长，未见其善。必若求实才，须试以事，徐观其器业。"又问明逸为人，奎言："臣顷作谏官，尝论列明逸罪状，其人可知也。"【《长编》卷209】

陈振宇《钱明逸传略》云：钱明逸，字子飞，吴越王俶之孙。由殿中丞策制科，转太常博士，为昌夷简所知，擢右正言。首先弹劾范仲淹、富弼"凡所推荐，多挟朋党，乞早罢范、富。使奸诈不敢效尤，忠实得以自立"。疏奏后，二人皆罢，杜衍亦免去相位。明逸由是深得章得象、陈机中赏识。进同修起居注，知制诰，擢知谏院。为翰林学士，自登科至此才五年时间。加史馆修撰。皇祐六年（1049），知开封府。有一无知妄为之人名叫冷青，自称是皇子，公人捕送开封府。时明逸升堂方才坐正，冷青大声喝叱："明逸大胆，见了本皇子竟不起迎？"明逸竟然起身相迎，后经审问是假，有人奏明逸为堂堂开封府尹出此丑事。又加上狱吏拷掠妇人赞氏堕足死，遂罢，以龙图阁学士知蔡州。历扬、青、郓、曹各州，又知应天府。还朝判流内铨，知通进银台司，复出知成德军、滑州，加端明殿学士，知秦州。于嘉祐二年（1057）二月复知开封府。治平初，复为翰林学士。神宗登极后，御史们论明逸倾危险诈，邪佞鄙薄，顷附贾昌朝、夏竦以陷正人，加之文辞浅缪，岂能充数冒名于翰林院，乃罢去学士。久之，知永兴军。熙宁四年（1071）卒，年五十七，赠礼部尚书，谥修懿。【《北宋开封府尹传略》，第175—177页】

二月底，彭思永（1000—1070）、蒋之奇以"风闻之言"劾欧阳修帷薄之事，修上书自求去位外任。其间，连续上八道札子，要求根究蒋之奇。皇上没有立即答应。于是又上《乞罢政事》三表、三札。三月，罢政，以刑部尚书知亳州。

朱熹《宋名臣言行录》载：彭思永，字季长，吉州人。中进士第。事仁宗、英宗、神宗，官至权御史中丞。……御史蒋之奇奏发大臣阴事，欲援公为助。乃曰：公尝言之。公亦谓帷簿之私，非外人所知，诚难究诘。然亦有以取之，故谤言一兴，而人以为信。且其首为濮园议，违典礼，以犯众怒，不宜更在政府执政。以之奇所论冥昧，不可质，迫公言其所从来，三问而公奏益急，且曰：风闻者，以广聪明也。今必问其所从来，因而罪之，则后无闻矣。宁甘重谪，不敢废国家开言路之法。因极陈大臣朋党专恣，非国家计。翌日，降授给事中、知黄州。【《宋名臣言行录后集》卷5】

《宋史·蒋之奇传》云：初，之奇为欧阳修所厚……以得御史。复惧不为众所容，因修妻弟薛良孺（1021—1066）得罪怨修，诬修及妇吴氏事，遂劾修。神宗批付中书，问状无实，贬监道州酒税，仍榜朝堂。

《欧阳修年谱》云：二月，第三子（欧阳）棐登进士第。是月，御史彭思永、蒋之奇以飞语污公，上察其诬，斥之。公力求去。三月壬申，除观文殿学士转刑部尚书、知亳州。……闰三月辛巳，宣签书驻泊公事，陛辞，乞便道过颍，少留许之。五月甲辰，至亳。六月戊申，视事。【《欧阳修全集·附录》卷1，第2619页】

欧阳修《内制集》曰：二月，上《乞根究蒋之奇弹疏札子》等八札，《乞罢政事》三表，《乞外郡》三札。三月二十六日，又上《辞刑部尚书札子》《谢观文殿学士刑部尚书表》，翌年春，又上《亳州乞致仕》五表、五札。（略）【《欧阳修全集》卷93《表奏书启四六集》卷4，第1385页】

欧阳修《再乞辩明蒋之奇言事札子》（第六札）：臣近以蒋之奇诬奏臣家私事，乞赐辩正，杜门俟命，今已多日。虽蒙朝廷累赐诘问，之奇则但云得自彭思永，而思永又云事无实状，是暧昧之言。若此便欲加臣十恶大罪，虽州郡小民犯罪，官司断狱，必未敢便断其死。臣孤拙无党，特被两朝眷遇，忝列政府，横被小人诬以禽兽不为之恶。本因臣以至公报国，以身当怨，不徇亲党阿私，至多积仇怨，造作飞语中伤，而以忠取祸。之奇乃以虚为实，欺天罔上，及至朝廷诘问，则辞穷理屈，并无实状指陈。至于彭思永亦自言暧昧无实，各自乞罢去。若臣果有实状，何故惜而不言？何故自言无实状而自乞罢去？以此见思永、之奇专欲以暧昧之事惑乱圣聪，使臣不能自辩，冀望朝廷更不辩明，便以风闻行法。况圣君在上，公道方行，臣必不能枉受大恶之名，当举族碎首，叫天号冤，仰诉于阙庭，必不能含胡而自止。当陛下圣政惟新之日，使执政之臣守阙号冤，固知非朝廷美事，然臣以恶名不可虚受，将不得已而为之，期于以死必辨而后止。臣无任恳血哀号激切之至。取进止。【《欧阳修全集》卷93《表奏书启四六集》卷4，第1380页】

三月四日，帝差中使朱可道赐神宗御札云：春暖，久不相见，安否？数日来，以言者污卿以大恶，朕晓夕在怀，未常舒释。故累次批出，再三诘问其从来事状，讫无以报。前日见卿文字，力要辩明，遂自引过。今日已令降黜，仍出榜朝堂，使中外知其虚妄。事理既明，人疑亦释。卿宜起视事如初，无恤前言。赐欧阳修。【《欧阳修全集》卷93《表奏书启四六集》卷4，第1381页】

三月四日，彭思永、蒋之奇因劾欧阳修无实据，被罢。蒋之奇降太常博士、监道州酒税。此事成为其一生之污点。

《宋史·蒋之奇传》云：神宗批付中书，问状无实，贬监道州酒税，仍榜朝堂。……之奇为部使者十二任，六曲会府，以治办称。且孜孜以人物为己任，在闽荐处士陈烈，在淮南荐孝子徐积，每行部至，必造之。特以畔欧阳修之故，为清议所薄。

《宋会要辑稿·职官》载：治平四年三月四日，御史中丞、工部侍郎彭思永降给事中，知黄州；主客员外郎、殿中侍御史里行蒋之奇降太常博士、监道州酒税务，坐言参知政事欧阳修闺门事故也。【《宋会要辑稿·职官六五》】

《宋史·元祐党人论》曰：王安石为政，一时士大夫之素知名者，变其所守，而从之比比皆然。……林希草制，务丑诋正人，自知斁坏名节，掷笔而悔之，何晚也！弟旦反其所为，纠劾巨奸，善恶岂相掩哉！蒋之奇始怂恿濮议，晚摭飞语，击举主以自文，小人之魁杰者也。吴居厚奉行新法，剥下媚上，温益阿附二蔡，物议不容。陆佃虽受经安石，而不主新法。元祐党人之罪，请一施薄罚而已，犹差贤于众人焉。【《宋史》卷343】

苏辙《龙川别志》云：蒋之奇弹公（欧阳修），英宗不听。之奇因拜伏地不起，上顾左右，问："何故久不起？"之奇仰曰："此所谓伏蒲矣。"上明日以语大臣，京师传以为笑。【《龙川别志》卷下，《宋人轶事汇编》卷13】

司马光《蒋之奇劾奏欧阳修》曰："士大夫以濮议不正，咸疾欧阳修，有谤其私于子妇者。御史中丞彭思永、殿中侍御史蒋之奇承流言劾奏之。之奇仍伏于上前，不肯起。诏二人具析语所从来，皆无以对。治平四年三月五日，俱坐谪官。仍敕榜朝堂，略曰："偶因燕申之言，遂腾空造之语，

131

丑诋近列，中外骇然。以其乞正典刑，故须阅实其事，有一于此，朕亦不敢以法私人。及辨章之屡闻，皆懑谰而无考，反云其事暗昧，不切审实。"又曰："苟无根之毁是听，则谩欺之路大开。上自迩僚，下逮庶尹，闺门之内，咸不自安。"先是，之奇盛称濮议之是以媚修，由是荐为御史，既而反攻修。修寻亦外迁，其谢上表曰："未干荐祢之墨，已关射羿之弓。"

【《涑水记闻》卷15】

蒋之奇劾欧阳修经过及几位当事人。

《长编》载：三月，降工部侍郎、御史中丞彭思永为给事中、知黄州，主客员外郎、殿中侍御史里行蒋之奇为太常博士、监道州酒税。先是，监察御史刘庠劾参知政事欧阳修，入临福宁殿，衰服下衣紫衣，帝寝其奏，遣使谕（欧阳）修，令易之。朝论以濮王追崇事疾修者众，欲击去之，其事无由。有薛良孺者，修妻之从弟也，坐举官被劾，冀会赦免，而修乃言："不可以臣故徼幸，乞特不原。"良孺怨修切齿。修长子（欧阳）发娶盐铁副使吴充女，良孺因谤修帏薄事，连吴氏。集贤校理刘瑾，与修亦仇家，亟腾其谤。思永闻之，间以语其僚属。之奇始缘"濮议"合修意，修特荐为御史，方患众论，指以为奸邪，求所以自解。及得此，独上殿劾修，乞肆诸市朝。帝疑其不然，之奇引思永为证，坚请必行。之奇初不与同列谋之，后数日，乃以奏稿示思永，挽思永自助。思永以帏薄之私，非外人所知；但其首建濮议，违典礼以犯众怒，不宜更在政府。帝乃以之奇、思永所奏付枢密院。修上章自辨。帝初欲诛（当作"罢"）修，以手诏密问天章阁待制孙思恭。思恭极力救解。帝悟，复取之奇、思永所奏以入，并修章付中书，令思永、之奇具传达人姓名以闻。之奇言得自思永，而思永辞以出于风闻，因极陈大臣朋党专恣，非朝廷福。修复言："臣忝列政府，枉遭诬陷，惟赖朝廷推究虚实，使罪有所归。"章凡三上。而（吴）充亦上章，乞朝廷力与辨正虚实，使门户不致枉受污辱。于是帝复批付中书，令思永等具传达人姓名并所闻，因依明据。思永与瑾同乡，力为瑾讳，乃言："臣待罪宪府，凡有所闻，合与僚属商议，故对之奇说风闻之由。然暧昧无实，尝戒之奇勿言。无所逃罪。"而之奇亦奏："此事臣止得于思永，遂以上闻。如以臣不当用风闻言大臣事，臣甘与思永同贬。"故二人同降黜。帝手诏赐修，令起视事。它日，帝谓吴奎曰："蒋之奇敢言，而所言暧昧，既罪其妄，欲赏其敢。"奎曰："赏罚难并行。"乃止。〔原注：《墨史·孙思恭传》云：思恭性不忤物，犯之不校。欧阳修初不知思恭以诈，及修为言者所攻，上将诛修，手诏密问思恭，恭极力救解。《宋史》以为：为言者攻修，先帝加诘问，既辨明，赐手诏召之，岂有诛修之意？遂删去。按《司马光日记》云：以之奇等奏付枢密院，后数日乃复取入，密诏问思恭，必非《墨史》之妄，今仍撮取附见。〕【《长编》卷209】

欧阳修《国子博士薛君（良孺）墓志铭》云：君讳良孺，字得之，姓薛氏，绛州正平人也。少孤，育于其叔父，是为简肃公，以公荫为将作监主簿、太常寺奉礼郎、大理评事、将作监丞、大理寺丞，迁太子右赞善大夫、殿中丞。尝知秦州清水县。……后签书通利军判官公事，与其军守争事，坐停官。久之，复为殿中丞，迁国子博士、监陈州清酒务。嘉祐八年二月甲午，以疾卒于官舍，享年四十有六。……君娶张氏，故枢密直学士逸之女，封仁寿县君，先君二岁而卒。子男一人，曰逊。女三人，长适大理评事王正甫；次适太常寺太祝王端甫；次尚幼。治平三年二月乙酉，其孤逊举其丧，合葬于绛州正平县清原乡周村原。将葬，庐陵欧阳修曰："余，薛氏婿也，与君游而贤其人，宜有以哀之。"乃为之铭。【《欧阳修全集》卷34《居士集》卷34，第510页】

《宋史·彭思永传》云：彭思永，字季长，庐陵人。第进士，知南海、分宁县，通判睦州。……知潮州、常州。入为侍御史，论内降授官赏之弊，谓斜封非盛世所当有，仁宗深然之。……加直史馆，为益州路转运使。……寻为户部副使，擢天章阁待制、河北都转运使、知瀛州。……徙知江宁府。……治平中，召为御史中丞。濮王有称亲之议，言事者争之，皆斥去。思永更上疏极论曰："……臣以为当尊为濮国大王，祭告之辞，则曰'侄嗣皇帝书名昭告于皇伯父'。在王则极尊崇之道，而于仁庙亦无所嫌矣，此万世之法也。"疏入，英宗感其切至，垂欲施行，而中书持之甚力，卒不果。神宗即位，御史蒋之奇纠欧阳修阴事，挽思永自助。思永以为帷薄之私，非外人所知，但其首建濮议，违典礼以犯众怒，不宜更在政府。诏问语所从来，思永不肯对，而极陈大臣专恣朋党。乃出知黄州，改太平州。熙宁三年，以户部侍郎致仕，卒，年七十一。【《宋史》卷320《彭思永传》】

《宋史·孙思恭传》载：孙思恭，字彦先，登州人。擢第后，即遭父丧，不肯复从官。……吴奎荐其学行，补国子直讲，加秘阁校理。事神宗藩邸为说书，又为侍讲、直集贤院。以居中都久，力请补外，王奏留之。及即位，擢天章阁待制。思恭性不忤物，犯而不校，笃于事上。有所见，必密疏以闻。帝亦间访以政。欧阳修初不知思恭，修出政府，思恭尽力救解。出知江宁府、邓州，以疾移单州，管干南京留司御史台。卒，年六十一。【《宋史》卷322《孙思恭传》】

《宋史·刘瑾传》载：刘瑾，字元忠，吉州人，沆之子也。第进士，为馆阁校勘。沆亡，得褒赠。……诏复职，迁集贤校理、通判睦州，为淮南转运副使。召修起居注，加史馆修撰、河北转运使，拜天章阁待制、知瀛州。坐与世居通问，徙明州。未行，改镇广州。与枢密院论戍兵不合，改虔州。战棹都监杨从先奉旨募兵不至，擅遣其子懋纠诸县巡检兵集郡下，瑾怒责之，遽发悖谬语，懋诉瑾于朝，遂废于家。逾年，复待制、知江州，历福州、秦州、成德军，卒。……御下苛严，少纵舍，好面折人短，以故多致訾怨。【《宋史》卷333《刘瑾传》】

是月，欧阳修罢政，以观文殿学士、刑部尚书知亳州。

《长编》记载：壬申，尚书左丞、参知政事欧阳修为观文殿学士、刑部郎中（尚书）知亳州。彭思永等既以论修贬，而知杂御史苏采、御史吴申言犹不已。修亦三表乞罢，故命出守。癸酉，枢密使礼部侍郎吴奎参知政事。……乙丑，赠太师尚书令兼中书令定王允良卒，辍视朝五日。……御史刘庠尝劾奏允良郊不陪祠，久废朝谒，无人臣礼。英宗置不问。有司以允良起居无度，反易晦明，谥曰"荣易"。初，蒋之奇劾欧阳修，上怒曰："先帝大渐，邵亢建垂帘之议，如此大事不言，而抉人闺门之私乎？"之奇以告吴申，申即劾亢。事下中书，上徐知其妄，中书亦寝申所奏。亢时同知贡举，及出，上殿自辨曰："臣在先帝时，若有是请，必不为先帝所容。且先帝不豫已来，群臣莫得进见，臣无由面陈，必有章奏，愿陛下索之禁中，若得臣章当伏诛。索之不得，则谗臣者岂得不问？愿下狱考究。"上曰："朕不疑卿。"吴申所奏已不行。【《长编》卷209】

【按】蒋之奇劾欧阳修"帷薄不修"一事，对于几位当事人而言，是非常重要的政治事件。由此，欧阳修郁郁寡欢，未几年而逝。而蒋之奇被贬出京，一路贬到永州之南的道州。之后的数十年中，很少在朝中为官，且时时被所谓的清流目为"奸邪小人"，影响了终身仕途和一世清名。当时神宗皇帝心想"既罪其妄，欲赏其敢"，应是实情，但毕竟是"罪"而没有"赏"。就事论事而言，作为殿中侍御史（台谏官），蒋之奇有"风闻言事"的职权和义务，既然"有所耳闻"，理应直言极谏，不能因为欧阳修曾有恩于自己而为尊者讳。而作为执政大臣的欧阳修，既然家中不止一次传出风言风语，理当开阔胸襟，明言"风言"的来由，不该对自己的晚辈严辞以诃。俗话说"越描越黑"，正是此理。后世南宋周紫芝说："蒋公当言，欧公不当辨。"明代邹鲁也说："蒋之奇尝诬奏欧阳修矣，胡纮辈尝诬奏朱熹矣，未闻以一人私情废万世公论也。"蒋之奇检举欧阳修，出于公义，更出于职责。反观欧阳修的十几道奏疏，除了为自己呼冤叫屈外，更多的是打击言官，确实少了些许雅量。

附：历史上对蒋、欧之事的评价，"蒋公当言，欧公不当辨"，此最为至论。

周紫芝《读〈兖公集〉》云：欧阳少师以闺门疑似之事，受谤于时，朝廷置狱，穷治无状，久始辨白，独坐财物不明，出知滁州。及参政事，台官蒋之奇复用钱明逸前章句，再有弹奏。公力请于朝，乞差官根问虚实，状极愤切。朝奏累诘之奇，但云得自彭思永，思永又云事无实状，是暧昧之言，若此亦足以少伸矣。公之章犹且十上而不已，议者为之少贬焉。夫以公之诚确端亮，操行如雪霜，虽神明自应畏之，但白黑太明，颇为邪佞所疾，小人因中以无实不根之语。蒋公身为台谏，既有所闻，义不当默耳。故世谓"蒋公当言，欧公不当辨"，此最为至论。昔人有诬以盗嫂者，曰："我乃无兄，安得嫂？"正当作是语耳。古语有之："御寒莫如重裘，止谤莫若身修。"谤岂唯不可止哉？盖亦不必辩也。公所上章载《兖公别集》

集二十卷，出汝阴王姓之家。【《太仓稊米集》卷49】

【注】所谓"钱明逸前章句"，指庆历五年八月甲戌，钱明逸劾欧阳修私于张氏且欺其财。王安石《广西转运使苏君墓志铭》注云：《吹剑续录》云：欧阳公妹适张氏，夫死，携孤女归家，嫁公族子晟。晟之官至宿州，失其舟，迹捕至京师得之。开封府勘晟之妻妾皆与梢人通，府尹承言者风旨，令张氏引公以自解。此所谓孤甥女子之狱也。李焘《长编》云：修既上疏言韩琦等不当罢，为党论者益忌之。初，修有妹适张龟正，卒而无子，有女实前妻所生，甫四岁，其母携养于外氏。修以嫁族子晟。会张氏在晟所与奴奸，事下开封府，权知府事杨日严前守益州，修尝论其贪恣，因使狱吏附致其言。谏官钱明逸遂劾修私于张氏且欺其财，诏安世及入内供奉官王昭明杂治，卒无状，乃坐用张氏奁目买田、立欧阳氏券，出知滁州。安世等取直牒三司，取录问吏人，而不先以闻，皆得罪。安世出监秦州盐税，昭明出监寿春县酒税。【《御选古文渊鉴》卷47】

《明史·何乔新传》云：何乔新，字廷秀，江西广昌人。……给事中吴世忠言："乔新学问政事，莫不优忠勤刚介，老而弥笃。御史邹鲁挟私诬劾，一辞不辨，恬然退归，杜门著书，人事寡接，士大夫莫不高其行。若必考退身之由，疑旌贤之典，则如宋蒋之奇尝诬奏欧阳修矣，胡纮辈尝诬奏朱熹矣，未闻以一人私情废万世公论也。"事竟寝。【《明史》卷183《何乔新传》】

闰三月，蒋之奇弹劾夏倚素无学术、章惇佻薄秽滥。

《长编》载：闰三月庚子，学士院言："屯田员外郎夏倚、雄武节度推官章惇，诗赋中等，诏以倚为江南西路转运判官，惇为著作佐郎。"倚及惇皆治平三年十月两府所荐者。及是召试，而御史吕景、蒋之奇言："倚，素无学术，尝任麟倅败事。惇，佻薄秽滥，向以擢第不高，辄掷劾于廷，皆不可奖。"故不除馆职。惇，浦城人，欧阳修所荐也。【《长编》卷209】

《纪事本末·神宗》载：熙宁四年三月丁亥，诏遣著作佐郎章惇乘驿同转运司制置夔州路夷户。先是，李承之荐惇于安石，安石曰："闻惇极无行。"承之曰："某所荐者，才也。顾惇才可用否，素行何累焉？公试与语，自当爱之。"安石见章惇，惇素辩，又善迎合，安石大喜，恨得之晚。惇，浦城人，佻薄秽滥，向以攉第不高，辄掷敕于廷。尝为御史吕景、蒋之奇所劾故也。【《长编纪事本末》卷64】

闰三月，久病不朝的王安石出知江宁府，朝堂上议论纷纷。九月，神宗下诏，以王安石为翰林学士兼侍讲。

《长编》载：闰三月癸卯，诏安石知江宁府。众谓安石必辞，及诏到，即诣府视事。或曰："公亮力荐安石，盖欲以倾韩琦也。"龙图阁直学士韩维言："臣今日闻除王安石知江宁府，然未知事之信否。若诚然者，臣窃以为非所以致安石也，何则？安石知道守正，不为利动，其于出处大节，料已素定于心，必不妄发。安石久病不朝，今若才除大郡，即起视事，则是安石偃蹇君命，以要自便。臣固知安石之不肯为也，又其精神可以为一大郡，而反不能奉朝请从容侍从之地，岂是人情？臣又知安石之不肯为也。所可致者，惟有一事，即陛下向所宣谕，臣向所开陈者是也。若人君始初践阼，慨然想见贤否，与图天下之治，孰不愿效其忠、伸其道哉？使安石甚病，而愚则已若不至此，必幡然而来矣。臣窃恐议者以为安石可以渐致，而不可以猝召，若如此，是诱之也，是不知安石者之言也。惟贤者可以义动，而不可以计取，陛下稽古讲道，必于此理粲然不惑，唯在断而行之，毋以前议为疑，则天下幸甚。"〔原注：韩维论王安石，据维奏议具载之，足明安石进退失据也。〕【《长编》卷209】

《宋史·神宗纪一》载：九月戊戌，以王安石为翰林学士。【《宋史》卷14《神宗纪一》】

五月，知制诰邵必为宝文阁直学士，王令有赠诗。

《九朝编年备要·英宗皇帝》载：五月，置宝文阁学士、直学士、待制。以翰林学士吕公著、知制诰邵必、同知谏院傅卞为之。【《九朝编年备要》卷17】

《宋史·职官志二》载：宝文阁学士、直学士、待制：阁在天章阁之东西序，群玉蕊珠殿之北，即旧寿昌阁。庆历改曰宝文。嘉祐八年，英宗即位，诏以仁宗御书、御集藏于阁，命王圭撰记立石。治平四年，神宗即位，始置学士、直学士、待制，恩赐如龙图。英宗御书附于阁。学士，治平四年初置，以吕公著兼；直学士，治平四年初置，以邵必为之；待制，治平四年初置。【《宋史》卷162《职官志二》】

王令《上邵宝文（必）》诗云：出处身之道，穷通命所关。孔犹闻宋逐，轲亦退梁还。兹道方中否，流风有后艰。客来方病宪，人戚不堪颜。士有高山仰，身尝送驾攀。径心思古到，独手欲今扳。憔悴穷年学，乖疏五两纶。鱼盐闻古隐，畎亩识今闲。蹈海时何谓，无田力亦孱。清醒甘泽畔，富贵奈墦间。进壮羝羊触，行屯乘马班。食贫欣道在，愠见笑儿顽。时已输雌雄，心犹耻瘠环。偶逢邦有道，喜眷涕无潸。观水求窥海，知天顾适山。虽归滕国圣，尚贱许行蛮。进效无横草，希仁等弃官。圣门犹进惑，惠政况先鳏。自道非能赋，几希不敢删。误知何以报，忠信赤心殷。【《广陵集》卷16】

六月庚申，蒋之奇上《弹王广渊奏》。此时，蒋之奇仍在京师。

蒋之奇《弹王广渊奏（治平四年六月）》（略）。【《全宋文》卷1705，第580页】

《长编纪事本末》载：六月庚申，兵部员外郎、直龙图阁兼侍读王广渊知齐州。先是，司马光言："王广渊以小人之质，负倾巧之才，外依政府，内结近习。国家本以馆阁宠贤彦，迩英待儒雅，皆非广渊所宜滥处。伏望夺去职名，除一远地监当，亦足以醒天下之耳目。"御史蒋之奇亦言："广渊人品庸凡，天资险谲。先帝校自常僚，置之文馆，不思献纳忠规，而乃肆为奸佞。方擢用之际，司马光列章数十上，事寝不行，愈自矜夸藩邸故旧，入则结高居简为内应，出则与孙固为死交。陛下重明初升，四海皆照，岂容魑魅尚在朝廷？"广渊亦自请郡，故有是命。……不听。广渊入辞延和外殿，上哀恸久之，卫士皆感泣。【《长编纪事本末》卷58】

《王广渊传》云：王广渊，字才叔，魏郡人。……神宗即位，中丞司马光、御史刘述、蒋之奇复言："广渊倾巧邪佞，不宜留侍左右，出知齐州，改京东路转运使，徙河东，擢宝文阁待制知庆州。"……【《东都事略》卷85《王广渊传》】

《宋史·王广渊传》载：王广渊，字才叔，大名成安人。……以进士为大理法直官、编排中书文字，裁定祖宗御书千卷，仁宗喜之，以知舒州，留不行。英宗居藩邸，广渊因见昵，献所为文，及即位，除直集贤院。谏官司马光言，……帝不听，用为群牧、三司户部判官。……加直龙图阁。……神宗立，言者劾其漏泄禁中语，出知齐州，改京东转运使，得于内省传达章奏。曾公亮、王安石持不可，乃止。……徙使河东，擢宝文阁待制、知庆州。宣抚使兴师入夏境，檄庆会兵。方授甲，卒长吴逵以众乱，广渊亟召五营兵御之。逵率二千人斩关出，广渊遣部将姚兕、林广追击，降其众。柔远三都戍卒欲应贼，不果，广渊阳劳之，使还戍，潜遣兵间道邀袭，尽戮之。犹以盗发所部，削两秩。二年，进龙图阁直学士、知渭州。广渊小有才而善附会，所辟置类非其人。……卒，年六十，赠右谏议大夫。【《宋史》卷329《王广渊传》】

五月，知江宁府钱公辅改知扬州。

《长编》载：五月戊戌，天章阁待制、知扬州马仲甫判都水监，知制诰、知江宁府钱公辅知扬州。初，沈起罢陕西都转运使，召为度支副使，改盐铁副使，寻命知江宁府代公辅，令公辅归朝。王安石欲留起知审官西院，上曰："朕方欲论起在陕西亦无罪。"吴充言："屡改易非便。"上曰："宜少待之。"安石曰："公辅专助小人为异议，使在内必无补圣政。"因请以代仲甫，曰："使仲甫在内无伤也。"上从之。起除江宁才三月，竟召入提举在京诸司库务。【《长编》卷223】

六月，蒋之奇岳父胡宿卒，赠太子太傅，谥文恭。沈遘丁忧归。欧阳修作墓志铭。

徐自明《宋宰辅编年录》记载：（宿）自嘉祐六年闰八月除枢密副使，是年四月罢，在枢府凡六年。宿累乞致仕，故有是命。后迁尚书左丞，以太子少师致仕。四年卒，年七十二。赠太子太傅，谥文恭。【《宋宰辅编年录》卷6】

欧阳修《赠太子太傅胡公墓志铭》载：治平三年，累上表乞致仕，未允。久之，拜尚书吏部侍郎、观文殿学士知杭州，为政不略细故。或谓大臣不宜自劳，公曰："此民事也，吾不敢忽。"以是民尤爱之。明年，今上即位，迁左丞。五月，公以疾告，遂除太子少师，致仕。命未至，而公以六月十一日薨于正寝，享年七十有三。【《欧阳修全集》卷35《居士集》卷35，第517页】

《长编》载：治平二年五月辛巳，知制诰沈遘为龙图阁直学士、权知开封府。遘为人轻俊明敏，通达世务。前知杭州，令行禁止。人有贫不能葬者及女子孤无以嫁者，以公使钱葬嫁数百人。倡优养良家女为己子者，夺归其父母。接遇士大夫，多得其欢心。部吏憸险之徒，尤乐倾心，尽为之耳目，刺闾巷间事，纤悉即知，故事至立断，众莫不骇伏。小民有犯，情稍不善，不问法轻重，断讫，强刺为卒，刺者数百人，屏息不敢犯。鞫真卿提点刑狱，欲案其事，方移州诘问，遘恐，悉弛所刺卒，给以公据，复为民。会遘召还，真卿亦罢去，事遂寝。议者以其严比孙沔，然沔虽苛暴，锐于惩恶，至遘，善人亦惧焉。〔案，史称遘为人疏隽博达，明于吏治，而沔则以淫纵无检，为言官所纠，与此所载似异。〕其治开封如治杭，晨起视事，及午事毕，出与宾旧往还，从容谈笑，以示有余，士大夫交称其能，以为且大用矣。逾月加龙图阁学士，逾年迁翰林学士，寻以母丧去位。遽卒。〔原注：遘迁翰林学士在三年九月，卒在四年九月，今并书。〕【《长编》卷205】

七八月间，传蒋之奇顺道归宜兴省亲。

宋学士周恺《送颖叔归省序》云：滆水蒋君自嘉祐进士仕至殿中侍御史，近以秩满考最，朝廷刚敕奖励其贤，并锡封其二亲于家。颖叔感荷君恩之隆，念去亲之久，遂请归省，诏许之。于是，缙绅大夫王君功载与乡邑，缙绅咸赋诗以道其行。……夫事君而得致其位清华，尽夫当为之职，则公议之不违矣。事亲而得遂其显扬之志，以归省于庭闱之下，则私恩之益尽矣。但世之人鲜能两尽之，而颖叔乃克有焉，则所以荣耀当世，万里辉映于乡邑者，宜何如其盛乎？而亦本于是颖叔之贤，有以致之也，则宜乎为交游者皆见诸赋咏，以称颂其美，而予亦乐为之序云。【《柚山蒋氏宗谱》卷1《文集》】

【按】此序当是蒋之奇离开京师时诸友人送别之作，归省，可能是托辞，实则是贬官。作者"宋学士周恺"，无考。

九月，蒋之奇妻兄、翰林学士沈遘卒，王安石志其墓。

王安石《内翰沈公墓志铭》云：公姓沈氏，讳遘，字文通，世为杭州钱塘人。……遭母夫人丧（1066）以去。……公居丧致哀，寝食如礼，以某年某月得疾杭州之墓次，某日至苏州，而以某日卒，年四十有三。三男子，六女。……公官右谏议大夫，散官朝散大夫，勋轻车都尉，爵长安县开国伯，食邑八百户。有文集十卷。【《王安石全集》卷93】

九、十月，蒋之奇远赴道州任。路过潭州（长沙）、永州（零陵），与朋友、同僚等共游善化县岳麓山，零陵朝阳岩、澹山岩等地。至道州，与沈绅（时为荆湖南路转运判官）游龙珠石。之后，又结伴游江华九疑山诸景，每到一处，多有题咏石刻。

蒋之奇《寒岩铭（治平四年十月）》《暖谷铭（并序）》《奇兽岩铭（并序）》《澹山岩题名》《潭州道林寺题名（治平四年）》《四绝堂记》（全文略，考见下）。【《全宋文》卷1706，第612页】

蒋颖叔《四绝堂记》云：长沙府［善化县］：四绝堂，在岳麓山道林寺侧。《方舆胜览》云：保大中马氏建，谓沈传师、裴休笔札，宋之问、杜甫篇章为四绝。治平间，蒋颖叔作记，以遗欧阳询而录裴休、置韩愈而取宋之问为未然，乃诠次高下，以沈书一、欧书二、杜诗三、韩诗四，谓之

四绝。【雍正《湖广通志》卷79《古迹志》】

蒋颖叔《四绝堂记》云：道林寺在岳麓山下，距善化县八里。寺有四绝堂，保大中马氏建，谓沈传师、裴休笔札，宋之问、杜甫篇章。治平间，蒋颖叔作记曰：彼以杜诗、沈书为绝，吾无敢言。若夫遗欧阳询而取裴休、置韩愈而取宋之问则未然。乃为诠次：沈书一也，询书二也，杜诗三也，韩诗四也，此之谓四绝。【《方舆汇编·职方典》卷1319】

文天祥《道林寺衍六堂记》云：余行长沙，道湘西，登道林寺。旧有四绝堂，指沈传师、裴休笔札，宋之问、杜甫篇章也。堂之颜，吾乡益国周公书之，至是百二十年。公又有记述蒋之奇语。之奇取欧阳询书、韩愈诗，而黜裴、宋。公独合古今异同，有衍四为六之说，人之意度相远如此。僧志茂以屋压字漫，寿公字于石，取公之意，易名衍六，揭于新堂。余嘉其有二善焉：补唐贤故事，宝乾淳遗墨。非俗衲所为，为之嘉叹，而记其后。【《文山集》卷12；《岳麓书院志》，第616页】

蒋之奇《朝阳岩题名石刻》载：鞠拯、项随、安瑜、巩固、李忠辅、蒋之奇，治平四年丁未秋九月，游朝阳岩。【《湘学》第7辑】

【按】鞠拯，时为知永州军州事。项随，时为永州推官。李忠辅，字道举，零陵人。皇祐初以恩格授官，摄迁江令，有治绩。桂林北出兴安，有灵渠，汉唐历修之。至是复有隳坏，堤防罅漏，漕舟岁梗。帅司以属忠辅，乃大完筑，尽复其故迹，溉田甚多。调桂州司户参军，迁知阳朔县。大兵南出，邑当大道，使者旁午，羽檄纷驰，忠辅一无所扰，而供亿悉办。未几引疾归。【雍正《广西通志》卷65《名宦》】

蒋之奇《朝阳岩遂登西亭（有序）》云：朝阳岩，在潇江之西，去治城不远。唐永泰二年，元次山为道州刺史，计兵至零陵，访而得之。以其东向，遂名朝阳岩。方是时，结有盛名于世，故永之守丞独孤愐、窦泌为之剪荆棘，建茅阁，结又为之铭与歌。其后柳子厚继为之诗，而朝阳之名始大者。予至永则游之，登其颠，有阁焉，其名不雅。予以子厚诗夸之，正所谓"西亭"者也，遂复为之西亭而系以诗：昔游不在远，幽岩临治城。嵚岑俯潇碧，庨豁延阳明。缘涧可径入，滑路偪仄行。泉源自何来，涓涓玉锵鸣。疑穿云雷窟，常带鱼龙腥。寒江净泻镜，怪石坐开屏。幽鸟驯可罗，潜蛟深莫謦。梯险接层栈，冠巅耸危亭。俯睨极玄窅，仰攀穷青冥。塞旷出物表，高虚挹元英。惜哉非吾土，不得憩此生。旧业寄阳羡，故园依晋陵。秋风漏湖白，春色颐山青。一从绅笏去，遂使猿鹤惊。迂疏暗时机，屡琐叨官荣。谪弃分所宜，愧恧颜已盈。人生讵有几，世累吾方轻。愿言解羁绁，上疏还簪缨。宁居召魂魄，恬养休性情。纷华屏外慕，冲澹严中扃。穷年伴农圃，毕志先畴耕。【《宋诗纪事》卷21】

《朝阳岩石刻考》云：朝阳岩西亭，近世相传失真，治平丁未中，颖叔由御史谪官道州，始考证其名而作是诗。今过零陵，语太守周处厚，遂刻之岩石，异时不失其传也。元祐四年四月二十日，德兴张绶（荆湖南路提点刑狱）题，进士齐书。【《永州朝阳岩石刻考》，第39—40页】

【按】张绶，元祐四年为荆湖南路提点刑狱。《长编》载："四年六月己未，荆湖南路提点刑狱张绶言：'今蛮事宁息，尚虑人户归业未安，合于紧要溪峒，量留兵甲弩手控扼。已牒逐州权置寨，分屯兵甲戍守，仍每季一替，官员即本州逐月论替。'从之。"[《长编》卷429]苏辙《张绶湖南提刑》制："敕具官某：尔等以常平奉使，官废而罢。济南大藩，民富而多盗，布政期月，人亦用乂。荆湖之南，地远而多岭，民悍而喜讼，犴狱之寄，恻于予衷。往祗厥官，布钦慎之意。盖朕之用人，惟善所在，不以远近为异。尔其勉之。可。"【《栾城集》卷29】

蒋之奇《澹岩》诗（石刻）：零陵水石天下闻，澹山之胜难具论。初从崖口入地底，始见殿阁开重门。乃知兹洞最殊绝，洞中金碧开祇园。宽平可容万人坐，仰视有若覆盎盆。虚明最宜朝日照，阴晦常有黑云屯。盘虬夭矫垂乳下，巨兽突兀巨石蹲。呀然双穴露天半，笼络万象将并吞。只疑七窍混沌在，五窍忘失两窍存。神奇遗迹未泯灭，至今犹有斧凿痕。云床石屏极隘陋，昔有居士常潜蟠。避秦不出号徵君，美名遂入贤水源。咸通曾为二蛇窟，元畅演法蛇辄奔。从兹其中建佛刹，栖隐不复闻世喧。惜哉此景久埋没，但与释子安枯禅。次山子厚爱山水，探索幽隐穷晨昏。朝阳迫迮若就狙，石角秃翦如遭髡。豪蒿矜夸过其实，称誉珉石为玙璠。环观珍宝欲掩有，不到胜处天所悭。嗟予至此碱未睹，不暇称赞徒惊叹。恨无雄文压奇怪，好事略与二子班。芜词愿勒岩上石，勿使岁久字灭漫。［熙宁元年（1068）刻］【《宋诗纪事》卷21】

蒋颖叔《澹山岩记》云：澹山岩，零陵之绝境，盖非朝阳之比也。次山往来湘中为最熟，子厚居永十年为最久。二人者之于山水，未有闻而不观、观而不记者，而兹岩独无传焉，何也？岂当时隐而未发耶？不然，使二人者见之，顾肯夸其寻常，而遗其卓荦者哉！物之显晦固有时，何可知也。蒋颖叔题。【《方舆汇编·山川典》卷171《澹山岩部》】

蒋颖叔《龙珠石石刻》：龙珠石石刻，在县城南36公里杨家乡毛栗坪村附近。石壁上有摩崖石刻2方，上方为正楷，下方为古篆，均为宋代铭记。上方原文：蒋参政、沈尚书昔游此峰，遗其真迹。岁月寝远，刻画微茫。仰止高山，景行先哲。遵其旧画，刻而新之。后学玉峰高不危敬书。下方原文：沈公仪、蒋颖叔爱此峰，名群玉。治平四年十月十日。【《道县志》，第652—653页】

蒋之奇《奇兽岩铭（并序）》云：奇兽岩（俗曰狮子），在江华邑南二里，蒋之奇颖叔过而爱之，为之作铭曰：奇兽之岩，环怪诡异。元公次山，昔所未至。我陪公仪，游息于此。斯岩之著，自我而始。勒铭石壁，将告来世。

蒋之奇《奇兽岩铭》碑刻：在江华县城南1公里的奇兽岩（俗称狮子岩），碑高120厘米，宽58厘米，额为篆书，正文为隶书，跋文为行楷。书体古朴奇峻、浑厚苍劲。刻于公元1067年。该铭由蒋之奇撰，记述他陪沈公仪游奇兽岩，被奇兽岩"环怪诡异"的景色所迷，故于北宋治平丁未（四年，1067）勒铭石壁，以告来者。蒋之奇（1031—

蒋之奇《奇兽岩铭》

1104），字颖叔。宋嘉祐年进士。官太常博士、监察御史、殿中御史，曾贬官为监道州酒税。……也工于书法，尤工篆书，作品有苏轼、黄庭坚笔意。传世墨迹有《辱书帖》《北客帖》等。【《湖湘碑刻》（1），第22页】

沈绅《无为洞题字》云：无为洞（古篆）：唐元结次山文，旧有此名。沈绅、蒋之奇同正之。治平四年冬十月十六日辛酉，绅志。《九疑山志》，治平四年，沈绅、蒋之奇游此，取元次山"无为洞天"四字，正其体，篆刻诸岩窦而纪于石。《湖南通志》。右刻在斜岩内，去永福寺数里。石本无"天"字，志载均误。【《八琼室金石补正》卷102】

沈绅《无为洞铭》云：南行江华，出游九疑。恭款有虞，乃登无为。庄严佛宫，清泠玉池。兹磐桓，白云阙。

沈绅皇宋治平四年十月十七日□□□岩壁，是时蒋颖叔□□□□。【《八琼室金石补正》卷102】

沈绅《寒亭题刻十九段（在江华）·沈绅诗》云：元子始此来，大暑生冻骨。名亭阳崖角，高文犹仿佛。我行冰雪天，喋语揖风物。银江走碧涨，九疑抱去窟。它年名不磨，至者戒无忽。沈绅公仪治平四年十月甲子（十九）作诗于寒亭山壁，晋陵蒋颖叔同游。……【《八琼室金石补正》卷103】

蒋之奇《寒亭题刻十九段（在江华）·寒岩铭》云：寒岩水石，怪特殊异。下临银江，上接云际。公仪颖叔，志乐岩谷。诣而得之，赏爱不足。为近寒亭，寒岩是名。何以表之，颖叔作铭。治平丁未十月，陪沈绅公仪游，蒋之奇颖叔。○右铭刊于寒亭之上，年深字浅，几不可读。既新泉亭，得没字碑于岩左，意昔为斯铭设也，乃徙刻之，且以彰二公爱赏之志云。后治平一百二十有四载，邑尉西隆虞从龙俾邑人李挺祖（下泐）。《寒岩铭》，诸志所不及，近新获此刻，欣未曾有。虞令，《官表》失载，所谓"后治平百二十四年"，乃"光宗绍熙元年庚戌也"。分书当是颖叔旧迹，虞令特重刊之耳。【《八琼室金石补正》卷103】

蒋祺《暖谷题刻五段（在江华）·蒋祺诗》云：暖谷诗（并序），太常博士知县事蒋祺、延陵林咏书，太常博士知县事蒋祺。○夫古之人，不偶于时，则肆意于山水间，以至放言遣□，往往皆见其志，元次山有之矣。及其忘也，几百年所存者，惟寒亭云。来者以其有磨崖之志可验，余莫能知之。丁未治平之孟春，邑尉成纪李君到官始逾月，登亭西，相土石，得岩穴，命斸之，前得地方丈，又斸之，后得周环数尺，至于跂行燕坐者，不知可几人，规维相通，皆可爱者。虽户外峭寒，其中莫能知，燠如也。岩成，李君请余名。余命之曰暖谷，遂作诗云尔。

县南山水秀且清，天地坯冶陶精英。有唐刺史昔行县，访寻洞穴为寒亭。屈指于今几百祀，磨崖字字何纵横。相随栈道倚空险，来者无不毛骨惊。我此三载迷簿领，有时一到□余情。娱宾烹茗遽回首，孰知亭侧藏岩扃。成纪同僚到官始，居然心匠多经营。乃知物理会有数，繁天通塞因人成。鸠工畚筑忽累日，旷然疏达开光明。初疑二帝凿混沌，虚空之□罗日星。又若巨灵擘华岳，溪谷之响轰雷霆。大岩既辟小岩出，壶中之景真其□。洞门春风刮人面，其中安若温如蒸。累垂石乳似刻削，周环峭壁无欹倾。旧梯既去小人险，新径之易君子平。临流又广□方丈，叠石缔宇为轩楹。于嗟土石□□□，无情一旦建时荣。方今出震□大器，鼎新基构清寰瀛。我愿天下无冻馁，有如此穴安生灵。不烦吹律而后暖，千古宜以此为名。

又成五言律诗三首：

陵谷有时变，兹岩不可湮。神仙三岛景，天地一炉春。鼓动龙蛇蛰，疏通草木新。寒亭几百载，今始得良邻。

地胜难湮没，规为假手通。凿开千古意，倾出一壶空。煦比鲛人室，寒消朔吹风。从今县图上，此景浩无穷。

客有林泉趣，寻幽蹑薜萝。半山无石碍，此境得春多。隔岸桃花坞，临溪竹箭波。兹应是仙隐，鹤驭几时过。

琪（祺），治平间（二年）邑令，诗见《江华县郑志》。案：蒋琪（祺），疑即前蒋之奇暖谷序所谓"县宰吾族叔祖"其人也。【光绪《湖南通志》卷281《艺文三十七》】

蒋之奇《暖谷题刻五段（在江华）·蒋之奇铭》云：暖谷铭（并序）　彬州

进士李宏书。蒋之奇颖叔。

永泰中，元次山为道州刺史，曾巡行至江华，登县南之亭，爱其水石之胜，当暑而寒，遂命之曰"寒亭"，而为之作记，刻石在焉。治平四年十月，余陪沈公仪至其上，见其傍有暖谷者，方盛寒，入之而其气温然，虽挟纩炽炭不若也。予甚爱之，问其所以得之者，本邑尉李伯英也；问其所以名之者，县宰吾族叔祺也。噫！是可铭也。已乃为铭曰：

惟时有寒，寒不在夏。夏而寒者，兹亭之下。惟气有暖，暖不在冬。冬而暖者，兹谷之中。物理之常，人不以异。惟其反之，是以为贵。兹亭兹谷，寒暑相配。寥寥千年，始遇其对。名自天得，待人而彰。我勒此铭，万古不忘。治平丁未十月十七日刻。

暖谷在江华县南五里，寒亭之侧。宋邑尉成纪李伯英始得其处。治平中，蒋之奇、沈公仪有铭有诗，虽盛寒入谷，其气温然。《道州新志》。案：蒋之奇，《宋史》有传。英宗擢监察御史。神宗立，转殿中侍御史，贬监道州酒税。后元祐初，以天章阁待制知潭州。此治平四年，正其官御史时，不知何以至永州也。《湖南通志》。右蒋之奇《暖谷铭》，瞿氏、宗氏皆未之见，而《通志·山川》《永志·名胜》皆载此文。"江华"上无"至"字，"记"上无"作"字，"公仪"上无"沈"字，"傍"作"旁"，上无"其"字，其"气温然"作"气温如"三字，"挟"上无"虽"字，"爱之"下少二句，"祺"误作"祖"，下无"也噫"二字，"乃"上无"已"字。"人不以异"作"不以为异"，"兹谷"一作"竑谷"，一作"并谷"，"寥寥千年始遇其对"作"寒暑千秋阴阳反异"，"此铭"之"铭"，《永志》作"恐"。皆沿旧志之讹，要当以石刻为正。书人李宏，自署"彬州进士"，而《通志·选举》失载。以上二种，疑后人重刻，或与《寒岩铭》同时，未可知也。【《八琼室金石补正》卷103】

蒋之奇《碧虚岩铭》云：潇水之阳，九疑之谷。清池涵镜，乱峰插笏。……谁其爱之，义兴颖叔。【《八琼室金石补正》卷103】

【按】此条考见本谱第七卷"治平三年"末条。

蒋之奇《九疑山题名石刻》云：《九疑山志》云：在紫虚洞。【光绪《湖南通志》卷280《艺文志三十六·金石二十二》】

蒋之奇《赠黄冠何仲涓诗石刻》云：《九疑山志》云：在舜祠右石壁。【光绪《湖南通志》卷280《艺文志三十六·金石二十二》】

蒋之奇游紫霞洞：张观，淳化五年为道州守，尝游九疑山，改斜岩曰紫虚洞。沈绅，治平四年游紫虚洞，与蒋之奇取元次山"无为洞天"四字，正其体篆，刻诸岩窦，而纪其右。蒋之奇，字颖叔，游九疑，题名刻石于紫霞洞中，又以诗赠黄冠何仲涓，刻舜祠之右石间。【《方舆汇编·山川典》卷179《九疑山部》】

《道教大辞典·何怀宝》云：何怀宝，唐代道士。号仲涓，永明（今湖南江永）人。世居层山岩下，出为黄冠师，游庐山，遇异人授辟谷术以归。尝与道士房日茨参证秘异，《九嶷志》载："何仲滑归隐何侯仙室；何侯宅在玉琯岩舜祠左。何侯得道，拔宅飞升，不知所之，惟丹灶存焉。后黄冠房日次、何仲涓居之，亦皆仙去。"又云，宋人蒋之奇有题名刻石于紫霞洞中，赠黄冠何仲涓诗。宋神宗崇宁戊戌（疑误，当为庚戌），职方郎中知道州黄师道亦有诗赠仲涓，刻于城西怀古亭石崖上。【《道教大辞典》，第556页】

【按】何怀宝，号仲涓，世居层山岩下，出为黄冠。……又云：蒋之奇，字颖叔。有题名刻石于紫霞洞中，赠黄冠何仲涓诗。熙宁戊戌，职方郎中、知道州黄师道亦有诗赠仲涓，刻于城西怀古亭石崖上，见存。【《博物汇编·神异典》卷241《神仙部》】

十二月，蒋之奇回京，官留都（洛阳）。二十日，黄肇中遭人谋害，卒于福州任上。生前为其子黄云议聘蒋之奇女儿。

蒋之奇《忠毅（黄）先生墓志铭》云：治平丁未冬十二月二十日，黄先生允执卒于福州行在。余官留都，闻讣惊悼，既位邑者累日。……先生黄姓，讳肇中，字允执。……先生生于天圣三年四月十二日，享年四十有三。夫人谷氏，即太学君字仲昭之姊，毓有令德。子一，云，即议聘不佞之奇女。

【《福全圩黄氏宗谱》卷3《艺文志》】

【按】北宋留都，一般指洛阳。《宋史·李怀忠传》载："李怀忠，涿州范阳人。……上幸西京，爱其地形势，得天下中正，有留都之意。"[《宋史》卷260《蒋之奇传》]明代李濂《宋都汴论》曰："艺祖（宋太祖）英武振世，创业之贤君也。……末年（976），西幸洛阳，有留都之意，而群臣弗从。"[《汴京遗迹志》卷18《艺文》]蒋之奇官留都，未见其他记载，不知其具体官职、年月，疑有此任而未赴。

是年，蒋之翰在杭州，为监杭州酒税吕惠卿从事。

蒋之奇《蒋之翰墓志》载：公前在杭州，与今观文吕公惠卿吉甫从事，及吉甫帅鄜延，妙选僚佐，两辟幕府，辞以亲老。【《柚山蒋氏宗谱》卷3】

《通鉴后编·宋纪七十六》载：熙宁三月癸未，（曾）公亮谓（苏）颂曰："（司马光）治平四年上书时，（王）安石在金陵，（吕）惠卿监杭州酒税，安得而教之？"【《通鉴后编》卷76】

第九卷　熙宁元年（1068）

宋神宗赵顼熙宁元年（1068）戊申　三十八岁

年初，蒋之奇官留都，上书自请归田，未允。皇上以其母老，改监宣州税。

蒋之奇《忠毅（黄）先生墓志铭》云：治平丁未冬十二月二十日，黄先生允执卒于福州行在，余官留都，闻讣惊悼，既位邑者累日。明年戊申，余请归田。其子云持舅氏太学生谷虚中所为状，请铭墓石。【《福全圩黄氏宗谱》卷3《艺文志》】

《宋史·蒋之奇传》云：贬监道州酒税，仍榜朝堂。至州，上表哀谢。神宗怜其有母，改监宣州税。

《长编》载：熙宁三年十二月丁丑，……主客员外郎、监宣州盐税蒋之奇权福建路转运判官。之奇初责道州，以表哀谢，上览表知其有母而怜之，诏移近地，遂改宣州。居道州才五月也。于是擢付漕事，盖使行新法云。【《长编》卷218】

蒋之奇请归田时，有诗致苏轼。苏有和诗。

邓忠臣《和胡宿韵寄蒋之奇》诗云：独步文章妙一台，都门便欲挂冠回。已怜天上三台路，未尽人间八斗才。坐幄每闻千里胜，占云初见四夷来。我公莫作遄归想，衣笥行看衮绣开。【参见张冰清：《论邓忠臣的锁院诗》，《皖西学院学报》2018年第4期】

【按】邓忠臣，字慎思，号玉池先生，湘阴人。熙宁三年（1070）进士，官至考功郎中。胡宿子宗炎之婿。【参见《宋史》卷318《胡宿传》】。

《宋代人物辞典·邓忠臣》云：邓忠臣，北宋潭州长沙（今属湖南）人，一说湘阴（今属湖南）人，字慎思。熙宁三年（1070）进士，历任知衡阳县、大理丞、开封府界提举司管勾官等职。元祐二年（1087），累官为宣议郎、秘书省正字。次年，遭谏官韩川弹劾，以不能胜任其职，出为权通判瀛州。未几，复为秘书省注《晋书》官，累迁为考功员外郎。徽宗即位，因议范纯仁之谥，入元祐党籍，责权发遣汝州。崇宁二年（1103），再责管干南京鸿庆宫。归家居玉池峰，自号玉池先生。【《宋代人物辞典》（上），第115页】

《宋史·胡宿传（附）》云：胡宗炎，字彦圣，由将作监主簿锁厅登第。……哲宗崩，辽使来吊祭，宗炎以鸿胪少卿迓境上。使者不易服，宗炎以礼折之，须其听命，乃相见。暨还，升为卿。初，父宿使辽，辽人重之。其后宗炎婿邓忠臣迓客，客问："中外尝有充使者否？"忠臣以宿告，且言："前使鸿胪，其子也。"客叹："胡氏世不乏人。"俄以直龙图阁知颍昌府，历密州而卒。【《宋史》卷318《胡宿传》】

四月，诏翰林学士王安石越次入对。王安石提出新政设想，并重开经筵之讲。

《宋史·神宗纪一》云：夏四月乙巳，诏翰林学士王安石越次入对。【《宋史》卷14《神宗纪一》】

《通鉴后编·宋纪·神宗》记曰：乙巳，诏翰林学士王安石越次入对。安石本楚士，未知名于中，朝以韩吕二族为巨室，欲借以取重，故深与韩绛、韩维及吕公著友，三人更游扬之名始盛。帝在藩邸，维为记室，每讲说见称，辄曰"此维友王安石之说也"，及为太子庶子，又荐以自代，帝由是想见其人。甫即位，命知江宁府，数月召为翰林学士兼侍讲，至是始造朝入对。……庚申，吕公著、王安石等言："切寻故事，侍讲者皆赐坐。自乾兴以来讲者始立，而侍者皆坐听。臣等窃谓侍者可使立，而讲者当赐坐。"礼官韩维、刁约、胡宗愈言:"宜如天禧旧制,以彰陛下稽古重道之意。"刘攽曰:"侍臣讲论于前,不可安坐,避席立语,乃古今常礼,君使之坐,所以示人主尊德乐道也。若不命而请,则异矣。"龚鼎臣、苏颂、周孟阳、王汾、韩忠彦皆同攽议。……曰:"乾兴以来,侍臣立讲,历仁宗、英宗两朝,行之且五十年,岂可一旦以为有司之失,而轻议变更乎?"帝问曾公亮,公亮曰:"臣侍仁宗书筵,亦立。"后安石因讲赐留,帝面谕曰:"卿当讲日可坐。"安石不敢坐,遂已。【《通鉴后编》卷76】

六月,知宣州余良肱在双溪阁宴请蒋之奇、郭功父(祥正)。与卢革(卢秉之父)、刁约(景纯)结识。

蒋之奇《开元摩崖石刻叙》云:(宣城县)双溪阁,在府治,取宛、句二水以为名。治平二年,刁侯约建。……熙宁初,余侯良肱有《双溪夜宴》诗,蒋颖叔、郭功父其客也。明年,卢侯革赋古风,备述阁之所始及命名之义。略云:"景纯南州望,才名早熏灼。侯昔命小负,二水颜久作。景纯兼取之,志度良已搏。叠嶂最惊目,排清隐星络。双溪颇醒心,激素出林薄。"景纯,刁侯字也,言侯者谓唐独孤刺史也。元丰末,苏文定赴宰绩溪,留诗云:"仰攀叠嶂高,俯阅双溪美。"绍圣初,张侯未颖二榜扁于楼阁。……《方舆胜览》。按,"仰攀"二句,为梅尧臣《次韵侯宣城叠嶂楼双溪阁》诗,此以为苏文定公诗,不知何据?【嘉庆《宁国府志》卷12《舆地志·古迹上》】

嘉庆《宁国府志·职官表》载:刁约、余良肱知宣州。治平三年,刁约,字景纯。建时雨堂、双溪阁。蒋之奇,字颖叔,宜兴人。以纠欧阳修阴事,贬监道州酒税,改宣州。……余良肱,字康臣,分宁人。由光禄卿任,治为江南最。请老奉祠。【嘉庆《宁国府志》卷2《职官志·职官上》】

郭祥正《宣州双溪阁夜宴呈太守余光禄》诗云:陵阳三峰压千里,百尺危楼势相倚。……御史曾书治绩碑,州人尽祝灵椿寿。沈沈罗幕更漏稀,灯如撒星公醉归。【《青山集》卷3】

【按】郭诗"御史曾书治绩碑"中的御史,即指蒋之奇。

《宋史·卢革传》云：卢革，字仲辛，湖州德清人。……知婺、泉二州，提点广东刑狱、福建湖南转运使。复请外，神宗谓宰相曰："革廉退如是，宜与嘉郡。"遂为宣州。以光禄卿致仕用。子秉恩转通议大夫，退居于吴十五年。……子秉，字仲甫，未冠，有隽誉。尝谒蒋堂，坐池亭，堂曰："亭沼粗适，恨林木未就尔。"秉曰："亭沼如爵位，时来或有之；林木非培植根株弗成，大似士大夫立名节也。"堂赏味其言，曰："吾子必为佳器。"……中进士甲科，……加集贤殿修撰、知渭州。五路大出西讨，唯泾原有功，进宝文阁待制。……秉守边久，表父革年老，乞归。移知湖州，行三驿，复诏还渭，慰藉优渥。革闻，亦以义止其议。已而革疾亟。乃得归。元祐中，知荆南。刘安世论其行盐法虐民，降待制、提举洞霄宫，卒。【《宋史》卷331《卢革传》】

七月十六日，欧阳修跋《吴国山碑》（拓本）。

欧阳修《吴国山碑（岁月见本文）》云：右《吴国山碑》者，孙皓天册元年禅于国山，改元天玺，因纪其所获瑞物，刊石于山阴。是岁晋咸宁元年，后五年晋遂灭吴，以皓昏虐，其国将亡，而众瑞并出，不可胜数，后世之言祥瑞者，可以鉴矣。熙宁元年中元后一日书。【《集古录》卷4】

王象之《常州碑记》载：吴国山碑：《集古录》云：不著撰人名，苏建篆，县名碑，天册元年得玉玺，刊石告禅于国山之阴。其所述瑞应凡千有二百余事。【《舆地碑记目》卷1】

治平年间至熙宁初，郭祥正丁母忧之后，一直在家闲居。结识蒋之奇后，与王安石结交，开始支持新政。此后，郭与王交恶，但与蒋之奇一直保持密切交往。

杨杰《治平三年秋七月，当涂郭功父招无为杨次公会于环峰，时五云叟陈德孚以诗寄吾二人，因联句酬之》诗，［笺二］云："嘉祐八年（1063），郭祥正德化县尉任满，丁母忧归当涂，在家闲居十余年。"【《无为集校笺》

卷4，第115—116页】

《宋史·郭祥正传》云：郭祥正，字功父，太平州当涂人。母梦李白而生。少有诗声，梅尧臣方擅名一时，见而叹曰："天才如此，真太白后身也。"举进士。熙宁中知武冈县、签书保信军节度判官。时王安石用事，祥正奏乞天下大计，专听安石处画，有异议者，虽大臣亦当屏黜。神宗览而异之。一日问安石曰："卿识郭祥正乎？其才似可用。"出其章以示安石。安石耻为小臣所荐，因极口陈其无行。时祥正从章惇察访，辟闻之，遂以殿中丞致仕。后复出，通判汀州、知端州，又弃去。隐于县青山，卒。【《宋史》卷444《郭祥正传》】

郭祥正同蒋之奇游宣城敬亭山，作《同蒋颖叔殿院游昭亭山广教寺》诗，抒发同病相怜之情。其中有"殿院"之称，又有"彼美蒋御史"之句，说明此时蒋之奇仍榜朝堂，挂名为殿中侍御史。

郭祥正《同蒋颖叔殿院游昭亭山广教寺》诗云：晴光散余翳，佳辰值清和。联车不辞远，共登昭亭阿。……彼美蒋御史，道术追雄轲。眄予委泥涸，有意倾余波。荐士古来重，披剑今则那？书为昭亭篇，昭亭崖可磨。【《郭祥正集》卷3，第55页】

郭祥正《游石盆寺呈蒋殿院兼简余光禄》诗云：石盆古寺苍崖颠，断碑皴剥无人传。其文仅识隐岩字，御史饱学能推研。……【《青山集》卷15】

郭祥正《和梅谦叔丁山吃字》云：文章那更论，精魄恐坠失。缘何御史君，相招傍寒日。【《青山续集》卷1】

【按】郭诗"彼美蒋御史""御史饱学能推研""缘何御史君"中的御史，皆指蒋之奇。知蒋之奇虽贬谪在外，但仍挂名于御史台。

《宋史·蒋之奇传》云：贬监道州酒税，仍榜朝堂。至州上表哀谢。神宗怜其有母，改监宣州酒税。

《宋史·职官志四》云：御史台掌纠察官邪，肃正纲纪。大事则廷辨，小事则奏弹。其属有三院：一曰台院，侍御史隶焉；二曰殿院，殿中侍御史隶焉；三曰察院，监察御史隶焉。【《宋史》卷164《职官志四》】

嘉庆《大清一统志·宁国府》云：敬亭山，在宣城县北，一名昭亭山。《隋书·地理志》云：宣城有敬亭山。宋《（永和）山川记》云：宛陵北有敬亭山。《元和志》云：敬亭山在州北十二里，即谢朓赋诗之所。《旧志》云：一名查山，高数百丈，东临宛、句二水，南俯城闉。千岩万壑，为近郭名胜。其东北有盘龙山、麒麟山，东有甑山、峡石山，皆敬亭支阜。【嘉庆《大清一统志》卷39】

郭祥正邀蒋之奇游宣城丁山彰教寺，作《招蒋颖叔游丁山彰教寺》《和颖叔丁山黯字》《酬颖叔见寄》《秋水阁席上呈颖叔原道》等诗。蒋之奇有唱和之作，已佚。读郭正祥诗，知蒋之奇此时正用心道家，《老子解》《老子系辞解》疑即作于宣州任上。

郭祥正《招蒋颖叔游丁山彰教寺》诗云："偶倾御史盖，同上丁山椒。空崖白云宿，拱木猕猴跳。""卓彼蒋夫子，诗辞极精妙。能来同我游，险绝共长啸。"《和颖叔丁山黯字》云："功名能几何，回首岁时暂。胡为夺浩气，百忧煎一胆。"《酬颖叔见寄》云："铿铿南华经，语意妙复妙。……惟逢蒋颖叔，沉默造玄窔。落笔逾万言，严密若诰诏。……一昨闻君谈，神悟百骸疗。"《秋水阁席上呈颖叔原道》云："深深下与地，冥冥高出天。君语达已达，我歌玄复玄。大笑问刘子，细穷秋水源。秋水源可到，更寄琳琅篇。"《颖叔见招赴何秀才家饮》云："玄谈今尽倾，我难惬君欲。朝闻夕可死，悟矣无迟速。"《同蒋颖叔殿院游昭亭山广教寺》云："彼美蒋御史，道术追雄轲。眄予委泥涸，有意倾余波。荐士古来重，披剑今则那。书为昭亭篇，昭亭崖可磨。"【《青山集》卷12、《青山续集》卷1；参见《宣城右集》，第412—413页】

《宋史·艺文志四》载：蒋之奇《老子解》二卷，又《老子系辞解》二卷。【《宋史》卷205《艺文志四》】

《至大金陵新志·祠祀志》载：彰教寺，旧名报恩寺，在溧水州西南八十里。唐大中七年置。【《至大金陵新志》卷11上《祠祀志》】

《方舆汇编·江宁府祠庙考三》载：高淳县彰教寺，在县北二十五里。唐大中七年置，名报恩寺。宋政和间重修，改今额。明洪武间重修，钟制最古。【《方舆汇编·职方典》卷662】

【按】彰教寺、秋水阁，俱近宣城。秋水阁在宣州天庆观。释心泰《佛法金汤编》云："李光，字泰发，上虞人。绍兴中参大政，谥庄简。守宣城日，适彰教寺虚席，具疏请隆禅师（即虎丘隆）为住持，尝致书大慧问禅要，慧答书。……"［明释心泰《佛法金汤编》卷14］郭祥正另有《题宣州天庆观秋水阁》《太平天庆观题壁（五首）》诸诗。【《青山续集》卷1】

蒋之奇过溧水县，凭吊左伯桃、羊角哀墓，并作长诗。同时，胡宗愈也有长诗。

《景定建康志·风土志二》载：左伯桃墓、羊角哀墓，并在溧水县南四十五里仪凤乡孔镇南大驿路西。……熙宁中，太子中允关杞知县事，梦二人告之曰："余羊左也，为魏伦所苦。"出祭文百余篇示杞，既觉，仅能记其一语，云："千花落兮奠酒空。"明日问之，邑人有魏伦者，以钱买羊左墓木，将伐焉。杞遽止之，乃表墓。事见胡宗愈诗。诗云："古有二烈士，羊左哀与桃。结交事游学，心若胶漆牢。远闻楚王贤，待士皆英髦。负笈首燕路，不惮千里劳。……英灵俨如旧，虽久不闻韬。哀我今之人，五交戒所操。"○枢密蒋之奇《诗》云："结交有羊左，是惟一时才。为闻楚王贤，翩然自燕来。一旦食欲尽，俱往空双埋。伯桃乃独留，饿死梁山隈。角哀仕既达，感旧肝胆摧。念此并粮惠，告还葬遗骸。至今溧水旁，突兀穴土堆。何人致荐奠，千花飞酒杯。精灵今在否，古木生风雷。鲁公昔过之，驻车久徘徊。感叹发篇咏，洒翰琼瑰。惜哉今不存，散落随尘埃。空余郑薰记，片石昏苍苔。末世友道绝，雅歌堪式颓。草木尚萎死，小怨何足怀。我思有所矫，巨焰明寒灰。兹事虽过中，义烈亦壮哉。幸逢太丘长，揭表旌泉台。寥寥千载间，下激清风回。还顾势利交，市道良可哀。"邑宰周邠跋，此诗刻石庙中。［后有周邦彦长诗（略）。］【《景定建康志》卷43】

蒋之奇将自己收藏的澄心堂宣纸赠郭祥正，计二十五幅。

郭祥正《谢蒋颖叔惠澄心堂纸》云：乐安御史辄寄我，二十五幅无纤污。却疑织女秋夜醉，素段割裂天所须。【《两宋名贤小集》卷81《青山集》】

《淳熙新安志·叙杂说》载：纸，李主澄心堂为第一。其物出江南池、歙二郡，今世不复作。精品蜀笺不堪久，自余皆非佳物也。歙州绩溪纸，乃澄心堂遗物，其新也鲜明过之。今世纸多出南方，如乌田、古田、由拳、温州、惠州皆知名，拟之绩溪，曾不得及其门墙耳。【《淳熙新安志》卷10】

蒋之奇与余良肱游泾县琴高台、刘遗民钓台、周公亭，有唱和诗。蒋之奇作《开元摩崖石刻叙》。

嘉庆《宁国府志·舆地志·古迹上》载：琴高台，在泾县东北二十里，有炼丹处，别有岩名"隐雨"，俗传琴高公控鲤上升之地。李白诗云"相招琴高饮"，又云"赤鲤涌琴高"。《舆地纪胜》。在琴高山巅，山高百余丈，有炼丹遗迹。按，《列仙传》云，琴高者，赵人也，以鼓琴为宋康王舍人。行涓、彭之术，浮游冀州、涿郡间。二百余年后，辞入涿水中，取龙子，与弟子期，至日皆洁，齐候于水旁，设祠屋。果乘赤鲤来，出祠中，有万人观之。留一月余，后入水去。不知何为仙迹在此。或云琴高苏耽也，以其好弹琴高目之。其山有苏耽炼丹洞，山足有隐雨岩，悬崖峭壁，上薄云汉，古木修篁，掩映其间，流湍潺溪，真仙隐之所也。蒋右丞之奇诗云："未至泾川十里余，崭然崖石翠凌虚。自惭不是神仙骨，空羡琴高控鲤鱼。"郡守光禄卿余良肱和云："山形江势共纡余，潦退寒潭澈底虚。控鲤仙人无复见，春来犹有药淬鱼。"【嘉庆《宁国府志》卷12《舆地志·古迹上》】

【按】"蒋右丞之奇"，蒋之奇从未任"右丞"，府志误。

乾隆《江南通志·舆地志·山川六》载：琴高山，在泾县东北二十里。《名胜志》云：山半有隐雨岩，又有洞。传为晋处士琴高隐此而名，其隔溪对峙者有岩簏洞，山中有复洞，不柱而屋，巷闾幽奇。【乾隆《江南通志》卷16《舆地志·山川六》】

　　嘉庆《宁国府志·舆地志·古迹上》载：刘遗民钓台，在县西三里，今白云寺前，水浒有钓矶存焉。《嘉定宣城志》。钓台在泾水西岸湖山下，遗民即东晋高士也。《郡县志》。在赏溪西岸白云潭之上，遗民盖晋隐君子，即与陶渊明、惠远、宗雷、陆修静辈十八人入庐山结白莲社者。尝为柴桑令，其后弃官渔钓于此。《洪武宣城志》。台又名"岿然"，下临潭水，深不可测，清澈见底，鱼鲔所聚，古今名公多有题咏。每秋高春媚，烟朝月夕，则浮光跃金，静影澄碧，渔轴客艇，往来其间，风物如画，实为胜概。郡守叶内翰清臣有诗云："云岩俯穹石，下瞰清溪流。释缚州县职，寄情江汉游。宗雷结良社，严吕希前俦。秋风绿筱媚，鱼惊游避钩。"蒋右丞之奇诗云："最爱先生卧白云，一竿来此钓江鳞。我今不学蟠溪叟，待作宗雷社里人。"郡守光禄卿余良肱和云："先生高谊薄浮云，薄宦应同涸辙鳞。尽日持竿钓台上，此心宁是羡鱼人。"【嘉庆《宁国府志》卷12《舆地志·古迹上》】

　　蒋之奇《开元摩崖石刻叙》载：磨崖碑有五，一在琴高台巅，古刻磨灭，不可复辨。宋蒋之奇叙略曰：子游泾川，过琴溪，浮舟钓台，道旁石崖苍苍，上摩穹旻，意其下必有环观焉。自还自水西，泾令陈中裕饯子岩礛寺。尉刘公曼云："向所观石崖，古刻尚在，乃唐玄宗开元甲子，河间邢巨、沛国武平一尝游是溪，题绝句其下，又刻一长编，尤雅澹有清思，姓氏湮没。"其序云："二十二年，予自柱史谪掾宣城，明年九月，连率班公景倩。读其诗有云：'忽睹邢武辞，聆其金石备。'以诗序考之，盖后邢、武一纪而来，疑即是杜伟也。"【嘉庆《宁国府志》卷12《舆地志·古迹上》】

　　蒋之奇《刘遗民钓台》云："最爱仙人卧白云，一竿来此钓红鳞。我今不学磻溪叟，行作宗雷社里人。"《水西示刘尉》云："役役尘埃倦客情，偶逢佳处得闲行。凭君为把如椽笔，便向苍崖记姓名。"《泾溪》云："荡漾溪沙深浅间，群山回抱翠连环。扁舟便欲乘流去，直下山门六刺滩。"《附余良肱和诗》云："画舸夷犹紫翠间，暮云如扫月如环。三山六刺须臾过，恰似严陵七里滩。"【《两宋名贤小集》卷74《三径集》】

　　【按】清代鲁铨《（嘉庆）宁国府志·艺文志》亦收录蒋之奇三诗，词句略异。

嘉庆《宁国府志·舆地志古迹上》载：周公亭，按旧府志，"亭"作"台"，在泾县东二十里，地名洗马涧，下临泾溪。昔周氏筑亭于此。石涧有石碑，篆额存焉，蒋颖叔尝游访之。《舆地纪胜》。后人留题绝句云："人言周公来结宇，不知建立何年中。撰词仍是谪御史，残缺欲读嗟难通。"《嘉定宣城志》。在石碑山，有石突峙水旁，石碑撰额云"周公亭"，其文字漫灭。【嘉庆《宁国府志》卷12《舆地志·古迹上》】

蒋之奇同年刘玘在泾县。

《宋登科记考·嘉祐二年榜》云：刘玘，宣州泾县人。嘉祐二年登进士第。【《宋登科记考》卷4，第257页】

周紫芝《刘氏家训序》云：余友刘君子，先同郡泾邑人。始其家甚贫，乃挟策躬耕，力治生业。……刘氏世为泾人，自赞善公始登进士第，其子侍郎相继登科。……御史事神宗皇帝为谏官，熙宁间常以十事言大丞相王文公，词甚切直，闻其名者为凛然。御史公生二子，皆贤而有文。为布衣时，与枢相蒋公游，同年登第。而仲氏之子，亦以文词取乙科，为池州青阳县尉。【《太仓稊米集》卷51】

宣城王荐从学于蒋之奇。

《淳熙新安志·贤宰》记载：王荐，字继道，宣城人。常从学于蒋之奇，登第，后以雄州防御推官知歙县事。其为政，捐利于民，专务兴崇学校，招后进使就学，作劝学文以率之。蒋之奇为作《岁寒亭赋》。其略曰："遵教条布，慈惠已通。责宽田税，斥掊敛之。百为寝货，财之末议。射利无猛鸷之发，诠奸见犬龙之吠。吏绝侵冤，人无淹系，以至道遗莫拾，户辟不闭，讼庭则丹笔不施，学市则青衿聿至。"其用心亦可概见矣。【《淳熙新安志》卷3】

蒋之奇作《游碧山赋》（略）。碧山，在宣城泾县。【《全宋文》卷1705，第575页】

闲暇之时，蒋之奇搜集谢朓（464—499）诗，南宋绍兴时，宣州知州楼炤汇刊为《谢宣城诗集》五卷，为后世祖本。

楼炤刊刻《谢宣城诗集》云：南宋绍兴二十七年，宣州知州楼炤刊成《谢宣城诗集》五卷。从楼炤的序中可知，楼炤知宣州时曾衷取郡舍石刻及《宣城集》所载诗，又得蒋之奇所集谢诗，以昭亭庙等处所刻及他书所载、本集所有合成一编，共五十八篇，……后出的《谢宣城集》大多以楼炤所刊本为祖本。【《中国诗学》第3卷，第164—165页】

嘉庆《泾县志·侨寓》载：蒋之奇，字颖叔，宜兴人。官尚书员外郎。尝坐事贬宣州，闻泾川景物佳秀，客寓久之。好撷拾遗闻，表章名胜，所至题咏殆遍，与李供奉后先辉映焉。【嘉庆《泾县志》，第921页】

【按】李供奉，即李白。嘉庆《泾县志·侨寓》载："天宝末由翰林供奉流夜郎，释归。历泾，遍游水西、陵岩、漆林、东林诸胜。沿高溪，上三门、六涩滩，登天柱、望三峰，过桃花潭，与万巨饮，游居汪伦别业，爱南蓝山，寄诗何判官，欲卜筑焉。后游姑熟，卒于牛渚，葬青山东麓。"【嘉庆《泾县志》，第920页】

是年，蒋之仪（1036—1093）进太子中舍、金书颍州团练判官。

蒋之奇《朝奉大夫之仪公墓志铭》云：公讳之仪，字德表，常州宜兴人。……裕陵即位，泛恩进太子中舍、金书颍州团练判官事，授殿中丞、知信之弋阳，为国子博士、虞部员外郎。新官制以阶寓禄，换朝奉郎。【《孝思堂蒋氏宗谱》卷3】

是年，沈辽丧期满，回京，三司使吴充（1021—1080）荐其监内藏库，年底，复荐监金耀门书库。

蒋之奇《沈睿达墓志铭》记载：睿达，讳辽，姓沈氏，世为钱唐人。……丧卒还阙，吴丞相充为三司使，荐监内藏库。未逾年，复荐监金耀门书库。【《云巢集》卷10《附录》】

是年，邵必（1005—1068）编纂《仁宗御集》成，迁宝文阁直学士、知成都，卒于道。年六十四。其子纳史（1058—1094），字公言。邵必守蜀，死于三泉道中，纳史始十一岁，持丧如成人，行路嗟叹。以恩补将作监主簿。后为蒋之奇之婿。

《邵必小传·附子纳史》载：邵必，字不疑，擢宝元元年（1038）进士第。……入修《起居注》，知制诰。雄州种木道上，契丹遣人夜伐去，又数渔界河中，事闻，命必往使。必以理屈之，还知谏院，编《仁宗御集》成，迁宝文阁直学士、知成都，卒于道。年六十四。遣中使护其丧归。……其子纳史，字公言，枢密蒋之奇之婿。【《京口耆旧传》卷3】

是年，蒋续知端州（今广东肇庆），任上新建包孝肃祠（包公祠）。

张诩《宋包孝肃新祠记》云：端之名宦，每以宋包孝肃公为首称，而公之善政，每以清正为之本。……及官满而归，一砚不持，皆本乎清中来也。坐是地方千里，民乐耕桑，水蜑山猺，趋庭向化。端之父老，至今传诵之不衰。祭法曰：'法施于民则祀之。'若公者非其人耶？端旧有祠以祀公，在郡署仪门之左。宋熙宁中，郡守蒋续新建，其后修废不一。【雍正《广东通志》卷60《艺文》】

第十卷　熙宁二年（1069）

熙宁二年（1069）己酉　三十九岁

二月，王安石参知政事，与陈升之等创置《三司条例》，议行新法。是年，围绕新法，朝廷内外争论不已，钱公辅、吕诲等被罢出京。

《宋史·神宗纪一》载：二年二月己亥，以富弼同中书门下平章事。庚子，以王安石参知政事，命翰林学士吕公著修英宗实录。……甲子，陈升之、王安石创置《三司条例》，议行新法。三月乙酉，诏漕运盐铁等官，各具财用利害以闻。……五月癸未，翰林学士郑獬罢知杭州、宣徽北院使王拱辰罢判应天府、知制诰钱公辅罢知江宁府。……六月丁巳，右谏议大夫、御史中丞吕诲以论王安石罢知邓州，以翰林学士吕公著为御史中丞。【《宋史》卷14《神宗纪一》】

二月，蒋之奇游泾县三天洞，并题诗，有石刻，已佚。过泾县幕溪，作《过幕溪忆左难当》诗。

嘉庆《宁国府志·三天洞磨崖题名》按："田来、苏遂游三天洞，爱其奇，良久而去。桐卢包廓叔度、维扬王仲说岩翁，熙宁庚戌九月晦日，何子温石刻。"刻蒋之奇诗后，何子温游此。下小字二行，云："熙宁八年二月十七日自水西至此，刊字杨应之。"【嘉庆《宁国府志》卷20《艺文志·金石》】

蒋之奇《过幕溪忆左难当》云：幕山孤秀幕溪清，玉鉴光寒映翠屏。今

古寥寥何可问，难当遗事在《图经》。【《两宋名贤小集》卷74《三径集》】

乾隆《江南通志·舆地志·山川六》载：幕山，在泾县北五里。《旧志》云：隋左难当与辅公祏拒战于此，军幕四周，因名。故垒尚存，北为桑坑山，东为汉山、桐山。【乾隆《江南通志》卷16《舆地志·山川六》】

【按】左难当，一名匡政，泾县人。隋末盗起，难当率众保障。武德中入朝，授猷州刺史。辅公祏反，围猷州，固守逾年。李大亮至，授以兵，遂击公祏，败之。后太宗伐高丽，以李大亮为水道兵总管，难当副焉。与李绩、李道宗节勇，并冠一时。梅知岩，宁国人。隋季兵乱，知岩部伍乡里，帅众保障，与左难当相掎角，盗不能犯。武德初，与难当同归附，封南鲁王。【乾隆《江南通志》卷152《人物志·武功二》】

二月，蒋之奇曾为宁国军节度推官王硕志墓，已佚。

苏颂《福清陈氏墓志铭》云：夫人陈氏，讳池安，赞善大夫、知循州讳庄之女，宁国军节度推官、福清王君讳硕之妻。……享年六十一，以熙宁八年六月丙辰，疾终于丹阳仲子之官舍，后二年春二月丙申，葬湖州乌程县九元乡栖贤村帆樯山之南原。节推君先六年卒。既葬矣，至是合祔焉，礼也。……呜呼！夫人有子矣。若节推君之治行，则有侍御蒋君颖叔之志在焉，此独叙夫人之大略云。【《苏魏公文集》卷62】

是年，知亳州欧阳修改知青州，蒋之奇堂兄蒋之仪为临淄令，与欧阳修相处融洽。

《宋史·欧阳修传》云：欧阳修，字永叔，庐陵人。……帝使诘思永、之奇，问所从来，辞穷，皆坐黜。修亦力求退，罢为观文殿

蒋之奇《琅琊山》

学士、刑部尚书、知亳州。明年，迁兵部尚书、知青州，改宣徽南院使、判太原府。辞不拜，徙蔡州。【《宋史》卷319《欧阳修》】

《长编》载：熙宁三年夏四月壬申，知青州、观文殿学士、兵部尚书欧阳修为宣徽南院使、判太原府宣徽使。自皇祐三年著令毋过二员，后富弼以宣徽使判并州，于时已有二员。诏以边任，故权增一员。至是，郭逵、王拱辰已为宣徽使，并修为三，用弼例也。太原阙守，上初欲用滕甫，议不合，遂用修。上初疑修以病不肯往，王安石曰："试敦谕并稍加恩礼，必肯往也。"因授宣徽使，修卒辞之。[原注：七月三日乃听修辞，五月二十一日，修止依青苗，特放罪。]【《长编》卷210】

乾隆《山东通志·宦绩志》载：欧阳修，字永叔，江西庐陵人。神宗时知青州时，诸路青苗钱大为民患。修上书，乞令民止纳本钱，及罢提举等官，书奏，不报。【乾隆《山东通志》卷27《宦绩志》】

欧阳发等述《先公事迹》云：先公初贬滁州，盖钱明逸辈为之。……近日小人蒋之奇妄兴大谤，及公移青州，其兄之仪知临淄县，为二司所不喜，力欲坏之，亦以托公。公察其实无他，力保全之。【《欧阳修集编年笺注（8）》，第558页】

蒋之奇《宋故朝奉大夫之仪公墓志铭》云：公讳之仪，字德表，常州宜兴人。……（皇祐中）伯考太尉守苏州，会乾元节，得推恩官子孙，奏授将作监主簿。是年，祀明堂，泛恩迁太常寺太祝、监海州酒税，改大理寺评事、监衢州盐税、尉丞。中大夫府君（蒋航）捐馆，既二年，复丞尉，知青州临淄，徙丞大理。【《孝思堂蒋氏宗谱》卷3】

《欧阳修传·与蒋之仪》云：青州下属的临淄县，县令蒋之仪是蒋之奇的胞兄，他因事得罪了京东东路安抚使司和转运使司的个别官员。这些人都知道，去年春天，蒋之奇忘恩负义，兴起"长媳案"风波，诬陷欧阳修，给欧阳修的身心造成了巨大的伤害。如今欧阳修移镇青州，正好可以借他之手来打击蒋之仪。因此，他们在欧阳修面前极力诋毁蒋之仪，请求欧阳修对他严加惩处。但是，欧阳修并没有像他们所期望的那样从个人私利和感情出发，不分青红皂白地处理此事，而是秉持着公正客观的原则，派人进行周密细致的调查。发现蒋之仪并无过失，因此反而亲自出面极力保全，使他得以幸免。【王水照、崔铭：《欧阳修传》，第322页】

五月中，沈扶闲居杭州养老，谋造私宅，向知杭州祖无择（1011—1084）借用"役兵"，被拒。终因沈婿王子韶干涉，祖无择被罢。

《长编》记载：元祐五年十二月戊申，知沧州王子韶为秘书少监。……御史中丞苏辙言：王安石初用事，遣子韶出按淮浙。子韶妻父沈扶闲居杭州，方谋造宅舍，每于本州干借捍行役兵，知州祖无择守法不与。子韶挟此私恨，诬谤百端，遂起大狱，然卒无事实。无择缘此得罪，至今天下冤之。【《长编》卷453】

《乾道临安志·牧守》：祖无择，治平四年十月丁未，以右司郎中、知郑州祖无择为右谏议大夫、加龙图阁学士知杭州。郑獬，熙宁二年五月癸未，以翰林学士、尚书兵部员外郎郑獬为翰林侍读学士、户部郎中知杭州，三年四月己卯，徙知青州。【《乾道临安志》卷3】

六月初一，蒋之奇在宣州作《重修叠嶂楼记》，与刁约、余良肱相善。

蒋之奇《重修叠嶂楼记》云：夫以游观之胜称天下，而其名足以久传者，是必有殊尤绝异之赏。……此吾之志也，遂书之为记。刁侯名约，字景纯，今为刑部郎中、直史馆；余公名良肱，字康臣，为光禄卿、知宣州云。熙宁二年六月，晋陵蒋之奇记。【《二楼小志·北楼卷（上）》】

蒋之奇《叠嶂楼记（熙宁二年六月）》（略）。叠嶂楼，又称谢朓楼、北望楼，在今宣城市宣州区。【《全宋文》卷1706，第602—603页】

是年下半年，蒋之奇有诗寄知吉州范道卿。

《方舆胜览·吉州（堂阁）》记载：三瑞堂，在州宅。熙宁中，城西产双莲、玉虚观产芝草、天庆观有甘露。〇蒋颖叔诗云："好在庐陵守，

年来强健无。一麾新佩印，三瑞更为图。"【《方舆胜览》卷20】

　　雍正《江西通志·古迹（吉安府）》云：三瑞堂，《名胜志》。宋蒋之奇《寄范吉州道卿》诗："一麾新佩印，三瑞更为图。"盖其时城西池产并蒂荷花、玉虚观产芝草、天庆寺降甘露，皆神宗熙宁二年五月、八月、十月事。【雍正《江西通志》卷39】

　　雍正《江西通志·秩官（知吉州）》载：范道卿，熙宁元年任。【雍正《江西通志》卷46】

　　【按】此处记载蒋之奇诗寄赠范道卿，但黄庭坚为三瑞堂作记则在元丰六年（1083），照录于此，存疑。

八月，蒋之奇游泾县东峰亭，有《跋袁矼石刻》（也即《唐东峰亭诗序》跋）、《题琴溪观音岩》石刻。

　　蒋之奇《跋袁矼石刻》云：袁矼，不存，诗另载。泾之水西东峰亭，有唐中丞袁傪招讨江淮，与刘太真等赋诗刻石。后裴丹至水西，于荆棘中得断碑，色黳状方，中有"袁傪"二字，因名"袁矼"。周紫芝诗："如何一百八十载，只有袁傪字宛然。"《二楼记略》。此即王象之所载《东峰亭记序》也。［按］蒋颖叔跋云："右泾令陈敦夫中裕以泾邑之古石刻见寄，其'袁傪'二字，盖唐大历元年袁傪所书，而南唐保大五年徐延祚所获也。是时，知县、驾部郎中吴光辅为之诗。其注略云：永泰中，傪自御史中丞为招讨副元帅，驻旆于东峰亭。会石埭报捷，傪与群公赋诗纪之，又于座上各赋一物。［缺］峰亭赋诗、破贼在大历元年五月，而裴丹序言七月，非也。吴光辅诗注云，永泰初，傪为招讨，亦与太真诗序不合。盖裴丹、吴光辅皆不见纪胜诗，但以传闻言之，故皆疏略，而今也余独得之，以考正焉。惜其泯灭，因为镵石，以久其传云。熙宁二年己酉岁秋八月朔，晋陵蒋之奇跋。"细玩跋意，是颖叔曾得全碑而为之重刻者，则当时自有全刻流传，而象之亦曾见之，故云刻石存耳。【嘉庆《宁国府志》卷20《艺文志·金石》】

　　赵绍祖《唐东峰亭诗序》（内容与上文相同，略）。【《安徽金石略》卷三】

蒋之奇《磨崖石刻》云：在泾邑琴溪观音岩，原刻左行，须从末行读起："未至泾川十里余，嶻然崖石翠凌虚。自惭不是神仙骨，空羡琴高控鲤鱼。"熙宁二年八月，晋陵蒋之奇过此题绝句云。时与宣城万拟、吴兴刘谊同自水西入岩峇，至此观杜伟缺二字之刻与武平一、邢巨之诗而去，刊石杨应之。

【嘉庆《宁国府志》卷20《艺文志·金石》】

八月，刘述、刘琦、钱顗、蒋之奇忤王安石，俱被贬。

《九朝编年备要·神宗皇帝》载：熙宁二年春二月，以富弼同平章事。王安石参知政事，创制置三司条例司，议行新法。五月，定县令考绩法。秋七月乙丑朔，罢义仓，行均输法。八月，贬刘琦、钱顗。琦为侍御，顗里行。言："陛下用王安石，未及半年，中外人情，嚣然不安。"……吕诲乞加谴逐，安石百端阻格，诲竟黜降，故事若昭文在假，集贤尚不敢专行圣旨，岂知安石傲视同列，旁若无人，爱憎予夺，一出于己。上阅疏，曰："此皆挟情，非竭节以补时事者。"乃黜琦监处州盐酒税；顗为衢州酒税。时台官刘述亦以论安石出知江州。【《九朝编年备要》卷18】

刘述，字孝叔，湖州人。举进士，为御史台主簿。知温、耀、真三州，提点江西刑狱，累官都官员外郎，六年不奏考功课。……神宗立，召为侍御史、知杂事，又十一年不奏课。帝知其久，次授吏部郎中……述率御史刘琦、钱顗共上疏，曰："安石执政以来，未逾数月，中外人情，嚣然胥动，盖以专肆胸臆，轻易宪度，无忌惮之心故也。陛下任贤求治，常若饥渴，故置安石政府，必欲致时如唐虞，而反操管商权诈之术，规以取媚，遂与陈升之合谋，侵三司利柄，取为己功，开局设官，用八人者，分行天下，惊骇物听，动摇人心。……奸诈专权之人，岂宜处之庙堂？以乱国纪，愿早罢逐，以慰安天下元元之心。"……疏上，安石奏先贬琦、顗监处、衢州盐务。公亮疑太重，安石曰："蒋之奇亦降监，当从之。"……卒年七十二。绍兴初，赠秘阁修撰。

刘琦，字公玉，宣城人。博学强览，立志峻洁，以都官员外郎通判歙州。召为侍御史，建言自城绥州，数致羌寇，宜弃之。浙西开漕渠，役甚小，使者张大其事，以功迁官。言者论其非，诏琦就劾，官吏人人惴恐。琦但按首谋二人而已。既贬通判邓州而卒，年六十一。

　　钱颛，字安道，常州无锡人。……治平末，以金部员外郎为殿中侍御史里行。……二年而贬，将出台，于众中责同列孙昌龄，曰："平日士大夫未尝知君名，徒以昔官金陵，媚事王安石，宛转荐君，得为御史，亦当少思报国，奈何专欲附会，以求美官？颛今当远窜，君自谓得策邪？我视君犬彘之不如也。"即拂衣上马去。后自衢徙秀州。家贫，母老，至丐贷亲旧，以给朝晡，而怡然无谪官之色。苏轼遗以诗，有"乌府先生铁作肝"之句，世因目为"铁肝御史"。卒年五十三。【三传俱《宋史》卷321《刘述传》】

第十一卷 熙宁三年（1070）

熙宁三年（1070） 庚戌 四十岁

正月，苏轼返京，任殿中丞、直史馆判官告院。乙丑，锁太学试，苏轼为试官，单锡（君贶）点检试卷。二月，苏轼权开封府推官。

《长编》云：熙宁三年正月乙丑，锁太学试，礼部进士四千七百三十二人。三月戊申，奏名进士五百人，宗室二人，子瞻、华老、经父知举，熙叔、元舆、彦衡、鲁直、子明参详，君贶、希古、履中、器之、成季、明略、无咎、尧文、正臣、元忠、遐叔、子发、君成、天启、志完点检试卷。此黄庭坚为孙敏行书石刻，今在敏行家。凡命官知贡举合书，旧录独阙此，今依庭坚石刻修入。【《长编》卷408】

苏轼《议学校贡举状》云："熙宁四年正月日，殿中丞、直史馆判官奏者……"《谏买浙灯状》："熙宁四年正月某日，殿中丞、直史馆、判官告院、权开封府推官苏轼状奏……"《上皇帝书》："熙宁四年二月某日，殿中丞、直史馆、判官告院、权开封府推官苏轼谨昧万死，再拜上书……"《再上皇帝书》："熙宁四年三月某日，殿中丞、直史馆、判官告院、权开封府推官臣苏轼谨昧万死再拜上书……"【《东坡全集》卷51】

二月壬申，司马光除枢密副使，辞不拜。

《宋史·宰辅表二》载：二月壬申，司马光自翰林学士、兼侍读学士、

右谏议大夫、史馆修撰除枢密副使，辞不拜。【《宋史》卷211《宰辅表二》】

春，蒋之奇兄之翰子蒋津（1050—1117）登进士第，与陆佃为同年。蒋津能诗，无锡袁默有唱和诗。后入党籍。

《毗陵志·文事（甲科）》载：熙宁三年叶祖洽榜：萧嶭、庄谊、蒋津、范子渊、张昱等二十五人。【《毗陵志》卷11《文事》】

《蒋珒世表》云：之翰公子珒（一作津），字公济，宋神宗熙宁三年进士。兖州教授，召为直学，迁太傅。神宗元丰三年，除江东提刑。以政著声，诏奖谕，进秩一级，除右正言，辞不就。出持宪福建江浙，守信州。哲宗绍圣四年，除吏部侍郎，以敷文阁待制终。生于宋皇祐二年庚寅，卒于宋政和七年丁酉，享年六十八岁。葬蒋墓。配司谏苏舜举公女，封郑国夫人。子二，天麟、天衷。【《方东蒋氏宗谱》卷7】

【按】苏舜举，字世美，武进人。蒋之奇、苏轼同年进士。苏轼通判杭州时，苏舜举为临安知县。【参见《咸淳临安志》卷91】

《蒋珒世表（二）》云：珒，旧谱："津，字不回。载元祐党人碑。"之翰公子，字公济。……配苏司谏舜举公女，封郑国夫人。子二，天麟、天衷，寿六十有八岁。生于宋神宗皇祐二年庚寅，卒于徽宗政和七年丁酉。葬弋庄。【《陵上蒋氏宗谱》卷5】

袁默《次韵蒋不回惠山行见赠》诗云：九龙山高茂松竹，冉冉岚光真泼绿。重冈复岭势峥嵘，五里垂杨排岸曲。……深言元气须引续，起我衰羸丸射鹿。烦胸一诀愿相传，卦体俨然存九六。【《无锡县志》卷4上】

《无锡县志·人物三》：袁默，字思正，无锡人。父绎，字子安，笃学至忘寝食。尝升礼闱，人咸师之，早以英华教授诸子。默少卓荦，尤深于文。嘉祐八年中进士，擢京兆府教授，入为司农簿。献《无逸传》。神宗召对，迁光禄丞、太学博士。哲宗即位，除湖北转运判官。默学问渊深，卿士大夫宗为师法。谢献道解《论语》，尝共辩确。三弟，点、植、正，功皆有名当世。点，字思与，熙宁初在太学直讲，为学者领袖，与兄默共号二袁，名在诸儒右。中元丰八年进士第，累迁至通判杭州、知淮阳军，致仕。喜佛老书，诗甚工，东坡见其所作，以为有惊心骇目之叹。正功亦中两科，官至右司郎中。【《无锡县志》卷3上】

陆佃《依韵和蒋津雪中见寄》诗云：蓬莱宫阙锁崔嵬，书史频看秖乱堆。华盖稍瞻天北极，紫云曾识道东来。功名方与英豪共，怀抱仍逢故旧开。造物为君如有意，一番风雪洗浮埃。【《陶山集》卷2】

【注】陆佃（1042—1102），字农师，号陶山，越州山阴（今绍兴）人，陆游祖父。尝过金陵受教于王安石。安石问新政于佃，佃曰："法非不善，但恐推行不能如本意。"熙宁三年登进士第，授蔡州推官、国子监直讲。元丰时，擢中书舍人、给事中。安石以佃不附己，专付之经术，不复容以政。哲宗时，徙知邓州、泰州、海州。徽宗即位，召为礼部侍郎，命修《哲宗实录》。后拜尚书右丞，转左丞。入元祐党籍，降为中大夫，知亳州。【参见《宋史》卷343《陆佃传》】

【按】蒋之奇撰《蒋之翰墓志铭》载："建中靖国元年九月丙寅，朝请大夫知亳州军事蒋公宪仲以疾终于州廨。……之奇少公一岁。……公讳之翰，宪仲其字也。……三子，长即璘也，郏府湖城（今河南灵宝）尉，尝锁厅以进士试，漕司褒举首。珣，饶州德兴县尉。琏，苏州常熟簿。……"蒋之翰之长子蒋璘，为漕举进士。所谓漕举，是宋贡举考试方式之一。景祐年间，命各路转运司类试现任官员亲戚，此后形成制度。试法同州、府解试，漕试合格，直接参加礼部试。铭中所说"锁厅"，也是宋代一种贡举方式，即现任官或有爵禄者应进士试。以蒋之翰年龄推测，蒋璘举进士应该在熙宁年间。疑"蒋璘"与"蒋肆"为同一人。【参见《云阳蒋氏宗谱》卷3】

四月，王子韶罢监察御史里行，出为江宁府上元县知县。

《长编》载：三年夏四月壬午，上批："监察御史里行张戬侵侮柄臣，诬罔事实。王子韶外要守正之名，内怀朋奸之实，所入章疏与面奏事，前后反覆不一，并落职知县。"戬，江陵府公安，子韶，江宁府上元。戬屡言青苗不便。……子韶尝乞追孙觉、吕公著谪命，及言台谏方论青苗，乞罢兄子渊管勾京东常平差遣。先是，上谓执政曰："王子韶言青苗法实不便，但臣先与此议，不敢论列，小人首鼠两端，当黜之。"知杂陈襄亦奏："子韶回邪反覆，阴荐子渊为常平使者，请罢其言。"职故也。初戬、子韶皆以知县资序为御史，至是曾公亮请皆以为通判。王安石不可，上从安石议。戬既上疏，又诣中书力争，辞气甚厉。公亮俯首不答，安石以扇掩面而笑。戬怒曰："参政笑戬，戬亦笑参政所为，岂但戬笑，天下谁不笑者？"陈升之解之曰："察院不须如此。"戬顾曰："只相公得为无过耶？"退，即家居待罪。其日遂与王子韶同黜。【《长编》卷 210】

四、五月间，欧阳修言青苗法不便，罢职，为宣徽南院使、判太原府。王安石力陈欧阳修的文章误人误事。

《长编》载：五月，诏欧阳修不合不奏听朝廷指挥，擅指散青苗钱，特放罪。修在青州，尝奏疏曰："伏见朝廷新制俵散青苗钱以来，中外之议皆称不便，多乞寝罢，至今未蒙省察。臣敢条陈三事：……"上问："谁与修亲厚？"良久曰："修好有文华人。"安石盖指苏轼辈，而上已默谕。明日，安石又白上曰……时，已除修宣徽南院使、判太原府（四月十二日）……安石曰："华辞诚无用，有吏材则能治人，人受其利。若从事于放辞，而不知道适，足以乱俗害理。如欧阳修文章，于今诚为卓越，然不知经，不识义理，非周礼，毁系辞，中间学士为其所误，几至大坏。"时修方力辞新命，上未许也。……秋七月辛卯，诏新判太原府欧阳修，罢宣徽南院使，复为观文殿学士，知蔡州。【《长编》卷 211、卷 213】

五月，沈辽为审官西院主簿。

《宋会要辑稿·选举》云：三年五月二十八日，以审官院东院，别置审官西院，置知院二人。以天章阁待制齐恢知院，兵部郎中韩缜同知。知沈辽当审官西院主簿，当在二十八日不久以后。【《宋会要辑稿·选举二四之二》】

五月，苏轼次子苏迨（1070—1126）出生。

苏轼《与子明兄十首之四》云：昨五月生者，婴儿名叔寄，甚长进。子由在陈州安，八月中生一女，名宛娘，必已知之。［注］五月生者，婴儿名叔寄，此即东坡中子苏迨。【《苏轼文集编年笺注》卷60，第45—46页】

《宋代人物辞典·苏迨》条云：苏迨（1070—1126），北宋眉州眉山（今四川眉山）人，徙居许昌，字仲豫。初名叔寄，又名竺僧。苏轼次子。元祐中以荫补入仕，授承务郎。政和中，始为武昌管库官。官终朝散郎、尚书驾部员外郎。靖康中，死于离乱。【《宋代人物辞典》（下），第647页】

五月五日，沈辽赴京任审官西院主簿月余，与蒋之奇有书信往来。

岳珂《宋名人真迹》载：辽启：京师区区，人事日繁，不奉书，遂五十日。感节怀思，但有悁结，即日不审履此。夏暑动止何似？太夫人万福，门中眷爱安胜。辽即此粗遣爱。间多病，官局亦无事，乘兴即往。不然杜门数日，亦无吏责。卜居城西，地名桃源，小有园林亭榭之乐，足以养妻子度岁时。进无所营，退有所得，而庭闱不远，其余尚复何求哉？但未闻召命，日以迟俟尔。未卜相见，千万善爱！善爱！不宣。辽再拜。颖叔阁下。五月五日。【《宝真斋法书赞》卷11】

【按】沈辽此贴作于京师无疑，而且作于盛夏。次年三月罢官，故知其作于熙宁三年夏。其时，蒋之奇乃在宣州任上，其母亲、夫人等随行。沈辽帖中所谓"太夫人"，即蒋母。而沈辽妻儿则随行在京师。

五月癸卯，诏杭州洞霄宫、成都玉局观等置管勾或提举官，安置衰老不任职者。

《长编》载：熙宁三年五月庚寅朔……癸卯，诏杭州洞霄宫、永康军丈人观、亳州明道宫、华州云台观、建州武夷观、台州崇道观、成都玉局观、建昌军仙都观、江州太平观、洪州玉隆观、五岳庙、太原府兴安王庙，自今并依嵩山崇福宫、舒州灵仙观置管勾或提举官，时以诸臣历监司知州有衰老不任职者，令与闲局。王安石亦欲以处异议者，故增宫观员。【《长

编》卷210】

【按】提举(提点)官观是宋朝的一种官制,本来是给"衰老""不任职"官员的一种安置。王安石当政时期,安置了大量"异议者"。熙宁五年又规定,武臣、横行使臣及内侍两省押班以上,领在京官观为提举,其余以下官为提点。

六月,知谏院胡宗愈被贬为真州通判。

《长编》载:六月丙戌,贬秘书丞、集贤校理、知谏院胡宗愈通判真州,仍落馆职。前此,上谓执政曰:"胡宗愈至沮败朝廷政事,又论不当置西审官,分枢密院权,非所以体貌大臣。且令大臣有所施恩,有害于政。此言乃倾中书,以为排沮枢密院,盖枢密院论议已是如此。……"宗愈甚愧怍,云:"陛下许臣,臣自敢言。"……安石曰:"圣旨果是,谏官将顺,亦不为非,不可以此为宗愈罪,惟怀邪沮事,乃不可容。"上令检出前后章疏行遣。安石请御批著其奸状,于是上批付中书曰:"宗愈气焰奸憝,自领言职,未尝存心裨补朝廷治道。凡进对论事,必潜伏奸意,含其事情,旁为邪说,以私托公,专在破坏正理,中伤善良,所为如此,而置之左右前后,岂非所以自蔽聪明?"故贬。【《长编》卷212】

八月,因被谢景温劾奏居丧时从事贾贩,苏轼乞补外,准通判杭州。翌年夏末赴杭州。

《长编》记载:三年八月癸亥,诏江淮发运湖北运司体量殿中丞、直史馆苏轼,居丧服除,往复贾贩。及令天章阁待制李师中供柝照验,见轼妄冒差借兵卒事实以闻。侍御史知杂事谢景温劾奏故也。景温与王安石连姻,安石实使之穷治,卒无所得。轼不敢自明,久之,乞补外。上批出与知州差遣,中书不可拟,令通判颍州。上又批出,改通判杭州。〔原注:轼通判杭州不得其时。《墓志》云:知杂御史诬奏公过失,公未尝以一言自辨,乞外任避之,通判杭州。然轼自此留京师几一岁,明年夏末秋初乃出都,由陈州赴杭州。〕【《长编》卷214】

是年，苏轼罢开封府推官、通判杭州。未赴任前，同年曾巩出判越州。

苏轼《送曾子固倅越得燕字》（略）。［注］韩持国撰《曾子固神道碑序》略云："公嘉祐二年进士及第，为太平州司法参军，岁余，召编修史馆书籍。尝为《英宗实录》检讨官，逾月罢出，通判越州。……"《乌台诗案》："熙宁三年，内送到曾巩《诗简》。"曾巩，字子固，是年准敕通判越州。临行，馆阁同舍旧例钱送，众人分韵，轼探得燕字，作诗一首。中云："但苦世论隘，聒耳如蜩蝉。"讥讽近日朝廷进用，多刻薄之人，议论褊隘聒喧，如蜩蝉之鸣，不足听也。又云："安得万顷池，养此横海鳣。"以此比巩贤才也。【《苏诗补注》卷6】

《长编》载：熙宁四年二月辛酉，……先是，上言陈绎制辞不工，欲用曾布，疑布所领事已多。王安石曰："布兼之亦不困。"遂以布直舍人院。……上又欲用张琥直舍人院，京复荐刘攽、曾巩、苏轼，上不答。攽时通判泰州，巩通判越州，轼罢开封府推官、通判杭州，未赴也。【《长编》卷220】

十一月丙午，当时规定，转运判官必须由升朝官为之。蒋之奇虽然只是"监宣州盐税"，但仍挂名于御史台。王安石当政，故有是命。

《长编》载：熙宁六年十一月丙午，同察访京东路常平等、常州团练推官吕升卿，为太子中允、权发遣京东路转运判官。［原注：司马《记闻》云：升卿察访京东还，除淮南转运判官。转运判官必须升朝官为之，借以中允，寻召说书。今《日录》乃不云"借"，当考。］【《长编》卷248】

《宋史·蒋之奇传》：贬监道州酒税，仍榜朝堂。至州上表哀谢。神宗怜其有母，改监宣州酒税。

十二月，王安石、韩绛为宰相。十日之后，蒋之奇为福建转运判官。

《宋史·宰辅表二》载：十二月丁卯，韩绛自吏部尚书、参知政事加同平章事、昭文馆大学士，王安石自右谏议大夫、参知政事加礼部侍郎、同平章事、监修国史。【《宋史》卷211《宰辅表二》】

《宋史·神宗纪二》载：十二月己未，诏立诸路更戍法。旧以他路兵杂戍者，遣还。乙丑，立保甲法。丁卯，以韩绛、王安石并同中书门下平章事，王珪参知政事。【《宋史》卷 15《神宗纪二》】

《宋史·蒋之奇传》云：新法行，为福建转运判官。时诸道免役推行失平，之奇约僦庸费，随算钱高下均取之，民以为便。

《长编》载：十二月丁丑，主客员外郎、监宣州盐税蒋之奇权福建路转运判官。之奇初责道州，以表哀谢，上览表知其有母而怜之，诏移近地，遂改宣州。居道州才五月也。于是擢付漕事，盖使行新法云。……庚辰，命王安石提举编修《三司令式》，并敕及《诸司库务岁计条例》。【《长编》卷 218】

乾隆《福建通志·职官》（总部）载：〔福建转运司〕判官……蒋之奇，有传。……蒋续，元丰末任。……【乾隆《福建通志》卷 21】

蒋之奇五子蒋玑（1070—1147）出生。

《蒋玑世表》云：之奇五子玑，字梦珝，宋哲宗元祐三年复居亭方东，至高宗朝，因子显赠司勋员外郎。生于宋神宗熙宁三年庚戌，卒于宋高宗绍兴十七年戊辰。寿登七十九岁。葬蒋墓。配陈善道公女，封宜人。子一，及祖。【《方东蒋氏宗谱》卷 7】

是年，蒋之奇友人韦骧（1033—1105）为吉安府萍乡县知县。

雍正《江西通志·寺观（吉安府）》载：五岳观，在府城西永丰门外。旧名黄真观，东晋间黄辅结庐于此。宋祥符天禧间，道士徐保宁新之。治平三年，以星灾诏保宁祷之，有应，真宗敕赐玉虚观。内有五岳行宫。熙宁三年，产灵芝，韦骧记。隆兴元年，袁富重修，有记。【雍正《江西通志》卷 112】

第十二卷 熙宁四年（1071）

熙宁四年（1071）辛亥 四十一岁

蒋之奇过渔梁山，有诗。顺道游武夷山（今南平武夷山市），在重山馆有题诗，今佚，其友人韦骧有唱和诗。

蒋之奇《渔梁山（南平浦城县）》诗云：道上风兼雨，林间雪压霜，无衣无褐者，何以过渔梁。【乾隆《福建通志》卷78《艺文十一》】

【按】渔梁山，在浦城县西北五十里。宋置渔梁驿于此。建炎三年，韩世忠追讨苗傅二贼，自衢、信进至渔梁驿。《旧志》：天下十大名山，渔梁其一也，为通衢所经。其地寒甚，谚云："无衣无裳，莫过渔梁。"有瀑布，窜地数百尺，天下瀑布居第三。其水南流为建溪，北流为信溪，昔人多堰水养鱼其中。【嘉庆《大清一统志》卷159《建宁府》】

韦骧《和蒋颖叔重山馆留题》："清诗题柱几朝曛，二十余年伴岭云。今夜泥轮犹宿此，隔溪依旧磬声闻。"【《钱塘集》卷6】

【按】重山馆，无考。韦骧《钱塘集》将此和诗排列在《游武夷山寄曹子方》《宿泰宁县驿》之间，当为同时期所作，推测此诗亦作于武夷山。时间约在元祐六年（1091）左右。

蒋之奇过邵武泰宁县，为卓笔峰改名，并题宝盖岩漱玉泉。

蒋之奇《漱玉泉》诗云：断崖天削成，半腰为坳窊。殿阁在其中，乃是释子家。初疑无路通，去必凌紫霞。屈曲转山足，云萝可攀拏。忽然至其上，金碧藏嵾呀。挥手挹天浆，引吭吸阳华。却见岩下路，目睛炫生花。

化工亦奇巧，其怪乃尔邪。僧有定慧者，来自蜀道赊。五代方乱杂，相此山水佳。卜居不复出，焚香拥袈裟。嗟予但企仰，涉世空喧哗。安得寄遁此，可以忘幽邅。【《全宋诗》卷687，第8031页】

《方舆汇编·邵武府（泰宁）山川考》载：卓笔峰，在县东长兴、将溪二保间。按《闽书》：一峰特起侧视，三峰森立，又名枪山、旗山、牌山。其地人多悍猛。宋蒋之奇过之，名曰卓笔。……宝盖岩，在县东朱口保。其岩如屋，东西五十丈，南北三十二丈。一径自半山入，高旷幽邃。岩西有石穴，东有漱玉泉。按《闽书》：在朱石山之西，或以方武夷。中有寺，殊幽胜。【《方舆汇编·职方典》卷1088】

【按】《方舆汇编》题作《宝盖岩》。《全宋诗》引原注：《邵武府志》。

大约是年初，蒋之奇赴福建任转运判官任。任上悉心推行新法，富有成效。

嘉庆《大清一统志·福建统部（名宦）》记载：蒋之奇，宜兴人。熙宁中为福建转运判官。时诸道免役推行失平。之奇约僦佣费，随算钱高下，均取之，民以为便。【嘉庆《大清一统志》卷154】

【按】蒋之奇虽然离开了朝堂，但王安石的"新法"给了他一个施展才华的新舞台。从此他在"转运使""发运使"的职位上长期耕耘，作出了许多超乎想象的成就。戴扬本《北宋转运使考述》一书认为，北宋时期建立完善起来的转运使制度，可以说是我国行省制度的雏形。他引郑世刚《北宋的转运使》一文的观点说："郑世刚在他的研究结果中，对北宋转运使的组织状况、职能范围进行了详密的阐述，他认为，转运使既是'代天子巡狩'的使臣，又是分路列职的路级政区专职行政长官之一，具有双重的身份；在职能范围上，于经济、察举、边防、文化等一路之事无所不总，但又无一项职能是专一职掌。在北宋政权体制中，转运司既为路政区内较稳定的行政机构，却又不是统一完备的政权组织。然而，正是通过这种看似矛盾的做法，使得转运使在北宋时期的地方行政事务中发挥了特殊的作用，这对加强中央集权和维护国家的统一是有积极作用的。"可以说，转运使这个衙门既专又杂，其职权主要有计度财赋、按察郡县和举刺官吏、点检刑狱、督捕盗贼、经理边防等等，管理范围非常广泛，同时又不直接管理地方事务。北宋这种制度安排，主要是想避免晚唐藩镇权力失控的危害，加强中央集权，提高行政效能。【参见戴扬本：《北宋转运使考述》，第11—15页】

在福建日，蒋之奇与陈襄等名贤力荐处士陈烈（1012—1087）为福建教授，终成一代名儒。

《宋史·蒋之奇传》云：之奇为部使者十二任，六典会府，以治办称。且孜孜以人物为己任，在闽荐处士陈烈，在淮南荐孝子徐积，每行部，至必造之。

《宋史·陈烈传》云：陈烈，字季慈，福州侯官人。性介僻，笃于孝友，居亲丧，勺饮不入于口五日，自壮及老奉事如生。……仁宗屡诏之，不起。……元祐初，部使者申荐之，诏从其尚，以宣德郎致仕。明年复教授本州，在职不受廪俸，乡里问遗，丝毫无所受，家租有余，则推以济贫乏。卒年七十六。【《宋史》卷458《隐逸（中）·陈烈传》】

《宋史·陈襄传》云：陈襄（1017—1080），字述古，号古灵先生，侯官县（今闽侯）南通古灵人。幼拜老儒为师，及长，就学福州，与陈烈、周希孟、郑穆为友，称"海滨四先生"。【《宋史》卷321《陈襄传》】

蒋之奇有诗赠朱长文（1039—1098），存逸句。知蒋与当时"三先生"陈烈（1012—1087）、徐积（1028—1103，耳背）等都有交往。

张景修《朱长文墓志铭》云：乐圃先生朱伯原卒于京师，识与不识者皆叹之。……左丞邓公先在翰林，与给事胡公、孙公、中书舍人范公、苏公列荐先生于朝，先生不得已，起典乡校，州有两教授，以先生故也。同时，徐积举于楚，陈烈举于福，世号三先生。……内相蒋公诗曰："玉杯旧学无施设，空有新诗满锦囊。"盖叹之也。暨登芸省，有喜色，尝曰：天下奇书在吾目中矣。明年，枢密曾公、林公荐兼尚书局，未期月以疾终于家，命夫！实元符元年二月十七日丙申也，享年六十。【朱长文：《乐圃余稿》附录】

三月，沈辽坐与其长不合，罢审官西院主簿。江淮发运使薛向荐其监明州市舶司，不久，升为太常寺奉礼郎。

蒋之奇《沈辽墓志铭》云：熙宁初，朝廷析审官为东西二院，以其故为东院，而增置西院，以典领武臣崇班以上，又置主簿员以佐其长，以君为审官西院主簿。当是时，丞若簿皆朝廷之所慎选，出则为监司矣。论者以君方且躐此进擢，乃坐与其长不合，罢。……江淮发运使薛向与其副连章荐（辽）监明州市舶司，迁太常寺奉礼郎。才二年，市舶废，改监杭州军资库。【《云巢编》卷10《附录》】

《长编》载：四年三月壬辰，天章阁待制、权三司使李肃之同提举在京诸司库务，江淮发运使、天章阁待制薛向权发遣三司使。向，职未至学士而赐以金带，示特恩也。《长编》又载：十一月丙申，著作佐郎胡宗师（常州人）为审官西院主簿，代太常博士阎灏、将作监主簿沈辽。【《长编》卷221、卷228】

【按】胡宗师，常州武进人，胡宿族侄。仁宗嘉祐六年进士。熙宁四年，为审官西院主簿。元丰间为两浙路监司，提点江浙等路坑冶铸钱。元祐八年，以户部员外郎为江南东路、成都府路转运副使。历知泉州、桂州、永兴军、郓州、瀛州。终权发运使。后因邹浩事，落职。【参见《长编》卷228、卷335、卷350、卷481、卷517】

三月丁亥，因蒋之奇此前的弹劾，章惇被降为同转运司、制置夔州路夷户。

《长编纪事本末·神宗》载：三月丁亥，诏遣著作佐郎章惇乘驿，同转运司制置夔州路夷户。先是，李承之荐惇于安石，安石曰："闻惇极无行。"承之曰："某所荐者，才也。顾惇才可用否，素行何累焉？公试与语，自当爱之。"安石见章惇，惇素辩，又善迎合，安石大喜，恨得之晚。惇，浦城人，佻薄秽滥，向以擢第不高，辄掷敕于廷，尝为御史吕景、蒋之奇所劾故也。【《长编纪事本末》卷64】

五月戊戌，知制诰、知江宁府钱公辅移知扬州。

《长编》载：五月戊戌，天章阁待制、知扬州马仲甫判都水监，知制诰、知江宁府钱公辅知扬州。初，沈起罢陕西都转运使，召为度支副使［三月二十五日］，改盐铁副使［四月七日］，寻命知江宁府［五月二日］，代公辅，令公辅归朝。王安石欲留起知审官西院，上曰："朕方欲论起在陕西亦无罪。"吴充言："屡改易，非便。"上曰："宜少待之。"安石曰："公辅专助小人为异议，使在内，必无补圣政。"因请以代仲甫，曰："使仲甫在内，无伤也。"上从之。起除江宁才三月，竟召入，提举在京诸司库务。【《长编》卷223】

《宋史·钱公辅传》载：钱公辅，字君倚，常州武进人。……帝欲召还，安石言其助小人为异议，不宜在左右，但徙扬州。以病乞越，改提举崇福观。卒，年五十二。【《宋史》卷321《钱公辅传》】

六月甲子，欧阳修乞致仕，上许之。此时，朝中老臣纷纷乞外或乞归。

《长编》载：六月甲子，观文殿学士、兵部尚书、知蔡州欧阳修为太子少师、观文殿学士致仕。修以老病数上章乞骸骨，冯京固请留之，上不许。王安石曰："修附丽韩琦，以琦为社稷臣，尤恶纲纪，立风俗变。"上曰："修为言事官，独能言事。"安石曰："以其后日所为考其前日用心，则恐与近日言事官用心未有异。"王珪曰："修若去位，众必藉以为说。"上曰："罔违道以干百姓之誉，众说何足恤？"修顷知青州，殊不佳。安石曰："如此人与一州则坏一州，留在朝廷则附流俗坏朝廷，必令留之，何所用？"上以为然。杨绘言："今旧臣告归，或屏于外者悉未老。范镇年六十三，吕诲五十八，欧阳修六十五而致仕，富弼六十八被劾引疾。司马光、王陶皆五十而求闲散，陛下可不思其故耶？"【《长编》卷224】

六月，蒋之奇与张徽同游福州乌石山，有登乌石绝顶题名及题社稷坛石刻。

蒋之奇《题长乐乌石山(逸句)》云：闽总八郡，长乐为冠。城中三山，乌石最殊。【《舆地纪胜》卷128，第2874页】

乾隆《福州府志·古篆摩崖题名》载：熙宁辛亥六月晦，蒋之奇颖叔、张徽伯常登乌石绝顶。楷书，径六寸，镌乌石山绝顶。【乾隆《福州府志》卷73《碑碣》】

明杨应诏《三山游乌石记》云：三山直若瀛海中浮三青螺然，旗鼓二峰，左右鼎列，咸环拱内向。……循楼西上，至大石坪，又有宋社稷遗坛在石崖，背镌三大字。余览古今王图霸业，瞬息目睫，下为一慨。俯瞰台侧，有蒋之奇颖叔所刻石。壁顶古松，枝干扶疏半颓落。曰："此何人所树，满山童然，犹不意有此老龙骨者。"【《方舆汇编·山川典》卷179】

蒋之奇在福建任上，足迹布满八闽大地，留下了许多诗篇和题名石刻。因无法考证具体年月，只能以州府归类排列。

蒋之奇《题雪峰汤院》：福州雪峰(福州侯官县)有应潮泉，其广不过二三尺，水才数寸，而进退浅深，与潮候无差。……又汤院，有泉凡四五泓，其一当中，独冷如冰，余鼎沸，引入浴室，冷煖正得其中。余涧导以灌田，为利甚博。蒋颖叔留题诗，所谓"及物孰为多，灌田一万顷"是也。【《墨客挥犀》卷2】

《八闽通志·雪峰山》注曰：汤泉，距雪峰院八十里，僧可遵尝作偈曰："直待苍生尘垢净，我方清冷混常流。"宋苏轼赏之。有曾巩、程师孟、蒋之奇诸公留题。今冠盖南北必憩此。所记可遵，诗与《三山志》同，亦雪峰山之别支也。即今小箬，地名汤院。【《竹间十日话》卷4】

《淳熙三山志·寺观类(侯官县)》载：雪峰崇圣禅寺，嘉祥东里，十一年置。……汤泉，距院八十里，僧可遵尝作偈："直待苍生尘垢尽，我方清冷混常流。"苏东坡赏之。有曾巩、程师孟、蒋之奇诸公留题。今冠盖南北必憩此。【《淳熙三山志》卷34】

【按】程师孟(1015—1092)，熙宁元年(1068)九月，以光禄卿出任福州太守。

三年（1070），在福州庙学花园内添建教授宿舍。性喜游览，各处景观多有题咏。是年六月，调知广州。曾巩，熙宁十年（1077）八月，以度支员外郎、直龙图阁为福州军州事兼福建路兵马钤辖。

蒋之奇《松石峰（福州长乐县）》诗云：晚近津亭泊画船，忽闻佳处在云烟。松根化作千年石，山寺蒸为一涧泉。祖意共看亭下柏，禅交同结社中莲。明朝舆笋还跻岭，聊借僧房一觉眠。【乾隆《福建通志》卷77《艺文十》】

蒋之奇《董奉山》云：便道行经董奉山，农餐聊为解征鞍。青山漠漠岚烟重，白昼昏昏海宇寒。县令来时寻旧舄，仙人去后有空坛。一丸曾遗交州药，应是当年炼就丹。"【正德《福州府志》卷38】

嘉庆《大清一统志·福州府（山川）》载：董奉山，在长乐县东南建贤里。《闽书》。时董奉炼丹于此，中有董岩，又曰董峰山，又名福山。《元和志》。福州，因州西北福山为名。《寰宇记》。在州西，水路十八里，高二里。上有神人，散发修真，见者必获福，故名。下有仙人董奉宅。《明一统志》。在永福县西北。按《图经》《闽书》《通志》《府志》俱云在长乐县，与诸说不同。【嘉庆《大清一统志》卷154】

《淳熙三山志·寺观类（福州闽县）》载：钓龙台院，加崇里，淳化四年置。钓龙台山，南州九里。……本朝蔡公襄、王公达、元公绛、蒋公之奇皆有诗。【《淳熙三山志》卷33】

《淳熙三山志·寺观类（福州长溪县）》载：○天王院，宾贤里，大中七年置。……松石峰：……运判蒋之奇诗：晚向津亭泊画船，忽逢佳处在云烟。松根化作千峰石，山气蒸为一涧泉。祖意共看亭下柏，禅心同结社中莲。明朝舆轿还跻岭，聊借僧房一觉眠。○灵峰院，良田里。……陈密学襄诗：天柱支南极，蓬山压巨鳌。云崩石道险，潮落海门高。客馆闻鼍鼓，秋风忆蟹螯。凭栏望乡井，千里楚江皋。……程大卿师孟诗：阶前玉水供千指，钵里金沙饭百年。运判蒋之奇诗：龙归一饷云遮洞，猿叫三声月满山。张徽诗：云蒸洞穴秋成雨，泉落庭除夏结冰。……县令萧竑诗：怪石参差蹲虎兕，乱峰重叠走龙蛇。○望海亭，熙宁中张运使立，有蒋运判之奇诗（附后）。〇竹林寺，崇贤里，十一年置。……龟山，寺后主山，其形若龟。蔡公襄尝至，亲笔勒于石。有运判蒋之奇诗。〇瑞峰院，同荣里。二年，太保王绍齐以开山僧居岩间，常有烟云覆盖，以为瑞，始创院。县令董渊诗：石屏树幄白云端，溪路生苔树石间。闲访禅家问尘世，总言尘事不相干。有运判蒋之奇诗。【俱见《淳熙三山志》卷35】

【按】长溪县，即今福建霞浦县。

蒋之奇《望海歌》诗云：我来灵峰望沧海，夜半起坐望海亭。沈沈水面正阴黑，六龙衔日犹未平。须臾阳谷光气发，五色变怪不可名。洪涛汹涌九鼎沸，蛟蜃伏匿鱼龙惊。金鸦腾曙若木末，烟消雾散天下明。狂风喧豗簸巨浪，犹似百面雷鼓鸣。崩腾荡沃倾五岳，鳞鬣磨碎鲸与鹏。嵯峨忽骇陵谷变，雪山千仞天际横。飘飘番船随上下，出没仅若水上萍。忽然风霁万籁息，金斗熨帖一练平。碧波湛湛千万顷，参错岛屿如杯罂。三江五湖亦甚大，视此乃类蹄中泓。琉球佛齐日本国，隐隐微见烟林青。三山历历亦可数，突兀下有鳌头撑。惜哉秦王不到此，劳心徒欲求长生。我虽流落江海上，独此寄寓亦可矜。行当结茅炼金液，以待九转灵丹成。仙飞羽化会有日，直跨三岛梯青暝。他年故人或相问，请来访我于蓬瀛。【《（崇祯）长乐县志》卷1】

《永乐大典·汀州府（山川）》记载：苍玉洞。在长汀县东三里，东禅寺前。……运使蒋公之奇绝句云：苍玉门径阔，白云庭院深。鄞江一丈水，清可照人心。郡倅郭公祥正云：片片水崖裂，淙淙雪浪深。举头看白鹭，相伴洗尘心。……苍玉洞。《鄞江志》云，在县东二里。……蒋之奇将漕福建日，来游有诗云。……青草湖，在长汀县东五十里象牙林，深不盈尺，广不盈丈，生草四时长青，故名。运使蒋公之奇有诗云：地无一勺水，安得有湖名。世事果如此，风波平地生。……鹫峰，在长汀县管内。蒋之奇诗云：山前十里入青苍，猿鸟声中建道场。日转竹阴侵阁冷，水流花片过门香。……龙池岩，在宁化县南四十里。《旧经》云：昔有龙蟠于此，运使蒋公之奇有诗云：苍龙蜕骨去已久，山根一罅如天开。寄言俗客不可入，往往白昼

生风雷。……【《永乐大典》卷7891】

蒋之奇《石岩》诗云：紫翠望云岚，山前一径杉。冥冥烟雨里，枉道访仙岩。【《全宋诗》卷688，第8036—8037页】

蒋之奇《龙归（福建）》诗逸句：龙归一饷云遮洞，猿叫三声月满山。【《全宋诗》卷688，第8039页】

九月，蒋之奇与张徽（伯常）同游福州柏山，宿于山北灵峰院，有《登柏山诗石刻》。

《福州十邑摩崖石刻·蒋之奇题名》载：柏山摩崖石刻在江田镇三溪溪北村柏山。山上有宋张徽等诗刻、苏才翁榜书、王企题名等题刻。在柏山巨岩上。摩崖高280厘米、宽180厘米。篆书，横1行、纵9行。横行，字高30厘米、宽25厘米。游参村山：未穷双佛刹，先到一渔家。山雨已残叶，溪风犹落花。汲泉沙脉动，敲火石痕斜。应是佳公子，竹间曾煮茶。张徽。贰寺壹峰顶，巉岩石作门。飓风掀涨海，漂卤灌低原。斑驳窥虫篆，钩辀听鸟言。人家溪两岸，遥望似桃源。蒋之奇。熙宁辛亥秋九月晦，县令萧竑立。〇蒋之奇《题名石刻》，在北柏山当阳寺旧址后山，楷书，纵3行。文：张伯常、蒋颖叔同登瑞峰山顶，观海罢，复小憩于当阳后峰，退而宿于灵峰院。熙宁辛亥季秋廿七日。【《福州十邑摩崖石刻》，第171—173页】

蒋之奇因事行部至泉州南安等地，题名于陈氏墨妙堂。

《舆地纪胜·福建路·泉州诗》载：四门唐翰墨，十室晋衣冠。蒋之奇。【《舆地纪胜》卷32，第2960页】

陈知柔《墨妙堂记》云：吾州之西（泉州南安县）有九日山焉。……陈君举（陈称）再为吾州，其子莹中（陈瓘）有书房在山巅，邹志完（邹浩）、郭功甫（郭祥正）过之，蒋颖叔将漕往来，亦题名。其寺改律为禅，屋老而碑非，惟端明蔡君谟（蔡襄）之刻巍然，并存题名，为诗文凡六。【《丰州集稿》，第272页】

蒋之奇因事过汀州府（今龙岩市）上杭县，于道傍僧舍有题壁诗（已佚）。南宋绍兴年间，李纲过此，有和诗。

李纲《宿道傍僧舍（上杭）次蒋颖叔壁间韵》诗云：竟日碧山中，清宵憩宝宫。客愁无那处，一叶已秋风。【《梁溪集》卷27】

十月己卯，范镇以户部侍郎致仕，未转官。范镇曾举荐苏轼为谏官，后苏轼被冤枉私自贩盐，待罪，故落职。

《长编》载：冬十月己卯，诏翰林学士、户部侍郎兼侍读、集贤殿修撰范镇落翰林学士，依前户部侍郎致仕。先是，镇奏乞致仕。曰："臣近举苏轼谏官，蒙御史劾奏。又举孔文仲应制科，蒙下流内铨告谕，令归本任职。臣之故上累圣德，下累贤才。臣无面颜复齿班列，望除臣致仕。仍不转官，以赎轼贩盐诬罔之罪及文仲对策切直之过。"不报，又奏："轼治平中父死京师，先帝赐之绢百匹银百两，辞不受，而请赠父官，先帝嘉其意，赠其父光禄寺丞。又敕诸路应副人船。是时，韩琦亦与之银三百两，欧阳修与二百两，皆辞不受。轼之风节亦可概见矣。"【《长编》卷216】

是年，蒋之翰除提点福州路刑狱公事，因蒋之奇在福建任，改湖北路。

蒋之奇《蒋之翰墓志铭》：考绩为诸郡最，应迁二官，未拜命，丁彭城君忧。竟服，除提点福州路刑狱公事，亲嫌，改湖北路。顷之，易京西路，京西析为二道，就除北路。【《柚山蒋氏宗谱》卷3】

第十三卷　熙宁五年（1072）

熙宁五年（1072）壬子　四十二岁

正月，蒋之奇权淮南转运判官，升为金部员外郎。不久，权发遣淮南转运副使。二十七日，与王安石书，云："百姓列状，乞早行助役新法。曰：上推不赀之惠，下受罔极之恩。"

《长编》载：熙宁五年闰七月戊申朔，权淮南转运判官、金部员外郎蒋之奇，权发遣转运副使。之奇尝与王安石言："百姓列状，乞早行助役新法。曰上推不赀之惠，下受罔极之恩。"安石具以白上，曰："百姓如此，或称人情不安者，妄也。"［原注：安石以之奇书白上，乃五年正月二十七日事。见《实录》。］【《长编》卷236】

是年春，赴池州游白面山，有诗。

蒋之奇《白面山》诗云：白面峰峦碧玉堆，故人卜筑在岩隈。难寻荀鹤旧游宅，尚有昭明古钓台。满槛名花红胜锦，一溪流水绿如苔。七闽千里倦游客，两眼眵昏向此开。【《全宋诗》卷688，第8032页】

【按】《全宋诗》原题注云："在池州府西南，山石如傅粉，故名。《秀山志》卷一二作《访夏氏白面山居》。"蒋诗中有"七闽千里倦游客"之句，推知写作此的时间约在由福建移任淮南不久，故系于此。

五月，知陈州陈襄移知杭州。

《乾道临安志·牧守》云：熙宁五年五月乙未，以知陈州、尚书刑部郎中、知制诰陈襄知杭州，熙宁七年六月己巳徙知应天府。《本传》：字述古，福州人。有学行，所至务先学校，至亲为讲解。好荐达人才，喜愠不形于色，为政多慕古人所为。【《乾道临安志》卷3】

约于此时，苏轼与陈襄弟陈章相识，有唱和诗。

苏轼《次韵陈时发太博双竹》诗云：千年谁复继夷齐，凛凛霜筠此斗奇。要识苍龙联蜕意，拟容丹凤宿凰枝。扶持有伴雪应怕，裁剪无人风自吹。莫遣骚人说连理，君看高节孰如雌。〔原注：陈时发，失考。〕【《苏诗补注》卷47】

苏轼《答濠州陈章朝请二首之一（钱塘一别）》（文略）。李之亮〔编年〕云："元丰六年谪居黄州团练副使时作"。〔笺注一〕有云："陈章，陈襄之弟。东坡熙宁中曾与陈襄同官杭州，陈襄为知州，东坡为通判。"〔笺注二〕云："钱塘一别：指东坡熙宁四年至七年任杭州通判时与同僚相别。据此，陈章当时在杭州任官。"【《苏轼文集编年笺注》卷57，第446页】

【按】陈章，字时发。陈襄弟，居宜兴善权。查慎行注"失考"，见本谱第四卷"陈襄条"。苏轼作此诗时，陈章为太学博士。元丰中，陈章知濠州。

是年，苏轼季子苏过（1072—1123）出生，其后人苏岘居宜兴。

《宋史·苏轼传》载：轼三子：迈、迨、过，俱善为文。迈，驾部员外郎。迨，承务郎。过，字叔党。轼知杭州，过年十九，以诗赋解两浙路，礼部试下。及轼为兵部尚书，任右承务郎。轼帅定武，谪知英州，贬惠州，迁儋耳，渐徙廉、永，独过侍之。凡生理昼夜寒暑所须者，一身百为，不知其难。初至海上，为文曰《志隐》，轼览之曰："吾可以安于岛夷矣。"因命作《孔子弟子别传》。轼卒于常州，过葬轼汝州郏城小峨眉山，遂家颍昌，营湖阴水竹数亩，名曰"小斜川"，自号斜川居士。卒，年五十二。初监太原府税，次知颍昌府鄢城县，皆以法令罢。晚权通判中山府。有《斜川集》二十卷。其《思子台赋》《飓风赋》早行于世。时称为"小坡"，盖以轼为"大坡"也。其叔辙每称过孝，以训宗族。且言："吾兄远居海上，惟成就此儿能文也。"七子：箪、籍、节、笈、箪、笛、箭。孙男二人：峤、岘。【《宋史》卷338《苏轼传》】

《宋代人物辞典·苏过》条云：苏过（1072—1123），北宋眉州眉山（今四川眉山）人，字叔党，自号斜川居士。苏轼第三子。以荫补官，为右承务郎。绍圣、元符中，随父谪迁。苏轼死后，依叔父苏辙居颍昌，自营数亩之地，广植水竹，号"小斜川"。政和二年（1112），监太原税。迁知鄢城县，官定州通判。长于诗文，善书画，时人称"小坡"。著有《斜川集》。【《宋代人物辞典》（下），第648页】

韩元吉《朝散郎秘阁修撰江南西路转运副使苏公墓志铭》云：苏文忠公以文章冠天下，士大夫称曰东坡先生而不姓也。中兴渡江，始诸孙有显者，其二曾孙，隔在许昌，相继来归，才望表表著见，天子识而用之。一曰峤［轼曾孙］，字季真，历谏省，给事黄扉，待制显谟阁。次则公也，讳岘（1118—1183），字叔子，兄弟一时驰名。……盖公实文忠公季子斜川公讳过之孙，讳箪之子，季真为母兄。其还自北方，而文忠仲嗣无后，以诸父之命后之。从祖侍郎公迟，郊恩任公。祖讳迨，朝散郎、尚书驾部员外郎，娶安人欧阳氏；考讳箪，将仕郎，累赠朝奉大夫，娶太恭人范氏。始文忠爱阳羡山水，买田欲居，仅数百亩、屋数楹也，而家于许昌。至离乱，驾部（苏迨）即世，欧阳夫人始居阳羡。……娶曾氏，赠恭人，先二十年卒。男六人：柄，迪功郎，严州桐庐县尉；格，以继季真而夭；石，以继族兄奕世，迪功郎、监行在省仓下界；极，将仕郎；栘、杞，皆进士，力欲自奋，公有遗泽，相逊而未承也，公之教为可知矣。女一，适施概；孙男五，孙女六。柄等以明年十二月庚申，葬公宜兴县芙蓉山南平之原。【《南涧甲乙稿》卷21】

《宜兴旧志·侨寓》载：苏轼，字子瞻，眉州眉山人。嘉祐二年与蒋之奇同第。……后谪岭南时，命子迈、迨将家居宜兴。绍圣二年，于惠州寄以诗，云："寄语阳羡儿，并语长头弟。门户各努力，先期毕租税。"阳羡儿，谓迈；长头弟，谓迨也。少子过，后亦来居。过孙岘，乾道中为大府寺丞，尚居宜兴。【《宜兴旧志》卷8《侨寓》】

《宜兴旧志·邱墓》载：苏待制峤墓，芙蓉山。【《宜兴旧志》卷9《邱墓》】

《宜兴旧志·轶闻》载：东坡先生拟买田阳羡，未果。叔党之孙岘流寓宜兴，乾道中为大府寺丞。见《周省斋集》。【《宜兴旧志》卷末《轶闻》】

《宜荆新志·疆土》载：芙蓉山，君山之峰峦多作方形，惟此众峰簇拥，望若芙蓉。……山下有苏峤墓。【《宜荆新志》卷1】

【按】宜兴老志书中"苏峤""苏岘"都有记载，且相互矛盾。疑与"蒋公裕（之裕）""邵彦瞻（民瞻）""单君贶（君赐）"等姓名一样，为后人因故改动。

闰七月，蒋之奇权发遣淮南转运副使。时举荐韦骧。

《宋史·蒋之奇传》云：迁淮东转运副使。岁恶民流，之奇募使修水利以食流者。

《江苏省通志稿》载：闰七月戊申朔，权淮南转运判官、金部员外郎蒋之奇权发遣转运副使。【《江苏省通志稿·大事志》】

《宋宰辅编年录·王安石》载：初，淮南转运判官蒋之奇尝与安石书，言："百姓列状，乞蚤行助役新法。"曰："上推不费之惠，下受罔极之恩。"安石具以白上，曰："百姓如此，或称人情不安者，妄也。"之奇遂除副使，后之奇乃反攻安石。【《宋宰辅编年录》卷7】

【按】从蒋之奇所撰诗文及所载事实看，应该是淮南东路转运副使，治于楚州（今江苏淮安）。淮南转运使是北宋最早的建置衙门，太平兴国时分为东西二路，旋合并。熙宁五年又分二路，元丰中又合为一路。淮南路转运司治于楚州，有分司于庐州（今安徽合肥）、扬州。西路转运司治寿州（今安徽淮南）。【参见《北宋转运使考述》，第122页】

蒋之奇甫上任，遇岁饥，便以工代赈，招募流民，用工百万，兴修天长、临涣等地水利。溉田九千顷，活民八万四千。

　　《宋史·蒋之奇传》云：岁恶民流，之奇募使修水利以食流者。如扬之天长三十六陂，宿之临涣横斜三沟，尤其大也，用工至百万，溉田九千顷，活民八万四千。

　　王称《蒋之奇传》载：蒋之奇，字颖叔，常州宜兴人也。……迁淮东路转运副使。岁饥，募民兴水利，以食流民，溉田九（十）（千）余顷。如扬之天长三十六陂，与宿之临涣横斜三沟，此其大者也。【《东都事略》卷97《蒋之奇传》】

　　【按】三十六陂：地名。宋代汴京西和扬州天长（今安徽天长市）都有三十六陂。此指天长三十六陂，疑在今天长、仪征、高邮交界的秦栏镇一带。横斜三沟，在宋代宿州临涣县，即今安徽省濉溪县西南部。

　　蒋之奇整修水利，非常讲究工程质量。至南宋孝宗时，南宋淮南夫子陈造（1133—1203）在上丞相赵雄（1129—1194）书中，曾夸赞蒋修建的高邮斗门石磴。认为为官做事，不能速求政绩。

　　陈造《上赵丞相札子》云：若夫淮民抚循，则在监司守令，而监司守令又在庙堂示以安靖不扰之意，害有所除，审而后举，利有所兴。无汲汲于报政，无切切于希赏，动为不可坏之计。昨赵侍郎漕淮东，因民之请，讲行水利，所谓高邮斗门石磴，发其一二，见其所用材木石础，皆蒋发运所造，坚良不可动，为不穷计，叹慨不已，谓后世何能及此？退储材石，规为久远谋，会以事中止。则今人之奏功欲速，枉费财力，随成辄坏者可戒也。【《江湖长翁集》卷27】

　　蒋之奇在淮南东路任上，多有题诗。

　　蒋之奇《失题》诗云：○三十六湖水所潴，其间尤大为五湖。中间可以置邮戍，隐然高阜如覆盂。○大开名园治亭榭，时燕朱履为欢娱。高台雄跨一千尺，熙熙乐国游华胥。○堂轩峻叠青壁滑，老蚌放开明月珠。苍龙脱角莹且泽，鲜瓜自与风雷俱。○郏家女子已仙去，尚有故井存通衢。

凌波罗袜尘欲起，冉冉玉水翻红蕖。○摇辉蘸影弄姿媚，粉黛醉倒无人扶。
牡丹芍药开四达，品第未必扬州殊。○武陵迷春无处问，杳杳仙路来盘纡。
流杯插花欢客饮，霏霜溅雪来坐隅。○序贤祈爵发鸣镝，传花叠语争喧呼。
主人能诗有仙格，锦囊丽藻纷披敷。○拟驱轻驾逐烟客，旷浪尘外天为徒。
梦得池塘生春草，一句我知今古无。○西归定蹑瀛峤顶，气象早已居蓬壶。
甘棠留爱在他日，好事传作淮南图。【《宋诗纪事补遗》卷14】

《永乐大典·高邮五湖》云：五湖去城六十里，东至沛城村，北至平阿
两伍村，并陆路往北阿镇，至天长县固城镇及盱眙界，南至创江湖，东至甓
社湖。《纪胜》引旧图经云："去郡城六十里。"山谷黄庭坚诗："九陌
黄尘乌帽底，五湖春水白鸥前。"蒋之奇诗："三十六湖水所潴，其间尤
大为五湖。"【《永乐大典（残卷）》卷2260】

**上任伊始，蒋之奇上书为决漕河的张次元脱罪，不久，以张同提举淮
南东路市易事。**

邹浩《故朝请郎张公（次元）行状》：公讳次元，字希一。其先广陵
人，自天章公归老于常州，遂为常州武进人。……熙宁三年，转大理寺丞，
用淮南转运使陈安石荐，知通州静海县，兼监都盐仓。岁适大旱，苗且槁死，
惟漕河衍溢，而法不可决，慨然身任其责，决以便民。郡果操法按治。章
甫上，今翰林学士蒋公之奇方领漕事，闻而止之，且以书劳公，曰："真
古良吏用心。"海濒瘠卤，民窘寒饥，类以鬻盐为生。每捕至庭下，不忍
遽置于法，诲而遣之，约毋犯。往往怀公之恩，转就他业，而冒法者益少。
转太子中舍、同提举淮南东路市易事。【《道乡集》卷40】

约在是年，举荐原萍乡县知县韦骧出任淮东路转运司使者。

韦骧《谢淮漕蒋金部举升擢启》云：某启，伏审发奏，举某堪充升擢
任使者，风力不强，方虞旷职，聪明误采，返玷荐书。荷恩则深，度己唯
愧。且朝廷严督责之法，郡邑有承宣之难，非精识疏通不足任。今日之事，

非周才浃洽，不足赴一时之功。而某也学粗知方，智非应变，儗僫薄宦，因循历年。盘错屡当，孰称利器；雪霜不改，自保孤筠。悉心县道之繁，栖迹海壖之陋。止待谴斥，敢希奖知？此盖伏遇某官，履道坦夷，取人泛博，寸能必纪，片善不遗。故在蕞微之踪，亦叨汲引之赐，敢不就志谋远，忘躯徇公，终保自知之诚，仰酬公举之德，下情无任，激切依归之至。【《钱塘集》卷9】

纪昀等《〈钱塘集〉提要》云：韦骧，字子骏，钱塘人。皇祐五年进士，除知袁州萍乡县，历福建转运判官、主官郎中，出为夔路提刑。建中靖国初，除知明州，丐宫祠，以左朝议大夫提举杭州洞霄宫。卒。【《钱塘集》卷首】

雍正《浙江通志·韦骧传》云：韦骧，字子骏，钱塘人。皇祐五年进士，以荐擢利州路运判，移福建路。年饥，不俟奏闻，亟发仓廪赈活甚众。闽盗炽，骧设方略捕获，诛之。召为主客郎中，出知明州。乞祠。【雍正《浙江通志》卷167《人物三》】

《长编》记载：元祐五年春正月甲午，户部言，前任利州路转运判官韦骧奏："元丰中，梓州转运司请止绝阆州栈门盐井及创开井，恐侵本路盐课，致本州亏减课额，乞验实；如委咸脉变淡，许栈门及创开别井煎输。"从之。【《长编》卷437】元祐七年九月戊戌，左朝奉大夫韦骧为主客郎中。【《长编》卷477】

【按】韦骧启中有"升擢任使者"，又有"悉心县道之繁，栖迹海壖之陋"之句，知其在淮东沿海某县为知县，为蒋之奇管辖之下，故有此举。《四库提要》《（雍正）浙江通志》俱失载。

蒋之奇作咏亳州矮桧诗（已佚），苏颂有唱和诗，郭祥正等亦有赠诗。
苏颂《和蒋颖叔亳州矮桧》诗云：桧生本修直，此种特殊异。高不盈寻丈，广乃遍阶砌。……诗伯一留题，禅丛重增贵。岂若榴栌然，空传草木记。【《苏魏公集》卷4】

【按】苏诗中"诗伯一留题",诗伯,当指蒋堂。

郭祥正《蒋公桧呈淮南运使金部（颖叔），此桧希鲁侍郎漕淮日手植》诗云：淮南庭中有苍桧，仰视团团翠葆盖。……问谁植之前蒋公，得地倏经三十载。……【《青山集》卷15、《古今合璧事类备要·别集》卷49】

【按】郭祥正诗中云"问谁植之前蒋公，得地倏经三十载"，前蒋公，即指蒋堂，康定庆历（1040—1041）时，曾为淮东转运使。至此正三十年。其时，郭祥正仍闲居当涂，此行疑为求职而赴淮东。谢维新《古今合璧事类备要》亦收录，题为《咏蒋公桧》。

蒋之奇行部至海州，观海，有题名石刻。

《海州龙洞石刻（一）》载：在江苏连云港市南孔望山下。龙洞内外满镌宋、元、明、清诸代石刻题勒，计二十四则。篆隶草行，书体各异。北宋御史蒋之奇于熙宁五年被贬任淮东转运副使，来孔望山登临留款，镌于龙洞内壁。【《中国名胜词典（江苏省）》，第308页】

蒋之奇《海州观海》刻石

《海州龙洞石刻（二）》载，人工石室"龙洞"内的题刻及刻像：另一处刻在洞室后壁西侧上部，纵书2行，每行4字，楷书，文曰："蒋之奇来观海，壬子。"字体大小不一，最大的字高、宽均为9厘米，最小的字高、宽仅为5厘米。【《连云港孔望山》，第117页】

【按】《中国名胜词典》云"御史蒋之奇于熙宁五年被贬任淮东转运副使"，表述错误，此行并非贬谪。

约于是年，蒋之奇在沛县遇蒋夔。苏轼兄弟与蒋夔也相善，俱有诗相赠。

蒋之奇《与蒋子庄书》云：猥以不才，辱附宗枋之末，屡承教诲，茅塞顿开。近于洛下获读吾兄所著《易解》。……自沛别后，于今已越七载。弟所学犹故，而吾兄遂尔精进若此，益信沉潜者有得也。【《全宋文》卷 1706，第 594 页】

苏轼《次韵子由送蒋夔赴代州学官》云：功利争先变法初，典刑独守老成余。穷人未信诗能尔，倚市悬知绣不如。代北诸生渐狂简，床头杂说为爬梳。归来问雁吾何敢，疾世王符解著书。〇附子由原作：忆游太学十年初，犹见胡公岂弟余。遍阅诸生非有道，最怜能赋似相如。青衫共笑方持板，白发相看各满梳。暂免百忧趋长吏，勉调三寸事新书。【《苏诗补注》卷 15】

【按】蒋之奇此书作于元丰二年，七年前，即熙宁五年。故附于此。苏轼兄弟诗作于熙宁十年左右。从苏轼诗句"功利争先变法初，典刑独守老成余"看，蒋夔似不完全赞成新法。

是年，郭祥正为武冈县知县，过武昌，作《怡亭》诗。

赵子文《郭祥正与苏轼交游考》云：熙宁五年（1072），38 岁的郭祥正知邵州武冈县（今属湖南），并被辟为邵州（今湖南邵阳）防御推官。【（马鞍山）《历史与文化研究》第 1 辑，第 107 页】

郭祥正《怡亭［原注：裴虬作铭，李莒八分，阳冰篆序存焉。］》诗云：英才欣会遇，旷怀各无瑕。二李妙分篆，裴铭语尤嘉。盘盘虬奋鳞，灼灼月吐华。天影望不尽，雁行飞屡斜。晴云依晚岫，芳草接平沙。东溟与西塞，吾宁辨渚涯。【《青山续集》卷 11】

【按】蒋之奇也有怡亭铭，内容与郭相近，但不知写作时间，姑附带于此。

八月甲申，欧阳修卒。

《长编》记载：八月甲申，观文殿学士、太子少师致仕欧阳修卒，赠太子太师。太常初谥曰"文"，常秩曰："修有定策之功，请加以忠。"乃

谥"文忠"。【《长编》卷237】

十月,王子韶知高邮县。沈辽妻张氏(张讽女)卒,与蒋之武有诗书往来。时蒋之武归隐宜兴南庄,疑邀沈辽作宜兴游。

《长编》记载:五年冬十月辛巳,荆湖南路转运判官、太子中允王子韶知高邮县。【《长编》卷239】

蒋之奇《沈睿达墓志铭》:"夫人张氏,赠户部侍郎环之曾孙,刑部郎中、直史馆赠开府仪同三司冯之孙,司勋员外郎、赠朝请大夫讽之女。家世相配。克成妇道。先君十四年卒。享年三十四。"【《云巢编》卷10《附录》】

十月,置熙河路。

《宋史·神宗纪二》载:十月戊戌,升镇洮军为熙州镇洮军节度,置熙河路。【《宋史》卷15《神宗纪二》】

十一月,蒋之奇亲友钱公辅(1021—1072)卒。

《长编》记载:五年十一月庚申,兵部员外郎、知制诰、提举崇禧观钱公辅卒。【《长编》卷240】

王安石《永安县太君蒋氏墓志铭》云:毗陵钱公辣、公谨、公辅、公仪、公佐,以皇祐六年三月戊子葬其母永安县太君蒋氏。方是时,太君年七十矣。……蒋氏,常之宜兴人,世以财杰其乡,而其族人有以进士至大官者。太君年二十一归于钱氏。【《临川文集》卷99】

【按】文中"其族人有以进士至大官者",即宜兴蒋堂。

冬,蒋之奇赴苏州,游徐都官山亭、尧峰(疑为祭扫伯父蒋堂墓),有留题石刻。今佚。

正德《姑苏志·园池》载:"徐都官山亭,在胥门外。都官名祐,郡守蒋希鲁公为作七石诗。时杜祁公亦有诗,其卒章云:'上刻希鲁诗,英词何

缥缈。'此出于蒋之奇跋语。之奇，希鲁公侄也。"【正德《姑苏志》卷32】

周必大《吴郡诸山录》云：饭罢，命车登尧峰。中道有半峰亭，蒋堂赋诗，今废。雍熙二年己酉，大理评事知县事罗处约记云："昔在帝唐，以洪水肆暴，吴人族遁于此，俗呼兔水鼎。苏帅钱元璙易名尧峰。唐天复以后，有僧惠齐，姓朱氏，郡人也，结精舍于此山下，名鲁坞山。"蒋堂所居，既死葬焉。此寺乃奉其香火。蒋之奇壬子岁留题数百字，尚可辨。寺有清辉轩、碧玉沼，寺左观音岩、石象佳、白龙洞（俗云通洞庭）、多景岩、宝云井，井在寺左山顶，人以为难。皇祐四年长老颙暹所凿，蒋堂有诗。[寺右]偃盖松、二铁塔、妙高峰，下视空旷，东斋敞甚。【《说郛》卷64上】

【按】蒋之奇赴苏州尧山，理当是祭扫伯父墓，按江南习俗，一般在清明前，或冬至前。考虑到蒋之奇于本年十二月有湖州之行，故系于此。

蒋之奇途经吴江，作《淞江》《松江亭》诗。

蒋之奇《松江亭（二首）》诗云：峣榭连飞鹊，危檐压巨鳌。风前吹短笛，烟底弄清舠。味荐青蝶髻，香持白蟹螯。凭阑一樽酒，极目看云涛。○我住惠山下，松江贡胜游。飞桥跨空出，高浪接天浮。橘熟洞庭晓，鲈肥笠泽秋。平生独愿往，浩荡一扁舟。又《松江亭》云：青螺簇水水平堤，横截飞桥雁翅齐。雨后一条红蝃蝀，烟中千顷碧玻璃。散人风月多新唱，退掾峰岚有旧栖。只待鲈鱼味偏美，重来脍玉啜橙齑。【《弘治吴江志》卷20、卷21】

【按】蒋之奇前二首诗，题当作《淞江》，《吴江志》误。蝃蝀：虹的别名，借指桥梁。

高似孙《蟹香》云：陆龟蒙诗："药杯应阻蟹螯香，却乞江边采捕郎。"宋景文诗："鲙缕荐盘鳊项缩，酒杯行算蟹螯香。"又诗："为寻李白高吟地，酒熟螯香左右持。"张文潜诗："匡实黄金重，螯肥白玉香。"蒋颖叔《淞江》诗："秀麛青螺髻，香持白蟹螯。"疏寮[即高似孙]诗："小山花落渠如别，右手螯香我欠肥。"……又《蟹齑》云：吴人齑橙全济蟹腥。韩昌黎诗所谓"芼以椒与橙，腥臊始发越"也。蒋颖叔《松江亭》诗："品待秋风鲈味美，重来桂玉啜齑橙。"此明言橙齑也。白乐天诗"老去齿衰嫌橘醋"，

"橘醋"二字极佳。枚乘《七发》曰"酢以越裳之梅","梅酢"对"橙齑"为佳,未有人用也。陆放翁诗:"醢酱点橙齑,美不数鱼蟹。"邵迎诗:"盐豉调羹金液腻,橙齑荐鲙玉丝肥。"疏寮诗:"笋早趋禽腹,橙香适蟹齑。"又诗:"莼逢鲈始服,橙入蟹偏香。"【《蟹略》卷1、卷3】

蒋之奇或顺道赴秀州(嘉兴)枫泾,看望白牛居士陈舜俞,同游保圣院。

周晓音《陈舜俞归隐白牛村》云:陈舜俞,嘉祐四年(1059)获制科第一,授光禄丞、秘书省著作佐郎、签书寿州判官等职,不久弃官归隐枫泾白牛村。熙宁三年(1070)复出,任屯田员外郎,知山阴县。当时朝廷起用王安石为宰相,主持变革,推行"青苗法"。陈舜俞上书反对,认为这是"别为一赋以蔽海内,非王道之举"。因逆朝廷,被贬谪监南康军盐酒税。五年(1072),他再次弃官归隐于枫泾白牛村,自号"白牛居士",跨犊往来于白牛塘上。【《苏轼两浙西路仕游研究》,第338—339页】

蒋颖叔《蒋氏日录》记载:宝圣石佛院,在嘉兴县东南。唐至德二年于寺基掘石佛四躯,至今见存。天圣中赐名宝圣,人但呼石佛寺。【《说郛》卷31上】

陈舜俞《保圣院》诗云:门深锁苍苔,地灵育嘉树。寂然烟云宅,不接市朝路。苟能灰心居,即是古乐处。【《都官集》卷12】

十二月,知湖州孙觉(1028—1090)建墨妙亭成,邀蒋之奇作《墨妙亭诗》,苏轼应邀作《墨妙亭记》及《孙莘老求墨妙亭诗》。

蒋之奇《墨妙亭诗》云:兰亭揭本得遗法,字体变化人莫窥。梭飞壁间势屈矫,剑出岳底光陆离。可怜阙啮侵点画,铁网买断珊瑚枝。○华镇《会稽咏古》诗:墨妙风流亘古今,等闲陈迹冠山阴。耳闻贞观求真迹,眼见天章照茂林。铁限僧房迹未移,千通真草了无遗。兰亭墨妙何由见,祗说萧郎奉使时。【《兰亭考》卷10《咏赞》】

苏轼《孙莘老求墨妙亭诗》诗云:兰亭茧纸入昭陵,世间遗迹犹龙腾。

颜公变法出新意，细筋入骨如秋鹰。徐家父子亦秀绝，字外出力中藏棱。
峄山传刻典刑在，千载笔法留阳冰。杜陵评书贵瘦硬，此论未公吾不凭。
短长肥瘠各有态，玉环飞燕谁敢憎。吴兴太守真好古，购买断缺挥缣缯。
龟趺入坐螭隐壁，空斋昼静闻登登。奇踪散出走吴越，胜事传说夸友朋。
书来乞诗要自写，为把栗尾书溪藤。后来视今犹视昔，过眼百世如风灯。
他年刘郎忆贺监，还道同时须服膺。【《东坡全集》卷3】

　　苏轼《墨妙亭记》云：熙宁四年十一月，高邮孙莘老自广德移守吴兴。
其明年二月，作墨妙亭于府第之北、逍遥堂之东，取凡境内自汉以来古文
遗刻以实之。……而莘老益喜宾客，赋诗饮酒为乐。又以其余暇网罗遗逸，
得前人赋咏数百篇，为《吴兴新集》，其刻画尚存。而僵仆断缺于荒陂野
草之间者，又皆集于此亭。是岁十二月，余以事至湖，周览叹息，而莘老
求文为记。【《东坡全集》卷35】

　　倪涛《法帖论述三十》载：蒋之奇《墨妙亭》诗，在浙江吴兴旧湖州
府署内。宋熙宁五年，孙莘老任吴兴太守时筑亭，收藏境内自汉以来古
文遗刻，故名墨妙亭。……苏轼为此作《墨妙亭记》。【《六艺之一录》卷
155、卷160】

是年，杭州龙泓洞有蒋之奇篆书"湖山胜概"题刻。

　　《六艺之一录·石刻文字》载：苏颂等题名，在龙泓洞。苏颂子容、蒋之
奇颖叔、岑象求岩起、李杞坚甫，熙宁壬子正书摩崖。见《西湖志碑碣》。【《六
艺之一录》卷110】

　　《御定佩文斋书画谱·书家传（蒋之奇）》云：蒋之奇，字颖叔，常
州宜兴人。擢进士第。英宗擢监察御史。徽宗立为翰林学士，同知枢密
院。……临安龙泓洞，有蒋之奇篆字"湖山胜概"。【《御定佩文斋书画谱》
卷34】

是年，蒋堂孙蒋续知端州，创建包孝肃祠。

雍正《广东通志·职官志》载：皇甫宗宪（治平中任）、蒋续（熙宁年任）、杜咨。以上知端州军州事。【雍正《广东通志》卷26】

张诩《宋包孝肃新祠记》：端之名宦，每以宋包孝肃公为首称。……端旧有祠以祀公，在郡署仪门之左。宋熙宁中，郡守蒋续新建，其后修废不一。【雍正《广东通志》卷60《艺文志二》】

第十四卷　熙宁六年（1073）

熙宁六年（1073）癸丑 四十三岁

正月至三月，举行科举考试。宜兴邵材试开封第一、邵刚会试第一、余中状元及第。一邑三魁，名动天下。蒋之奇弟之美是科及第。

彭百川《祖宗科举取人》云：六年正月，知举曾布上合格进士邵刚等。己酉，乃御集英殿策试，遂赐余中、李夷行、陈唐、管师仁、管师渐等四百人及第出身。是年罢诗赋，赐期集钱三十贯。【《太平治迹统类》卷27】

《长编》记载：六年三月壬戌，御集英殿赐正奏名进士、明经诸科余中以下及第、出身、同出身、同学究出身，总五百九十六人。中，常州人也。赐新及第进士钱三千缗，诸科七百缗，为期集费。进士、诸科，旧以甲次高下率钱期集，贫者或称贷于人，至是始赐之。【《长编》卷243】

《方舆胜览·毗陵（阳羡）》载：大观贡士，大观三年毗陵贡士五十三人，实最诸郡，天子下诏褒异，守、贰、教官皆旌赏焉。……一榜三魁，熙宁癸丑，朝廷方以经术取士，谏议邵材首登天府，朝奉邵刚后冠南宫，学士余中遂居廷试，褒然之选，尽出兹邑。……剑井，陆士元记：胡文恭公为副枢，修简公为右丞，余中、霍端友魁廷试，邵刚魁南省，邵林魁乡荐，蒋公入西府，皆先一岁瑞气氤氲，升腾数日，为之祥证。【《方舆胜览》卷4《浙西路·常州》】

《毗陵志·文事（甲科）》载：熙宁六年余中牓：余中、邵刚［省元］、张常、华棣、练亨甫、陶兑、邵如、蔡渊、施天倪、祖洽、游勋、葛书思、吕适、邵材、许通、邵潜、李端夫、黄颉、蔡蹈、霍汉英、方谷葛、葛光、邵权、吴翎、周镇、沈初、纪孙永、俞说、祖理、沈礼、朱师古、吴重、丁綖、陆元光、虞防、顾林宗、邵枢、蒋之美。【《毗陵志》卷11《文事》】

《毗陵志·人物（二）》载：余中，字行老，宜兴人。幼颖悟。熙宁五年，偕兄贯试礼部，中与选而贯黜，请自黜以荐兄。有司虽不许，士论嘉之。次年，魁廷对。绍圣三年，专对虏使，还奏河朔城隍堕圮，乞从密院行下葺治，以戒不虞。宣、靖间，金人长驱，城守多不固，议者始思其言。以雪川守致其仕。【《毗陵志》卷17《人物》】

【按】余中，字行老，一字正道，宜兴人。《(康熙)宜兴县志·选举志》《(乾隆)江南通志·选举志》等亦书作"余中"。《宋史》等正史都作"佘中"，本谱采之。

是年春，苏轼借王诜钱二百贯，替堂姐嫁女于宜兴湖汄单锡。此为苏轼初至宜兴。

《苏谱》记载：苏轼在杭州通判任。春，嫁甥女，借王诜钱二百贯。甥女婿为宜兴单锡（君贶，又作君赐）。此女乃伯父澹或涣之女所生。……循行至于潜（晤同年县令刁璹）、至昌化、至临安，约五月初回杭州。【《苏谱》，第251、253—255页；《苏轼文集编年笺注》卷63，第399页】

朋九万《与王诜往来诗赋》云：熙宁六年春，轼为嫁甥女，问王诜借钱二百贯；其年秋，又借到钱一百贯。自后未曾归还。【《东坡乌台诗案》，第6—8页】

《宜兴旧志·人物（文苑）》载：单锡，字君赐。世居邑东南乡湖汄。嘉祐二年进士。明阴阳、图纬、星历，诸书无不该贯，尝修《宜兴风土记》传于世。与苏轼为同年进士。轼爱其贤，以女兄之子妻之，来宜兴，每寓其家。单锷，字季隐，锡之弟。嘉祐四年进士，博学明经。【《宜兴旧志》卷8《人物》】

《明一统志·常州府》载：单锡，宜兴人。明阴阳、图纬、星历之学，与苏轼同年进士。轼爱其贤，以女兄之子妻之，来宜兴每寓其家。从子子发，举八行科，有《风土记》传世。孙时，亦举进士，擢监察御史。【《明

一统志》卷 10】

慕容彦逢《单季隐墓志铭》云：君讳锷，字季隐，其先金陵人，曾祖谊，初有籍于常之宜兴。……大观四年正月十有三日壬子，以疾终于家，享年八十。娶同郡余氏。……而君之兄锡中进士第，儒术吏方有过人者，乃卒于州县。君与弟镇，又皆老于场屋，论者疑之，然予观自昔阴德之报，迟速虽不同，而未尝不效。【《摛文堂集》卷 15】

单旻《跋〈吴中水利书〉》云：《水利》一书，宋进士宜兴单锷所著。元祐间，苏文忠公知杭州事，闻其有水学，召问，乃以书并图上献。……旻近阅家乘及县志，始祖讳锡，与文忠为同榜进士，又妻其甥女，自眉山同徙居宜兴，因占籍。锷乃锡之弟。旻忝为云孙之辈，因锓全书贮之家塾。后有董水利者，效规图圆，较场屋者，强学待问，未必无小补云。【《宜兴旧志》卷 10《题跋》】

【按】宜兴单氏，当来自金陵，其先或蜀人。《单季隐墓志铭》中说，单锷生于天圣九年（1031），与蒋之奇同庚。其兄单锡，少说应生于天圣八年（1030）初，是年已经 44 岁以上，长苏轼六七岁。所娶苏氏，年龄大约 40 岁，或为再婚。

【又】宜兴民间传说，苏轼嫁外甥女时，是亲自送过来的。《苏谱》中说苏轼经于潜、昌化、临安回杭州，这个路线非常奇怪，因为只有回程。可能是苏轼由陆路自宜兴回杭州，途中枉道至于潜、昌化，目的是会同年刁璹等人。

苏轼赴宜兴善权山，看望陈襄弟陈章。

苏轼《贺陈述古弟章生子》诗云：郁葱佳气夜充闾，始见徐卿第二雏。甚欲去为汤饼客，惟愁错写弄獐书。参军新妇贤相敌，阿大中郎喜有余。我亦从来识英物，试教啼看定何如。［原题查注：起癸丑冬，合甲寅春夏，往返常润苏秀道中作。］【《苏诗补注》卷 11】

【按】查注的时间，或误。陈章，字时发，陈襄弟。居宜兴善权山。查注失考，见本谱第四卷"陈襄条"。

苏轼在宜兴作《祝英台近》一词。

苏轼《祝英台近·惜别》云：挂轻帆，飞急桨，还过钓台路。酒病无聊，欹枕听鸣舻。断肠簇簇云山，重重烟树，回首望、孤城何处。〇闲离阻。谁念萦损襄王，何曾梦云雨。旧恨前欢，心事两无据。要知欲见无由，痴心犹自，倩人道、一声传语。【苏轼《东坡词》】

王国维《祝英台近》：词牌名。辛弃疾词有"宝钗分，桃叶渡"句，名《宝钗分》；张辑词，有"趁月底重箫谱"句，名《月底修箫谱》；韩淲词，有"燕莺语，溪岸点点飞锦"句，名《燕莺语》；又有"却又在他乡寒食"句，名《寒食词》。调取梁山伯与祝英台的故事而名，始见于苏轼词，句中五字句皆为拗句。此调有不同诸格体，俱为双调。此处只列一体：上阕、下阕各八句，共七十七字，上阕第二、第三、第五、第八句和下阕第一、第三、第五、第八句押仄声韵。【《人间词话》附录三，第238页】

《毗陵志·古迹（宜兴）》载：任公钓台，在县北一里，临荆溪。任昉为守，尝垂钓于此。……祝陵，在善权山，岩前有巨石，刻云"祝英台读书处"，号碧鲜庵。【《毗陵志》卷27《古迹》】

乾隆《江南通志·舆地志·古迹》云：读书台，在荆溪县善权山，岩前有巨石，文曰"祝英台读书处"，俗呼为"祝陵"。……任公钓台，在宜兴县北一里，临荆溪。梁任昉为守时，垂钓于此。【乾隆《江南通志》卷32】

《宜兴旧志·遗址》载：任公钓台，在县北一里，临荆溪。任昉为守，尝垂钓于此。旧传台高二丈，荒址尚存。［按］任公有《泛长溪》诗云："道遇垂纶叟，聊往问津惑。长泛沧浪水，平明至熏黑。"诗凡十二句，诸志截此四句，改作《钓台诗》。今北郭里许有钓桥，其址当在此。【《宜兴旧志》卷9《遗址》】

【按】邹同庆等《苏轼词编年校注》中［校勘］云："此词吴本未收，傅本、元本亦不载。据时刊全集、二妙集、毛本、朱本、龙本、《全宋词》、曹本补。朱本、龙本、《全宋词》、曹本无题。"［编年］云："熙宁六年癸丑（1073年）春，巡行富阳、新城、桐庐，过七里滩作。"［笺注］二云："钓台：汉严子陵垂钓处。……"【《苏轼词编年校注》第26—27页】

细审这些校注、编年，是邹同庆等根据苏词中"钓台"二字，系于《行香子·过七里滩》

之后，笔者认为过于牵强。既然苏轼首用"祝英台近"为词牌，应该与祝英台相关，而苏词中又没有直接关联的事物，比较合理的解释是苏轼在宜兴"祝英台"附近所作。

此词题为"惜别"，上阕写的是词人与别者分离；下阕引宋玉《高唐赋序》中"朝云"（巫山云雨）的典故，写惜别之情，这大多形容的是异性之间的别离。如果把此词创作的地点换在宜兴，对内容的理解就合情合理得多。上阕大意是：送外甥女远嫁宜兴，苏轼稍作停留，并游览祝英台读书处之后，乘舟经过宜兴城西的任公钓台，离开宜兴，匆匆赶回杭州。下阕大意是：接下来就是遥遥相隔，那些"巫山云雨"式的憧憬，只不过是一场美梦，更不要再纠结那些曾经的爱恨情仇、惦记思念。以后的相见，也许很难了，有什么话，可以请人互致问候。

苏轼词的下阕，明显是给外甥女的嘱咐。从伦理上讲，苏轼是长辈，但从年龄上论，两人年岁相差不大，很可能外甥女的年龄比苏轼稍大。苏氏嫁宜兴单锡之前，或许是曾有婚配，或许是心有所属，所以有"旧恨前欢"一说，此情与"巫山朝云"、祝英台当然是堪有一比。反过来想，如果苏轼此词作于七里滩，下阕的那些话，又是说与谁听呢？难道苏轼此时在桐庐又有什么新欢？前情后事，无从推理。当然，传说苏轼在宜兴有弃婢，那是后话。详见本谱第二十五卷"元丰七年"。

约于是时，苏轼委托单锡在宜兴买田。

傅藻《东坡纪年录》云：嘉祐二年唱第，锡宴琼林，与蒋魏公接席情话，约卜居阳羡。初倅钱塘，诿亲党单君贶问田。及移临汝，自言有田阳羡。建中靖国初，奉祠玉局，留毗陵，居无何，请老而终。公生岷峨，负当世大名，道德文学政事，辉映今昔，自居雪堂，遂成求田之计，而文登《谢表》云"买田阳羡，誓毕此生"，乃卒如其言。【《增刊校正王状元集注分类东坡先生诗》卷1】

苏轼通判杭州期间，曾到常州等地。

《苏谱》云：六年七月，向无锡知县焦千之求惠山泉。闰七月，在试院中。本月，知杭州陈襄到任。十二月，轼抵湖州。遇邵迎、贾收等。【《苏谱》第 225、227、234—235 页】

《无锡县志·事物三》云：焦千之，字伯强。殿中丞。欧阳文忠公门下士也，有名于时。熙宁六年来宰是邑，值旱河竭，役民自小渲车湖水入运河，人皆获其利。东坡先生过邑，与之游甚厚。【《无锡县志》卷3上】

【按】《苏谱》云：熙宁五年七月，苏轼"诗求焦千之惠山泉。时千之知无锡县"。误。千之知无锡在熙宁六年。苏轼求泉诗，当在此之后的熙宁七年。见后文。

蒋之奇再赴泾县，住琴高轩。琴高观音岩有石刻。

嘉庆《宁国府志·琴高岩磨崖石刻》载：在观音岩左，可识者一百三十六字，残缺四十余。古宣□□□□郎赐绯鱼袋刘谊□□运使陈侯敦夫（襄之侄，字中裕），朝奉郎，六年矣。时蒋公直钧□阁制□□□淮□□□咸宁，住琴高轩。僧日照谓，前日之吴师礼□檄郡城□住持岩磘□僧大师可名。时泾令丁维考试□□□进士梅及中，怀远汪钟□□汪净□□新，池州建德尉王彦，至前祈□尉□□□题，实八月十九日。同游，旌德令马谏泾尉□□于三茅山，明年复官，游黄山□，过琴高岩石。时元丰四年，余以江西常平上书待罪，六年［下缺］。【嘉庆《宁国府志》卷20《艺文志·金石》】

【按】蒋之奇在泾县有多处题名、题诗石刻，大多是熙宁二年所留，时蒋之奇监宣州盐税。而观音岩残留"六年矣，时蒋公直钧□阁制□□□淮"等字，后文则有"时元丰四年"字样，知此留题石刻为"熙宁六年"所刻无疑，时蒋之奇为江淮发运使。疑因公事行部至宣州泾县时所留。

四月，新及第宜兴进士余中为大理评事、邵刚为集庆军（今江苏南京）节度推官。

《长编》载：夏四月壬辰，新赐进士及第余中为大理评事，朱服为淮南节度推官，邵刚为集庆军（今江苏南京）节度推官，叶唐懿为处州军士推官，叶林为秀州司户参军，练亨甫为睦州司法参军，并充国子监修撰经义所检讨。上初疑林等未称职，王安石曰："今乏人检讨文字，若修撰即自责成吕惠卿。"上乃许之。服，乌程；刚，常州；唐懿，南剑州；林、亨甫，

皆建州人也。【《长编》卷244】

四月，蒋之奇连襟王子韶知宜兴县。王子韶多才多艺，学问长于《孟子》，但为人为官多有闲言。

《宜兴旧志·守令》载：知宜兴县，王子韶，太常寺寺丞，熙宁六年（1073）四月任。【《宜兴旧志》卷5《守令》】

王安石《乐安郡君翟氏墓志铭（并序）》载：尚书主客员外郎、钱塘沈君名扶之夫人翟氏者，鄂州节度推官讳希言之子，……女适秘书省著作佐郎颜处恭、邢州尧山县令王子韶、太常博士监察御史里行蒋之奇。【《临川集·文集》卷100】

《宋史·王子韶传》云：王子韶，字圣美，太原人。中进士第，以年未冠守选，复游太学，久之乃得调。王安石引入条例司，擢监察御史里行，出按明州。……入为秘书少监，迎伴辽使，御下苛刻，军吏因被酒刃伤子韶及其子。又出知济州，建言乞追复先烈，以贻后法，复以太常少卿召，进秘书监，拜集贤殿修撰、知明州，卒。崇宁二年，子相录元祐中所上疏稿闻于朝，诏赠显谟阁待制。【《宋史》卷329《王子韶传》】

《宣和书谱》记载：文臣王子韶，字圣美，浙右人。官至秘书少监宿，学醇儒，知古今以师资为己任。方王安石以字书行于天下，而子韶亦作《字解》二十卷，大抵与王安石之书相违背，故其解藏于家而不传。尤长于《孟子》，而学者师其说。一日，子韶访一县令，正见令与举子谈《孟子》。县令者，寡闻人也，不知子韶善此书，而与客谈不已，置子韶一隅，盖旁若也。久之，乃问子韶曰："颇晓《孟子》否？"子韶答以"从头不晓"，令怪其语。子韶曰："孟子不见诸侯，而首篇称见梁惠王，何也？"令与客皆无对。久之，知子韶也，为之腼颜。喜作正书，虽其余事，然亦出于力学，至于三过笔，真可以挂万钧之重，盖其学本宗褚遂良、颜真卿，而暮年自变为一家耳。今御府所藏正书一。【《宣和书谱》卷6】

《梦溪笔谈》亦载：王圣美为县令时，尚未知名，谒一达官，值其方与客谈《孟子》，殊不顾圣美。圣美窃哂其所论。久之，忽顾圣美曰："尝读《孟子》否？"圣美对曰："生平爱之，但都不晓其义。"主人问："不晓何义？"圣美曰："从头不晓。"主人曰："如何从头不晓，试言之。"圣美曰："孟子见梁惠王，已不晓此语。"达官深讶之，曰："此有何奥义？"圣美曰："既云孟子不见诸侯，因何见梁惠王？"其人愕然无对。【《梦溪笔谈》卷14】

七月，蒋之奇奉命调查出汴船只覆溺之事。

《长编》载：秋七月丙戌，三司言：淮南发运司岁冬乘北风，以汴纲输盐于湖北。春，乘南风发上供粮入汴。闻去冬今春风不顺，发盐百二十纲，而风水坏五百余艘，兵工水死甚众。诏蒋之奇根究以闻。后之奇言："汴船出江覆溺，人船实比递年数多。"诏皮公弼、罗拯具析以闻。【《长编》卷246】

是年秋，蒋之奇至南通考察盐政，天祚岩题名坡有题名石刻。作《游狼山》等诗。

沙向军等《题名坡题名石》记载：天祚岩下面有一小斜坡，为题名坡。题名坡上刻满了自五代以来的历代游山题刻，共有15处，为狼山刻石最为密集之处，现为省级文物保护单位。……题名坡上还有宋时提刑薛球、太守臧师颜题名、熙宁癸丑（1073）蒋之奇题名、绍熙癸丑（1193）赵师睾题名、淳祐甲辰（1244）杨公瑜题名、淳熙丁未（1187）题名……【《五山灵秀》，第11页】

谭其骧《天祚岩题名坡》云："癸丑（1073），狼山天祚岩题名坡，有转运副使蒋之奇题名。"【《清人文集地理类汇编（六）》，第262页】

《舆地纪胜·淮南东路·通州诗》载：一线横大江，

蒋之奇南通题名

千螺簇层峦。空外飞鸟没，烟中片帆还。蒋之奇《游狼山》诗。【《舆地纪胜》卷41，第1268页；《全宋诗》卷687，第8026页】

冬十月，江南饥。自此，江南连续三年出现饥荒。苏轼赴常、润、苏、秀四州赈灾。

乾隆《江南通志·蠲赈》载：熙宁六年，赈江淮两浙饥。七年，诏浙西路提举司出米赈常润州饥。八年，诏赈常润州饥民。【乾隆《江南通志》卷83《食货志》】

《东坡先生年谱》载：六年癸丑，先生年三十八，在杭州通判任。……熙宁五年，太守陈公述古至问民之利病。明年春，六井毕修，故详其语以告后人。运司又差先生往润州，道出秀州。钱安道送茶和诗。【《东坡全集》卷首】

《苏谱》记载：十月，以转运司檄，往常、润、苏、秀赈济饥民。【《苏谱》，第265页】

【按】北宋时，常州府隶浙江西路，杭州是浙西会府（首府）。【《宋史》卷88《地理志四》】

十一月，因邵光彻底清查温州、台州沙涂田，晋升一级。

六年十一月辛卯，诏流内铨前湖州观察推官邵光（彦瞻），与循一资，注家便官［即保官注家便阙］。以两浙转运司言，光根括［即彻底清查］温台等九县沙涂田千一百余顷故也。【《长编》卷248】

除夕，苏轼野宿常州城外。

苏轼《除夜野宿常州城外二首》。查慎行［题注］云："起癸丑冬，合甲寅春夏，往返常润苏秀道中作。"【《苏诗补注》卷11】

第十五卷　熙宁七年（1074）

熙宁七年（1074）甲寅　四十四岁

是年初，苏轼在润州、常州，约五月中到宜兴。

《苏谱》云：正月初一，过丹阳，至润州（见刁约）。二月，在润州。四月，又回丹阳。五月二十日左右，至常州。怀钱塘，复寄诗陈襄；诗有卜居宜兴意。章惇作诗及之并寄。见钱公辅之子世雄（济明、冰华先生），应请为公辅作哀词。【《苏谱》，第275—277页】

四月，王安石罢相，知江宁府。

《长编》载：夏四月丙戌，礼部侍郎、平章事、监修国史王安石罢为吏部尚书、观文殿大学士、知江宁府。【《长编》卷252】

四月，太常寺奉礼郎沈辽岳母（蒋之奇岳母）卒。

沈辽《祭外姑彭城县君文》："维熙宁七年岁次甲寅四月戊辰朔十七日甲申，子婿承奉郎行太常寺奉礼郎沈某，谨以清酌庶羞致祭于外姑彭城县君刘氏夫人之灵。……"【《云巢编》卷10】

是年春，苏轼仍在常州、润州之间，与陈舜俞及其婿周邠（开祖）有交往。周邠与蒋之奇也有交往。

苏轼《杭州牡丹开时仆犹在常润，周令（邠）作诗见寄，次其韵，复次一首，送赴阙》诗云：羞归应为负花期，已见成阴结子时。与物寡情怜我老，遣春无恨赖君诗。玉台不见朝酣酒，金缕犹歌空折枝。从此年年定相见，欲师老圃问樊迟。○莫负黄花九日期，人生穷达可无时。十年且就《三都赋》，万户终轻千首诗。天静伤鸿犹戢翼，月明惊鹊未安枝。君看六月河无水，万斛龙骧到自迟。〔慎按：陈舜俞有《和周开祖别子瞻》诗，陈诗世不多见，为附录于后。〕○附陈舜俞作：〔原注：此诗当亦和开祖离钱塘赴阙时所作。〕仙舟系柳小桥东，会合情多劳谪翁。相对一尊浮蚁酒，轻寒二月小桃风。羁怀散诞讴歌里，世事纵横醉笑中。莫恨明朝又离索，人生何处不匆匆。【《苏诗补注》卷11】

纪昀等《〈都官集〉提要》云：臣等谨案：《都官集》十四卷，宋陈舜俞撰。舜俞有《庐山记》，已著录。其集乃舜俞殁后，其婿周开祖所编，凡三十卷，蒋之奇为之序。【《都官集》卷首】

蒋之奇《都官集序》有云：嘉祐四年，仁宗皇帝临轩，策贤良方正能直言极谏之士，而以陈侯令举为第一。……令举之卒若干年，而其婿周君开祖乃类聚其文，为三十卷，属余为序。开祖有学问、通义理，痛令举之不幸，而纂其遗文，欲以传于后世。而顾以见委，以余之不肖言，不足以取信，则岂足以张令举之美而慰开祖之意哉？【《都官集》卷首】

苏轼《次韵周邠寄雁荡山图二首》注云：周邠，字开祖，钱塘人。东坡倅杭三年，与开祖数从湖山之游，见于酬唱，故云"西湖三载与君同"。是时，开祖为乐清令，雁荡山实在境内。【《施注苏诗》卷11】

何薳《东坡事实·苏刘互谑》云：刘贡父舍人，滑稽辨捷为近世之冠，晚年虽得大风恶疾，而乘机决发，亦不能忍也。……既别，且嘱之曰："吾老矣，所恃以为穷年之养者，子也。今子去我而游学，倘或侥倖改门换户，吾之大幸也。然切有一事不可不记，或有交友与汝唱和，须子细看，莫更和却贼诗，狼狈而归也。"盖讥先生前逮诏狱，如王晋卿、周开祖之徒，皆以和诗为累也。贡父语始绝口。【《春渚纪闻》卷6】

四月，蒋之奇上奏弹劾监楚州市易务王景彰违法。时，蒋之奇权发遣淮南东路转运副使、提举楚州市易司。

《长编》载：夏四月丙戌，诏："监楚州市易务、著作佐郎王景彰追两官勒停，并劾违法干系官吏，命官具案闻奏。其违法所纳息钱给还，仍下杭州、广州市易务勘会违法事，许令自首改正。"以权发遣淮南东路转运副使、提举楚州市易司蒋之奇奏："景彰违法籴买商人物货，及虚作中籴入务，立诡名籴之，白纳息钱，谓之'干息'；又勒商贩不得往他郡，多为留难，以阻抑之。"上初令劾之，既而又谓辅臣曰："景彰违法害人，事状灼然，若不即行遣，更俟劾罪，必是迁延，无以明朝廷元立法之意，使百姓晓然开释，无所归咎。可速断遣，庶妄作小人有所忌惮。"遂责之。……四月丙申，又诏："近楚州市易务监官违法，闻蒋之奇久已知之，亦尝有百姓陈诉，而之奇都不案治，宜亦体量以闻。"会之奇丁忧，去。〔原注：丙戌，之奇已奏王景彰，此云不按治，当考。〕【《长编》卷252】

《宋史·商税市易均输互市舶法》记载：（七年），提举楚州市易蒋之奇奏："监务王景彰榷市商人物非法，及虚作中籴入务，立诡名籴之，白输息钱，谓之'干息'；又抑贾贩毋得至他郡，多为留难。"帝谓辅臣曰："景彰违法害人，宜即治其罪。"时吕惠卿已参朝政，而究诘市易未竟，诏促之。惠卿请令中书悉取按牍异同以奏。后二日，（曾）布对延和殿，条祈先后所陈，并较治平、熙宁入出钱物数以闻。【《宋史》卷186《食货志下八》】

蒋之奇《劾监楚州市易务王景彰奏（熙宁七年四月）》（略）。【《全宋文》卷1705，第580页】

五月，苏轼在常州，会余中、张璃（秉道）。

苏轼《常润道中有怀钱塘寄述古五首》《游太平寺净土院观牡丹，中有淡黄一朵特奇，为作小诗》《无锡道中赋水车》等诗。查慎行题注云："起癸丑冬，合甲寅春夏，往返常润苏秀道中作。"【《苏诗补注》卷11】

苏轼《游太平寺》一诗，又作《同状元行老、学士秉道先辈游太平寺净土院观牡丹，中有淡黄一朵特奇，为作》诗云："醉中眼缬自斓斑，天雨曼陀照玉盘。一朵淡黄微拂掠，鞓红魏紫不须看。"［张名璹，字秉道，吴兴六客之一。]【《东坡全集》卷30】

【按】状元行老：即熙宁六年榜魁宜兴余中。秉道：有二，一即张璹，吴兴六客之一。另一叫张弼，字秉道。子瞻辛未（1091）岁离杭至润，赠以《临江仙》一阕，云："我劝髯张归去好，从来自己忘情，尘心消尽，道心平，江南与塞北，何处不堪行。"秉道，盖宦于杭者，未详何许人。［《吴兴备志》卷28]苏轼此诗题中说"学士秉道先辈"，知此秉道年岁已长，当非元祐六年官杭州的张弼。孔凡礼认为，这个"秉道先辈"，就是张弼。孔或误。【参见《苏谱》，第968页】

【注】张弼，字秉道。苏轼同僚、朋友，吴兴六客之一。《吴兴备志》载："秉道，盖宦于杭者，未详何许人。"［《吴兴备志》卷28]雍正《浙江通志·艺文志》载：《寿圣院记》（《海宁县志》）：大观己丑，监本县盐监张弼秉道撰。［雍正《浙江通志》卷255]《施注苏诗》载："《与叶淳老侯敦夫张秉道同相视新河秉道有诗次韵二首》注云：'时公与前转运使叶温叟、转运判官张璹同往按视。……淳老，温叟字；敦夫，临字。张秉道，乃吴兴六客之一，时客于杭。'"［《施注苏诗》卷29]《苏诗补注》载："髯张，名璹，字秉道。吴兴六客之一。本集相视新堤和秉道诗云'髯张乃我结袜生'，即其人也。《施注（新刻本）》引王注云'髯张不知为谁'，盖失于细考耳。"［《苏诗补注》卷36]《东坡词》录有《少年游·野作六客词》序云：余昔与张子野、刘孝叔、李公择、陈令举、杨公素会于吴兴（即湖州，时间约1076年），时子野作《六客词》，其卒章"尽道贤人聚吴分，试问，也应旁有老人星"。凡二十五年（一说十五年），再过吴兴，而五人者皆已亡矣。时张仲谋与曹子方、刘景文、苏伯固、张秉道为坐客，仲谋请作《后六客词》。苏轼《少年游·子野作六客词》（略）。【苏轼《东坡词》】

【按】东坡诗词中见"张秉道"至少有二，一即张弼，另一为张璹。而两人对于苏轼来说，都称不上先辈。故知"学士秉道先辈"当另有其人。

苏轼游惠山，寄诗与无锡令焦千之，求惠山泉。

苏轼《寄伯强知县求惠山泉》诗云：兹山定中空，乳水满其腹。遇隙则发见，臭味实一族。浅深各有值，方圆随所蓄。或为云汹涌，或为线断续。或流苍石缝，宛转龙鸾蹩。或鸣深洞中，杂佩间琴筑。瓶罂走千里，真伪半相渎。贵人高宴罢，醉眼乱红绿。赤泥开方印，紫饼截团玉。倾瓯共叹赏，窃语笑僮仆。岂知泉下僧，盥洒自挹掬。故人怜我病，箬笼寄新馥。欠伸北窗下，昼睡美方熟。精品厌凡泉，愿子致一斛。【《无锡县志》卷4上】

【注】伯强，即焦千之，字伯强。殿中丞欧阳文忠公门下士也，有名于时。熙宁六年来宰是邑。值旱河竭，役民自小渲车湖水入运河，人皆获其利。东坡先生过邑，与之游甚厚。《无锡县志》云：焦千之前任，谢仲规，熙宁六年（1073）任；后任萧渊，熙宁十年（1077）任。苏轼诗作于熙宁七年（1074），距元丰二年（1079）正五年。【参见《无锡县志》卷3下】

【又】《苏轼诗集合注》亦收录此诗，题为《焦千之求惠山泉诗》。编年于"熙宁五年壬子秋"第一首。实误，是年，焦千之尚未有无锡之任。【《苏轼诗集合注》卷8，第335页】

约五月间，苏轼赈灾结束回杭州，经游宜兴，至寓湖汊单锡家，得伯父涣《谢蒋堂（希鲁）启》真迹。

苏轼《题伯父谢启后》云：天圣中，伯父中都公始举进士于眉，年二十有三。时进士法宽，未有糊名也。试日，通判殿中丞蒋希鲁下堂，观进士程文，见公所赋，叹其精妙绝伦。曰："第一人无以易子。"公力自言年少学浅，有父兄在，决不敢当此选。希鲁大贤之，曰："君子成人之美。"乃以为第三。明年登乙科，此则其亲书启事谢希鲁者也。公殁后十三年，得之宜兴人单君锡家（单锡尚健在），盖希鲁宜兴人也。……【《苏东坡全集》卷114，第3106页；《苏谱》，第278—280页】

苏辙《伯父墓表》载：苏氏自唐始家于眉，阅五季，皆不出仕。盖非独苏氏也，凡眉之士大夫修身于家，为政于乡，皆莫肯仕者。……公讳涣，始字公群，晚字文父。……天圣元年，始就乡试。通判州事蒋公堂就阅所为文，叹其工，曰："子第一人矣。"公曰："有父兄在，杨异、宋辅与吾游，不愿先之。"蒋公益以此贤公，曰："以子为三人，以成子美名。"

明年登科，乡人皆喜之。……嘉祐七年（1062）八月乙亥，无疾暴卒。吏民哭者皆失声，阖人闻之罢市，相率为佛市中以报。享年六十有二。官都官郎中，阶朝奉郎，勋上轻车都尉。后以二子登朝，累赠太中大夫。夫人杨氏，累封玉城同安县君。公没之明年六月庚辰卒，治平二年二月戊申合葬于眉山永寿乡高迁里。【《栾城集》卷25】

【按】苏轼伯父苏涣登乙科，在天圣二年（1024）；其卒年为嘉祐七年（1062）八月，后十三年，即熙宁七年（1074）。故知此帖即作于此时。

五月，蒋之奇跋沈遘帖，两人多往还简札，俱佚。由此知两人交往非常密切。

《石渠宝笈·宋人笺牍一册（上等黄一）》载：第六幅、第七幅俱沈辽（当作遘）书。……第七幅：前有"退密琳印"、黄琳美之"平生真赏"、项墨林父"秘籍之印"诸印。后有"天籁阁""项子京家珍藏""宋荦审定""审定真迹"诸印，又半印不可识。幅高九寸九分，广一尺四分。后别幅吕升卿（字明甫，吕惠卿弟）跋云："观沈翰林书，恍然如其生存也。反覆阅之，使人怆然不自胜耳。熙宁甲寅（1074）中夏端午前一日，逍遥堂题，温陵吕升卿明甫。"前有"天籁阁项元汴印""项墨林父秘籍之印""琳印""项子京家珍藏"诸印，后有"子京父印""项墨林鉴赏章""檇李项氏世家宝玩""墨林秘玩""子孙世昌"诸印。又蒋之奇跋云："文通与余往还之帖多矣，独存其一，览之可以发笑。惜乎文通之飘逸俊爽，而不幸早卒也，今不复见其人矣。颖叔。"后有"宋荦审定""虚朗斋"二印。【《石渠宝笈》卷10《贮（养心殿一）》】

【按】《石渠宝笈》所谓"俱沈辽书"，误。吕升卿称"沈翰林"、蒋之奇称"文通"，皆指沈遘（1028—1067），沈辽之兄。时沈遘已作古，而沈辽尚年轻。王安石《内翰沈公墓志铭》："公姓沈氏，讳遘，字文通，世为杭州钱塘人。……英宗闻公去，尤悼惜，时遣使者追赐黄金，而以金部君知苏州。公居丧致哀，寝食如礼，以某年某月得疾杭州之墓次，某日至苏州，而以某日卒，年四十有三。"蒋之奇《沈睿达墓志铭》："睿达，讳辽，姓沈氏，世为钱唐人。……丁父忧，哀毁如母夫人。时更赦，徙池州，卒。实元丰八年二月九日也，享年五十四。"

五六月间，苏轼有意在宜兴置田。章惇（1035—1106）、陈舜俞有相关和诗。

苏轼《常润道中有怀钱塘寄述古五首》，其五乃常州作。云："惠山泉下土如濡，阳羡溪头米胜珠。卖剑买牛吾欲老，杀鸡为黍子来无。地偏不信容高盖，俗俭真堪着腐儒。莫怪江南苦留滞，经营身计一生迂。"【《东坡全集》卷6】

附章子厚诗：君方阳羡卜新居，我亦吴门葺旧庐。身外浮名轻土苴，眼前陈迹付篿篨。涧声山色苍云上，花影溪光罨画余。他日扁舟约来往，共将诗酒狎樵渔。【《苏诗补注》卷11】

《宋史·奸臣传·章惇》云：章惇，字子厚，建州浦城人。父俞，徙苏州。……惇豪隽，博学善文，进士登名，耻出侄衡下，委敕而出，再举甲科。调商洛令，与苏轼游南山，抵仙游潭，潭下临绝壁万仞，横木其上，惇揖轼书壁，轼惧不敢书，惇平步过之，垂索挽树，摄衣而下，以漆墨濡笔大书石壁曰："苏轼、章惇来。"既还，神彩不动。轼拊其背，曰："君他日必能杀人。"惇曰："何也？"轼曰："能自判命者，能杀人也。"惇大笑。召试馆职，王陶劾罢之。熙宁初，王安石秉政，悦其才，用为编修三司条例官，加集贤校理、中书检正。……召惇还，擢知制诰、直学士院、判军器监。三司火，神宗御楼观之，惇部役兵奔救，过楼下，神宗问知为惇。明日，命为三司使。吕惠卿去位，邓绾论惇同恶，出知湖州，徙杭州。入为翰林学士。元丰三年，拜参知政事。……五年，召拜门下侍郎。……哲宗即位，知枢密院事。……黜知汝州。七八年间，数为言者弹治。哲宗亲政，有复熙宁、元丰之意，首起惇为尚书左仆射兼门下侍郎，于是专以"绍述"为国是，凡元祐所革，一切复之。引蔡卞、林希、黄履、来之邵、张商英、周秩、翟思、上官均居要地，任言责，协谋朋奸，报复仇怨，小大之臣，无一得免，死者祸及其孥。……哲宗崩，皇太后议所立。……皇太后决策立端王，是为徽宗。迁惇特进，封申国公。为山陵使。灵舆陷泽中，逾宿而行。言者劾其不恭，罢知越州，寻贬武昌军节度副使，潭州安置。"……贬昭化军节度副使，子孙不得仕于朝。"诏下，海内称快。独其家犹为《辨诬论》，见者哂之。【《宋史》卷471《奸臣传·章惇》】

陈舜俞《和章子厚闻子瞻买田阳羡却寄》：罨画春流藻荇长，吴门菰米鳜鲈乡。谋田问舍拙者事，寻壑买山君底忙。出处两忘同旅寓，浊清一种付沧浪。故人诗酒如驱使，别有甘泉绿野堂。【《都官集》卷13；《苏谱》，第276—277页】

【按】陈舜俞与蒋之奇、苏东坡友善，其卒年在熙宁九年（1076）［详见本谱第17卷］。其诗中既云"闻子瞻买田阳羡"，说明苏轼"买田阳羡"当在此之前。考苏经历，唯熙宁六七年来宜兴，故系于此。

或传，苏轼于是年在宜兴买田。

周必大《书东坡宜兴事》云：公熙宁中倅杭，沿檄常、润间，赋诗云："惠山泉下土如濡，阳羡溪头米胜珠。"又有"买牛欲老""地偏""俗俭"之语，卜居盖权于此，实为欲卜居。【《苏谱》，第277页】

宗典《苏轼卜居宜兴考》云：曹姓田既成交于责黄之前，很可能是熙宁七年（1074）正月苏轼通判杭州任内。由于通判是副职，屡出游。由此可知，单秀才陪同东坡漫游宜兴，正在此时。元丰八年（1085）五月苏轼《归宜兴留题竹西寺诗》是有力的证明。诗中云："十年归梦寄西风，此去真为田舍翁。"当苏轼获准放归阳羡时，黄土村的田置了已经"十年"了，他的"梦想"以为"真"的可以实现了。【《中华文史论丛》1979年第1辑】

李之亮在《与王定国书四十九首之三十四（元祐六年作）》后［笺注六］云：《中华文史论丛》一九七九年第一期宗典《苏轼卜居宜兴考》谓"苏轼初买宜兴田应在熙宁七年"。宗文引宋周必大谓"东坡责黄州日"买田宜兴，并叙原曹姓田主昏赖等语，遂谓"曹姓地主无理争讼是在责黄期间，则曹姓田成交，应在责黄之前"。宗文以下引元丰八年所见于《诗集》卷二十五《归宜兴留题竹西寺》"十年归梦寄西风，此去真为田舍翁"云云，遂谓"黄土村的田已置了十年。"……其实此事历来甚明，宗文纯为标新立异，没有通读《东坡文集》即下结论。东坡买田常州在《文集》中屡屡提及，从没有说到熙宁七年即开始置田，如果将《文集》看过，就不会得出如此奇险可笑的结论。【《苏轼文集编年笺注》卷52，第722—723页】

杨慎《蜀士夫多不居本乡》云：先君尝言："自古蜀之士夫，多卜居别乡。"李太白寓江陵、山东、池州、庐山而终于采石，老苏欲卜居嵩山，东坡欲买田阳羡，魏野之居陕州，苏易简之居吴门，孙光宪之居荆南，陈尧佐之居嵩县，许奕许将之居闽，张孝祥之居于湖，姚勉之居筠州，陈去非之居叶县，毋廷瑞之居大冶，虞允文之居临州，邓文原之居湖州，杨孟载之居姑，苏袁可潜之居笠泽。岂以其险远厌跋涉邪？【《丹铅总录》卷2《地理类》】

【按】据苏诗"卖剑买牛吾欲老，杀鸡为黍子来无""莫怪江南苦留滞，经营身计一生迂"，意思是我已经置下田地，你是不是愿意过来呢？另外，苏轼告诉陈襄说滞留江南，除了工作，私下还有一个目的，就是"经营身计"。又据章惇、陈舜俞所言"君方阳羡卜新居""和章子厚闻子瞻买田阳羡却寄"，必是在陈舜俞在世（熙宁九年）之前，难道章、陈也仅仅是道听途说？考虑到当时蜀中"士夫多不居本乡"的风气，苏轼来到宜兴时，他验证了琼林宴上蒋之奇所说的话，再加有外甥女等亲属在此，故请单家兄弟买田置业，不无可能。李之亮只是强调，《东坡文集》里没有明言讲"熙宁七年即开始置田"，故认为这些诗句不足为据。要知道，所谓的《东坡文集》《苏轼全集》其实都不"全"，也不可能"全"，除了历史的兵燹动荡，就是崇宁禁锢一事，苏轼文稿不知损失多少。当然，初次在宜兴买田，究竟买在哪里？买了多少？这是另一个问题。宗典"苏轼初买宜兴田应在熙宁七年"之论，是有立论依据的，但强说所买即"曹氏田地"，依据还不充足。

六月，陈襄改知应天府（今河南商丘），尚书礼部侍郎杨绘知杭州。

《苏谱》云：六月初三，陈襄除知应天府（今河南商丘）。七月七日，

襄离杭，八月，赴南都。【《苏谱》，第278—280页】

《乾道临安志·牧守》载：陈襄，熙宁五年五月乙未，以知陈州、尚书刑部郎中、知制诰陈襄知杭州。熙宁七年六月己巳，徙知应天府。……杨绘，熙宁七年六月己巳，以知应天府、翰林侍读学士、尚书礼部侍郎杨绘知杭州。与陈襄两易其任。【《乾道临安志》卷3】

七月壬寅，蒋之奇母亲周氏（1007—1074）卒于楚州转运使官舍，享年六十有八。王雱作《宋故永宁县太君潘公夫人周氏墓志铭》，蒋之奇丁忧。

王雱《宋故永宁县太君潘公夫人周氏墓志铭》云：夫人永宁县太君，宜兴周氏子，适同县蒋氏，为赠尚书都官员外郎讳潘之妻，而之奇、（之美）、之纯、之武母也。以熙宁七年七月壬寅卒于楚州转运使官舍，享年六十有八。……而之奇尤显于世，及夫人在，为尚书金部员外郎、权淮南转运副使，而之美以进士举得科名。之纯早亡。之武以目疾退处，亦皆举进士、业文学。女嫁为士妻，尤有礼法、通道理，能安于义命。之奇自御史贬，几废，已而复用。【《孝思堂蒋氏宗谱》卷3】

《长编》记载：七年夏四月丙申，诏："闻淮南路推行新法多有背戾，役钱则下户太重，常平惟务散，多更不出榜，召人情愿有用等第敷钱与民，极为不便。令本路监司速体量按治以闻。"又诏："近楚州市易务监官违法，闻蒋之奇久已知之，亦尝有百姓陈诉，而之奇都不案治。宜亦体量以闻。"会之奇丁忧去。[原注：丙戌，之奇已奏王景彰，此云不按治。当考。朱史已削去。]【《长编》卷252】

七月，蒋之奇扶柩至江宁，一来是看望恩师王安石，二来是请王安石为亡母作铭，后由王雱代作。此次相会，两人没谈政事，反而专心谈论了佛学。

王安石《戏示蒋颖叔》诗云：扶衰南陌望长楸，灯火如星满地流。但怪传呼杀风景，岂知禅客夜相投。【《临川文集》卷29】

蔡絛《杀风景》记云：李义山《杂纂》，品目数十，盖以文滑稽者。其一曰"杀风景"，谓清泉濯足、花上晒裈、背山起楼、烧琴煮鹤、对花饮茶、松下喝道。晏元献庆历中罢相守颖，以惠山泉烹茶注，从容置酒赋诗曰："稽山新茗绿如烟，静挈都蓝煮惠泉。未向人间杀风景，更持醪醋醉花前。"王文公元丰末居金陵，蒋大漕颖叔夜谒公于蒋山，驺从甚都。公取"松下喝道"语戏之："扶衰南陌望长楸，灯火如星满地流。但怪传呼杀风景，岂知禅客夜相投。"自此，"杀风景"之语颇著于世。【《西清诗话》卷上】

王安石《答蒋颖叔书》（略）。【《临川文集》卷78】

【按】王安石此书，不知作于何年，因是时王与蒋相见于金陵，姑系于此。其《答蒋颖叔书》，亦是论佛话禅，与诗中"禅客夜相投"契合，故附此。

九月，苏轼离开杭州，赴密州任，道经宜兴。约在此时，德兴知县单锡为余十隆所创聚远楼题额，并邀请苏轼等为之题诗。

《苏谱》云：九月，移知密州。本月，朝云来归，离开杭州。在杭时，游六和塔，书苏舜钦《金鱼诗》，观寺后金鱼池之金鲫鱼。途中赴湖州、又经安吉至苏州，月底过常州，期间单锡请题德兴俞氏聚远楼。十月，至润州（遇胡完夫宗愈、孙巨源洙、王正仲存），渡江至高邮，吊邵迎之丧。至楚州、过淮上。十一月，路经海州。赴密州途中，屡与单锡（君贶）简。十二月三日，到密州任。是年，患痔疾。【《苏谱》，第284—308页】

苏轼《单同年求德兴俞氏聚远楼诗（三首）》：雪山烟水苦难亲，野草闲花各自春。赖有高楼能聚远，一时收拾与闲人。[查慎行按：《苕溪渔隐云》：作诗不可太熟，亦须令生。东坡作聚远楼，本合用"青山绿水"对"野草闲花"，以此太熟，故易以雪山烟水，此深知诗病者，然后知宁拙毋巧，宁朴毋华，宁粗毋弱，宁僻毋俗之语，可信。]无限青山散不收，云奔浪卷入帘钩。直将眼力为疆界，何啻人间万户侯。闻说楼居似地仙，不知门外有尘寰。幽人隐几寂无语，心在飞鸿灭没间。[查慎行原注：起熙宁甲寅六月，自常润回钱塘作，九月后移知密州，尽十二月。]【《苏诗补注》卷12】

雍正《江西通志·古迹（饶州府）》："聚远楼，《林志》：在德兴县东南，宋熙宁间余十隆创，据邑最高处。县令单锡扁曰'聚远楼'，侍郎刘定记、王拱辰、苏洵、苏轼、苏辙、黄庭坚、马廷鸾、赵子昂俱有诗。"【雍正《江西通志》卷41】

【按】雍正《江西通志》等载，聚远楼为"余氏"所筑，而苏轼诗作"俞氏"，疑亦是崇宁之后的改动。

十月，苏轼移知密州，途中屡与单锡（君贶）简。一到任上，便托苏州通长老打听单锡家情况。十一月初至密州任，上《论河北京东盗贼状》。

《苏谱》云：十一月，至海州；赴密州途中，屡与单锡简。《文集》卷六十一《与通长老》。【《苏谱》，第300—301页】

苏轼《答水陆通长老五首（密州）》云：《三瑞堂（在苏州）诗》已作了，纳去恶诗竟何用？是家求之如此其切，不敢不作也。惠及温柑甚奇，此中未尝识也。枣子两罂，不足为报，但此中所有只此耳。单君贶必常相见，路中屡有书去。久望来书，且请附密州递寄数字，告为速达此意。【《东坡全集》卷79；《苏轼文集编年笺注》卷61，第186—187页】

苏轼《论河北京东盗贼状》：熙宁七年十一月日，太常博士、直史馆权知密州军州事苏轼状奏：臣伏见河北、京东比年以来，蝗旱相仍，盗贼渐炽，今又不雨，自秋徂冬，方数千里，麦不入土。……【《经进东坡文集事略》卷33】

【按】李之亮［编年］云："熙宁七年任密州知州时作。东坡以熙宁七年十一月三日到密州。"从途中经常与单锡通信，到密州后又打听单家消息，单家似乎出了什么事情。联系苏轼《祭单君贶文》看，推测单锡因病居家，而且病情比较严重。

是年，蒋之奇侄蒋彝（1074—1122）出生，蒋堂孙、蒋长源子。

程俱《朝散郎直秘阁赠徽猷阁待制蒋公（彝）墓志铭》载：公讳彝，字子有，姓蒋氏，常州宜兴人。……曾祖讳九皋，累赠太傅；祖讳堂，尚书礼部侍郎，为时名臣，国史有传，累赠少师。考讳长源，庄重博雅，不以势利累心，官至朝奉大夫。……宣和四年，起知明州。公裁决抚循，事得其理，居数月，以疾卒于明州州治之正寝，临终神色不变。……三子环泣，即就枕瞑目而逝。实是年六月甲辰，享年四十有九。【《北山小集》卷30】

是年，沈辽被举荐为监明州市舶司，迁太常寺奉礼郎。越二年，明州市舶司被罢。

蒋之奇《沈睿达墓志铭》载：荐监明州市舶司，迁太常寺奉礼郎。才二年，市舶废，改监杭州军资库。【《云巢编》卷10《附录》】

《宋史·食货志下八》载：熙宁九年，集贤殿修撰程师孟请罢杭、明州市舶，诸舶皆隶广州一司。令师孟与三司详议之。【《宋史》卷186《食货志下八》】

十月，应泾县大宁应端禅师之请，丁忧在家的蒋之奇为大宁寺大义堂作《记》。

嘉庆《泾县志·寺观（仙释附）》载：大宁寺，在县西南四十里古猷州废址。旧名伏虎禅师道场，宋改今名。堂曰大义阁，曰齐云台，曰见山。……宋尚书金部员外郎蒋之奇《大宁院大义堂记》曰："熙宁七年，大宁端禅师访予于淮南。既见，且言曰：'应端于所居之院新作法堂成。'尝闻百丈禅师谓其徒曰：'汝为我开田，我为汝说大义。'应端以'大义'名其堂，不识可乎？"【嘉庆《泾县志》卷25】

蒋之奇《大宁院大义堂记（熙宁七年）》：熙宁七年，大宁端禅师访予于淮南。……堂经始于熙宁三年正月，告成于熙宁六年十月。【《全宋文》卷1706，第604页】

十一月甲戌，太常丞、知常熟县王子韶；秘书丞、通判苏州胡宗愈又遭降职。

《长编》载：七年十一月甲戌，中书检会降官、降职、降差，遣人取裁。

诏司封郎中元积中复直昭文馆，与旧资序差遣。……太常丞、知常熟县王子韶，太子中允、新监西京洛河抽税竹木务程颢，秘书丞、通判苏州胡宗愈，大理寺丞薛昌朝，著作佐郎林旦，著作佐郎、前知韩城县范育，降授光禄寺丞。……时责降应复者四十余人，吕惠卿意所恶者，辄废格不行。胡宗愈、刘挚皆坐言事，落职外补，宗愈又先责，至是惟挚复旧职，宗愈通判苏州如故，十年再赦，乃复旧职。【《长编》卷258】

第十六卷 熙宁八年（1075）

熙宁八年（1075）乙卯 四十五岁

蒋之奇丁忧在家，或在善权寺开海陆法会，妻兄沈辽陪侍。蒋与善权寺住持觉海若冲禅师友善，曾作有多首诗，已佚，沈辽有唱和。

沈辽作《奉陪颖叔和觉师（三首）》《善权阅轩岩》《次韵和允中送觉师》《张公洞下》《奉和敦义张公洞》等诗。《善权阅轩岩》云：古寺寄林丘，清泉高下流。山僧空自老，岩石不知秋。龙去潭水白，猿冷枫树幽。轩前一楸局，谁与汝忘忧。《奉陪颖叔和觉师（二）》云：老师善言法，何者名为禅。不复著言句，应当离事缘。挹水何有用，攀云谁望天。欲知证心要，为我示偏圆。《赠觉师》云：我昔乘兴游荆溪，数访道人溪水西。道人飘然舍我去，有如白云谢污泥。我来云间亦未久，惠然相顾携枯藜。时人莫将老相识，解空第一须菩提。【《云巢编》卷2】

《宜兴旧志·名胜》载：善权洞，在县西南五十里，国山东南，一名龙岩。……熙宁二年，僧若冲与徒秉燧裹粮入，行约三十里，有石碓、石床、石羊、石马，天然精巧，忽大声震，惧而返。……张正素处士举有纪行石刻，在天申宫。【《宜兴旧志》卷9《名胜》】

【按】觉师，即觉海若冲禅师。释惟白《东京大相国寺惠林禅院觉海禅师》云：觉海禅师，讳若冲，姓钟氏，江宁府句容人也。……初住常州荐福，次住宜兴善权，又还荐福。后住北京福胜、西京法王。相国韩公绛、太师文公彦博尝加师仰，晚奉诏住慧林。【《建中靖

国续灯录》卷9】

二月，王安石复相，同中书门下平章事。

《宋史·神宗纪二》云：王安石柄政：八年二月癸酉，以王安石同中书门下平章事。……六月己酉，颁王安石诗书周礼义于学官。辛亥，以安石为尚书左仆射兼门下侍郎。戊午，太师魏国公韩琦薨。……九月庚申朔，王安石兼修国史，立武举绝伦法。冬十月庚寅，吕惠卿罢知陈州。【《宋史》卷15《神宗纪二》】

约在是年，宜兴重居寺重修，疑是蒋之奇功德。沈辽作《重居开堂》文、《奉陪颖叔赋钦院牡丹》诗。

沈辽《重居开堂》云：昔者诸佛有大慈，为我众生能作怙，究明真如之性，超出烦恼之津，盖非小缘，诚一大事。惟重居之宝刹，乃阳羡之敬田，欲闻法音，当得开士。某人宿植德本，乐说辩才，早游诸方，默受密印。以拳拳四众之请，蕲的的大匠之来。幸无多谦，副此瞻望。【《云巢编》卷10】

乾隆《江南通志·寺观三（常州府）》载：法藏寺，在宜兴县西南隅。旧在县西谈村，萧齐时建，名重居。唐上元二年，移建于县南二里。宋大中祥符间赐今额。【乾隆《江南通志》卷45】

《毗陵志·仙释》载：法藏禅寺，在县南二里，旧在县西五十里谈村，萧齐时建，名重居。唐上元二年徙今地，成悦《山门记》云："咸通中复，大中祥符间赐今额。"陈古灵尝赋《紫菊诗》云："山僧揖我临阶坐，眼到栏边心即喜。便欲移归种郡斋，忍令于此风烟埋？"蒋颖叔亦有《诸禅室众芳》诗。淳熙中改"律"为"禅"，绍定初，令赵与惄倡邑人重创大雄殿。［原注：殿毁于淳熙己酉，是年赵令生，后四十一年己丑，殿成而令卒，殆有冥数云。］【《毗陵志》卷25《仙释》】

【按】沈辽"某人宿植德本，乐说辩才"中的"某人"，当即蒋之奇。

蒋之奇有《题宜兴法藏寺（十五首）》，分别为《钦院牡丹》《元院金沙》《参院丽春》《顺院罂粟》《芝院密友（湿红者最佳）》《良院新蒲》《一院红蜀葵》《总院常春》《行香院白莲》《常住手植菊》《初院蒲萄》《宁院金风》《杨院宝相》《华院千叶拒霜》《忠院新接牡丹》（俱略）。【《大德毗陵志辑佚》，第88—90页】

沈辽《奉陪颖叔赋钦院牡丹》：昔年曾到洛城中，玉碗金盘深浅红。行上荆溪溪畔寺，愧将白发对东风。【《云巢编》卷1】

《奉陪颖叔赋吐绶鸟》诗云：佛舍有珍羽，垂颔秘丈绶。对客辄复吐，粲粲如缔绣。其吐岂适然，乃在喜惧间。已吐亦复收，仓卒一瞬还。绿玉耸角毛，褐羽珠栏班。方其振舞时，意气艳且闲。吾欲语阿师，不如放深山。稻粱使自得，不复劳深关。【《云巢编》卷2】

苏轼在密州任上，筑超然台。蒋夔有茶及诗寄赠，苏轼有和诗。

乾隆《山东通志·古迹志》云：超然台，在县北城上之西，偏县之北城上，东西各有一台，元魏建城时所筑。宋熙宁八年，苏轼来守密州，因于西城台上创为栋宇，以为登眺游息之所。其弟为济南司理，寄题为《超然台》云。【乾隆《山东通志》卷9《古迹志》】

苏轼《和蒋夔寄茶》诗云：我生百事常随缘，四方水陆无不便。扁州渡江适吴越，三年饮食穷芳鲜。金齑玉脍饭炊雪，海螯江柱初脱泉。临风饱食甘寝罢，一瓯花乳浮轻圆。自从舍舟入东武，沃野便到桑麻川。剪毛胡羊大如马，谁记鹿角腥盘筵。厨中蒸粟埋饭瓮，大杓更取酸生涎。柘罗铜碾弃不用，脂麻白土须盆研。故人犹作旧眼看，谓我好尚如当年。沙溪北苑强分别，水脚一线争谁先。清诗两幅寄千里，紫金百饼费万钱。吟哦烹噍两奇绝，只恐偷乞烦封缠。老妻稚子不知爱，一半已入姜盐煎。人生所遇无不可，南北嗜好知谁贤。死生祸福久不择，更论甘苦争蚩妍。知君穷旅不自择，因诗寄谢聊相镌。【《苏诗补注》卷13】

【按】原注：熙宁八年乙卯，在密州任作。蒋夔，即蒋之奇友人、江西蒋子庄。

六月，蒋之奇连襟颜处恭降职。

《长编》记载：（六月）丙午，……都官员外［刑部都官司次官，正六品寄禄官］颜处恭……降一官。【《长编》卷265】

王安石《乐安郡君翟氏墓志铭》云：尚书主客员外郎钱塘沈君，名扶之夫人翟氏者，鄂州节度推官讳希言之子。……女适秘书省著作佐郎颜处恭、邢州尧山县令王子韶、太常博士监察御史里行蒋之奇。……【《临川文集》卷100】

是年秋，蒋之奇属下韦骧陪集贤校理、直舍人院邓润甫游善权寺（灵岩），疑是看望蒋之奇。

《永乐大典·灵岩》载："灵岩，在直隶常州府，去城之东南五十里，罨画溪西，峻逾百仞，上有龙湫，云气常蒸绕，祷雨辄应。"……韦骧有《游灵岩陪温伯舍人（四首选一）》："东国名高独此岩，群峰环抱自韬钤。道场岑寂规风古，禅室空疏杖喝严。木落有时飘殿角，云寒终日蔽山尖。不知双鹤归何处，留得灵泉与众甜。"【《永乐大典》卷9766】

《宋史·邓润甫传》载：邓润甫字温伯，建昌人。……熙宁中，王安石以润甫为编修中书条例、检正中书户房事。神宗览其文，除集贤校理、直舍人院，改知谏院、知制诰。……绍圣初，哲宗亲政，润甫首陈武王能广文王之声，成王能嗣文、武之道，以开绍述。遂拜尚书左丞。……无何暴卒，年六十八。辍视朝二日。以尝掌均邸笺奏，优赠开府仪同三司，谥曰"安惠"。【《宋史》卷343《邓润甫传》】

冬十月庚子，权三司使章惇罢知湖州，苏轼有《和章七出守湖州二首》诗。

《长编》记载：熙宁八年冬十月庚子，右正言、知制诰、直学士院、权三司使章惇知湖州。先是，御史中丞邓绾言：臣伏见陛下近日断然罢黜吕惠卿，令按治其罪。诏命一出，上自朝廷之卿士，下至闾巷之庶民，莫不鼓舞欢欣，称颂圣德，虽四海之外，万世之下，孰不仰陛下威断之明。臣以谓惠卿执政逾年，所立朋党不一。然与惠卿同恶相济，无如章惇。臣职在纠弹，曾论奏惇佻薄险轻，行迹丑秽，趣向奸邪。亦略条惇徇私作过，欺君罔上，不忠之罪。又复言惇父年八十，不肯归养，瞷伤教义，不孝之恶。且陛下官爵，而惠卿与惇擅以相私。只如惇才差往辰州，即举惠卿妻弟方希觉往军前妄冒功赏。惠卿才管军器监，即举惇妻弟供奉官张赴在本监勾当公事。及惇入三司，即商量废罢二省判，特置三主簿，内一员方希益，乃惠卿妻之亲弟；一员陈朴，乃升卿妻之亲兄……故蔡承禧劾惇，有云"朝登陛下之门，暮入惠卿之室"，盖指此事也。上由是恶惇，而王安石尤忌方平，方平既出，惇亦随责。【《长编》卷 269】

《宋史纪事本末·王安石变法》载：八年冬十月庚寅，吕惠卿罢。御史蔡承禧论惠卿欺君玩法，立党肆奸。惠卿居家俟命，中丞邓绾亦欲弥缝前附惠卿之迹，以媚安石。安石子雱复深憾惠卿，遂讽绾发惠卿兄弟强借秀州华亭富民钱五百万，与知华亭县张若济买田，共为奸利事，置狱鞫之。惠卿竟罢，出知陈州。（邓）绾又论三司使章惇协济惠卿之奸，出知湖州。【《宋史纪事本末》卷8】

苏轼《和章七出守湖州二首（选一）》诗云：方丈仙人出渺茫，高情犹爱水云乡。功名谁使连三捷，身世何缘得两忘。早岁归休心共在，他年相见话偏长。只因未报君恩重，清梦时时到玉堂。［查注：章七守湖州。］《丁未录》：章惇举进士甲科，王安石用事，李承之荐惇可用，安石召见之。惇素辨，又善迎合。安石大喜，数年遂至侍从、三司使。上尝誉张方平之美，以问惇，惇以告吕惠卿。故御史蔡承禧弹惇云"朝登陛下之门，暮入惠卿之室"，为此也。上由是恶惇。安石亦仇惠卿，黜之陈州。中丞邓绾言"惇人物佻薄，行迹丑秽，与惠卿协济为奸，宜早罢斥"，遂自俞权三司使出知湖州。［按，施氏原注。］子厚，浦城人。父徙苏州。子厚好论出世间法，故诗中多用学仙事。东坡既买田阳羡，子厚在湖州寄诗云"君方阳羡卜新居，我亦吴门葺旧庐"云云。［查注：仙人出森茫。］《挥麈录》云：章俞（章惇父）者，郇公（宰相章得象）之族子。不自拘检，与妻之母杨氏通，生子。杨氏以一盒贮水，缄置其内，使人持以还。俞既长，登第，与东坡缔交。后送其守湖州诗有"方丈仙人出渺茫"云云，以为讥己，由是怨之。其子入政府，俞尚无恙。尝犯法，以年八十勿论。事见《神宗实录》。绍圣初，东坡渡海，盖修报也。【《苏诗补注》卷13】

十二月，蒋之武妻严氏卒于家，年仅三十九岁。

蒋静《宋故宣德郎致仕之武公墓志》云：公讳之武，字文翁。……知枢密院事、故观文殿学士讳之奇之亲弟也。……初娶严氏，封仙源县君；继室胡氏，寿安县君，皆有贤行。严氏年三十九，熙宁八年十二月十八日卒于家。【《柚山蒋氏宗谱》卷3】

丁忧在家的蒋之奇，置地南庄，修缮冲寂观、重居寺等。期间，遍游宜兴，并有诗。

《毗陵志·古迹》载：南庄，在县北五十二里。蒋颖叔尝置义田，有云："耕春烟一陇，钓夜月千寻。未荒三径在，不负此生心。"又云："功成乞身去，于此老吾生。"【《毗陵志》卷27《古迹》】

蒋之奇逸句：功成乞身去，于此老吾生［南庄］。【《全宋诗》卷688，第8039页】

蒋之奇《冲寂观》云：楼阁郁穹窿，清都幸此逢。兔藏贤令井，鲸吼贰卿钟。花覆瑶台暗，香漂宝鼎浓。仙居赤城洞，人住玉霄峰。棋响风敲竹，琴楼月在松。云霞随步武，猿鹤伴从容。湖涨销千尺，山浮黛色重。人间真福地，物外是灵踪。鹫岭标香刹，蛟溪接近封。枌榆偏在念，桑梓更惟恭。学道功成就，冲霄愿必从。他年随羽化，横跨葛坡龙。【《荆溪外记》卷4】

沈辽《和颖叔冲寂观》诗云：畴昔学轻举，衰龄恨未逢。慇勤寻福地，邂逅听仙钟。唯阜规摹古，烟霞气象浓。涓湖开左泒，勾曲耸西峰。宫殿瞻黄皓，风期想赤松。区中诚久厌，物外或能容。落日窥三岛，阴云隔九

蒋之奇——滆湖风光

重。蛟渊无狃害，兔井识遗踪。遐企旌阳隐，旁邻里封。翘心冥有感，稽首敢忘恭。幽士期相访，扁舟志未从。拳拳望仙境，尼父叹犹龙。【《云巢编》卷2】

《毗陵志·仙释》云：冲寂观，在县西北六十里。唐弘道元年周长官选所居，井有白兔升天，舍为观。井在三清殿前，旧名"凌霞"。大中祥符八年赐额"玄寂"，避圣祖讳，改今额。蒋颖叔诗云："兔飞贤令井，鲸吼贰卿钟"，自注："从父希鲁尝施钜钟。"《神仙传》云："南唐隐者许坚至此浴滆湖，履波而逝。"李坚诗云："玉兔朝天去不回，空余露井荐晨杯。屋铃不语湖如掌，无复凌波逸士来。"【《毗陵志》卷25《仙释》】

《官林镇志·绿荫槐窗》云：琳宇有巨槐，高达三四丈，夏日蝴蝶翩翩，连珠串串，绿荫如盖，阁子生风。原为唐学士周选书斋，继为道人修练功德之处。蒋之奇诗云："学道功成就，冲霄原必从，他年随羽化，横跨葛陂龙。"【《官林镇志》，第232页】

蒋颖叔《赋蒋庄养鹅墩》云："凌风泛浪白于云，野放湖中晓至昏。一举招旗毕来集，至今人号养鹅墩。"【《毗陵志》卷30《纪遗》】

《毗陵志·查林田舍》云：到氏查林田舍，在县东二十里。旧传到洽兄弟所居，任昉过之，曰："此子日下无双。"且申拜亲之礼。蒋颖叔诗云："六朝冠盖俱尘土，到氏今无苗裔存。当时任昉过田舍，野老犹记查林村。"【《毗陵志》卷27《古迹》】

《明永乐常州府志·清泉乡》载：查林村，蒋颖叔和慕容子虚《阳羡怀古五绝》，"到氏田舍"预其一，诗云："六朝冠盖归尘土，到氏今无

苗裔存。当时任昉过田舍，野老犹记查林村。"【《明永乐常州府志》卷3，第15—20页】

《毗陵志·侍郎桥》云：侍郎桥，在湖㳇镇罨画溪。旧传陆希声隐居于此，蒋颖叔题其宅云："二十四亭芜没尽，溪边犹有故时桥。"【《毗陵志》卷3《古迹》】

《毗陵志·人物·侨寓》云：陆希声，唐人，相昭宗，避乱隐阳羡之湖㳇，名其山曰"颐山"，自号"君阳遯叟"，著《颐山录》及《山居二十七咏》。见"留咏门"。蒋颖叔《题希声宅诗》有云："二十四亭芜没尽，溪边犹有故时桥。"其逸居之胜，盖可想见。……苏轼，嘉祐二年与蒋颖叔连名策第，宴琼林日坐相接，遂约卜居阳羡。邑人单锡亦同年进士，轼以甥女妻之，属以问田。后谪黄州，移临汝，上章乞居阳羡，谢表有云："买田阳羡，誓毕此生。"尝托邵民瞻买宅一区，为缗钱五百。将挈居，偶与邵步月村落，闻老妪哭声甚哀，异而问之，答曰："吾家有一居，相传百年。今吾子不肖售诸人，所以悲耳。"叩其居，即邵所得，亟取券对妪焚之，竟不索直。自是亦不复问舍，寓于顾塘桥孙氏之室而殁。其风谊如此。【《毗陵志》卷18《人物》】

蒋之奇记《顾渚涌金泉》。

蒋颖叔《蒋氏日录（17）·涌金泉》云：顾渚涌金泉，每岁造茶时，太守先祭拜，然后水渐出。造贡茶毕，水稍减。至供堂茶毕，已减半矣。太守茶毕，遂涸。【《说郛》卷31上】

《吴兴备志·方物徵》载：陆羽与皎然、朱放辈论茶，以顾渚为第一。茶性最寒，惟顾渚茶独温和，饮之宜人，厥名紫笋。他茶久置则有痕迹，惟此茶久置清若始烹。闻此地有涌金泉，以造茶时溢，茶毕则涸。【《吴兴备志》卷26】

第十七卷　熙宁九年（1076）

熙宁九年（1076）丙辰　四十六岁

是年上半年，蒋之奇丁忧在家。

正月廿二日，永州周甫、张吉刊刻蒋之奇治平间所题《澹山岩诗》。

汤军《永州朝阳岩石刻考》云：零陵水石天下闻，澹山之胜难其论。……芜词愿勒岩上石，勿使岁久字灭漫。熙宁九年正月廿二日，蒋之奇字颖叔过此书，周甫、张吉刊。……又云：谪宦党人放游西南者多题记，惟黄庭坚诗帖最彰，邹浩诗纪驯狐夜报迹最奇，周茂叔、范淳父、祖禹题名最重，蒋之奇长歌最工。【参见《湖南科技学院学报》2014年第7期】

是年初，秦观来宜兴游，与邵光一会。之后二年，邵刚、邵光兄弟请其作《集瑞图序》。

秦观《与邵彦瞻简》云：某顿首启，日月不相贷借，奉违未几，已复清明。缅惟还自诸邑，尊履胜常，钦企钦企！春色遂尔蔼然，草木鱼鸟，各有佳意。广陵多登临之美，临风把盏，所得故应不赀。古语有之，良辰美景，赏心乐事，四者难并。今又以风流从事，从文章太守，游淮海佳郡，岂不为七难并得乎！甚盛甚盛。邑中少所还往，杜门忽忽，无以自娱，但支枕独卧，追惟旧游而已。欲南去，属私故，未能伺舟，但增引悒。不宣。某顿首。

又：顷蒙以《集瑞图序》文见属，此固盛时之事，前世词臣墨客所颂叹者，不特为南方之美，君家之祥也。不腆之文，何以称此？然重逆盛意，又窃喜托名图上以为荣，故不敢固辞，辄撰次，并《扬州集序》寄呈，中间尤恶处，不惜指示，就与改窜，尤幸。或要手写，可先具素，令画史图一本，异时渌水堂中，为设清酒一樽，芍药数枝，可乘醉一挥也。《扬州集序》虽鄙陋，然颇能道废兴迁徙之详，如无他文，似不若置之于前，使观者开卷便知作集之意也。望与使君议之，仍得其集一观。幸甚！幸甚！【《淮海集》卷30】

秦观《集瑞图序》云：熙宁九年，燕国邵舜文与诸弟持其先君之丧于宜兴，数月有双瓜生于后圃。后二年，又生紫芝三，双桃、双莲一，凡六物。于是乡之耆老闻而叹曰："邵氏其兴乎？何其瑞之多也。"舜文因集六物者而图之，号《集瑞图》云。余谓万物皆天地之委和，而瑞物者又至和之所委也。至和之气，磅礴氤氲而不已，则必发见于天地之间。其精者，盖已为盛德、为尊行、为豪杰之材；其浮沉而下上者，则又为景星、卿云、甘露、时雨、醴泉、芝草、连理之木、同颖之禾；而栖翔游息乎其中者，则又为凤凰、麒麟、神马、灵龟之属。晔乎光景色象之异也，蔼乎华实；臭味之殊也，卓乎形声文章之无与及也，于是世指以为瑞焉。繇是言之，世之所谓瑞者，乃盛德、尊行、魁奇之才所钟和气之余者耶！邵氏之祖考，既以潜德隐行见推乡闾，至舜文、彦瞻、端仁，又以文学收科第，弟兄相继有闻于时，而诸子森然皆列于英俊之域。则是至和之气钟于其家久矣，宜其余者发为草木之瑞也。昔杨宝得王母使者白环四枚，而宝生震，震生秉，秉生赐，赐生彪，凡四世为三公。以往推今，即邵氏六物之瑞，岂徒生而已夫？盖有应之者矣。【《淮海集》卷39】

张守《宋故孺人邵氏墓志铭》记载：奉议郎致仕詹公成老卒之明年，妻孺人邵氏亦卒。……邵氏，其先吴兴人，乾符中，右补阙安石以吴兴卑垫，徙常之宜兴。曾祖灵甫、祖藏、父宗回，皆隐居不仕。孺人钟爱于父母，不轻以予人。公方英妙，乡誉籍甚，贵人右族争以女归之，公不为意，独以邵氏女贤有闻，又群从光、刚、如、叶相继登进士第，学行著称，因愿交焉。

【《毗陵集》卷13】

范祖禹《手记》有云：邵光，子瞻称之，已卒。【《范太史集》卷55】

【按】张守说邵氏四兄弟"光、刚、如、叶相继登进士第"，而秦观序中言邵氏三兄弟"舜文、彦瞻、端仁"举进士第。秦观此文作于熙宁九年（1076），邵氏幼弟邵叶中进士在元丰二年（1079）时彦榜，故只言三人。

正月，集贤院学士苏颂知杭州。

《乾道临安志·牧守》载：苏颂，熙宁九年正月丙寅，以秘书监集贤院学士苏颂知杭州。本传：字子容。时以吴越荐饥，自勾当三班院选知杭州，召为提举中太一宫，修仁宗英宗正史。【《乾道临安志》卷3】

春，宜兴钱即（1054—1124）登进士第，授安州司理参军。其父即钱垂范，元丰中行宜兴县，不慎烧毁长桥。

杨时《钱忠定公墓志铭》云：公讳即，字中道。……父垂范，故任朝散郎、知太平州，致仕，赠银青光禄大夫。自皇考占籍宜兴，今遂为毗陵人。……熙宁九年中进士第，授安州司理参军，吏有诬服自盗抵死，属邑具狱上于郡，公明其冤状，守将喜而谓曰："劾县狱当得赏。"答曰："治狱得情乃其职，挤人以论功，非吾志也。"闻者叹服。【《龟山集》卷33】

三月，章惇至湖州任上。

李之亮《宋两浙路郡守年表》云：熙宁九年丙辰（1076）：李常。章惇：《吴兴志》云："章惇，右正言、知制诰。熙宁九年三月到任，十一月移知荆南府。"张靖：《长编》卷二七八："（熙宁九年十月戊申）诏湖北辰、沅州蛮人扰叛，攻动城寨。荆南张靖恐难倚以处置，宜令知湖州章惇对易之。"熙宁十年丁巳（1077）：张靖。章惇：《吴兴志》云："十年四月再任，五月丁母忧。"【《宋两浙路郡守年表》，第186页】

是年，蒋之翰罢提点京西北路刑狱，知楚州。

蒋之奇《蒋之翰墓志铭》云：蒋之翰罢提点京西北路刑狱，知楚州。寻提点广南西路刑狱，改知亳州，易寿州，复得亳。……自左官楚州，凡四易地，继一至亳两月而罢，除广西、寿州皆不行，盖当轴者畏公议己，阳为升迁而实以见困也。【《柚山蒋氏宗谱》卷3】

七月己卯，王子韶并提举陕西折纳欠负。

《长编》载：九年秋七月己卯，命权发遣利州路转运判官、太子中允黄廉，太常丞王子韶并提举陕西折纳欠负。【《长编》卷277】

中秋，苏轼在密州，作《水调歌头》怀子由。

《东坡先生年谱》云：九年丙辰，先生年四十一，在密州任。作《刻秦篆记》云："熙宁九年丙辰，蜀人苏某等守高密。是年中秋，欢饮达旦，作《水调歌头》怀子由。"及作《薄薄酒》二章，又写《超然台记》寄李清臣，又《祭常山神文》书胶西，盖公堂照壁画赞。及作《山堂铭》，作《表忠观碑》。【《东坡全集》卷首】

《苏谱》云：正月，迁祠部员外郎。……寒食后，登超然台，赋《望江南》。……文同、李清臣、司马光等也作《超然台赋》［《年谱》，第332页］七月五日，登超然台，赋诗。……中秋，作《水调歌头》。……九月，移知河中府。十一月，告下。……十二月，轼罢密州。【《年谱》，第327—343页】

九月二十日，陈舜俞、苏轼同游杭州有灵鹫兴圣寺，有题名石刻。

《咸淳临安志·寺观六》载：灵鹫兴圣寺，在下天竺北，慧理法师卓锡之地。开运二年，吴越王建，旧名灵鹫。大中祥符八年改今额。嘉熙元年重建。淳祐十二年又建灵山海会之阁，理宗皇帝御书扁。有理公岩、龙泓洞、滴翠轩、九品观堂、东坡祠堂、苏文忠公题名。［原注：杨绘元素、鲁有开元翰、陈舜俞令举、苏轼子瞻同游，熙宁九年九月二十日。］【《咸淳临安志》卷80】

【按】苏轼时在知密州任，不知何故赴杭州。亦或是此石刻为后人重刊所误？俟考。

十月丙午，王安石第二次辞去宰相，罢判江宁府。

《宋史·神宗纪二》载：九年十月乙未，诏东南诸路教阅新军。丙午，王安石罢判江宁府。以吴充监修国史，王圭为集贤殿大学士，并同中书门下平章事。资政殿学士冯京知枢密院。【《宋史》卷15《神宗纪二》】

《宋史·宰辅表二》载：十月丙午，吴充自枢密使、检校太傅、行工部侍郎守前官加同平章事、监修国史。王珪自礼部侍郎、参知政事守前官加同平章事、集贤殿大学士。王安石自检校太傅依前尚书左仆射，领镇南军节度使判江宁府。冯京自资政殿学士、右谏议大夫、知成都府除知枢密院事。【《宋史》卷210《宰辅表二》】

冬十月，蒋之奇服除。起，为浙江转运副使。

雍正《浙江通志·职官（转运使）》记载：○徐的，字公准，建州建安人。副使。○蒋之奇，字颖叔，常州宜兴人。副使。【雍正《浙江通志》卷113】

《宋史·蒋之奇传》云：移淮南，擢江淮、荆浙发运副使。

【按】蒋之奇为"浙江转运副使"，《宋史·蒋之奇传》比较含糊，而《蒋之奇墓志铭》《长编》等均失载。考其熙宁九年经历，应该有此一任。雍正《浙江通志》所载为是。

【又】蒋母周氏，熙宁七年（1074）七月壬寅卒，至此满二十七个月。

十月，章惇知荆南，兼提举本路兵马巡检，安抚辰、沅州叛蛮。

《长编》云：熙宁十年春正月壬子朔……庚申，知制诰、新知荆南章惇知湖州。初，惇自湖徙荆南，仍令亲至辰、沅州，安抚叛蛮。受命即倍道疾驰，道中坠马伤足，遂自陈开辰、沅州事。已定，乞二浙一郡，上批可还惇前任。故也。[原注：熙宁八年十月，惇自三司使出知湖州。九年十月，移知荆南。惇本传云：出知湖州。荆湖蛮复扰边，移知荆南，至则事平。以亲老再请湖州。]【《长编》卷280】

冬，蒋之奇赴浙江任上。拜会苏颂（1020—1101），畅游杭州。是年，蒋之奇或在杭州岳父家过春节。

苏颂《次韵蒋颖叔同游超化院》诗云：贤良才识明，御史风望清。命驾千里至，〔原注：颖叔自毗陵特来杭。〕高谈一座惊。旧故偶获道，离忧自兹平。竭来湖上寺，共语堂西楹。念昔一交臂，几年两摇旌。契阔信靡定，邂逅欣偕行。日薄聊顿辔，兴来再飞觥。霜林隕丹叶，泉坻结新冰。湖月金炯炯，竹风玉玲玲。峰峦对三山，楼殿如九成。南州足奇丽，此地尤兼并。因君发题咏，足使增嘉声。【《苏魏公文集》卷4】

《宋史·苏颂传》载：苏颂，字子容，泉州南安人。父绅，葬润州丹阳，因徙居之。第进士，历宿州观察推官，知江宁县。……皇祐五年，召试馆阁校勘，同知太常礼院。……迁集贤校理，编定书籍，颂在馆下九年，……知颖州。通判赵至忠本边徼降者，所至与守竞，颂待之以礼。……英宗即位，召提点开封府界诸县镇公事。……迁度支判官，送契丹使宿恩州，驿舍火，左右请出避，颂不动。……久之，命为淮南转运使。召起居注、擢知制诰、知通进银台司，知审刑院。……落知制诰，归工部郎中班。……余岁知婺州。……徙亳州。……加集贤院学士、知应天府。……凡更三赦，大临还侍从，颂才授秘书监、知通进银台司。吴越饥，选知杭州。……及修两朝正史，转右谏议大夫，使契丹。……元丰初，权知开封府，颇严鞭朴。……罢郡未几，知河阳，改知沧州。……召判尚书吏部兼详定官制。……除吏部侍郎迁光禄大夫。遭母丧，帝遣中贵人喑劳，赐白金千两。元祐初，拜刑部尚书，迁吏部兼侍读。……迁翰林学士、承旨。五年，擢尚书左丞，尝行枢密事。……七年，拜右仆射兼中书门下侍郎。颂为相，务在奉行故事，使百官守法遵职，量能受任，杜绝侥倖之原。……罢为观文殿大学士、集禧观使，继出知扬州，徙河南，辞不行。告老，以中太一宫使居京口。绍圣四年，拜太子少师，致仕。……徽宗立，进太子太保，爵累赵郡公。建中靖国元年夏至，自草遗表。明日卒，年八十二。……论曰：大防重厚，挚骨鲠，颂有德量。三人者，皆相于母后垂帘听政之秋，而能使元祐之治，比

隆嘉祐，其功岂易致哉！【《宋史》卷340《苏颂传》】

【按】苏颂诗中自注曰"颖叔自毗陵特来杭"，知蒋之奇服除之后，移官赴杭州，拜会太守苏颂。诗中又云"霜林陨丹叶，泉坻结新冰"，知时间应该是冬天。

冬，苏颂与苏轼游西湖，时蒋之奇亦在杭州。有唱和诗，蒋诗已佚。

苏颂《次韵苏子瞻学士腊日（十二月初八）游西湖》诗云："腊日不饮独游湖，如此清尚他人无。唱酬佳句如连珠，况复同好相应呼。……"苏颂另有《次韵蒋颖叔金部游介亭望湖山二十四韵》"我昨来余杭，孟陬值杓建。春色正融怡，皇华纡眷眄。……江湖偶追陪，旬浃停车传。更有山林期，兹焉适予愿。"《次韵蒋颖叔同游南屏见惠长篇》："青山横莽苍，万石出南麓。古刹表耆阇，高声耸群玉。居惟择冈峦，近靡数松竹。郡郭路非遥，游人春不宿。陟巘极跻攀，循崖劳伛伏。架筒引流泉，跨岭构重屋。讲座据妙峰，禅堂对枯木。幽寻难屡期，将往谁能独。偶逢霜台客，暂驻骢马足。联步访丛林，终朝走郊牧。相期方外游，顿忘河上曲。夷路喜君腾，高阁惭予束。更听名理言，俯惬中心欲。况已证真常，讵止齐宠辱。愿言挹清风，可用警浮俗。"【《苏魏公文集》卷4】

蒋之奇有题临安排衙石、浙江天台山妙莲阁诗。

蒋之奇《排衙石》诗云：怪石如排衙，罗列亭两畔。森森整旌纛，岌岌峨冠弁。【《全宋诗》卷688，第8034—8035页】

梁诗正《南山胜迹》云：排衙石，在凤凰山右。《咸淳临安志》云：山巅石笋林立，旧传钱武肃王凿山，见石排立两行，如从卫拱立趋向，因名。【《西湖志纂》卷6】

蒋之奇《题万年妙莲阁》云：佛陇遗芳鲜俪踪，主张三观揭禅丛。明圆珠系衣襦里，净妙莲生湿汗中。真现石桥新法界，重兴银地旧家风。未应赋述夸孙绰，序偈称扬复有公。【李庚：《天台集》，第284—285页】

雍正《浙江通志·寺观（台州府）》载：万年报恩光孝寺，《天台县志》云：

在县西北六十里。……宋雍熙二年，改寿昌。建中靖国初，火。崇宁三年重建，号天宁万寿。绍兴九年，改报恩光孝。先是，太平天禧中累赐袜衣、宝盖及御袍履诸珍玩甚众，有亲到堂、妙莲阁、览众亭。淳熙十四年，日本国僧荣西建三门，西庑仍开大池。香积有釜极深广，世传闍提首那尊者所铸。东南十里有岭曰罗汉，巨杉偃蹇，絜之大百围，凡供五百大士，必于是邀请云。

【雍正《浙江通志》卷232】

是年冬，因反对新法而坐废于家的陈舜俞（1026—1076）卒于湖州。

《宋史·陈舜俞传》载：舜俞，字令举，湖州乌程人。博学强记。举进士，又举制科第一。熙宁三年，以屯田员外郎知山阴县，诏俟代还试馆职。舜俞辞曰："爵禄名器，砥砺多士，宜示以至神，乌可要期，如付剂契？"缴中书帖上之。青苗法行，舜俞不奉令，上疏自劾。……奏上，责监南康军盐酒税，五年而卒。舜俞始尝弃官归，居秀之白牛村，自号"白牛居士"。已而复出，遂贬死。苏轼为文哭之，称其学术才能，兼百人之器……慨然将以身任天下之事……而人之所以周旋委曲、辅成其天者不至。一斥不复，士大夫识与不识，皆深悲之云。【《宋史》卷331《陈舜俞传》】

苏轼《祭陈令举文》云：呜呼哀哉！天之生令举，初若有意厚其学术，而多其才能，盖已兼百人之器。既发之以科举，又辅之以令名，使取重于天下者，若将畀之以位。而令举亦能因天之所予而日新之，慨然将以身任天下之事。夫岂独其自任，将世之士大夫，识与不识，莫不望其如是。是何一奋而不顾，以至于斥，一斥而不复，以至于死？呜呼哀哉！天之所付，为偶然而无意耶？将亦有意，而人之所以周旋委曲辅成其天者不至耶？将天既生之以畀斯人，而人不用，故天复夺之而自使耶？不然，令举之贤何为而不立？何立而不遂？使少见其毫末，而出其余弃，必有惊世而绝类者矣。予与令举别二年而令举没，既没三年，而予乃始一哭其殡而吊其子也。呜呼哀哉！尚飨。【《东坡全集》卷91】

李之亮《苏轼〈祭陈令举文〉》[编年]云：元丰二年任湖州时作。【《苏

轼文集编年笺注》卷63，第416页】

《苏谱》载：本年，陈舜俞（令举）卒。《文集》卷六三《祭陈令举文》云："予与令举别二年而令举殁。"别于熙宁七年。卷五六《与周开祖》第二简："令举逝去，令人不复有意于兹世。细思此公所以不寿者而不可得，不免为之出涕。"【《苏谱》，第342页】

《吴兴备志·官师徵》载："苏轼，元丰二年（1079）己未，年四十四岁。四月二十日，到湖州。五月五日，同王子立、子敏及儿子迈遍游湖城，小城看荷花，作诗。是月，过贾耘老水阁，作诗，又次前韵。耘老少伎，号双荷，叶作词。又至黄龙洞祈雨。七月七日，作文与可画筼筜偃竹记。是月，何大正、舒亶、李定言公作为诗文谤讪朝政，国子博士李宜之状亦上。七月三日，进呈，奉旨送御史台勘。二十八日，皇甫遵到湖州追摄。过南京，张文定公上札，范蜀公上书救之。郡人怀德作消灾道场。"【《吴兴备志》卷5】

【按】苏轼于元丰二年（1079）移知湖州，祭文当作于是年。文中说"别二年而令举没，既没三年而予乃始一哭其殡"，知陈卒于熙宁九年（1076）。后世诸家皆认为陈舜俞卒于"熙宁九年"，姑系于此。然陈之卒年，皆从苏轼祭文"别后二年而殁"推断而来。然而，熙宁九年九月二十日，陈舜俞、苏轼曾同游灵鹫兴圣寺，有题名石刻。照此，知陈卒于元丰元年（1078），而东坡祭文当作于元丰四年（1081）左右。难道是东坡记错了？还是李之亮、孔凡礼他们错了？俟考。

蒋之奇后为陈舜俞《都官集》作序。

蒋之奇《原序》云：嘉祐四年，仁宗皇帝临轩策贤良方正能直言极谏之士，而以陈侯令举为第一。方是时，令举已用进士登乙科矣，而复中是选，故令举之文章声名赫然出人上，识与不识莫不愿慕而爱仰之，士大夫之所期望，以为公卿可平步至也。……令举少从学于安定先生，为高弟，以名称于辈流间。已而自立，卓然如此，可谓不负所学矣。……令举之卒若干年，而其婿周君开祖（邠）乃类聚其文为三十卷，属余为序。【《都官集》卷首】

【按】蒋之奇的序文，当在陈卒后数年所作（见本谱第十四卷），姑略述于此。

周欣等《陈舜俞与蒋之奇》云：陈舜俞（？—1076），字令举，自号白牛居士。庆历六年（1046）进士。熙宁三年（1070）知山阴县时，不奉行新法，谪监南康军酒。因陈舜俞在蒋之奇参加科举（1056，嘉祐元年）时为文衡，擢蒋之奇为第一，故知蒋最深。蒋氏谈到陈舜俞的价值取向："令举雅志之所学，昔席之所谈，以谓为道而不为利者，此学者所当守而不失，仕者之所当遵而不变者也。若夫平日之论，高出于夔、禹之上，而至其趋时之事，乃卑出于管、晏之下，此故令举之所鄙也。"在蒋之奇眼中，陈舜俞的价值取向是以趋利为鄙，以其所持之道为守，即便平日畅言大义，而其行与其言不符者，亦为令举所薄。【周欣、唐艳、邹定霞：《归安陆宋楼书目题跋研究》，第 163 页】

是年，明州市舶司被罢，沈辽改监杭州军资库。

蒋之奇《沈睿达墓志铭》载："荐监明州市舶司，迁太常寺奉礼郎。才二年，市舶废，改监杭州军资库。"【《云巢编》第 10《附录》】

《宋史·食货志下八》载："熙宁九年，集贤殿修撰程师孟请罢杭、明州市舶，诸舶皆隶广州一司。令师孟与三司详议之。"【《宋史》卷 168《食货志下八》】

第十八卷　熙宁十年（1077）

熙宁十年（1077）丁巳　四十七岁

三月，苏轼、苏辙等观《兰亭序》褚模褉帖。

苏轼等《题兰亭轴后》记载：熙宁丁巳岁，河南范子奇题。纯老、彦祖、巨源、成伯、子雍、完夫、正重、子中、敏甫、子瞻、子由同观。熙宁十年三月廿三日书。【《珊瑚木难》卷3】

约于是年，苏东坡外甥女婿单锡卒于家，亲作祭文。

苏轼《祭单君贶文》云：呜呼维君，笃孝自天。展如闵子，人莫闲言。内齐于家，外敏于官。民谓父兄，吏莫容奸。信于朋友，人得其欢。博学工诗，数术精研。人涉其一，君有其全。寿考富贵，人谁不然。君独何辜，所向奇偏。志不一遂，怅莫归怨。念我孤甥，生逢百艰。既嫔于君，谓永百年。云何不吊，衔痛重泉。何以慰君，千里一樽。人生如梦，何促何延。厄穷何陋，宦达何妍。命也奈何，追配牛颜。呜呼哀哉。尚飨。【《东坡全集》卷91《祭文》】

苏轼《次韵黄鲁直画马试院中作》题解云：黄庭坚《太学试院题名记》云：元祐三年正月，东坡与莘老、经父同知贡举所，太学试礼部进士四千七百三十二人。三月戊申，奏号进士五百人，宗室二人。鲁直、熙叔、元舆、彦衡、子明为参详官；君贶、希古……天启、志完，点检试卷。【《苏诗补注》卷30】

慕容彦逢《单季隐墓志铭》载云：君讳锷，字季隐，其先金陵人，曾祖谊，初有籍于常之宜兴。……大观四年正月十有三日壬子以疾终于家，享年八十。娶同郡余氏，先君十有二日卒，享年八十有四。子三人，曰源，先卒，曰子发，曰端。子发，予友也，有文行，两荐于有司，又预崇宁贡籍。乡人举遗佚，又举八行，尝为宗子学长。……而君之兄锡中进士第，儒术吏方有过人者，乃卒于州县。君与弟镇又皆老于场屋，论者疑之。【《摛文堂集》卷15】

【按】李之亮注云："约元祐四年（1089）在京任翰林学士时作。本文《苏轼年谱》未予系年。"又云"君锡［原文如此］死时年纪应该不大，四十余岁。……君锡或卒于元祐四五年（1089—1090）间。"另又据元祐三年（1088）苏轼知贡举时，点检试卷的官员中有君贶、希古、子发等名，认为此"君贶"即单锡。［《苏轼文集编年笺注》卷63，第398—399页］也就是说单锡不足五十岁而亡。考单锷墓志，其兄单锡生年在天圣八年（1030）之前，其卒年则在熙宁末（1077）元丰三年（1080）左右。若卒于元祐四五年（1089—1090）间，单锡寿已逾六十。李误。

【又】单锡的生卒年未见有确切记载，苏轼的祭文当作于知密州任上，可知单锡最迟卒于熙宁十年春。苏轼云："念我孤甥，生逢百艰。既嫔于君，谓永百年。"讲的是自己外甥女，命运多舛，而因自己的关系，远嫁宜兴，最终落得举目无亲的结局，所以内心特别自责。另外，按照《单锷墓志铭》推测，单锡卒时约四十五岁，故系于此年。

《明一统志·单锡小传》云：单锡，宜兴人。明阴阳图纬星历之学，与苏轼同年进士。轼爱其贤，以女兄之子妻之。来宜兴，每寓其家。从子子发，举八行科，有《风土记》传世。孙时，亦举进士，擢监察御史。【《明一统志》卷10《常州府》】

【又按】李之亮认为，元祐三年点检试卷的"君贶"就是单锡。实际上，当时叫"君贶"的并非一人，有王拱辰（字君贶）、鲁君贶等等，无法认为此"君贶"即单锡。元祐时，单锡早已作古。因此，苏轼日后诗文中几乎没有提及单锡，反而多提单锷，原因就在这里。李之亮有［按］云："《毗陵志》把兄弟二人弄混了。东坡嫁外甥女者乃单锷，非单锡也。又本书卷五三《与钱济明十七首》之二：'近得单季隐书云：公有一痫药方，极神奇。'"［《苏轼文集编年笺注》卷 32，第 258—260 页〕苏《集》中几次出现"单君贶"，而常州、宜兴地方志中无"单君贶"，亦非"单君锡"，只有"单君赐"，李误。单君赐即单锡，单锷字季隐，而非"字君锡"。单锡、单锷还有一弟单镇，不详其生卒、字号。笔者以为："单君贶（君赐）"这与"李去盈（元盈）""邵彦瞻（民瞻）""蒋之裕（公裕）"等一样，乃崇宁禁锢之后，方志、家谱中为避祸而改动（考见本谱第十三卷）。李之亮所书"君锡"，不知何据。

四月，苏轼由知密州改知徐州，赴任。

《东坡先生年谱》载：苏轼"在密州任，就差知河中府，已而改知徐州。四月，赴徐州任。有《留别释迦院牡丹呈赵倅》诗。……徐州水患大作。七月十七日，河决澶州曹村埽。八月二十一日，及徐州城下，先生治水有功。至十月五日，水渐退，城以全。朝廷降诏奖谕。"【《东坡全集》卷首】

约于是年秋，沈辽来宜兴，会蒋之武，有诗相赠。

沈辽《次韵奉酬文翁（蒋之武）》诗云："昔人幽操有至乐，吾岂含华企冲漠。已知劳生委梦幻，不问万事纷纷作。四十年来春复秋，但见花开更花落。最爱长夏适我怀，新竹森森初解箨。修林乔木结青荫，下蔽文窗与朱箔。已将形骸付物外，何必高下穷崖壑。老去诗书强遮眼，尔来悉已悬高阁。多病不赖世人知，吾亦于人无厚薄。阳狂长鄙向子平，弦歌偶似陶渊明。无事长甘数斗粟，终不苟就五鼎烹。南庄夫子谢声名，姱我田家蚕且耕。谁知此意正相合，寂寥应笑鲁诸生。"《将行寄蒋三》云："春风迎我到荆溪，行看秋成忆故畦。乘兴去来何可限，为君引领隔（溷）湖西。"【《云巢编》卷 2】

蒋静《宋故宣德郎致仕之武公墓志》云：公讳之武，字文翁。……知枢密院事、故观文殿学士讳之奇之亲弟也。……弱冠试春官，累迁贡魁，以目疾废，逾三十年。……乃浩然而归隐。居湖山，悦目游心于书史、图画、古物形制之间，则缀文赋诗，悠然自适，不复以世务少撄其心。……未几

以疾卒于宜兴正寝，实大观二年二月二十日也，享年七十有一。【《孝思堂蒋氏宗谱》卷3，第55—58页】

【按】蒋之武，生于宝元元年（1038），家中行三。至是合沈诗"四十年来春复秋"之句。

沈辽《寄文翁》诗云：白兔观边仙路长，华林修竹到南庄。比邻鸡犬易过屋，适意琴书动满床。目断鹡鸰分汉节，心随鸿雁极天潢。欲移画舸遥相访，正恐田家五月忙。【《云巢编》卷1】

乾隆《江南通志·舆地志》云：冲寂观，在宜兴县西五十里，神安区官村。唐弘道元年，周选舍宅为观，名凌霞。……俗传选因宅井有白兔升天，遂舍宅为观。【乾隆《江南通志》卷45《寺观三》】

乾隆《江南通志·舆地志》云：南庄，在宜兴县北五十二里。宋蒋之奇尝置义田于此。【乾隆《江南通志》卷32《古迹三》】

是年八月左右，蒋之奇在江西发运副使任上。同年曾巩知福州，因迟迟未之任，被罚铜十觔，后改知明州（今宁波）。

《宋史·蒋之奇传》云：历江西、河北、陕西副使。

曾巩《酬江西运使蒋颖叔》诗云：收科同日曳华裾，耄划惊闻刃有余。骢马已腾双阙路，木牛还实太仓储。多岐易感千名别，置袖空荣一纸书。欲佩左符瓯越去，更从南斗望单车。【《元丰类稿》卷8、《茗岭蒋氏宗谱》卷17】

曾巩知福州：熙宁十年八月，以度支员外郎、直龙图阁为福州军州事兼福建路兵马钤辖。【《唐宋八大家文章精华》，第814页】

《长编》记载：元丰元年春正月壬午，法寺奏新：知福州曾巩迁延不之官等罪，诏特罚铜十觔。【《长编》卷287】

《长编》记载：元丰元年八月己酉，度支员外郎、直龙图阁、权知福州曾巩判太常寺。未至，改知明州。〔原注：十月三日改明州。〕【《长编》卷291】

【按】曾巩酬蒋之奇诗中有"欲佩左符瓯越去，更从南斗望单车"，说明曾巩"知福州"的任命与蒋为"江西运使"的时间不相上下，应该在熙宁十年初。

是年秋，蒋之奇在宁州（今九江修水），有《磨剑池》《石潭院次栖蟾禅师韵》诗。

《明一统志·南昌府》载：磨剑池，在宁州东隔水一里，旧传许逊于此磨剑。宋蒋之奇诗："闻说旌阳旧筑坛，故浮修水一来看。至今磨剑池犹在，冷浸一天星斗寒。"……宁州，在南昌府城西三百六十里。本汉艾县，地属豫章郡。隋省艾县入建昌县。唐析建昌，置武宁县，贞元中又以武宁析置分宁县，属洪州。宋属龙兴府，元属宁州。【《明一统志》卷49】

雍正《江西通志·山川（一）》载：磨剑池，在宁州。有二：一在州治东，隔修水一里。一在州西二十里，旧传许旌阳逐蛟，于此磨剑。宋蒋之奇有诗。【雍正《江西通志》卷7】

蒋之奇《石潭院次栖蟾禅师韵》诗云：潇洒溪山处，何年有梵宫？凄凉惊节物，摇落又秋风。庭柏凌炯碧，林花泣露红。个中能悟入，何必叹飘蓬。【道光《义宁州志》卷30上《艺文》】

雍正《江西通志·寺观》载：石潭院：在宁州治东四十里秦乡。今名禅济寺，唐末建，僧栖蟾有记。【雍正《江西通志》卷101】

【注】僧栖蟾，唐代僧人。其《再宿京口禅院》诗云："滩声依旧水溶溶，岸影参差对梵宫。楚树七回凋旧叶，江人两至宿秋风。蟾蜍竹老摇疏白，菡萏池乾落碎红。多病支郎念行止，晓来生计转如蓬。"【《唐诗纪事》卷76】

【按】蒋诗中有"凄凉惊节物，摇落又秋风"，知此行是在秋日。

是年，蒋之奇荐袁州知州徐师闵，不久升擢为知洪州。

王鏊《正德姑苏志·名臣》记载：徐师闵，字圣徒，其先建安人。父奭（968—1030），历官苏浙，子孙遂为苏人。[奭事具《宦迹》条。]师闵，治平初（1064）虞部员外郎，知江阴军，作漏壶修鼓角门。熙宁十年（1077），以司农少卿知袁州，时江西剧贼詹遇屠劫，列城为之骚动，袁独预修武事、具战舰，号令严肃，常若寇至，遇引避不敢犯境，袁民歌之。且有瑞粟嘉禾之异，绘图以进。为治镇静，有惠爱，吏民生为立祠。转运蒋之奇荐于朝，

部使者第课优等，知洪州。王韶皆列奏留。【正德《姑苏志》卷49】

雍正《江西通志·名宦（四）》载：徐师闵，字圣徒，苏州人。熙宁间以司农少卿出知袁州，时江西剧贼詹遇所过屠劫，袁独有备，贼不敢犯。且有瑞粟嘉禾之异，百姓歌之。转运蒋之奇荐于朝，官至中散大夫。【雍正《江西通志》卷60】

冬日，游宜春九嶷观、次万载县。

雍正《江西通志·仙释一》云：〔晋〕易退，字楠隐，与宜春杨法道慧、陈归真耽，相与结庐萍乡之九嶷山，炼气朝真，朝夕不倦。越二十余年丹成。永嘉九年正月既望，皆凌云去，后人于九嶷祀之。宋政和中有司以闻，封真人。九嶷观，唐名崇元观，明改为崇真观，尚有丹灶遗迹。蒋之奇诗"三真不可寻"即此。【雍正《江西通志》卷130《袁州府》】

蒋之奇《次万载（一）》云：碧嶂千层附城出，清江一条穿市飞。闻说当年谢康乐，云间双屐去忘归。【舒建勋：《长夜流风》，第174页】《次万载（二）》云：居民覆其屋，大半施白瓦。山际两三家，如经新雪下。【《万载县志》卷19《艺文下》】

【按】《次万载（二）》，《宋诗纪事》卷十八作"祖无择"诗，不知何据？

是年冬日，蒋之奇行部至萍乡上栗县，有《萍乡即事》《题杨岐水》诸诗。

蒋之奇《萍乡》云：人家白雪中，鸟道青云里。耕斸竞畲田，鱼樵喧会市。秀出罗霄山，倒流杨岐水。三真不可寻，寥寥忽千祀。更想用兵时，徘徊甘卓垒。【《昭萍志略》卷12《艺文志》】

蒋之奇《萍乡即事》云：地接长沙近，乡名自古闻。毛山千嶂雪，玉女一墩云。拱木扶霄上，飞泉触石分。霜风萍实老，目断楚江濆（滨）。【雍正《江西通志》卷152《艺文·诗六》】

雍正《江西通志·袁州府》云：萍川水，在萍乡县南三十余步。源发杨岐山，东流转西四十里到县。又九十里入湖广醴陵县界，出渌口，过潭州，

入洞庭湖。宋蒋之奇诗"倒流杨岐水"即此。【《江西通志》卷8《山川二》】

《江西山水志·上栗县》云：杨岐水，在（萍乡）市府北，上栗县境内，西流过市前，下入湖南醴陵市境，宋代蒋之奇诗中"倒流杨岐水"，即指此。【《江西山水志》，第246页】

蒋之奇行部至吉州，有《题龙潭石岩》诗，并《题宝积院元和碑》。其子蒋琯有和诗。

蒋之奇《题龙潭石岩》诗云：紫翠望云岚，山前一径杉。冥冥烟雨里，枉道访仙岩。○蒋楷［琯］和诗云：朝日弄晴岚，轻云远碧杉。玉堂清夜直，应复梦仙岩。【《永乐大典精编》，第2265页】

蒋之奇《题宝积院元和碑》云：元和碑：在永丰之宝积院。蒋颖叔诗云："旧碑聊一读，唯有记元和。"【《御定佩文斋书画谱》卷63】

【按】龙潭石岩、宝积院俱在宋广信府永丰县，今属江西上饶。《题龙潭石岩》二诗为一韵，疑"蒋楷"即蒋之奇季子蒋琯，时两人同行。时琯方十六岁，尚未入太学。汪藻《徽猷阁待制致仕蒋公（琯）墓志铭》云："公讳琯（1063—1138），字梦锡。……魏国公讳之奇之季子也。……元丰初（1078），太学成，四方之士来集。公甫冠，提所著书入焉。有司试其文，为诸生第一，遂知名于世。"【《浮溪集》卷27】

蒋之奇在南昌，曾赴新建双岭禅寺礼佛论道。

释圆至《双岭禅寺碑》云：西山南趾，群奔饮于江，望水十五里，张翼而立，曰双岭。……《图志》云：东晋时有异比邱，开其上为寺，立七石磴，坐天神之禀法者。西有台曰雨华，云谢康乐译经感瑞，其上有坛。……则居游皆贤伟闻人，若德若遇，若方若化，咸骏望鸿德，遇尤悍劲难敌，世称禅将。一时闻士若张丞相商英、徐参政俯、向侍郎子諲、蒋漕使之奇、杨奉使杰、程尚书师孟、潘兴嗣、洪炎、洪刍，争屈贵诹决，留迹故在，盖双岭虽以山水胜观致天下贤杰，亦以客贤杰而胜益闻，名与实更相致者也。【《牧潜集》卷3】

雍正《江西通志·寺观一》载：双岭崇胜院，在新建县西北。晋刺史胡尚舍宅为寺，延天竺僧昙显居此。《水经注》称：昙显建精舍，山南即其地。有谢灵运翻经台，久废。本朝康熙年间重建，邑人黎元宽有序。【雍正《江西通志》卷111】

在江西吉安青原山作《青原寺碑》，已佚。其时，蒋之奇与佛印了元（1032—1098）有书信往来，对佛学研究比较上心。

释圆至《双岭禅寺碑》载：西山南趾，群奔饮于江。望水十五里，张翼而立，曰双岭。……双岭禅之始也。境既最，则居游皆贤伟闻人。若德若遇，若方、若化，咸骏望鸿德，遇尤悍劲难敌，世称禅将。一时闻士若张丞相商英、徐参政俯、向侍郎子諲、蒋漕使之奇、杨奉使杰、程尚书师孟、潘兴嗣、洪炎、洪刍，争屈贵诹决，留迹故在，盖双岭虽以山水胜观致天下贤杰，亦以客贤杰而胜益闻，名与实更相致者也。【《牧潜集》卷3】

方以智《青原志略》记载：蒋之奇，字颖叔，宜兴人。东京蒋之奇《青原寺碑》，今亡矣。考其人，殆与欧阳永叔先睽张而后遇雨者乎？（先敌后友之谓也。……）奇曾劾修帷薄事。而濮议同修，修荐之。然于佛乘留心。西山双林寺《牧潜碑》言："徐参政俯（徐师川）、向侍郎子諲、蒋漕使之奇、杨奉使杰、程尚书师孟皆往来。"则蒋此时为漕使，在西江也。金山佛印《寄蒋之奇书》云："像法末流，溺文算沙，而于一真之体，漫不省解。由是直指别传，于动容发语，而上根目击矣。由是学佛者必诋禅，而讳义者必宗玄。二家之徒更相非，而不知其为用也。且禅者，六度之一也，顾岂异于佛哉？"蒋之奇曰："禅出于佛，而玄出于义，溺经文、惑句义，而人不体玄，则言禅以胜之。禅至于驰空言、玩奇辨，而人不了义，则言佛以救之。"蒋公于此大略见矣。愚者曰："言佛言禅，亦一代错也。张弧脱弧，亦一代错也。又况系铃解铃之为刻印销印乎哉？"乾峰（唐末曹洞宗禅僧，洞山良价法嗣）曰："举一不得举二，放过一着，落在第二。"云门（文偃）出众曰："有人从天台来，都往径山云。"乾峰曰："分会典座，不得普

请。"时有人问青原方以智："今日又如何举？"青原曰："可惜放过一着，落在第一。"【《青原志略》，第340—341页】

《五灯全书》载：云居了元禅师（1032—1098），为云门宗南岳下第十世庐山开先善暹禅师法嗣。颖叔蒋之奇居士，为云门宗南岳下第十二世东京法云法秀禅师（1027—1090）法嗣。太史山谷居士黄庭坚，为临济宗南岳下第十三世南昌黄龙祖心禅师法嗣。内翰东坡居士苏轼，为临济宗南岳下第十三世庐山东林常总禅师（1025—1091）法嗣。【参见《五灯全书目录》卷6、第7】

【注】青原：指唐代之青原行思禅师（671—740）所创佛教门派。青原行思，俗姓刘，庐陵（江西吉安）人。六祖惠能（638—713）门下首座，住吉安青原山净居寺，四方禅客云集。与师弟南岳怀让（677—744）为六祖派下弘传最盛的两大法嗣。禅宗南宗由此分为怀让的南岳和行思的青原两大法系，后衍化出五个宗派，合称"禅宗五家"，其中曹洞、云门、法眼三家属青原法系。【参见《五灯全书》卷9】

【按】佛印了元（1032—1098），讳了元，字觉老，赐号"佛印"，俗姓林，饶州浮梁（今江西景德镇）人。世代业儒，自幼聪颖，三岁学《论语》，五岁诵诗三千。及长，而精通五经，风韵飘逸，乡里称其为神童。幼年好佛，十多岁出家，诵《法华经》及格，剃度为僧，嗣法于云门宗开先善暹禅师。年二十八，住江州承天寺。历住庐山开先、归宗二寺，润州金山、焦山二寺，江西大仰、南康云居等寺上坐、住持。天资优异，博通内外，工书能诗，尤善言辩。了元禅师与蒋之奇、苏轼、苏辙、黄庭坚、周敦颐、秦观、米芾等名士往来唱酬，为释门一代宗匠。九坐道场，四众倾向，名动朝野。元丰初（1079），为云居山真如禅寺住持，大行禅法，座下千余徒众，真如禅寺一时成为盛大道场。神宗御赐云居山"真如禅寺"匾额。黄庭坚有诗赞了元"白发庞眉老尊宿，祖堂秋鉴耀真灯"。之后，仍回润州，主金山龙游禅寺，修寺宇、建妙高台，接待高丽王子"祐世僧统"义天来朝，兴办水陆法会，宏扬佛法。后游京师，经引蒋为真宗皇帝入内讲经，赐予高丽袈裟、金钵，并赐号"佛印"，苏轼作《磨衲赞》以记此事。在京城期间，与蒋、苏、黄等交游甚密。了元在为乐全先生张方平刊印《楞伽经》时，请蒋之奇、苏轼分别作序。之后，了元建楞伽室作纪念。苏轼自黄州归隐宜兴后，常赴金山，留下许多佛门佳话。宜兴善权山广教寺慧泰禅师是其高足，故尝来宜兴游访。苏轼贬居岭南，了元特书一札，托卓契顺从宜兴带给东坡，以示劝慰。"苏公得此，汗籁籁下三日。"哲宗元符元年（1098）正月四日，谈话别众，一笑而化。世寿六十七岁，僧夏五十有二，翰林学士、宜兴蒋之奇为其撰塔铭（已佚）。其事迹诸书记载较多，主要有《五灯会元》卷16、惠洪《禅林僧宝传》卷29《了元传》等，可供参考。【参见《五灯会元》卷16、《释氏稽古略》卷4】

蒋之奇赴赣东南等地考察治安情况，上书请增设江南西路"枪仗手"，以备虔州（即今赣州）、抚州等地盗贼。

《宋史·兵志五》载：熙宁七年，诏籍虔、汀、漳三州乡丁、枪手等，以制置盗贼司言三州壤界岭外，民喜贩盐且为盗，非土人不能制故也。元丰二年（1079），诏虔州枪仗手五百三十六人，抚州建昌军乡丁、关军、枪仗手，各千七百七十八人为定额。每岁农隙，轮监司、提举司官案阅武艺，以备奸盗。从前江西转运副使蒋之奇请也。【《宋史》卷191《兵志五》】

《长编》载：元丰二年十一月庚午，诏虔州枪仗手千五百三十六人，抚州建昌军乡丁、关军、枪仗手，各千七百十八人为定额。每岁农隙，轮监司、提举司官按阅武艺，以备奸盗。从前江西转运副使蒋之奇请也。【《长编》卷301】

蒋之奇在抚州有题南城县《章山永寿禅寺》《灵丰祠》、抚州《圣容院》等诗，知蒋对佛教、道教和历史典故，都烂熟于胸。

蒋之奇《章山永寿禅寺》诗云：老僧七十九，自说少游方。试问章山景，炉添一炷香。【《全宋诗》卷688，第8038页】

雍正《江西通志·寺观》载：章山永寿禅寺，在南城县北五里。宋蒋之奇有诗。【雍正《江西通志》卷112《建昌府》】

蒋之奇《灵丰祠》诗云：历险来寻华子冈，太霄观里啜霞浆。羽衣仿佛犹堪语，应是当年邓紫阳。【《麻姑山志》卷10】

【注】华子冈：唐代诗人王维辋川别业中的一处景观，裴迪有《辋川集二十首·华子冈》

五言绝句，云："日落松风起，还家草露晞。云光侵履迹，山翠拂人衣。"【《御定全唐诗》卷 129】

【又】邓紫阳，名思瓘，临川（今江西抚州）人。幼年入庐山为道童，隐江西麻姑山修炼。因获神剑得道，唐玄宗召为道士，奄忽而化。为道教北帝派的开创人。【《明一统志》卷 53《建昌府·古迹》】

蒋之奇《圣容院》诗云：道傍峰蔚见云林，随分伽蓝地布金。遇望巴山烟雨里，法氍遗墓杳难寻。【弘治《抚州府志》卷 12;《全宋诗》卷 688，第 8020 页】

【注】法氍遗墓：指南朝陈代黄法氍（518—576）之墓。法氍，字仲昭，巴山新建（今江西）人。劲捷勇武，胆气过人。梁太清三年（549），驰援陈霸先，授新淦县令、巴山郡开国子、新建县侯。陈太建八年（576）病逝，赠司空、中权大将军，谥号为威。【《陈书》卷 11《黄氍遗传》】

过饶州府乐平县，作《饶娥碑考》诗。

蒋之奇《饶娥碑考》云：乐平尉朱君素寄《孝女碣》，唐大历四年令魏仲咒与乾符六年令魏愔作也。昔余读柳子厚《饶娥碑》及《新史》，皆言娥父醉，渔风卒起，不能舟，遂溺以卒。娥走哭水上，气尽伏死。今按仲咒碣云，娥父勖，宝应中因涉河采薪，为水物所毙。娥昼夜悲哭，越三日而勖尸见江汜，未尝言娥死。又魏愔按《图经》言：娥讫父丧，终身不嫁。则娥之节已足为烈女矣，不必夸言其死也。余谓宝应壬寅距大历己酉才八年，而仲咒实令斯邑，得于亲见。子厚碑在元和间，距宝应年纪已远，盖得于传闻也。夫传闻与亲见固异，当以仲咒之言为信。朱君寄诗约予同赋，因为考其实耳。我寻饶娥事，因读二魏碑。父勖业薪樵，沉江死蛟螭。孝女曰琼贞，走哭水上潜。三日不绝声，口鼻血交垂。皇天感恩诉，风雷震其威。十里波各沸，水族纷烂糜。浮出川上者，鼋鼍与鱼龟。还于父溺处，忽然得其尸。乡邻助之葬，娥意实自悲。誓如卫共姜，不嫁坚自持。后人高其风，塑仪为立祠。至今泪滩上，过者心悽其。吁嗟一女子，弱龄犹未笄。何惭烈士勇，所立乃若斯。至诚发诸中，足以通灵祇。水物尚诛死，天理

讵可欺？朱君重有感，约余同赋诗。高风并曹娥，惭我无好辞。【同治《饶州府志》卷30《艺文志五·金石》】

【按】《全宋文·蒋之奇卷（第1706卷）》亦收录，题改作《孝女饶娥碑考》，无系诗。其碑在宋饶州府乐平县，今景德镇乐平市。乐平尉朱君素：疑即元丰中知瑞安县朱素，字履常。余不详。陈傅良《重修石岗斗门记（温州瑞安）》载："元丰四年，宋兴百有余载矣。郡丞赵叽景仁行县，与令朱素履常、隐士林石介夫赋诗记事，则有观石岗斗门之作。是时，国家方修农田水利之政，通守与其属邑若布衣，巡行阡陌，咏歌民事。……"【《止斋集》卷39】

第十九卷　元丰元年（1078）

元丰元年（1078）　戊午　四十八岁

熙宁末元丰初，江南西路都转运使蒋之奇于九江（庐山）、南康、洪州、瑞州、袁州、萍乡、广信、吉安、南丰等处题刻、题诗。

雍正《江西通志·秩官（一）》载：薛向，熙宁间任（详名宦）。蒋之奇，元丰间任（详名宦）。唐绚，字彦猷。……俱江南西路都转运使。【雍正《江西通志》卷46】

【按】因蒋诗文、题刻大多无法考清年月，以下蒋在江西题诗一并书之。

春正月乙卯，王安石为尚书左仆射、舒国公、集禧观使。仍居江宁。

《宋史·神宗纪二》载：熙宁九年十月乙酉，太白昼见。乙未，诏东南诸路教阅新军。丙午，王安石罢判江宁府。以吴充监修国史，王圭为集贤殿大学士并同中书门下平章事，资政殿学士冯京知枢密院。……十年六月壬午，注辇国朝贡。癸巳，王安石以使相为集禧观使。……元丰元年春正月乙卯，以王安石为尚书左仆射、舒国公、集禧观使。【《宋史》卷15《神宗纪二》】

郭祥正因荐王安石被议，罢官归里。

曾惄《郭祥正荐荆公》载：郭祥正知浔州武冈县，奏乞天下之计专听安石处分，有异议者，虽大臣亦当屏黜。上问荆公曰："卿识郭祥正乎？其才似可用。"公曰："捭阖无行。"上出其章，公耻为小人所荐，极称其不可用。祥正遂致仕。【《东轩笔录》卷17】

纪昀等《青山续集·提要》云：元丰五年至元祐元年丙寅，正合诗序所云留漳南三年之数，然则祥正被议下吏，在元丰五年而其得归也。……惟史载祥正初以荐王安石罢官。《青山集》有《奠王荆公坟三首》，云："大手曾将元鼎调，龙沈鹤去事寥寥。"又云："平昔偏蒙爱小诗，如今吟就谁复知。"其于安石死后，尚矜誉若此。而《续集》内有《熙宁口号五首》，末云"百姓命悬三尺法，千秋谁恤两端情。近闻崇尚刑名学，陛下之心得好生"云云，似不类其平生所作。【《青山续集》卷首】

蒋之奇题武宁县谭田寺。

蒋金部《游谭田寺》诗云：我爱谭田寺，短桥横碧波。数椽松竹里，静处不须多。［原注：蒋金部，当官江西转运使。］【同治《武宁县志》卷39】

蒋之奇或与米芾游庐山，东林寺碑阴有题名。

《佩文斋书画谱·唐李邕东林寺碑》载：庐山自远公开社，殷仲堪作记，后北海此碑最佳。故装中丞题有"览北海词翰，想见风彩"之叹，此后又有米元章、蒋之奇题名。合三公观之，可以知李公书价，当与匡庐并永矣。嘉靖甲寅四月七日，借渊泉兄所收本临之。方一周，而卖茶人适至，遂爇火试泉，书此记事。［出明盛时泰《苍润轩碑跋》。］【《御定佩文斋书画谱》卷73《历代名人书跋四》】

【按】米元章，即米芾（1051—1107），初名黻，后改芾，字元章，居润州（现江苏镇江）。自署姓名米或为芈，时人号海岳外史，又号鬻熊后人、火正后人。与蒋之奇、蒋长源、苏轼、黄庭坚往还甚密。曾任校书郎、书画博士、礼部员外郎。

蒋之奇行部至上高县宝严寺，有留题敖仙诗。

正德《瑞州府志·艺文》载：蒋之奇《宝岩寺》：嘉节长歧路，区区梦幻身。何年一举腋，仙去逐敖君。【正德《瑞州府志》卷12】

《氏族大全·敖仙》载：敖仙，晋人，即敖真人也，失其名。按《方舆志》，敖岭，在江西上高县北之五里，即真人得道之处。上有真人祠、磨剑石、炼丹井，下有冲真观。宋熙宁中，枢密蒋之奇行部至上高宝严寺，留诗云："嘉节长歧路，区区梦幻身，何年一举腋，仙去逐敖君。"【《氏族大全》卷7】

蒋之奇游上高县九峰山，游宝严寺、九峰寺、云末峰、飞云峰、香炉峰、翠霞峰、苍玉峰、芙蓉峰、清流峰、峨眉峰、天竺峰、生云石等，俱有题诗（俱略）。【参见《上高县志》卷25《艺文》，第454页】

雍正《江西通志·瑞州府（今宜春高安）》载：九峰，在上高县西四十五里末山之东北。其峰有九，曰云末、飞云、香炉、翠霞、苍玉、芙蓉、清流、峨眉、天竺，皆奇耸峻拔。东有灵龟洞，后有罗汉洞。宋蒋之奇漕江西，尝游此。明邹文庄守益开创讲堂，皆有诗。【雍正《江西通志》卷8《山川二》】

蒋之奇《九峰寺（其一）》诗云：沿涧扳崖入翠霞，寺僧犹寄旧钟家。芙蓉秀出天河外，我欲名为小九华。【《中国名胜词典》，第541页】《九峰寺（其二）》诗云：九子芙蓉畔，传灯彼一时。谁无男女相？试问末山尼。【《上高县志》卷25《艺文》】

【注】末山尼：即瑞州末山尼了然禅师，唐代高僧为南岳下三世，高安大愚禅师法嗣。【参见《五灯会元》卷4】

蒋之奇《章山永寿禅寺》诗云：老僧七十九，自说少游方。试问章山景，炉添一炷香。【《全宋诗》卷688，第8038页】

《天竺峰》云：藜杖芒鞋兴不穷，万山螺簇碧茏葱。青天一晌开图画，潋滟妆归惨淡中。【袁长生：《古邑望蔡是沧桑》，第228页】

《芙蓉峰》云：擎天一柱万山低，九朵奇葩看一枝；多少好山僧占住，空王曾会范围基。【程宗锦：《丛林胜境：江西佛教名山名寺游》，第178页】

《云末峰》云：遥睇青冥绝险生，山翁相指乱云横。不知身世在何许，但觉满怀风露清。

《峨眉峰》云：翠黛轻拖促晚妆，白云归环岫苍苍。道人欲识普贤面，西蜀重烧十愿香。

《翠霞峰》云：软金赪玉翠流辉，天嫔新开云锦机。西望赤城标起处，宦情欲逐野云飞。

《苍玉峰》云：擎天一柱万山低，九朵奇葩秀一枝。多少好山僧占住，空王曾会范围基。

《苍玉峰》云：翠滴溪桥水沍澄，更深斜月映寒星。巉岩何代点头石，卧听高人夜读经。

《飞云峰》云：翠巘茏葱瑞色分，岚光遥映缕丝棼。无心谩作奇峰势，何碍金乌出海门。

《生云石》云：藤阴棱石煜金科，磊砢常将风雨磨。刚被闲云生罅隙，禅僧迷失旧盘陀。

《题孤岭》云：蛟绡翳下碧双垂，归挹清流背紫微。北向更登孤岭去，此身还入白云飞。【未标出处之诗，参见《上高县志》卷25《艺文》】

蒋之奇在江西时，与宝峰云庵真净禅师来往密切，尝作《颂古八绝句》（存逸句）。真净禅师有和诗。真净禅师与苏轼、苏辙也有交往。

释真净《和酬运使蒋公颂古八绝句（疏山）》云：呵呵大笑意难论，树倒藤枯问有因。纵向明招言下悟，眼开只是旧时人。〇因兹自抱无弦琴，归隐疏山烟翠深。有个荆溪蒋居士，曾闻得得访知音。……《和酬运使蒋公（洞山）》云：掩耳重开眼界宽，［金部到洞山留偈云“眼处闻时方得知”，误作“耳”字，故云尔。］廓然无法不同观。山林瓦石纵横说，若到常情取信难。〇按部不妨闲访道，新丰一宿话皮肤。水声山色红尘外，轩盖重来得也无。【《古尊宿语录》卷45】

沙门道融《丛林盛事》记云：颖滨先生苏子由尝谪筠阳，与真净道契。尝有《颂》寄香城顺和尚，曰：“融却无穷事，都成一片心。此心仍不有，从古至如今。"又曰:"如见复如亡,相逢笑几场。此间无首尾。尺寸不须量。欲识东坡老,堂堂一丈夫。近来知此事,也不读文书。"东坡亦在贬所,闻公深向此道,榜其所居曰"东轩"。以诗戏之,有"盛取东轩长老来"之句。子由答之曰:"纵使盛来无用处,雪堂自有老师兄。"

　　僧超永《隆兴府宝峰克文云庵真净禅师》略云:陕府郑氏子。坐夏大沩,闻僧举。僧问云门:"佛法如水中月,是否?"门曰:"清波无透路。"师乃领解。往见黄龙,不契。……师晚年退居云庵,以宋徽宗崇宁改元壬午十月旦示疾,望日乃愈,尽出道具,散诸徒。翌日中夜,沐浴更衣跌坐,众请说法示偈及遗诫宗门大略,言卒而逝。……分骨塔于渌潭、新丰。【《五灯全书》卷37】

　　【按】释真净(1025—1102),俗姓郑,讳克文,号云庵,陕州阌乡(河南阌乡)人。初投复州(湖北省)北塔广公出家,初参积翠黄龙慧南,后礼南岳下十一世金山昙颖禅师(988—1059),嗣其法。尝居杭州净住院、高安洞山寺、圣寿寺、渌潭宝峰禅院等刹,颇得宰相王安石、张商英之推崇,与宜兴蒋之奇为方外友。崇宁元年十月示寂,年七十八。赐号"真净禅师",后人习称之为"真净克文"。

六月,蒋之奇有《重湖阁》《香炉峰》《燕窝石》《落星石》《云居谣》诸诗。

　　蒋之奇《重湖阁》诗云:宫亭彭蠡接扬澜,浩荡横空六月寒。试问风波何似险,老僧只管倚阑干。【《宋诗纪事》卷21,第530页】

　　雍正《江西通志·古迹》:南康府:重湖阁,《明一统志》:在府城浔阳门外。《林志》宋知军祖无择建。前瞰扬澜,左蠡极目,湖波与天相接。蒋之奇诗:宫亭彭蠡接扬澜,浩荡浮空六月寒。试问风波何似险,亭僧只管倚阑干。【雍正《江西通志》卷41】

　　蒋之奇《香炉峰》诗云:天风飘飘浮紫烟,谁把雪山香草燃?气息不教落人世,直上紫皇青案前。【《全宋诗》卷687,第8029页】

　　蒋之奇《燕窝石》诗云:燕窝化石锁烟苔,岩上茅空烟又开。尘劫一

声清磬里，至今犹有燕飞来。【《庐山历代诗词全集》，第836—837页】

【按】《方舆汇编·坤舆典》第十七卷题作《燕窠石》，并载云："燕窠石，在（南康）府北二里，延庆院东，形似燕窠。"

蒋之奇《落星寺》诗逸句："今日湖中石，当年天上星。"【《舆地纪胜》卷25，第811页】

《明一统志·南康府》载：落星石：在府南五里湖中。旧传有星堕水化为石，高五丈许。宋蒋之奇诗："今日湖中石，当年天上星。"龙潭：在云居山真如寺前。东西各一，岁旱祷雨多应。宋蒋之奇《云居谣》"白云起于东西之龙潭"，即此。重湖阁：在府治南。前瞰扬澜左蠡，极目湖波，与天相接。宋蒋之奇诗："宫亭彭蠡接扬澜，浩荡浮空六月寒。试问风波何似险，高僧只管倚阑干。"【《明一统志》卷52】

周必大《庐山后录》记云：浔阳湖内，陨星化石（落星墩），上连彭蠡，下接浔阳，其石圆洁，不生草木，峭然孤峙，独出水际。寺兴于唐景福年，天祐二年赐额福星龙安院。本朝祥符二年，例改法安。南唐戊辰岁，〔原注：即本朝开宝间。〕宣义郎汤净撰记，云：保大中寺僧修葺，元宗尝临幸。僧齐己、范文正公、章郇公、王介甫平甫、程公辟、蒋颖叔、黄鲁直父子、郭功甫、洪驹父皆尝留诗文。龙图阁学士吴仲庶（中复）犹酷爱西轩，更名曰岚漪。鲁直诗云"龙阁老人来赋诗"，谓仲庶也。【《说郛》卷64上】

蒋之奇《按行分宜》诗云：分得宜春地，东偏一画屏。洪阳仙洞古，龙姥旧祠灵。雨过溪痕长，春回草径青。道傍聊下马，揩藓读碑铭。《麻源诗》云：泉飞石磴尚微红，涧出铜陵碧数重。遥想谢公临郡日，几回屐齿印苔封。【《全宋诗》卷688，第8037、8038页】

蒋之奇《嘉禾驿》诗云：旴江清浅见游鳞，百尺飞桥跨碧津。行过水南看更好，风光骀荡百花春。《旴水诗》云：旴江一带碧涟漪，来凭阑干把酒时。吏役不知春色晚，绯桃花发两三枝。【《全宋诗》卷688，第8033、8038页】

雍正《江西通志·驿盐（南丰县）》载：嘉禾驿，今城隍庙其故址也。唐

开元中，南丰令游茂洪改驿为县治。开成二年，县令贾谕迁县治于西里坊，改为城隍庙。【雍正《江西通志》卷35】

【按】《全宋诗》首字"盱江"，据雍正《江西通志》当作"盱江"。

蒋之奇《郁孤台（赣州）》诗逸句：贡水在东章在西，郁孤台与白云齐。【《全宋诗》卷688，第8039页】

蒋之奇《刘仙姑（赣州）》诗逸句：已跨白鹅归紫府，空留丹灶在人间。【《全宋诗》卷688，第8039页】

蒋之奇《凤栖岩（兴国）》诗逸句：空传赵居士，不见纸衣僧。【《全宋诗》卷688，第8039页】

蒋之奇认为古时所谓九江，即今洞庭湖。

罗泌《九江详证》云："《十道四番志》云：'江自鄂陵分派为九，于此合流，谓之九江口。'又云：'寻阳江有八洲：一沙、二人、三九江、四葛、五象、六乌、七感、八泮，曲折为九江洲，与江州、寻阳中流分界。东武林洲，洲之下屋。'故程大昌谓荆境至寻阳以东即为扬州。孔应所以附会属之，别无古据。安国言为'九派'，未有其名。至张僧鉴、张须、元贾耽名而不同，盖出俗传，江何尝九分哉？逮蒋之奇乃以'九江为今洞庭'，宜亦有所见矣。窃考《汉志》：'东陵之间自有沅、渐、元、辰、叙、酉、澧、湘、资九水，皆合洞庭，东入于江。'《山海经》云：'洞庭之山是在九江中。'而《博物志》：'君山为洞庭山。'故张勃《吴录》云：'岳之洞庭，荆之九江也。'"【《路史》卷47《余论》】

五六月间，蒋之奇移任江淮等路运使。约六月离任，六月底到江淮任。七月九日，江淮等路运使蒋之奇上书户部，要求由本发运使司申理诸路欠负钱物。

《宋会要辑稿·职官》载：元丰元年七月九日，尚书户部言："江淮等路运使蒋之奇奏，诸路欠本司钱约二百万缗，若朝省不主张，则其钱皆

不肯偿。乞本司申理诸路欠负钱物并负朝、省钱物。"从之。【《宋会要辑稿·职官四二》】

【按】蒋之奇此任江淮，诸史不载。按《宋会要辑稿》，则确有此任。故系此。

曾巩赴任明州途中，过亳州，作《庭桧呈蒋颖叔》诗。

曾巩《庭桧呈蒋颖叔》云：樛枝高下秀森森，曾寄名卿异俗心。草舍一时成往事，松身千尺见新阴。声清不受笙竽杂，气劲能遗霰雪侵。汉节从来纵真赏，谢庭兰玉载芳音。【《元丰类稿》卷7】

曾巩《庭桧呈蒋颖叔》载：蒋堂所植，其侄蒋之奇复为转运，乞此诗。【《义门读书记》卷40】

七月初，苏轼移知徐州，到任，即遇洪水来袭。后因抗击洪水有功而获奖谕。

郎晔《东坡事略·奖谕敕记》云：敕苏轼。省京东东路安抚使司转运司奏：昨黄河水至徐州城下，汝亲率官吏驱督兵夫，救护城壁，一城生齿并仓库、庐舍得免漂没之害，遂得全固事。河之为中国患久矣，乃者堤溃东注，衍及徐方，而民人保居，城郭增固，徒得汝以安也。使者屡以言，朕甚嘉之。熙宁十年七月十七日，河决澶州曹村埽，八月二十一日，水及徐州城下，至九月二十一日，凡二丈八尺九寸，东西北触山而止，皆清水无复浊流。水高城中平地有至一丈九寸者，而外小城东南隅不沈者三版。父老云："天禧中，尝筑二堤，一自小市门外，绝壕而南，少西以属于戏马台之麓。"[原注：熙宁十年，公在密州任，就差知河中府，未到，改知徐州。是岁七月，河决曹村，泛于梁山泊，溢于南清河，城南两山环绕，吕梁、百步扼之，汇于城下。公亲率武卫营士卒筑东南长堤，首起戏马台，尾属于城。堤成，水至堤下，害不及城，卒全城以闻。复请调来岁夫增筑故城，为木岸，以虞水之再至，朝廷从之。讫事，诏褒之。此记是也，事见公墓志。]【《经进东坡文集事略》卷51】

是年，沈辽承转运使司檄，摄秀州华亭县事。后被有旧怨者告发，坐事。蒋之奇致函救之，未果，被削职，徙永州。其间，善权寺住持觉海若冲禅师赴华亭看望沈辽，沈以诗相赠。

沈辽《赠觉师》诗云：我昔乘兴游荆溪，数访道人溪水西。道人飘然舍我去，有如白云谢污泥。我来云间亦未久，惠然相顾携枯藜。时人莫将老相识，解空第一须菩提。【《云巢编》卷2】

【注】觉师：宜兴善权寺住持觉海若冲禅师。见本谱前文。

王明清《挥麈余话》载：沈睿达辽，文通之同胞，长于歌诗，尤工翰墨。王荆公、曾文肃学其笔法，荆公得其清劲，而文肃传其真楷。登科后游京师，偶为人书裙带词，颇不典，流转鬻于相蓝（开封大相国寺的省称），内侍买得之，达于九禁，近幸嫔御服之，遂尘乙览。时裕陵初嗣位［神宗赵顼熙宁（1068—1077）初］，励精求治，一见不悦。会遣监察御史王子韶［蒋之奇连襟、沈辽妹夫］察访两浙，临遣之际，上喻之曰："近日士大夫全无顾藉。有沈辽者，为倡优书淫冶之辞于裙带，遂达朕听。如此等人，岂可不治？"子韶抵浙中，适睿达为吴县令。子韶希旨，以它罪劾奏。时荆公当国，为申解之，上复伸前说。竟不能释疑。遂坐深文，削籍为民。其后卜居池阳之齐山，有集号《云巢编》行于世。【《挥麈余话》卷1】

董更《书录》又载：沈辽，字睿达。熙宁中为审官西院主簿。《东轩笔录》云：近世沈辽最善行笔。岳氏赞云：《梦溪笔谈》载公之论书："书之神韵虽得于心，书之法度必资乎学。分制有法，均停相若，三四合体，上下齐脚，多寡不牵，乃异世作。"又云："公以善书称，王文公、曾文肃师其笔法，王得其清，曾得其楷。东坡云学其家传师。"【《书录》卷中】

元丰初，韦骧为滁州通判，有题琅玡山《东峰亭》等诗32首。

《滁州市志·韦骧以诗纪史》云：韦骧，原名韦让，字子骏，钱塘人。宋皇祐进士。熙宁十年（1077）四五月间，出任滁州通判。至元丰三年（1081）春离任。【《滁州市志（下）》，第1903—1904页】

蒋之奇于滁州琅琊山东峰亭有题名刻石。

《琅琊山志·古迹遗址》载：东峰亭，在玉皇殿东侧山顶，有宋人蒋之奇题"琅琊东峰"摩崖。【《琅琊山志（评议稿）》，第25、31页】

是年冬，蒋之翰辞鄜延路经略使司僚佐，监内酒坊马军粮院。经略使为吕惠卿。

蒋之奇《蒋之翰墓志铭》载：元年冬，鄜延路经略使吕惠卿妙选僚佐，两辟幕府，（兄之翰）辞以亲老。辞不行，监内酒坊马军粮院。【《孝思堂蒋氏宗谱》卷3】

《长编》载：熙宁十年春正月壬子朔……己酉，给事中、知陈州吕惠卿为资政殿学士、知延州。……八月戊寅朔……癸未，鄜延路经略使吕惠卿言：准枢密院札子……【《长编》卷280，第284页】

是年，知越州程师孟根据前任乐安蒋公（蒋堂）遗愿，于卧龙山植松千余株。作诗纪念，众多元老名臣有唱和，蒋之奇也作唱和诗。秦观作《怀乐安蒋公唱和诗序》。

秦观《怀乐安蒋公唱和诗序》记曰：会稽之为镇旧矣，岂惟山川形势之盛，实控扼于东南哉。……熙宁十年，广平程公（师孟）以给事中、集贤殿修撰来领州事，览其遗迹而叹曰："此前贤所以遗后来也，使予无一日之雅，犹当奉以周旋，况尝被其知遇乎？"乃述乐安之志，手植松千余章于卧龙山之上。狂枝恶蔓，斩薙以时，秀甲珍牙，无得辄取。每春秋佳日，开池篽，具舟舰，与民共游而乐之。复为诗以记其事。元老名儒属而和者凡六人，而乐安之从子金部（蒋之奇）预焉。公素以诗名天下，其所述作必有深属远寄，不独事章句而已。翟公曰："一死一生乃见交情。"时乐安之没几三十年。而公想像风流，眷眷不忘如此。……"【《淮海集》卷39】

蒋之奇季子蒋瑎试太学，为诸生第一，遂知名于世。

汪藻《蒋瑎墓志铭》载：元丰初，太学成，四方之士来集。蒋瑎甫冠，提所著书入焉。有司试其文为诸生第一，遂知名于世。魏公欲任以官，以非其志，固辞。【《浮溪集》卷27】

约是年，蒋之奇择邵必幼子邵纳史（1058—1094）为婿。

《邵纳史小传》载：邵纳史，或作约史，字公言，父必，字不疑（堂婿）。枢密蒋之奇之婿。必守蜀，死三泉道中。纳史始十一岁，持丧如成人，行路嗟叹。以恩补将作监主簿、太常寺奉礼郎，为道州签判，监饶州永平监。以岁课之余，补前人阙额，犹有羡。遂以是增秩，通判秀州。卒，年三十七。家贫，僚吏共赙之，丧乃克归。蔡肇为撰墓志。纳史配宜兴蒋氏，生子曰逊。【《京口耆旧传》卷3】

吕陶《左通直郎邵闻礼、弟右通直郎敦诗、弟右奉议郎（约史）［纳史］故父任龙图阁学士、尚书右司郎中、赠通议大夫必可赠左正议大夫制》《邵闻礼等故母通义郡太君蒋氏赠永宁郡太君制》《邵闻礼等故继母和义郡太君蔡氏可赠遂宁郡太君制》（略）。【《净德集》卷9】

沈辽为人书裙带，事发坐贬，徙永州。十二月，为花药山法堂作碑记，为永州李忠辅作墓志铭。

蒋之奇《沈睿达墓志铭》载：会秀州华亭阙令，承漕檄摄邑事。而监司有挟旧怨者，因是攎撼万端，必欲危中以法。适民有忿争相牵告，事连及君，遂文致之。君不能与吏辩，一切引服，受垢夺官，徙永州。【《云巢编》卷10《附录》】

沈辽《花药山法堂碑》云：花药山之崇胜寺法堂成，或问法有堂乎？有堂所以为众也。诸上善人欲闻我法者，当是之。……元丰二年，余为湘南客，始闻其事。既又造其筵，为禅师道维摩默然之义，侯胝一指之机；曹溪有无之对，南阳即现之化。于是堂也，其犹上下手之间乎？欲著不朽，以

偈赞之。【《云巢编》卷7】

沈辽《贺州推官知阳朔县李君墓碣铭》载：君姓李氏，讳忠辅，字道举，零陵人。……熙宁十年冬十月辛亥，终于里第，享年六十二。启手足时，神色和易，戒诸子力学守约而已。平生所为文章甚多，其在稿者二十卷，号《湘南集》。夫人陶氏也。五男，曰述修、慎修、迪修、德修、允修，皆有学行，为良士；二女，嫁同郡何宗望、胡敏行。元丰元年十二月乙酉，卜葬于归德乡先茔之右。【《云巢编》卷9】

约是年末，蒋之奇为河北转（发）运副使，不久改陕西副使。

《宋史·蒋之奇传》载：历江西、河北、陕西副使。之奇在陕西，经赋入以给用度，公私用足。比其去，库缗八十余万，边粟皆支二年，擢江淮荆浙发运副使。

《宜兴旧志·名宦（治绩）》载：蒋之奇，字颖叔。……迁淮东转运副使。……移陕西副使，经赋入以给用度，比其去，库缗八十余万，边粟皆支。二年，擢江淮荆浙发运副使。【《宜兴旧志》卷8《人物》】

【按】蒋之奇本传说移"河北"转（发）运副使，未见其他记载。疑任职时间过短，故未有事迹。时间大概在元丰元年末至二年初。

第二十卷 元丰二年（1079）

元丰二年（1079）己未 四十九岁

是年初，蒋之奇题京兆（今西安）城东南高观（高官）峪。

张礼《游城南注》载：元祐改元季春戊申，明微茂中同出京兆（今西安）之东南门。……复涉滈水，游范公五居。……东上朱坡，憩华岩寺，下瞰终南之胜，雾岩、玉案、圭峰、紫阁，粲在目前，不待足履而尽也。〔原注：紫阁在祠之西圭峰，下有草堂寺，唐僧宗密所居，因号圭峰禅师。紫芝之阴即滈陂，杜甫诗曰"紫阁峰阴即滈陂"是也。太乙在祠之东，雾岩、玉案，附丽而列。二峰之间，有冰井，经暑不消。长安岁不藏冰，夏则取冰于此。紫阁之东有高观峪，岑参作"高冠"，蒋之奇作"高官"，未知孰是？〕【《说郛》卷63上】

【注】京兆府，即今西安市。《宋史·地理志三》云：永兴军路，府二：京兆，河中。州十五：陕、延、同、华、耀、邠、鄜、解、庆、虢、商、宁、坊、丹、环。军一：保安。县八十三。……京兆府，京兆郡，永兴军节度。本次府，大观元年升大都督府。旧领永兴军路安抚使。宣和二年，诏永兴军守臣等衔不用军额，称京兆府。【《宋史》卷87《地理志三》】

正月，蒋夔为京兆（今西安）府学教授。不久，蒋之奇作《与蒋子庄书》，言在西京（洛阳）读蒋夔《易解》。

《神宗纪二》云：正月甲午，京兆府学教授蒋夔，乞以十哲从祀孔子。从之。【《宋史》卷15《神宗纪二》】

《长编》载：元丰二年春正月甲午，京兆府学教授蒋夔言："春秋释奠以孔子为先圣，颜子为先师，先圣之樽在西，先师之樽在东，肆祭器、实牲体，盥手、濯爵、奠币、读祝、拜跪、登降、进退之节，与孔子无少异。而九人之像坐于两旁，樽酒豆肉不及焉。臣愚不识为是礼者，何以处之？且孔子师也，颜子虽大贤，与九人者徒也。今推颜子以配享孔子而其礼均，九人者独不与享。以孔子为先圣，颜子为先师，而师名故不及于孔子，盖缘唐《开元礼》尔。……检会熙宁祀仪，十哲皆为从祀，各设笾二、豆二、俎簋簠爵各一，命官分献，一奠而止。乞自今三京及诸州文宣王庙十哲像春秋释奠，并准熙宁祀仪。"从之。【《长编》卷296】

蒋之奇《与蒋子庄书》："猥以不才，辱附宗枋之末，屡承教诲，茅塞顿开。近于洛下获读吾兄所著《易解》，探微摘幽，超出语言文字之外，直见羲文于千载上矣。自沛别后，于今已越七载。弟所学犹故，而吾兄遂尔精进若此，益信沉潜者有得也。"【《全宋文》卷1706，第594页】

雍正《江西通志·人物志（二十）》载：蒋夔，字子庄，永丰人。河南伊县令。绍兴间，尝中文科，复充制选，其所与游皆一时名士。所著有《论语孟子周易解》，合二十七卷。【雍正《江西通志》卷85《广信府》】

《广信府·三岩》云：在广信府永丰县东五十里，属周安乡四十二都，与六石峰相望。昔蒋贤良夔读书之所，有怪石，又有虎岩。……元王逢《梧溪集·三岩行（宋邑人蒋夔、僧杨氏咸隐此）》：西偏寻丈基阶荒，读书曾隐蒋贤良。松根久冷青磷火，觚棱还飞金凤凰。世上繁华易尘土，可叹山间亦非古。樵儿安知时代序，争和牛歌出林莽。【《永乐大典》卷9765】

三月，蒋之奇侄蒋静（1057—1130）、侄孙蒋天麟考中时彦榜进士。同年，占籍宜兴的庄徽进士乙科及第。

《通鉴后编·神宗》记载：三月癸巳，御集英殿，赐进士、明经诸科，开封时彦以下及第、出身、同出身、同学究出身，总六百二人。【《通鉴后编》卷83】

《宜兴旧志·进士》载：元丰二年已未时彦榜：蒋天麟、蒋静。【《宜兴旧志》卷7《进士》】

《蒋静小传》云：蒋静，字叔明。元丰二年进士，授安仁令。俗好巫，疫疠流行，病者宁死不服药。静悉论巫罪，聚其所事淫像得三百躯，毁而投诸江。知陈留县，与屯将不协，罢去。徽宗初立，擢职方员外郎。明年，迁国子司业。帝幸太学，命讲《书·无逸篇》，赐服金紫，进祭酒。为中书舍人，以显谟阁待制知寿州，徙江宁府。茅山道士刘混康以技进，赐号先生。其徒倚为奸，夺民苇场，强市庐舍，词讼至府，吏观望不敢治，静悉抵于法。徙睦州，移病，提举洞霄宫。越九年，召为大司成，出知洪州，复告归。加直学士，卒年七十一，赠通议大夫。【《宜兴旧志》卷8《人物》】

《蒋静世表》云：之义公子静，字叔明，迁居江阴。宋神宗元丰二年登进士第，调安仁县令，毁淫祠神像三百余区，后迁国子司业。徽宗幸太学，命讲《书经·无逸篇》，赐紫金服，进祭酒，终显谟阁直学士。生于宋仁宗嘉祐二年丁酉，卒于宋建炎四年庚戌。寿登七十四岁。葬江阴。配江阴修撰刘谷公女，继配张直之公女，封庆国夫人。子二，天秩、天时。【《方东蒋氏宗谱》卷7】

【按】旧传，时彦父亲为宜兴人。《时某逸事》："宋时某，佚其名，尚书彦之父。初为郑州牙校，年六十无子，妻年亦四十余，以白金市妾，得一处子，见其括发以布，怪问之，泣曰：'妾本京师人，父终雅州掾，道卒，母不得已，鬻妾为扶柩赀。'时某恻然，亟访其母还之，复出所余金为赙，且护送至京，为营葬地。未几，妻有娠，一夕梦伟丈夫衣金紫入中堂，遽旦，生子彦，字邦美，后登进士，仕至吏部尚书。"【《宜兴旧志》卷8《行谊》】

《宋史·时彦传》云：时彦，字邦美，开封人。举进士第，签书颍昌判官，入为秘书省正字，累至集贤校理。绍圣中，迁右司员外郎。使辽失职，坐废，旋复校理，提点河东刑狱。塞序辰使辽还，又坐前受赐增拜，隐不言，复停官。徽宗立，召为吏部员外郎，擢起居舍人，改太常少卿，以直龙图阁为河东转运使，加集贤殿修撰、知广州。未行，拜吏部侍郎，徙户部，为开封尹。异时都城苦多盗，捕得，则皆亡卒，吏惮于移问，往往略之。彦始请一以

公凭为验，否则拘系之以俟报，坊邑少安，狱屡空。数月，迁工部尚书，进吏部，卒。【《宋史》卷354《时彦传》】

是年，宜兴庄徽中进士乙科，同年调江宁府上元县主簿。

汪藻《徽猷阁待制致仕赠少师谥僖简庄公墓志铭》载：宣和二年九月壬寅，通奉大夫、徽猷阁待制致仕庄公卒于常州宜兴县之里第。……君讳徽，字君猷，世家扬州之江都。……公兄弟三人同时荐于有司，至礼部，独第公文为高等。中元丰二年进士乙科，解褐，调主江宁之上元簿。……【《浮溪集》卷26】

《毗陵志·陵墓》又载：庄待制徽墓在嵩山。【《毗陵志》卷26《陵墓》】

是年初，权知徐州军州事苏轼上书，用刑必须谨慎。三月，改知湖州。

《历代名臣奏议·慎刑》载：元丰二年，尚书祠部员外郎、直史馆、权知徐州军州事苏轼状，奏曰："臣闻汉宣帝地节四年诏曰令甲死者不可生，刑者不可息。此先帝之所重，而吏未称，今系者或以掠辜，若饥寒痪死狱中，何用心逆人道也。……"【《历代名臣奏议》卷216】

《吴兴备志·官师徵》载：苏轼，元丰二年己未（年四十四岁）四月二十日到湖州。五月五日，同王子立、子敏及儿子迈遍游湖城。【《吴兴备志》卷5】

《苏谱》载：三月三日，苏轼罢知徐州，以祠部员外郎、直史馆知湖州军州事。……五月下旬，哭陈舜俞墓（湖州），为祭文。下旬，常州丁骘送蝤蛑，作诗。【《苏谱》，第428、441页】

苏轼再次莅无锡惠山，寻泉问茶，作诗三首。

苏轼《游惠山诗（并序）》云：余昔为钱塘倅，往来无锡，未尝不至惠山。既去五年（1079），复为湖州，与高邮秦太虚、杭僧参寥同至，览唐处士王武陵、窦群、朱宿所赋诗，爱其语清简，萧然有出群之姿，用其韵各赋三首。○梦里五年过，觉来双鬓苍。还将尘土足，一步漪澜堂。俯窥松桂影，仰见鸿鹤翔。炯然肝肺间，已作冰玉光。虚明中有色，清净自生香。还与世俗去，永与世俗忘。○薄云不遮山，疏雨不湿人。潇潇松径滑，策策芒鞋新。善哉二三子，皎然无淄磷。胜游岂殊昔，清句仍绝尘。吊古泣旧史，病谗欺小旻。哀哉扶风子，难与巢许邻。○敲火发山泉，烹茶避林樾。明窗倾紫盏，色味两奇绝。吾生眠食耳，一饱万想灭。颇笑玉川子，饥弄三百月。岂如山中人，睡起山花发。一瓯谁与共，门外无来辙。【《无锡县志》卷4上】

苏轼《惠山谒钱道人烹小龙团登绝顶望太湖》诗云：踏遍江南南岸山，逢山未免更留连。独携天上小团月，来试人间第二泉。石路萦回九龙脊，水光翻动五湖天。孙登无语空归去，半岭松声万壑传。【《东坡全集》卷5】

年初，江淮发运副使蒋之奇开掘泰州天目山双井。

《宜兴旧志·治绩》载：蒋之奇，字颖叔。……移陕西副使。……二年，擢江淮荆浙发运副使。元丰六年，漕粟至京，比常岁溢六百二十万石。又请凿龟山左肘至洪泽为新河，以避淮险，自是无覆舟之患。诏增二秩，加直龙图阁，升发运使。凡六年，其所经度皆为一司故事。【《宜兴旧志》卷8《人物》】

《方舆汇编·职方典》载：天目山，在州治东四十里，高二丈三尺，周二百三十步。王仙翁昔尝隐此山。有二井，仙翁升举时，藏灵宝五符杖、履木鞋、隐形帽于井，封鐍甚密。元丰二年，发运使蒋之奇致礼，请祷开井，得鹿角数十丈，又获金龙七、玉璧三十六。有仙翁手植披头皂角合抱，匠者睨视，则山怒木啸。【《方舆汇编·职方典》卷755《扬州府山川考》】

乾隆《江南通志·舆地志（山川）》载：天目山，在泰州东四十里。相传有王仙翁尝居此。山上有双井，相对如目，水甚清冽。【乾隆《江南通志》卷14《舆地志》】

嘉庆《大清一统志·扬州府（山川）》载：天目山，在泰州东四十五里。……

《舆地纪胜》：元丰二年，发运使蒋之奇于天目井中得鹿角至数十丈，又获金龙、玉璧。《通志》：在泰山西四十里。相传有王仙翁尝居此。【嘉庆《大清一统志》卷32】

是年，蒋之奇重建泰州天目山兴安观。

李晏墅等《泰州通史（中）》载：元丰二年（1079），发运使蒋之奇等重建天目山兴安观，宋神宗赵顼赐"集真观"额。大观元年（1107）赐"仙源万寿宫"名。【《泰州通史》（中），第386页】

嘉庆《大清一统志·扬州府（寺观三）》载：仙源万寿宫，在泰州治东南，即晋乐子长故宅。宋祥符中改为天庆观，大观间易名。【嘉庆《大清一统志》卷32】

三月二十八日，蒋之奇除陕西发运副使。

《长编》载：十二月丙戌，上批：勘会走马，承受公事，系朝廷所遣小行人。设有贪赃不法，监司自当具罪状闻奏，听旨送狱推劾。今秦凤路走马承受公事苏贲，未见有巨蠹罪恶，权发遣秦州蒋之奇轻率恣横，于十二月十二日夜差人辄便捉送，下狱取勘，缘自来守臣未尝有如此狂悖无礼者。宜速下提点刑狱司取勘，其苏贲仍限指挥到立便疏出。〔原注：此据《御集》二十八日丙戌事，今附见，当考究竟。二年三月二十八日，之奇除陕漕。〕【《长编》卷310】

蒋之奇过郿县（今陕西宝鸡），凭吊诸葛亮。

蒋颖叔《过郿县怀古（二首）》诗云：蜀相扬声欲取郿，关中形势已全窥。当时不是长星陨，席卷中原未可知。〇据险先取五丈原，驻兵分辟渭南田。诸军未得全无事，天下奇才始信然。【康熙《陕西通志》卷97】

夏四月，熙河路制置使、内臣李宪以制置边防财用名义，擅榷本路商货。

七月，皇上令陕西发运副使蒋之奇弹劾李宪。经查核，认定李宪徒刑二年。十月，皇上下诏，李宪脱罪。

《长编》记载：夏四月乙巳，提举成都府等路茶场李稷言："经制司擅榷买熙河、岷州、通远军商人货。"诏经制司具析以闻。后李宪言："自置司以来，除蕃商水银及盐川寨、盐官镇两场依法禁私贩外，市易卖买，并取情愿交易，未尝拘拦。臣以浅疏，终恐难逃吏议，乞独坐臣罪。"乃诏宪赴阙，令转运使蒋之奇根治，劾有罪之人。又诏之奇宜以朝廷所降事目，推治虚实，无令支蔓。〔原注：诏之奇事在七月辛未。〕及狱成，宪与马甲、赵济、霍翔坐奏事不实，徒二年。诏宪等所坐缘公，宜依德音释之。〔原注：狱成，据朱本在六月戊戌朔，今并入此。御集在十一月二十六日。是年九月十八日、十月十五日皆有德音。九月十八日止及颍州，当是十月十五日。朱本必误，当从御集。〕【《长编》卷297】

《宋史·食货志下八》记载：元丰二年，熙河路制置边防财用李宪擅榷本路商货，令漕臣蒋之奇劾其罪。导洛通汴司请置堆垛场于泗州，贾物至者先入官场，官以船运至京，稍输船算。明年，诏近京以通津水门外顺成仓为场，非导洛司船而载商税入汴者，许纠告。【《宋史》卷186《食货志下八》】

【注】李宪（1042—1092），字子范。开封祥符（今河南开封）人。皇祐年间，李宪补入内黄门，升供奉官。元丰四年（1081）六月，乘夏廷内乱攻夏，李宪任熙河经略使，与王韶收复河州。又击降吐蕃首领瞎木征，并攻克兰州，主持秦凤路及熙河路军事。以功累官至宣庆使，一度兼管财政，节省冗费十分之六。亦曾一再违犯军令，贻误战机而遭弹劾。哲宗即位后，太皇太后高氏临朝，李宪被弹劾"贪功图名""罔上害民，贻患国家"，连贬为右千牛卫将军，居住陈州，官终延福宫使、宣州观察使、提举明道宫。元祐七年（1092）卒，年五十一。追赠武泰军节度使，谥忠敏。宪以中人为将，虽能拓地降敌，而罔上害民，终贻患中国云。【参见《宋史》卷467《李宪传》】

五月，准李清臣奏，进行官制改革，史称"元丰改制"。据新官制，蒋之仪（1036—1093）以阶寓禄换朝奉郎。荐用者移倅濠州，避亲不复行，移倅扬州。

《宋史·职官志三》载：神宗即位，循用皇祐旧格，逮元丰改制，名号虽异，品秩则同。故亦未遑别定。【《宋史》卷163《职官志三》】

《长编》记载：元丰五年五月壬午，手诏详定官制所，日有应报，所置官司，事件不少。其李清臣已下应新除职事官之人，并令依旧。【《长编》卷326】

蒋之奇《朝奉大夫之仪公墓志铭》云：元祐七年，吾兄德表任庆成军使终，更代还京。时之奇蒙恩召为尚书户部侍郎，亦到辇下。……公讳之仪，字德表，常州宜兴人。……公独完一邑，功为多，监司才之。……新官制以阶寓禄，换朝奉郎。……用荐者移倅濠州，避亲不复行，移倅扬。以吴兴（其母亲吴兴郡太君沈氏）丧，不赴。终丧，得通判亳州。……【《孝思堂蒋氏宗谱》卷3】

六月，蒋之奇游凤翅山浑王庙，有题名石刻。

毕沅《浑王庙记》云：元丰二年三月立。……庙在凤翅山上（今陕西宜川县），在今县之东南五里。文去庙直丹州之东二里，在两崖间者，唐旧治也。……蒋之奇题名，元丰己未六月刻，正书。题不署官职。考之奇于神宗初为殿中侍御史，因劾欧阳修贬监道州酒税，改监宣州。是时，正在退贬之时，故不及之耳。【《关中金石记》卷6，第112—113页】

秋七月甲戌，张方平以太子少师致仕。

《通鉴后编》载：秋七月甲戌，宣徽南院使、判应天府张方平以太子少师致仕。【《通鉴后编》卷84】

七月，苏轼"乌台诗案"入狱、贬黄州团练副使。筑室于黄州东坡，自号"东坡居士"。

《吴兴备志·官师徵》载：苏轼，元丰二年七月七日，作《文与可画篦笪偃竹记》。是月，何大正、舒亶、李定言公作为诗文，谤讪朝政。国子博士李宜之状亦上。七月三日进呈，奉旨送御史台勘。二十八日，皇甫遵到湖州追摄。过南京，张文定公上札，范蜀公上书救之。郡人怀德，作消灾道场。【《吴兴备志》卷5】

《长编》载：元丰二年七月己巳，御史中丞李定言：知湖州苏轼初无学术，滥得时名，偶中异科，遂叨儒馆，有可废之罪四：……罪有四可废，而尚容于职位，伤教乱俗，莫甚于此。伏望断自天衷，特行典宪。御史舒亶言：轼近上谢表，颇有讥切时事之言，流俗翕然，争相传诵。志义之士，无不愤惋。……触物即事，应口所言，无一不以诋谤为主。小则镂板，大则刻石，传播中外，自以为能。并上轼印行诗三卷。御史何正臣亦言：轼愚弄朝廷，妄自尊大。诏知谏院张璪、御史中丞李定推治以闻。时定乞选官参治，及罢轼湖州，差职员追摄。既而上批令御史台，选牒朝臣一员，乘驿追摄。又责不管别致疏虞状，其罢湖州朝旨，令差去官赍往。【《长编》卷299】

《宋史·苏轼传》云：神宗独怜之，以黄州团练副使安置。轼与田父野老相从溪山间，筑室于东坡，自号东坡居士。三年，神宗数有意复用，辄为当路者沮之。

苏轼交游广泛，但一直能善待苏轼的并不太多，而蒋之奇是其中之一。苏轼遭此横祸时，蒋远在西北秦州。

明代胡应麟《诗薮》云：宋世人才之盛，亡出庆历、熙宁间，大都尽入欧、苏、王三氏门下，今略记其灼然者。……王平甫、王晋卿、米元章、张子野、滕元发、刘季孙、文与可、陈述古、徐仲车、张安道、刘道原、李公择、李端叔、苏子容、晁君成、孔毅父、杨次公、蒋颖叔等，皆与子瞻善者。黄鲁直、秦少游、陈无己、晁无咎、张文潜、唐子西、李方叔、赵德麟、秦少章、毛泽民、苏养直、邢惇夫、晁以道、晁之道、李文叔、晁伯宇、马子才、廖明略、王定国、王子立、潘大观、潘邠老、姜君弼，皆从东坡游者。【《明人诗话要籍汇编》第8册，第3430页】

十一月庚午，太常丞余中（状元、宜兴人）被虞蕃举报，因收受太学生陈度贿赂，被停职。

《长编》记载：十一月庚午，诏国子监直讲、颍川团练推官王沇之除名，永不收叙。太常丞余中追一官，勒停，监东作坊门。河南左军巡判官王沔之、秘书丞范峒冲替。沇之，坐受太学生章公舱赂，补上舍不以实，罪当徒二年。中，坐受太学生陈度赂，罪当杖。峒，坐为封弥官漏字号。沔之，沇之弟，亦坐纳赂，嘱请于中、沇之等。皆因虞蕃上书，下御史台案劾，又用御史何正臣之请。狱辞所及，虽蕃所不言，皆得究治。沇之等虽会赦降，犹特责之。沇之始议送湖南安置，既而止除名。然太学一狱，逾年方决，追逮遍四方，盖舒亶、何正臣为之。【《长编》卷301】

【注】虞蕃讼太学案：元丰初年，太学生虞蕃（福建人）告发太学学官升舍偏曲，事下御史台追究。当时蔡确治狱，故意节外生枝，大事罗织，遂将权知开封府、翰林学士许将以下多人逮捕入狱，侮辱备至。宜兴余中也是其中之一。【参见《长编》卷296—卷300】

十一月十三日，蒋之奇瞻礼邠州无量寿佛，有题记。

孙彬荣《蒋之奇周天倪题记》云：元丰二年十一月十三日，蒋之奇瞻礼无量寿佛。后七年周天倪续游记。〔原注：蒋之奇（1031—1104年），字颍叔，今江苏宜兴人。……周天倪，元丰间进士，今浙江湖州人。〕【《邠州石室全录》，第84—85页】

【按】邠州，即古豳州，治所在新平（今彬州），辖境即今陕西彬州一带。

是年十一月，根据蒋之奇此前的提议，朝廷同意增设虔州、抚州、建昌军等地乡丁、关军、枪仗手。

《宋史·兵志五》载：元丰二年，诏虔州枪仗手千五百三十六人，抚州、建昌军乡丁、关军、枪仗手各千七百七十八人为定额。每岁农隙，轮监司、提举司官案阅武艺，以备奸盗。从前江西转运副使蒋之奇请也。【《宋史》

卷191《兵志五》】

《长编》记载：十一月庚午，诏虔州枪仗手千五百三十六人，抚州、建昌军乡丁、关军、枪仗手各千七百十八人为定额。每岁农隙，轮监司、提举司官按阅武艺，以备奸盗。从前江西转运副使蒋之奇请也。【《长编》卷301】

沈辽徙永州期间，父沈扶卒。

蒋之奇《沈睿达墓志铭》载：徙永州，丁父忧，哀毁如母夫人。【《云巢编》卷10《附录》】

是年，王安石邀请法秀禅师（1027—1092）住金陵兴国寺，因两人与佛教教义认识不同，翌年法秀离开金陵，赴真州长芦寺。

黄庭坚《金陵》一诗中有云：身将时共晚，道与世相捐。犹能揽壮观，巨浸朝百川。[元注云：时秀禅师在钟山寺，秀，乃圆通禅师法秀也。吕汲公铭其塔云：元丰二年，王荆公居金陵，以礼邀师居钟山之兴国寺。兴国者，公捐私财以治者也，寺之事一听于公而后行。师至之日，告于众曰："以财营寺，则宜归王氏，以寺听命，则宜归老僧。"一日，公以所著《佛书解义》示师，师曰："文章之妙，所不敢议。然不可以智知，殆非义学所能尽也。"公滋不悦。师遂弃去。按，元丰二年岁己未，而山谷此行盖三年庚申岁。]【《山谷外集诗注》卷9】

十二月，张方平、司马光、范镇、陈襄等一众大臣上书救苏轼，终得以不死。责授团练副使、黄州安置。

《通鉴后编》载：十二月丙午，御史台具苏轼狱上法寺，当徒二年。会赦当原。于是，中丞李定言："古之议令者，犹有死无赦。况轼所著文字，讪上惑众，岂徒议令之比？乞特行废绝，以释天下之惑。"御史舒亶又言："驸马都尉王诜辈，收受轼讥讽朝政文字，公为朋比，如盛侨、周邠固不足论，若张方平、司马光、范镇、陈襄、刘挚皆略能诵说，先王辱在公卿大夫之列，而所怀如此，顾可置而不诛乎？"疏奏，轼责授团练副使、黄州安置。

坐轼诗案者：王诜，追两官勒停。苏辙，监筠州酒务。王巩，监宾州酒务。张方平、李清臣、司马光、范镇、钱藻、陈襄、刘攽、李常、孙觉、曾巩、王汾、刘挚、黄庭坚、戚秉道、吴绾、盛侨、王安上、周邠、杜子方、颜复，凡二十二人，各罚铜。台狱之方起也，知谏院张璪及李定、舒亶、何正臣等杂治之，必欲置轼于死。张方平、范镇皆上书救轼，不报。众危之，莫敢正言者。太皇太后违豫中，闻轼下狱，谓帝曰："尝忆仁宗以制科得轼兄弟，喜曰'吾为子孙得两宰相'。今闻轼以作诗系狱，得非仇人中伤之乎？捃至于诗，其过微矣。吾疾势已笃，不可以冤滥，致伤中和，宜熟察之。"帝闻太皇太后言，有怜轼意。而吴充申救亦甚力。直舍人院王安礼乘间进曰："自古大度之君，不以语言罪人。轼以才自奋，谓爵位可立取，顾录录如此，其中不能无觖望。今一旦致于法，恐后世谓不能容才，愿陛下无庸竟其狱。"帝曰："朕固不深谴也。行为卿贳之，第去勿漏言。"王珪忽对帝言："苏轼于陛下有不臣意？"帝改容曰："何以知之？"珪因举轼《咏桧》诗云："'根到九泉无曲处，世间惟有蛰龙知。'陛下飞龙在天，而轼求知于地下蛰龙，非不臣而何？"帝曰："彼自咏桧耳！何预朕事？"珪语塞章。惇亦从旁解之，由是轼得不死。【《通鉴后编》卷84】

第二十一卷　元丰三年（1080）

元丰三年（1080）庚申　五十岁

正月十七日，蒋之奇留题坊州（陕西宜君）玉华宫，其职衔为"权发遣转运副使公事兼劝农使、朝奉郎、尚书司勋员外郎、上轻车都尉（正四品）、借紫"。

《玉华宫题刻二段》云：玉华宫题刻二段（在宜君），蒋之奇诗（高三尺六寸六分，广一尺八寸八分。正书十二行，行廿六字，结衔一行卅三字。）……蒋之奇，《宏简录》附蒋堂传。尝为淮东运副，历江西、河北、陕西。所至节损赋入，以给公私用度，江淮荆浙发运副使。此诗殆行部经过所题。庚申为元丰三年也。其结衔云：兼劝农使、尚书司勋员外郎、上轻车都尉。史皆略之。【《铜川旧志拾遗》，第204—206页】

毕沅《关中胜迹图志》云：玉华宫，在宜君县西南。《唐书·地理志》：在坊州宜君县北四里凤凰谷。《元和郡县志》：贞观二十年置。《册府元龟》：太宗建玉华宫既成，正门谓之南风门，殿覆瓦，外皆茸之以茅。帝以意在清凉，务从俭约。……【《关中胜迹图志》卷30】

【注】尚书司勋员外郎、上轻车都尉：宋朝置为第五阶勋官，秩正四品。《宋史·职官志三》载："司勋郎中、员外郎：参掌勋赏之事。凡勋级十有二：曰上柱国，正二品；曰柱国，从二品；曰上护军，正三品；曰护军，从三品；曰上轻车都尉，正四品；曰轻车都尉，从四品；曰上骑都尉，正五品；曰骑都尉，从五品；曰骁骑尉，正六品；曰飞骑尉，从六品；曰云骑尉，

正七品；曰武骑尉，从七品。率三岁一迁，必因其除授以加之。"【《宋史》卷163《职官志三》】

【注】借紫：唐代官制，三品以上服紫，佩金鱼袋。其后，散官未及三品者，听着紫佩金鱼，谓之借紫。宋朝沿此制。《宋史·舆服志五（诸臣服下士庶人服）》载："仁宗景祐元年，诏军使曾任通判者借绯，曾任知州者借紫。庆历元年，龙图阁直学士任布言：欲望自今赠官至正郎者，其画像许服绯，至卿监许服紫。从之。嘉祐三年，诏三品转运使朝辞上殿日与赐章服，诸路转运使候及十年，即与赐章服。神宗熙宁元年，中书门下奏：六品以上犯赃滥或私罪徒重者，不得因本品改章服。从之。元丰元年，去青不用，阶官至四品服紫。至六品服绯，皆象笏、佩鱼。九品以上则服绿、笏以木。武臣、内侍皆服紫，不佩鱼。"【《宋史》卷153《舆服志五》】

蒋之奇《留题坊州玉华宫》诗石刻及拓片全文。蒋之奇文后有胡宗回（淳夫）跋语。

蒋之奇《留题坊州玉华宫》诗，北宋元丰三年（1080）正月十七日刻，石在陕西宜君。拓片高124厘米、宽61厘米。蒋之奇撰。【《中国西北地区历代石刻汇编》（第6册），第129页】

留题坊州玉华宫　权发遣转运副使公事兼劝农使、朝奉郎、尚书司勋员外郎、上轻车都尉、借紫蒋之奇

跨谷建殿阁，擘山成阙门。金碧旧帝宫，香火今僧园。

文皇肇经构，避暑每北辕。赫然大龙入，屹尔丹凤鶱。

当时从行在，千官蔼云屯。华胥梦一断，光景空崩奔。

岂独粉黛假，尚无石马存。浮休可寭叹，岂不思旋元。

奘师释门秀，净典于兹翻。重燃大法炬，朗照众生昏。

龛岩塑像在，神骨粹且温。揆余挹玄风，渴仰祛冥烦。

安得七觉花，一开迟钝根。

庚申正月十七日

颖叔题　沙门　道岩　菩

讲心经　院主僧　文末　上石

承务郎行县尉　侯教成

承务郎守县令　全载　书

玉华宫题记　胡淳夫

朝旨遍察所部，盗贼自方渠、庆阳、定安经入中部，间关万状；且将按鄜畤、宜川、肤施、保安矣。元丰癸亥（1083）仲春望日，晋陵胡淳夫题。观颖叔佳甚，慨然奉思。

［原注：胡淳夫，生平不详。此文题刻于蒋之奇诗碑左下方。］［原注又：蒋之奇，字颖叔，常州宜兴人。擢进士第，后为陕西副使。极善理财，其所经手赋入以给用度，公私使用充足。离任时，库存钱尚有八十余万缗，边粟也可支用二年。］【王仲德编著：《玉华寺》，第156—157页】

【按】此玉华寺蒋之奇诗碑刻，原石在陕西铜川宜君玉华宫。其拓片今藏于北京图书馆、陕西师范大学图书馆等处。胡淳夫题跋在碑左上方，王著误作"左下方"。

《长编》载：元丰三年春正月壬戌，诏权发遣提举京西北路刑狱胡宗回罚铜十斤，免冲替，坐越职治提举司事也。……元丰四年十二月乙丑，权环庆路经略司事胡宗回言："昨起本路义勇、保甲赴环、庆州等处守御，今大军已回，乞放令歇泊。"诏依所奏。……元丰五年八月癸卯，种谔言："奉诏援永乐城，未知延州守御大计所付。"诏胡宗回权管勾延州事，候沈括至交割，仍诏沈括止带衙兵回延州。……元丰七年夏四月壬午，诏陕西路提举保甲、东上阁门使狄咏，朝奉郎胡宗回各迁一官，勾当使臣雷胜等七人，减磨勘年有差。以按阅集教官奏论也。【《长编》卷302、卷321、卷329、卷345】

【注】胡淳夫，本名宗回，又字醇夫，常州人。胡宿从子，胡宗愈弟，蒋之奇姻亲。元丰六年（1083）时，胡宗回"权管勾延州事"。《宋史·胡宿传（附）》载：从子宗回，字醇夫，用荫登第，为编修敕令官、司农寺干当公事、京西转运判官、提点刑狱、京东陕西转运使、吏部郎中。绍圣初，以直龙图阁知桂州，进宝文阁待制。坐系平民死，降集贤殿修撰、知随州，改秦州、庆州，复为待制。先是，熙河将王赡下邈川有功，帅孙路不乐赡，

夺其兵与王愐。朝廷知之，以宗回代路，加直学士。……于是转运判官秦希甫言湟、鄯难守，以为弃之便。事下宗回，宗回持不可，希甫罢去。会徽宗弃鄯州，于是任伯雨再疏其罪，夺职知蕲州。还，为待制。历庆、渭、陈、延、澶州。兄宗愈入党籍，宗回亦罢郡。居亡何，录其坚守湟、鄯之议，起知秦州。进枢密直学士，徙永兴、郑州、成德军，复坐事去。大观中卒，赠银青光禄大夫。胡氏自宿始大，及宗愈仍世执政，其后子孙至侍从、九卿者十数，遂为晋陵名族。【《宋史》卷318《胡宿传》】

三月十一日，枢密直学士知通进、银台司兼侍读、判尚书都省陈襄卒于京师，明年葬宜兴。

叶祖洽《古灵先生行状》载：公讳襄，字述古，其先本光州固始人，当五代之末随王氏入闽，因家于闽之福唐，今为福唐人。……三年三月十一日卒于京师。将终，其妻子环泣求所以语后者。公汎然而应曰："夫何言安以竢之耳？"因索纸笔，书"先圣先师"四字付其子。……享年六十有四，阶累升为朝散大夫，勋累升为护军，爵累升为上党郡开国侯。……以元丰四年九月十九日，葬于常州宜兴县永定乡蒋山之原。【《古灵集》卷25《附录》】

六月至八月，蒋之奇奉旨查劾熙河路经略司赵济，同时查劾环庆经略安抚挪用抚养士兵钱款。

《长编》记载：元丰三年六月丙午，权熙河路经略司赵济言，得董毡书，称欲建一城，来求修城器具及援兵。诏济谕以朝旨修城铁器已令应副，先具数来，至修时，当令经略司遣兵照管应接。癸丑，诏熙州赵济罢任，留秦州听旨。时济以私役兵防及用官钱买女口事，下陕西转运司劾罪故也。……八月癸巳，诏蒋之奇见勘熙州赵济公事日久，其干系人宜先次断放。又诏之奇点检到环庆经略安抚司违法支用抚养士卒钱，官吏不以赦降去官原免，根究以闻。【《长编》卷305、卷307】

【注】赵济，开封封丘人，宗道子。庆历中知万年县。熙宁四年（1071），权发遣淮

南同提点刑狱、淮南两浙荆湖南北江南东西路提点刑。升太常丞、京东转运副使。元丰中，迁陕西转运判官、同经制熙河路边防财利许举勾当公事，升右正言直龙图阁、知熙州。因与下属赌博收钱而降授通直郎监唐州酒税务。【《长编》卷221、卷367、卷395】

【又】时环庆经略安抚使为俞充。《长编》载：秦凤为俞充子承务郎次皋作纪云："元丰元年八月，诏以先臣充为天章阁待制、环庆路安抚经略使。三年四月，环州肃远寨慕家巴勒则等，剽属羌兵为乱，攻杀旁族。先臣遣第二将张守约、走马承受陆中招降之，诛其不听命者。于是羌族始定。"【《长编》卷312】

七月，权发遣秦州蒋之奇差人抓秦凤路走马承受公事（监察官）苏贲下狱治罪。十二月，皇上批评蒋之奇"轻率恣横"。

《长编》载：三年秋七月乙丑，诏诸路教阅禁卒毋得过两时，以秦凤路走马承受苏贲言有拘留数日，不得休息故也。……十二月丙戌，上批："勘会走马承受公事，系朝廷所遣小行人，设有贪赃不法，监司自当具罪状闻奏听，旨送狱推劾。今秦凤路走马承受公事苏贲，未见有巨蠹罪恶。权发遣秦州蒋之奇轻率恣横，于十二月十二日夜，差人辄便捉送下狱取勘。缘自来守臣未尝有如此狂悖无礼者，宜速下提点刑狱司取勘。其苏贲仍限指挥到立便疏出。"【《长编》卷306、卷310】

八月初一日，有诏书催促蒋之奇抓紧处置熙州赵济等人，相关人员应及早放归。

《长编》载：八月辛卯朔，诏蒋之奇见勘熙州赵济公事日久，其干系人宜先次断放。又诏之奇点检到环庆经略安抚司违法支用抚养士卒钱，官吏不以赦降去官，原免根究以闻。【《长编》卷307】

八月，王安石为特进，封荆国公。仍居江宁。

《宋史·神宗纪三》载：三年八月乙酉，诏即景灵宫作十一殿，以时王礼祀祖宗。以王安石为特进，改封荆国。【《宋史》卷16《神宗纪三》】

约是年九月，蒋之奇堂兄之仪为朝奉郎，旋丁母忧。蒋之翰选知登州，未赴，除荆湖北路常平等事。

蒋之奇《朝奉大夫之仪公墓志铭》云：新官制以阶寓禄，蒋之仪换朝奉郎。荐用者移倅濠州，避亲不复行，移倅扬。吴兴即世，终丧，得通判亳州。转朝散郎，俄以劳为朝请郎，除庆成军使（今山西荣河、万荣）。【《孝思堂蒋氏宗谱》卷3】

蒋之奇《宋故朝请大夫知亳州军事之翰公墓志铭》云：未几（约1080年），以选知登州。陛辞，神宗顾问良久，公敷奏详明，甚称上意。是以常平、免役法推行虽久，而论者犹有异同。神宗以问公，公对曰："臣在越，屡以职事行县，习知新法，第不可责近效，在择人而已。今固患乎数易，陛下果断而力行之。"将行，复伸前语，神宗咨嗟良久，曰："一州不足治也，当以所言付卿一路，可推行之。"明日，语宰相曰："蒋之翰有风力，是可使一道，岂止一郡守才乎？"遂除荆湖北路常平等事，部十三州，地僻，迫近蛮夷，官司因循苟简，所在发敛多寡迟速无序。公至未阅月，一切蠹厘治改，具为条目以闻。神宗嘉之，著为令。考绩为诸郡最。【《孝思堂蒋氏宗谱》卷3】

十月六日，蒋之奇妻子的堂兄弟沈遘（1036—？）游武昌，与苏东坡偕游。

周承水《石壁宋沈遘题名》云：题名为"沈遘元丰三年十月六日游湖，孙俶雅子修从"十八字，字径二寸六分，楷书。在武昌县城北临江的西山石壁上。沈遘，常与东坡偕游。东坡《送沈遘赴广南》诗，有"嗟我与君皆丙子，四十九年穷不死"和"我方北度脱重江，君复南行轻万里"等句。……石刻已毁。【《鄂州西山志》，第129页】

【注】沈遘，杭州人，蒋之奇妻子的堂兄弟，与苏东坡同龄。《沈氏家庭史料》记载："沈同有二子，长子沈振，次子沈扶。沈振，字发之，以父荫起家，先后担任上高、临淮二县主簿和茶陵县令。……沈振有二子：长子沈遘，曾任永嘉知县、大理寺丞、信州推官等职，

有沈价、沈修二子。次子沈述曾任许州司户参军、监杭州杨村盐场,又曾任西京军巡判官。……
沈扶曾任国子博士、金部员外郎和司勋员外郎。……沈扶有五子,依次为沈遘、沈迥、沈辽、
沈邀和沈逈。沈括与沈遘、沈辽合称'三沈',以才艺著称于时,是沈氏家族中最为卓绝
的人物。沈扶女婿蒋之奇也富有才干,并以奖掖后进为己任,曾任翰林学士。……沈扶的
另一女婿王子韶,积极参加了王安石变法活动。他与沈括交往相当密切。"【《西溪洪氏
沈氏家族史料》,第 386—387 页】

【又按】《长编》中记载:熙宁六年十一月癸巳,诏梓夔路察访司准备差遣蒲宗闵、新
知永嘉县沈遘同成都府路转运司,相度成都府置市易务利害以闻。……熙宁七年春正月癸
亥,遣三司勾当公事李杞相度成都府置市易务利害。先已遣蒲宗闵、沈遘,今复遣杞。……
熙宁九年十一月庚申,诏大理寺丞沈遘改一官,与堂除论前任信州推官兴置银坑之劳也。【《长
编》卷 248、卷 249、卷 279】

第二十二卷 元丰四年（1081）

元丰四年（1081）辛酉 五十一岁

三月二十六日，陕西转运副使蒋之奇在麦积山有多处题刻。

刘雁翔考证云：麦积山第 5 号崖阁中龛的龛口左侧下部，留有北宋陕西转运副使蒋之奇元丰四年（1081 年）行书题记一条，云："蒋之奇登麦积山，观悬崖置屋处，知杜诗为不诬矣。元丰四年三月二十六日。"【《"一带一路"视域下的西北史地研究》，第 99—100 页】

《牛儿堂中窟（9 窟）门左方有石刻题名》载：蒋之奇登麦积山观悬崖置屋牢之处，知杜诗为不诬矣，元丰四年三月二十六日。【《天水石窟文化》，第 11—12 页】

《麦积山石窟题记》载：元丰四年，蒋之奇登牛儿堂石刻。【《麦积山石窟志》，第 78 页】

冯国瑞《天水麦积山西窟万佛洞铭（并序）》载：宋熙宁、元祐时，李师中、蒋之奇、游师雄先后登览，题名岩壁。【《麦积区金石校注》，第 251—252 页】

五月二十六日，蒋之奇登甘肃陇南成县大云寺，有登大云寺、游狮子洞、观（唐）李政叔题壁题名石刻。

《秦岭碑刻经眼录·西秦岭地区》载：大云寺蒋之奇摩崖题刻，北宋元丰四年（1081）刻。正文楷书"辛酉五月二十六日，蒋之奇登大云寺"等字。

位于甘肃成县支旗乡大云寺。……狮子洞石刻，北宋元丰四年（1081）刻。正文行书，位于甘肃成县支旗乡狮子洞。【《秦岭碑刻经眼录》，第2页】

《成县风物英华·蒋之奇题名（拓片）》云：蒋之奇登大云寺。辛酉（1081）五月二十六日。【张栓才：《成县风物英华》，第29页】

王百岁《甘肃陇南石窟寺》：狮子洞（包括蒋颖叔题记……），凤凰山寺题记（包括蒋之奇题记……）。【《佛教艺术与文化国际学术研讨会论文集》，第165页】

蔡副全《唐〈李叔政题壁〉墨迹考略》一文记载：元丰四年（1081）五月，蒋之奇。题名在《李政叔题壁》下方。【《敦煌研究》2009年第2期】

蒋之奇游天水湖、天水神庙（又名惠应庙），并题诗。

蒋之奇《题天水神庙（又名惠应庙）》诗：灵源符国姓，殿泽应州名。地脉薰来顺，云根出处清。【乾隆《直隶秦州志》卷11《艺文下》；刘雁翔：《秦州文史研究》，第12页】

《明一统志·巩昌府》载：天水湖，在秦州南七里，其水冬夏无增减，天水郡以此得名。宋建隆初，立宇其上，号天水殿。又以水疗疾有效，改惠应殿。【《明一统志》卷35】

蒋之奇游秦州老子升仙台，并题诗。

《明一统志·巩昌府（宫室）》载：升仙台，在秦州西南一十五里。大霄观，世传老子于此升仙。宋蒋之奇诗：主台犹在碧山层，想像真仙为勉登。况是仙风久倾挹，何当骑鹿共飞升。【《明一统志》卷35】

《记纂渊海·秦凤路（秦州）》载：重台犹在碧山层，想象真仙为勉登。（蒋之奇《题升仙台》）【《记纂渊海》卷25《郡县部》】

《永乐大典·升仙台》：《元一统志》：去秦州西南七里在大霄观，老子于此升仙，故有此台。元丰中蒋之奇题诗云：玉台尤在碧山层，想像真仙为勉登。况是仙风久倾挹，何当骑鹿共飞升。【《永乐大典》卷2603】

乾隆《甘肃通志·直隶秦州》载：升仙台，在州西南一十五里升仙观。世传老子于此升仙，宋蒋之奇有诗。【乾隆《甘肃通志》卷23《古迹》】

九月，扬州签书判官邵光因陪同王仲修燕饮，并与女妓嬉戏，被免职，改任都水监主簿。同年十二月，又因下属重复收税，被处罚。

《长编》记载：九月壬寅，诏奉议郎、馆阁校勘、同知礼院王仲修罚铜十斤，冲替。仲修，宰相圭之子，先谒告往淮南，谏官蔡卞言其在扬州燕饮，所为不检。签书判官邵光与之陪涉，光替罢，即差权都水监主簿。众皆喧传非笑。诏淮南转运司、体量转运司言，仲修因燕会与女妓戏，有逾违之实故也。【《长编》卷316】

《长编》记载：十二月乙卯，诏前淮南东路提点刑狱、金部员外郎范百禄，通判扬州、太子中舍傅宸，签书判官邵光、林旦、陈奉古，各展磨勘二年。右班殿直张岁闰罚铜二斤。岁闰监高邮县樊良镇税，有市易司经税饶、润竹木过镇，更税之，百禄再委宸等定夺，称合尽税，市易司提举张次元言百禄等意在沮坏市易法故也。【《长编》卷321】

附：邵光小考

邵光，邵灵甫曾孙，宜兴人。嘉祐八年（1063）进士及第。兄弟有邵刚、邵如、邵叶，俱登进士第。

张守《宋故孺人邵氏墓志铭》记载："奉议郎致仕詹公成老卒之明年，妻孺人邵氏亦卒，……邵氏，其先吴兴人，乾符中右补阙安石以吴兴卑垫，徙常之宜兴。曾祖灵甫、祖藏、父宗回，皆隐居不仕。孺人钟爱于父母，不轻以予人。公方英妙，乡誉籍甚，贵人右族争以女归之，公不为意。独以邵氏女贤有闻，又群从光、刚、如、叶相继登进士第，学行著称，因愿交焉。"【《毗陵集》卷13】

《毗陵志·文事（甲科）》记载：嘉祐八年许将榜"邵光"，熙宁六年余中榜"邵刚（省元）、邵如"，元丰二年时彦榜"邵叶"。【《毗陵志》卷11《文事》】

邵光，字彦瞻，与释道潜（1043—1106）、秦观（1049—1100）等友善，尝有诗文来往。

释道潜有《西湖雪霁寄彦瞻》《次韵彦瞻舟次三塾》《次韵彦瞻樊良》《酬邵彦瞻朝奉见寄》等诗，其《酬邵彦瞻朝奉见寄》云："扬州从事多文章，新诗组织如朝霞。高怀忽念朔方客，秋风一纸来天涯。都城冠盖属休沐，解后过我森如麻。开缄传读不知厌，愕立圜视相惊夸。上言音形阔川路，下言杖屦埋风沙。蹲鸱正熟邀我返，城南古寺无喧哗。我今翩然已东下，轻舟早晚从公家。平山堂西百尺井，请公为汲烹露芽。"高慎涛、张昌红校注中说："邵彦瞻，即邵光。"【《参寥子诗集校注》卷3，第61页】

秦观《集瑞图序》中说："熙宁九年（1076），燕国邵舜文与诸弟持其先君之丧于宜兴。数月，有双瓜生于后圃，……邵氏之祖考，既以潜德隐行见推乡间，至舜文、彦瞻、端仁，又以文学收科第，弟兄相继有闻于时，而诸子森然皆列于英俊之域。……"【《宋文鉴》卷91】

秦观《与邵彦瞻简（二通）》云：某顿首启。日月不相贷借，奉违未几，已复清明。……今又以风流从事，从文章太守游淮海佳郡，岂不为七难并得乎？甚盛甚盛。……欲南去，属私故，未能伺舟，但增引恧。不宣。某顿首。其二又云：顷蒙以《集瑞图序文》见属，此固盛时之事，前世词臣墨客所颂叹者，不特为南方之美，君家之祥也，不腆之文，何以称此。然重逆盛意，又窃喜托名图上以为荣，故不敢固辞，辄撰次，并《扬州集序》寄呈，中间尤恶处，不惜指示，就与改窜，尤幸。……【《淮海集》卷30】

秦观另有《陪彦瞻游金山和子由》诗（略）。【《御选宋诗》卷14】

【按】从释道潜、秦观的诗文中，可知邵舜文、邵端仁为邵光兄弟，亦举进士第。结合张守《宋故孺人邵氏墓志铭》记载可以推知，邵彦瞻即邵光，为扬州从事。而邵舜文即邵刚，时为太学博士。邵端仁即邵如，不知官何处。邵叶，尚未举进士。

熙宁六年（1073），邵光任湖州观察推官，后因彻底清查温州、台州下辖九县的滩涂田地，同年升职，并在靠近家乡的地方为官。推测其原因是父母年老。元丰中为扬州从事（签书判官），因故降职。后为濠州（在今安徽凤阳）通判。元祐六年（1091），仍为都水监小吏。

《长编》载：熙宁六年十一月辛卯，诏流内铨，前湖州观察推官邵光与循二资，注家便官，以两浙转运司言光根括温、台等九县沙涂田千一百余

顷故也。【《长编》卷248】

孔武仲（1042—1097）《送邵彦瞻通判濠州》诗云：民情极简易，关决未应劳。佳句宁我知，为君屈挥毫。【《清江三孔集》卷6】

《长编》载：元祐六年闰八月庚申，……诏左朝奉郎邵光与本路监司，同导积水。……元祐六年，诏左朝奉郎邵光督修苏州等处水利，同本路监司专董开浚河渠。【《长编》卷465】

【按】邵光既为"左朝奉郎"，知其确为进士出身。

邵光兄弟还与沈辽（1032—1085）、苏辙（1039—1112）、黄庭坚（1045—1105）等有诗文交往。

沈辽有《奉酬舜文（刚）即次元韵》和《召邵彦瞻》诗，沈辽隐居齐山时，有《召邵彦瞻》诗云：青嶂叠叠西南驰，上下佛宫筋力疲。一樽欲与鲁山醉，怅望车马来何迟。【《云巢编》卷2】

【注】舜文，即邵刚。次元，即张次元（1031—1097）。邹浩《故朝请郎张公行状》云："公讳次元，字希一。其先广陵人。自天章公归老于常州，遂为常州武进人。……至睦州感疾，犹欲东去。浸剧，乃还杭州，至则革矣。然而经画鼓铸，谆谆在口。家人勉公姑少休，毅然曰：'食君之禄，而尸素可乎？'比卒，无一语及私事。实绍圣四年三月二十六日也，享年六十有七。"【邹浩：《道乡集》卷36】。

苏辙有《寄扬州鲜于子骏从事邵光》诗（略）。【《栾城集》卷9】

黄庭坚《筠州新昌县瑞芝亭记》载：晋陵邵君叶为新昌宰，视事之三月，灵芝五色十二生于便坐之室。吏民来观，无不动色。……邵君家世儒者，诸父兄皆以文学行义表见于荐绅。邵君又喜能好修，求自列于循吏之科，故其气焰而取之。【《豫章文集》卷17】

《宋诗纪事补遗·邵叶》载：邵叶，晋陵人。元丰二年（1079）进士。元祐间宰新昌，视事之顷，芝生于室，黄山谷为之记。【《宋诗纪事补遗》卷23】

【注】筠州新昌县，即今江西省宜丰县。

邵刚曾官太学博士、泗州通判。

曾巩（1019—1083）《张（徐）铎崇、翟思、邵刚太学博士制》云：敕具官某：博士列于成均，以讲教为任。尔以经明选用，往服厥官。盖尊其所闻，以诱率学者，汝之守也，其尚钦哉！可。【《元丰类稿》卷20】

苏轼《邵刚通判泗州》云：敕具官邵刚：诗云："淑问如皋陶，在泮献囚。"狱讼之事，固儒者之所学也。汝官于上庠，既习其说矣，其往试之。可。【《东坡全集》卷160】

邵光与苏轼友善。约卒于元祐末。

范祖禹（1041—1098）《手记》中载："邵光：子瞻称之，已卒。"《手记》约作于元祐末（1093）。【《范太史集》卷55；参见《苏谱》，第113页】

【按】常州、宜兴等地方志载，苏轼与宜兴邵民瞻友善，或说民瞻为东坡弟子。查遍苏轼所有文集、诗集，未见有"邵光""邵民瞻"之名。特别是范祖禹所记，苏轼与邵光明明是朋友关系，但苏轼诗文中只字未提。与苏轼同时的友人笔记、诗文中，也没有"邵民瞻"之人。从邵光（彦瞻）的经历、交友情况看，疑即"邵民瞻"，当是崇宁禁锢之后，方志、家谱为避祸所改。笔者在搜集本谱素材过程中也注意到，苏轼诗文集中所记述的宜兴友人，大多与常州、宜兴方志及各家族家谱的记载存在差异，如宜兴李知县，苏轼书"李去盈"，而宜兴旧志书"李元盈"；单锡"字君贶"，宜兴作"字君赐"；田客"蒋公裕"，宜兴家谱中为"蒋之裕"。就是居宜兴的苏轼后人"苏岘"，也混作"苏峤"。凡此种种，都与"邵彦瞻（民瞻）"情况一样，应是"崇宁禁锢"之后的改动。

是年，蒋之奇、苏轼同年进士褚理知宜兴县，以石易木，兴建宜兴长桥。

《宜兴旧志·守令》载：褚理，奉议郎，元丰四年（1081）任。【《宜兴旧志》卷5《守令》】

《仁宗嘉祐二年（1057）进士录》：褚理，越州山阴县人。理弟。嘉祐二年登进士第。【《宋登科记考》卷4，第266页】

《毗陵志·地理·桥梁》载：长桥，在县南二十步，晋周孝公斩蛟之地。……元丰二年，郡丞钱垂范行县，庖舟延毁。四年，令褚理重建，榜曰"忻济"。苏文忠过之，大书十二字于石，曰"晋征西将军周孝公斩蛟之桥"。因改曰"荆溪"。【《毗陵志》卷3《地理》】

约于是年冬，仲殊来宜兴，游张公洞、善卷寺等地。

僧仲殊《题洞灵观》云：古观多松桧，幽期近暮秋。坐看新月上，闲见断云愁。野思同花鸟，乡情隔岛洲。轻寒披鹤氅，隐几自搔头。【《宋艺圃集》卷22】

僧仲殊《雪霁游善权寺》诗云：千年名刹占云崖，一日清游踏雪苔。相国亲题离墨石，女郎谁筑读书台？洞疑水自琉璃出，岩想龙将霹雳开。为问庭前柏树子，古灵诸老几人来？【《明永乐常州府志》卷14《文章二》】

【注】雪霁：一指天气，雪后方晴。二可能指善权山雪霁阁。王象之《常州碑记》载：《善权寺》诗、《灵岩瀑布记》。[原注：《集古录》云：羊士谔《游善权寺诗》，康仲熊《游灵岩瀑布记》，郑薰《雪霁阁诗》附《善权寺诗》后，元和十三年刻，李飞书，在常州。]【《舆地碑记目》卷1】

【按】诗中"古灵诸老几人来"，指的是陈襄等前辈，仲殊诗未系看见，疑其为祭奠陈古灵而来。故附此。

仲殊《诉衷情·春词》云：长桥春水拍堤沙，疏雨带残霞。几声脆管何处，桥下有人家。〇宫树绿，晚烟斜。噪闲鸦，山光无尽，水风长在，满面杨花。【《花庵词选》卷9】

苏轼《安州老人食蜜歌》注云：仲殊，字师利，承天寺僧也。初为士人，尝预乡荐，其妻以药毒之，遂弃家削发，时食蜜以解毒。苏公与之往还甚厚，号曰"蜜殊"。工诗，有《宝月集》行于世，非世俗诗僧比。《侯鲭录》载：仲殊《过润州绝句》云：北固楼前一笛风，断云飞出建昌宫。江南二月多芳草，春在濛濛细雨中。《宝月集》今不传。【《苏诗补注》卷32】

《中华佛教人物大辞典·仲殊》云：仲殊，宋代僧人。俗姓张，名挥，字师利，号密殊。南陆（今属湖北）人。初为士人，曾预乡荐。其妻以药毒之，

遂厌世弃家为僧。聪慧敏达，学识广博，能文善诗词，好作纤巧之语，操
笔立就，不点窜一字。居苏州承天寺、杭州吴山宝月寺，与苏轼等交往甚欢。
后因被诬，被迫自杀（自缢于枇杷树下）。著有《宝月集》传世，时人讥
其多作艳体。【《中华佛教人物大辞典》，第 454 页】

第二十三卷 元丰五年（1082）

元丰五年（1082）壬戌 五十二岁

年初，沈辽离开永州贬所，二月底，路过黄州，拜访苏轼。四月，与友人夏琼、马永誉游齐山左史洞、游九华山。

林阳华《沈辽年谱简编》记载：五年初，沈辽离开永州，其《赠别博明二古》中云"三年客零陵"。二月底，路过黄州，拜访苏轼。苏轼于此年二月底在黄州作雪堂，《初泊磁湖》[原注：时子瞻在齐安。]云："小驻武昌江北岸，春风今夜泊江南。"不久即离开，前往池州。四月，与友人夏琼、马永誉游齐山左史洞、游九华山。九月癸巳，又与曾孝蕴游九华。【《乐山师范学院学报》2014年第2期；参见《云巢编》卷7《三游山记》】

沈辽《赠别子瞻》诗云："平生雅游眉阳客，五年不见须已白。借田东坡在江北，芟夷蓬蒿自种麦。"又有《题子瞻雪堂即次前韵》云："眉阳先生齐安客，雪中作堂爱雪白。堂下佳蔬已数畦，堂东更种连坡麦。"【《云巢编》卷4】

沈辽回江南，再游宜兴，曾想隐居于此。

沈辽《将行寄蒋三》诗云：春风迎我到荆溪，行看秋成忆故畦。乘兴去来何可恨，为君引领滆湖西。【《云巢编》卷2】

《招静之》云：浙西夫子蚤相陪，解印新从海上来。借得溪边五亩宅，

与君共酌任公台。【《云巢编》卷2】

《阳羡浮翠亭》诗云：江南山川若奔鹿，下照江流翠相瞩。朝望长干暮石牌，山头年年春草绿。我昔常爱江南游，当时少年今白头。人生匆匆寄幻事，六朝得丧唯荒丘。阳羡本自江南州，水边孤烟千古愁。沙禽关关夜相呼，稻粱自足知何求。我生已如不系舟，投老为谁计沈浮。腰间墨绶亦偶尔，此地欣与心相投。行归三吴卜幽隐，不复更到枚回洲。渔父丈人莫相笑，解带于此聊迟留。【《云巢编》卷2】

《云间》曰：蜡屐去阳羡，乘桴望云间。腰垂陶令印，意在庄生环。斯民久困敝，何用惠孤瘰。于心傥有愧，拂衣归故山。【《云巢编》卷2】

三月二十九日，蒋之翰母亲钱氏（1003—1082）卒。兄之翰嘱之奇为行状，并请吕惠卿（1032—1111）作铭。

吕惠卿《宋故保宁县太君章公夫人钱氏墓志铭》云：元丰五年三月二十九日，保宁县太君钱氏卒于荆湖北（路）提举司其子之翰仲甫之官舍。之翰护丧归，属其从弟之奇颖叔曰："为吾状吾母之行，从世之望人乞铭，以信后嗣。"（钱氏）……武进人。曾祖仁完，祖咸享，考向，皆不仕。……子男五人，之翰……之问、之敏、之邵、之表，皆举进士……女三人，其季适进士路从，余皆早卒。【《孝思堂蒋氏宗谱》卷3】

【注】吕惠卿（1032—1111），字吉甫，号恩祖，泉州南安人。王安石变法中的二号人物，为推动变法作出了许多贡献。和王安石情同师徒，后因事生恨。大半生都被卷入新旧党的争斗，宦途也因此非常波折，评价也出现极大分歧，史书上认为他背信弃义、祸国无耻，人格低劣。后来对王安石变法有了重新评价，认为吕惠卿是有才能的改革家。徽宗时致仕，卒赠开府仪同三司，谥文敏。【参见《宋史》卷471《奸臣传》】吕惠卿与宜兴蒋氏关系紧密，逝世后，蒋之奇侄儿蒋静作《吕惠卿家传》。【参见《长编》卷211、卷215、卷275】

在陕西任上，蒋之奇治理有方，"经赋入以给用度，公私用足。比其去，库缯八十余万，边粟皆支二年"。约是年春夏之间，蒋之奇离开陕西运司，

调任淮南（驻楚州），旋擢江、淮、荆、浙发运副使。

《宋史·蒋之奇传》云：之奇在陕西，经赋入以给用度，公私用足。比其去，库缯八十余万，边粟皆支二年。移淮南，擢江、淮、荆、浙发运副使。元丰六年，漕粟至京，比常岁溢六百二十万石，锡服三品。请凿龟山左肘至洪泽为新河，以避淮险，自是无覆溺之患。诏增二秩，加直龙图阁，升发运使。凡六年，其所经度，皆为一司故事。

《宋史·食货志上三》载：元丰五年（1082），罢广济河辇运司及京北排岸司，移上供物于淮阳计置入汴，以清河辇运司为名。御史言广济安流而上，与清河泝流入汴，远近险易不同。诏转运提点刑狱比较利害以闻。江淮等路发运副使蒋之奇、都水监丞陈祐甫开龟山运河，漕运往来，免风涛百年沉溺之患。诏各迁两官。八年，罢岁运百万石赴西京。【《宋史》卷175《食货志上三》】

蒋之奇《请开龟山运河奏（元丰五年）》（略）。【《全宋文》卷1705，第580—581页】

【按】蒋之奇开凿龟山运河一事，似在元丰六年。五年时，蒋之奇则是上书请开运河。《宋史》疑误。

约于是年，蒋之奇为陈舜俞作《都官集序》。

纪昀等《〈都官集〉提要》：臣等谨案：《都官集》十四卷，宋陈舜俞撰。舜俞有《庐山记》，已著录。其集乃舜俞殁后，其婿周开祖所编，凡三十卷，蒋之奇为之序。庆元中，其曾孙杞以徽猷阁待制知庆元府，复刊板四明，名之曰《都官集》，楼钥为后序。【《都官集》卷首】

蒋之奇《都官集序》：嘉祐四年，仁宗皇帝临轩，策贤良方正能直言极谏之士，而以陈侯令举为第一。方是时，令举已用进士登乙科矣，而复中是选，故令举之文章声名赫然出人上，识与不识莫不愿慕而爱仰之，士大夫之所期望，以为公卿可平步至也。既以光禄丞、签书寿州判官事，又移宰越之山阴，秩满，当召试馆职，会朝廷方作新庶务，变更诸法，而令举以议论不合于执政，遂摈不用，乃得以其暇日而驰骋于文字之乐。穴穿古今，抽索秘粹，叽英咀华，揽秀袤芳，日有所为，月有所增，沈涵演迤，卒以大肆，上追古作者为侔，而下顾骚赋不足多也。圣天子图治，自熙宁以迄于元丰之间，修起百王之坠典，补完万世之阙规，占微弊者靡不更，语纤便者罔不兴。凡朝廷之所施行，与令举制策之所开陈，大略相合，然后知令举深识治乱之根柢，博达沿革之源流。使令举一逢时命而措于朝廷之上，推其所闻以辅太平之政，则岂小补而已哉？此余所以惜令举之才不遇也。虽然，令举雅志之所学，昔席之所谈，以谓为道而不为利者，此学者之所当守而不失、仕者之所当遵而不变者也。若夫平日之论，高出于夔、禹之上，而至其趋时之事，乃卑出于管、晏之下者，此固令举之所鄙也。仲尼在鲁，弦歌道德，而三千弟子未尝言利。子贡货殖，则以为不受命；冉求聚敛，以附益季氏之富，则以为可鸣鼓而攻也。梁惠王问利国，而孟子对以仁义。宋牼以利说秦、楚之君，孟子以为不若说以仁义为可以王，而何必曰利。则凡令举之志顾岂不善，而卒无以自见于世，且不幸而死，此余所以伤令举之志不就也。传曰："辞达而已矣。"此言文者所以传道，而辞非所尚也。自天子王侯，中国言六艺者折衷于夫子，其文章可谓至矣，然岂尚辞哉？自建武以还，迄于梁、陈之间，缀文之士刻雕篆组，甚者至绣其鞶帨，则辞非不华也。然体制衰落，质干不完，缺然于道何取焉？令举之文，大者则以经世务、极时变，小者犹足以咏情性、畅幽郁，盖其于道如此，而其辞亦不足道也。令举少从学于安定先生为高弟，以名称于辈流间。已而自立，卓然如此，可谓不负所学矣。自令举以直言极谏登科，其后此科亦遂废。盖汉之举贤良方正之士，本以延问灾异，使朝廷由此警戒，以恐惧修省，思过而改之，求善而为之，则不为无益。而比年乃先试三千言于秘阁，中者乃得奉对于大廷，则有言之士，或不得以自见，此固在所应改，而遂废其科，则朝廷因复不得以闻直言，为可惜也。令举之卒若干年，而其婿周君开祖（邠）乃类聚其文为三十卷，属余为序。开祖有学问、通义理，痛令举之不幸，而纂其遗文，欲以传于后世，而顾以见委，以余之不肖，言不足以取信，则岂足以张令举之美而慰开祖之意哉？特以余少时举进士于有司，而令举适当文衡，见擢为第一，于知奖为最深者。既惜其才之不遇，又伤其志之不就。不可使斯文无述也，故作序以纪其略云。蒋之奇序。【《都官集》卷首；《全宋文》卷1706，第597页】

约于是年，蒋之奇三子蒋瑎娶沈辽女。

岳珂《沈睿达书简帖（四）》云：小儿为吏无状，所以庇于大厦者，不止逃谤也。又蒙其上官荐宠之，衰门弱植，岂其所宜当此？颖叔之惠，为不浅矣。感刻！感刻！十四县君安胜。斋郎以下诸眷计无恙。安行南出，遂成姻事否？骈蕃托于庆门，尤为所幸。素道有儿女在其外氏，甚无聊，此虽攻苦食淡，为不足，度亦可养其一二。今有书托安行与带来，更烦颖叔为一言女子，荷慈顾举家。衔感衔感。辽上。【《宝真斋法书赞》卷11】

蒋之奇《沈睿达墓志铭》云：睿达，讳辽，姓沈氏，世为钱唐人。赠吏部尚书讳英之曾孙，太常少卿、赠开府仪同三司讳同之孙，金部郎中、赠光禄卿讳扶之子。……二男，敦师、敏师。敦师，前主泰州泰兴簿，粹如谨厚，居官有称。三女，长适郊社斋郎合肥马永誉，早卒；次适吴郡张寿光；季实归余之子。将葬，其孤敦师以余职在论撰，驰书以马倩所纪行迹来请铭。余娶君之妹，岂惟戚姻，实有雅好。【《云巢编》卷10《附录》】

汪藻《徽猷阁待制致仕蒋公墓志铭》云：公讳瑎，字梦锡，以赠太傅讳九皋者为曾祖，赠太师讳滂者为祖，而观文殿学士、赠太师、魏国公讳之奇之季子也。……妻沈氏，有贤操，封令人，先卒十五年。【《浮溪集》卷27】

【注】斋郎：郊社斋郎和太庙斋郎的简称，均为朝臣子弟荫补起家官，在非品官荫补中属最低等。大祠祭时，参与应奉给使杂事。【《苏轼文集编年笺注》卷60，第105页】

【注】沈辽书简中"小儿"，当指沈辽长子沈敦师，前主泰州泰兴簿。时在蒋之奇麾下。"十四县君"，指蒋之奇妻、沈辽妹。此时已受封为"某某县君"。"斋郎"，即指蒋之奇长子蒋球（1055—1114），时为"太庙斋郎"。宋徐绩（1056—1134）《蒋球墓志铭》云：

"公讳球，字天粹，姓蒋氏，常州宜兴人，观文殿学士、中奉大夫、弋阳郡开国公、赠开府仪同三司讳之奇之长子也。……及长，博学强记，于经史泛为疏达，其志盖欲以才能自显。元丰中以荫太庙斋郎，再用举者改宣德郎。"［《桥下蒋氏宗谱》卷2］"安行"，不详。疑为沈辽次子沈敏师，生活在蒋之奇身边。亦即此书简的携带者。"素道"，不详。疑沈辽夫人或身边侍妾。

约是年夏，蒋之奇从杭州回，有与唐淑问简，史称《钱塘帖》。

蒋之奇《钱塘帖》云：之奇启。辱书，窃承还自钱塘，道路奔驰，得无狼狈乎？比来美疢良已否？眠食胜常否？初闻留家独行，固知不便，之奇早尝此味矣。惟以道自安，以听休命。区区不宣。之奇顿首。士宪吏部朝散。【《全宋文》卷1705，第590页】

【按】疢，也即疹，一种热病。士宪，疑即唐淑问，唐介（1010—1069）之子。元丰中尝官吏部员外郎，时正托疾求外任。翌年二月，唐出监抚州酒税，故知此简当作于五年夏日。

《宋史·唐介传（附淑问）》载：唐介（1010—1069），字子方，江陵人。……介自是数与安石争论。安石强辩，而帝主其说。介不胜愤，疽发于背，薨年六十。介为人简伉，以敢言见惮。每言官缺，众皆望介处之，观其风采。神宗谓其先朝遗直，故大用之。然居政府，遭时有为，而扼于安石，少所建明，声名减于谏官、御史时。比疾亟，帝临问流涕，复幸其第吊哭，以画像不类，命取禁中旧藏本赐其家。赠礼部尚书，谥曰"质肃"。子淑问、义问，孙恕。淑问，字士宪。第进士，至殿中丞。神宗以其家世，擢监察御史里行。谕以谨家法，务大体。……滕甫为中丞，淑问力数其短，帝以为邀名，乃诏避其父三司使，出通判复州。久之，知真州，提点湖北刑狱，言新法不便，乞解使事，黜知信阳军，以病免。数年，起知宣州，徙湖州，入为吏部员外郎。又引疾求外，帝以为避事，降监抚州酒税。哲宗立（1086），司马光荐其行已有耻，难进，召为左司谏。以病致仕，数月卒。【《宋史》卷316《唐介传》】

《长编》载：元丰六年二月丁未朔……己未，诏："吏部员外郎唐淑问自擢任省郎，不务悉心营职，托疾便私，可差监抚州盐矾酒税务。"淑问以疾屡请补外，上以为不肯任职故也。【《长编》卷333】

蒋之奇曾兼任淮安军知军（与淮南运司合署，治楚州）。徐积则有《代诸生送蒋守（二首）》诗，亦讲蒋之奇为淮安太守（楚侯）。

《长编》载：明道元年春正月甲戌，诏淮南转运使并治楚州，而诸州申发文字报复不时，其徙一员治庐州。【《长编》卷111】

《方舆胜览·淮安军》：淮安军。［山阳、盐城、淮阴。］［名宦］皇朝蒋之奇，为太守。米芾，自无为移守山阳。【《方舆胜览》卷46】

乾隆《淮安府志·镇抚大僚》载：蒋之奇，字颖叔，常州宜兴人。累官淮东转运副使。岁恶，民流，募使修水利以食流者，活民八万余，溉田九千顷。又请凿龟山左肘至洪泽为新河，以避淮险，自是无覆溺之患。又荐孝子徐积，每行部，必造之。【乾隆《淮安府志》，第763页】

徐积《代诸生送蒋守（二首）》云：明明楚侯，为国之光。王明是选，王命是将。皇皇者华，六辔如濡。辔且如濡，其德可孚。其孚维何，洁不可污。皇皇者华，六辔沃若。辔且沃若，其德可度。其度维何，清不可浊。洁也不污，清也不浊。德则不渝，泽则不涸。民则宜之，民则乐之，神亦作之。《又》：长淮之南，楚为最剧。守者为谁，以才以德。守既视事，未逾厥月。吏则胥畏，民则胥悦。物来必应，事至立决。守之动静，皆有法度。不苟不简，不暴不怒。处烦以敏，辅严以恕。庭无滞讼，狱无冤囚。民无愁叹，俗有歌讴。古之三府，谣言奏事。今岂不然，兼采公议。付之使节，是以用之。付之远俗，是以重之。其俗既平，其刑既清。章德表功，来朝两宫。两宫圣明，柱上记名。【《节孝集》卷9】

【按】蒋之奇"知楚州"一职，正史无考。《长编》谓"转运使并治楚州"，疑两署曾合而为一。另外，徐积本是楚州人，又是著名学者，与蒋私交、公义都非常深厚，其记述应该不会错。或是蒋潭州之任未行，另有楚州之命。因为时不长，故失载。

蒋之奇在淮南时，结识孝子徐积。因徐有目疾，穷而守节，特举荐其任楚州（淮安）教授。徐积《节孝集》有《发运蒋公奏乞改官》一札。

《宋史·蒋之奇传》载：之奇为部使者十二任，六曲会府，以治办称。且孜孜以人物为己任，在闽荐处士陈烈，在淮南荐孝子徐积，每行部至，必造之。

蒋之奇《奏乞徐积改官札子》云：臣窃见楚州同进士出身徐积，少孤，事母至孝，得于天性。初以进士贡有司，不忍去其母，遂徒步携载，羁旅以入京师。母死，水浆不入口者十日，庐于墓侧，食粥三年，瘠毁之貌，见于形色。逮终丧，至今犹设几筵，温清告面，如事其生。按自治平中登科，以耳疾不仕，寓居佛寺，闭门不出。一布袍二十余年，饘粥不继而不改其乐，有所馈遗皆却而弗受。今居本州州学，见充教授，月得俸给，自奉甚薄，而斥其余，以周亲旧之不给者。臣久在本州，察其所为，出于至诚，古之所谓孝廉者，未能远过。至于读书为文，长于理趣，辩论慷慨，壮而不屈。楚俗本薄，今乃近厚，实积化之。近楚州尝据众状敷奏，以应赦书之求。伏蒙圣慈怜其节行，加赐粟帛，然犹未尽旌贲之义。况积已系进士出身，偶以病废，其学行足以为四方表率。欲望朝廷特赐考察与改官，充本州州学教授，使得微禄，以终其身。如此，庶几下以助四方敦风砺俗之方，上以见朝廷表贤显善之意。【《节孝集》卷32（附录）《事实》】

徐积有《昨日之夕和蒋颖叔》《寄蒋大漕》《谢蒋颖叔（二首）》诸诗（略）。【《节孝集》卷4、卷7、卷17】

《宋史·隐逸传下》载：徐积，字仲车，楚州山阳人。孝行出于天禀，三岁父死，旦旦求之，甚哀。母使读《孝经》，辄泪落不能止。事母至孝，朝夕冠带定省。从胡翼之（胡瑗）学。……登进士第，举首许安国率同年生入拜，且致百金为寿，谢却之。……州以行闻，诏赐粟帛。元祐初，近臣合言："积养亲以孝著，居乡以廉称，道义文学，显于东南。今年过五十，以耳疾不能出仕，朝廷方诏举中外学官，如积之贤，宜在所表。"乃以扬州司户参军为楚州教授。……居数岁，使者又交荐之。转和州防御推官，改宣德郎，

监中岳庙，卒年七十六。政和六年，赐谥节孝处士，官其一子。【《宋史》卷459《隐逸传下》】

蒋颖叔曾记楚州"玉像石龟"，已佚。

洪迈《娑罗树》云：世俗多指言月中桂为娑罗树，不知所起。……予比得楚州淮阴县唐开元十一年海州刺史李邕所作《娑罗树碑》云："非中夏物土所宜有者，婆娑十亩，蔚映千人。恶禽翔而不集，好鸟止而不巢。深识者虽徘徊仰止而莫知冥植，博物者虽沉吟称引而莫辨嘉名。随所方面，颇证灵应，东瘁则青郊苦而岁不稔，西茂则白藏泰而秋有成。尝有三藏义净，还自西域，斋戒瞻叹。于是邑宰张松质请邕述文建碑。"观邕所言，恶禽不集，正与上说同。……宣和中，向子諲过淮阴，见此树，今有二本，方广丈余，盖非故物。蒋颖叔云"玉像石龟"，不知今安在？然则娑罗之异，世间无别种也。【《容斋四笔》卷6】

七月五日，蒋之奇有《与沈遘书》（已佚）。八月六日，沈遘有复函，自述已西上黄州（看望苏东坡）。

遘启：辱七月五日赐教，承已西上。今想对还，当有休嘉也。秋暑未熄，伏惟动止佳福。遘山间粗知，儿女来归已余月，老年如梦寐间，尔未缘款晤，千万为国加爱，加爱。不宣。遘上颖叔制置大夫阁下。八月六日。【《书画题跋记》卷1；《宋人手简十七条》；《珊瑚网·法书题跋》卷6，第180页】

曹函光跋：右宋贤十七札，首名绶者，宋宣献公也。……之奇者，蒋颖叔也。草法老劲，似王荆公。遘者不知何人。其札乃与颖叔者故次于此。【《书画题跋记》卷1】

【按】沈遘书中有"今想对还，当有休嘉也"，意思就是调任期间，应该有一段假期。推辞约于是年夏，蒋之奇离开陕西。至是年秋，翌任江淮制置发运使。当时，沈遘闲居于家，得蒋之奇来信，答应"西上"。从后文可知，沈遘所谓"西上"，是赴黄州看望苏东坡。

　　七月十三日，苏轼在黄州，建雪堂；重新装裱伯父蒋涣写给蒋堂的感谢信，并作《题伯父谢启后》。

　　苏轼《题伯父谢启后》云：天圣中，伯父中都公始举进士于眉，年二十有三。时进士法宽，未有糊名也。试日，通判殿中丞蒋希鲁下堂，观进士程文，见公所赋，叹其精妙绝伦，曰："第一人无以易子。"公力自言年少学浅，有父兄在，决不敢当此选。希鲁大贤之，曰："君子成人之美。"乃以为第三。明年登乙科。此则其亲书启事谢希鲁者也。公殁后十三年，得之宜兴人单君锡家，盖希鲁宜兴人也。又八年，乃躬自装缥，而归公之第二子子明兄，使宝之，以无忘公之盛德云。元丰五年七月十三日，第六侄责授黄州团练副使轼谨志。【《苏东坡全集》卷114，第3106页】

　　苏轼《与子安兄》云：近于城中得荒地十数亩，躬耕其中。作草屋数间，谓之东坡雪堂。种蔬接果，聊以忘老。有一大曲寄呈，为一笑。为书角大远路，恐被拆。更不作四小哥、二哥及诸亲知书，各为致下恳。巢三见在东坡安下，依旧似虎，风节愈坚。师授某两小儿极严，常亲自煮猪头，灌血臕，作姜豉菜羹，宛有太安滋味。此书到日，相次，岁猪鸣矣。老兄嫂团坐火炉头，环列儿女，坟墓咫尺，亲眷满目，便是人间第一等好事，更何所羡？可转此纸呈子明也。近购获先伯父亲写《谢蒋希鲁及第启》一通，躬亲襮背题跋，寄与念二，令寄还二哥。因书问取。【《东坡全集》卷81】

　　苏辙《伯父墓表》云：公讳涣，始字公群，晚字文父。曾大父讳祜，妣李氏。大父讳杲，妣宋氏。考讳序，以公登朝，授大理评事，累赠尚书职方员外郎。妣史氏，追封仙游蓬莱县太君。公少颖悟。……天圣元年，始就乡试，通判州事蒋公堂就阅所为文，叹其工，曰："子第一人矣。"公曰："有父兄在。杨异、宋辅与吾游，不愿先之。"蒋公益以此贤公，曰："以子为第三人，以成子美名。"明年登科，乡人皆喜之。……嘉祐七年八月乙亥，无疾暴卒。吏民哭者皆失声，阛人闻之，罢市，相率为佛事市中以报。享年六十有二，官都官郎中，阶朝奉郎，勋上轻车都尉。……生子三人。不欺，太子中舍、监成都粮料；不疑，承议郎、通判嘉州。公既没，相继而亡。季曰不危，家居，不求禄仕。……元祐三年岁次戊辰十二月朔日癸酉，从子、朝奉郎、试尚书户部侍郎、上骑都尉、赐紫金鱼袋辙表。【《栾城集》卷25】

【按】苏轼两处说到《谢蒋希鲁及第启》，但出处不一，一云"得之宜兴人单君锡家"，一云"近购获"，第一种说法当是实情。苏轼自知是戴罪之身，故对外只是含糊地讲"近购获"，没有指明具体来处。从后来的遭遇看，"近购获"此举实在是聪明之极。

八月二十六日，蒋之奇至海陵（今江苏泰州）万寿寺，题富弼修学之地。

宫伟镠《监税务富公言列传》云：富言，宋志叙官有监在城税务，内称赠太师富言文忠公（弼）父，乾兴天圣中尝监。今州学有石刻云："余过洛，谒富郑公，眉目疏秀，神仙中人也。公之事业，载在国史，故不复书。寺僧云，寺之东庑即郑公修学之地，盖尝侍其父征商于海陵云。元丰壬戌八月二十六日，蒋之奇颖叔书。"【《微尚录存（康熙泰州志稿）》卷3】

乾隆《江南通志·寺观（扬州府）》载：万寿报恩光孝寺，在泰州治西。晋义熙间觉禅师建，宋绍兴八年赐今名。【乾隆《江南通志》卷46《舆地志》】

【注】宫伟镠（1611—1680），字紫阳，又字紫元，号组玄。明末清初泰州人。崇祯十六年进士，授翰林院检讨。宫氏世代为明朝官宦，宫伟镠入清后不仕，以终养为理由，两次辞却荐举，在岳墩下小西湖畔筑春雨草堂，著书自娱。宫伟镠熟悉地方掌故，著有《庭闻州世说》6卷、《续庭闻州世说》1卷、《先进风格》1卷。清康熙十二年参与纂修《泰州志》，写成志稿6卷，名《微尚录存》。著有《春雨草堂集》34卷等。【《独特的泰州税文化》，第150—151页】

在海陵，蒋之奇有赠天庆观诗。

蒋之奇《赠海陵天庆观乐子长真人碑》诗云：瑶坛三级满苍苔，想像真人饮赤杯。飒飒仙风动杉桧，只应飙驭暂归来。【《全宋诗》卷687，第8021页】

《太平寰宇记·莱州》载：（即墨县）大劳山、小劳山；《神仙传》曰：

乐子长好道，遇仙人，受以神胜赤散方。仙人曰："蛇服此药，化为龙。人服此药，老成童子，长服之年八十，色如少女。"入海，登劳山仙去。【《太平寰宇记》卷20】

乾隆《江南通志·寺观（泰州）》载：仙源万寿宫，在泰州东南。本乐真观，梁大同元年，以乐子长故宅为观，在乐真桥。唐大中间，移建于此。【乾隆《江南通志》卷46】

是年秋，蒋之奇应邀书《泰州州学记》（已佚）。

夏荃《退庵笔记》云：蒋颖叔书《泰州州学记》。【《退庵笔记》卷4】

蒋之奇在泰州，拜谒道士徐守信，言蒋亦是一赤天魔王。蒋有诗相赠。

何薳《赤天魔王》云：蒋颖叔为发运使，至泰州谒徐神公。坐定，了无言说。将起，忽自言曰："天上也不静，人世更不定叠。"蒋因扣之，曰："天上已遣五百魔王来世间作官，不定叠，不定叠。"蒋复扣其身之休咎，徐谓之曰："只发运亦是一赤天魔王也。"【《春渚纪闻》卷2，第185页】

宋阙名《海陵三仙传》云：元丰中，徐州获妖人，辞运淮上。发运使蒋颖叔疑于公。就见曰："尔徐二翁邪？"曰："然。""知道乎？""不知。""解何事？""解吃饭。""日可几米？""饱便住。""茹荤乎？""茹荤。"由此不疑。公素蔬粝，半岁前忽嗜鲜肥，亦劝道流食，至是乃醒。颖叔问："我何人也？"对曰："宜省刑。"艴然而怒。公自扪背曰："瘤痛不能语。"颖叔再拜，曰："经云神公受命，普扫不祥，其公之谓矣。"因呼"神公"，故"神公"之名布天下。颖叔背有疣，盛怒则烈，而内楚至不能言，他人莫知也。【《万有文库·旧小说（10）》，第41页】

《人事典·海陵三仙传》云：徐神翁常放言啸歌，默诵道书，绝饮食至数日。元丰中，发运使蒋颖叔问："我何人也？"对曰："宜省刑，艴然而怒。"公自扪背曰："瘤痛不能语。"颖叔再拜曰："经云：'神公受命，普扫不祥。'其公之谓矣。"颖叔背有疣，盛怒则裂，而内楚至不能言，他人莫知也。【《明伦汇编·人事典》卷88】

九月二十五日，得沈辽书札（《秋杪帖》），知蒋之奇泰州之行，沈敦师也同行。一说此札为沈遘所书。

沈辽《秋杪帖》云：辽启。近已奉状，计彻左右。秋杪气劲，伏惟体候清胜。辽于此粗如前。得敦师书，承大旆薄海陵而还。今宜已安治府。东南大计，一出指麾，使权益重。不次之宠，未可量也。向寒惟希保重，以尉卷卷。不宣。辽上。颖叔制置大夫阁下。九月廿五日。【《古书画过眼要录（晋隋唐五代宋书法）》，第286—287页】

《宋人手简二通》云：遘启，近已奉状，计彻左右。秋杪气劲，伏惟体候清胜。遘于此粗如前，乃敢仰承大旆薄海陵而还。今宜已安治府。东南大计，一出指麾，使权益重，不次之宠，未可量也。向寒，维希保重，以尉卷卷。不宣。遘上颖叔制置大夫阁下。九月二十五日。【《续书画题跋记》卷3】

【按】《秋杪帖》中"敦师"，即沈辽之子。另，此两札内容十分接近，徐邦达所述是依据实物，而郁逢庆所记"遘启"，不知所据。据实物所载，仍沈辽手迹无疑，郁逢庆误。

是年秋日，蒋之奇行部至狼山（在今南通市），作《九日狼山》《重过狼山》等诗。

蒋之奇《九日狼山》诗，署名"制置发运使蒋之奇"。诗云："山头极目尽天涯，不负登临赏物华。一任秋风吹落帽，何妨白发对黄花！"【《狼五山志》卷8】

蒋之奇《重过狼山》诗：不到狼山已十春，旧题空积壁间尘。重来风物还如昔，只有人添老病身。【《五山全志》卷19；《南通盐业志》，第737—738页】

【按】蒋之奇第一次赴狼山在熙宁六年（1073），至此正十年，故云"不到狼山已十春"。又言"一任秋风吹落帽"，可知此诗作于秋日。

九月，佛印了元禅师赴金山，路过江宁，拜见王安石。

《历朝释氏资鉴·佛印了元禅师》云：（佛印）禅师，饶州林氏子。元丰五年九月，自归宗赴金山之命。维舟秦淮，谒王荆公于定林。公以傅大士像须赞，佛印掇笔书曰："道冠儒履佛袈裟，和会三家作一家。忘却率陀天上路，双林痴坐待龙华。"然公虽为佛印所调，而终服其理也。【《历朝释氏资鉴》卷10】

江淮制置使蒋之奇荐江西郭峻，不久，以郭金判枢密院事。

雍正《江西通志·人物（赣州府）》载：郭峻，字次山，雩都人。熙宁进士，调南丰尉，时夏侯称为令，讼盈庭未决。会提刑毛抗至，称急，付峻代为讯断。峻呼因数十至庭下，片言折之，皆伏。荐于朝，授祕书省校书郎，令崇仁。转著作郎、知南城及洪州。时江西最苦盐法苛急，峻从容不忍病民。元丰中，金枢密院事，卒官。孙志康志其墓。【雍正《江西通志》卷94】

郑翔《郭峻传记》云：郭峻，雩都县人，熙宁三年（1070）庚戌科叶祖洽榜进士。由南丰尉令崇仁、南城，终金判枢密院事。峻，字次山。性洞达，无城府，事继母以孝闻。年十八试礼部，熙宁三年，始以策访进士，峻侃侃数千言，得末科，调南丰尉。……知洪州元积中，提刑曾杭，知建昌军郑琰、彭如砺、朱彦博，司门郎中叶充，江淮制置使蒋之奇交荐其堪充大藩任使。元丰中，金判枢密院事。六年（1083）卒于官。【《江西历代进士全传》（5），第2828页】

【按】郭峻卒于元丰六年（1083），其为"金判枢密院事"当在此年之前，姑系于此。

蒋之奇拜见法秀禅师，有《题长芦禅院方丈壁（元丰五年）》。

释晓莹《罗湖野录》载：枢密蒋公颖叔与圆通秀禅师为方外友，公平日虽究心宗，亦泥于教乘，因撰《华严经解》三十篇，颇负其知见。元丰间漕淮上，至长芦访秀，而题方丈壁曰："余凡三日，遂成《华严解》，我于佛法有大因缘。异日当以此地，比觉城东际，唯具佛眼者当知之。"于时秀辨之曰："公何言之易耶！夫华严者，圆顿上乘，乃现量所证。今言比觉城东际，则是比量，非圆顿宗。又云'异日'，且一真法界，无有古今，故云'十世古今，始终不移于当念'。若言'异日'，今日岂可非是乎？又云'具佛眼者方知'，然经云：'平等真法界，无佛无众生。'凡圣情尽，彼我皆忘，岂有愚智之异？若待佛眼，则天眼、人眼岂可不知哉？"公于是悔谢。【《释氏稽古略》卷4】

蒋之奇《题长芦禅院方丈壁（元丰五年）》（略）。【《全宋文》卷1706，第611页】

【按】法秀（1027—1090），字圆通，俗姓辛，秦州陇城（今甘肃天水）人。随应干寺鲁和尚学经，乃称鲁氏。受法于无为天衣义怀禅师，尽得心传。年十九为大僧，讲大经，章分句析，机锋不可触，京洛著闻。初住淮西四面山，至栖贤、蒋山、长芦，常有千众。至是元丰七年（1084），越国大长公主（宋真宗妹妹万寿公主）闻其名声，邀住开封法云寺，为第一祖。开堂日，神宗皇帝遣中使降香、赐磨衲僧衣，传圣旨，表朕亲至。皇弟荆王（无考。历史上宋神宗有三个弟弟，但没有荆王）致敬座下。至哲宗元祐五年（1090）八月示疾，诏以医诊，师挥去之。乃更衣说偈，曰："来时无物去时空，南北东西事一同，六处住持无所补。"乃良久，监寺慧当进，曰："和尚何不道末后句？"师曰："珍重！珍重！"言讫而逝。寿六十四岁，坐四十五夏。师嗣天衣义怀禅师。法秀性格严厉，道风峻洁，时人称其"秀铁面"。李公麟画马，黄庭坚作艳词，皆受其当面指责。蒋之奇看轻《华严经》，亦为其辩难。【参见《五家正宗赞》卷4】

【又】法云法秀，俗姓辛，秦州陇城（今甘肃秦安县）人。天衣义怀禅师之法嗣，东京法云寺住持。法秀禅师平时接人皆平等冷峻，不留情面。当时，李伯时以画马博名、黄鲁直以艳诗动人，都被禅师痛斥。元释普度《莲宗宝鉴·宗赜传》曰："（宗赜），二十九岁，礼长芦秀禅师出家。"长芦法秀，号圆通，天衣义怀的弟子，后开法东京法云寺，故又称法云法秀。陈垣先生据《佛祖统纪》《禅林僧宝传》定法秀生年为1027年，卒年为1092年，颇详审。……《补续高僧传》云："年二十九，幡然曰：'吾出家矣。'遂往真州长芦，从秀圆通落发，学最上乘。未几，秀去而夫继，师得旨于夫，遂为夫嗣，而绍长芦之席。"……元觉岸《释氏稽古略》卷四"元丰七年"条云："冬十月，越国大长公主集庆军节度观察留后附马都蔚张敦礼，建法云禅刹于国城之南。即成，诏法秀开山，赐号圆通禅师。"可知法秀离开长芦至东京法云寺在元丰七年（1084）。【《佛教文献与佛教文学》，第165—167页】

约于是年，蒋之奇礼法秀禅师（云门宗）为师。此前，王安石请法秀禅师住持蒋山（即南京钟山）兴国寺。因对佛教经义认识不同，法秀禅师旋即离去，赴真州长芦寺。

《永乐大典（残编）》中引《秀雅堂脞记》云：元丰二年王荆公居金陵，以礼邀师居钟山之兴国寺。此寺乃荆公捐私财以治书也。寺之事一听于公而后行。师至之日，告于众曰："以财营寺，则宜归王氏，以寺听命，则宜归老僧。"一日，公以所著《佛书解义》示师。师曰："文章之妙，所不敢议。然不可以智知，殆非义学所能尽也。"公甚不悦，师遂弃去。【《永乐大典》卷8783】

《五灯全书·法云秀禅师法嗣》载：青原下十一世天衣怀禅师法嗣：法云法秀禅师。……大鉴下第十三世法云秀禅师法嗣：颖叔蒋之奇居士。【《五灯全书目录》卷6】

《续传灯录·法云秀禅师法嗣》亦载：大鉴下第十三世法云秀禅师法嗣（五十九人）：法云惟白禅师、保宁子英禅师、仙岩景纯禅师……颖叔蒋之奇居士（无录）。【《续传灯录》卷11】

冬十月十二（庚申），江淮等路发运副使仍为李琮。

《长编》载：元丰五年冬十月戊申朔……庚申，江淮等路发运副使李琮言："准朝旨，令臣具所闻江西盐利害。臣所闻江西盐有合变通，增损利害，八州军盐额，当随宜减多以增少。昨已许用见钱盐钞抵当，今乞亦用金银。遇散和买盐，月令铺户纳钱二分，却于其余月分带纳，令县官与监官一等赏罚，仍乞严捕私盐。"是时，江西盐法弊甚，故委（李）琮体访利害，而（李）琮不敢斥言也。【《长编》卷330】

【按】既见李琮为江淮等路发运副使，可知蒋之奇当时的职务应该是"江淮制置使"。但"江淮制置使"一职北宋时非常少见，当为"江淮制置发运使"的简称。

第二十四卷　元丰六年（1083）

元丰六年（1083）癸亥　五十三岁

正月，发运使蒋之奇赴京，入朝与神宗面对，建议开凿龟山运河。是月戊辰开工，二月乙未告成，皇帝命蒋之奇撰记（已佚），刻石于龟山后。

《宋史·河渠志六（东南诸水上）》载：元丰五年九月，淮南监司言："舒州近城有大泽，出灊山，注北门外。比者，暴水漂居民，知州杨希元筑捍水堤，千一百五十丈，置泄水斗门二，遂免淫潦入城之患。"并玺书奖谕。六年正月戊辰，开龟山运河。二月乙未告成，长五十七里，阔十五丈，深一丈五尺。初，发运使许元自淮阴开新河，属之洪泽，避长淮之险，凡四十九里。久而浅涩，熙宁四年，皮公弼请复浚治，起十一月壬寅，尽明年正月丁酉而毕，人便之。至是，发运使罗拯复欲自洪泽而上，凿龟山里河以达于淮。帝深然之。会发运使蒋之奇入对，建言："上有清汴，下有洪泽，而风浪之险止百里淮。迩岁溺公私之载不可计，凡诸道转输，涉湖行江，已数千里，而覆败于此百里间，良为可惜。宜自龟山蛇浦下属洪泽，凿左肋为复河，取淮为源，不置堰闸，可免风涛覆溺之患。"帝遣都水监丞陈祐甫经度。祐甫言："往年，田棐任淮南提刑，尝言开河之利，其后淮阴至洪泽，竟开新河，独洪泽以上，未克兴役。今既不用闸蓄水，惟随淮面高下，开深河底，引淮通流，形势为便。但工费浩大。"帝曰："费虽大，利亦博矣。"祐甫曰："异时，淮中岁失百七十艘，若捐数年所损之费，足济此役。"帝曰：

"损费尚小，如人命何？"乃调夫十万开治，既成，命之奇撰记，刻石龟山。后至建中靖国初，之奇同知枢密院，奏："淮水浸淫，冲刷堤岸，渐成垫缺，请下发运司及时修筑。"自是，岁以为常。【《宋史》卷96《河渠志六》】

【按】《宋史·河渠志》所载："六年正月戊辰，开龟山运河。二月乙未告成，长五十七里，阔十五丈，深一丈五尺。""乃调夫十万开治。既成，命之奇撰记，刻石龟山。"动用十万民工开山凿河，时间仅一个多月，似无可能。疑《宋史》有脱误。另外，蒋之奇的职务只载"发运使"，未言明"陕西"或"江淮"。

蒋之奇门生华镇（1051—？）有《新开河》诗，以示祝贺。

华镇《新开河》诗云：淮山畎浍奔东海，注作陂池地形改。浊水曾无五尺深，惊涛便欲千寻骇。人鱼漏网逞胸臆，老蚌乘阴弄光彩。东风吹断西来流，见尔枯虚当可待。【《云溪居士集》卷5】

雍正《浙江通志·人物（六）》载：［华镇］《宝庆会稽续志》：字安仁，会稽人。元丰二年进士，官至朝奉大夫。好学博古，工诗文，尝为会稽览古诗百余篇。历按史策，旁考传记，以及稗官琐语所载记，咸见采摭。傅崧卿称其词格清丽，兴寄深婉，足以垂观来者。子初平，登大观三年第，为太常博士，讨论典故，据今考古，无所阿附。靖康初卒。【雍正《浙江通志》卷180《文苑三》】

【注】华镇（1051—1111后在世），字安仁，自号云溪居士，会稽（今绍兴）人。北宋政和初仍在世。元丰二年（1079），登进士第，调高邮尉。元祐元年（1086），监温州永嘉盐场。七年，为道州司法参军。元符二年（1099）知海门县，崇宁五年（1106）知新安县。大观二年（1108），书《杜工部诗》一部，是最早的杜诗韵编。政和初（1111），以朝奉大夫知漳州军事。好学博古，工诗文。有文集百余卷，今仅存《云溪居士集》三十卷。【参见《中国古代诗文名著提要》（宋代卷），第185—186页】

二月辛亥，掌管黄河三门至汴河水运的三门白波辇运司向陕西发运司借拨300艘平底船，诏发运司商议。发运副使蒋之奇认为，陕西司船只本

来就少，请示不要借拨。朝廷同意。

《长编》记载：二月辛亥，三门白波辇运司雇装发岁计，并积年未运官物。三门白波辇运司言："乞权借发运司四百料平底船三百只，运榷场盐货、赏茶等至沧水，以本司船运赴河北。"诏："应副榷场物，至为重事，若有亏欠，或启戎心。上降朝旨，取拨无期，可选差使臣于发运司计会，限十日差拨。"既而发运副使蒋之奇言："汴纲船岁额千七百余艘，近准诏减数，止造七百四十八，以所减工料价钱封桩。本司岁运军储六百二十万石，而止用七百余艘，风水抛失，尚忧不足；兼已有旨许免朝省别司借发，虽有申请，许执奏不与之法。若更分拨与白波辇运司，即本司大计必致妨误，乞免借拨。"从之。【《长编》卷333】

蒋之奇《乞免借拨江淮荆浙发运司船与白波辇运司奏（元丰六年二月）》（略）。【《全宋文》卷1705，第581页】

【注】三门白波辇运司：即三门白波提举辇运司，官署名。北宋初设发运使，掌陕西诸州自渭河、黄河、汴河起发纲运，供输京城开封。设发运使、发运判官各一人。仁宗时改名三门白波提举辇运，废发运使，以发运判官领其事，又置都大提举辇运公事一人，同提举辇运公事二人。又有广济河都大辇运司，掌京东诸州自广济河起发纲运，供输开封。神宗元丰五年（1082），改名清河辇运司，哲宗元祐元年（1086），改为广济河管勾催遣辇运司。【参见《中国历代官制大辞典》（修订版），第15页】

【按】发运司与转运司职能相近，但管辖范围、主管部司等不一，发运司似直接对皇帝负责。按上文记载，元丰五年底至六年初，蒋之奇身在京师。六年正月之后，移至淮南，主持开凿龟山运河。

三月丙辰，蒋之奇同年进士、友人曾巩在江宁（今南京）逝世。《曾巩行状》称"四月丙辰"。

《长编》载：三月丙辰，丁忧人前朝散郎、试中书舍人曾巩卒。【《长编》卷334】

《通鉴后编》载：是月，中书舍人曾巩卒。巩为文章上下驰骋，愈出愈工，本原六经，斟酌于司马迁、韩愈，卓然自成一家。官制行，拜中书舍人，时自三省百职事，除书日至十数人，人举其职，于训辞典约而尽少。与王安石游，安石声誉未振，巩导之于欧阳修。及安石得志，遂与之异。帝尝问："安石何如人？"对曰："安石文学行义，不减扬雄，以吝故不及。"帝曰："安石轻富贵，何吝也？"曰："臣所谓吝者，谓其勇于有为，吝于改过耳！"帝然之。吕公著尝言于帝曰："巩行义不如政事，政事不如文章。"故不至大用。【《通鉴后编》卷85】

《曾巩行状》曰：公讳巩，字子固，建昌军南丰人。……元丰五年四月，擢试中书舍人，赐服金紫。九月，丁母忧。明年四月丙辰，终于江宁府，享年六十有五。【《元丰类稿》卷51《附录》】

【注】曾巩（1019—1083），字子固，建昌军南丰（今江西南丰）人，世称"南丰先生"。嘉祐二年（1057）进士及第，任太平州司法参军。熙宁二年（1069），任《英宗实录》检讨，不久被外放越州通判。五年（1072）后，历任齐州、襄州、洪州、福州、明州、亳州、沧州等知州。元丰四年（1081），任史官修撰，管勾编修院，判太常寺兼礼仪事。六年（1083），卒于江宁（今南京），追谥文定。【参见《宋史》卷319《曾巩传》】

开凿龟山运河期间，蒋之奇莅盱眙第一山，在杏花岩、瑞岩等处有题名摩崖石刻。

《方舆胜览·招信军（盱眙、招信、天长）》载：杏花岩，在崇福寺后。蒋颖叔名之，陈述古诸贤皆有题名。……新河：在龟山镇，蒋之奇开河以避淮。苏子瞻诗云："故人宴坐虹梁南，新河巧出龟山背。……"清淮堂：在百花岩前，取蒋颖叔"绿野有佳气，清淮无点尘"之句以名之。【《方舆胜览》卷47】

乾隆《江南通志·舆地志（泗州）》载：杏花岩，在盱眙县崇福寺后，有蒋颖叔、陈述古题名。【乾隆《江南通志》卷18】

蒋之奇《杏花岩（盱眙）》诗逸句：绿野有佳气，清淮无点尘。【《全宋诗》卷688，第8039页】

《洪泽湖志·第一山》载：第一山位于淮河以南盱眙县城境内。……在隋唐时期，就成了达官显贵、迁客骚人留连之地。……到了北宋，由于第一山处于京师"东南第一"的地理位置，更是游人如织，王安石、蒋之奇、刘晦叔、欧阳修、张舜民、张文潜和苏、黄、米、蔡"四大家"等，皆在第一山留下诗作或石刻题名。【《洪泽湖志》，第 433 页】

《洪泽湖志·杏花岩》：在瑞岩下。其地杏花繁茂，北宋江淮荆浙发运副使蒋之奇名之为杏花岩，并刻石纪游。其时，陈述古诸贤皆有题名。米芾有诗纪其胜："风轻云淡午天春，花外游人载酒樽。不是山屏遮隔断，牧童错指是孤村。"

《洪泽湖志·石刻》：瑞岩摩崖石刻仅次于秀岩，计 16 块。主要代表作有北宋蒋之奇题名、南宋郡守鲍某题刻"瑞岩泉"三大字。【俱《洪泽湖志》，第 437—438 页】

方健《陈乐素先生的盱眙姑苏之行》云：陈老对登第一山最感兴趣，八十余岁的老人，登山速度毫不亚于我们陪同的年轻人，书法造诣极深、有岭南书家之誉的乐老对石刻流连忘返，他说："这是活的宋史资料。"惜因 1958 年修建县招待所时，开山取石，已炸掉石岸之半。陈老浩叹久之。但两宋名人留下书迹者甚多，如蒋之奇、张汝贤、吕嘉问……陈彦、宋况、赵述等题名石刻。始自元丰六年（1083），迄咸淳九年（1273），内容大致有三类：一为任盱眙知军、通判时所留；二为登临游山时所留；三为南宋有所谓"接伴使"、金使渡淮，例在盱眙接送。接伴使副往往登山览胜而书。【《陈乐素先生诞生一百十周年纪念文集》，第 40—41 页】

【注】陈乐素（1902—1990），广东新会人。著名教育家、历史学家陈垣的长子。曾任广东暨南大学教授兼宋史研究室主任、古籍研究所名誉所长。是我国宋史研究的开拓者之一，1980 年被选为中国宋史研究会副会长。

蒋之奇行部至高邮，有《题五湖》等诗。

嘉庆《大清一统志·扬州府（山川）》载：樊梁湖，在高邮州西北五十里，

上流即安徽天长石梁湖、樊梁溪也，与新开氉社为高邮三大湖。宋绍兴初，
有张荣者聚众于此，击退金人。《旧志》：州境之湖多在西北二境，互相通注，
其大者或曰三湖，或曰五湖。蒋之奇诗：三十六湖水所注，其间尤大为五湖。
五湖，盖樊梁三湖合平阿、珠湖为五也，或又以为即州西六十里之五湖云。
【嘉庆《大清一统志》卷32】

　　蒋之奇在高邮题诗《失题》：

　　三十六湖水所潴，其间尤大为五湖。

　　中间可以置邮戍，隐然高阜如覆盂。

　　大开名园治亭榭，时燕朱履为欢娱(1)。

　　高台雄跨一千尺，熙熙乐国游华胥(2)。

　　堂轩峻叠青壁滑，老蚌放开明月珠(3)。

　　苍龙脱角莹且泽，鲜瓜自与风雷俱。

　　郗家女子已仙去，尚有故井存通衢(4)。

　　淩波罗袜尘欲起，冉冉玉水翻红蕖(5)。

　　摇辉蘸影弄姿媚，粉黛醉倒无人扶(6)。

　　牡丹芍药开四达(7)，品第未必扬州殊。

　　武陵迷春无处问(8)，杳杳仙路来盘纡。

　　流杯插花欢客饮(9)，霏霜溅雪来坐隅。

　　序贤祈爵发鸣镝(10)，传花叠语争喧呼。

　　主人能诗有仙格，锦囊丽藻纷披敷。

　　拟驱轻驾逐烟客(11)，旷浪尘外天为徒(12)。

　　梦得池塘生春草，一句我知今古无。

　　西归定蹑瀛峤顶，气象早已居蓬壶。

　　甘棠留爱在他日，好事传作淮南图(13)。

　　(1)时燕堂。　(2)自注：华胥台。　(3)自注：明珠亭。　(4)自注：玉女井。　(5)自注：
玉水堂。　(6)自注：摇辉阁。　(7)自注：四秀亭。　(8)自注：迷春亭。　(9)自注：乐圣亭。
(10)自注：序贤亭。　(11)自注：烟客亭。　(12)自注：尘外庵。　(13)自注：梦草亭。〔原注：《舆

地纪胜》。]【《全宋诗》卷687，第8028页】

　　《方舆胜览·扬州》载：高邮军［高邮、兴化］：五湖，去城六十里。黄鲁直诗："九陌黄尘乌防防，五湖春水白鸥前。扁舟不为鲈鱼去，收取声名二十年。"秦少游诗："高邮西北多巨湖，累累相连如五湖。"蒋颖叔诗："三十六湖水所潴，其间尤大为五湖。"

　　《方舆胜览·扬州》又载：井泉玉女井，崔伯阳记，在高邮县治之东。《图经》云：东齐郏公道光与其女居井旁炼丹。见《神仙传》。少西有望仙桥，今其侧盖阛阓之地。蒋颖叔诗："苍龙脱角莹且泽，解爪自与风雷俱。郏家女子已仙去，尚有故井存通衢。"【俱《方舆胜览》卷46】

　　三月丁亥，江湖荆浙六路转运司发运的额粮、钱帛、杂物未能如期到京师，下诏由蒋之奇负责调查，并授予其"隔路选官"的权力。

　　《长编》载：三月丁亥，江、淮等路发运司言："江、湖、荆、浙六路转运司有未发今年额粮四百一十万石，钱帛、杂物称是。"诏六路转运司当认年额，如于岁前拖欠违滞，委蒋之奇隔路选官案罪以闻。……壬子，江、淮等路发运司言："江东转运司去冬并不计置籴纳粮斛，乞取问转运判官郏亶所因，仍令据未足粮斛额，一并运致淮南。"诏："转运司专以经理财用，供办岁计为职，今亶旷弛如此，宜令发运司选官劾罪。"先是，亶数上书献均税图，事目丛脞。上以亶不修职事，专务求奇希功，久欲罢绌，故因劾之。【《长编》卷334】

　　《宜兴旧志·治绩》载：蒋之奇，字颖叔。……移陕西副使。……二年，擢江淮荆浙发运副使。元丰六年，漕粟至京比常岁溢六百二十万石。又请凿龟山左肘，至洪泽为新河，以避淮险，自是无覆舟之患。诏增二秩，加直龙图阁，升发运使。凡六年，其所经度皆为一司故事。【《宜兴旧志》卷8《人物》】

　　既授蒋之奇"隔路选官"之权，当兼领"江淮荆浙等路发运（副）使"之职（俗称"六路大漕"）。发运司衙门驻真州，在江淮间有七处转般仓，

蒋之奇则经常在各地间往还。

【江淮发运使一】乾隆《江南通志·职官志》：宋代节度观察之职，特为虚名，不复预方岳之事，而监司之任则有帅、漕、仓、宪诸官。帅则诸路安抚使，漕则诸路转运使，宪则诸路提刑按察使，仓则提举常平仓，谓之仓司。……[按] 江南旧无安抚，自宣和三年，始诏江宁与杭、越诸州守臣并带安抚使。建炎元年，李纲请于沿河、沿淮、沿江各置安抚使兼马步军都总管。二年，又令将兵处知州带管内安抚。自是安抚之职始重。时诸路又有安抚大使，凡二品以上为帅者，即以大名之。转运之职肇于唐，时诸道分置巡院。宋祖惩藩臣擅有财赋，不归王府。自乾德以后始置诸道转运使，多以帅守兼领，浸寻日久，其权渐重，凡赋、盗、刑狱、边防、金谷之任，无所不统。于是，景德中建提点刑狱一司，复以知州带一路安抚钤辖，自领军事，以分其权。庆历中，又患其过轻，三年，诏诸路转运使并兼按察使，每岁具官吏能否，至六年罢之。其转运之在江南者，自太平兴国二年，初置江淮发运使于京师，遥掌漕事。至道元年始就淮南置局，其后屡省屡复，俱在淮南之地。庆历七年，置司于真州（今扬州府仪征县）。乾道以后，率以平江府守臣兼领籴运之事云。【乾隆《江南通志》卷 101《职官志》】

【江淮发运使二】发运使司，（宋）淮南、江、湖等路置发运使简称。北宋发运司与转运司不同之处在于，发运司并非每路设置，北宋前期仅设一发运司，主要职掌是保证京师粮食的漕运，即调集、储藏、转运淮南、江浙、荆湖六路粮食以达中都。中间设有七座转般仓，京师岁计用粮六百万石，而发运司常储一千二百万石，备有一年存粮。徽宗朝蔡京用事，罢转般仓，置直达京师纲运，又占纲运运送花石纲，发运司规模渐废。南宋时曾复置经制发运司，两浙、京、湖、淮、广、福建等路都大发运使司，均为时不久即罢。清徐松《宋会要辑稿·职官四二之三一》："（崇宁三年）六月十八日，以徽猷阁待制、知信州程迈为江淮荆浙闽广等路经制发运使。十月十一日，诏发运使司所差和籴官，诸司不许差出。"同书四二之一八："（治平三年）六月，以国子博士傅永为淮南、江、浙、荆湖发运司勾当公事。……《哲宗正史职官志》云：天下总二十三路。……每路置转运使，品秩高为都转运使。……淮南、江、浙、荆湖路有都大发运使。"

宋程大昌《考古编》卷七《发运司》："祖宗朝，岁漕东南米六百万石，支京师一岁之用。故自真至泗，置仓七所，转相灌注，由江达淮，由淮达汴，而于真州置发运司以总之。……京师岁计，止用六百万石，而发运司所储尝有一千二百万石。……至蔡京用事，创置直达纲，船径达于淮，而上沂于汴，转般仓由此遂废。"【《中国历代职官别名大辞典》，第 255 页】

　　【江淮发运使三】李晓《江淮荆浙发运司》云：宋朝的淮南路、江南东路、江南西路、两浙路、荆湖南路、荆湖北路，习称东南六路，乃宋朝中央财政收入的主要来源地。江淮荆浙发运司"掌经度山泽财货之源，漕淮、浙、江、湖六路储廪以输中都，而兼制茶盐、泉宝之政，及专举刺官吏之事"。其职能包括管理上供财赋的漕运、参与上供物资的购买、兼管茶盐铸钱、督察地方官吏等许多方面，在宋朝财经史上具有重要地位。【《宋朝政府购买制度研究》，第 174 页】

是年，知吉州魏纶建三瑞堂，蒋之奇寄诗相赠，黄庭坚为之记。

　　蒋之奇《寄题三瑞堂》诗云：好在庐陵守，年来强健无。一麾新佩印，三瑞更为图。善政传江右，飞书到海隅。缅怀乌府旧，何日笑谈俱。【《全宋诗》卷 688，第 8032 页】

　　雍正《江西通志·祥异》载：（元丰）六年八月，吉州生芝草三十本。是年，芝二本生于州院狱门之东，又生于郡斋，又生于西峰之秀野亭。最异者黄芝，异本同颖。时庐陵守魏纶有能名，即秀野亭以为"三秀亭"，属黄庭坚记之。【雍正《江西通志》卷 107】

　　雍正《江西通志·名宦（五）》载：吴革，元丰间知吉州。先是，郡增盐课二百万，民已失生理。前知府魏纶复上诸县，增课九十五万。革至，尽罢之。元祐初，御史按察，以革为江西第一。【雍正《江西通志》卷 61】

　　【注】魏纶知吉州时，似是好大喜功之人，蒋之奇曾举荐过他，后因此事遭人弹劾。事见本谱第十八卷"三月乙亥"条。

　　【又】联系蒋与黄、魏的交往，蒋诗当作于元丰时，故又录于此。雍正《江西通志》中又载，蒋之奇诗作于熙宁二年（1069），不知孰是。俟考。

五月丙子（初一），江淮制置发运司上书，称江淮荆浙六路转运司"和籴"本钱严重不足，又要分派到江淮荆浙六路，只能是捉襟见肘。故申明从此开始，和籴本钱一律不分派。

《长编》记载：五月丙子朔……制置发运司言："本司元丰二年被旨赐籴本以一百万缗为率，至今截拨未足。况每年总般江、淮、荆、浙六路上供年额六百二十万石，逐路出限，不到万数甚多，全赖籴本钱乘时和籴，起发上供，应办年计。今淮南催促钱帛所牒会问数目，本司以无圣旨，难议供报，然恐其别有申陈。"诏："籴本钱系朝廷特赐，今不得一例起发。"
【《长编》卷335】

五月，因治理江淮漕运有方，召蒋之奇至京师，觐见神宗皇帝。神宗将所有漕运事务，交由蒋之奇负责（即发运使）。六月，又赐蒋之奇紫章服（三品服）。

《长编》载：闰六月乙未，赐江、淮等路发运副使蒋之奇紫章服。运司岁漕谷六百二十万石，之奇领漕事，以五月至京师，于是入觐，上劳问备至，面赐之，且曰："朕不复除官，漕事一以委卿。"之奇辞谢，因条画利病三十余事，多见纳用。【《长编》卷336】

《通鉴后编》载：六月，江、淮等路发运司岁漕谷六百二十万，副使蒋之奇领漕事，以是月至京师，入觐。帝问劳备至，赐三品服，且曰："朕不复除官，漕事一以委卿。"之奇辞谢，因条画利病三十余事，多见纳用。【《通鉴后编》卷85】

《群书会元截江网·漕运（偶句）》云：画漕运十四策者，张方平之在嘉祐也；条利病三十事者，蒋之奇之在元丰也。张方平论漕运，以河渠为主（熙宁八年）；欧阳修论漕运，以河渠为先（康定元年）。神宗元丰六年，江、淮等路发运使蒋之奇岁漕谷六百二十万石。之奇入觐，上劳问

备至。之奇因条利病三十余事，多见纳用。【《群书会元截江网》卷6】

蒋之奇在京师受恩赐并升官，随即有书信和诗与苏轼分享喜悦。苏轼作《贺蒋发运启》及《和蒋发运》诗，惜蒋诗已佚。苏轼诗文中有"随所寓而作佛事""夜语翻千偈，书来又一言。此身真佛祖，何处不羲轩"等语，知蒋、苏此时都潜心于佛学。

苏轼《贺蒋发运启》：伏审上计入觐，拜恩言还，拥节东南，上寄一方之休戚；考图广内，示将大用之权舆。凡在庇庥，举增忭跃。恭惟某官，受材秀杰，秉德纯忠。蔚然西汉之文，深厚尔雅；展矣东京之吏，恫幅无华。虽已得正法眼藏于大祖师，犹有一大事因缘于当来世。固将入践卿相，坐致功名。以斯道而结主知，随所寓而作佛事。某窜流已久，衰病相仍，方称庆之未皇，忽移书之见及。欣感之幸，笔舌难宣。【《东坡全集》卷70】

李之亮［编年］云："元丰五年谪居黄州任团练副使时作。""盖蒋之奇为发运使，有书致东坡与黄州，东坡回复此书也。"【《苏轼文集编年笺注》卷47，第130—131页】

苏轼《和蒋发运》：夜语翻千偈，书来又一言。此身真佛祖，何处不羲轩。船稳江吹坐，楼空月入樽。遥知思我处，醉墨在颓垣。【《东坡全集》卷16】

查慎行、冯应榴等俱将此诗［编年］为"哲宗元祐元年丙寅春自右史除中书舍人，十月擢翰林学士、知制诰一年中作"。【《苏轼诗集合注》卷27，第1353页】

【按】苏轼一启一诗，语境相同，当时蒋之奇进京觐见之后所作。诸家编年都有误，主要是未审蒋升擢发运使的具体月日。

蒋之奇为江淮等路发运副使，号令强明，官吏望风震慑。荐用何执中（1044—1117），后仕至宰相。

李廌《师友谈记》云：苏迨（仲豫）言：蒋颍叔之为江淮发运也，其才智有余，人莫能欺，漕运络绎。蒋，吴人，谙知风水，尝于所居公宇前立一旗，曰"占风旗"，使人日候之，置籍焉。令诸纲日程亦各记风之便逆。盖雷、雹、雾、露等有或不均，风则天下皆有。运至，取其程历以合之，责其稽缓者，纲吏畏服。蒋之奇去，占风旗今废矣。

《宋史·何执中传》载：何执中，字伯通，处州龙泉人。进士高第，调台、亳二州判官。亳数易守，政不治。曾巩至，颇欲振起之。……蒋之奇使淮甸，号强明，官吏望风震慑，见执中喜曰："一州六邑，赖有君尔。"知海盐县，为政识后先，邑人纪其十异。……崇宁四年，拜尚书右丞。大观初，进中书、门下侍郎，积官金紫光禄大夫。一意谨事（蔡）京。……卒年七十四。帝即幸其家，以不及视其病为恨，辍视朝三日，赠太师，追封清源郡王，谥曰"正献"。【《宋史》卷351《何执中传》】

是年，发运副使蒋之奇举荐虞策。徽宗时，虞策仕至龙图阁学士、左正议大夫。

《宋史·虞策传》载：虞策，字经臣，杭州钱塘人。登进士第，调台州推官、知乌程县、通判蕲州。蒋之奇以江淮发运上计，神宗访东南人才，以策对。王安礼、李常继荐之，擢提举利州路常平、湖南转运判官。元祐五年，召为监察御史，进右正言。……迁左司谏。……迁侍御史、起居郎、给事中，以龙图阁待制知青州，改杭州。过阙，留为户部侍郎。历刑部、户部尚书，拜枢密直学士，知永兴军、成都府。入为吏部尚书。奏疏徽宗，请均节财用。……属疾祈外，加龙图阁学士、知润州，卒于道，年六十六。赠左正议大夫。策在元祐、绍圣时，皆居言职。虽不依人取进，亦颇持两端，故党议之兴，己独得免。【《宋史》卷355《虞策传》】

是年，会朝廷大赦，沈辽自贬所永州返回，最后隐居于池州齐山。

蒋之奇《沈睿达墓志铭》载："丁父忧，哀毁如母夫人。时更赦（1083），徙池州。卒，实元丰八年二月九日也，享年五十四。"【《云巢编》卷10《附录》】

《长编》记载：元丰六年冬十一月癸卯，奉仁宗、英宗徽号，册宝于太庙。甲辰，荐享于景灵宫。……丙午冬至，祭昊天上帝于圜丘，以太祖配，始罢合祭天地也。还御宣德门，大赦天下。【《长编》卷341】

沈辽隐居池州期间，与蒋之奇及蒋氏家人多有书信来往，大多是家长里短之事。一并附此。

沈睿（叡）达书简帖［原注：七帖并行书。第一帖十一行，尾批四行；第二帖十三行，尾批四行；第三帖十四行；第四帖十一行；第五帖五行，尾批二行；第六帖三行；第七帖六行。］

一、十郎得示问，承酷暑佳胜，阁中安裕，甚为慰也。二弟皆在成均，治家事想亦不易，亲旧上下，不能无劳来恩意也？何时调官，一亦不久思。每烦垂恤，今幸得代，而荐者足以为令，虽出于尊府，亦赖推毂也。甚喜甚喜！老夫山间，粗如常待，尽其余日尔，不足道也。人还匆匆，不一不一。辽书寄斋郎。五月二十八日。

文叔必不辍，有书。秀叔闻已解临涣（安徽宿州市），今在何许？第二处有讯，托申意，未及别书也。今岁大抵多发疮疹，永仲儿女皆病兹，亦见安矣。

【注】"十郎"，不详。疑指蒋之奇长子蒋球，时已荫太庙斋郎。"文叔"，即蒋之翰，又字文叔。"秀叔"，不详。疑为蒋之奇兄弟之一。"永仲"，即蒋堂次子、蒋之奇堂弟蒋长源，喜收藏书画。

二、辽启：比奉书，相各彻侍史。前辱赐教及二山诗，若见颜色，所道昔游甚详，已如坐吾庵中矣。诵玩无斁，尤深感惬也。即日动止何似？十四县君安胜。新妇烦舅姑爱恤，不见其尤，甚幸！甚幸！辽于此如故，来春得张郎成婚了，便无复累胸中者。人生正为业来，夙息能修证，必不及此。正当一念不动，如枯木、如死灰。当来初有分尔，咄咄无益也。岁方终，气候凝凛，千万为国加爱加爱。不宣。辽上。颖叔阁下。十月二十八日。

示谕仓使者，已许诺，至感。献父更冀终之，得一职则尤佳，复尔。忘想，忘想。近得巴陵一帖，知书子公已善过彼久矣，今想已至舂陵（今湖南宁远）也。

【注】"新妇"，当指沈辽女儿、蒋瑎媳妇沈氏。"张郎"，不详。疑指沈辽次子沈敏师。

三、辽启：京师区区，人事日繁。不奉书，遂五十日，感节怀思，但有悄结。即日不审履此，夏暑动止何似？太夫人万福，门中眷爱安胜。辽即此粗遣爱，间多病，官局亦无事，乘兴即往。不然杜门数日，亦无吏责。卜居城西，地名桃源，小有园林亭榭之乐，足以养妻子度岁时。进无所营，退有所得，而庭闱不远，其余尚复何求哉？但未闻召命，日以迟俟尔。未卜相见。千万善爱善爱。不宣。辽再拜。颖叔阁下。五月五日。

【注】此书简约作于熙宁三年（1070），当时沈辽为审官西院主簿。

四、小儿为吏无状，所以庇于大厦者，不止逃谤也。又蒙其上官荐宠之，衰门弱植，岂其所宜？当此颖叔之惠为不浅矣。感刻感刻。十四县君安胜，斋郎以下诸眷计无恙。安行南出，遂成姻事否？骈蕃托于庆门，尤为所幸。素道有儿女在其外氏，甚无聊，此虽攻苦食淡，为不足度，亦可养其一二。今有书，托安行与带来，更烦颖叔为一言。女子荷慈，顾举家衔感，衔感。辽上。

【注】此书简约作于元丰初，当时沈辽罪废中。十四县君，当指蒋之奇妻沈氏。安行，沈辽之子。沈辽此书似是将家事托付给蒋之奇。

五、大镜、方镜、二匣粉合先送去，照台并枕，近晚可得。船必未行，有定日，希示及。辽送十甥并依元约两数，昨日当面上。

六、十郎、十一郎安胜，诸眷无恙。修妇安否？前谢十一哥书。不知何时西上也。企渴企渴。辽。

【注】五六两书简亦是家书，第五简为送外甥的礼物，第六简为问安家书。"修妇"，勤修妇道的简称，谦指沈辽自己的女儿、蒋瑎媳妇。"何时西上"，讯问蒋之奇什么时候西行。是指到池州相会。

七、十四县君安胜，不别书也。知尽室遂至都下，冒暑涉秋，佳否？十郎调何处官，十一、千郎必各已试归，闻在南庙，必遂高辙，行听喜报也。

廿娘安否？此中粗遣，山间殊无京尘，但朝夕不忘思想耳。向冷，千万多爱。未及专作千郎书，老懒。不讶不讶。

【注】"十郎""十一郎""千郎"当指蒋之奇三个儿子蒋球、蒋珍、蒋瑨，时蒋球以父荫得官，但不知授何职。

右熙宁审官西院主簿沈公辽，字叡达，书简帖七幅，真迹一卷。公以善书称，王文公、曾文肃公师其笔法，王得其清，曾传其楷，再世三秀。厥惟闻家不幸，以罪废。其事见于王明清《挥麈录》。卜居池阳，名与齐山俱高，遗帖固可宝也。淳熙壬寅，予兄大用守池得之，以遗先君，有藏书家印十有二。

赞曰：《梦溪笔谈》载公之论书曰："书之神韵虽得于心，书之法度必资于学。分制有法，均停相若，三四合体，上下齐脚，多寡不牵，乃异世作。"今视其帖信乎！其嗜之专而见之卓也，虽然艺在当家，习亦有源。存中瞻前，文通比肩。顾翰墨文章之不殊，而俱未若公之知言。知言伊何，以神合天，古人之良，意在笔前。【俱《宝真斋法书赞》卷11】

是年春夏，蒋之奇回任所，途经泗州，作《泗州大圣普照国师传（并序）》。约于是年夏，张舜民经泗州赴郴州，会蒋之奇，游泗州僧伽塔，遇僧伽现身，作文记之。

《泗州大圣普照国师传（并序）》　江浙荆淮等路制置发运副使、朝奉大夫蒋之奇

余读李白诗云："真僧法号曰僧伽，有时与我论三车。"余是知所谓僧伽者，李白盖尝见之矣。又读韩愈诗云："僧伽晚出淮泗上，势到众佛尤魁奇。"又韩愈辟佛，至老不变，若僧伽之神异，虽愈亦不敢诬也！故常欲为作传，而未暇遑。比余之楚之秦，而得僧伽事益详，于是遂纂辑而为之传。

普照明觉大师僧伽者，盖西域人，莫知其国土与姓氏也。年三十，自西域来。唐高宗龙朔中，至长安、洛阳悬化，遂南游江淮，手执杨柳枝，携

瓶水，混稠众中。或问师何姓，答曰："姓何。"又问师何国人，答曰："何国人。"然人莫测其为何等语也。武后称周帝，号武氏周。万岁通天中，有制："番僧乐住者，听。"遂隶楚州龙兴寺。后欲于泗上建寺，遂至临淮，宿山阳令贺跋玄济家，谓曰："吾欲于此建立伽蓝。"即现十二面观音相。玄济惊异，请舍所居为寺。师曰："此地旧佛宇也。"令掘地，得古碑，乃齐香积寺铭，李龙建所创，并获金像一驱。众以为然镫佛，师曰："普照王佛也。"视之，有石刻焉，果普照王佛。景龙二年，中宗遣使迎僧伽入内，号称"国师"，帝及百官执弟子礼，与［敕］，度慧岸、慧俨、木叉三人，以嗣传镫，并赐临淮寺额。师请以佛号牓之，帝以"照"字触天后讳，改号普光王寺，为亲书寺额。景龙四年，师寝疾，出住大荐福寺。二月三日，端坐而化，春秋八十有三，在西土三十年，入中国五十三年。帝命即荐福漆身建塔，忽臭气满城，巫祝送师归临淮，言讫，异香腾馥，遂送真身。以是年五月五日建塔，安大师真身于塔内。敕百官送至都门，士庶至灞水，僧尼至骊山。帝问万回："僧伽大师是何人？"对曰："观音化身也。"《普门品》云："应以比丘身得度者，及皆亲之，而为说法，斯之谓也。"【《天津图书馆孤本秘籍丛书》第 9 册，第 827 页】

董逌《僧伽传》云：蒋颖叔作，锺离景伯书，庐江刘良以示余。考之，僧伽本天竺人，龙朔初至中国，景龙四年入灭，盖年八十三矣。此以旧传韩退之诗，知其瑰奇，不可少贬。其谓李太白尝以诗与师论三车者，此则误也。诗鄙，近知非白所作。世以昔人类在集中，信而不疑，且未尝深求其言，而知其不类。余与之挍其年，始知之太白死在代宗元年，上距大足二年壬寅为六十年。而白生当景龙四年，白生七岁，固不与僧伽接。然则其诗为出世俗，而复不考岁月，此殆涅其服者，托白以为重，而儒者信之，又增异也。龙朔元年至景龙四年，以唐历挍之为五十年，知僧伽在西方时三十三年矣。余以旧传知之。【《广川书跋》卷 10】

弘一法师《致费范九（1929 年 4 月 23 日·温州庆福寺）》云：去冬往闽中，留滞四月。尊书昨始由上海辗转赍至，披诵具悉一一。所询唐代僧伽化缘详委，载在唐蒋颍叔著《泗洲显化传》。此书已佚失，未能考寻。兹据他书所载者，录列其卷第，希依次检阅。是中以《宋高僧传》较详，余皆简略，且义多重复，兹具写录，以备参考。【《弘一法师书信》（增订版），第282—283页】

【按】弘一法师所谓"唐蒋颍叔著"，当是"宋蒋颍叔著"；而"《泗洲显化传》"，疑即此《泗州大圣普照国师传》。

张舜民《郴行录》载：乙未，次泗州，同年吴立礼承议相候。丙申，见发运副使蒋之奇、知州朝奉刘士彦、通判奉议王纯中。午间，蒋之奇、通判见候。申后，大圣见塔上，始见香烟如雾，笼闭四周。少顷有物如拳许在相轮上，或坐或作，往来周旋不止，每至东南角，少伫立，至暮不灭。又自塔下烟雾如甑气上腾，少间雨作。丁酉早雾，以家诣塔下。寺号普照王，塔在一偏，大圣面西座，开钥谛观久之。或云所见喜愠，大小各异，亦有竟不睹者。塔间货贝山积，谒礼自远至者，常如市哄。泗州刘士彦先自睦州通判替还京，舣舟宿淮泗间，岸次忽遇乞者，年十七八，目莹而唇朱，光彩可掬。刘怪而问之，异人曰："吾卖豆，每粒一贯，二伯文足。"刘曰："我适无钱，止有所衣绵袄，聊以当之，如何？"乞曰："固可也。容取豆。"即以纸一幅于两乳间擦摩之，转有乌豆数粒出，取一粒与刘，其余掷汴水中。刘欲吞之，乞曰未也，又以纸擦摩胸腋间，复有菉豆数粒出，又取一粒与刘，其余掷汴水。刘即吞二粒，毕，与所许物，乞人笑而不取，刘始病蛊，不能下食，即食如初而益多。今刘面色如丹，然一岁一发，渴饮水数斗，觉二豆腹中如枣大。乞人曰："后某年复相见于淮西。"不知如何也？是日，登寺阁，眺望淮山，有如图画。阁之西南隅有塔，影倒垂，长可尺许，以扇承之，影在扇上，僧云有时见二塔影也。【《画墁集》卷7】

《宋史·张舜民传》载：张舜民，字芸叟，邠州人。中进士第，为襄乐令。……元丰中，朝廷讨西夏，陈留县五路出兵，环庆帅高遵裕辟掌机密文字。王师无功，舜民在灵武诗有"白骨似沙沙似雪"，及官军"斫受降城柳为薪"之句，坐谪监邕州盐米仓；又追赴鄜延诏狱，改监郴州酒税。……坐元祐党，谪楚州团练副使，商州安置。复集贤殿修撰，卒。舜民慷慨喜论事，善为文，自号"浮休居士"。【《宋史》卷347《张舜民传》】

曹慕樊、徐永年《东坡年谱简编》云：元丰六年（1083），张舜民谪郴州，绕道来谒（苏东坡），同游武昌。七月十六日，与客泛舟游于赤壁之下。【《东坡选集》，第715页】

《长编》载：五年冬十月戊辰，降授承务郎、新监邕州盐米仓张舜民监郴州茶盐酒税。舜民用高遵裕辟，管勾机宜，从军出塞，赞画无功，作诗讥讪。既坐谪，乃言：常赞遵裕不为所听，凡数事上批下，宇文昌龄究实，多如舜民所陈，故稍内徙。【《长编》卷330】

【按】张舜民贬官在此前一年十月底，本年初起身赴贬所，约于春夏间抵泗州。七月中已抵黄州。

八月六日，江淮等路发运副使蒋之奇上书，请开凿长淮、洪泽河（乌沙河）。诏限一月，仍令蒋之奇、陈祐甫同提举。

六年八月己卯，……江淮等路发运副使蒋之奇言长淮、洪泽河实可开治，愿亟兴工。诏陈祐甫相视以闻。［原注：十一月己巳，祐甫云云。］【《长编》卷338】

《宋会要辑稿·方域》载：八月六日，江淮等路发运副使蒋之奇言："长淮洪泽河实可开治，愿亟兴工。"诏陈祐甫相视以闻。已而陈祐甫言："田棐任淮南提刑，尝建言开河，其后自淮阴至洪泽，讫成厥功，独洪泽以上未克兴役。臣今相度，既不用牐蓄水，惟随淮面高下，开深河底，引淮水通流，则于势至易，其便甚明。行地五十七里，计工二百五十九万七千，役民夫九万二千、一月，兵夫二千九百、两月，麦米十一万斛，钱十万缗，分二年关。"诏限一月，仍令蒋之奇、陈祐甫同提举。【《宋会要辑稿·方域十七之一0》】

【按】此条记载是下诏都水监陈祐甫，限在一月内完成调查勘察。

《方舆汇编·淮安府》：永济故沙河，即乌沙河，在治西北一带三十里。

古运自淮城入淮山阳，六十里风涛之险。宋转运使乔维岳开此，直达清口。后蒋之奇又开浚洪泽，岁久俱淤。【《方舆汇编·职方典》卷742】

是年夏，沈辽与苏轼有书信往来，但手稿丢失。是年中秋，苏轼在沈辽齐山居处会饮。沈辽捐资修桥，张舜民为之铭。

《苏谱》云：是年，与沈辽简，再辞不作《云巢记》。【《苏谱》，第594页】

苏轼《与沈睿达二首之二》云：某启：公所须拙文记云巢，向书中具道矣，恐不达，故再云云。某自得罪，不复作诗文，公所知也。不惟笔砚荒废，实以多难畏人，虽知无所寄意，然好事者不肯见置，开口得罪，不如且已。不惟自守如此，亦愿公已之。百种巧辨，均是绮语，如去尘垢，勿复措意为佳也。令子今在何许？渐就迁擢，足慰迟暮。小儿亦授德兴尉，且令分房减口而已。孙运判（憺）行，病起乏力，未能详尽。【《苏轼文集编年笺注》卷58，第558页】

阮阅《沈辽施桥》云：夏季，沈辽予苏轼信笺。轼之前，当有书简寄予沈辽，但辗转丢失。时轼又作有《与沈睿达二首》。中秋，与张舜民饮于齐山。张《郴行录》中涉及到他过齐山，与沈辽交往之事。文中说道："元丰癸亥（1083）仲秋，沈辽施桥，张舜民为之铭。"【《诗话总龟》卷49《奇怪门》（下）】

苏轼赴池州后，回途经宿州，题灵壁石小蓬莱（翌年，蒋之奇也有题名）。

张邦基《墨庄漫录》云：宿州灵壁县张氏兰皋园一石甚奇，所谓小蓬莱也。苏子瞻爱之，题其上云："东坡居士醉中观此，洒然而醒。"子瞻之意，盖取李德裕平泉庄有醒醉石，醉则据之，乃醒也。蒋颖叔过见之，复题云："荆溪居士暑中观此，爽然而凉。"吴右司师礼安中为宿守，题其后云："紫溪翁大暑醉中读二题，一笑而去。"张氏皆刻之。其石后归禁中。【《墨庄漫录》卷1】

【按】苏轼既然署"东坡居士"，当在黄州赦还之后。《苏谱》载于赴黄州前，误。

李之亮［笺注］云："元丰二年自徐州知州移湖州知州途中所作。本文《苏轼文集》未收。"李亦误。【《苏轼文集编年笺注》卷75，第658页】

【注】吴右司师礼安中：即吴师礼，字安仲，钱塘（今杭州）人。元丰五年（1082），太学上舍赐第，调泾县主簿。知天长县。绍圣中官太学博士。元符元年（1098），除秘书省正字，次年坐为邹浩钱别且赠银，追停一官。徽宗时，历开封府推官、右司谏、右司员外郎。终官直秘阁、知宿州。【参见《宋代人物辞典》（下），第881页】

卜居池州的沈辽请黄庭坚作《云巢诗序》，此前曾请曾巩作序，会曾巩逝世，未果。后又请求于苏轼，未允。之后方转托于鲁直。

豫章黄鲁直《云巢诗并序》云：东阳沈睿达，少日名满诸公间，读书取支，书字作文章，敖倪一世，以自为师。……老乃得九华秋浦之间，睿达自庆曰："使自卜择如是矣。"遂筑于齐山之下。……化冠裳以为野服，息交游以见古人，屏放声伎，尽空所有，卧榻隐几，无人扫除，笔砚尘濛，生理若寄，而读书不虚用日，多得古人著意处，文章雄奇，能转古语为我家物。山林之岁月，尽以从事，故比学士大夫为见功多，因自号其所居曰"云巢"。从眉山苏子瞻乞文，子瞻曰："虎豹来田，吾以是累吾，方刮除毛皮，独以形立。子当爱我，不当要我作文。"又欲乞文于南丰曾子固，会子固以忧去中书舍人，而捐馆于金陵，则以告豫章黄庭坚，曰："敢托于子文。"黄庭坚曰："曾子固、苏子瞻文章，磊落旁日月，居一世后，前能轩轾人，庭坚戏弄笔墨，不经师匠，家人子语耳。君安用此？"【《沈氏三先生文集》卷10《附录》】

是年九月，李去盈（李元盈）任宜兴知县。在任期间，为苏东坡在宜兴买曹氏田。

《毗陵志·秩官·知县（宜兴）》载：褚理，元丰四年四月奉议郎。李去盈，元丰六年九月宣德郎。李权，元祐元年九月奉议郎。【《毗陵志》卷10《秩官》】

《宜兴旧志·守令》载：李去盈，宣德郎，元丰六年（1083）任。【《宜

兴旧志》卷5《守令》】

《宜兴旧志·遗址》载：醒醉石，在县治内。元丰间令李元盈题云："为山因累石，人巧夺天机。强说醒何醉，那知是与非。"【《宜兴旧志》卷9《遗址》】

【按】李去盈，《毗陵志》《宜兴旧志》等亦作李元盈。当是崇宁禁锢时地方志中作过改动。前文"邵彦瞻（光）""邵民瞻"亦疑后人避祸所改。

【注】李去盈，生卒、籍贯不详。为青州兼京东东路安抚使王说女婿，孙莘老弟弟孙览的连襟。邹浩《中大夫直龙图阁知青州军州事王公（1029—1101）墓志铭》云：公王氏，讳说，字岩夫。……历管当在京马军粮料院马步军专计司，……青州兼京东东路安抚使。建中靖国元年十六日终于青州治所。享年七十有四。……子男三人：瑜，朝奉大夫、京东路转运使，先公而卒；琮，知相州录事参军、河北路盐事司干办公事；璆，太庙斋郎，早卒。女八人，长适枢密直学士孙览；次适承议郎李去盈；次适通直郎杨彦章，早卒；次适承议郎陈扶；次适瀛州防御推官许子卿。【《道乡集》卷35】

是年，蒋之奇有焦山之行，留有题名石刻。又以楷字释王纶女所书三十六体大篆诗。

《寰宇访碑录·镇江》载：焦山蒋之奇题名，行书，元丰六年。江苏丹徒。【《寰宇访碑录》卷7，第252页】

朱胜非《清非生》云：太子中允王纶，祥符中登进士第。有女子年十八岁，一日昼寝中忽魇声，其父与家人亟往问之。已起，谓父曰："与汝有洞天之缘，降人间四百年矣，今又会此。"自是谓父曰"清非生"，自称曰"燕华君"。初不识字，忽善三十六体大篆，皆世所未识。每与清非生唱和，及百余篇。有送人诗云："南去过潇湘，休问屈氏狂。而今圣天子，不是楚怀王。"……《题金山》云："涛头风滚雪，山脚石蟠虬。"又诗云："落笔非俗子，鼓吹皆天声。岂俟耳目既，慰予华燕情。"蒋颖叔以楷字释之刻于石。后嫁为吕氏妻，既嫁则懵然不复能诗。康定间（1040），进篆字二十四轴，仁宗嘉之。有《女仙传》行于时。【《绀珠集》卷5】

阮阅《蒋颖叔书释王纶女诗》：太子中允王纶，祥符中登进士第。有女子年十八岁，一日昼寝，中忽魇声，其父与家人亟往问之。已起，谓父曰：
"与汝有洞天之缘，降人间四百年矣，今又会此。"自是谓父曰"清非生"，
自称曰"燕华君"。初不识字，忽善三十六体大篆，皆世所未识。……蒋
颖叔以楷字释之刻于石。后嫁为吕氏妻，既嫁则懵然，不复能诗。【《增修
诗话总龟》卷49《奇怪门》】

**是年十月，蒋之奇治下淮南转运使蔡景繁至黄州，与苏轼相会，并为
苏轼建房。蔡景繁之行，或为蒋之奇所托。**

曹慕樊、徐永年《东坡年谱简编》云：元丰六年（1083），十月十五
日夜再游赤壁。蔡景繁为淮南转运使，按郡至黄，见于临皋，为轼营屋。【《东
坡选集》，第715页】

十一月己巳，朝廷同意开治长淮洪泽河。

《长编》载：十一月己巳，都水监丞陈祐甫言："田棐任淮南提刑，尝
言开河，其后淮阴至洪泽，讫成厥功，独洪泽以上未克兴役。臣今相度，既
不用牐蓄水，惟随淮面高下，开深河底，引淮水通流，则于势至易，其便甚明。
计行地五十七里，赋工二百五十九万七千，役民夫九万二千、一月，兵夫
二千九百、两月，支麦米十一万斛，钱十一万缗，限二年开修。"从之，仍
止限一年，令蒋之奇、陈祐甫同提举。先是，之奇言："长淮洪泽河实可开治，
愿亟兴功。"诏祐甫相视，故有是诏。[原注：《旧纪》书作洪泽河，《新纪》不书。
明年三月十八日，赏功。祐甫相视在八月己卯。]【《长编》卷341】

【按】此条记载是陈祐甫完成调查勘察，要求在一年内完工。

**十一月二十五日，蒋之奇为怀素《自叙帖》题跋。绍兴二年，其侄蒋
璨复题于后。**

蒋之奇《跋〈自叙帖〉》云："草书有妙理，惟怀素为得之。元丰六
年十一月二十五日。蒋之奇书。"蒋璨跋怀素《自叙帖》云："辩老方艰难

时，流离转徙江湖间，犹能致意于此，可见志尚。又获观伯考少师品题，并以嘉叹。绍兴二年仲春二十三日，阳羡蒋璨。"【《怀素草书全集》，第234页】

蒋璨跋怀素《自叙帖》　蒋之奇手迹《草书有妙理》

孙镀跋《怀素藏真帖》云：王氏跋一。跋尾，周越书，得其遗意。蒋之奇有苏黄法，皆可重也。……周越书仅见此，此固佳，何为彼时人不甚许之？蒋颖叔是苏、黄前辈，乃顾肯效其书，古人服善如此。【《书画题跋》卷2（上）】

是年，蒋之奇锡服三品，诏增二秩，加直龙图阁，升发运使。

《宋史·蒋之奇传》载：元丰六年，漕粟至京，比常岁溢六百二十万石，锡服三品。请凿龟山左肘至洪泽为新河，以避淮险，自是无覆溺之患。诏增二秩，加直龙图阁，升发运使。凡六年，其所经度，皆为一司故事。

【按】据《长编》记载，蒋之奇直龙图阁当在七年二月。《宋史·蒋之奇传》或误。

第二十五卷　元丰七年（1084）

元丰七年（1084）甲子　五十四岁

二月十六日，神宗下诏，蒋之奇迁两官，除直龙图阁，升发运使。

《长编》载：三月庚子朔……乙卯，江淮等路发运副使、朝奉大夫蒋之奇，都水监丞、承务郎陈祐甫各迁两官，吏减磨勘、年循资有差。以上批"闻所开龟山运河，于漕运往来免风涛百里沉溺之患，彼方上下人情莫不忻快，其本建言及董役成者，令司勋第赏以闻"故也。〔原注：开龟山河在六年十一月二十八日。《神宗宝训·议河渠篇》：七年，江淮发运副使蒋之奇请凿泗州龟山左肋至洪泽五十七里为新河，以避长淮之险。二月，以成功闻。之奇奏计至京，绘图来上。上问曰："龟山亦故道耶？"之奇对曰："凿山为渠，非故河也。方凿河时，获钱十四，其文皆'开通'，识者以为开河必通之兆。犹李泌之凿砥柱，获戟文有'平陆'，为平陆之应也。"上喜，遂下诏曰："所开龟山河，于漕运往来免风涛百里沉溺之患，其始建言及董役成者，令司勋第赏以闻。"乃以之奇直龙图阁，进秩二等。余迁官、减磨勘年，循资有差。六年十一月二十八日开河，七年二月十六日迁两官，之奇除直龙图阁，升发运使，在哲宗即位后。本传可考，《宝训》误也。〕【《长编》卷344】

谢维新《学士老龙》载：蒋枢密之奇为淮漕，求字于徐守信，徐书"龙"字而缺三点。蒋曰："何书之不全也？"曰："它日当足此。"是岁寒，计称旨，除龙图阁直学士。及回，持前字见徐，徐索笔为作三龙，未几，遂进学士。【《古今合璧事类备要·后集》卷57《阁学门》】

约于本月，华镇有《上发运蒋龙图书（二通）》，主要是讨论经术、诗书，其中说到"此某所以敢进于门下""愿被一言之教，庶依未光沾余润"等，是有意拜蒋之奇为师。蒋过世后，华镇有《挽蒋尊师》诗，可知华镇此后一直师事蒋之奇。

华镇《上发运蒋龙图书（一）》：……且患沦溺于流俗之弊。谨缮写一编。诣麾下陈献。夫进思可与者，阙里之洪制；来者不距，邹人之典训。则尝与之脱骖借誉，解颜而言者，想无谴其狂简，而绪余可赐也。此某所以敢进于门下。

华镇《上发运蒋龙图书（二）》：某尝闻昔牛僧儒至京师，寄国门之外，首挟所为文见韩退之、皇甫湜二公，可之然后敢入。……故举世皆进，不敢苟退，众人皆仕，不敢独已。乃两窃乡书，遂尘吏版。然策命以来，六年于兹，碌碌尘土之间，无以异于俗人者。……某之所不敢，又况有大人于此，不以势贵格人，不以道隆绝物。推毂后进，乐育英才，门墙宏敞，无元礼之峻；寸长片善，皆得衔粥其下，而辱题奖之赐。此夙夜之所仰望而思见者也。是用饰鄙陋之容于下执事，以俟命焉。倘在所进，愿被一言之教，庶依未光沾余润，而少见于世。如其朽木粪墙，不可彫饰，便当习邵平之蔬，追伯成之事，与农夫老圃从事乎东皋之上，不敢有望于明时矣。【俱《云溪居士集》卷21】

【按】华镇书中云："然策命以来，六年于兹，碌碌尘土之间，无以异于俗人者……"，指他从进士及第之后，调授高邮尉，一直未能升迁。其上书蒋之奇的用意，也十分明显。

同时，徐积有《和蒋龙图》等诗，知蒋之奇亦曾作诗赠徐，惜已佚。

徐积《和蒋龙图（二首）》诗云：公之所设施，道德之余事。有性给其才，无物蔽其意。大车积以载，牛刀迎者解。以要操其纲，以妙观其会。善誉不尽知，善毁没可讥。校之古人辈，彼若有所为。公之所然者，以智不以凿。其力日以裕，其济日以博。至于我曹者，使相望相闻。犹能领官属，携诗叩吾门。先看陶家柳，次看陶家菊。茶中许投花，坐上呼燃烛。顾我为乐叟，勉我以不倦。我是孟东野，终附郑公传。《又》云：鹬口衔波船过猛，樯幔排云北风紧。耽吟俊老绣衣寒，传诗急使筠筒冷。诗同使者从何来，谢安枕上吟哦回。吟哦去望江南雪，雪中往往梅花开。《和蒋龙图》诗云：吟翁如共老庄游，物外能齐乐与忧。鳌背不为三岛客，鱼竿终泛五湖舟。何须大使诗来问，合使幽人病为瘳。陶令菊花犹有在，未知肯饮一杯不。【《节孝集》卷11、卷16】

约于是年，蒋之奇途经山东邹平，在灵岩寺有题名。

杨守敬《三续寰宇访碑录》载：灵岩寺蒋永叔等题名，正书，无年月。蒋永叔再题名，正书，无年月。（山东长青）【《杨守敬集》第8册，第877页】

乾隆《山东通志·山川（邹平县）》云：灵岩山，在县东南九十里。四面方正，又名方山。《齐乘》曰：即《水经》所谓玉符山也。上有黄龙、甘露、独孤、双鹤、卓锡、石龟六泉，下为灵岩寺。寺内有铁袈裟山，石黑锈如铁，覆地如袈裟披摺之状。又寺东有明空山，石孔南北相通，题名甚多。【乾隆《山东通志》卷6】

【按】蒋之奇题名未记日月，或为其来往京师时所为，故系于此。

三月，帝崩，皇太子煦即位（哲宗），太皇太后高氏临朝听政。其间，起用司马光，对王安石新政进行检讨，史称"元祐更化"。

《宋史纪事本末·哲宗》载：神宗元丰八年三月，帝崩，皇太子煦即位，时年十岁，太皇太后高氏临朝同听政。太后既听政，即散遣修京城役夫，止造军器及禁廷工技，出近侍尤无状者，戒中外无苛敛，宽民间保户马，事由中旨，宰相王珪等弗与知也。司马光闻先帝丧，入临。……太后遣梁惟简劳光，问为政所当先，光疏曰："……臣愚以为今日所宜先者，莫若明下诏书，广开言路，不以有官无官之人，应有知朝政阙失及民间疾苦者，并许进实封状，尽情极言。"……诏从之。【《宋史纪事本末》卷10】

三月三日，苏轼由黄州团练副使移汝州。四月一日，自黄州出发，赴汝州。

《苏谱》云：三月三日，与徐得之等访定惠东海棠。旋，移汝州告下。……四月一日，将自黄移汝，作《满庭芳》"归去来兮，吾归何处。"有序。【《苏谱》，第599—600、611页】

三月中，黄庭坚到泗州，拜会蒋之奇，作发愿文。临别，有《别蒋颖叔》诗。

《黄氏日抄》引《豫章先生传》云：先生其先金华人，六世祖瞻，以策干江南，用为著作佐郎，知分宁县。……先生幼孤，从舅李公择学，登治平四年第，调汝州叶县尉，除大名府、国子监教授。留守文潞公留之，再任。先是，眉山苏公见先生诗于孙莘老家，因以诗往来，苏公以诗抵罪，先生亦罚金，直差知太和县，移监德平镇，过泗洲僧伽塔，作《发愿文》，戒酒色肉，但朝粥午饭如浮屠法。时元丰七年三月也。【《黄氏日抄》卷65】

黄庭坚《别蒋颖叔》诗云：金城千里要人豪，理君乱丝须孟劳。文星合在天东壁，清都紫微醉云璈。荆溪居士傲轩冕，胸吞云梦如秋毫。三品衣鱼人仰首，不见全牛可下刀。秦川渭水森长戟，方壶蓬莱冠巨鳌。万钉宝带雕狨席，献纳论思近赭袍。连营貔虎湛如水，开尽西河拥节旄。何时出入诸公间，淮湖阅船今二毛。凿渠决策与天合，之祈窘束缩怒涛。衣食京师看上计，陛下文武收英髦。春风淮月动清鉴，白拂羽扇随轻舠。下榻见贤倾礼数，后车载士回风骚。斫鼻于郢，观鱼于濠。小夫阅人盖多矣，几成季咸三见逃。〔原注〕云：蒋之奇字颖叔。新法行，为福建运判迁淮东运副。母丧服除，为江西运副，改河北。入奏计，神宗奖喻之。移陕西。官制行移淮南转运使。擢江淮荆浙等路发运副使。元丰六年五月奏计。神宗劳问甚备，赐三品服。此据实录也。此诗云三品衣鱼人仰首，当是六年以后作。山谷移监德平镇，过泗州僧伽塔，作《发愿文》，时元丰七年三月也。别蒋颖叔，当是此时。【《山谷外集诗注》卷9】

三月丙寅（二十七日），黄庭坚有回复帖子，《云巢编序》已作，沈辽十分欢喜。

黄庭坚《鲁直帖》云：庭坚顿首：初约十五日遣人送灵寿杖，往取糟姜，而灯夜醉卧景德方丈。明日病酒，家中催放船甚急，意绪欲哝，懒向笔研，故遂不果。遣人承动静，又所须皆不急耳。别来，日欲寓书，匆匆秪了眼前，及此不可以爽云巢之约，拨忙就此，不审可意否？公《三游山记》，皆手录奉还。……三月丙寅，庭坚顿首再拜。

沈辽《跋鲁直诗》云：余自得此诗，甚喜之。读既久，几可诵，然每绅绎其书，终不厌。古人所谓能道人心所欲言者，鲁直之谓乎？【俱《沈氏三先生文集》卷10《附录》】

四月庚申，潭州通判李纲罚铜十斤。

《长编》载：元丰七年夏四月庚申，通直郎、宝文阁待制、知潭州何正臣，奉议郎、提点湖南刑狱刘载各降一官；通判潭州李纲罚铜十斤。【《长编》卷345】

【按】据宜兴《蒋氏宗谱》载，李纲后为蒋之奇作墓铭，故附此。

是年春夏，蒋之奇赴池州，并游九华山（齐山），在翠瀑亭、灵源泉等处有题诗、题刻。

《九华山志》载：崇寿寺，在曹山北之龟山。南唐昇元间建，宋祥符间赐今额。开山时，有白龟出现之瑞，乃名其山曰"龟山"，泉曰"白龟泉"，又名"灵源泉"。泉在山门右，有蒋颖叔题字。宋高僧善修住持，周益公曾赠以诗。〇翠瀑，在崇圣院前。蒋颖叔诗有"云窦落来如曳练"之句。【《九华山志》卷2】

陈岩《翠瀑亭〔原题注：崇圣院前蒋颖叔诗，有"云窦落来如曳练，烟崖穿过似焚丝"之句。〕》诗云：湿翠抛来觉染衣，倚阑兀兀坐移时。偶因过雨添流水，增重焚丝曳练诗。《龟山崇寿院〔原题注：化城西，开山初，白龟出现，因号

"龟山"。西麓有泉，曰"灵源"。内有蒋颖叔游山题字。]》诗云：白云起处著招提，
一岭嵯峨众岭低。多少山间好风景，人来先看蒋公题。【陈岩：《九华诗集》】

　　蒋之奇《九华山》诗逸句：九峰篸碧玉，一水剪清绡。【《全宋诗》卷
688，第8038页】

　　《舆地纪胜·江南东路·总池州诗》载：下瞰池阳市，青烟弄芬馥。
大江天上来，淮山入幽瞩。沈辽。……难寻荀鹤旧居宅，尚有昭明古钓台。
蒋之奇【《舆地纪胜》卷22，第725—726页】

　　《舆地纪胜·江南东路·池州·萧相楼诗》载：紫岚千嶂寒，清溪百
里碧。公名山水俱，芬芳永无极。蒋之奇。【《舆地纪胜》卷22，第727页】

　　【按】其年，沈辽病中，蒋之奇赴池州，当是看望沈辽。

**沈辽隐居池州期间，曾到宜兴来游，其诗中屡提及阳羡、荆溪，所作
年月俟考，谨摘录部分内容附于此。**

　　沈辽《金鹅方丈》诗云：金鹅山势高崔崔，乘兴已泛沧州回。计较百
年能几日，不知此地何时来。【《云巢编》卷1】

　　【按】金鹅山，在宜兴。《宜兴旧志·山川》载：香炉峰，在君山正南，两石笋间，粝
起圆峰，峭不可登。俗又号雄鹅头，旧有金鹅山，疑即此。……金鹅山，在屺山东。昔有
金鹅飞集，唐改义兴为"鹅州"，以此。《宜兴旧志·艺文》载：僧宏伦《满江红·移锡
金鹅山》云："雨笠云瓢，移家在、金鹅之麓。惟乐得，一庭花药，数椽书屋。……"【《宜
兴旧志》卷1《山川》、卷10《艺文》】

　　《答文翁（蒋之武）》云：陶令初寻彭泽来，相如已构临邛台。正当
衔杯行乐事，惠我鸿笔何为哉。湖中多鱼近易捕，石上老蕨拳未开。夫子
不肯至我室，行驾画舸遥相陪。【《云巢编》卷1】

　　《澹山岩》诗云：昔造阳羡二洞天，我生已当谢人间。尔来投裔亦无事，
澹山岩下欣跻攀。……【《云巢编》卷4】

　　《奉送世美归阳羡》诗云：我昔求为阳羡令，轻舟已有鸱夷兴。最爱
铜官山峻极，自结篮舆陟云径。铜官山插南斗魁，下视群峰如突犀。太湖

千里在眉睫，高深从此穷攀隮。欣然有意即独往，明月夜夜眠荆溪。当时便可跨黄鹄，何意人间同木鸡。飘飘数年如一梦，尔来卜室齐山西。故人多谢姚夫子，数枉车马来山蹊。秋风忽指阳羡去，欲脱黄绶躬锄犁。人生衣食苟自足，何为卑辱趣尘泥。田间九月白酒熟，鲈鱼正肥多置筐。老夫为君更破戒，临风引领长江堤。【《云巢编》卷4】

《奉送太古归旧隐》云：前年姚令下阳羡，老夫为赋铜官山。飘飘道人今复往，有如孤云谁可攀。……【《云巢编》卷5】

【注】沈辽笔下的"世美""姚令"乃同一人，即知宜兴县姚世美。正史及宜兴诸志不载，可补阙。

《太古师弹琴示道辅》云：我卧南山正如梦，朝来欲过左史洞。阳羡羽人惠相访，三尺焦桐行自从。……【《云巢编》卷5】

是年夏，蒋之奇赴池州途中经宿州，宿灵璧县张氏兰皋园，随苏东坡之后题灵璧石小蓬莱。

张邦基《墨庄漫录》云：宿州灵璧县张氏兰皋园一石甚奇，所谓小蓬莱也。……蒋颖叔过见之，复题云："荆溪居士暑中观此，爽然而凉。"……张氏皆刻之。其石后归禁中。【《墨庄漫录》卷1】

六月，蒋之奇完成年度漕运。或云，蒋升龙图阁直学士，在是年秋七月。是年八月，蒋上书，建议复行东南六路榷茶法，未行。

《长编》载：秋七月辛酉，权发遣江淮等路发运副使蒋之奇直龙图阁。之奇岁漕计复以六月办，奏计京师，故有是命。【《长编》卷347】

《长编》载：八月乙未，都大提举榷茶陆师闵言："川茶之法，肇于熙宁甲寅，行之陕西，既有明效。以河北、河东生聚之众，惟茶不可一日而阙。若视陕右成法，而归利于公上，度两路岁费之数，置官场于荆、楚间和市，岁计运至两路，率用陕右禁地之法，本路俱积，以助边费。"诏师闵条具以闻。寻下两路，具到合用茶数。及进呈，诏寝之。江、淮等路

发运副使蒋之奇乞复行东南六路榷茶法。进呈，不行。【《长编》卷348】

六月九日，苏迈赴江西，任德兴县尉。苏轼沿江东下，六月至七月中至汝州，约七月底回到金陵，期间与王安石会晤。七月底，幼儿苏遁殇。

《东坡题刻》云：东坡居士自黄适汝舣舟亭下半月矣。江山之乐，倾想平生时与（阙）德（阙）。元丰七年七月十四日苏子瞻题。【《古刻丛钞》】

《苏谱》载：六月九日，苏迈赴德兴尉。六七月之际，游蒋山。王安石有和。七月二十八日，幼儿遁殇。在金陵，晤王安石。……彼此相慕，相约卜邻。【《苏谱》，第632、637、638—639页】

苏轼《答陈季常书》云：轼启：惠兵还辱，得季常手书累幅，审知近日尊候安胜。……长子迈作吏，颇有父风。二子作诗骚殊胜，咄咄皆有跨灶之兴。想季常读此，捧腹绝倒也。【《东坡全集》卷75】

七月，沈逵赴广南，途经金陵（今南京），遇苏轼。苏轼有《送沈逵赴广南》诗。

苏轼《送沈逵赴广南》诗云：嗟我与君皆丙子，四十九年穷不死。君随幕府战西羌，夜渡冰河斫云垒。飞尘涨天箭洒甲，归对妻孥真梦耳。我谪黄冈四五年，孤舟出没烟波里。故人不复通问讯，疾病饥寒疑死矣。相逢握手一大笑，白发苍颜略相似。我方北渡脱重江，君复南行轻万里。功名如幻何足计，学道有涯真可喜。勾漏丹砂已付君，汝阳瓮盎吾何耻。君归趁我鸡黍约，买田筑室从今始。【《东坡全集》卷14】

《东坡先生年谱》云：七月，过金陵。有与叶致远唱和诗。途中又有《送沈逵赴广南》诗，云："嗟我与君皆丙子，四十九年穷不死。"又云："我方北渡脱重江，君复南行轻万里。"【《东坡全集》卷首】

【按】苏诗云"嗟我与君皆丙子，四十九年穷不死"，知苏和沈逵同龄，生于景祐三年，至元丰七年甲子（1084），为四十九年。元丰七年秋，苏轼在金陵晤沈逵作此诗。沈逵曾任永嘉知县、大理寺丞等职。广南，宋代路名，有广南东路、广南西路，在今两广一带。

八月中，苏轼由金陵抵真州，晤蒋之奇。在此过程中与蒋之奇、滕元发等人商定，决心辞官卜居宜兴。同时，托人赴宜兴问田。

《苏谱》载：八月十四日，离金陵；过长芦，赴真州。晤蒋之奇（发运司衙门在真州）。州守袁陟（世弼）以学舍为苏轼居。……来往京口（今镇江）。……与滕元发定议乞居常州事，并为滕草《湖州谢表》。旋即赴润州，于金山寺会了元。【《苏谱》，第643—645页】

苏轼《与滕达道六十八首（四十五）》云：某以少事，更数日，方北去。宜兴田已问去，若得稍佳者，当扁舟径往视之，遂一至湖。……【《苏轼文集》卷51，第1489页】

【按】苏轼在扬州决定买田阳羡，并说"宜兴田已问去"，当为蒋之奇派人回来处理此事。但从下文记载看，是蒋之奇叫宜兴知县李去盈亲自到了真州，买田的事转由李负责。

苏轼在真州遇宜兴令李去盈，托其在宜兴买田。

《长编》载：元祐八年（1093）五月丁丑朔……辛卯，监察御史董敦逸、黄庆基皆罢。敦逸为荆湖北路转运判官，庆基为福建路转运判官。坐言尚书右丞苏辙、礼部尚书苏轼不当也。〔原注：《政目》二人除运判在初四日。〕壬辰，三省同进呈董敦逸四状，言苏辙。黄庆基三状，言苏轼。吕大防奏曰：敦逸言辙应三省同签文字，皆以为辙之罪。庆基言轼曰：法者，天下之平也。虽天子之尊不敢以喜怒而轻重，况于人臣乎？为人臣者，苟欲废法以私恣喜怒，则上窃国柄，下贻民患，其祸非小也。【按】礼部尚书苏轼，天资凶险，不顾义理，言伪而辨，行僻而坚，故名足以惑众，智足以饰非。所谓小人之雄而君子之贼者也。陛下擢之于罪废之中，寘之于侍从之列，出守大藩，固宜奉法循理，而乃专以喜怒之私，轻废朝廷之制。……陛下以轼为有大功而不敢治，则轼自擢用以来，未闻有毫发之功也。以轼为有厚德而不可贬，则轼之行己贪污积恶，靡所不有。至如结托常州宜兴知县李去盈，强买姓曹人抵当田产，致其人上下论诉进状者凡八年，方与断还。其秽恶之迹，则未敢上渎圣聪，不可谓有德者也。【《长编》卷484】

苏轼《辨黄庆基弹劾札子》元祐八年五月十九日，端明殿学士兼翰林侍读学士、左朝奉郎、守礼部尚书苏轼札子奏：……一，庆基所言臣强买常州宜兴县姓曹人田地八年，州县方与断还，此事元系臣任团练副使日罪废之中，托亲识投状，依条买得姓曹人一契田地。后来姓曹人却来臣处昏赖争夺。臣即时牒本路转运司，令依公尽理根勘，仍便具状申尚书省。后来转运司差官勘得姓曹人招服非理昏赖，依法决讫。其田依旧合是臣为主，牒臣照会。臣悯见小民无知，意在得财。臣既备位侍从，不欲与之计较曲直，故于招服断遣之后，却许姓曹人将元价收赎，仍亦申尚书省及牒本路施行。今庆基乃言是本县断还本人，显是诬罔。今来公案见在户部，可以取索案验。【《东坡全集》卷64】

约在真州时，苏东坡为蒋之奇《荆溪外集》作跋。

苏轼《跋〈荆溪外集〉》云：玄学、义学，一也。世有达者，义学皆玄，如其不达，玄学皆义。近世学者以玄相高，习其径庭，了其度数，问答纷然，应诺无穷。至于死生之际一大事因缘，鲜有不败绩者。孔子曰："有鄙夫问于我，空空如也，我叩其两端而竭焉。"世无孔子，莫或叩之，故使鄙夫得挟其空空以欺世取名，此可笑也。荆溪居士作《传灯传》若干篇，扶奖义学，以救玄之弊。譬如牧羊然，视其后者而鞭之，无常羊也。

颜渊死，弟子无可与微者言。性与天道，自子贡不得闻，唯曾子信道笃学不仕，从孔子最久。师弟子问答，未尝不"唯"者，而曾子之"唯"，独记于《论语》。吾是以知孔子之妙传于一"唯"。枘凿相应，间不容发，一"唯"之外，口耳皆丧，而门人区区方欲问其所谓，此乃系风捕影之流，不足以实告者。悲夫！〔编年〕不详。……〔笺注一〕《荆溪外集》：不详何人所作。今所见诸目录书中未见著录。文中所说"荆溪居士"，亦不详为谁。【《苏轼文集编年笺注》卷66，第58—59页】

乾隆《江南通志·艺文志》载：《荆溪集前后》八十九卷，《别集》九卷，《北扉集》九卷，《西枢集》四卷，俱宜兴蒋之奇。【乾隆《江南通志》卷193《艺

文志·集部一》】

【按】苏轼此文前后文意不相属，疑中间有脱文。原本题下校云："自'颜渊死'以后，疑为另一篇。盖以上所云乃玄学、义学，此以后所论乃儒学，不相连属。自'师弟子答问'以后文字，见郎本卷五十七《辩曾参说》一文中，该文已收入《苏轼佚文汇编》。"李之亮说"'荆溪居士'亦不详为谁"，实谬。荆溪居士，即蒋之奇，见黄庭坚《山谷外集》、张邦基《墨庄漫录》及佛教诸典籍。

苏轼决定赴阳羡买田，曾书以告王巩（定国）。王认为不如广陵。

苏轼《次韵王定国南迁回见寄》诗云：土晕铜花蚀秋水，要须悍石相砭砥。十年冰蘖战膏粱，万里烟波濯纨绮。……妄心不复九回肠，至道终当三洗髓。广陵阳羡何足较，〔原注：余买田阳羡，来诗以为不如广陵。〕只有无何真我里。……【《苏诗补注》卷24】

【按】苏轼此诗约作于元丰七年。《苏诗补注》编年云：元丰甲子八月，自金陵历真、润、扬、淮，在泗州度岁作。……王定国南迁回：《宋史》载：王巩从苏轼游，轼得罪，巩亦窜宾州，数岁而还。豪气不少挫。后历宗正丞，以跌宕傲世，故终不显。《淮海集》云：定国以元丰二年谪宾州，七年放归。【《苏诗补注》卷24】

苏轼听说买田有着落后，迅速从扬州赴宜兴，查看田地情况。并函告贾耘老、滕达道。

苏轼《答贾耘老四首（二）》云：某已买田阳羡，当告圣主哀怜余生，许于此安置。幸而许者，遂筑室于荆溪之上而老矣。仆当闭户不出，君当扁舟过我也。醉甚书不成字，不罪。见滕公，且告为卑末送相子来扬州。【《苏轼文集》卷57，第1725页】

苏轼《与滕达道六十八首（三十二）》云：某启。仆买田阳羡，当告圣主哀怜余生，许于此安置。幸而许者，遂筑室荆溪之上而老矣。仆当闭户不出，君当扁舟过我。醉甚书不成字。【《苏轼文集》卷51，第1487页】

【按】一些研究者认为，买田阳羡是滕甫（达道）的主张。从第一时间苏轼写信与他，反而证明买田之事，并非滕甫的关系。

八月底，苏轼从润州简道经洮湖赴宜兴，有《望湖》诗。

苏轼《望湖》诗云：八月渡长湖，萧条景物疏。西风片帆急，暮霭一山孤。许国心犹在，匡时术已虚。岷峨家万里，投老得归无。【《宜兴旧志》卷10】

【按】此诗有多种版本，或云绍圣初苏轼贬惠州途中过南康所作，或云过洞庭所作。《南康望湖亭（一本云过洞庭）》诗云："八月渡长湖，萧条万象疏。秋风片帆急，暮霭一山孤。许国心犹在，康时术已虚。岷峨家万里，投老得归无。"苏轼《半山亭》诗云："登岭势巍巍，莲峰太华齐。凭栏红日早，回首白云低。松柏月中老，猿猴物外啼。禅师吟绝后，千古指人迷。"【《东坡全集》卷28】《宜兴旧志》则认为在宜兴所作。仅从苏轼诗题看，亦有可能作于无锡道中。《江南通志》卷三十二载："望湖阁，在无锡县西北。唐李绅建，以望芙蓉湖，后改为半山亭。"苏诗中有"八月渡长湖""暮霭一山孤"之句，景致与宜兴西北境洮湖非常吻合。而此地正是蒋氏世居之地，也是蒋之奇的家乡。笔者认为"长湖"，当指长荡湖（洮湖），"山孤"，则指湖中大浮山、小浮山。此诗的意境应是匆匆赶路，寻找归宿。与苏轼当时情形非常契合，故系于此。

蒋之奇《蒋氏近祖总要》云：余家于义兴，实在滆湖之西，距山、洮湖皆不远，默居滆湖之东，而澄居其西，则余之祖系出于澄后，无疑也。【《武岭蒋氏宗谱》卷1】

《宜兴旧志·山川》载：洮湖，一名长塘湖，在县西北百里。东西阔三十里，南北长九十里。与溧阳、金坛分界。《风土记》云：阳羡西北有洮湖，中有大小坯山。郭璞云"具区、洮滆皆隶宜兴境"。……小坯（宜兴音"浮"）山，一名白石山，在洮湖中。……大坯山，在小坯山北，亦在洮湖中。二山相望，水四面环之若浮，故名。其山金坛、溧阳志并载，今此山专属宜兴。上有普门禅院。……[按]此山坐落洮湖，宜、金、溧俱载此山者，因在三邑交界，故各引为名胜耳。稽之王、徐二志载明，国税专属于宜。上有曹氏祖墓，自明季迄国朝，俱系曹氏全办山粮。……柚山，在县西北九十余里。与大坯山对峙，多巨石，延袤数里。下临洮湖，风起水涌，溅沫如雪。东麓有蒋氏读书精舍，今不存。【《宜兴旧志》卷1《山川》】

苏轼所买曹氏田地，在宜兴深山中，距宜兴城七十里。此次买田，背后是靠蒋之奇的帮助。此处田地，原主人即曹潜夫。

【注】李之亮［编年］云，元丰七年自黄州移汝州途中，在阳羡买田之后作。此简《苏轼文集》收入《佚文汇编》卷二。【《苏轼文集编年笺注》卷74，第401页】

【按】曹潜夫，宜兴人。元丰中，苏东坡从其手中买田。清倪涛《六艺之一录》中有其在杭州香林洞、飞来峰两处题名石刻，时间为熙宁年间，同游者为苏子容、李端臣、苏浩然、彭知权等，疑即此人。【见《六艺之一录》卷110、《续编》卷7】

【又按】宜兴曹氏，本出句曲（江苏句容），北宋时迁入宜兴，世居琅玕山。《宜兴旧志·名宦》载：曹三旸，字子泰。嘉靖二十三年进士，授大理寺评事。精于律，狱讼出其手，情法相丽，老吏弗如。……曹氏世居琅玕山（西邻即黄土山），往来城邑，常苦西溪之险。三旸嘱水利御史林应训檄县，开闪溪河，凡二十里。【《宜兴旧志》卷8《治绩》】

明申时行《资政大夫南京工部尚书赠太子少保曹公（三旸）神道碑铭》："公讳三旸，字子泰，别号云山，其先世家句曲。宋季天锡者始徙宜兴之新市里，子孙渐蕃，聚居一巷中。"【《赐闲堂集》卷20】

明徐显卿《明故奉政大夫陕西西安府同知东冈曹公（景旸）墓志铭》云："公讳景旸，字子升，别号东冈。其先句曲人也，宋季天瑞公徙家宜兴新市里，世善良力田，族齿渐伙，里中辐辏。"【有碑，现在宜兴市杨巷镇琅玕村妙泉书院（宜兴毛云龙藏）；又见《天远楼集》卷14】

李去盈为苏轼所买田地，并非曹潜夫田地一年，另外有一处是官田。同年十月十二日，苏东坡有与蒋公裕书信，请蒋料理田事，并派侄孙赴常州交纳费用。

苏轼《答秦太虚七首（五）》略云：某宜兴已得少田，至扬州附递，乞居常州，仍遣一侄孙赍钱往宜兴纳官。［原注：盖官田也。］须其还，乃行。而至今未来，计也无他，特其子母难别尔。【《苏轼文集》卷52，第1537页】

苏轼《与蒋公裕书》云：轼启：近别，想体中佳胜。田事想烦经画，今遣侄孙赍钱赴州纳。有所买牛车等钱，本欲擘画百缗足，今只有省陌，请收检支用。如少，不过来年正、二月，续得面纳也。余惟万万自爱。不宣。轼顿首。〇公裕蒋君良亲足下。十月十二日。【《宝真斋法书赞》卷12】

【按】此二简所作时间相近，所述也是同一事实。《答秦太虚》中云"计也无他，特其子母难别尔"，讲的应该是其侄孙在宜兴羁留时日过多，原因是"子母难别"，说明其侄孙母亲也在宜兴。而这位母亲，很可能就是单锡的妻子。

附：宜兴黄土、蜀风、塘头考

【黄土一】黄土桥、黄土港、黄土港、黄土渎、黄土村在宜兴县北，与武进县相邻，距宜兴城约五十里。《宜兴旧志·疆域》载："宜兴疆域广袤之数，宋以前不可考。……北界抵武进县黄土桥。唐鹤征、陈玉璂《常州府志》并因之。……北抵武进县，界黄土桥，六十里。"《宜兴旧志·山川》载：黄塘港，由运河东北达白鱼荡，经东黄土桥、曹桥、新塘桥，至分水墩入太湖。北渠港，一作北[昊]，由运河东经小湾渡，合白鱼荡。黄土港，由运河经西黄土桥，合白鱼荡。……黄土渎，俗名白鱼荡，在县北五十里，东西两黄土桥之间。东通太湖。[按]黄土渎，王徐志皆不载，今照《咸淳志》补入。《宜兴旧志·名宦（守令）》载：方逢时，字兆行。嘉靖间宜兴知县，年甫十九，精敏练达，剖决如流，老吏不能及。……县东北张公坝，地势高亢，故有河，岁久湮废，懼旱灾尤甚。逢时躬往规画，南起万石村，北讫黄土村，中隔六坝，悉浚成渠。

【黄土二】黄土山，在宜兴西北，与宜兴曹氏世居地琅玕山相邻。距宜兴城约九十里。《宜兴旧志·山川》卷一载：彭祖山，一名黄土山，俗名彭庄山。……琅玕山，在县西北九十里，新市河东。上有龙湫，岁旱祷雨。

【蜀风】蜀风，在黄土山东南十里，相传为苏轼买田处。附近有南庄，为蒋之奇归老之所，亦是宜兴蒋氏聚居地之一。【俱《宜兴旧志·遗址》】

《毗陵志·古迹（宜兴）》载：蜀风，在县西北四十六里。唐末韦庄为《蜀程记》云："至宝鸡县，过三叠坂，田畴村落酷似义兴境物。"故名。宝鸡乃凤翔支邑，接东川。李坚诗云："勿讶韦郎夸酷似，情知苏子赋归来。"《宜兴旧志·遗址》载：蜀风，《史志》云：蜀风在县西北四十六里。唐韦庄为《蜀程记》云："至宝鸡县，过三叠坂，田畴村落酷似义兴境物。"故名。《朱志》又引李坚诗云："勿讶韦郎夸酷似，情知苏子赋归来。"《王志》于诗下又注云:"以东坡蜀人尝买田阳羡故也。"

【南庄】《毗陵志·古迹(宜兴)》载:南庄,在县北五十二里。蒋颖叔尝置义田,有云:耕春烟一陇,钓夜月千寻。未荒三径在,不负此生心。又云:功成乞身去,于此老吾生。

【苏东坡别业】《毗陵志·古迹(宜兴)》载:苏东坡别业,在县北漏湖塘头。嘉祐初,蒋颖叔有卜邻之约,诗云:琼林花草闻前语,罨画溪山指后期。元丰中,自黄移汝,至荆溪,与单君锡步月于黄土,有饷红灰酒者,坡曰:"彼知有红灰,不知有黄封,真快活人也。"因号"东坡红"。又《长短句》云:"买田阳羡吾将老,从来只为溪山好。"其孙岘因家焉。【俱《毗陵志》卷27《古迹》】

【按】如果说苏轼此行所买阳羡田就是曹氏田地,那么,按照蒋公裕、曹潜夫等人的里居情况看,其地坐落位置当在宜兴西北部黄土山附近。另一处官田,或在宜兴南部山区。

约九月,苏轼经常州至宜兴,求田问舍,访亲会友。之后,居于宜兴,有多处行迹。南宋时丞相周必大有考。今一并书之。

《东坡乐府编年笺注》引宋周必大《益公题跋·书〈楚颂帖〉后》云:宜兴主簿朱冠卿续编《本县图经》载东坡四事:

黄土去县五十五里,东坡与单秀才步至焉。地主以酒见饷,谓坡:"此红友也。"坡言:"此人知有红友而不知有黄封,真快活人。"邑人旧传此帖,今亡。

长桥,元丰元年火焚,四年宰邑褚理复立,榜曰"欣济"。来岁,东坡过邑为书曰:"晋周孝侯斩蛟之桥",刻石道旁。崇宁禁锢,沉石水中。

东坡初买田黄土村。田主有曹姓者,嚚而造讼,有司已察而斥之,东坡移牒,以田归之。

邑人慕容辉嗜酒好吟,不务进取,家于城南,所居双楠并植如盖。东坡访之,为双楠居士,王平甫亦奇以诗。

周必大《题跋·书〈楚颂帖〉后》云:某自绍兴癸酉迄淳熙己酉三十七年之间,凡六至宜兴,屡欲考东坡在此月日,而未暇也。今者避暑杜门,因视《楚颂帖》,略哀遗迹如右。七月二日东里周某题。

　　苏文忠公以元丰七年量移汝州，四月离黄州，五月访文定公于筠，七八月之交，留连金陵，遂来常州。度九月间抵宜兴，闻通真观侧郭知训提举宅，即却所馆，不知凡留几日也。今观《楚颂帖》及公曾孙季真所藏"渊明丈夫志四海"，皆题十月二日，又云"宜兴舟中写"，计留宜兴不过旬余，复回郡城。自此复趋汝州；过泗，遇岁除。八年正月四日乃行，道中上书乞归常。三月六日至南京（今商丘），被旨从所请，次维扬；又《归宜兴留题竹西》三绝，盖五月一日也。同孟震游常州僧舍，诗"湛湛清池五月寒"，而谢表谓"今月二十二日到常州讫"，其为五月无疑。是月被奉命复朝奉郎，起守文登。《次韵贾耘老》云："东来六月无井水（无井水），仰看古堰横奔牛。"七月二十五日，与杜介遇于润之金山，赠以古诗。八月二十八日，复《赠竹西无择长老》绝句，则在道日月，历历可考。其冬到郡，五日而召。自此出入侍从，以及南迁。逮靖国辛巳（1101）北归，意葬于常，不暇种桔之约矣。其帖今藏寓客董伯球家。董氏世为东秦名儒，曾祖暨大父在高皇时继掌外制，士林荣之。柏侁亦笃学嗜古，能济其美者也。

　　公熙宁中倅杭，沿檄常、润间，赋诗云："惠泉山下土如濡，阳羡溪头米胜珠。"又有"买牛欲老，地偏俗俭"之语。卜居权舆于此。《满庭芳》词作于元丰八年初许自便之时。公虽以五月再到常州，寻赴登守，未必再至阳羡也。军中谓壮士驰骏马下峻坂为"注坡"。词云："船头转长风万里，归马注平坡。"盖喻归兴之快如此。印本误以"注"为"驻"。今邑中大族邵氏园，临水有天远堂，最为奇观，取名于此词云。

　　元祐八年五月十九日，任礼部尚书，《辩御史黄庆基论买田事》云：责黄州日买得宜兴姓曹人一契田段，因其事争讼无理，转运使已差官断遣。不欲与小人争利，许其将兑价收赎。今公之曾孙犹食此田，岂曹氏理屈不复赎耶？抑当时所置不止此也？

　　三年前寓阳羡，尝考坡公到邑岁月，书于《楚颂帖》之后。兹来长沙，值二别乘皆贤而文，南厅张唐英，毗陵人；北厅苏仲严，则文定四世孙也。复书以遗之。绍熙壬子五月一日重题。【《东坡乐府编年笺注》，第292—294页】

是年秋九月，刘彝（字执中）夜宿善权寺，祭扫陈襄墓，留诗寺中。刘彝（字执中）为苏轼友人，而陈襄则是苏轼恩人兼师长。疑苏轼同行祭扫。

周必大《泛舟游山录》云：乾道丁亥四月朔戊辰……癸未早，〔王〕仲宁、仲贤过善权，设水陆斋，约同登舟，风水俱逆，其行甚缓。……壁间有元丰甲子（1084）秋九月，彭城刘彝执中《夜宿寺中追怀陈襄述古》诗，云："精识世稀及，直道古难有。哲人虽云亡，遗德不可朽。尝厌石渠游，是邦爱出守。浚河纳湖波，股派活畎亩。学宫起城隅，涂人或薪樵。既富而教之，薄俗适忠厚。矧予平生时，昏弱赖磨揉。共探姬孔微，肯出皋稷后。醇源浩罔涯，实行靡容苟。逝甘老岩阿，寂寞待同扣。天乎夺大成，旅兹宜兴阜。我来薙荆榛，雨泪滴杯酒。恸哭起秋风，落叶分林薮。永怀三益恩，语报乏琼玖。愿子生人间，世世为亲友。"【《文忠集》卷167】

苏轼《用前韵再和霍大夫》：文字先生饮，〔原注：谓刘执中。〕江山清献游。典刑传父老，尊俎继风流。度岭逢梅雨，还家指麦秋。自惭鸿雁侣，争集稻粱洲。野阔横双练，城坚耸百楼。行看凤尾诏，却下虎头州。君意已吴越，我行无去留。归途应食粥，乞米使君舟。【《东坡全集》卷25】

《宜兴旧志·邱墓》：宋知常州郡事陈襄墓，箬山。孙莘老志墓。邦人德之，州县岁时遣祭。淳祐八年，李守迪为文，属令永修上冢礼。绍定间，令赵与恚建先贤祠，祀蒋之奇等八人，襄与焉。【《宜兴旧志》卷9《邱墓》】

《宜荆新志·山》载：铜官之山起焉，西出为箬山。〔原注：形如箬笠，故名。宋太守陈襄墓在焉。〕东蒋山、西蒋山。【《宜荆新志》卷1】

其门生孙觉《古灵先生墓志铭》云：公姓陈氏，讳襄，字述古，其先光州固始人。……庆历二年进士及第。……公久去朝廷，上见而劳问之甚渥，除尚书右司郎中，枢密直学士，判太常寺，兼礼仪事。明年兼侍读，知审官东院，又明年，提举司天监，元丰元年，详定郊庙奉祀礼文。明年，兼判尚书都省。是年十月，慈圣光献太后山陵以公为卤簿使，公盖已病矣。三年三月十一日卒于京师，享年六十有四。……与人交久而弥笃，折节下士，所游多时闻人，郑穆、刘彝皆其女弟之婿。娶陆氏，封文安郡君。子男二人，绍夫，秘书省正字，中夫，将作监主簿。女五人，长适苏州录事参军傅楫，次适宣德郎方蒙，次适承奉郎孙之敏，二女未嫁。所著文集二十五卷，以元丰四年九月，葬于常州宜兴县永定乡蒋山之原。铭曰：……毗陵宜兴，公治昔者。今葬其乡，将配公社。

承奉郎、守秘书省著作郎、太常寺叶祖洽撰《先生行状》："教畜弟妹甚劳，皆有成立。弟章，举进士第，今为都官员外郎。"友人刘彝（1017—1086）撰《陈先生祠堂记》。【《古灵集》卷25（附录）】

【按】《宜兴德星堂陈氏宗谱》记载：陈襄为本族三十二世孙，其后人及弟陈章迁居善权。元丰八年（1085）立祠堂于善权山，友人刘彝撰祠堂记，这是俗家在善权建祠的开始。清康熙时，因陈氏族人与寺僧发生争执，古老的善权寺和陈氏祠堂尽毁于火。

九月十日，苏辙除绩溪令。约于是年九十月间，途中经宜兴，与单锷同游张公洞。

《苏谱》载：九月十日，苏辙除绩溪令。【《苏谱》，第649页】

苏辙《将移绩溪令》诗云：坐看酒垆今五年，恩移岩邑稍西还。它年贫富随天与，何日身心听我闲。山栗似奉应自饱，蜂糖如土不须悭。仲卿意向桐乡好，身后烝尝亦此间。《将之绩溪梦中赋泊舟野步》又云：扁舟逢野岸，试出步崇冈。山转得幽谷，人家余夕阳。被畦多绿茹，堆屋剩黄粱。深羡安居乐，谁今志四方。【《栾城集》卷13】

乾隆《江南通志·名宦》载：苏辙，字子由，眉山人。元丰间知绩溪县，时有令江东诸郡市买战马，他邑预括民马，吏缘为奸。辙曰："取马使者未到，徐为之备，可也。"及州符至县督马，辙乃以夏税违期为由，召诸乡保正副诘之，曰："谁为有马者？"众以实对。复谕之曰："事止此矣，取马者至则出马，不至则已。"皆再拜曰："幸甚。"然取马者卒不至。【乾隆《江南通志》卷116《职官志》】

苏辙《张公洞》诗云：乱山深处白云堆，地坼中空洞府开。苴瓮有天含宇宙，瑶台无路接蓬莱。金芝春暖青牛卧，珠树月明黄鹤回。此日登临

兴何限，春风吹绽碧桃腮。【《方舆汇编·山川典》卷99《张公洞部艺文二》】

【按】明代宜兴沈敕《荆溪外纪》亦录此诗，题为《道宜兴赴绩溪令》。【《荆溪外纪》卷7】

单锷《题张公洞》诗云：松菊投荒山水边，阿难指点到壶天。洞门龙出云犹湿，石室丹成灶尚悬。百越楼台摩诘画，三吴烟水季鹰船。陶然醉卧花间月，细纳余香满袖还。【《方舆汇编·山川典》卷99《张公洞部艺文二》】

张（举）[墅]《张公洞纪行碑刻》云：张正素处士（举）[墅]，有《纪行》石刻，在天申宫。【《宜兴旧志》卷9《碑刻》】

【注】张（举）[墅]，字子厚，武进人。登元祐四年甲科，亲老不忍朝夕去左右，闭门读书四十余年，多所论著。……以大臣荐起，为颍州教官，三辞不就。其后，孙莘老、范纯夫诸贤交荐，曰："某乐死草莱，后世必谓朝廷失士。"东坡亦力荐之，以秘省校书召，将大用，举迄不出。崇宁间，朝廷赐"处士"号，卒谥"正素"。【《毗陵志》卷17《人物》】

【按】单锷、张游张公洞的题诗及作记，不知具体年月。因单、张与苏轼兄弟友善，姑系于此。张举，《（同治）东桥张氏宗谱》载为"张墅"，蒋之奇好友张巨堂兄，居宜兴。【《东桥张氏宗谱》卷5】

苏辙晚岁有诗云，其兄买田阳羡，近张公、善卷二洞天。

苏辙《和陶杂诗·栾城和（时有赦书北还）》有云：吾兄昔在朝，屡欲请会稽。誓将老阳羡，洞天隐苍崖。[自注：兄已买田阳美，近张公、善卷二洞天。]时事乃大谬，宁复守此怀。区区芥子中，岂有两须弥。举眼即见兄，何者为别离。尻舆驾神马，孰为策与羁。弭节过蓬莱，海波看增亏。【《坡门酬唱集》卷16】

【按】苏辙说"兄已买田阳羡，近张公、善卷二洞天"，应该是亲身所见。疑其赴绩溪任途中，尝取道宜兴，故有《张公洞》题诗。张公洞、善卷洞是宜兴南部山中两处著名的溶洞，相距约十公里。中间有村叫"黄墅"，民间一直传说是苏东坡买田处。20世纪90年代，村民在此发现"东坡田"界碑，现已移至蜀山东坡书院内。

相传苏轼捐建祝陵玉带桥，期间游善权寺。时，善权山住持为佛印了

元法嗣慧泰（惠泰）禅师，托禅师再在宜兴买田。

《宜兴旧志·桥梁》载：玉带桥，在县西南六十里祝陵埠，相传苏文忠公捐玉带助建。【《宜兴旧志》卷2《桥梁》】

《五灯会元·青原下十世下》载：云居元禅师法嗣常州善权慧泰禅师：上堂。诸佛出世，广演三乘。达磨西来，密传大事。上根之者，言下顿超。中下之流，须当渐次，发明心地。或一言唱道，或三句敷扬，或善巧应机，遂成多义。撮其枢要，总是空花。一句穷源，沉埋祖道。敢问诸人："作么生是'依时及节'底句？"良久曰："微云淡河汉，疏雨滴梧桐。"参。【《五灯会元》卷16】

【按】慧泰禅师上堂所参，与蒋之奇、苏轼所撰《楞伽经》前后序的说法，完全一致，疑此三人亦是方外之友。

苏轼《买田阳羡》释文云：轼虽已买田阳羡，然亦未足伏腊。禅师前所言下备邻庄，果如何？托得之面议，试为经度之。景纯家田亦为议过，已面白得之，此不详云也。冗事时渎高怀，想不深罪也。轼再拜。［约作于1084年，旅顺博物馆藏。］【《孙氏书画钞》卷1《法书》】

李之亮《苏轼〈与某禅师一首〉》（文略），其［编年］云："元祐元年任中书舍人、知制诰时作。"【《苏轼文集编年笺注》卷74，第531—532页】

【按】李之亮《编年》或误。元祐初，曹氏田地已起争执，前后诉讼八年之久。此帖应该是苏轼议定卜居宜兴，并买了曹氏田地之后所作，其《乞居常州奏状（一）》中云："臣先有薄田在常州宜兴县，粗给饘粥，欲望圣慈特许于常州居住。"与本帖"虽已买田阳羡，然亦未足伏腊"前后呼应，其帖与《乞居帖》相隔不远。帖中言及人物有"禅师""得之""景纯"三位，禅师，不知何许人。得之，指的是徐得之，即徐大正，徐君猷之弟，居宜兴。景纯，一般注家都认为是指的习约（994—1077），字景纯，镇江人，此时早已作古。笔者认为亦有可能不是习约，而是宜兴的"某景纯"。帖中关键词是"下备邻庄"，所指是一处地名，即"下备"附近的庄子。宜兴城附近还真有一个叫"下裴"的地名，与"下备"同音，距城东北二十里左右。下裴村上有蒋祠，祠中曾藏蒋之奇诗帖。如果此说成立，那位"某禅师"最可能就是善权慧泰禅师。苏轼初居宜兴，相识的友人特别是可以托付的朋友不多，而了元禅师的法嗣当然是其中之一。另外，在元祐后，苏轼诗文中从未再提起阳羡买田事宜。此帖只可能作于元丰七八年之间，故系此。

【注】下裴（下备）：《宜兴旧志·山川》载："东湛渎，由运河东达下裴塘、横塘河，合阳溪，入太湖。……下裴荡，在县东北三十里。钱墅荡，与下裴荡相连属。"《宜兴旧志·碑刻补遗》载"宋蒋魏公（即蒋之奇）《诗帖》，在下裴蒋祠。"《宜兴旧志·邱墓》载："蒋参议龙光墓，大城（今名大塍）下裴堰。"【《宜兴旧志》卷1、卷9】

【又】苏轼言"虽已买田""未足伏腊"，乞禅师"试为经度""下备邻庄"。如果说已买的田指的就是"曹氏田地"，那么，禅师后来为之经度的"下备邻庄"究竟买到了没有？据苏轼自述，确实买下了。考详见下文"元丰八年"。

苏轼"大石仍存拜斗余"诗，诗题疑为《题国山烟寺》。

苏轼《失题二首（一）》诗云：山行似觉鸟声殊，渐近神仙简寂居。门外长溪容净足，山腰苦笋耿盘蔬。乔松定有藏丹处，大石仍存拜斗余。弟子苍髯年八十，养生世世授遗书。○浮云有意藏山顶……【《苏轼诗集合注》卷50《补编》，第2500页】

【按】此诗原载《锦绣万花谷·宫观类》，诸注家都不明作于何时何地。细审此诗，有"神仙简寂居"一说，知是作于某处道观。而"门外长溪""苦笋""乔松""大石""拜斗"等，与宜兴善卷洞、九斗坛十分契合。宋代时，善权寺、九斗坛由僧道同住。善权寺，古称国山寺，国山烟寺是阳羡十景之一。门外有溪流潺潺，门前是长松夹道。内有碧鲜庵、祝英台读书处等遗迹。善权山后则有梁代遗物九斗坛，寺后即国山，山侧则有"吴自立大石"，山巅则有东吴封禅碑（国山碑）。相关记载，梳理如下。

赵彦卫《宜兴县善拳寺》记云：常州宜兴县善拳寺，唐李蟾旧宅。山上有九斗坛，下有乾、水二洞。寺有碑，其略云：准内门承奏《院刑司帖》：据清讼院申，有常州善拳寺僧冲伟执状立桥，称抑屈者，右似此立桥等人。当司奉批旨就问，仍取文字，遂领到冲伟责问。据状：先在宜兴善拳寺住持，寺墙内有九斗坛，自来属寺。建隆元年，被县令欧阳度奏陈改，差道流主持。蒙下更礼部、太常寺、刑部定，奉批旨下待制院。本院不详省。寺元定却改付道流，续次陈奏，蒙下御史台。台司却牒，过省部厅，并不与冲伟理定。
【《云麓漫抄》卷1】

　　都穆《三洞纪游》云：义兴山水甲于东南，而善卷乾洞及大小水洞尤号胜绝。……抵玉带桥，舍舟北折，渡石桥，长松夹道，其大有合抱者。二里达善权寺，寺在国山东南，齐建元中建，盖祝英台之故宅也。门有榜曰"龙岩福地"。行松间数百步，泉上有亭翼然，曰"涌金"。……阁之下多唐宋碑刻，不暇悉读。后稍右古柏仆地，如苍虬欲走，不可控驭。……入三生堂，观李曾伯书扁。右偏石壁刻"碧解庵"三大字，即"祝英台读书处"。……寺后东北，上山里许，经九斗坛。昔梁武帝尝于此祷雨，五代时为道士所据，僧争之。……虽然蒐奇览胜，以足予之平生，则斯游之幸，亦已多矣。故叙而记之。【乾隆《江南通志》卷13《舆地志·山川三》】

　　《宜兴旧志·遗址》载：九斗坛，在国山东，去县西南五十里。高二丈。梁武为天旱求雨于蒋山，神感梦云："九斗山张水曹神能致雨。"帝乃遣使立坛，祀之响应。[按]《王志》高三尺，周广十三步，山有九峰，状如覆斗。其丈尺与《寰宇记》悬殊，盖今古迁变，或有不同。【《宜兴旧志》卷9《遗址》】

　　《毗陵志·古迹》载：九斗坛，在善权山下，高三尺，周广十三步。山有九峰，如覆斗。梁天监中，祷雨蒋山，未应。神见梦于武帝，曰：阳羡九斗山有神，号张水曹，能兴云雨。帝如其言，遣使致祭，雨随至。今间以旱告辄验。【《毗陵志》卷27《古迹》】

　　《宜兴旧志·山川》载：国山，在离墨西南三里。孙吴时有大石自立，又有石立十余丈。皓侈以为瑞，遣司徒董朝封之，改名国山，立石颂德。其形如鼓，俗呼"囤碑"。【《宜兴旧志》卷1《山川》】

　　《宜荆新志·定讹》载：国山碑隶书，即自立石。海昌陈升篆"吴自立大石"五字于上，右旁署"海宁陈升书"五隶字，左旁有题名。【《宜荆新志》卷末《定讹》】

　　乾隆《江南通志·山川（三）》载：善卷洞，在宜兴县国山东南，一名龙岩。旧经以为周幽王时，洞忽自裂，异形奇状，若飞若堕，见者无不凛然。

外峭中坦,其广可坐千人。壁间皆镌佛像,有石笋高丈余,谓之玉柱。洞有三,曰乾洞,石室也。又大、小水洞,泉深不可测。三洞相承如重楼。宋熙宁间,有僧求洞之深,行三十里许,见石碓、石床甚异,未竟而返。【乾隆《江南通志》卷13《舆地志》】

附:苏轼《念奴娇·阳羡国山碑怀古》词小考。

传苏轼有《念奴娇·阳羡国山碑怀古》词,云:离墨山上,望烟寺茫茫,悄然神物。僧指孙吴,封禅处,漫说银象玉(壁)〔璧〕。紫气黄盖,一壑云树,杳杳归啼血。周郎应叹,枉煞多少豪杰。○天公无意作弄,昏遗慵儿,说甚灵异发。犹恐仲谋适还在,也难逃此湮灭。野岭荆蛮,千古风雨,蜕落少年发。鸦惊暮钟,策筇寻径踏月。【《善卷洞诗文选萃》,第111—112页】

【按】不难发现,此词乃步苏轼黄州所作《大江东去》之韵,但此体来源于《念奴娇·中秋》,为《念奴娇》正体。此词东坡诸集无载,仅见于宜兴《善卷洞诗文选萃》。细审此词,语浅意薄,当非东坡所作。我曾求教于此书编著者,得知此词来源于储传能先生手录。储传能是民国善卷洞主人储南强先生的后人,其家中秘藏多种先人拓片手稿,此词为其中之一。笔者疑为民国时某词家步韵而冒名。当然,东坡此时刚从黄州回来,或以同韵再赋,刻之于石,而储南强先生收录?同样,此书又邵刚《满江红》一曲,来源与东坡《念奴娇》相同。

邵刚《满江红·游善卷洞》云:万古灵迹,今犹在,紫烟熠熠。螺岩上、虬树垂萝,更胜往昔。蟾宫移来娑婆树,笑问世人几个识!仰天际,石罅泄飞瀑,怴湍急。○石松顶,云如织。鹰虎伏,仙果集。凭喧嚣泉水,曲曲折折。汲入老鬓口,蛰龙吐出小偃月。竟萦回,逝者如斯夫,永不歇。【《善卷洞诗文选萃》,第112—113页】

【按】邵刚词不知作于何时,因其与苏轼友善,一并附此。

苏轼儿媳、苏迨夫人欧阳氏于靖康时,孙迁居宜兴,其子孙家于此。五世孙苏岘墓在宜兴芙蓉山南,知苏轼所置田地离此不远。

韩元吉《朝散郎秘阁修撰江南西路转运副使苏公墓志铭》云:苏文忠公以文章冠天下,士大夫称曰"东坡先生"而不姓也。中兴渡江始诸孙有显者，其二曾孙隔在许昌，相继来归，才望表表，著见天子，识而用之。一曰峤［轼曾孙］，字季真，历谏省给事黄扉、待制显谟阁。次则公也，讳岘（1118—1183），字叔子，兄弟一时驰名。……至离乱，驾部（苏迨）即世，欧阳夫人始居阳羡。……娶曾氏，赠恭人，先二十年卒。男六人，枘，迪功郎，严州桐庐县尉；格，以继季真而夭；石，以继族兄奕世，迪功郎，监行在省仓下界；极，将仕郎；柊、杞，皆进士。力欲自奋，公有遗泽，相逊而未承也，公之教为可知矣。女一，适施概；孙男五，孙女六。枘等以明年十二月庚申，葬公宜兴县芙蓉山南平之原。【《南涧甲乙稿》卷21】

　　【按】"至离乱，驾部即世"，即靖康年间（1126—1127），苏迨（1070—1126）罹难。另外，芙蓉山与善权山相距不远。清代吴景墙说："芙蓉山，君山之峰，峦多作方形，惟此众峰簇拥，望若芙蓉。直南与龙池对。山有芙蓉寺。……山下有苏峤墓。"青龙山……迤西则为"离墨，以吴封为国山。……其由相公岭而南来者，初起为善卷山。"［《宜荆新志》卷1《疆土》］"苏峤墓"，误，当作"苏岘墓"。其地靠近张公洞、善卷洞，与苏辙说"近张公、善卷两洞天"一致。

　　曾枣庄《三苏姻亲考》云：苏迨之妻为欧阳修的孙女。苏辙元祐四年作的《欧阳文忠公夫人薛氏墓志铭》说，修有"孙女七人"，前五人已适人，其六"许嫁承务郎苏迨"，其七"尚幼"。苏轼颍州《祭欧阳文忠公（夫人）文》也说："元祐之初，起自南迁。叔季在朝，如见公颜。入拜夫人，罗列诸孙。敢以中子，请婚叔氏。夫人曰然，师友之义。"……即请以欧阳棐之女许配"中子"苏迨。……棐女元祐四年尚未过门，而过门不久就病逝了，苏轼有《祭迨妇欧阳氏文》："予以中子迨，求婚于汝。自汝之归，夫妇如宾……云何奄忽，一旦至此。使我白首，乃反哭汝。命也奈何，呜呼哀哉！"苏轼继室王闰之卒于元祐八年（1093），亦"殡于城西惠济院"，估计迨妇棐女，亦卒于是时前后。但令人奇怪的是韩元吉《苏公（岘）墓志铭》说："祖讳迨，朝散郎、尚书驾部员外郎，妣安人欧阳氏。……始文忠（苏轼）爱阳羡山水，买田欲居，仅数百亩、屋数椽也，而家于许昌。至离乱（指北宋灭亡），驾部即世，欧阳夫人始居阳羡。"据此，迨妻欧阳氏活到了南宋初年。《苏岘墓志铭》中的"欧阳氏"，很可能是苏辙《欧阳文忠公夫人薛氏墓志铭》中那位"尚幼"未许人的欧阳修孙女,她在裴女病逝后,作了苏迨的继室。【《中华文史论丛》1986年第2辑,第240页】

十月,苏东坡在宜兴,前后有诗文多篇。十日,以书赠蒋之奇,史称《橘颂帖》,成为苏轼传世名帖之一。

苏轼《菩萨蛮》云:买田阳羡吾将老。从来只为溪山好。来往一虚舟,聊随物外游。〇有书仍懒著。水调歌归去。筋力不辞诗,要须风雨时。【《御选历代诗余》卷9】

《蝶恋花·述怀》云:云水萦回溪上路,叠叠青山,环绕溪东注。月白沙汀翘宿鹭。更无一点尘来处。〇溪叟相看私自语,底事区区,苦要为官去。尊酒不空田百亩,归来分得闲中趣。【苏轼:《东坡词》】

苏轼《楚颂帖》

《满庭芳·蒙恩放归阳羡作(并序)》云:余居黄五年将赴临汝(今河南汝州)作满庭芳一篇以别黄人,既至南都,蒙恩放归阳羡,复作一篇。〇归去来兮,清溪无底,上有千仞嵯峨。画桥西畔,天远夕阳多。老去君恩未报,空回首,弹铗悲歌,船头转长风万里,归马驻(注)平坡。〇无何。何处是银潢尽处,天女停梭。问人间何事,久戏风波。顾问同来稚子,应烂汝腰下长柯。青衫破,群仙笑我,千缕挂烟蓑。【《御选历代诗余》卷60】

苏轼《楚颂帖》云:吾来阳羡,船入荆溪,意思豁然,如惬平生之欲。逝将归老,殆是前缘。王逸少云"我卒当以乐死",殆非虚言。吾性好种植,能手自接果木,尤好栽橘。阳羡在洞庭上，柑橘栽至易得。当买一小园，种柑橘三百本。屈原作《楚颂》，吾园若成，当作一亭，名之曰"楚颂"。元丰七年十月二日书。【《赵氏铁网珊瑚》卷3】

张丑《苏长公〈三马图赞〉》云：宋元跋者九人。紫芝道人，姓周氏，字少隐，所著有《竹坡诗话》三卷。王震乃巩之侄，东坡有《用王巩韵送其侄震知蔡州》等诗，并载《东坡集》中。蒋之奇，字颖叔，阳羡人。即东坡书赠《楚颂帖》者。梦得，张其姓，即东坡为撰《郭忠恕画赞》者，非石林也。……【《清河书画舫》卷8下】

吴宽《跋东坡〈楚颂帖〉》云：予旧藏坡翁《楚颂帖》石刻而缺其后三行，颇以为恨，盖其石已亡也。李兵部贞伯一日得其真迹来示，岂胜快然。盖嘉祐初公登进士第，与同年蒋之奇联宴席，蒋，阳羡人也，谈及其乡山水之胜，遂有终老此地之约。公既谪居，此帖则元丰七年量移汝海过阳羡时作者。其后，公归自海外而薨。周益公题其后，以"种橘之约，竟堕渺茫"，若独为公深惜。呜呼！公之志大矣，所欲为于天下者，特区区一园、一亭、三百木奴而已乎？【《家藏集》卷50】

安世凤《跋〈苏买田二帖〉》云：《楚颂帖》及《下备帖》并周益公所书公词，共一卷，宜兴徐氏刻也。公之字罔不瑰奇，而此尤飞扬澹荡，最为佳境，至今阳羡以为山川之光，世之炙手可热，养成铜山金穴，金与人俱已矣。污在宇宙，不可涮洗，后之人仰视前人，馨臭甚明，及其自运昏昏如故，可不悲哉？帖之后附有赵、白、滕、柯谢、徐题字，比之于田，犹其同餐香稻而歠惠泉也者。公之泽流，不啻五世，何必问公后云来守此以不耶？每展此卷，衡茅暴富。天启甲子春分过一日。【《墨林快事》卷8】

《宜兴旧志·碑刻》载：楚颂帖，徐溥临东坡《种橘帖》。帖言"吾来阳羡，船入荆溪，意思豁然"。又言"尤好栽橘，阳羡在洞庭上，柑橘栽至易得，当买一小园，种柑橘三百本。屈原作《橘颂》，吾园若成，当作一亭，名之曰楚颂"。帖后又有"买田阳羡吾将老"《菩萨蛮》一阕，《满庭芳》一阕，周必大《二跋》。跋中载主簿朱冠卿《宜兴续编图经·东坡四事》。

最后有赵孟𫖯跋，滕斌、白珽、柯九思三诗。泰定二年，郭畀等观帖语。又《乞居常州状奏》一道，谢采伯跋。又《买田一帖》，帖后徐溥跋。碑凡六石。
【《宜兴旧志》卷9《碑刻》】

苏东坡初至宜兴城，初居宜兴城内通真观对门。又云，东坡尝馆邵民瞻家，邵氏有园，在邑中，园中有天远堂。

曾几《宜兴邵智卿天远堂》诗云：目极云沙静渺然，邵卿风月过年年。雁行灭没山横晚，渔艇空濛水接天。南国棠阴春寂寂，东风瓜蔓日绵绵。问君许作邻翁否，阳羡溪边即买田。【《茶山集》卷6】

费衮《东坡卜居阳羡》载：阳羡士大夫犹畏而不敢与之游，独士人邵民瞻从学于坡，坡亦喜其人，时时相与杖策过长桥、访山水为乐。【《梁溪漫志》卷4】

周必大《泛舟游山录二》记载：乾道丁亥七月丙戌，食后泛舟度长桥至邵园，邀方远小酌天远堂。荷花盛开，其傍即吴师尹宫教之园。初任昉钓台在水涯，师尹夷之，别筑台于傍。师尹近死，园已荒，而古迹湮为茭葑矣。【《文忠集》卷168】

吴宽《跋所摹东坡〈楚颂帖〉》云：邵文敬太守世家阳羡，其先作天远堂，盖取东坡至阳羡词，语见于《周益公跋》。文敬感其事，因俾予临一过，而请李宾之尽录益公之说，以见其家旧事。其意不在帖也。然此帖亦阳羡嘉话，文敬所宜得者，惜予不善用墨，遂使坡翁风韵衰飒。乃复摹一过而归之，庶终得其形似耳。文敬之官思南，便道过家，将揭旧扁于堂，倘能砻片石刻之堂中，亦一奇也。【《家藏集》卷50】

【按】邵文敬，即邵珪，宜兴人。成化己丑（1469）进士，历严州知府。性颖拔不群，为诗文有藻思。尝有"半江帆影落尊前"之句，人因号为"半江先生"。兼工小楷、草书。【乾隆《江南通志》卷166《人物志》】

吴骞《桃溪客语》载：郭知训提举，字宅心，枢密三益子。宅在观巷，自谓东坡旧居，门外数步即通真观。造于陈大建三年。【《桃溪客语》卷5】

《宜兴旧志·遗址》载：东坡旧居，周必大云："郭提举知训宅在观巷，即东坡旧居，去通真观数武。"【《宜兴旧志》卷9《遗址》】

吴骞《桃溪客语》载：东坡至阳羡，尝馆邵民瞻家。邵时为邑是大族，有园临水，最擅林壑之胜。中有天远堂，盖取东坡《满庭芳》词"画楼东畔，天远夕阳多"之句。又移蜀中西府海棠，宜邑始有其种，皆由东坡致之也。【《桃溪客语》卷5】

俞志杰《苏轼与宜兴》文中云：苏东坡几次来宜兴，书写了《种桔帖》和若干首诗词，但留下的亲笔手迹甚少，仅存"晋周孝侯斩较之桥"八字及邵民瞻宗祠"天远堂"三字而已。【《宜兴文史资料》1981年第1辑，第64页】

蒋云龙《苏轼》文云：元丰八年五月二十二日，苏轼便把全家移来宜兴县的独山南麓，筑草堂于其山坳，并说："吾本蜀人，此山似蜀"。从此，人们便将"独山"改名"蜀山"，沿袭至今。苏轼与宜兴闸口永定里邵民瞻相友善，曾为其宅题书"天远堂"匾额，又在其院中亲手种植了西府海棠（现尚存）。【《宜兴人物志》（上），第201—202页】

【按】现宜兴邵氏宗祠仍名"天远堂"，在宜兴北部和桥镇永定村，现改作苏南太滆抗日根据地纪念馆。村东边有东坡海棠园，仍植古海棠一株，传为东坡手植。

传苏轼于宜兴永定里手植海棠。

陈贞慧《永定海棠》云：海棠以西府为贵，吾宜永定村海棠，相传为宋时遗植，即坡公置产还券处也。坡公来宜，吟咏其下，诗云"日暖风轻春睡足"，善于描绘矣。永定邵氏，为宜邑旧族，其家之盛衰兴替，亦不知凡几矣。独海棠犹以永定著名，虬枝艳葩，光影照耀，花开时，远近观者云集。噫！故家遗族，流风余韵，尚有过而问之者乎？抑无足津逮耶？噫，良可慨也！戊辰（1688）仲冬男宗石拟补。【陈贞慧：《秋园杂佩》】

史夏隆《永定海棠记》云：自古名花必见赏于名人，从所好也。海棠为花中名品，以其有色无香，昔人目为花中神仙。王弇州《花疏》云："海棠出自蜀，就中西府为佳，贴梗垂丝，原非本裔，皆吴下园丁借称。而西府以紫锦重瓣者尤佳，吾地不多得。东坡乞居阳羡，移其花至，而天远堂主人邵民瞻与之游，因传其种。"而宜邑始有西府海棠，永定传为佳话。因思两间寥廓赖兹数名人点缀生色，不至与草木同腐，而草木亦吐发英华，以相焜耀。昔杜工部在西川，以不题诗而见称。东坡入荆溪，以得移嘉种而益著。凡物之名者，将无往而不彰其实，而况于人乎？【《宜兴旧志》卷10】

约同年十月初，苏东坡为长桥题名，曰"晋征西将军周孝公斩蛟之桥"。

《毗陵志·地理》载：长桥，在县南二十步，晋周孝公斩蛟之地。……元丰二年，郡丞钱垂范行县，庖舟延毁。四年，令褚理重建，榜曰"忻济"。苏文忠过之，大书十二字于石，曰"晋征西将军周孝公斩蛟之桥"。因改曰"荆溪"。【《毗陵志》卷3《地理》】

苏轼为慕容晖所居题名双楠轩，此行疑与释道潜同行。

乾隆《江南通志·古迹三（常州府）》载：双楠轩，在荆溪县城南。宋慕容晖所居，有双楠如盖，苏轼取以命名。【乾隆《江南通志》卷32《舆地志·古迹三》】

《毗陵志·古迹（宜兴）》载：双楠轩，在县城南，慕容晖所居，状如偃盖，东坡为命名。参寥子诗云：南轩前头两佳木，先生抚翫常不足。尤爱薰风五月初，白银花开光照屋。【《毗陵志》卷27《古迹》】

《宜兴旧志·七截》载苏轼《题双楠轩（慕容辉所居）》诗云：南轩前头两佳木，先生抚翫常不足。尤爱薰风五月初，白银花开光照屋。【《宜兴旧志》卷10《七截》】

【按】此四句出释道潜诗，《宜兴旧志》误。

释道潜《慕容居士双楠轩》诗云：阳羡溪山名浙右，氤氲淑气无时有。遂令比屋慕弦歌，甲第殊科争捷手。先生读书三十年，数奇不偶真可怜。闭门陋巷聊自隐，箪瓢屡空心晏然。南轩前头两佳木，先生抚玩长不足。

尤爱薰风五月初，白银开花光照屋。故人角后相逢遇，指点婆娑索新句。
君不见，少陵壮叟有长吟，莫作凡材等闲赋。【《参寥子诗集》卷7】

蒋之奇有《和慕容子虚〈阳羡怀古五绝〉》诗，已佚。慕容彦逢有《双楠轩赋》。

《明永乐常州府志·宜兴》载：清泉乡查林村。蒋颖叔和慕容子虚《阳
羡怀古五绝》，到氏田舍预其一，诗云：六朝冠盖归尘土，到氏今无苗裔存。
当时任昉过田舍，野老犹记查林村。【《明永乐常州府志》卷3，第15—20页】

慕容彦逢《双楠轩赋》云：南郭夫子养素丘园，于室之右面楠为轩，
客谓夫子曰：予昔放浪，迹如漂萍，南游北涉，舟车靡停，眷彼通邑，豪
俊夸矜，崇饰土木，以丽争声，青楼朱阁，窈室危亭，月台峣巀，风轩雾霭，
列嘉植以助荫，裒名葩而播馨。聆珍禽之巧啄，玩怪石之殊形。洽比婚友，
意气相倾，饮何拘于卜昼，醉夜色之澄明。今夫子之轩广不数椽，揽幽僻
以自诳，甘寂寞以穷年，岂愿言而弗获，将怀土而乐旃。夫子拊髀而叹，敛
袵而对，曰：予乐在内，子观在外，思庄生之贵，真与老氏之去泰，审予
心之所安，虽容膝以为大，予之为轩也，双楠在前，环以茂林，来清音于
南涧，挹爽气于西岑，方春之阳，予楠向荣，萌芽葱茜，错以琼英，入夏
扶疏，芘我墙屋，翠阴正繁，秀色可掬，商秋既肃，凄兮向彤，凝露丹叶，
凉风韵条，凛凛隆冬，雪景尤胜玉干高耸，瑶枝互映，四时代谢，此景循环，
载欣载瞩，独寐寤言，樽中芳酒，畅予情澜，劝言酌之，亦既酡颜，荒径
自扫，衡门昼关，乘化委分，顾何有乎忧患？予自谓此乐无穷，而豪俊之
乐不可保，彼乐以物，而此乐以道。呜呼，昔居此邦，胡可胜记，同归乎尽，
逝若湍水，钓台严子，茶舍陆公，遗址虽在，荆棘摇空，予有安宅，亦曰
广居，匪土匪木，卷舒在予，予轩足矣，将复何慕，客闻若惊，腆墨而去。
【《摛文堂集》卷1】

【按】蒋之奇与宜兴慕容家族为世亲（见元祐三年进士慕容彦逢），所谓慕容子虚（虞）、
慕容辉（晖），疑为同一人。慕容彦逢（1067—1117），字淑遇（叔遇），宜兴人。元

祐三年（1088）进士，仕至刑部尚书。

十月六日，苏轼离开宜兴，出城北门，舣舟迎恩亭。一饮而醉，继续往北，经常州赴汝州。

《苏谱》载：十月六日，宜兴舟中自书《寄题与可学士洋州园池三十首》，并跋。旋回到常州，是月十九日，在扬州上表，乞常州居住。未能投进。【《苏谱》，第650—655页】

苏辙《东坡先生墓志铭》云：三年，上有意复用，而言者沮之。上手札，徙汝州。略曰：苏轼黜居思咎，阅岁滋深人材实难，不忍终弃，未至上书，自言有饥寒之忧，有田在常，愿得居之，书朝入夕报可。士大夫知上之卒喜公也。会晏驾，不果复用。至常，以哲宗即位，复朝奉郎知登州。至登，召为礼部郎中。……公之自汝移常也，授命于宋（商丘），会神考晏驾，哭于宋。【《东坡全集》卷首】

《宜兴旧志·遗址》载：庆源亭，县北门外，迎恩亭其故址也。元丰七年，东坡舟舣于此。有求书者，题其后云："早发宜兴，饮酒一杯，醺然至醉。置拳几上，垂头而寝，不知舟出门外，泊于庆源。"【《宜兴旧志》卷9《遗址》】

十月十九日，苏轼作《乞居常州奏状卷（小楷书）》。

苏轼《乞居常州奏状》云：臣向以狂妄得罪，伏蒙圣恩，赐以余生，处之善地，岁月未几又蒙收录，量移近郡，再生之赐，万死难酬。臣以家贫累重，须至乘船赴安置所。自离黄州，风涛惊恐，举家重病，幼子丧亡。今虽已至扬州，而赍用罄竭，无以出陆。又汝州别无田业，可以为生，犬马之忧，饥寒为急。窃谓朝廷至仁，既已全其性命，必亦怜其失所。臣先有薄田在常州宜兴县，粗给饘粥，欲望圣慈特许于常州居住。若罪戾之余，稍获全济，则捐躯论报，有死不回。臣今来不敢住滞，一面前去至南京，以来听候指挥，干犯天威，臣无任。俯伏待罪，战恐之至。谨录奏闻，伏候敕旨。元丰七

年十月十九日，汝州团练副使、本州安置、不得签书公事、骑都尉臣苏轼状奏。【《清河书画舫》卷8上】

苏轼《与滕达道六十八首（四十四）》云：某再启。近在扬州入一文字，乞常州住，如向所面议。若未有报，至南都当再一入也。承郡事颇繁，齐整想亦期月之劳。……【《苏轼文集》卷51，第1489页】

李东阳《跋语》云：按年谱：先生年四十九岁有量移汝州之命，在筠州留十日，有与叶致远唱和诗。又有送沈逵赴广诗，云"我方北渡脱重江，君复南行轻万里"，今此奏状，则正其时也。今其真迹乃出于宜兴徐文靖公家，而笔力遒劲，体格雄杰，仿佛有黄庭乐毅等法，不知何事散落人间？今梁溪华中甫欲寿之坚珉，以垂不朽，庶几文忠公之忠节文章与词翰，均得照灼人耳目，讵非胜事哉？而中甫亦与永永无斁矣。成化癸卯春三月望后，长沙李东阳题。【《书画汇考》卷10】

费衮《东坡缘在东南》：东坡平生宦游，多在淮浙间，其始通守余杭，后又为守杭。人乐其政，而公乐其湖山。尝过寿星院，恍然记若前身游历者，其于是邦，每有朱仲卿桐乡之念。谪居于黄，凡五年移汝。既去黄，夜行武昌山上，回望东坡，闻黄州鼓角，凄然泣下。赋诗云："黄州鼓角亦多情，送我南来不辞远。"寻上章乞居常州（1084）。其后谢表有"买田阳羡，誓毕此生"之语。在禁林与胡完夫、蒋颖叔酬唱、皆以卜居阳羡为言。晚自儋北归，爱龙舒风土欲居焉，乃令郡之隐士李惟熙买田以老。已而得子由书，言桑榆末景，忍复离别，遂欲北还颍昌。作书与惟熙云"然某缘在东南，终当会合愿"，君志之未易尽言也。至仪真，乃闻忌之者犹欲攻击，遂不敢兄弟同居，竟居毗陵以薨。"缘在东南"之语，乃尔明验。古之伟人自能前知，所谓有开必先者，不假数术也。【《梁溪漫志》卷4】

十月，法秀禅师应诏，赴东京法云寺，为开山祖。冀国大长公主与附马都尉张敦礼为法云寺倡捐寺钟。元祐元年四月，苏轼撰写钟铭。

《释氏稽古略·圆通禅师》云：甲子元丰七年（1084）冬十月，越国大长公主集庆军节度观察留后、附马都尉张敦礼建法云禅刹于国城之南，既成。诏法秀开山，赐号"圆通禅师"。《续灯传》。汴京法云寺圆通禅师，名法秀，生秦州陇城辛氏。随应干寺鲁和尚学经，乃称鲁氏。年十九为大僧，讲大经，章分句析，机锋不可触，京洛著闻。怪圭峰学禅，唯敬北京天钵元禅师。元，雅号"元华严"。恨元不讲，曰："教尽佛意，如元公者，不应远教；禅非佛意，如圭峰者，不应学禅。世尊教外以法私大迦叶者，吾不信也。"谓同列曰："我将南游，穷其窟穴。搂取其种，类抹杀之。以报佛恩乃已耳。"初至随州护国，读净果禅师碑。僧问报慈："如何是佛性？"慈曰："谁无？"又问净果，果曰："谁有？"其僧因有悟。秀大笑曰："岂佛性敢有无之，矧又因以有悟哉！"去至无为军铁佛，谒怀禅师。怀，貌寒危坐，涕垂沾衣，秀易之。怀问曰："座主讲何经？"秀曰："《华严》。"怀曰："《华严》以何为宗？"秀曰："法界为宗。"怀曰："法界以何为宗？"秀曰："以心为宗。"怀曰"心以何为宗？"秀莫知为答。怀曰。"毫厘有差，天地悬隔。"秀退而自失，悚然敬服。愿留左右，日夕受法。久之，乃获证悟。怀禅师迁住池阳柤林，移吴及广教、景德，秀皆从之。秀初住淮西四面山，至栖贤、蒋山、长芦，常有千众。至是元丰七年，诏住京城法云寺为第一祖。开堂日，帝遣中使降香，赐磨衲僧衣，传圣旨"表朕亲至"，皇弟荆王致敬座下。至哲宗元祐五年（1090）八月示疾，诏以医诊。师挥去之。乃更衣说偈，曰："来时无物去时空，南北东西事一同。六处住持无所补。"乃良久，监寺慧当进曰："和尚何不道末后句？"师曰："珍重！珍重！"言讫而逝。寿六十四岁。坐四十五夏。师嗣天衣义怀禅师，怀嗣雪窦显，显嗣智门祚，祚嗣香林远，远嗣云门偃禅师。【《释氏稽古略》卷4】

　　苏轼（元祐元年）《法云寺钟铭（并叙）》云：元丰七年十月，有诏大长老圆通禅师法秀住法云寺。寺成而未有钟。大檀越驸马都尉武胜军节度观察留后张敦礼，与冀国大长公主唱之，从而和者若干人。……元祐元年四月，钟成万斤，东坡居士苏轼为之铭。【《东坡全集》卷96】

是年十一月，发运使蒋之奇因公事至皖南歙县问政山，举荐知县王荐，又作《松风亭赋》（已佚）。时绩溪令苏辙作《歙县岁寒堂》诗。

《新安志补·蒋之奇》载：蒋之奇，宜兴人，神宗时为江淮发运使，行部至歙问政山，作《松风亭赋》（已佚）。【《新安志补》卷3，第28页】

《新安志·歙县·官廨》：县厅，在州城东，有松风亭。元丰中王荐为宰时，知州事张慎修易之为岁寒亭。少苏公在绩溪为赋诗，而发运使蒋之奇为作赋，刻石亭上。……【《淳熙新安志》卷3】

《淳熙新安志·贤宰》：王荐，字继道，宣城人。常从学于蒋之奇，登第后以雄州防御推官知歙县事。其为政捐利于民，专务兴崇学校，招后进使就学，作劝学文以率之。蒋之奇为作《岁寒亭赋》。其略曰："遵教条，布慈惠，已逋责，宽田税。斥掊敛之百为，寝货财之末议。射利无猛鸷之发，诠奸见犬尨之吠。吏绝侵冤，人无淹系，以至道遗莫拾，户辟不闭。讼庭则丹笔不施，学市则青衿聿至。"其用心亦可概见矣。【《淳熙新安志》卷3】

苏辙《歙县岁寒堂》诗云：槛外甘棠锦绣屏，长松何者擅亭名。浮花过眼无多日，劲节凌寒尽此生。暗长茯苓根自大，旋收金粉气尤清。长官不用求琴谱，但听风声作弄声。【《栾城集》卷14】

【注】少苏公，即苏辙。宋孙汝听编《苏颍滨年表》云："[元丰七年甲子]七月乙丑，辙幼子遁卒。……九月，以辙为歙州绩溪令。……八年乙丑正月丙申朔。有《正旦夜梦李志宁》诗，《拜舟中风雪》五绝。己酉，有《南康军直节堂记》《拜太守宅五老亭》诗，有《再游庐山》诗。至绩溪，有《谒城隍神》《孔子庙文》。视事三日，有《出城南谒二祠》《游石照寺》诗。"【《永乐大典》卷2399】

蒋续（延祖）为福建路转运判官。

李之亮《宋代路分长官通考（福州）》记载："蒋续为福建路转运判官，其前任为邓宁。"【《宋代路分长官通考》（中），第907页】

《苏州历代人物大辞典·蒋续》云：蒋续，宋吴县（今江苏苏州）人。字延祖。蒋堂孙。……元丰（1078—1085）末为承议郎、福建转运判官。【《苏

州历代人物大辞典》，第915页】

十一月丁未，宜兴邵材为监察御史。

《长编》载：十一月丁未，宣德郎、太学博士邵材为监察御史。材，宜兴人。上临朝甚肃，初赐对者，往往震慑不称旨。材入见延和殿，雍容占奏。因曰："去岁郊祀，臣以太学博士陪祠事，陛下至太庙及圜丘，执礼甚严。陛下临天下将二十年，而秉心愈小，事天地宗庙愈恭，此盛德也。然成天下之大业，亦在于持久不倦耳。"上首肯之。【《长编》卷350】

十二月一日，苏轼抵泗州。是月上旬，再撰《乞常州居住表》，遣人投于登闻鼓院。过龟山，题蒋之奇所开新河。

《苏谱》云：十二月一日，苏轼抵泗州，谒普照王塔。是月上旬，再撰《乞常州居住表》，遣人于登闻鼓院投之。过龟山。【《苏谱》，第657—659页】

苏轼《乞居常州奏状》云：臣轼言：臣闻圣人之行法也，如雷霆之震，草木威怒虽甚，而归于欲其生。人主之罪人也，如父母之谴子孙，鞭挞虽严，而不忍致之死。臣漂流伴物，枯槁余生，泣血书词，呼天请命，愿回日月之照，益明葵藿之心。此言朝闻夕死，无憾。臣轼诚惶诚恐，顿首，顿首。臣昔尝对便殿，亲闻德音，似蒙圣知，不在人后，而狂瞽妄发，上负恩私，既有司皆以为可诛。虽明主不得而独赦，一从吏议，坐废五年，积忧薰心，惊齿发之先变，抱恨刻骨，伤皮肉之仅存。近者蒙恩量移汝州，伏读训辞，有"人材实难，弗忍终弃"之语，岂独知免于缧绁，亦将有望于桑榆。但未死亡，终见天日，岂敢复以迟暮为叹，更生侥觊之心，但以禄廪久空，衣食不继。累重道远，不免舟行。自离黄州，风涛惊恐，举家重病，一子丧亡。今虽已至泗州，而赍用罄竭，去汝尚远，难于陆行，无屋可居，无田可食，二十余口，不知所归，饥寒之忧，近在旦夕，与其强颜忍耻，千求于众，人不若归命，投诚控告于君父。臣有薄田在常州宜兴县，粗给饘粥，欲望圣慈，许于常州居住。又恐罪戾深重，未可轻从，便安辄叙微劳，庶蒙恩贷。臣先任徐州日，以河水浸城，几至沦陷。臣日夜守捍，偶获安全，曾蒙朝廷降敕奖谕。又尝选用沂州百姓程棐，令追捕凶党，致获谋反妖贼李铎、郭进等一十七人，亦蒙圣恩，保明放罪，皆臣子之常分，无涓埃之可言。冒昧自陈，出于穷迫，庶几因缘，侥幸功过相除，稍出羁囚，得从所便。重念臣受性刚褊，赋命奇穷，既获罪于天，又无助于下，怨仇交积，罪恶横生，群言或起于爱憎，孤忠遂陷于疑似。中虽无愧，不敢自明。向非人主独赐保全，则臣之微生，岂有今日？伏惟皇帝陛下圣神，天纵文武，生知得天下之英才，已全三乐；跻斯民于仁寿，不弃一夫。勃然中兴，可谓尽善，而臣抱百年之永叹，悼一饱之无时。贫病交攻，死生莫保。虽凫雁飞集，何足计于江湖，而犬马盖帷，犹有求于君父。敢祈神圣，少赐矜怜。臣见一面，前去南京听候朝旨，干冒天威，臣无任。俯伏待罪，战恐之至。
【《宜兴旧志》卷10《奏议》】

【按】苏轼两上《乞居常州奏状》，第一状或许未投进，故有第二状。两状一简一繁，或可看出东坡当时心境。

苏轼《龟山辩才师》诗云：此生念念浮云改，寄语长淮今好在。故人宴坐虹梁南，新河巧出龟山背。……【《东坡全集》卷14】《龟山》诗云：我生飘荡去何求，再过龟山岁五周。身行万里半天下，僧卧一庵初白头。地隔中原劳北望，潮连沧海欲东游。元嘉旧事无人记，故垒摧颓今在不。【《东坡诗集注》卷2】

【按】苏诗"故人宴坐虹梁南，新河巧出龟山背"中"故人""新河"，当指同年蒋之奇及其主持开凿的新河。

十二月，淮西推行蹇周辅盐法，蒋之奇奏请由各州通判兼理盐政，户部表示同意。

《宋史·食货志下四》载：元丰六年，蹇周辅为户部侍郎，复奏湖南郴、道州邻接韶、连，可以通运广盐数百万，却均旧卖淮盐于潭、衡、永、全、邵等州，并准江西、广东见法，仍举郑宣初议。郴、全、道三州亦卖广盐。

诏委提举常平张士澄、转运判官陈偲措置。明年，士澄等具条约来，上诏施行之，额利增加，一方骚然。于时淮西亦推行周辅盐法，发运使蒋之奇奏立知州通判盐事官，赏罚下户部。著为令。【《宋史》卷182《食货志下四》】

《长编》载：元祐元年闰二月己丑朔，江南西路按察司言："荆湖南路旧卖淮盐，塞周辅请般广盐数百万代淮盐。差转运判官陈偲等相度。湖南路般运广盐往全、道、郴州，桂阳监出卖，却将四处所卖淮盐均于衡、潭等州添卖。塞周辅盐法抑勒骚扰，亦乞运广盐，而陈偲、张士澄附会推行周辅之法，顿增盐数，肆行抑配，除陈偲已死，诏张士澄特冲替，送吏部与合入差遣。〔原注：初委陈偲、张士澄在元丰六年十二月甲申，八年四月丁丑，初遣陈次升察举江西，五月戊申，次升兼领湖南。元祐元年二月，塞周辅等先责，是月末，吕陶论盐事尤详。〕【《长编》卷368】

约于是年，王安石致书蒋之奇，约于江宁见面。

王安石《与蒋颍叔帖》云：承枉顾，深慰久阔向往。衰疾畏风，未获遣诣。请过宿，幸早赐驾也。余留面赋，不宣。安石启　上颍叔。【《王荆公文集笺注》（下），第2228页】

【按】王安石尝作《答蒋颍叔书》，讨论佛教，疑在此年之前。见熙宁七年（1074）七月"蒋之奇扶枢至江宁"条。此简中云"衰疾畏风""请过宿，幸早赐驾也"，知是时王安石身体不适，请蒋之奇面谈，疑为嘱咐后事。

是年冬，苏轼在宜兴"置一小庄子，岁可得百石"，致书王巩（定国）。

苏轼《答王定国（尺牍）》又云：辱惠书并新诗，妙曲大慰所怀，河冻胶舟，咫尺千里，意思牢落，可知得此佳作，终日喜快，滞闷冰释。幸甚！近在常置一小庄子，岁可得百石，似可足食。非不知扬州之美，穷猿投林，不暇择木也。承欲一相见，固鄙怀至愿，但不如彼此省事之为愈也。【《东坡全集》卷81】

李之亮《苏轼〈与王定国书四十九首之十六〉》云："某启：今日景

繁到泗州，转示十月二十三日所惠书并新诗六首、妙曲一首，大慰所怀。……不暇择木也。黄师是遣人往南都，故急作此书，仍和得一诗为谢，他未暇也。新济甚浅，冻不可行，旦夕水到即起，恐须至正初方有水也。不知至时公在宋否？某若得请，或附宣献公舟尾南来，不尔，遂溯水至西都，出陆赴汝也。然欲葬却乳母（子由乳母）乃行。即南都亦须住一月。入夜倦迫，不尽意。惟万万自重。"〔编年〕云："元丰七年自黄州团练副使量移汝州途中作。"【《苏轼文集编年笺注》卷52，第700—701页】

【按】书中"新济甚浅，冻不可行"，知此简作于是年冬日。简中云"近在常置一小庄子，岁可得百石，似可足食"，与前文"不足伏腊"之语迥异，说明苏轼又另购得一庄，或是委托某禅师"经度"的"下备邻庄"已经买下。

十二月十八日，苏东坡至泗州，浴雍熙塔下，戏作《如梦令》两阕。是岁，在泗州过年。

《东坡先生年谱》云：逼岁到泗州。十二月十八日，浴雍熙塔下。作《如梦令》两阕。又作满庭芳与刘元达序云：余年十七与仲达往来于眉山，四十九相逢于泗上。晦日，同游南山，话旧感叹。又有跋李志中文，天石砚铭。又作水龙吟及有谢黄师。是除夜送酥酒诗。先生上表乞于常州居住。其略云：今虽已至泗州而赀用罄，竭见一面，前去南京，听候朝旨。又考《骡驮铎试笔》云"正月四日离泗州"，则是除夜在泗州明矣。【《东坡全集》卷首】

元丰七年十二月，浴泗州雍熙塔下，戏作《如梦》两阕。云："水垢何曾相受，细看两俱无有。寄语揩背人，尽日劳君挥肘。轻手，轻手。居士本来无垢。"又云："自净方能洗彼，我自汗流呀气。寄语澡浴人，且共肉身游戏。但洗，但洗，摆脱世间一切。"此曲本唐庄宗制，一名《忆仙姿》，嫌其不雅，驯后改云《如梦》。庄宗作此词，卒章云"如梦，如梦。和泪出门相送"，取以为之名。【《东坡志林》卷1】

十二月，司马光上《资治通鉴》。传王安石嘱咐监察御史邵材劾司马光，

材不听。

《宋史·神宗纪三》载：十二月戊辰，端明殿学士司马光上《资治通鉴》，以光为资政殿学士，降诏奖谕。庚寅，诏门下、中书外省官同举言事御史。辛卯，辽遣耶律襄等来贺正旦。【《宋史》卷16《神宗纪三》】

《明一统志·常州府》云：邵材，宜兴人。熙宁中试开封第一，举进士，为监察御史。时王安石当国，司马光论新法。一日，语材曰："劾去司马，大官可立待。"材毅然曰："君实正人也，可厚诬之乎？"即自劾归，后终鸿胪卿。【《明一统志》卷10】

《长编》载：元丰七年十一月丁酉朔……丁未，宣德郎、太学博士邵材为监察御史。……元祐元年闰二月丙午，监察御史邵材知广德军。【《长编》卷350、卷369】

蒋之奇年谱（下）

苏东坡一生之镜

宗伟方 著

人民出版社

第二十六卷 元丰八年（1085）

元丰八年（1085）乙丑 五十五岁

是年初，苏轼在泗州，作《李宪仲哀词（并引）》付李廌（1059—1109）。继往南都，正月十九日，得请归阳羡。王巩、黄庭坚有贺诗。

《东坡先生年谱》云：按《大全集〈杂说·骡驮驿试笔〉》云：今日（正月四日）离泗州，然吾方上书求居常州，乃正月四日书。及到南京（今河南商丘古城），有放归阳羡之命，遂居常州。五月内，复朝奉郎、知登州。再过密州，有《赠太守霍翔》诗，云"十年不赴竹马约"，盖先生丁巳岁去密，至是以成数为十年矣。过海州，叹高丽馆壮丽，作一绝。到郡五日，以礼部郎官召到省。半月，除起居舍人。在登州有《海市》诗，又有《别登州举人》诗，有嫌"五日匆匆守"之句。又有《赠杜介》诗及《题楞伽跋多宝院文》，又有《题登州蓬莱阁》及《跋起居钱公文后》。【《东坡全集》卷首】

苏轼《李宪仲哀词（并引）》云：同年友李君，讳惇，字宪仲。贤而有文，不幸早世。轼不及与之游也。而识其子廌有年矣。廌自阳翟见余于南京，泣曰："吾祖母边、母马、前母张与君之丧，皆未葬，贫不敢以饥寒为戚，顾四丧未举，死不瞑目矣。"适会故人梁先吉老，闻余当归阳羡，以绢十匹、丝百两为赙，辞之不可，乃以遗廌，曰："此亦仁人之馈也。"既又作诗以告，知君与廌者庶几皆有以助之。廌年二十五，其文晔然，气节

不凡，岂终穷者哉？（词略）【《苏诗补注》卷 25】

《苏谱》云：正月十九日，经宿州到南都，报得请居常州。赋《满庭芳》，南还。《文集》卷六十一《答开元明座主九首》第四首；简末，《文集》脱"知之，轼又白"五字。据《晚香堂苏帖》知"石桥已坏"云云，乃上简之附简，作于同时。附简云："仆得请居常州，暂至南京，即南还。"知得请为十九日以前事。《和王晋卿》诗云："上书得自便，归老湖山曲。躬耕二顷田，自种十年木。"【《苏谱》，第 667—668 页】

黄庭坚《次韵清虚（即王巩）喜子瞻得常州》诗云：喜得侵淫动搢绅，俞音下报谪仙人。惊回汝水间关梦，乞与江天自在春。罨画初游冰欲泮，浣花何处月还新。凉州不是人间曲，伫见君王按玉宸。【《石仓历代诗选》卷 152】

春正月戊戌，神宗皇帝病重。三月戊戌，神宗崩于福宁殿，年三十有八。

《宋史·神宗纪三》载：八年春正月戊戌，帝不豫。甲辰，赦天下。乙巳，使辅臣代祷景灵宫。乙卯，分遣群臣祷于天地、宗庙、社稷。……〇二月丁亥，命礼部锁试别所。……〇三月甲午朔，立延安郡王佣为皇太子，赐名煦，皇太后权同处分军国事。乙未，赦天下，遣官告于天地、宗庙、社稷、诸陵。丁酉，皇太后命吏部尚书曾孝宽为册立皇太子礼仪使。戊戌，上崩于福宁殿，年三十有八。皇太子即皇帝位（哲宗），尊皇太后为太皇太后，皇后为皇太后，德妃朱氏为皇太妃。太皇太后权同处分军国事。〇九月己亥，上大行皇帝谥曰英文烈武圣孝皇帝，庙号神宗。十月乙酉，葬于永裕陵。【《宋史》卷 16《神宗纪三》】

二月九日，沈辽卒于池州，享年五十四岁。蒋之奇作铭，苏轼有哀辞。

蒋之奇《沈睿达墓志铭》云：睿达，讳辽，姓沈氏，世为钱唐人。赠吏部尚书讳英之曾孙，太常少卿、赠开府仪同三司讳同之孙，金部郎中、赠光禄卿讳扶之子。翰林学士、右谏议大夫讳遘之弟也。……君不能与吏辩，一切引服，受垢夺官，徙永州。丁父忧，哀毁如母夫人。时更赦，徙池州，卒。

实元丰八年二月九日也，享年五十四。……夫人张氏，赠户部侍郎环之曾孙，刑部郎中、直史馆赠开府仪同三司冯之孙，司勋员外郎、赠朝请大夫讽之女。家世相配，克成妇道，先君十四年卒，享年三十四。将合葬于杭州钱唐县龙居山，从尚书之兆。二男，敦师、敏师。敦师，前主泰州泰兴簿，粹如谨厚，居官有称。三女，长适郊社斋郎合肥马永誉，早卒；次适吴郡张寿光；季实归余之子。将葬，其孤敦师以余职在论撰，驰书以马倩所纪行迹来请铭。余娶君之妹，岂惟戚姻，实有雅好。【《云巢编》卷10《附录》】

蒋之奇《哭沈公睿达》诗云：绯衣持板须君至，白玉楼成君作记。空中但觉嘈管声，牖下嗒然俄委蜕。【《云巢编》卷10《附录》】

《苏谱》载：二月九日，沈辽卒，享年五十四岁。轼惜之。【《苏谱》，第668页】

是年二月，苏辙至绩溪任所。

《中国文学史大事年表》载：二月，苏辙至绩溪任所，视事二日，有《出城南谒二祠游石照寺》诗等。【《中国文学史大事年表》（中），第1398页】

苏辙《初到绩溪视事三日，出城南谒二祠，游石照，偶成四小诗呈诸同官》（略）。【《栾城集》卷13】

是年二月，蒋之奇、苏轼赴南都，谒张方平。张以施印《楞伽经》相托。

蒋之奇《楞伽阿跋多罗宝经序》载：之奇尝苦《楞伽经》难读，又难得善本，会南都太子太保致政张公施此经，而眉山苏子瞻为书而刻之板，以为金山常住。金山长老佛印大师了元持以见寄，之奇为之言。……之奇过南都谒张公，亲闻公说《楞伽》因缘。始张公自三司使翰林学士出守滁，一日入琅琊僧舍，见一经函，发而视之，乃《楞伽经》也。恍然觉其前生之所书，笔画宛然，其殆神先受之甚明也。【《楞伽经通义》卷1】

苏轼《楞伽阿跋多罗宝经后序》载：轼游于公之门三十年矣，今年二月过南都，见公于私第。公时年七十九，幻灭都尽，惠光浑圜。而轼亦老

于忧患，百念灰冷，公以为可教者，乃授此经。且以钱三十万，使印施于江淮间。……元丰八年九月九日。【《楞伽经通义》卷1】

《宋史·张方平传》载：张方平，字安道，南京人。少颖悟绝伦，家贫无书，从人假三史，旬日即归之。……举茂材异等，为校书郎、知昆山县。又中贤良方正选，迁著作佐郎、通判睦州。……命直集贤院，俄知谏院。……拜御史中丞，改三司使。……加端明殿学士、判太常寺。……且大用，会判官杨仪得罪，坐与交，出知滁州。顷之，知江宁府，入判流内铨。以侍讲学士知滑州，徙益州。……复以三司使召。……迁尚书左丞、知南京。未几，以工部尚书帅秦州。……方平不自安，请知南京。英宗立，迁礼部尚书，请知郓州。还，为学士承旨。帝不豫，召至福宁殿，帝冯几言，言不可辨。方平进笔请，乃书云："明日降诏，立皇太子。"方平抗声曰："必颖王也，嫡长而贤，请书其名。"帝力疾书之，乃退草制。神宗即位，召见，请约山陵费。……拜参知政事。……数日，遭父忧，服阕，以观文殿学士留守西京。入觐，留判尚书都省，力请知陈州。安石行新法，方平陛辞，极论其害。……召为宣徽北院使，留京师。王安石深沮之，以为青州。……除中太一宫使。……哲宗立，加太子太保。元祐六年，薨，年八十五。赠司空。遗令毋请谥，尚书右丞苏辙为请，乃谥曰"文定"。方平慷慨有气节，既告老，论事益切，至于用兵、起狱，尤反覆言之。……守蜀日，得眉山苏洵与其二子轼、辙，深器异之。尝荐轼为谏官。轼下制狱，又抗章为请，故轼终身敬事之，叙其文，以比孔融、诸葛亮。【《宋史》卷318《张方平传》】

【按】张方平（1007—1091），字安道，号乐全居士，应天府南京（今商丘）人。入仕之初，尝知昆山县，时蒋堂守苏州，交往密切。后历知谏院、知制诰、知开封府、翰林学士、御史中丞，知滁州、江宁府（今南京）、杭州、益州（今成都）等地。神宗朝，官拜参知政事，反对任用王安石，反对新法。罢居归神乡，与苏轼兄弟、蒋之奇等有交往。元祐六年卒。赠司空，谥文定。

三月，皇太后（高氏）垂帘于福宁殿，特进王安石为司空。

《宋史·哲宗纪一》载：三月甲午朔，皇太后垂帘于福宁殿。……戊戌，神宗崩。太子即皇帝位。……甲寅，以群臣固请，始同太皇太后听政。……庚申，尚书左仆射、郇国公王珪进封岐国公。……太师、潞国公文彦博为司徒，济阳郡王曹佾为太保，特进王安石为司空，余进秩、赐致仕、服带、银帛有差。【《宋史》卷17《哲宗纪一》】

《宋史·宣仁圣烈高皇后列传》载：英宗宣仁圣烈高皇后，亳州蒙城人。曾祖琼，祖继勋，皆有勋王室，至节度使。母曹氏，慈圣光献后姊也，故后少鞠宫中。时英宗亦在帝所，与后年同，仁宗谓慈圣异日必以为配。既长，遂成昏濮邸。生神宗皇帝、岐王颢、嘉王頵、寿康公主。治平二年，册为皇后。……元丰八年，帝不豫，浸剧，宰执王珪等入问疾，乞立延安郡王为皇太子，太后权同听政，帝颔之。……哲宗嗣位，尊为太皇太后。驿召司马光、吕公著，未至，迎问今日设施所宜先。未……光、公著至，并命为相，使同心辅政，一时知名士，汇进于廷。凡熙宁以来政事弗便者，次第罢之。……临政九年，朝廷清明，华夏绥定。【《宋史》卷242《后妃传上》】

三月戊戌，苏轼在南都作《神宗皇帝挽词三首》。

苏轼《神宗皇帝挽词》云：文武固天纵，钦明又日新。化民何止圣，妙物独称神。政已三王上，言皆六籍醇。巍巍本无象，刻画愧孤臣。[慎按]《宋史》神宗崩于元丰八年乙丑三月戊戌。先生奉讳时，方在南都，挽词必此时作。施氏原注编入五月以后，似失次第。今诠正。【《苏诗补注》卷25】

四月，诏法云法秀禅师诣先帝神御说法，赐其号"圆通"。

《释氏稽古略》载：四月，诏法云秀禅师诣先帝神御说法，赐号"圆通禅师"。【《释氏稽古略》卷4】

四月六日，苏轼在灵壁画临华阁壁，作《丑石风竹》图，主人将石赠予东坡，并载归阳羡。至宜兴遇县令李去盈，其石后置宜兴县衙中。

苏轼《书画壁易石》云：灵壁出石，然多一面。刘氏园中砌台下，有一株独巉然，反覆可观，作麇鹿宛颈状。东坡居士欲得之，乃画临华阁壁，作《丑石风竹》。主人喜，乃以遗予。居士载归阳羡。元丰八年四月六日。【《苏东坡全集》（6），第3235页】

明王守谦《灵璧石考》云：苏东坡画《丑石风竹》，易得张氏灵璧石一株，具有四面，如麇鹿宛颈状。后载归阳羡。【乾隆《江南通志》卷17《舆地志·山川·凤阳府》】

《毗陵志·古迹》载：宜兴醒醉石，在县治。元丰间令李元盈题云："为山因累石，人巧夺天机。强说醒和醉，那知是与非。"【《毗陵志》卷27《古迹》】

《宜兴旧志·遗址》载：醒醉石，在县治内。元丰间令李元盈题云：为山因累石，人巧夺天机。强说醒何醉，那知是与非。[按]诗句乃命名之意，并无他说。王志云："相传能醒醉人，意有醉者偶卧此石，觉而醒之。"【《宜兴旧志》卷9《遗址》】

【按】苏东坡、蒋之奇有题名的那块"小蓬莱"奇石，后来归宫廷。而宜兴令李元盈题刻的"醒醉石"，可能就是苏东坡以画换来的那块灵璧石。而"醒醉"之名，当来源于蒋、苏题名的故事。《宜兴旧志》"李元盈"，即东坡书中"李去盈"。

四月，在宋（今商丘，北宋时亦称南都）时，苏轼上书得御批，准许归常州宜兴县。四月底，苏轼与潘彦明简，告知托人买得宜兴一庄，每年可收百余石（一说九百斛），够一家食用。

苏轼《与潘彦明（尺牍）》云：别来思念不去心，远想起居佳安，眷爱各无恙。不见黄榜，未敢驰贺，想必高捷也。某两曾奉书，达否？屡梦东坡笑语，觉后惘然也。已买得宜兴一小庄，且乞居彼，遂为常人矣。公必已赴省试，谩发此书，不复乐觏缕，惟千万保爱。【《东坡全集》卷81】

李之亮《苏轼〈与潘彦明十首之一〉》[编年]云："元丰七年自黄州团练副使量移汝州途中作。原本题下注云：'离黄州。'"【《苏轼文集编年笺注》卷53，第109—111页】

【按】此简云"且乞居彼，遂为常人矣"，当是苏轼乞居宜兴被批准之后所书。另，黄

苏轼阳羡买田贴

榜一般在夏初四五月间，知此帖当作于此间。苏轼前与王定国言，"已置一小庄子，似可足食"。此帖所言"宜兴一小庄"，正是这一庄子，应该是曹氏田地之后的另一处庄子。疑即某禅师所言的"下备邻庄"。

苏轼《与滕达道六十八首（三十九）》云：某启。别后，不意遽闻国故，哀号追慕，迨今未已。……某旦夕过江，径往毗陵，相去益近，时得上问也。为时自重。不宣。【《苏轼文集》卷51，第1488页】

吴骞《买田阳羡》云：东坡先生买田阳羡，岁得九百斛，三子之裔共享之。叔党之孙岘尚居宜兴，乾道中为大府寺丞。见《周省斋集》。【《桃溪客语》卷3】

五月一日，苏轼至扬州山光寺，作《归宜兴留题竹西寺三首》。其中"山寺归来闻好语"一句，因"闻好语"三字在当时语境中有许多歧义，之后又引起轩然大波。由此也改变了苏轼的后半生。

苏轼《归宜兴留题竹西寺》诗云：十年归梦寄西风，此去真为田舍翁。剩觅蜀冈新井水，要携乡味过江东。○道人劝饮鸡苏水，童子能煎莺粟汤。暂借藤床与瓦枕，莫教孤负竹风凉。○此生已觉都无事，今岁仍逢大有年。山寺归来闻好语，野花啼鸟亦欣然。【《毗陵志》卷23《词翰》、《东坡全集》卷15】

苏轼《归宜兴留题竹西寺三首》诗云云（同上，略）。【慎按】朱冠卿《宜兴续图经》云：东坡初买田黄土村，田主曹姓者已鬻而造讼，有司已察而斥之。东坡移牒，卒以田归之，则先生子孙所食者，非曹氏之田也。益公特未细考故云尔。山寺，扬州山光寺也。叶石林《避暑录》云：子瞻山光寺诗"野花啼鸟亦欣然"之句，其辨说甚明，盖为哲宗初即位，闻父老颂美之言而云。然神宗奉讳在南京，而诗作于扬州。余尝至其寺，亲见当时诗刻。后书作诗日月，今犹有其本，盖自南京回阳羡时也。始过扬州，则未闻讳，既归至扬州，则奉讳。在南京事不相及，尚何疑乎？近见子由作子瞻墓志，乃云公至扬州，常人为公买田，书至，公喜作诗，有"闻好语"之句，乃与辨辞异，岂为志时未尝深考而讹耶？然此言出于子由，不可有二，以启后世之疑。余在许昌时，志犹未出，不及见，不然当以告迪与过也。【《苏诗补注》卷25】

【按】苏轼诗起首便云"十年归梦寄西风"，而十年之前，正是熙宁八年（1075）左右。那时苏轼正在杭州通判任上，当初就有意在宜兴置田问舍，所谓"阳羡溪头米胜珠"是也。

苏轼《辨题诗札子》云：元祐六年八月初八日，翰林学士、承旨、左朝奉郎、知制诰兼侍读苏轼札子奏：臣今月七日见臣弟辙与臣言：赵君锡、贾易言臣于元丰八年五月一日《题诗扬州僧寺》，有"欣幸先帝上仙"之意。……是时，臣初得请归耕常州，盖将老焉。而淮、浙间所在丰熟，因作诗云："此生已觉都无事，今岁仍逢大有年。山寺归来闻好语，野花啼鸟亦欣然。"盖喜闻此语，故窃记之于诗，书之当途僧舍壁上。臣若稍有不善之意，岂敢复书壁上，以示人乎？又，其时去先帝上仙已及两月，决非山寺归来始闻之语。事理明白，无人不知。而君锡等辄敢挟情，公然诬罔。伏乞付外施行，稍正国法。所贵今后臣子不为仇人无故加以恶逆之罪。取进止。【《东坡全集》卷60】

苏辙《东坡先生墓志铭》载：三年，上有意复用，而言者沮之。上手札徙汝州，略曰：苏轼黜居思咎，阅岁滋深，人材实难，不忍终弃。未至，上书自言有饥寒之忧，有田在常，愿得居之。书朝入，夕报可。士大夫知上之卒喜公也。会晏驾，不果复用。至常，以哲宗即位，复朝奉郎、知登州。至登，召为礼部郎中。……公之自汝移常也，授命于宋（商丘），会神考晏驾，哭于宋。而南至扬州，常人为公买田，书至，公喜，作诗有"闻好语"之句，言者妄谓公"闻讳而喜"，乞加深谴，然诗刻石有时日，朝廷知言者之妄，

皆逐之。【《东坡全集》卷首】

【按】东坡因言获罪，非此一桩。知苏轼向来放达，处世做事，不够"圆滑"。苏氏兄弟对"闻好语"三字的解释也不相合，何况"敌人"？东坡诗词虽精妙，但讥诮之语颇多，难免授人以柄。此则公案，历代有人生疑，苏迨、苏过的友人叶梦得就有过议论。

叶梦得《避暑录话》记云：子瞻《山光寺诗》"野花鸣鸟亦欣然"之句，其辩说甚明，盖为哲宗初即位，闻父老颂美之言而云。神宗奉讳在南京，而诗作于扬州。余尝至其寺，亲见当时诗刻，后书作诗日月，今犹有其本。盖自南京回阳羡时也，始过扬州则未闻讳，既归自扬州，则奉讳在南京，事不相及，尚何疑乎？近见子由作子瞻墓志载此事，乃云：公至扬州，常州人为公买田，书至，公喜而作诗，有"闻好语"之句，乃与辩辞异，且闻买田而喜可矣。野花啼鸟何故而亦欣然，尤与本意不类，岂为志时未尝深考而误耶？然此言出于子由，不可有二，以启后世之疑。余在许昌时，志犹未出，不及见，不然当以告迨与过也。【《避暑录话》卷上】

五月中，苏轼经由常州回宜兴，在常州游报恩寺等僧舍，会荐福长老觉海若冲禅师，有《与孟震同游常州僧舍》《赠常州报恩长老二首》。

苏轼《与孟震同游常州僧舍》诗云：年来转觉此生浮，又作三吴浪漫游。忽见东平孟君子，梦中相对说黄州。〇湛湛清池五月寒，小山无数碧巉岏。稚杉戢戢三千本，且作凌云合抱看。〇知君此去便归耕，笑指孤舟一叶轻。待向三茆乞灵雨，半篙流水送君行。【《东坡全集》卷15】

苏轼《赠常州报恩长老二首》诗云：碧玉碗盛红玛瑙，井华水养石菖蒲。也知法供无穷尽，试问禅师得饱无。〇荐福老怀真巧便，净慈两本更尖新。凭师为作铁门限，准备人间请话人。〔慎按〕报恩：史能之《毗陵志》感慈寺，本显庆寺，一名报恩，在武进县东八里。唐显庆中建，宋元祐三年胡右丞宗愈请为坟刹。荐福：《咸淳临安志》荐福寺，在盐官县西三十里。有第一代尚禅师塔。师姓曹氏，出家，遍历丛林，后归旧隐，更荐福为禅居。张无垢有记。老怀：《释氏稽古略》天衣禅师，名义怀，乐清陈氏子。

天圣间试经得度，七坐道场，其传法弟子为宗本。【《苏诗补注》卷25】

《建中靖国续灯录》载：东京大相国寺惠林禅院觉海禅师，讳若冲。姓钟氏，江宁府句容人也。母初娠师，屡梦一僧端坐于寝，遂不荤茹。其父固问，即告以梦。父曰："若果生男，当舍为僧。"及卯岁，母携至钟山，礼志公像，师即涕泣，不肯归去。母悟前事，乃许就寺僧怀义上人出家。……初住常州荐福，次住宜兴善权，又还荐福。后住北京福胜、西京法王。相国韩公绛、太师文公彦博尝加师仰，晚奉诏住慧林。【《建中靖国续灯录》卷9】

【按】查慎行所注"荐福寺，在盐官县西三十里"，实误。当时常州有荐福寺，住持为觉海若冲禅师。

《宜兴旧志·名胜》载：善权洞，在县西南五十里国山东南，一名龙岩。……熙宁二年，僧若冲与徒秉燧裹粮入，行约三十里，有石碓、石床、石羊、石马，天然精巧，忽大声震，惧而返。【《宜兴旧志》卷9】

是年春夏，苏轼在宜兴考察茶事，作《次韵完夫再赠之什》《寄周安孺茶》等诗，详述阳羡茶事。

苏轼《次韵完夫再赠之什·某已卜居毗陵，与完夫有庐里之约云》诗云：柳絮飞时笋箨班，风流二老对开关。雪芽为我求阳羡，乳水君应饷惠山。竹簟水风眠昼永，玉堂制草落人间。应容缓急烦闾里，桑柘聊同十亩闲。【《施注苏诗·续补遗》卷下】

【注】完夫，姓胡，名宗愈，晋陵人。胡宿从子。宜兴《蒋氏宗谱》载其为蒋之奇妻从兄。小团月，当指阳羡茶。

苏轼《寄周安孺茶》云：大哉天宇内，植物知几族。灵品独标奇，迥超凡草木。名从姬旦始，渐播桐君录。……邂逅天随翁，篇章互赓续。开园颐山下，屏迹松江曲。……闻道早春时，携篝赴初旭。惊雷未破蕾，采采不盈掬。……清风击两腋，去欲凌鸿鹄。嗟我乐何深，水经亦屡读。子咤中泠泉，次乃康王谷。蝶磁顷曾尝，瓶罂走僮仆。如今老且懒，细事百不欲。美恶两俱忘，谁能强追逐。……乳瓯十分满，人世真局促。意爽飘欲仙，头轻快如沐。昔人固多癖，我癖良可赎。为问刘伯伦，胡然枕糟曲。
【《苏轼诗集合注》卷49，第2400—2404页】

陆羽《茶经》云：浙西以湖州上，常州次。〔原注：常州义兴县生君山、悬脚岭北峰下与荆州义阳郡同，生圈岭、善权寺、石亭山与舒州同。〕《桐君录》：西阳（酉阳）、武昌、庐江、晋陵好茗，皆东人作清茗。【《茶经》卷下】

卢仝《走笔谢孟谏议寄新茶》云：……闻道新年入山里，蛰虫惊动春风起。天子须尝阳羡茶，百草不敢先开花。仁风暗结珠琲瓃，先春抽出黄金芽。摘鲜焙芳旋封裹，至精至好且不奢。至尊之余合王公，何事便到山人家。柴门反关无俗客，纱帽笼头自煎吃。碧云引风吹不断，白花浮光凝碗面。一碗喉吻润，两碗破孤闷。三碗搜枯肠，唯有文字五千卷。四碗发轻汗，平生不平事，尽向毛孔散。五碗肌骨清，六碗通仙灵。七碗吃不得也，唯觉两腋习习清风生。蓬莱山，在何处。玉川子，乘此清风欲归去。……【《御定全唐诗》卷388】

《毗陵志·寓贤》载：陆希声，唐人，相昭宗。避乱隐阳羡之湖洑，名其山曰颐山。自号君阳遁叟。著《颐山录》。【《毗陵志》卷18《寓贤》】

《宜荆新志·摭佚》载：陆龟蒙，字鲁望。少高放，通六经大义。性嗜茶，置园顾渚山下，自判品第。【《宜荆新志》卷末《摭佚》】

苏轼《叶嘉传》云："叶嘉，闽人也，其先处上谷。……"【《苏轼文集编年笺注》卷13，第303—306页】

元杨维桢《清苦先生传》云：先生名槚，字荈之。姓贾氏，别号茗仙。其先阳羡人也，世系绵远，散处之中州者不一。先生幼而颖异，于诸眷族中最其风致。卜居隐于姑苏之虎丘，与陆羽、卢仝辈相友善，号"勾吴三俊"。每二人游，必挟先生随之。【《茶书集成》，第266—270页】

【按】苏轼诗题中"周安孺"，无考。苏轼与茶，极有研究，曾作《叶嘉传》。李之亮〔笺注〕云："此文虽难以确定写作年代，然观全文，皆在贬损王安石、吕惠卿之流变法之弊，或为熙宁后期戏作，而寓意深远。"李的说法有一定道理，其"叶嘉，闽人也"，或有所指，《宋史·王安石列传》中说："安石退处金陵，往往写'福建子'三字，盖深悔为惠卿所误也。"但此诗中"如今老且懒",与其《菩萨蛮（阳羡作）》中"有书仍懒著,且漫歌归去"相呼应,当是年老后卜居宜兴后所作。另外,诗中描述茶史故事,多与宜兴、阳羡茶相关,陆羽、卢仝、颐山、陆龟蒙、金沙泉等人文遗迹,皆在苏轼寓居的湖㳇镇,故采录于此。

苏轼《爱玉女洞中水（调水符）》一诗小考。

苏轼《爱玉女洞中水,既置两瓶,恐后复取而为使者见绐,因破竹为契,使金沙寺僧藏其一,以为往来之信,戏谓之调水符》诗云:欺谩久成俗,关市有弃繻。谁知南山下,取水亦置符。古人辨淄渑,皎若鹤与凫。吾今既谢此,但视符有无。常恐汲水人,智出符之余。多防竟无及,弃置为长吁。【《荆溪外纪》卷4、《宜兴旧志》卷10《五古》】

【注】玉女潭,在张公洞西南三里。旧传玉女修炼于此。唐权德舆称:"阳羡佳山水,以此为首。"独孤守及《答李滁州刺史幼卿怀荆溪幽居》诗,有"书书寄玉潭"之句,张祜《题李溪玉潭山居》云:"古树千年色,苍崖百尺阴。"溪,疑幼卿之后。【《毗陵志》第15《山水》】玉女潭,去张公洞二里,广逾百尺。旧传玉女修炼于此,潭倚绝壁,从壁顶下三四折方及潭,深不可穷。……张公洞,在县东南五十五里,湖㳇之上。……【《宜兴旧志》卷9《名胜》】

金沙禅寺,在县东南四十里。唐陆希声读书山房,后改禅院。宋熙宁三年赐额"寿圣金沙",隆兴初改"广福金沙"。【《宜兴旧志》卷末《寺观》】广福金沙禅院,在县东南四十里。唐陆希声读书山房。熙宁三年赐额"寿圣金沙",隆兴改今额。【《毗陵志》卷25《仙释》】

《宜兴旧志·山川》载:湖㳇渚,一名湖㳇,在县东南四十里。汇东南诸山涧流,至湖㳇镇始通舟。又东为罨画溪,过蜀山,其东流入太湖,其北流入东溪。……唐贡山,在县东南三十五里,临罨画溪,以唐时产茶入贡故名。金沙泉即在其下。【《宜兴旧志》卷1《山川》】

【按】《宜兴旧志》原注云:"洞在凤翔,但沿讹已久,姑仍之。"所谓沿讹已久,即不知始于何时。历代注东坡诗者都将此诗系于《玉女洞》诗之后,说是苏轼治平初官凤翔（今宝鸡）时所作。从地理、风俗看,此诗意与苏轼官凤翔时不协。

雍正《陕西通志·凤翔府》载:凤翔,唐府,名雍。《胜略》云:至德初置凤翔府,取凤鸣岐山之义。（属县）凤翔，凤翔府附郭；岐山，宝鸡，扶风，郿，麟游，汧阳，陇州。

雍正《陕西通志·盩厔县》载："玉女洞泉，在县西南三十里。在中兴寺下、玉女即秦'弄玉'也。洞有飞泉，甚甘冽，饮之者愈疾。苏轼尝爱其水，既致两瓶，恐后复取为使者见绐，因破竹为契，使寺僧藏其一，以为往来之信，戏谓之调水符。"[雍正《陕西通志》卷3、卷9] 毕沅《关中胜迹图志》载："玉女洞，在县南三十里。其南三里仙游潭，北有玉女洞。又潭傍罗汉洞，东有马融石室。"[《关中胜迹图志》卷2] 王称《章惇传》云：章惇，字子厚，建州浦城人也。……尝与苏轼同游南山，抵仙游潭，潭下临绝壁万仞，岸甚狭。惇推轼下潭书壁。轼不敢。惇履险而下，以漆墨濡笔，大书石壁上。曰："苏轼、章惇来。"轼拊惇背，曰："子厚必能杀人。"惇曰："何也？"轼曰："能自判命者，能杀人也。"惇大笑。[《东都事略》卷95《章惇传》]

以上种种记载表明，此玉女洞在长安府盩厔县（今西安周至），距凤翔二三百里。且此玉女洞地势凶险，泉虽甘冽，非常人能够汲取。细审苏轼此诗意境，悠远闲适，当是东坡"寻泉问茶"之事，绝非苏轼在凤翔所为。试想：假如某人在苏州任职，指派僮仆赴二百多里之外的常州无锡的第二泉汲水煮茶，这在今天都不大可能，何况在宋代？苏诗中有"僧人""竹""泉""茶""南山"等人和物，与宜兴湖汶景致十分相恰，而东坡寓居宜兴时，大多居湖汶镇单家（见下文）。单家距金沙古寺一里许，往西南三四里即玉女潭，东坡唤童子去挑水（所谓"瓶罂走僮仆"），显得合情合理。常州、宜兴先贤将此诗采入方志，想必亦是此意。或云，诗题中"金沙"二字乃"明人沈敷所添"，"欲南移此事至宜兴"。此说亦显冒昧。沈敷编著《荆溪外纪》，采撷于群书，其来源于何，后人只能置疑。

【参见徐曦：《东坡毗陵诗文编年》，第367页】

关于《调水符》一诗的编年，为何历来编排在"凤翔"时，《苏轼诗集合注》中可以找到答案。其诗历来编在《自清平镇游楼观、五郡、大秦、延生、仙游，往返四日得十一诗，寄舍弟子由同作》的组诗当中。《集注》引述苏辙的话说，"组诗"本来只有前九首。后面的《调水符》《姚氏山亭》是编注者想当然加上的，合为十一首。就连"玉女洞"的所谓"原注"，也是后人加上的，宋人集中就没有。这些情况表明，之所以将《调水符》诗附于《玉女洞》一诗之后，就是因为两诗都写到了此洞，殊不知，宜兴也有玉女洞。不揣陋见，特附于此。

五月二十二日，苏轼至常州，卜居宜兴。有《到常州谢表》二状，一上皇帝，另一上太皇太后。

苏轼《到常州谢表》云：臣轼言：先蒙恩授汝州团练副使本州安置，寻上表乞于常州居住，奉圣旨依所乞。臣已于今月二十二日到常州讫者。积衅难磨，未经洗濯，至仁以感，许便安。祗荷宠灵，惟深感涕。伏念臣所犯罪戾，本合诛夷，向非先帝之至明，岂有余生于今日？衔恩未报，有志不从。已分投身，寄残骸于魑魅；敢期择地，收暮景于桑榆。此盖伏遇皇帝陛下，仁孝生知，聪明天纵。寅奉上帝之眷命，述修累圣之成谋。念此菅蒯之微，庶几簪履之旧。俾安田亩，稍出缧囚。饱食无思，但日陶于新化；杜门自省，当益念于往愆。臣无任。【《宜兴旧志》卷10《奏议》】

（八年五月）又云：臣轼言：先蒙恩授汝州团练副使本州安置，寻上表乞于常州居住，奉圣旨依所乞，已于今月二十二日到常州讫者。罪大人微，自甘永弃，食贫口众，未免求安。忽奉俞旨，出于独断，仰衔恩施，不觉涕零。伏念臣猥以凡才，早尘仕籍，生逢有作之圣，独抱不移之愚。废弃六年，已忘形于田野；沂沿万里，偶脱命于江湖。岂谓此生得从所便，此盖伏遇太皇太后、陛下厚德载物，至仁代天。春生秋成，本无心于草木；风行雷动，自有信于虫鱼。致此幽顽，亦叨恩宥。耕田凿井，得渐齿于平民；碎首刳肝，尚未知其死所。臣无任。【《宜兴旧志》卷10《奏议》】

苏轼《汝州表乞常州居住得请》诗云：上书得自便，归老湖山曲。躬耕二顷田，自种十年木。【《毗陵志》卷23《词翰》】

【按】《宜兴旧志》亦录此诗，题为《乞常州义兴居住得请苏轼》，首句作"上书得便宜"。此诗本是苏轼《和王晋卿（并叙）》一诗中的四句，常州、宜兴方志误。原《诗序》云："驸马都尉王诜晋卿，功臣全彬之后也。元丰二年，予得罪贬黄冈，而晋卿亦坐累远谪，不相闻者七年。予既召用，晋卿亦还朝，相见殿门外，感叹之余，作诗相属托。物悲慨阮，穷而不怨，泰而不骄，怜其贵公子有志如此，故次其韵。"此诗作于元祐初，苏轼已入朝。但

此四句确为叙述东坡卜居宜兴故事，故系此。【《东坡全集》卷 17】

五月，同月，章惇除知枢密院事，司马光加守门下侍郎。五六月间，宰相司马光、范纯仁等荐苏氏兄弟。

《苏谱》载：五月二十六日，司马光任宰相。……六月二十六日，司马光荐苏氏兄弟；同时，范纯仁亦荐。【《苏谱》，第 676 页】

《宋史·宰辅表二》载：五月戊午，章惇自通议大夫、门下侍郎除知枢密院事。司马光自资政殿学士、通议大夫、知陈州加守门下侍郎。七月戊戌，吕公著自资政殿大学士、银青光禄大夫兼侍读加尚书左丞。【《宋史》卷 211《宰辅表二》】

周必大《益公题跋·书〈楚颂帖〉后》云：八年正月四日乃行，道中上书乞归常。三月六日至南京（今商丘），被旨从所请，次维扬；又《归宜兴留题竹西》三绝，盖五月一日也。《同孟震游常州僧舍》诗"湛湛清池五月寒"，而谢表谓"今月二十二日到常州讫"，其为五月无疑。是月被奉命复朝奉郎，起守文登。《次韵贾耘老》云："东来六月无井水（无井水），仰看古堰横奔牛。"七月二十五日，与杜介遇于润之金山，赠以古诗。八月二十八日，复《赠竹西无择长老》绝句，则在道日月，历历可考。其冬到郡，五日而召。自此出入待从，以及南迁。【《东坡乐府编年笺注》，第 292—294 页】

六七月间，苏轼仍在宜兴、常州、无锡一带，求田问舍，会客访友。七月左右，苏轼离开宜兴。

苏轼《凤栖梧·荆溪写景》云：山秀芙蓉，溪明罨画，真游洞穴沧波下。临风慨想斩蛟人，长桥千载犹横跨。○解佩投簪，求田问舍，黄鸡白酒渔樵社。元龙非复少时豪，耳根洗尽功名话。【《御选历代诗余》卷 36、《宜兴旧志》卷 10《词》】

【按】明陈耀文《花草粹编》卷十二亦收录，题为《踏莎行·荆楚》。诸丛集中亦作贺铸诗，名《阳羡歌》。细审词中描述，俱东坡在宜兴事实［见周必大《题跋·书〈楚颂帖〉后》］，此诗当为贺铸寓居宜兴时怀苏轼所作。其调则为《踏莎行》，常州、宜兴方志误为《凤栖梧》。

苏轼居湖㳇单家巷。此时，单锷正在撰写《吴中水利书》。

苏轼《进单锷〈吴中水利书〉状》云：元祐六年七月二日，翰林学士承旨、左朝奉郎、知制诰兼侍读苏轼状奏：……旧闻常州宜兴县进士单锷有水学，故召问之。出所著《吴中水利书》一卷。且口陈其曲折，则臣言止得十二三耳。……【《东坡全集》卷59】

《毗陵志·人物》载：单锡，字君赐。登嘉祐二年第，明阴阳图纬星历，读书无不该贯。与东坡为同年进士。坡爱其贤，以女兄之子妻之。来宜兴每寓其家。锡卒，坡祭以文。【《毗陵志》卷17《人物》】

先师吴恩甲《苏东坡与宜兴》文云：元丰二年（1079）四月，苏子再次来宜，就宿湖㳇单家，闸口邵民瞻赶至湖㳇与苏子结交，三方共商苏求田问舍之事。后邵为苏在今之南新乡（淹）［塘］头村处买成一百多亩的一个"小庄子"。当苏子自宜去常时曾亲临察看，并命人在那里建造了一座"东坡闸"，以控制出入滆湖之水。此闸后转让给了张姓。现塘头村还有"东坡洗墨池"与"东坡买田托宅处"的遗迹。《荆溪县新志》云："万金乡地图上有东坡买宅处遗址，在中巷以西，神仙河以东，马桥以南，塘头以北。"【《历史文化名人研讨会征文选辑》，第161—162页】

《湖㳇镇志·单锡单锷传略》载：单锡，字君赐，单锷之兄，世居湖㳇单家巷（今西街一里桥）。宋嘉祐二年（1057）与苏轼为同榜进士。苏轼因爱单锡之才，将其姐姐的女儿嫁给单锡为妻，故苏轼与单氏兄弟极相友善，往来亲密。苏轼每每来宜，常宿单锡家中。单锡对天文、历法、地理知识颇有研究，有关这方面的书籍无不博览精通。著有《宜兴风土记》传于后世。单锷（1031—1110），字季隐，世居宜兴湖㳇镇。宋代著名水利专家。嘉祐四年（1059）进士。……经历20多年的时间，……元祐三年（1088）写成《吴中水利书》。……由苏轼于元祐六年抄录，并呈送给朝廷，

但未被采纳。【《湖汶镇志》，第 304 页】

传苏轼置宅于宜兴县滆湖边塘头。路过黄土村时，遇有饷酒者，此后，酒名"东坡红"。

《毗陵志·古迹》载：苏东坡别业，在县北滆湖塘头。嘉祐初，蒋颖叔有卜邻之约，诗云"琼林花草闻前语，罨画溪山指后期"。元丰中，自黄移汝，至荆溪，与单君锡步月于黄土，有饷红灰酒者，坡曰："彼知有红灰，不知有黄封，真快活人也。"因号"东坡红"。又长短句云："买田阳羡吾将老，从来只为溪山好。"其孙岘因家焉。【《毗陵志》卷 27《古迹》】

《宜兴旧志·遗址》载：苏东坡别业，在县北五十里滆湖塘头。嘉祐初，蒋颖叔有卜邻之约。元丰中，自黄移汝，至荆溪，《乞常州居住表》云："臣有薄田在阳羡，可供饘粥。"盖此托居。【《宜兴旧志》卷 9《遗址》】

传苏轼卜筑于蜀山。

《宜兴旧志·坛庙》载：苏东坡祠，在蜀山，祀宋苏文忠轼。公尝爱宜兴溪山之胜，卜筑于此。岁久，其址入金陵保宁寺，遂为寺之别墅。后寺僧敏机仍作草堂，以存旧迹。徐一夔记。明弘治间，邑人沈晖白其事于抚按，令王鏇躬访遗址，赎而还之，为建祠，名东坡书院。李东阳撰记，万历元年，巡抚张佳胤檄令韩容重修，堂宇额象，俱鼎新之。【《宜兴旧志》卷 2《坛庙》】

六月，诰下，苏轼起复，知登州。六七月间，离开宜兴、常州时，胡宗愈有诗相赠，苏有和诗。

《苏谱》云：六月，诰下，复朝奉郎、起知登州军州事。【《苏谱》，第 678 页】

苏轼《书遗蔡允元》云：仆闲居六年，复出从仕。自六月被命，今始至淮上，大风三日，不得渡。故人蔡允元来船中相别。允元眷眷不忍归，而仆迟回不发，意甚愿来日复风。坐客皆云东坡赴官之意，殆似小儿迁延避学。爱其语切类，故书之，以遗允元，为他日归休一笑。［编年］元丰八年自黄州团练副使量移汝州途中，得登州知州之命后作。【《苏轼文集编年笺注》卷71，第60页】

苏轼《次韵胡完夫》诗云：青衫别泪尚斓斑，十载江湖困抱关。老去上书还北阙，朝来挂笏望西山。相从杯酒形骸外，笑说平生醉梦间。万事会须咨伯始，白头容我占清闲。〇附胡完夫原作：苏公五十鬓斑，云袖青袍入汉关。贾谊谪归犹太傅，谢安投老负东山。黄冈泉石红尘外，阳羡牛羊返照间。知有竹林高兴在，欲闲谁肯放君闲。【《苏诗补注》卷26】

【按】胡诗有"欲闲谁肯放君闲"之句，认为东坡想求清闲，但身在官场，身不由己。

约六七月间，蒋之奇渡江南来，与苏轼同过镇江金山寺，会了元，相见甚欢。

《苏谱》云：晤了元（佛印），述受张方平所托印施《楞伽经》事。了元以为书刻为善，乃于真州及金山书之。【《苏谱》，第680页】

【按】因蒋之奇此后撰《楞伽经》序，苏轼为后序。苏轼、了元金山之晤，蒋亦在场。

胡仔《了元》文云：《僧宝传》云：东坡元丰末年得请归耕阳羡，舟次瓜步，以书抵金山了元禅师。曰："不必出山，当学赵州，上等接人。"元得书径来。东坡迎笑，问之，元以偈为献，曰："赵州当日少谦光，不出三门见赵王。争似金山无量相，大千都是一禅床。"东坡抚掌称善。【《渔隐丛话》卷57】

朱彧《萍洲可谈》载：慈圣光献皇后（曹氏）尝梦神人语云："太平宰相项安节。"神宗密求诸朝臣，及遍询吏部，无有是姓名者。久之，吴充为上相，瘰疬生颈间，百药不瘥。一日立朝，项上肿如拳，后见之告上曰："此真项安疖也。"蒋之奇既贵，项上大赘，每忌人视之。为六路大漕，至金山寺。僧了元，滑稽人也，与蒋相善。一日见蒋，手扪其赘，蒋心恶之。了元徐曰："冲卿在前，颖叔在后。"蒋即大喜。【《萍洲可谈》卷1】

【注】吴充（1021—1080），字冲卿，建州浦城（今属福建）人，熙宁九年（1076）

充枢密使，加平章事。元丰三年（1080），疾辞。

附一：传说苏轼、蒋之奇在途中有"春娘换马"一事。

冯梦龙《朝云（附春娘）》记云：坡公又有婢名春娘。公谪黄州，临行，有蒋运使者饯公。公命春娘劝酒。蒋问："春娘去否？"公曰："欲还母家。"蒋曰："我以白马易春娘可乎？"公诺之。蒋为诗曰："不惜霜毛雨雪蹄，等闲分付赎蛾眉。虽无金勒嘶明月，却有佳人捧玉卮。"公答诗曰："春娘此去太匆匆，不敢啼叹懊恨中。只为山行多险阻，故将红粉换追风。"春娘敛衽而前曰："妾闻景公斩厩吏，而晏子谏之；夫子厩焚而不问马，皆贵人贱畜也。学士以人换马，则贵畜贱人矣！"遂口占一绝辞谢，曰："为人莫作妇人身，百般苦乐由他人。今日始知人贱畜，此生苟活怨谁嗔？"下阶触槐而死。公甚惜之。【《情史》（上），第350—351页】

【按】苏轼"谪黄州"时，蒋之奇在陕西转运副使任上。冯梦龙的说法，应该是苏轼离开宜兴时，姑系此。

附二：传说苏轼在阳羡有弃婢。

赵翼《孙觌为东坡子》传云：吾郡宋时有尚书孙觌，相传为东坡遗体。冯具区祭酒［即冯梦祯］所云："阳羡孙老得坡公弃婢而生者也。"觌所著有《鸿庆集》，今郡城外有降子桥，城中有观子巷，云是弃婢生觌，以觌见坡之遗迹。王阮亭［即王士禛］则力辨之，谓："坡往阳羡，见一童子颇聪慧，出对句云：'衡门稚子璠玙器。'童子对曰：'翰苑仙人锦绣肠。'"即孙觌也。坡甚喜之，据此则觌非坡子明矣。然是时已传播，其事至以之名桥巷，何耶？岂宋人好名，如童贯自托于韩魏公所出，梁师成自谓坡公所出。［按］觌在靖康时附耿南仲，倡和议，有不同议者则欲执送金人，又草表媚金，极其笔力［参见《宋史·马伸传》］。高宗初召为中书舍人，知制诰。绍兴二年又知临安府，以赃败，编管象州。则觌本非端士，所云"东坡子"者，盖即出于觌之自言，欲以攀附名流，而不以中冓为耻也。【《陔余丛考》卷41，第913页】

附三：苏轼《祝英台近》小说。

苏轼《祝英台近·惜别》（词略，详见本谱第十四卷）。

【按】此词牌来源于梁祝传说。梁祝故事流传甚广，但有关祝英台的记载，宜兴最早最多。

笔者认为，此词作于宜兴，比较合情理（考详见本谱第九卷"熙宁六年"）。此词下阕中有"谁念萦损襄王，何曾梦云雨""旧恨前欢，心事两无据"，疑苏轼所别当是异性。前文云，或为赠外甥女。联系其"弃婢""春娘"传说，或即为此婢所作。

八月，蒋之奇行部至芜湖，为"玩鞭亭"题名，并有《过芜湖》诗。此前，苏轼过此题《湖阴曲》诗，黄庭坚有跋语。约于是年，绩溪知县苏辙作《湖阴曲》诗，疑为庚和子瞻之作。

蒋之奇《过芜湖》诗云：除地诛茅悬左偏，三山一碧正当前。舍人为写湖阴曲，禅伯请题城上篇。帐下劲兵缠象魏，枥中飞骑控巴滇。至今庭竹根延蔓，尚想当时七宝鞭。【《全宋诗》卷687，第8026页】

朱筼《后湖阴曲》诗云：芜湖水出当涂北，水南曰阴今县域。……苍藓黝涂黯点画，阔笔深痕苏老迹。汝州团练元丰年，亲手跋者黄庭坚。承天沙门蕴浙划，蒋枢密以亭名冠。玩鞭亭名始于斯，笑彼逝矣梦日非。宋人杰（杨）涛（王）又祥正（郭），灵畅诸篇元泰定。……【《笋河诗集》卷9】

【按】蒋之奇诗中"舍人为写湖阴曲"，疑即指苏辙。朱筼诗中"阔笔深痕苏老迹""亲手跋者黄庭坚"等语，明言苏东坡、黄庭坚有题刻。而"蒋枢密以亭名冠，玩鞭亭名始于斯"一句，知"玩鞭亭"之名来源于蒋之奇。

嘉庆《大清一统志·太平府（古迹）》载：梦日亭、玩鞭亭，《方舆胜览》：晋明帝时王敦镇姑孰（当涂），将举兵内向，帝密知之，微行至于湖阴，察其营垒，敦正昼寝，梦日环其城，惊起，使五骑追帝，帝已驰去，见逆旅卖食妪，以七宝鞭与之，曰，后有追者，以此示之。妪如其言，五骑传玩，稽留，帝获免，亭名以此。《府志》：梦日亭在芜湖县东一里，玩鞭亭在芜湖县北二十里，宋僧蕴湘建，二亭久毁，明晋姓重建玩鞭亭，亦圮。【嘉庆《大清一统志》卷40】

《芜湖市志·玩鞭春色》云：古代，芜湖郊北二十里的"玩鞭亭"。……"玩鞭"出典于《晋书》。……北宋元丰八年（1085），芜湖东门承天寺方丈尚蕴湘募建了"梦日"和"玩鞭"二亭。梦日亭毁于明嘉靖前，清咸丰后曾修火药库，即今鸡毛山原址有"火药房"地名。元代"玩鞭亭"遭毁。
【《芜湖市志》（上），第536页】

《芜湖市志·苏东坡至芜湖》载：元丰七年（1084），苏轼从黄州（今湖北黄冈）移汝州前夕，先取道富川赶赴筠州（今江西省高安县），看望贬居在此的其弟苏辙。苏轼筠州之行不久，是年六月二十三日，偕幼子苏过乘一叶扁舟自黄州顺江而下，抵达芜湖。苏轼父子这次客访芜湖，乃是应芜湖东承天院（遗址为今环城东路胜利电影院附近）当家师蕴湘之邀，欣然前来为刚竣工的玩鞭亭和梦日亭题诗致贺。苏轼平生足之所至，无不泼墨挥毫，抒发自己的感情。他在东承天院内亦即兴题咏《湖阴曲》一首，并相继写下耐人寻味的题跋："元丰五年，轼谪黄州。芜湖东承天院僧蕴湘因通直郎刘君谊，以书请书湖阴曲。七年六月二十三日舟过芜湖，乃书以遗湘。"言简意赅的题跋，既交待了来芜的缘由，也隐约抒发了他当时的抑郁不欢之情。苏轼所题的《湖阴曲》是七言古诗、咏叹其事为"玩鞭春色"一文中所述的故事。只因苏轼等人承袭旧说，致使"于湖"变成了"湖阴"。其后，苏门四学士之一的张耒在游览芜湖时，就特意写了一首七言古诗《于湖曲》，以正老师之误。岁月流逝，沧桑巨变。苏轼《湖阴曲》一诗已不复存在，蕴湘摩刻的碑石题诗，亦遭战乱丢失，唯有题跋尚为《芜湖县志》所载。【《芜湖市志》（下），第1681页】

附：苏辙《湖阴曲》诗云：老虎穴中卧，猎夫不敢窥。骅骝服箱骖盗骊，巡城三匝漫不知。帐中昼梦日绕壁，惊起知是黄须儿。马鞭七宝留道左，猛士徘徊不能过。遗矢如冰去已遥，明日神兵下赤霄。荒城至今人不住，狐兔惊走风萧萧。【《栾城集》卷10】

八月中秋后，苏轼渡江至泰州，晤徐守信。又回真州，晤蒋之奇，有《次韵蒋颖叔》诗，并商定刻印《楞伽经》事宜。

《苏谱》载：中秋后，过泰州，晤徐守信。九月十八日，《楞伽经》刻成。轼书其后。【《苏谱》，第684、687页】

苏轼《次韵蒋颖叔》诗云：月明惊鹊未安枝，一棹飘然影自随。江上秋风无限浪，枕中春梦不多时。琼林花草闻前语，鼍画溪山指后期。岂敢便为鸡黍约？玉堂金殿要论思。【《毗陵志》卷23《词翰》】

苏轼《次韵蒋颖叔》：〔王注：尧卿，名之奇。公嘉祐二年章衡榜与颖叔同登第。〕诗云：月明惊鹊未安枝，一棹飘然影自随。江上秋风无限浪，枕中春梦不多时。〔王注：次公欧阳永叔词，语云："来如春梦不多时"。"枕中"字，特用字耳，不必指邯郸吕翁枕也。〕琼林花草闻前语，鼍画溪山指后期。〔王注：演刘商隐爱义兴之鼍画溪，遂葺居焉。次公先生诗尾本注：所谓阳羡，则常州也。古云阳羡三湖九溪。《地志》云今只有六溪，其三溪不知其处。而六溪之中有荆溪，则首受芜湖东至阳羡入海。圻，俗呼为鼍画溪。〕岂敢便为鸡黍约，玉堂金殿要论思。〔王注：《符诗记》及第时，琼林宴坐中所言，且约同卜居阳羡。〕【《东坡诗集注》卷13】

【按】《毗陵志》诗题后有原注，曰："时琼林宴坐，相约卜居阳羡。"此诗前文已录，笔者认为此诗或在蒋之奇上书求归田时作。然历来苏诗注家一般都系于此年。如果真是作于元丰八年，说明苏轼自己当时尚不甘心归隐，"岂敢便为鸡黍约""玉堂金殿要论思"，虽然年届五十，但东坡还有去"朝堂金殿"贡献才智的雄心。说明，蒋之奇原作有"劝其归隐"的意思。

是年夏秋，苏轼寄居真州。宜兴大旱，苏轼致书宜兴县令李去盈，教以求雨方法。

《苏谱》载：至真州，有与宜兴令李去盈简。【《苏谱》，第674页】

苏轼《与滕达道六十八首（三十六）》云：去岁所买田，已旱损一半，更十日不雨，则已矣。奇穷所向如此，可笑。可笑。耘老远去。此意岂可忘。老病憔悴，得公厚顾，翘然增气也。【《苏轼文集》卷51，第1487页】

苏轼《与李知县一首（北归）》云：某启：近奉状，必达。比日伏计起居佳胜。旱势如此，抚字之怀，想极焦劳。旧见《太平广记》云，以虎头骨缒之有龙湫潭中，能致雨。仍须以长绠系之，雨足乃取出，不尔雨不止。在徐与黄试之，皆验，敢以告，不罪不罪！某家在仪真，轻骑到此数日，却还般挈，须水通，乃能至邑中拜见。倾企之甚。毒热，千万为名自爱。不宣。

［编年］元丰八年自黄州团练副使量移汝州途中所作。原本题下注云："北归"。【《苏轼文集编年笺注》卷58，第554—555页】

【按】简中云"毒热"，当是作于盛夏或初秋。另，宜兴求雨之地较多，上文言及的九斗坛最有名。另外，宜兴曹氏世居的琅玕山上有龙湫和白龙娘娘庙，也是著名求雨场所。

【注】明曹三旸《琅玕山龙王殿记》云：邑之西北隅，去城八十里，有瑯（琅）玕山，山之颠有潭，潭中泉冬夏不涸。相传谓"白龙朝母"而穴此，因构宇绘像于上而祀之，曰"龙王殿"焉。殿之后为大佛堂，堂之后有楼，其建置朝代月日，碑刻未具，邑乘无徵，莫详所始。……矧今之所祀者，为其遇岁大旱，有祷辄应，以福此一方，一方之父老犹能言之，是能御灾捍患，有功德于民，正祀典之所不遗也。像而宇之，奚为而不可哉？【万历《宜兴县志》卷10】

【又】龙神庙，在琅玕山，明曹尚书三旸有《琅玕山龙王殿碑》，毛龙元有《神龙碑》。见《旧志·碑刻》。庙中塑龙母像，俗称白龙娘娘庙。一在屺山，宋时建蔡肇有诗，见《旧志·山川》。屺山、琅玕山巅俱有龙潭。【《宜荆新志》卷2《营建·坛庙》】

九月十八日，《楞伽经》刻成。在此之前，蒋之奇撰《楞伽阿跋多罗宝经序》，苏轼同撰《楞伽阿跋多罗宝经后序》。

蒋之奇《楞伽阿跋多罗宝经序》载：朝议大夫、直龙图阁、权江淮荆浙等路制置盐矾兼发运副使、上护军、赐紫金鱼袋蒋之奇撰。文云：之奇尝苦《楞伽经》难读，又难得善本，会南都太子太保致政张公施此经，而眉山苏子瞻为书而刻之板，以为金山常住。金山长老佛印大师了元持以见寄，之奇为之言曰：佛之所说经总十二部，而其多至于五千卷。方其正法流行之时，人有闻半偈、得一句而悟入者，盖不可为量数。至于像法末法之后，去圣既远，人始溺于文字，有入海算沙之困。而于一真之体，乃漫不省解。

蒋之奇《楞伽经》序

于是有祖师出焉，直指人心，见性成佛，以为教外别传。于动容发语之顷，而上根利器之人，已目击而得之矣。故云门至于骂佛，而药山至戒人不得读经，皆此意也。由是，去佛而谓之禅，离义而谓之玄。故学佛者必诋禅，而讳义者亦必宗玄。二家之徒，更相非而不知其相为用也。且禅者，六度之一也，顾岂异于佛哉？之奇以为：禅出于佛，而玄出于义。不以佛废禅，不以玄废义，则其近之矣。冉求问闻斯行诸孔子，曰："闻斯行之。"子路问："闻斯行诸？"曰："有父兄在，如之何？"其闻斯行之，求也退，故进之，由也兼人，故退之说，岂有常哉？救其偏而已。学佛之敝，至于溺经文惑句义，而人不体玄，则言禅以救之。学禅之敝，至于驰空言玩琦辩，而人不了义，则言佛以救之。二者更相救，而佛法完矣。昔达磨西来，既已传心印于二祖。且云："吾有《楞伽经》四卷，亦用付汝，即是如来心地要门，令诸众生开示悟入。"此亦佛与禅并传，而玄与义俱付也。至五祖，始易以《金刚经》传授，故六祖闻客读《金刚经》，而问其所从来，客云："我从蕲州黄梅县东五祖山来。五祖大师常劝僧俗，但持《金刚经》，即自见性成佛矣。"则是持《金刚经》者，始于五祖，故《金刚》以是盛行于世，而《楞伽》遂无传焉。今之传者，实自张公倡之。之奇过南都谒张公，亲闻公说《楞伽》因缘。始张公自三司使翰林学士出守滁，一日入琅琊僧舍，见一经函，发而视之，乃《楞伽经》也。恍然觉其前生之所书，笔画宛然，其殆神先受之甚明也。之奇闻：羊叔子五岁时，令乳母取所弄金镮，乳母谓之："汝初无是物。"祜即自诣邻人李氏东垣桑木中，探得之。主人惊曰："此吾亡儿所失物也，云何持去？"乳母具言之，知祜之前身为李氏子也。白乐天始生七月，姆指"之、无"两字，虽试百数不差。九岁谙识声律，史氏以为笃于才章，盖天禀。然而乐天固自以为宿习之缘矣。人之以是一真不灭之性，而死生去来于天地之间。其为世数，虽折天下之草木以为筹箸，不能算之矣。然以沦于死生，神识疲耗，不能复记，惟圆明不昧之人知焉。有如张公，以高文大册再中制举、登侍从、秉钧轴，出入朝廷逾四十年。风烈事业，播人耳目，则其前身，尝为大善知识，无足疑者！其能记忆前

世之事，岂不谓信然哉！故因读《楞伽新经》，而记其因缘于经之端云。【《楞伽经通义》卷1】

苏轼《楞伽阿跋多罗宝经序》载：朝奉郎、新差知登州军州兼管内劝农事、骑都尉、借绯苏轼书。文云：《楞伽阿跋多罗宝经》，先佛所说，微妙第一，真实了义，故谓之佛语心品。祖师达磨以付二祖，曰："吾观震旦所有经教，惟《楞伽》四卷，可以印心。"祖祖相授，以为心法。如医之难经，句句皆理，字字皆法。后世达者，神而明之，如盘走珠，如珠走盘，无不可者。若出新意而弃旧学，以为无用，非愚无知则狂而已。近岁学者，各宗其师，务从简便。得一句一偈，自谓了证，至使妇人孺子抵掌嬉笑，争谈禅悦。高者为名，下者为利，余波末流，无所不至。而佛法微矣，譬如俚俗医师，不由经论，直授方药。以之疗病，非不或中，至于遇病，辄应悬断死生，则与知经学古者不可同日语矣。世人徒见其有一至之功，或捷于古人，因谓难经不学而可，岂不误哉？《楞伽》义趣幽眇，文字简古，读者或不能句，而况遗文以得义、忘义以了心者乎？此其所以寂寥于世，几废而仅存也。太子太保乐全先生张公安道，以广大心，得清净觉。庆历中，尝为滁州，至一僧舍，偶见此经，入手恍然如获旧物。开卷未终，凤障冰解，细视笔画，手迹宛然，悲喜太息，从是悟入。常以经首四偈，发明心要。轼游于公之门三十年矣，今年二月过南都，见公于私第。公时年七十九，幻灭都尽，惠光浑圜。而轼亦老于忧患，百念灰冷，公以为可教者，乃授此经。且以钱三十万使印施于江、淮间。而金山长老佛印大师了元曰："印施有尽，若书而刻之则无尽。"轼乃为书之，而元使其侍者晓机走钱塘，求善工刻之板，遂以为金山常住。元丰八年九月九日。【《楞伽经通义》卷1】

是年，蒋之奇侄蒋璨（1085—1159）出生。

《蒋璨（1079—1157）世表》云：之美长子璨（又作燦），字宣卿，号景坡。宋高宗朝为中散大夫，直龙图阁学士，知临安府事，兼管畿内劝农使，主管两浙西路抚司公事、马步军都总管，赐紫金绯袍。生于宋神宗元丰二年己未，卒于宋高宗绍兴二十七年丁丑。寿登七十九。葬永丰碧云山寺旁乐安墓，墓曰西归庵。配许国忠公女，封宜兴县太君。子二，荣祖、耀祖。【《方东蒋氏宗谱》卷7】

《宜兴旧志·文苑》云：蒋璨（旧志误作灿），字宣卿。父之美，早卒。璨方十三岁，鞠于世父魏公之奇。博览载籍，操笔成章，尤善为诗。魏公器重之，赋诗曰："渥洼之驹必汗血，青云之干饱霜雪。"以魏公荫补将仕郎。历知平江、临安二府。尝与转运司计料开浚常熟十四浦，以通江。后以侍郎守临川，告归，卒。赠正议大夫。孙觌称其诗"奇丽清婉，咀嚼有味如啖蔗，然读之惟恐尽。其拟东坡作，置苏集中，殆不可辨"。所著有《景坡堂诗集》十卷。【《宜兴旧志》卷8《文苑》】

孙觌《宋故右大中大夫敷文阁待制赠正议大夫蒋公（璨）墓志铭》载：公讳璨，字宣卿，曾祖九皋，赠太傅，祖滂，江宁县主簿，赠太师。考之美，奉议郎通判直州，赠正议大夫；妣硕人程氏，所生母李氏，令人。公生十三岁而孤，鞠于世父魏公。……明年复右大中大夫，上用公之意未衰也。而公病矣。以二十九年四月己亥卒，赠右正议大夫。……享年七十五。娶同郡李氏承事郎畸之女，赠令人。一男子，志祖，右文林郎，监潭州南狱庙。一女，适左从事郎李处全，监镇江府户部大军仓门。孙男五人，蘧、蔺并登仕郎；葢、萧、范，该公遗恩而未命。……公守临安，坐小法，知通州，贬秩一等。是岁，当郊通判应任子而坐贬，公造堂请独任其咎，遂两已，遇恩当任志祖，而魏公诸孙独思祖未著仕籍，改奏登仕郎。【《鸿庆居士集》卷37】

【按】蒋璨生卒年，家谱与墓志完全不同。今采于墓志。

十月乙亥，前知太平州、诸王府侍讲虞大熙（1018—1085）卒。此前，王安石有诗相赠。

王存《宋故扬王荆王府侍讲朝散郎充集贤校理轻车都尉虞公之铭》云：卒以元丰八年十月乙亥，其葬以元祐二年正月辛酉，其寿六十有八。其友丹阳王存为之铭曰：公讳太熙，字符叟，上世自会稽徙江南，为李氏将兵上饶，因为上饶人。祖讳戬，赠殿中丞。父讳肃，以尚书屯田员外郎致仕，卜居于阳羡之荆溪，累赠太中大夫。有子五人，其一早亡，其四皆名文学，举进士。长太微、次太宁与公继擢第；季太蒙，礼部再奏名，不第，弃冠带，晦迹于荆溪之阳。予从其兄弟游四十年，故知公为详。【《北京大学图书馆藏历代墓志拓片目录》（下），第1266页】

王安石《寄虞氏兄弟》诗云：一身兼抱百忧虞，忽忽如狂久废书。畴昔心期俱丧勇，此来腰疾更乘虚。久闻阳羡安家好，自度渊明与世疏。亦有未归沟壑日，会应相近置田庐。【《临川文集》卷25】

雍正《江西通志·人物（广信府）》载：虞大熙，肃子也。任宗丞。与兄大微、大宁、弟大冲相继擢第。居家以孝悌闻，立朝以名节显。熙宁间，陈述古以治经有行荐之经筵，以备台阁之选。【雍正《江西通志》卷85】

十一月廿五日，蒋之奇等跋《唐怀素自序帖》。绍圣时，苏氏兄弟亦有题跋，此时，帖当在宜兴邵叶（邵彦瞻幼弟）家中。

蒋之奇跋《唐怀素自序帖》云：草书有妙理，惟怀素为得之。元丰八年十一月廿五日，蒋之奇书。○苏辙跋《唐怀素自序帖》云：世传怀素书未有若此完者。绍圣三年三月，予谪居高安，前新昌宰邵君（邵叶）出以相示，予虽知其奇，然不能尽识其妙。余兄和仲特善行草，时亦谪惠州，恨不令一见也。眉山苏辙同叔记。【《赵氏铁网珊瑚》卷1】

苏轼《题怀素草帖》诗云：人人送酒不曾沽，终日松间挂一壶。草圣无成狂饮发，真堪画作醉僧图。【《东坡全集》卷29】

蒋璨跋《唐怀素自序帖》云：辩老方艰难时，流离转徙江湖间，犹能致意于此。可见志尚。又获观伯考少师品题，并以嘉叹。绍兴二年仲春廿日阳羡蒋璨。【《赵氏铁网珊瑚》卷1】

苏迟跋《唐怀素自序帖》云：辨老藏怀素自叙，后有先人题字。盖绍圣三年谪居高安时，为邵叶稽仲书也。不知流传几家，以至辨老。绍兴癸

丑三月九日，迟观于婺女马军桥潘氏之第。【《书画汇考》卷8】

冬至后三日，福建路转运判官蒋续与按察使张汝贤、转运副使陈纮等，会议长乐台。

黄荣春《乌石山长乐台石刻》载：尚书右司郎中张汝贤按察福建，元丰乙丑孟冬二十一日，与朝议大夫转运副使陈纮、朝议大夫知福州谢卿材、承议郎转运判官蒋续、宣议郎按察使管勾文字王弦，会议长乐台。【《福州摩崖石刻》，第5页】

约元丰八年冬，宜兴县主簿傅彬老寄书与秦观，讨论"三苏学术"，傅彬老认为"登州（苏轼）为最优"。

秦观《答傅彬老简》云：彬老足下，昨奉手教，所以慰诲甚勤，并蒙录示《寄苏登州书》并《题眉山集后》。尊贤善道，发于诚心词，旨清婉近，世所希见也。发函展读殆不能释手，钦想高风益增企系，屡迫贱事，修报后时，悚愧何已，然仆昧陋，不能具晓盛意，中间有未然处，辄为左右具言之。惟阁下恕其僭易，幸甚幸甚。……【《淮海集笺注》卷30，第981—984页】

【按】秦观云"蒙录示《寄苏登州书》"，知傅彬老此书作于元丰八年冬。

华镇有《送傅彬老检讨赴宜兴簿》诗，知彬老此前为官宜兴。

华镇《送傅彬老检讨赴宜兴簿》诗云：不是双翎羽未齐，天门欲到失云梯。眼前且看神仙府，身外休论枳棘栖。百草让茶先有味，一缶挹水近通携。扁舟邂逅须乘兴，细看东风罨画溪。【《云溪居士集》卷10】

【按】此诗未具创作年月，概知其作于元丰八年之前，姑系此。

第二十七卷　元祐元年（1086）

宋哲宗赵煦元祐元年（1086）丙寅　五十六岁

年初，苏轼以七品服入侍延和，即改赐银绯。二月，迁中书舍人。不久，与司马光政见不合，乞补外。

苏辙《亡兄子瞻端明墓志铭》云：元祐元年，公以七品服入侍延和，即改赐银绯。二月，迁中书舍人。时君实（司马光）方议改免役为差役。差役行于祖宗之世，法久多弊，编户充役不习，官府吏虐使之，多以破产，而狭乡之民或有不得休息者。先帝知其然，故为免役，使民以户高下出钱，而无执役之苦。行法者不循上意，于雇役实费之外，取钱过多，民遂以病。若量出为入，毋多取于民，则足矣。君实为人，忠信有余而才智不足，知免役之害而不知其利，欲一切以差役代之。方差官置局，公（苏轼）亦与其选，独以实告，而君实始不悦矣。尝见之政事堂，条陈不可。君实忿然。公曰："昔韩魏公刺陕西义勇，公为谏官，争之甚力，魏公不乐，公亦不顾，轼昔闻公道其详，岂今日作相，不许轼尽言耶？"君实笑而止。公知言不用，乞补外，不许。【《栾城集》卷72】

闰二月丙午，监察御史邵材自劾，出知广德军。

《长编》载：闰二月丙午，监察御史邵材知广德军。先是，州郡有以疑狱上者，刑部谓当贷死，而执政以为杀人者不可贷，仍欲坐所奏官，且立法。材言：“疑狱当谳，朝廷之常法，奏有误，贷罪，祖宗之盛德，奈何纷更之？诚使当谳者不贷，为贷者获罪，恐狱吏便文自营，不复以疑狱闻矣。”疏入，不报。材即自劾，遂命出守。〔原注：此据《邵材附传》增入。恐材自以不才被沙汰耳，傅饰辞，非实事也。去年七月甲寅八月癸酉，已立法。此云且立法，傅饰辞决矣。御史罢，不可不载，姑因之。须考详。〕【《长编》卷369】

闰二月己丑，林希在宫中听说要追究蒋之奇。

林希《元祐日记帖》云：司马门下迁左仆射。宣制毕，微雨，闾巷翕然，云司马雨。辛巳，热。舒、范二丞入，晚同开、育见新相司马公。……戊子，昭宪淑德忌。……己丑，闻于进邸追取蒋之奇告〔内批“夜大风雨”〕。庚寅，中伏。早，出西城凝真观，同次中（林旦）别舜卿（刘舜卿）于长庆。【《宝真斋法书赞》卷17《宋名人真迹》】

闰二月庚寅，司马光加左仆射兼门下侍郎。丁骘一直未去拜访恭贺，司马光厚之，旋除太常博士，改右正言。

《宋史·宰辅表三》载：闰二月庚寅，司马光自正议大夫、守门下侍郎依前官加左仆射兼门下侍郎。壬辰，吕公著自金紫光禄大夫、尚书左丞加门下侍郎。四月壬寅，吕公著自金紫光禄大夫、门下侍郎依前官加右仆射兼中书侍郎。文彦博自河东节度使、守太师、开府仪同三司、潞国公落致仕加太师、平章军国重事。【《宋史》卷112《宰辅表三》】

乾隆《江南通志·儒林（一）》载：丁骘，字公点（一作公默），晋陵人。嘉祐初进士，以经学倡后进，尤长于《易》《春秋》。李定用事，辟为属，以疾辞。苏轼、曾肇、孔文仲交章荐骘。司马光当国，骘谒之独后。光曰：“真自重士也。”除太常博士，改右正言。元祐间，疏请正士风，后出知处州。【乾隆《江南通志》卷163《人物志》】

三月十四日，胡宗愈为给事中，苏轼为中书舍人。

《长编》记载：三月辛未（十四日），诏改醴泉观慈寿殿为寿辉殿。中书舍人胡宗愈为给事中；起居舍人苏轼免试为中书舍人，仍赐金紫。司农少卿廉正臣、都水使者范子渊两易其任；承议郎王巩为宗正寺丞。【《长编》卷371】

是年春，秦观回复宜兴县主簿傅彬老关于"三苏学术"的话题。秦观认为"三苏"各有千秋。

秦观《答傅彬老简》云：彬老足下，昨奉手教，所以慰诲甚勤，并蒙录示《寄苏登州书》并《题眉山集后》。尊贤善道，发于诚心，词旨清婉，近世所希见也。发函展读，殆不能释手。钦想高风，益增企系。屡迫贱事，修报后时，悚愧何已！然仆昧陋，不能具晓盛意，中间有未然处，辄为左右具言之，惟阁下恕其僭易，幸甚幸甚。阁下谓蜀之锦绮，妙绝天下。苏氏蜀人，其于组丽也，独得之于天，故其文章如锦绮焉。其说信美矣。然非所以称苏氏也。苏氏之道，最深于性命自得之际，其次则器足以任重，识足以致远，至于议论文章，乃其与世周旋，至粗者也。阁下论苏氏，而其说止于文章，意欲尊苏氏，适卑之耳。阁下又谓三苏之中，所愿学者，登州为最优，于此尤非也。老苏先生，仆不及识其人，今中书、补阙二公，则仆尝身事之矣。中书之道，如日月星辰，经纬天地，有生之类，皆知仰其高明。补阙则不然，其道如元气行于混沦之中，万物由之而不知也。故中书尝自谓"吾不及子由"，仆窃以为知言。阁下试赢数日之粮，谒二公于京师，不然取其所著之书，熟读而精思之，以想见其人，然后知吾言之不谬也。文翁哀词，杼思久矣，重蒙示谕，尤增感怆。时气尚热，未及晤见，千万顺时自爱。因风无惜，以书见及，幸甚。【《淮海集笺注》卷30，第981—984页】

【按】秦观云"今中书、补阙二公，则仆尝身事之矣"，说明此回复在苏轼任中书舍人之后。

年初，蒋之奇为李莘求情。

《长编》记载：元符元年十一月己酉，御史中丞安惇言，近奏翰林学士蒋之奇，于元祐初奏雪知亳州李莘前任江西提刑日，冲替罪犯为太重事，望详前奏，早赐处分。诏之奇赎金十斤。【《长编》卷504】

【按】黄山谷的两个舅父，即李公择（李常）、李莘（李野夫），都曾在宣州做官。黄庭坚有《送舅氏野夫之宣城（李莘二首）》，参见《宋元诗会》卷24。

三月乙亥，江西湖南路发运使蒋之奇因荐知吉州魏纶失察被劾，特展二年磨勘（考核、升迁），仍罚铜十斤。

《长编》载：三月乙亥，监察御史孙升言："江西、湖南盐法之害，行于朱彦博、陈偲。两路之民，残害涂炭，甚于兵火。如知吉州魏纶虐增盐数，独吉州被害最苦。纶既以丁忧去官，而发运使蒋之奇乃荐纶悉心职事，乞候服阕，再令知吉州。之奇附会欺罔，至于如此！独提举江南西路常平等事刘谊，乃能上书极言利害，谊夺官勒停。而江南西路转运使刘淑，再任本路，首尾五年，坐视毒虐其民，曾无一言，今乃除祠部郎中。伏望特正蒋之奇、刘淑之罪，复刘谊之职。"诏刘淑罢祠部郎中，差知宿州。蒋之奇特展二年磨勘，仍罚铜十斤。刘谊寻差权发遣韶州。〔原注：闰月末，吕陶章可考。刘谊除韶州，在六月末。《旧录》云："先帝盐法以通商利，法未就绪，升以为残虐涂炭，闻者骇焉。"《新录》辨曰："孙升建言，指谓朱彦博、魏纶奉行乖庚，失盐法之意，故有残虐涂炭之说。史官不当引先帝为言。"〕【《长编》卷372】

《宋会要辑稿·职官》载：元祐元年闰二月十八日，刘淑罢祠部郎中，差知宿州。江西湖南路发运使蒋之奇特展二年磨勘，仍罚铜十斤。以监察御史孙升言："江西、湖南盐法之害，知吉州魏纶虚增盐数，民最苦之。纶既以丁忧去官，而发运使蒋之奇乃荐纶悉心职事，乞候服阕，再令知吉州。江南西路转运使刘淑再任本路，首尾五年，坐视毒虐其民，曾无一言，今乃除祠部郎中。望特正蒋之奇、刘淑之罪。"故有是命。【《宋会要辑稿·职官六六》】

【注】蒋之奇与魏纶交往，见元丰六年，时魏知吉州。蒋有《寄题三瑞堂诗》赠之。从《江西通志》记载看，魏是一个好大喜功之人。另外，其好收藏。米芾《书史》云："唐中书令褚遂良《枯木赋》是粉蜡纸，榻书。后有'未能'二字。余辩是双钩，唐人不肯欺人。若无此'双钩'二字，则皆以为真矣。在承议郎、寿春魏纶处，余于润州见之。"

约于是年春，蒋之奇再赴池州齐山，有"妙空岩"题名。

王哲《游齐山记》云：端平二年，提举王伯大扁其外门曰"齐山洞天"。由松径而入数十步，至中门，蹑蹬道而上，扁曰"云梯"。前为藏殿，后为佛阁；东西跨壑立亭，曰"一览"，高敞可爱。其后曰"妙空岩"，元祐初蒋之奇命名也。其罅有一石，击之如钟磬，曰"丹砂"。【《历代游记选译·宋代部分》，第 229 页】

桂鳌《游齐山记》云：池城南从垂杨两行，横湖一埂，三里许曰翠微堤，堤尽处得山如虎，首申尾寅而卧。……又数十步则立一石妙空，宋（理）［哲］宗元祐初蒋之奇题。罅有一石，击之成钟鸣，号丹砂石。【《齐山岩洞志》卷 8，第 100 页】

蒋之奇行部至宣州，有题彰教寺石云板碑阴。

释居简《彰教寺石云板铭》云：两朵云峙中可贯，考之清越而浑图。刻诗五十六字曰：莫翁题，不书姓名。寺无耆宿可访，访诸野，曰："建炎初，云居隆藏主来住此山，过湖口，得于民。"或曰徐氏旧物。二说未知孰是。寺盖李氏有国时徐魏惠王墓田。王，温第六子，名知证，字义明。距寺七里，有江南翰林学士常梦锡所撰碑，太庙令王崧所书，屹立驿路傍。元祐元年，龙图学士蒋之奇制置江淮荆湖时所作碑阴，则在寺。物之隐显固有数，嘉其瘗而后震，铭曰：切坚兮采英，剪云兮赋形，在县兮审厥声。声闻于人。人惟闻闻，寂寥兮归根，尘消兮不痕。【《杭州佛教文献集萃》（第 1 辑，第 9 册），第 4991—4992 页】

【注】彰教寺，在江宁、宣城、溧水之间，见前文卷七熙宁元年《郭祥正邀蒋之奇游

宣城丁山彰教寺》条。

四月癸巳，王安石郁然病逝。

《名臣碑传·王荆公安石传》载：元祐元年四月癸巳，观文殿大学士、守司空、充集禧观使、荆国公王安石薨。安石，字介甫，抚州临川人。……庆历二年，登进士甲科，签书淮南节度判官厅公事。……知明州鄞县、通判舒州。除知建昌军，不赴。召为群牧判官、差提点府界诸县镇公事，出知常州，提点江南东路刑狱。入为三司度支判官，献万言书。……嘉祐五年四月，除同修《起居注》，固辞不拜。十一月，申前命，章又五上，不许。遂除知制诰。……英宗朝，累召不赴。神宗在藩邸，见其文异之，及即位，就除知江宁府，召为翰林学士。……上曰："朕察人情比于卿，有欲造事倾摇者。朕尝以吕诲为忠，实尝毁卿于时事不通。赵抃、唐介数以言捍塞，惟恐卿进用。卿当力变此风俗，不知卿所施设，以何为先？"安石曰："变风俗，立法度，最方今所急也。"于是，青苗、市易、坊场、保甲、保马、导河、免役之政，相继并兴。设制置三司条例司，与知枢密院事陈升之同领之。御史中丞吕诲论安石十事，以为："慢上无礼，见利忘义，要君取名，用情罔公，以私报怨，怙势招权，专政害国，凌轹同位，朋奸害政，商榷财利，以动摇天下。"……熙宁三年十二月，拜礼部侍郎、同中书门下平章事，监修国史。……六年三月，命知制诰吕惠卿修撰《经义》，以安石提举，而子雱兼同修撰，固辞。弗听。……七年四月，上以久旱，百姓流离，忧形颜色。每辅臣进见，嗟叹恳恻，益疑法之不便。安石不悦，求避位。上固留之，请愈坚，遂拜吏部尚书、观文殿大学士，知江宁府。……明年二月，拜同中书门下平章事、昭文馆大学士。六月，《三经义》成，拜尚书左仆射、门下侍郎。……复为惠卿所中语，连安石。子雱既病，坐此愤恚而卒。安石忧伤益不堪，祈解机务。九年十月，拜检校太傅，依前尚书左仆射、镇南节度、同中书门下平章事判江宁府。安石恳辞，丐以本官领宫观。上遣内侍王从政赍诏敦谕，须视事乃还。从政留金陵累月，安石请不已，许以使相为集禧观使，又累辞使臣。乃以本官为观文殿大学士，领使如故。元丰三年九月，拜特进，封荆国公。哲宗即位，拜司空。明年四月癸巳薨，年六十六。再辍视朝，赠太傅，推遗表恩七人，诏所在给葬事。绍圣初，谥文公。配享神宗庙廷。用子旁郊祀恩，赠太师。……久之，上闻两宫言，意感悟，安石因旱引去，洎复相，岁余罢，终神宗朝不复召者凡八年云。子雱、旁。【《名臣碑传琬琰》（集下）卷14】

【按】从本谱考述看，王安石出仕之初，就与蒋堂有深入的交往，大概与蒋九皋曾任江宁令、蒋滂曾任江宁主簿有关。之后，王安石与蒋之奇的交往，无论是政治上、学术上，一直是贯穿始终的。不管王安石在位不在位，蒋之奇一直以师礼之。这在党争交织的北宋政坛，非常罕见。从中也可以看出，蒋之奇待人处事，确实也是有自己的原则和方法。

四月，诏法云秀禅师诣先帝神御说法。同年十月，住法云寺。其间，铸造万斤钟，苏轼为之铭。

《释氏稽古略·神宗》载：春三月，哲宗即帝位。四月，诏法云秀禅师诣先帝神御说法，赐号圆通禅师。【《释氏稽古略》卷4】

苏轼《法云寺钟铭（并叙）》云：元丰七年十月，有诏大长老圆通禅法师秀住法云寺。寺成而未有钟，大檀越、驸马都尉、武胜军节度观察留后张敦礼与冀国大长公主唱之，从而和者若干人。元祐元年四月，钟成，万斤，东坡居士苏轼为之铭。（文略）【《东坡全集》卷96】

五月壬午，蒋之奇为天章阁待制、知潭州，为韩川、孙升、朱光庭所劾，罢。时苏轼为中书舍人，为蒋草制，称赞蒋"艺于从政，敏而有功"。

《宋史·蒋之奇传》载：元祐初，进天章阁待制、知潭州。御史韩川、孙升，谏官朱光庭皆言之奇小人，不足当斯选。

《长编》记载：五月戊辰，考功郎中王子韶为吏部郎中。既而，御史吕陶言子韶猥陋不谨，罢之，改主客郎中。以主客郎中周尹为考功郎中。……壬午，权江淮荆浙等路制置盐矾兼发运副使、朝议大夫、直龙图

阁蒋之奇为天章阁待制、知潭州。[原注：韩川、孙升论罢之奇待制、潭州之命，在六月八日。]【《长编》卷378】

苏轼《蒋之奇天章阁待制知潭州敕》云：三后在上，遗文在下。炳若云汉，昭回于天。乃眷藏书之府，因为育材之地。爰登秀杰，以备顾问。虽持节出使，剖符分忧，一挂名于其间，遂增重于所莅。且使民见侍，从之出守，知朝廷之念远也。具官蒋之奇，少以异材，辅之博学，艺于从政，敏而有功。使之治剧于一方，固当坐啸以终日。勿谓湖湘之远，在余庭户之间。务安斯民，以称朕意。可。【《东坡全集》卷107《外制制敕》】

《宋史·职官志二》载：天章阁学士、直学士、待制，天禧四年建。在会庆殿之西，龙图阁之北。明年，仁宗即位，修天章阁毕，以奉安真宗御制。……以在位受天书祥符，改曰天章，取为章于天之义。天圣八年，置待制。庆历七年，又置学士、直学士。又有侍讲学士，庆历七年初置，在龙图阁学士之下。学士罕以命人，迄仁宗世，才王贽一人。【《宋史》卷162《职官志二》】

【注】韩川，字元伯，陕州人。举进士。元祐初为监察御史，极言市易之害，迁殿中侍御史。仕终吏、礼二部侍郎。【参见雍正《河南通志》卷60《人物四》】

孙升（1038—1099），字君孚，高邮人。第进士。哲宗立，为监察御史，多所建明，进侍御史。论翰林承旨邓伯温草蔡确制，称其定策功比汉周勃，欺天负国。不报。孙觉侄，多次被贬，削职知房州，旋贬水部员外郎分司，又贬果州团练副使，汀州安置，卒年六十二。《宋史》卷三四七有传。

朱光庭（1037—1094），字公炎，河南府偃师县人。嘉祐进士。哲宗即位，司马光荐为左正言，奏请废除青苗、保甲等法，又劾变法派章惇、蔡确。宣仁太后嘉奖他坚守正道、敢于直言，升左司谏。乞补外，除集贤殿修撰、知亳州。绍圣中，追贬柳州别驾。【参见雍正《河南通志》卷61《人物·理学》】

五月，高丽僧统义天乞游中国。蒋之奇曾与其同饭，亦赠一绝。东坡在杭州任上，曾论其"扰乱淮浙官司"。

《释氏稽古略·神宗》载：五月，义天僧统，高丽国君文宗仁孝王第四子，出家，名义天。是冬航海至明州，上表乞游中国，询礼。诏以朝奉郎杨杰杰，字次公。馆伴，所至二浙、淮南、京东诸郡，迎饯如行人礼，遍访三学宗工。初抵鄞，师事明智，中立而友法邻，请跋教乘。草庵教苑遗事。入天台山，拜智者塔，渡浙，造杭州上竺，以弟子礼事慈辩、从谏，受天台教观。祠山观经疏注。次灵芝拜大智元照禀律藏。灵芝行业碑。历慧因。今高丽寺。从晋水净源问贤首宗乘。华严阁记。过润州金山，以禅规大展拜佛印禅师了元。元据座受礼。馆伴杨杰以为疑。佛印曰："众姓出家，同名释子，义天抑僧耳，不如是何以示华夏师法乎。"朝廷闻之，以元为知大体。佛印本传。义天朝京师。礼部郎中苏轼接伴。谒拜慧林圆照禅师宗本。有司馆遇甚厚。圆照禅师本传。【《释氏稽古略》卷4】

《释门正统·护法外传》载：义天，王姓，高丽文宗仁孝大王第四子。辞荣祝发，内外典籍，靡不研究。每叹生于东裔，罔知佛法宗旨，求入上国，参寻知识。元祐初，上表哲宗，乞传贤首宗教，归国流通。达四明郡，以明智、立慧、照邻馆伴，诣育王，礼舍利塔。……蒋师（之奇）同饭，亦赠一绝："妙达显空中，一通无不通。寄语定光莫招手，道场方盛镇辽东。"灵芝大智（元照）为升座发扬，请所著书归国流通。参金山佛印元，坐纳师礼。杨公问故，元曰："义天，异国僧耳，僧至丛林，规绳如是。"公曰："卑之少徇时宜，求异诸方，岂师心哉？"元曰："不然。屈道徇俗，诸方先失一只眼，何以示华夏？"师法赠加沙、经帙。答二偈曰："海外名衣得自谁，逾城王子丈夫儿。衮章旧换曾无价，合是金刚座上披。〇经帙楼铺锦绣堆，水包黄卷有时开。药山只要闲遮眼，正眼何曾遮得来。"至京，范舍人、苏郎中馆伴，抵相国、慧林访圆照。……铠庵曰："东坡《论高丽状贴黄》云：体问得慧因，主僧净源本是庸人，只因多与往还，致商人等于高丽国，妄行谈说，是致义天远来从学。本院厚获施利，而淮浙官司遍遭扰乱。"私谓义天求法非聊尔，僧净源亦有功教门，东坡为国论事，一期言耳。【《释门正统》第八】

《咸淳临安志·方外（僧）》载：元照，姓唐，字湛如，号安忍子，赐号灵芝大智律师。钱塘人，本姓唐，母竺氏，尝梦异僧托孕。幼居祥符寺东藏，穷清净毗尼之学，参神悟大师处谦，传天台教观。谦拊其背曰："毗尼之宗，几颠覆矣，汝可以梁栋是道。"【《咸淳临安志》卷70《人物十一》】

约于此时，宜兴邵刚为泗州通判，苏轼草制。

苏轼《邵刚通判泗州》云：敕具官邵刚：《诗》云："淑问如皋陶，在泮献囚。"狱讼之事，固儒者之所学也。汝官于上庠，既习其说矣，其往试之。可。【《东坡全集》卷106《外制制敕》】

【按】李之亮笺注云："元祐元年任中书舍人、知制诰时作。"[《苏轼文集编年笺注》卷38，第569—570页]邵刚，即邵光（彦瞻）之兄。

六月八日，蒋之奇被目为"小人"，皇上收回其"天章阁待制知潭州"成命。

《长编》载：六月甲午，监察御史韩川、孙升，左正言朱光庭奏："伏闻蒋之奇自权发遣运江淮，忽除天章阁待制、知潭州。之奇小人，不足以当斯任。伏望寝罢，以协公议。"御批："蒋之奇除待制、知潭州告可只今进入，如已发出，即却行勾，收三省。"进呈，罢之。【《长编》卷379】

六月，蒋续罢福建路转运判官。

李之亮《宋代路分长官通考（福建路）》载：六月，蒋续罢福建路转运判官，孙奕接任。【《宋代路分长官通考》（中），第907页】

六七月间，苏迈罢德兴任，授酸枣县令。

《苏谱》载：六月，应苏辙之奏，罢苏迈德兴尉，为酸枣尉。初秋，责授酸枣县令。是岁，苏迈生苏符。【《苏谱》，第721、729页】

秋七月辛酉，蒋之奇连襟王子韶补外，为知寿州。

《长编》载：秋七月辛酉，通议大夫张问为秘书监，太常少卿鲜于侁为大理卿。侁辞之，寻复故。主客员外郎王子韶知寿州。［原注：《传》云"请补外，得寿州"，恐必有故。］【《长编》卷382】

蒋之奇任发运使期间，兼知楚州（山阳太守）。是年七月二十五日，行部至扬州，有诗简赠徐积。

蒋颖叔《次韵仲车见示之作帖》云：闻道扬州掾，新承雨露恩，青衿典乡校，华衮被王言。践履躬无玷，持循论有根。祗应来学者，从此造渊源。元祐元年七月二十五日。【《节孝集》卷32《附录》】

蒋之奇《荐徐积乞与改官奏（元祐初）》（见前文）。【《全宋文》卷1705，第584页】

徐积《送蒋宪颖叔（并序）》云：国之南服，逾岭而西，号为重地，而兵刑最大。本朝选用名贤，即拜山阳太守蒋公奉使以往。公始闻命，不敢安处，即日束装以俟。……【《节孝集》卷4】

【按】徐积所谓"拜山阳太守蒋公奉使以往"，知蒋任广州之前，仍兼知楚州。

八月四日，蒋之奇仍在发运使任上，上书建议修改捉捕私盐的奖励政策。之后，由吕大忠接任。

《长编》载：八月丁酉，御史中丞刘挚兼侍读。……是日，王岩叟、朱光庭入对延和殿。岩叟进札子，论及人材之难。……因奏以："如近日移吕大忠淮南发运，大忠关中事，用之未曾见效，却移东南，非大忠所知，此甚未当。"……［原注：此据王岩叟朝论增入。吕大忠正月七日，除陕西运副。十月二十八日，依旧陕西运副，其间不见改除。据朱光庭所云，则大忠盖尝改除发运，而《实录》失，不载也，《政目》亦不载。大忠改除发运，当考。除发运当是谓蒋之奇，在八月四日。杜纯以元丰八年十二月以权发遣河北运判为运副。元祐元年七月二十八日，改刑部外郎。范祖禹八月六日以著作郎兼侍讲。］【《长编》卷385】

《长编》载：八月庚子，江、淮、荆、浙等路发运副使蒋之奇言："江、淮、荆、浙六路捕到私盐，除官给盐犒赏钱外，更于犯人名下别理赏钱，并依条先以官钱代支，其逐州县代支，过转运司者甚多，无由纳足。窃计失陷不赏，以至未获犯人先支三分充赏，比以旧法亦复太多。况旧法募赏已备，足以禁止，岂须枉费官钱以申无益之禁？今相度欲一遵嘉祐敕告，捕私盐未获徒伴，即据获到盐数，十分中官给一分充赏。"从之。【《长编》卷385】

八月己丑，蒋之奇以集贤殿修撰知广州。苏轼制敕。

《宋史·蒋之奇传》载：元祐初，……改集贤殿修撰、知广州。妖人岑深善幻，聚党二千人，谋取新兴，略番禺，包据岭表。群不逞借之为虐，其势张甚。之奇遣钤辖杨从先致讨，生擒之。加宝文阁待制。南海饶宝货，为吏者多贪声，之奇取前世牧守有清节者吴隐之、宋璟、卢奂、李勉等，绘其象，建十贤堂以祀，冀变其习。

《长编》云：八月己丑，朝议大夫、直龙图阁、江淮等路发运使蒋之奇为集贤殿修撰、知广州。〔原注：吕大忠除发运当是代之奇，而《实录》失不载。十四日朱光庭云云可考。〕【《长编》卷384】

苏轼《蒋之奇可集贤殿修撰知广州敕》云：具官蒋之奇，按治岭海，统制南极。声教所暨，耸闻风采。自唐以来，不轻付予。朕既择其人，复宠以秘殿之职，使民夷纵观，知其辍自禁严，以见朝廷重远之意。其于服从畏信，岂不有助也哉？可。【《东坡全集》卷108《外制制敕》】

《北宋经抚年表》载云：广州，元祐元年，蒋之奇，八月己丑，潭州蒋之奇知广州。志。十二月任，代张颉。二年，蒋之奇。三年，蒋之奇。四年，蒋之奇，三月乙酉，之奇迁河北漕发运。【《二十五史补编·北宋经抚年表》，第120页】

道光《广东通志·名宦志》载：〔省总〕蒋之奇，字颖叔，宜兴人。以伯父荫授官，寻擢进士第。历集贤殿修撰，知广州。妖人岑深善幻，聚党二千人谋取新兴，略番禺，包据岭表。之奇遣钤辖杨从先致讨，生擒之。加宝文阁待制。南海饶宝货，为吏者多贪声，之奇取前牧守有清节者吴隐之、宋璟、卢奂、李勉等十人，绘其像建十贤堂祀之，冀变其习。凡所经游，多所题咏，历观文殿大学士。【道光《广东通志》卷39】

《宋史·职官志二》载：集英殿修撰。国初有集贤殿修撰、直龙图阁、直秘阁三等。……旧制，贴职无杂压，至是因增置，乃定为杂压。……【《宋史》卷162《职官志二》】

蒋之奇为广帅，徐积有诗相贺。

徐积《送蒋宪颖叔（并序）》云：国之南服，逾岭而西，号为重地，而兵、刑最大。本朝选用名贤，即拜山阳太守蒋公奉使以往。公始闻命，不敢安处，即日束装以俟。即拜其命，遂决行日，一州之人皆惜其去，以其严而不苟，察而能恕，实受其惠也。作诗者因民之情，述公之义，送公之行，亦以告诸越人也。（后有长诗，略）。【《节孝集》卷4】

《节孝语录》云：公闻蒋颖叔得广帅，曰：广为雄蕃，府座出，先导以门旗，夹以银槌，屠脍人次之。它镇所无也。初至，蛮酋必以琉璃瓶注蔷薇水，挥洒于太守，不及其它。公送颖叔诗具道其事，曰："颖叔老闻之应喜。"【《节孝集》卷31】

九月初一，司马光卒。程颐主持丧礼，苏轼每戏之。本月，中书舍人苏轼为翰林学士，右司谏苏辙为起居郎。

《长编》载：元祐元年九月丙辰朔（初一），正议大夫、守尚书左仆射、兼门下侍郎司马光卒。光为政逾年，而病居其半。每欲以身徇社稷，躬亲庶务，不舍昼夜。宾客见其体羸，曰："诸葛孔明二十罚以上皆亲之，以此致疾，公不可以不戒。"光曰："死生，命也。"为之益力。病革，谆谆不复自觉，如梦中语，然皆朝廷天下事也。既没，其家得遗奏八纸上之，皆手札论当世要务。太皇太后闻，哭之恸，上亦感涕不已。明堂礼毕，皆临奠致哀，辍视朝，赠太师、温国公，襚以一品礼服，谥曰"文正"，赠银三千两、绢四千匹，赐龙脑、水银以敛。……丁卯，中书舍人苏轼为翰林学士，范百禄为刑部侍郎，钱协为给事中，太常少卿鲜于侁为左谏议大夫，〔原注：侁，七月六日已迁大理卿，今乃复以少常除左谏大夫。盖七月十二日罢大理卿，复少常故也。〕太常少卿梁焘为右谏议大夫，右司谏苏辙为起居郎。【《长编》卷387】

《苏谱》云：九月初一，司马光卒，享年六十八岁，程颐主持丧礼，轼每戏之。【《苏谱》，第734页】

十二月戊戌，钱勰以龙图阁待制权知开封府。

《长编》载：元年十二月乙酉朔……戊戌，给事中钱勰为龙图阁待制、权知开封府。监察御史上官均再奏：论勰前摄京尹数月，苟求速办，专务细察，众论勿以为能，乞寝新命。不报。【《长编》卷393】

九月六日，苏轼作《明堂赦文》等。

《东坡先生年谱》云：元祐元年九月六日《明堂赦文》，又有《内中告》《迁神御于添修殿奉安祝文》，及《奉告天地社稷宗庙宫观寺院祈雪祝文》《五岳四渎祈雪祝文》。【《东坡全集》卷首】

九月八日，工部郎中王钦臣为太仆少卿，加直秘阁。

《长编》载：九月癸亥，工部郎中王钦臣为太仆少卿，加直秘阁。从文彦博之请也。【《长编》卷387】

陆游《元祐四友》记云：元祐四友：苏子瞻（轼）、钱穆父（勰）、王仲至（钦臣）、蒋颖叔（之奇）。【《老学庵续笔记》，第355页】

九月十二日，苏轼以中书舍人试翰林学士、知制诰。

《宋史·哲宗纪一》载：九月丙辰朔，司马光薨。己未，朝献景灵宫。辛酉，大享明堂，以神宗配，赦天下。丁卯，试中书舍人苏轼为翰林学士、

知制诰。【《宋史》卷 17《哲宗纪一》】

苏轼《乞加张方平恩礼札子》词云：元祐元年十月某日，翰林学士、朝奉郎、知制诰苏轼札子奏……《论冗官札子》词云：元祐元年十月二十三日，翰林学士、朝奉郎、知制诰苏轼札子奏……《辩试馆职策问札子》词云：元祐元年十二月十八日，翰林学士、朝奉郎、知制诰苏轼札子奏……【《东坡全集》卷 53】

约于是年，毕仲游以书戒苏轼慎言慎文，轼不从。

《宋史纪事本末·苏轼陛见太后》载：九月丁卯，以苏轼为翰林院学士。轼自登州召还，十月之间，三陟华要，寻兼侍读，每经筵进读，至治乱兴衰、邪正得失之际，未尝不反覆开导，觊有所启悟。常锁宿禁中，召见便殿。太后问曰："卿前年为何官？"对曰："常州团练副使。"曰："今为何官？"对曰："待罪翰林学士。"曰："何以遽至此？"对曰："遭遇太皇太后、皇帝陛下。"曰："非也。"对曰："岂大臣论荐乎？"曰："亦非也。"轼惊曰："臣虽无状，不敢自他途进。"曰："此先帝意也。先帝每诵卿文章，必叹曰'奇才奇才'，但未及进用卿耳！"轼不觉哭失声。太后与帝亦泣，左右皆感涕。已而命坐、赐茶，撤御前金莲烛送归院。轼在翰林，颇以言语文章规切时政，毕仲游以书戒之，轼不能从。【《宋史纪事本末》卷 10】

徐陶璋等《格言纂要·戒取怨之言》云：毕仲游《与东坡书》，曰："夫言语之累，不特出诸口者为言，其形于诗歌，赞于赋颂，托于碑铭，著于序记者，亦言语也。今知畏于口而未畏于文，是其所是，则见是者喜，非其所非，则蒙非者怨。喜者未必能济君之谋，而怨者或已败君之事矣。"【《格言纂要》，第 697 页】

九月二十日，蒋颖叔同王安礼（1034—1095）等在金陵，雨中登高座寺。王有《贺蒋修撰启》相赠。蒋有《和王和甫雨中登高座寺》诗，已佚。

知扬州王安礼《丙寅九月二十日同蒋颖叔从长干雨中登高座寺》诗云：弭节萧帝寺，驱车成子冈。莽卉翳涂泥，霖雨沾衣裳。跻攀逾百寻，险滑步寸量。生公不可见，雨花空此堂。当时听说法，神鬼久已藏。烟云渺无穷，凄风来我旁。山川万邑屋，所见未毫芒。驾言吾将归，重劳徒御将。迟明羲与和，宇宙观暄旸。安行凌太虚，旷朗观八荒。【《王魏公集》卷1】

王安礼《贺蒋修撰启》云：进职书林，就帅岭表。方诞扬于明命，谅深慰于雅怀。时属敛辔，气初寥沉。缅想戒严之暇，靡愆卫养之经。接清宴以非遥，前增欣忭；辱华缄而先逮，更极感藏。【《王魏公集》卷6】

《至大金陵新志·祠祀志（宫观）》载：高座寺，一名永宁寺，在城南门外。晋咸康中造，又名甘露寺。尝有云光法师讲《法华经》于寺，天花散落，今讲经台遗址犹存。……《高僧传》云：尸黎密多既卒，冢处立寺。谢鲲仍以为高座寺。陈轩《金陵集》载，蒋颖叔《和王和甫雨中登高座寺》诗，注云：寺即云光讲经雨花之地，有梁时志公二印，云公手植松犹存。郭祥正诗云"至今手植松，千丈腾龙虬"。【《至大金陵新志》卷11上】

郭祥正有《奉和安中尚书同漕宪登长干塔》诗，知蒋之奇、王安礼与当时知江宁府黄安中同游。

郭祥正《奉和安中尚书同漕宪登长干塔》诗云：揽衣登塔窥沈寥，黄金篆牌神所摽。层梯转道二千尺，铃索交响风常飘。天厨晓送阿育供，海月夜领飞仙朝。南溟安在心欲化，九万一举期今朝。……兜绵铺舒换尘境，宝灯照耀银为桥。乃知此会世稀有，请君审听长干谣。【《青山集》卷13】

【按】郭祥正同时有《留别金陵府尹黄安中尚书》一诗。《宋史·黄履传》云：黄履（1030—1101），字安中，邵武军故县（今福建邵武）人。嘉祐元年，中进士。神宗时期，累官御史中丞。宋哲宗即位，除翰林学士兼侍讲，亲善宰相蔡确和章惇，出知越州、舒州和江宁等府。绍圣初年，复职龙图阁直学士兼御史中丞，先后弹劾司马光废改熙宁新法，指斥吕大防、刘挚、梁焘等元祐党人。绍圣四年，任尚书右丞。宋徽宗即位，官至资政殿大学士、尚书右丞。建中靖国元年（1101），提举太一宫使，致仕还乡，卒于家中。【参见《宋史》卷328《黄履传》】

苏轼遭司马光一伙攻击，不安于朝。

《东坡先生年谱》云：及任中书舍人日，举江宁府司理周穜充学官。及除内翰，又有《举鲁直自代状》。遭司马光一伙攻击，不安于朝。【《东坡全集》卷首】

蒋之奇昔年畅游江西，独未到丰城县（江西丰城）梅仙观。元丰时，敕封该观汉代道士梅福为"寿春真人"。蒋途经此地，有《寄题梅坛》诗。苏辙也有题诗。

蒋之奇《寄题梅坛》诗云：昔我承乏江西官，豫章圣迹无不观。如何复有此遗恨，独我不到梅仙坛。梅仙坛在丰城界，真风爽气埃尘外。当年补尉向南昌，才誉虽高官未大。汉成帝时纲纪坏，先生谏书至于再。前擢王章矫曲朝，戮及妻子雠党快。群臣知非不敢争，遂令天下言为诚。乌乎此语诚甚危，讥切权强何慷慨。借令触突幸臣牙，嗜一羁单未为害。公卿大臣噤不吐，彼为私谋安足怪。正人在下吁可悲，变名吴市复谁知。元丰敕书为旌表，故庵丹井存遗基。寿春真人锡显号，称其高蹈与俗遗。先生虽不遇于昔，而遇于今蒙奖饬。令丞作书誉忠直，潜德幽光辉无极。【《梅仙观记》卷首《梅仙事实》】

【按】蒋之奇诗未系年月，但肯定不是元丰时期所作。元祐初，蒋赴广州，或为途中所作。姑系此。

雍正《江西通志·寺观》载：梅仙观，在丰城县宣风乡。汉梅福炼丹于此，后立梅仙庵。宋元丰五年，封"寿春真人"。绍兴六年，加"吏隐"。二敕俱存。【雍正《江西通志》卷111】

苏辙有《寄梅仙观杨智远道士》一诗，云：道师近在真人峰，欲往见之路无从。去年许我入城市，尘埃暗天待不至。莫往莫来劳我心，道书寄我千黄金。茧衣肉食思虑短，文字满前看不见。口传指授要有时，脱去罗网当见之。梅翁汉朝南昌尉，手摩龙鳞言世事。一朝拂衣去不还，身骑白鳞翳红鸾。我今虽复堕尘土，道师何不与我语。他年策足投名山，相逢拍

手一破颜。【《栾城集》卷12】

蒋之奇《滕王阁（洪州）》诗逸句：雄豪何止压南州，天下临观应第一。
【《全宋诗》卷688，第8039页】

十月，广州岑探（或作岑深）攻新州（治所在今广东新兴），岭南萧
然不聊生。十一月，朝廷得报。六日，蒋之奇刚行至洪州（今南昌），得
报立即派快马告示民众，官军只抓捕首犯，被协从者一律免予处分。之后，
火速前进，刚到任上，运筹帷幄，生擒岑探。

《长编》载：十一月乙卯朔……丙子，枢密院言："广州体访得拥峒
作过人岑探率群党四五千人围新州。诏令东南路第六将部领全将兵前去照
应，仍立赏募人捉杀。"［原注：立赏在二十四日，今并书。《蒋之奇传》："八月
四日，之奇除集贤殿修撰、知广州。"其十月，新州贼岑探攻新州，旁近捕盗官以城陷闻，府
帅以闻于朝。且檄江西钤辖司发兵讨贼。探以妖术惑众，聚党二千余人，谋先取新州，经
略番禺，奄岭南而尽有。势张甚，官吏至佩印绶逃去。帅府所遣将畏挠不敢进，纵兵掠杀，旁近
乡民以效，首虏因利其赀财，岭南萧然不聊生。之奇道闻之，即奏请以重赏募捕首恶，除岑
探不赦，凡胁从者，许自陈得以除罪。又飞檄榜示："所以捕擒魁首，宥胁从之意。"既
至，遣兵马钤辖杨从先往讨之，授以方略，得尽获诸将。且诡令生致渠魁。从先递擒探于茶坑，
送广州伏诛。明年正月二十日，获岑探。］【《长编》卷391】

蒋之奇《如烟走（洪州）》诗逸句：六日闻贼报，七日走如烟。【《全
宋诗》卷688，第8039页】

郭祥正《新昌吟·寄颖叔待制》诗云：元祐丙寅冬，新昌有狂寇。名
探其姓岑，厥初善巫咒。南民欣尚鬼，来者争辐辏。经年惑群众，诡术遂
潜摅。……婴儿与妇女，屠割仅遗腘。传报及南昌，新帅若烟走。［原注：颖
叔至洪闻报，即星驰度岭，有诗云"六日闻贼报，七日走如烟"。］【《青山续集》卷2】

裴行简《承祭南海庙礼成述事》注云：岑探：指宋哲宗元祐元年新州
土豪岑探。其善幻，聚党谋新州，略番禺，被广州知州蒋之奇率领官兵斩首。
【《波罗外纪》，第262页】

赴广州途中，经大庾岭南蛮驿时，有题诗（已佚），郭祥正有追和诗。

郭祥正《次芙蓉渡和颖叔修撰旧题》：绰约芙蓉照碧湍，红绡衫薄不胜寒。吹香洗露情多少，只得元戎一饷看。【《青山集》卷28】

【按】蒋诗中有"红绡衫薄不胜寒"之句，知此诗作于深秋或冬日。

《元丰九域志·南安军（治大庾县）》载：县三：中，大庾，五乡硖头，一镇；望，南康军，东北一百六十里，五乡；上，上犹军，东北二百里，二乡。古迹：横浦、聂都山、大庾岭、芙蓉渡、君山、章水。【《元丰九域志》卷6】

郭祥正《次南蛮驿和颖叔修撰旧题》：南来匹马厌红尘，喜见梅花似玉人。都为岭头无腊雪，故教六出占先春。【《青山集》卷28】

【按】南蛮驿，无考，疑亦在南安军，为江西大庾与广东南雄交界处。

约十一月，蒋之奇抵岭南韶州境，有题《浈水》《韶石》诗。作《续武溪深》诗，并释韩愈"泷吏乐昌泷"诗句。

蒋之奇《浈水》诗云：城东浈水碧渊洄，杨仆楼船向此来。我亦扁篷今下濑，拟寻韶石上崔嵬。《韶石》诗云：当日昌黎系缆初，曾瞻双阙整冠裾。致君尧舜今谁是，想象闻韶更起予。【《历代名人入粤诗选》，第137—138页】

蒋之奇《续武溪深》诗云：滔滔武溪一何深，鸟飞不渡，兽不能临。嗟哉武溪何毒淫[①]。飞湍瀑流泻云岑，砰激百两雷车音。吾闻神汉之初始开斸，史君姓周其名煜。至今庙在乐昌西，苔藓残碑仅填读。武水之源自何[②]出，郴州武县鸬鹚石。南入桂阳三百里，峻濑洪涛互淙射。其谁写此入新声，一曲马援门人笛。南方耆旧传此水，乐昌之泷兹乃是。退之昔日泛潮阳，曾到泷头问泷吏。我今以选来番禺，事与昌黎殊不类。未尝神色辄悄慌，何至形容遽憔悴。但怜岁晚毛鬓侵，故园一别至于今。溪光罨画清且浅，朱藤覆水成春阴。何为在此婴朝簪，翩然走[③]马驰骎骎。南逾瘴岭穷崎嵚，梅花初开雪成林。韶石仿佛闻舜琴，曹源一滴清人心。远民安堵年谷稔，百蛮航海来献琛。嗟余才薄力不任，报君夙夜输诚忱。布宣条

417

教勤官箴，有佳山水亦出④寻。乐平吾乐何有极，不信弦歌武溪深。［原注①以上马援辞，以下余所续。②《金石续编》卷一六作"何自"。③《金石续编》作"匹"。④《金石续编》作"幽"。］【《全宋诗》卷687，第8024页】

方崧卿《韩愈〈乐昌泷〉》云：欧公尝以刘仲章言考归。旧本蒋颖叔云："君谓乐昌五里有昌山，有乐石，尤高大。"当时乐昌以县名，昌乐以山名，泷在县上五里。【《韩集举正》卷2】

《方舆胜览·韶州》载：浈水，在城东六步，源出大庾岭。南流三百六十里入曲江，合武水。柳宗元《酬裴韶州》诗"浈水想澄湾"是也。泷水，在乐昌。自临武东南流入曲江界。韩愈诗"南行逾六旬，始下乐昌泷。险恶不可状，舡石相舂撞"。【《方舆胜览》卷35】

蒋之奇有《峡山》诗，记述路上匆忙情形。

蒋之奇《峡山》诗云：昨从浈阳来，暮过峡山寺。适闻新昌寇，道路传者沸。余时不敢留，一苇翻然逝。虽经绝妙境，已负清幽意。卷帘坐船舷，极目望苍翠。有如逢珍宝，不暇贮箧笥。又如过屠门，大嚼涎垂喙。每欲问其详，曾莫得图志。道人山中来，为我谭一二。犀去金锁沉，猿归玉环坠。赵胡垂钓石，岿然出江际。穆王双车辙，想像当日辔。汉晋五仙人，曾骑五羊至。俊蔼二禅师，神力与迎驭。岩峣五岳塔，初自昆仑施。三祖石堪奇，僧粲尝所憩。上方狮子台，下视见云气。异花成障幄，红紫嫣然媚。蒙茸绿崖草，茎叶相覆被。或黄如金钗，或白如珠珥。造化穷天巧，肖象名殊异。梁间许浑诗，壁上李翱记。但知考事迹，何暇评文字。清远古中宿，俯压南海澨。退之贬潮阳，亦曾经此地。幢碎逢飓风，雷电助其势。我来幸无恙，恬然不忧畏。祥飙送轻帆，默已荷神赐。此归会有日，维舟就津次。当为少盘桓，历览偿夙志。【《全宋诗》卷687，第8025】

【按】蒋诗中云"适闻新昌寇，道路传者沸"，知此诗乃赴广州时所作。

蒋之奇过韶州，有"燕誉亭"题名刻碑。

《方舆汇编·韶州府部古迹考》载：燕誉亭，在城艮隅，下瞰相江。陈文惠公书额，后废。因并模"燕誉亭"字于蒋颖叔碑阴。【《方舆汇编·职方典》卷1319】

是年冬，蒋之奇到广州，赴州学谒先圣祠（孔庙）。

蒋之奇《广州州学记》云：元祐元年，番禺缺守，有诏以命臣之奇来治州事。始至下车，既见吏民，即谒先圣。【《全宋文》卷1706，第605—607页】

是年，李公麟于赵德麟家再画《西园雅集图》。

《中国美术大辞典·西园雅集图》云：西园为北宋驸马都尉王诜之第，当代文人墨客多雅集于此。元丰初，王诜曾邀同苏轼、苏辙、黄庭坚、米芾、蔡肇、李之仪、李公麟、晁补之、张耒、秦观、刘泾、陈景元、王钦臣、郑嘉会、圆通大师（日本渡宋僧大江定基）十六人游园。米芾为记。李公麟作图二：一作于元丰初王诜家，一作于元祐元年赵德麟家。……此图手卷，主题分散，清人改作扇面，人物中突出苏轼。【《中国美术大辞典》，第208页】

第二十八卷 元祐二年（1087）

元祐二年（1087）丁卯 五十七岁

正月乙亥，蒋之奇以广南东路经略安抚都钤辖司名义上奏，请求嘉奖有功人员和相关善后事宜。同日，蒋在福建时所荐陈烈落职致仕。

《长编》载：春正月乙亥，宣德郎陈烈落致仕，充福州州学教授。本路监司言烈虽老犹少，请加任使，故有是诏。○广南东路经略安抚都钤辖司言："西染院使、本路钤辖杨从先，躬率召募兵，获贼首岑探并其徒。"诏："亲获岑探人与西头供奉官，仍赐钱二百万，令经略安抚司以名闻。余官吏等捕贼功赏，速具来上，当视轻重推恩。其新州、南恩州、新会县民，元因焚香祈福，入山避贼被杀及中毒死者，其元祐元年未输租税及凡逋负悉除之，仍以常平钱米赈其家。余因捕盗践蹂田宅与追呼妨废生业者，亦除其半，皆赈给之。凡诏旨有未尽事，令比类施行讫以闻。"［原注：《蒋之奇传》云云，已见元年十一月二十二日。］【《长编》卷394】

三月十六日，蒋之奇等游九曜石，有题名。在游七曜石时，夸奖广州士人丁琏。

翁方纲《九曜石补记》云：辛卯九月将受代，始剔池中破石，得题刻十有二处，皆八年来所未见。《濂溪书院记》左下第四段云：程师孟、金君卿、李宗仪、许彦先。右下第四段云：李之纪仲明、吴荀翼道、张升卿公谲、蒋之奇颍叔，元祐二年三月十六日会于药洲，观九曜石。此段与韶州九成台颍叔所题《续武溪深诗刻》笔势无二，而张升卿适足补米题公诩之名。【《羊城药洲要览》，第41—42页】

钱大昕《时仲等题名石刻》记载：时仲等题名（元祐丙寅季春），在九曜石。米书之左三人，皆称字而无姓名。予见九曜池中又有一石，石上有李之纪仲明、吴荀翼道、张升卿公诩、蒋之奇颍叔四人名，乃元祐二年三月所题。【《嘉定钱大昕全集》（6），第322—323页】

《粤大记·丁琏》记载：丁琏，字玉甫，番禺人。……元符三年，转朝散大夫，赐绯鱼。致仕，卒，年七十三。琏性廉洁，与物无忤，而政号刚明。博学多识，退藏若愚，乡鄙称其长者。知广州蒋之奇以才自负，意每轻广南士大夫。尝泛舟与琏同游七曜石，剧谈至三鼓，惊曰："君问学精博，中州士不如也。"又为诙语，道广州事，曰："景有沉珠浦，人有丁玉甫，吾来岭服甚无聊，所爱者特此而已。"【《粤大记》（下），第535页】

是年仲春，蒋之奇赴孔庙祭孔，议修广州府学。

蒋之奇《广州州学记》：元祐元年，番禺缺守，有诏以命臣之奇来治州事。……明年仲春上丁，复行释奠之礼，陟降廷呒。顾瞻学宫，多历年所，堂庑庳狭，隔奥侧陋。师生所庐，曾莫攸处，讲肆之次，寝以毁废。怃然于心，思所以完葺之。会得乡亭余材，悉辇置以充用。先治两庑，次作讲堂。【《全宋文》卷1706，第605—607页】

蒋之奇在广州屡有大功，爱民如子。在府学创建仰高祠（十贤堂），砥砺士子名节，以期改变岭南风俗。

王直《仰高祠记》："仰高祠者，广州府学礼贤之祠也。礼贤而谓仰高祠者何？仰贤者之高风峻节非寻常可及也。非寻常可及而蔽以高之一言何？其善于形容而善言德行也。按，太守沈侯所述事略云：初，宋以蒋之奇守广州，拳拳于砺名节，慨郡之前贤未有祀，以晋吴隐之、唐宋璟、李朝隐、卢奂、李勉、孔戣、卢钧、萧仿八人列而祀之于城上，又益以晋之滕修、梁之王琳作十贤赞，因名曰十贤堂。……"【道光《广东通志》卷60《艺文》】

张诩《十贤堂赋（有序）》：宋蒋之奇，宜兴人。登进士，知广州事，平党寇，以南海饶宝货，为吏者多贪声，之奇绘吴隐之、宋璟、李勉等十人像，建十贤堂于南海白云山之阳以祀之，冀变其习，凡经游者多所题咏。○览秦佗之故墟兮，风气攸萃而固藏，山川盘结而峰峦，延衺十里之修隍（篁）。携絮酒以展敬兮，登十八贤之祠堂。累肇晋而迄宋兮，像诸公修德之相望。吴宋二李二卢兮，与夫孔萧而滕王。是为十贤兮，咸以职业而显扬。复有八贤为潘白兮，与余魏二陈而邵张。瞻典刑之具存兮，抚载籍而增伤。嘅淳风之日颓兮，民趋靡而奔庞。重以悍吏治罗织兮，室家啼饥而号寒。穷亡憔悴已无聊兮，仍骨髓之是剜。皇穹作愤怒之色兮，太阳黯淡而不明。怀诸公之遗爱兮，实繁禧而夥庆。踉跄言以挚涕兮，念赤字之彷徨。羌彼贪墨而债政兮，胡不泚颡而汗背。夫何风雨摧败而不葺兮，坐视为草莽之堙塞。先贤遗躅弃而不顾兮，其为政固可知也。顾蠢蠢其何辜兮，独不沾膏泽之遗也。言及兹而兴喟兮，歉诸公之不可期也。安得起诸公于九原兮，为吾民之父师也。去诸公奚啻千祀兮，何人俎豆于其祠也。胥其而振迈之兮，庶有以慰吾民之思也。［原注：蒋公初为集贤殿修撰，知广州时，屡有大功，爱民如子。］
【《岭海名胜记增辑点校》（上），第104页】

四月，诏令江南西路刑狱邹极审讯广东经略司属官童政滥杀无辜之罪。

《长编》记载：二年夏四月壬午朔……癸巳，殿中侍御史吕陶言："新州岑探结搆徒众，围城与官军斗敌，凡数日溃散，归峒时，权广东经略司运判张升卿发兵千人，令将官童政与一使臣分行捉杀。童政等沿路逢人即杀，约杀三四千人，多是平民，及有全家被杀者。百姓诉冤，至今不已。请诛童政，以舒冤愤。"诏童政，令提点江南西路刑狱邹极于虔州置院，按罪以闻。［原注：岑探事与蒋之奇相关，去年十一月二十二日。］【《长编》卷398】

传是年蒋之奇兼知琼州。

道光《广东通志·职官志》载：张頡（元祐元年任）；蒋之奇（二年任）；蔡卞（五年任）……［以上知广州军州事］。……周颐；蒋之奇；唐恭［以上知琼州事］。【道光《广东通志》卷26】

《宋史·地理志六》载：广南东路：府一，肇庆；州十四，广、韶、循、潮、连、梅、南雄、英、贺、封、新、康南、恩、惠；县四十三。……广南西路，州二十五，桂、容、邕、融、象、昭、梧、滕、龚、浔、柳、贵、宜、宾、横、化、高、雷、钦、白、郁、林、廉、琼、平观；军三，昌化、万安、朱崖。【《宋史》卷90《地理志六》】

【按】北宋时，广州属广南东路，而琼州属广南西路。蒋之奇为广南东路军政长官，按理不可能兼领"知琼州一职"。道光《广东通志》或误。

蒋之奇好友丁骘恬处二十年，至是，擢为右正言。

《长编》载：六月辛巳朔……戊申，朝散郎、太常博士丁骘为右正言。［原注：丁骘，吕公著《掌记》云，丁骘自行新法，不肯为知县。故至今资叙不振，已除太常博士、正言。］元年九月，朱光庭、王巖迁司谏，左、右正言阙而不补，逾半年，骘始得之。骘，武进人。自行新法，即不肯为知县，折资监当几二十年，人多称之。其得太常博士，因王巖荐也。［《丁骘墓志》，蒋之奇作，元祐九年二月，骘卒官宿州。之奇云从臣苏辙、刘攽、张问、曾肇、孔文仲列荐于朝，胡宗愈又荐之司马光。光曰："士大夫无不登光门者，而骘不来，真自重之士。"监司皆言骘信道笃，不违所学，恬处二十年，不屑求进。久之，乃除太常博士。］【《长编》卷402】

《宋史·太宗纪二》载：端拱元年二月乙未，改左、右补阙为左、右司谏，左、右拾遗为左、右正言。【《宋史》卷5《太宗纪二》】

约是年夏，蒋续为知海州（今连云港），因旱赴五龙潭求雨。

《方舆汇编·海州》云：五龙潭，在朐山之岭。旧传宋郡守蒋续祈雨，有感申请于朝，锡以侯爵。【《方舆汇编·职方典》卷742】

423

《宋史·地理志四》载:东路。州十:扬,亳,宿,楚,海,泰,泗,滁,真,通。军二:高邮,涟水。县三十八。南渡后,州九:扬、楚、海、泰、泗、滁、淮安、真、通,军四:高邮、招信、淮安、清河,为淮东路。……海州,上,东海郡,团练。……端平二年,徙治东海县。淳祐十二年,全子璋又据之,治朐山。景定二年,璋降,置西海州。……县四:朐山,紧。怀仁,中。沭阳,中东海。中。【《宋史》卷88《地理志四》】

是年秋,蒋之奇主持广东乡试,作《鹿鸣宴》诗。

蒋之奇《鹿鸣宴》诗云:公辅产日南,九龄起韶阳。早知朱泚反,预识胡雏狂。【《全宋诗》卷688,第8035页;《宋代科举资料长编》(综合卷),第206页】

罗积勇《进士科三级考试》云:从开宝六年太祖创立殿试制度后,宋代进士科实行三级考试,即发解试、省试和殿试。一般是八月取解,次年正月省试,三月殿试,各级考试诗赋用韵均需遵循官韵。发解试、省试两级均要试诗赋,殿试在神宗前亦试诗赋,神宗之后罢诗赋。发解试,又称解试,多在秋天举行,故又叫"秋闱",主要沿袭唐代。由国家政府和教育机构如国子监、开封府、州郡、转运司、太学等操作,主要对象是欲攻举业以得科名的考生。主要由各路州府举办发解试,国子监举办乡试、监试,各路转运司举办漕试,如"别头试""锁厅试"。解试级别最低,是举子应战第一个回合,优秀者才能参加省试。【《礼部韵略与宋代科举》,第94—95页】

【按】鹿鸣宴:旧时科举考试后,由州县长官宴请主考官、学政及中式考生的宴会。《宋史·礼十七》记载:"乡饮之礼:唯贡士日设鹿鸣宴,犹古者宾兴贤能,行乡饮之遗礼也。"此诗或作于广州任上。

七月二十六日,苏轼除兼侍读学士。

《苏谱》云:七月二十六日,除兼侍读,上辞免状。未允。【《苏谱》,第782页】

秋冬，苏轼作《次韵米黻〈二王书跋尾〉二首》，蒋之奇、吕升卿、林希、黄庭坚等有和诗，已佚。

苏轼作《次韵米黻〈二王书跋尾〉二首（选一）》云：元章作书日千纸，平生自苦谁与美。画地为饼未必似。要令痴儿出馋水。锦囊玉轴来无趾，粲然夺真疑圣智。忍饥看书泪如洗，至今鲁公余乞米。……［编年］丁卯秋冬，官翰林学士时作。［慎按］米元章《书史》云：余收子敬《范新妇唐摹帖》，获于苏激家。后有倩仲跋余题诗云云，黄庭坚和诗云云，此外又有蒋之奇、吕升卿、刘泾、林希、余章、余俊六人姓名，自蒋以下，诗多不载，盖皆题子敬帖也。右纸字韵诗三首，载《书史》中其第一首。原作无可考，当是《跋右军帖》者，俟再考。【《苏诗补注》卷29】

曾翔《艺术巨匠》一书载：七月，苏轼和米芾《题子敬范新妇唐摹帖三首》诗，米在京师。黄庭坚、吕升卿、林希、刘泾同和。【《艺术巨匠·米芾》，第202页】

【按】此时，蒋、苏、吕、林等官于四方，疑非同时所作。

吴复古至广州，拜会蒋之奇，蒋以《北游赋》相赠。

蒋之奇《北游赋（并序）》云：潮阳吴先生子野，有道之士也，自少好游，凡四方幽遐环诡之观，无不至也。过余于南海，留与语数日，复告于将北游也，作《北游赋》以送之。辞曰：

有美若人兮，实生长乎南州。爰自少以说兹兮，好轻举而远游。采丹砂于勾漏兮，问仙灶于罗浮。跨无著之三山兮，阅巨鳌之番休。搴菖蒲于曲涧兮，撷灵药于芳洲。要安期分我以大枣兮，还挹袖乎浮丘。阆朱明之洞户兮，杳不测其深幽。过鲍靓于南海兮，曾不肯以少留。复舍此而之他兮，曰吾何适而不逍遥。陋区中之狭隘兮，骖苍螭而驷玉虬。款重华于九疑兮，彼崇山以谒尧。止南岳而见魏夫人兮，巨石巃嵸而嶕峣。泛武夷之清溪兮，升慢亭之飞桥。与洪崖以相肩兮，挹玉井之湍流。倩麻姑以爬背兮，荐擗麟之珍羞。控黄鹤以凌云兮，追陵阳而友王乔。觌琴高于钓台兮，

睨遗药之游儵。穷铸鼎于帝轩兮，访首山于中条。陟半削之桥陵兮，想攀
髯以飞超。蹑太华之绝顶兮，觑玉女之洗头。觏通玄于皂驭兮，粲骈齿于
既燋。问广成于崆峒兮，畏摇精之可忧。翔阴山而睹西王母兮，暠然穴处，
吾不与夫卒化之孰优。顿吾辔于无何兮，回吾车于不周。登寒门而历玄阙
兮，忽焉忘其道路之阻修。逢一士于沉墨兮，欲下栖乎卢敖。麾无为而驱
象罔兮，合漠［汉］而参寥。低回眺听，曾不得其彷佛兮，焉用师旷与离
娄。卑海寓于勺撮兮，悉笼络而并包。乘变化以独往兮，莽不记乎春秋。后
天地而不老兮，遑恤蟪蛄而哀蜉蝣。揽众妙于希夷兮，谓无得而献酬。上
与造物者为友，而下与外死生、遗哀乐者处，吾乃于是乎相求。【《全宋文》
卷1705，第575—576页；《永乐大典》卷5345】

【注】吴复古（？—1099），字子野，潮州揭阳人。少任侠，喜道术，"志趣超逸。居
大母忧，庐墓三年，手植木墓旁"。元丰中，从蓝乔游湖海六年，于道术益通悟。"东坡、颍
滨二苏公，暨一时名士，皆倾下之。"苏轼尝问养生法，复古以"安和"二字对。轼为作《问
养生》。【《林大钦集》，第35页】

《揭东县志·吴复古故居》云：吴复古故居，位于砲台镇南潮社区南
潮祖祠，总建筑面积256.06平方米，为二进殿堂结构，其总体结构雄伟
壮观，飞檐斗角，雕梁画栋，上花鸟山水。吴复古（1004—1100）字子野，
号远游，潮州前七贤（许申、张夔、刘允、林巽、王大宝、卢侗、吴复古）之一。
宋神宗年间封其为皇宫教授。【《揭东县志·文物古迹》，第713页】

苏轼《次韵子由赠吴子野先生二绝句》[施元之原注：吴子野，名复古，一
字远游，潮州（揭阳）人。东坡与一见，论出世间法，尝著《养生论》一篇，为子野作也，
与游二十余年。南迁至真扬间，见子野无一语，及得丧休戚事，独告坡曰："邯郸之梦，犹
足破妄而归真，目见而身履之，亦可以悟矣。"未几南归，访东坡于惠。过子由于循。坡徙
儋耳，子野又从之，为作《远游庵铭》，送坡北归，遇疾而殂。以文祭之，曰：呜呼子野，道
与世违。寂默自求，阖门垂帏。兀尔坐忘，有似子微。或似壶子，杜气发机。急人缓已，忘其
渴饥。送我北还，中道弊衣。有疾不药，但却甘肥。问以后事，一笑而麾。可以知其人矣。]
诗云：马迹车轮满四方，若为闭暑小茆堂。仙心欲捉左元放，痴疾还同顾

长康。〇江令苍苔围故宅，谢家语燕集华堂。先生笑说江南事，衹有青山绕建康。【《施注苏诗》卷38】

蒋之仪兄、蒋之奇堂兄叔靖卒于南安军司户参军任上，蒋之奇为其料理后事。

蒋之奇《朝奉大夫之仪公墓志铭》云：亡兄叔靖任南安户掾，卒官。之奇时帅广，致其器以归而未葬，及公赴广德，归扫先茔，全族人葬之。【《孝思堂蒋氏宗谱》卷3】

《宋史·地理志四》载：西路：州六，洪、虔、吉、袁、抚、筠；军四，兴国、南安（治大庾，即今江西大余）、临江、建昌；县四十九。南渡后，府一，隆兴；州六，江、赣、吉、袁、抚、筠；军四，兴国、建昌、临江、南安为西路。【《宋史》卷88《地理志四》】

是年，蒋之奇至光孝寺，题"笔授轩"名。后又在广州兴建潇洒轩、石屏堂、英德县三湾亭、珠明观、挹袖轩等。

曾丰《光孝寺重修笔授轩记》云：佛，夷人也，其徒由汉始入中华，最后达磨于梁普通丁未、般刺密谛（《楞严经》译者）于唐神龙乙巳，皆自天竺航至南海。达磨初不上文字，卒有《楞伽经》为中人设也。般刺密谛译《弥伽释伽语》于制止等，房相国笔所译授之学佛者，《楞严经》是矣，其为意盖楞伽类欤？制止，今为报国光孝寺复殿之阴，故有轩。宋元祐丁卯（1087），府公蒋之奇揭曰"笔授"，刻石其间。久之，石仆轩失治。绍兴壬子，府公向子諲至寺，顾轩石认蒋遗迹且坠，辍俸为施，轩如初，加壮且丽。至淳熙辛丑，阅五十年，壮者朽丽者，陈府公巩湘怀蒋犹向也，好施甚焉，建大阁于殿之左，推余力及轩，壮丽复如初。【《缘督集》卷18】

仇巨川《羊城古钞》载：笔授轩，在光孝寺。唐宰相房融注《楞严经》于此，宋经略蒋之奇建。……潇洒轩，在光孝寺。宋经略蒋之奇建。【《羊城古钞》卷7，第526—527页】

道光《广东通志·古迹志》载：石屏堂，在城西，宋知广州蒋之奇建。其下有池，列石嶙峋，即南汉所为明月峡、玉液池。旧有含珠亭、紫云阁。每端午，令宫人竞渡其间。……潇洒轩，在光孝寺，宋知广州蒋之奇建。……英德县三湾亭，在清远驿东，宋广帅蒋之奇建。明弘治间巡检彭骥、正德间布政吴廷举各重建，今圮。

道光《广东通志·古迹志》："（广州府）石屏堂，在城西。宋知广州蒋之奇建，其下有池，列石嶙峋，即南汉所为明月峡、玉液池。旧有含珠亭、紫云阁。每端午，令宫人竞渡其间。"

道光《广东通志·古迹志》："（英德县）三湾亭，在清远驿东。宋广帅蒋之奇建。明弘治间巡检彭骥、正德间布政吴廷举各重建，今圮。"【以上俱道光《广东通志》卷53《古迹志》】

道光《广东通志·坛祠志》："（广州府）寺光孝寺，在府城内西北一里。本汉南粤王弟建德故宅，三国吴虞翻居此。……唐仪凤元年，僧慧能祝发树下，因论风幡，建风幡堂。神龙元年，三藏于此译《楞严经》，相国房融笔授。宋经略蒋之奇建轩，曰'笔授轩'。"……【道光《广东通志》卷54《坛祠志》】

《方舆汇编·广州府部汇考一》云：浮丘山，在府城西四里，相传为浮丘丈人得道之地。《罗浮记》云：浮丘，即罗浮，朱明之门户，先在水中，若丘陵之浮。四面篙痕宛然。宋初有陈崇艺者，年百二十岁，自言儿时犹见山足舟船数千，今去海已四里，尽为人居。上有珠明观、挹袖轩，经略使蒋之奇建也。其下有珊瑚井，晋葛洪炼丹于此。今有废井，惟一拳石。按县志：万历庚辰，大学士赵志皋宪副吾粤，辟其地为浮丘社。李税珰入粤，踞其地为游观所，仙灵窟宅，风雅遗踪，一朝俱尽，良可深惜。【《方舆汇编·职方典》卷1299】

蒋之奇尝筑石屏台，郭祥正为赋诗。

李昴英《元老壮猷之堂记》云：唐合四管疆西道，而大府部自为东，一当四，广莫可知，水数千里。旁午必趋漓，东下清海，一大都会。盖天造地设也。镇治雄压粤，连偪后城，两浦臂挟之，尤胜者石。……按《州志》：蒋公之奇尝隔城筑石屏台，湮没无复遗迹。龚公茂良辟广平堂，来者润色之，常如新。二公皆十连两地，后之有人心者好恶则甚公。公天粹其姿，浑涵敛圭角，立朝特劲敢言，清名厚德重一世。天子久倚公，呪呕葭萌，调虞猺蛮，治声休其称最，行且入为明堂一柱。是堂也，将与潞国之德威，韩魏公之昼锦，俱不朽。额曰"元老壮猷"之堂，沿旧名而广益之也。【《文溪存稿》卷2，第23—25页】

石屏台，在南海县治西，宋蒋之奇建，有池百余步，池中列石，其状若屏，即南汉明月峡玉液池也。旧有含珠亭、紫霞阁。每端午，令宫人竞渡其间。……石屏台，在经略厅西，有池百余步，池中刻石，其状若屏，或云南汉时玉液池也。郭祥正诗云："石屏台下玉池泉，绕岸石屏青齿齿。辇置应须费万金，园囿森罗共宴喜。刘铱族尽已无余，此石犹存旧基址。"【《广州城坊志》，第201—202页】

蒋之奇在广州的几位朋友，刘富、丁琏、黄洞等。

道光《广东通志·人物志》云：○刘富，南海人，仕试将作监主簿。熙宁元年。知广州张田欲徙郡学于国庆寺东，未及而卒，富纳赀献材，戮力自效，转运使陈安道以为卑狭止，既而程师孟、蒋之奇继田为郡守，发官赀庀成之。富复以负郭之田直钱五十万资于学。……○丁琏，字玉甫，番禺人。（见上文）○黄洞，字明达，南海人。性度超旷博学能文，举于乡。元祐初蒋之奇知广州，即闻洞名，相与谈今古，自以为不及。会妖人搆乱，为之奇画计，先事平之。及苏轼谪惠州，洞共登鉴空阁，赋诗。轼北还，与吴复古、向崇道、李公弼、林子中追饯，至清远峡而后返。【道光《广东通志》卷44】

蒋之奇作《蓬莱仙传》，传女仙陈仁娇事。

宋广东经略使蒋之奇尝作《蓬莱仙传》："陈仁娇，香山陈氏女子也，自少绝粒，修炼成仙，身轻能从诸仙飞游四方，尝降广州进士黄洞家。今吾邑惟寿星塘山水幽胜，甲一邑，有物曰'赤虾子'者，如婴儿而绝小，自树杪手相牵挂而下，笑呼之声，亦如婴儿，续续垂下，甫至地而灭，人谓蓬莱仙女遗类也。"予窃谓不然，盖土石之怪夔魍魉耳。又有大鸦，高七八尺，立与人齐，见肉食即啄去。景泰元年冬，予葬先考妣于此，人踪日多，二物日少。因思刘静修诗云"人道乖张鬼道侵"，若人盛则鬼衰，亦乘除之数、天地自然之理也。【《双槐岁钞》卷7《寿星塘》】

光绪《香山县志·舆地志·沿革》载：［女仙］陈仁娇者，汉廷尉临之后也。……宋元祐中降于广州进士黄洞家［一说元祐元年"降于洞家者再"］，经略使蒋之奇传其事。【光绪《香山县志》卷1】

十一月，蒋之奇有《武溪深》诗一首，并有跋文。其碑刻在韶州九成台。

钱大昕《蒋之奇武深溪诗》记载：元祐二年十一月。右蒋之奇武溪深诗一篇。篇首用马援辞，而续其后凡二百九十言，盖知广州日作。书法亦疏爽可喜。又题其后云："李君以《神汉周府君功勋纪铭》见示。欧阳永叔《集古目录跋》云：'碑石缺，亡其名。'李君尝往诣碑辨之，乃是'煜'字。永叔但得墨本。故莫能考也。"欧公《集古录》有两跋，后一跋云："有国子监直讲刘仲章为余言，前为乐昌令，因道府君事，云名'憬'。问何以知之？云：'碑刻虽缺，尚可识也。'"赵、洪诸家皆据欧公后跋，定为"憬"字。颖叔未见此跋，故以为莫能考尔。李既亲诣碑所，似得其实。然隶书"憬""煜"两字本相近，究难定其然否。后有元祐三年真阳贡士李修跋，碑额题"宝文蒋公武溪深诗"八字，亦修所书。修自称门生，蒋所称李君者，盖即修矣。碑左旁一行云："右朝散郎、知韶州军州事谭粹元祐季秋六日自延祥禅院移立武溪亭。"今在韶州之九成台。【《嘉定钱大昕全集》(6)，第323页】

《钦定续通志·金石略二》载：△宋：武溪深诗［蒋之奇书，行书。元祐二年(1087)，韶州］。（臣）等谨按，蒋之奇诗，字迹残缺，无拓本。【《钦

定续通志》卷 168】

蒋之奇《武溪深诗跋（元祐二年十一月）》（略）。【《全宋文》卷 1706,
第 596—597 页】

蒋之奇门生李修。

《广东金石图志》云：李修，字季长，真阳清溪（今广东英德）人。元祐三
年（1088）广文馆进士，广帅蒋士奇门生。志行修洁，善属文，工书法。英州
知州方希觉器重之，绍圣二年（1095）创建众乐亭，延请李修为之作记。【《广
东金石图志》，第 123 页】

王贵忱《记》云：李修，字季长，浈阳（英德）人。善属文，工书法。名列
元祐党籍碑。【《可居丛稿》，第 526 页】

《元祐党籍碑》载：崇宁三年六月甲辰，诏元符末奸党，并通入元祐籍，更
不分三等，应系籍奸党，已责降人并各依旧除，今来入籍人数外，余并出籍，今
后臣僚更不得弹劾。奏陈，令学士院降诏。元祐奸党：［文臣］曾任宰臣
执政官：司马光……蒋之奇。曾任待制已上官：苏轼……叶祖洽、朱师服。
余官：秦观、黄庭坚……李修……蒋津……王化臣。［为臣不忠］曾任宰臣：王
珪（故）、章惇。秋七月乙亥，淮西提刑霍汉英言："应天下苏轼所撰碑刻,
乞并令一例除毁。"从之。【《宋史全文》卷 14】

十一月壬子，滕元发知瀛州。

李之亮《河北河东大郡守臣（瀛州、河间府）》云：元祐二年丁卯（1087），
滕元发，《长编》卷 407："元祐二年十一月壬子，知郓州、龙图阁直学士滕
元发知瀛州。"……蔡京，《长编》卷 407："（元祐二年十二月壬辰），知瀛
州滕元发与龙图阁待制、知成德军蔡京对易。"【《宋河北河东大郡守臣易替考》,
第 95 页】

是年至元祐四年，宜兴邵材出知滁州。

　　李之亮《两淮大郡守臣（滁州）》云：元祐二年丁卯，邵材，《彭城集》卷二一《权发遣广德军邵才可权知滁州》，元祐二年制。元祐三年戊辰，《滁阳志》："元祐三年邵材，以左丞郎知。"元祐四年己巳，邵材。【《宋两淮大郡守臣易替考》，第199页】

第二十九卷　元祐三年（1088）

元祐三年（1088）戊辰　五十八岁

正月乙未，丁骘改官为左正言，王子韶则为卫尉少卿。

《长编》载：春正月乙未，朝散郎、右正言丁骘为左正言，宣德郎、正字刘安世为右正言。……朝散大夫王子韶为卫尉少卿。【《长编》卷408】

正月乙巳（一说在二月二十八日），蒋之奇因功充宝文阁待制，仍知广州。原广南东路兵马都监童政、封康贺处斩，新州都巡检使郭昭昇杖脊，配沙门岛。

《长编》载：正月乙巳，诏戮内殿崇班阁门祗候、广南东路兵马都监兼权东南第十一将童政，封、康、贺、新州都巡检使郭昭昇贷死，杖脊配沙门岛。以捕贼岑探而擅杀无罪者六十有三人也。经略安抚使蒋之奇措置有功，充宝文阁待制。兵马钤辖杨从先能根究发明，迁一官。［原注：《政目》二月八日，诏广东都监童政处斩，坐擅杀六十余人。与《实录》同。苏轼云云。附九月戊申，当考。］【《长编》卷408】

《宋会要辑稿·兵》载：元祐三年二月二十八日，诏诛内殿崇班、合门祗候、广南东路兵马都监兼权广南第十一将［原注：广南，原脱"广"。《宋史》卷一八八《兵志》二载，宋元丰间团结东南诸军为十三指挥，广南东路为第十一将。］童政，封、康、贺、新州都巡检使郭昭升贷死，杖脊，配沙门岛，以捕贼

433

首岑探而擅杀无罪者六十有三人。经略安抚使蒋之奇措置有劳，充宝文阁待制；兵马钤辖杨从先能究治，迁一官。【《宋会要辑稿·兵一二》】

雍正《江西通志·人物（一）》载：黄介，字几复，南昌人。熙宁九年同学究出身，知四会县。新兴民岑探为襪鬼惑众，新州捕其家系狱。探诳言："吾能三呼陷州城。"从者百数至城下，言不效，皆散去。新州声张，以为豪贼，挟众攻城。经略使遣将童政捕斩，官军所遇薪水行商，皆杀之。介自陈于经略，请以所领士丁不隶部曲，且言（童）政所刭首级，莫非王民，荼毒之祸，百探不足云（黄山谷集）。【雍正《江西通志》卷66】

雍正《广东通志·编年志》云：三年戊辰春二月，妖人岑深谋袭番禺，知广州蒋之奇讨平之。【雍正《广东通志》卷6】

《宋史·职官志二》载：宝文阁学士、直学士、待制，阁在天章阁之东西序，群玉、蕊珠殿之北。即旧寿昌阁，庆历改曰宝文。嘉祐八年，英宗即位，诏以仁宗御书、御集藏于阁，命王圭撰记立石。治平四年，神宗即位，始置学士、直学士、待制，恩赐如龙图。英宗御书附于阁。【《宋史》卷162《职官志二》】

【按】蒋之奇讨平岑探（深）在二年正月二十日。雍正《广东通志》误。

曾肇在《制》书中褒奖蒋之奇平定广东之功，知蒋仍为广东帅臣。郭祥正作《新昌吟》诗，寄赠蒋颖叔待制。

曾肇《蒋之奇宝文阁待制制》曰：三圣图书，萃在延阁；儒学之士，职列其中。讽议讨论，维时妙选。虽身在江海之上，而名近日月之光。则世以为荣，任亦加重。具官蒋之奇，富以辞艺，博知古今。台阁践更，号为久次。眷予南服，付以列城，属愚民弄兵，骚动岭表。武夫利赏，贼杀善民。而尔应接经营，多中机会。有罪就戮，无辜获申。载嘉尔能，宜用褒显。进于侍从之列，不改帅师之旧。使远人观望，益加二千石之尊。为汝之光，不既多乎！【《曲阜集》卷1】

郭祥正《新昌吟·寄颖叔待制》诗云：元祐丙寅冬，新昌有狂寇。……

朝廷方好仁，帅略实能副。台章请褒赏，诏语优以懋。抚绥聊借才，侍从尔来复。身居江湖上，名近日月右。〔原注：已上略《制词》中语。〕麟儿随飞龙，〔原注：戊辰，季嗣遂登科。〕阴骘资贵富。彼美南山松，落落千丈秀。终为廊庙器，未许连城售。吴毛持漕节，文彩烂锦绣。发为新昌行，洪钟待谁扣。我将磨苍珉，为公悉镌镂。〔原注：运判吴翼道毛正仲皆作此诗为帅赋之，并刻石立于新昌之使厅。〕【《青山续集》卷2】

正月三十日，蒋之奇门生李修将其题《浈水》《韶石》两诗及《续武溪深》诗跋刻石于韶州九成台。

　　蒋之奇《浈水》诗云：城东浈水碧渊洄，杨仆楼船向此来。我亦编蓬今下濑，拟寻韶石上崔嵬。〇《望韶石》云：当日昌黎□□□，曾瞻□□□冠裾，致君□舜今□是，想像□□□□□。颍叔（以下数行皆不可辨）□绝不润色典□□□□□□老亭间□□□之中甚可惜也，□□翁刘□昔尝□□尉先生时以□□□宣□和□□□□□师先生□□□□。元祐三年戊辰正月晦日真阳贡士李修立道因出先□□□翁于是乎书。门生广文馆进士李修题额并立石。右朝散郎知韶州军州事谭粹，元祐癸酉季秋六日自延祥禅院移立武溪亭。〔谨案〕碑在韶州九成台。分五层，下层李修正书跋，后又一行刻"门生、广文馆进士李修"云云。盖跋与题额立石非一时也。额云"宝文蒋公武溪深诗"。据《东都事略》，之奇以讨岑探贼功加宝文阁待制。《黄志·事纪》岑探贼事在元祐三年二月，李修跋在正月，是题额在作跋后之证矣。桂阳太守名，欧阳修《集古录》据刘仲章审定为"憬"字。此碑云"名煜"，刘昌诗《芦浦笔记》尝非之。考《诗》毛笺，"憬，远行也"，《说文》"憬，觉寤也"，皆与"君光"义不应。或因"煜"形上体近"憬"，仲章遂释为"憬"尔。《金石录》云："究其点书，'憬'字近之。"盖亦未敢决为"憬"字也，后人安可震于欧阳之名，而以蒋之奇之说为非耶？【道光《广东通志·金石略》，第215—216页】

三月戊辰，苏轼奉敕权知贡举。门生李廌落第，苏轼愧甚。

苏轼《乞不分经取士》云：元祐三年三月某日，翰林学士、朝奉郎、知制诰苏轼同孙觉札子奏：臣等近奉敕权知贡举，窃见自来条贯，分经取士，既于逐经中纽定分数取人，或一经中合格者少，即取词理浅谬卷子，以足其数。如合格者多，则虽优长亦须落下，显是弊法。将来兼用诗赋，不专经义，欲乞今后更不分经，专以工拙为去取。取进止。【《东坡全集》卷54】

《东坡先生年谱》云：三年戊辰，任翰林学士，有《和子由元日省宿致斋》，有"白发苍颜五十三"之句。是年省试，先生知贡举。开院日，有《与李方叔诗序》云：仆与李廌方叔相知久矣，仆领贡举事，李不得第，愧甚，作诗谢之。又和钱穆父《雪中见及》，有"行避门生时小饮"之句。又充馆伴北使。【《东坡全集》卷首】

陆游《东坡素知李方叔》载：方叔赴省试，东坡知举，得一卷子，大喜，手批数十字，且语黄鲁直曰："是必吾李廌也。"及拆号，则章持致平，而廌乃见黜。故东坡、山谷有诗在集中。初，廌试罢日，语人曰："苏公知举，吾之文必不在三名后。"及被黜，廌有乳母年七十，大哭曰："吾儿遇苏内翰知举不及第，他日尚奚望？"遂闭门睡，至夕不出，发壁视之，自缢死矣。廌果终身不第以死，亦可哀也。【《老学庵笔记》卷1】

三月己巳，赐进士李常宁等人及第、出身、同出身。宜兴蒋琂、慕容彦逢、郭三益等及第。

《太平治迹统类·祖宗科举取人》载：元祐三年三月丁巳，御集英殿试进士。戊午，试特奏及武举进士。庚申，试诸科及特奏名人。癸亥，试武举进士射艺于崇政殿。推恩补官十有五人，诏罢及考校祖宗免亲试法。己巳，赐进士李常宁、刘寿、章援、杨彭、史愿、史通、范致、虚费贡等二十四人及第，一百九十有六人出身，一百八十有八人同出身。【《太平治迹统类》卷27】

《宜兴旧志》等载：元祐三年李常宁榜：蒋琂。慕容彦达（又作逢），见词科。郭三益，旧志缺。［万历《宜兴县志》卷7《选举》］元祐戊辰李常宁榜：蒋瑎，之奇子，有传。慕容彦达（又作逢），见词科。郭三益，枢密院。［康熙《宜兴县志》卷7《选举》］慕容彦逢，举宏词。……元祐戊辰李常宁榜。……蒋瑎，之奇子，举明经。元祐三年进士。【《宜兴旧志》卷7《征辟》】

《宜兴旧志·忠义》载：蒋瑎，字梦锡。元祐三年李常宁榜进士，宰执以明经荐，徽宗擢为大司乐。时内侍梁师成权倾中外，号为"隐相"。瑎与议乐舞，不合。师成怒。瑎曰："一代典礼，当质诸经。"不顾而去。燕云初复，廷臣议上尊号，瑎曰："裕陵却徽号，为万世法，奈何谀悦以亏盛德。"出知兴元府。军卒王靖作乱，瑎擒戮之，晓谕，余党帖伏。后引疾，奉祠鸿庆宫。【《宜兴旧志》卷8《忠义》】

【注】郭三益，字慎求。常州（一作秀州海盐县）人。元祐三年登进士第，初授常熟县丞。历湖南安抚使。建炎初，为中大夫、同知枢密院事。咸淳《毗陵志》卷一一《科目》云："元祐三年李常宁榜○郭三益。"《宋史》卷二一三《宰辅表四》："（建炎元年）十一月乙未，郭三益自试刑部尚书迁中大夫、除同知枢密院事。"正德《松江府志》卷二三《官迹上》："郭三益，字慎求，海盐人。家义兴，璪之子也。元祐三年进士。才高有器识，为常熟丞。"崇祯《松江府志》卷二九《历朝官绩（宋）》云："郭三益，字慎求，海盐人。元祐三年进士，为常熟丞。"乾隆《江南通志》卷一一九《选举志·进士（宋）》云："绍圣○郭三益，宜兴人。"清厉鹗《宋诗纪事》卷三二《郭三益》云："三益，字慎求，常州人。元祐三年进士。仙居令。靖康间，湖南安抚。建炎初，同知枢密院事。"光绪《嘉兴府志》卷四四《选举·宋（进士）》云："元祐三年戊辰○郭三益。同知枢密院事。"【《宋代登科总录》，第1387页】

慕容彦逢与蒋之奇为世亲。

慕容彦逢有《蒋颖叔生日》诗，其《辞免监察御史奏状》云：右臣今月初五日，准阁门告报，已降告命，除臣依前官，守监察御史者。闻命震恐，罔知所措。……兼臣之从祖父瓘，娶知枢密院事蒋之奇从父兄之女，虽臣于之奇非合避亲，及从祖父、从祖母皆已亡殁，然终非所安。伏望圣慈察臣诚恳，特赐追寝成命，所有告命，未敢祗受，谨录奏闻，伏候敕旨。【《摛

文堂集》卷9】

蒋瑎《慕容彦逢墓志铭》载：政和七年夏五月，通议大夫、刑部尚书慕容公疾病，拜疏上还印绶，天子闵以职事勤公，诏以通奉大夫、刑部尚书致仕。是月壬子，薨于寝，享年五十有一。上闻震悼，制赠银青光禄大夫，赠赙加等，又以御府钱二百万赐其家。宣和元年二月甲申，葬于常州宜兴县筱岭之原。公讳某，某字。……右卫将军讳某，家于滏阳，随子官宜兴，卒葬焉。故今为宜兴人。右卫生少师讳某，于公为考。少师三娶，周氏、沈氏、蒋氏，累赠崇荣嘉国太夫人。公沈出也。……娶葛氏，故赠少保某之女，封卫国太夫人。贤明淑贞，治家有法度。二男，邦佐，承议郎、行太府寺丞，有美才，所居官能举其职；邦用，承事郎。三女，长归余之子宁祖，季归余之子及祖，仲适朝散郎、尚书户部侍郎贾安宅。孙男九人。【《摛文堂集·附录》】

【注】慕容彦逢（1067—1117），字淑遇（叔遇），宜兴人。元祐三年（1088）进士，绍圣二年（1095）复中词科。元符元年（1098），迁太学博士。崇宁元年（1102），除秘书省校书郎，擢监察御史，中书舍人。大观元年（1107），权翰林学士，除尚书兵部侍郎，改吏部，进兼侍读，出知汝州。四年（1110），加集贤殿修撰。政和元年（1111），召兼侍讲并议礼局，六年，除给事中，七年，以刑部尚书致仕，卒，年五十一。宣和二年（1120）谥文定。《永乐大典》载所著文集二十卷，外制二十卷，内制十卷，奏议五卷，讲解五卷。事见宋蒋瑎撰《慕容彦逢墓志铭》。

四月八日，蒋之奇叔母、蒋翔夫人宋氏（1011—1088）卒，蒋之奇为铭。时，蒋之奇系衔为"朝议大夫、充显谟阁待制、知广州军事兼管内劝农使、充广南东路兵马都钤辖经略安抚使，护军、寿光县开国男、食邑三百户、赐紫金鱼袋"。蒋之翰书丹，系衔为"朝奉大夫、权广南西路刑获公事兼本路劝农提举河渠公事、上柱国、赐金鱼袋"。蒋之仪题盖，系衔为"朝奉郎、充环庆军使兼知河中府营河县及管内劝农事、上护军、赐绯衣"。

蒋之奇《宋故永安县太君（蒋）翔公夫人宋氏墓志铭》云：夫人姓宋氏，常州宜兴人。曾大父仕江南李氏，为左职大夫，生于令族，幼则嶷然，及笄，德性具备，言容极饰，女红剪制，皆极善妙，妇道有闻，宜述君子。我叔虞部员外郎讳翔，迎夫人于湖洑，御轮以归，是为正室。虞曹登朝，封永安县君。方夫人入蒋氏之门，实与我亡姊汝南郡太夫人同日，邻里贺庆，萃于一家，举族荣之。我亡考中大夫既笃于天伦之爱，而夫人于汝南娣姒之好又相昵也。当是时，我祖兵部尚书公已薨谢，及祖姒永嘉、华原二郡太君亦皆沦逝，夫人常以不逮事舅姑为恨，故岁时享祀渌酒醴馨膳差，必躬必亲，惟敬惟谨，柔顺静渊，以相其夫，曲尽礼意。虞曹前后荐更北官，而所至七邑与夫俱往。晚倅泸州，岁满来归，治生且就绪，而虞曹捐馆。夫人寡居，辑睦姻族，抚御藏获，内外忻忻，罔不肃办。恩其他姬子如己子，家人不知有嫡庶之异。五男，之彦，以伯考太尉恩补将作监主簿，为睦州青溪簿。之贲、之杰以文词，数与开封太学之荐，及之文、之贲皆先夫人而卒，比夫人之病，独中男之杰给事左右在侍，视饮食汤药，以至于终，服丧襄事，咸克如礼。五女，长适龙图学士三司司徒邵必，封仁寿郡君，赐霞帔；次适建州建安尉；次适华州观察推官陈璞；次适澧州卫南主簿洪茂；次适乡贡进士沈时中。孙男女十三人。以元祐三年四月八日卒，享年七十八，以元祐五年二月二十五日葬于亩亭乡柯庄之原。余从兄提点广南西路刑狱朝奉大夫宪仲德书来告曰："铭永安之墓，宜莫如弟。"既又得之杰哀訢，持从兄子益所状夫人之行，属予铭之。窃惟我祖尚书公有子十一人，与余为尊属者甚盛，自余考姒即世，及伯祖、父、叔、伯相继殂殁，而保宁吴兴哀计荐至其寿而存者，惟永安一人而已，今又往矣。尊属零落于是乎尽矣。唧酸茹痛，莫知能止矣。挥泪靳铭，以寄一哀而已矣。

【《孝思堂蒋氏宗谱》卷3】

《宋史·职官志二》载：显谟阁学士、直学士、待制，元符元年，曾布、邓洵仁各申请建阁。诏翰林学士、中书舍人撰阁名五以闻，遂建阁藏神宗御集，以显谟为名。……崇宁元年，诏显谟阁学士、直学士、待制如三阁故事，序位在宝文阁学士、直学士、待制之下。学士、直学士、待制，并建中靖国元年置。【《宋史》卷162《职官志二》】

【按】《家谱》中蒋之奇系衔为"显谟阁待制",实误。疑为蒋后来的系衔或后人误刊。

四月辛巳,胡宗愈为尚书右丞(执政)。

王称《哲宗纪》载:三年夏四月辛巳,吕公著以司空平章军国事;吕大防尚书左仆射兼门下侍郎;范纯仁尚书右仆射兼中书侍郎;孙固门下侍郎;刘挚中书侍郎;王存尚书左丞;胡宗愈尚书右丞;赵瞻佥书枢密院事。……四年春二月甲辰,吕公著薨。三月己卯,胡宗愈罢。【《东都事略》卷9《哲宗纪》】

是年夏,广州州学建成,蒋之奇率典学、学正、学录等学官视察州学。

蒋之奇《广州州学记》云:元祐元年,番禺缺守,有诏以命臣之奇来治州事。……明年仲春上丁,复行释奠之礼,陟降廷阼。顾瞻学宫,多历年所,堂庑庳狭,隔奥侧陋。……越明年夏,学成。为殿南向,横六楹,纵四楹。讲堂、议道堂,及于两序,总四百二十有四楹。于是典学之官与其录,及凡在学之有职掌者,墙立而进曰:"学已完矣,愿有纪述,以诏于后。"【《全宋文》卷1706,第605—607页】

九月甲申,丁骘知处州。六年,罢归。

《长编》载:九月甲申,礼部员外郎丁骘知处州。[文彦博《私记》云:"丁骘为谏官,人讼其前在常州借乡里人钱事,朝廷遽罢骘谏官,责守处州,两起大狱于淮、浙,推治竟无实状,骘犹不牵复。"按,骘自谏官迁礼部,乃缘避胡宗愈亲嫌,事在四月十二日,恐骘罢礼部缘此。而《私记》引此以辨贾易,不知信否?当考。蒋之奇《志骘墓》云:"始骘与裴常者乡里雅旧,无通财之嫌,及之官嘉兴,稍出金帛令常益市田产。常死,骘抚其子,为经纪其家甚至。常高赀,有养子为浮屠,与常之子讼分家财不均。为浮屠者疑骘左右常之子有力,且与王巩书有请托语,得其书诉于朝。御史中丞孙觉斥言骘与常有迹,遂起狱,骘求辨之,乃得知处州。有司发书验视,无一辞涉讼事,然竟以此出。盖是时胡宗愈执政,不得于同列,其排而去之者,意不在骘也。"]【《长编》卷415】

李之亮《两浙路郡守（处州）》云：元祐三年戊辰（1088），楚潜；丁骘，《长编》卷四一五："（元祐三年十月）甲申，礼部员外郎丁骘知处州。"元祐四年己巳（1089），丁骘，《古今图书集成·明伦汇编·氏族典》卷三一九："丁骘字公点，举嘉祐初进士，后出知处州。"元祐五年庚午（1090），丁骘。元祐六年辛未（1091），袁毂。【《宋两浙路郡守年表》，第441—442页】

九月戊申，苏轼上书，认为傅燮轻处童政不当。

苏轼《述灾沴论赏罚及修河事，缴进欧阳修议状札子》云：元祐三年九月五日，翰林学士、朝奉郎、知制诰兼侍读苏轼札子奏：……广东妖贼岑探反围新州，差将官童政救之。政贼杀平民数千，其害甚于岑探。朝廷使江西提刑傅燮体量其事，燮畏避权势，归罪于新州官吏。又言新州官吏却有守城之功，乞以功过相除，愚弄上下，有同儿戏。然卒不问岑探聚众构谋，经年乃发，而所部官吏茫不觉知，使一方赤子肝脑涂地，然亦止于薄罚。童政凶狡贪残，非一日之积，而监司乃令将兵讨贼，以致千人无辜就死，亦止降一差遣。【《东坡全集》卷55《奏议》】

是年，高丽王子义天遣使来祭净源法师，苏轼上奏，由地方州郡自行处置。

《宋史·苏轼传》云：僧净源旧居海滨，与舶客交通，舶至高丽，交誉之。元丰末，其王子义天来朝，因往拜焉。至是，净源死，其徒窃持其像附舶往告，义天亦使其徒来祭，因持其国母二金塔，云祝两宫寿。轼不纳，奏之曰："高丽久不入贡，失赐予厚利，意欲来朝。未测，吾所以待之厚薄，故因祭亡僧而行祝寿之礼。若受而不答，将生怨心，受而厚赐之，正堕其计。今宜勿与知，从州郡自以理却之。彼庸僧猾商，为国生事，渐不可长，宜痛加惩创。"朝廷皆从之。未几，贡使果至，旧例使所至吴越十州，费二万四千余缗。轼乃令诸州量事裁损，民获交易之利，无复侵挠之害矣。【《东坡全集》卷首】

十月二日，苏东坡有与蒋公裕书信。请蒋公裕料理田事，并派侄孙赴常州交纳费用。秋收，苏轼所买宜兴曹氏田，得粮三船，运往都下（京城）。

苏轼《与友人一首》云：曹潜夫得三舟许，为多载米来，不敢指定石数。但请问潜夫，看可带多少，即依数发来，切望留意。少济都下所阙也。丁卯年租米数，且便一报为冗。迫不及写单家兄弟书，且致意。轼又上。【《宝真斋法书赞》卷12】

【注】李之亮［笺注］云，此帖作于元祐三年，苏轼任翰林学士、知制诰。【《苏轼文集编年笺注》卷74，第486页】

【按】书简中附言，有"曹潜夫得三舟许"及"丁卯年租米数"等句，知此简约作于戊辰秋收之后，嘱咐田家留足上年费用。书中有"迫不及写单家兄弟书"，此时，单锡已经作古，"单家兄弟"当指单锷、单镇，请蒋公裕代致问候。

苏轼《与蒋公裕书》又云：兼托曹潜夫买少漆器，仍于公裕处支钱，乞依数付与。诸事不免一一喧聒。向时侄孙带不尽米，知寄在强景仁家，如未曾寄与人来，可便付潜夫也。【《宝真斋法书赞》卷12】

【按】此帖不知作于何年，应该在元祐中，姑系于此。李之亮认为作于元丰末，当时东坡始买田，当年不可能有如此收成。故系元祐初。

是年，郭祥正知端州。翌年，罢归，隐家乡青山。

李之亮《两广大郡守臣（端州、肇庆）》载：元祐三年戊辰（1088），郭祥正，《宋史》卷四四四本传："通判汀州，知端州，又弃去，隐于县青山，卒。"《广东通志》卷二〇八《石室游》云："元祐戊辰二月廿有八日，当涂郭祥正子功来治州事，即明年，以其日上书乞骸骨。"元祐四年己巳（1089）。【《宋两广大郡守臣易替考》，第199、221页】

蒋之奇同郭祥正游越王台并题诗。

蒋之奇《越王台》诗云：近城故有武王台，拂云千尺高崔嵬。谓之朝汉乃非是，岁时嘉会倾尊罍。【《全宋诗》卷688，第8035页】

《舆地纪胜·广南东路·越王台诗》载：不终屈强蛮夷上，稍复低回礼义中。自昔一时成霸业，至今千载仰英风。蒋之奇。【《舆地纪胜》卷89，第2208页】

郭祥正《同颖叔修撰登蕃塔》云：宝塔疑神运，擎天此柱雄。势分吴越半，影射斗牛中。拔地无层限，登霄有路通。三城依作镇，一海自横空。礼佛诸蕃异，焚香与汉同。祝尧齐北极，望舶请南风。瑞气凝仙露，灵光散玉虹。铎音争响亮，春色正冲融。视笔添清逸，凭栏洗困蒙。更当高万丈，吾欲跨冥鸿。【《青山集》卷20】

郭祥正《广州越王台呈蒋帅待制》云：番禺城北越王台，登临下瞰何壮哉。三城连环铁为瓮，睥睨百世无倾摧。蕃坊翠塔卓椽笔，欲蘸河汉濡烟煤。沧溟忽见飓风作，雪山崩倒随惊雷。有时一碧渟万里，洗濯日月光明开。屯门钲铙杂大鼓，舶船接尾天南回。斛量珠玑若市米，担束犀象如肩柴。越王胡为易驯服，陆生辩与秦仪偕。当时贡物竟何有，汉家宫殿今蒿莱。邦人每逢二月二，熙熙载酒倾城来。元戎广宴命宾客，即时海若收风霾。群心愈喜召和气，百伎尽入呈优俳。乐声珊珊送妙舞，春色盎盎浮樽罍。鬼奴金盘献羊羔，蔷薇瓶水倾诸怀。嗟余老钝已茅塞，坐视珠履惭追陪。青蝇何知附骥尾，伯乐底事矜驽骀。番禺虽盛公岂爱，亭亭自是岩廊材。千年故事写长句，指画造化回枯荄。昌黎气焰遂低缩，瓦砾未足当琼瑰。仙姿劝公莫妄想，元鼎久待调盐梅。【《青山集》卷20】

雍正《广东通志·赵佗四台》云：赵佗筑台凡四，一在广州北门外固冈上，曰朝汉台；一在广州粤秀山上，曰越王台，今名歌舞冈；一在肇庆新兴县南十五里，曰白鹿台，佗猎得白鹿，因筑台以志其喜；一在惠州长乐县五华山上，曰长乐台，盖佗受汉封时所筑。长乐本龙川地，佗之旧治也，故筑台。是曰"赵佗四台"。或云越王台最先筑，长乐次之，白鹿次之，最后筑朝汉台。【雍正《广东通志》卷64《杂事志》】

《方舆汇编·广州府祠庙考二》载：怀圣寺，在南海县治东南。唐时异人所创。内建番塔，轮囷凡十六丈五尺，广人呼为"光塔寺"。明成化四年，都御史韩雍重建。相传塔巅有金鸡，随风南北，每岁五六月，寺众率以五鼓登绝顶呼号，以祈风信。不设佛像，惟书金字为号，以礼拜焉。明洪武二十五年七月，金鸡为飓风所堕，送京贮内库，复以铜易之，亦陨于飓风。万历庚子，重修以葫芦。皇清康熙己酉八月，塔上葫芦顶复堕于飓风。【《方舆汇编·职方典》卷1309】

《广东印记·怀圣寺光塔》记云：中国伊斯兰教古迹，位于广州市光塔路怀圣寺院西南隅。1996年，国务院公布其为全国重点文物保护单位。为呼礼塔，波斯语音读作"邦克塔"，据说因"邦"与"光"在粤语中音近，遂误称为"光塔"。一说因塔顶竖灯导航而得名，或为塔表望之如光洁银笔而得名。始建于唐代，相传怀圣寺为唐初阿拉伯人阿布·宛葛素为纪念伊斯兰教创始人而建，寺内建塔。……怀圣寺和光塔为伊斯兰教传入中国后最早建立的清真寺、塔。对研究古建筑和中外交往史、伊斯兰教史、广州城建史有重要价值。该塔是中国伊斯兰教最大的邦克塔之一，具有浓郁的阿拉伯建筑风格。其抗震性能十分优良，提高了唐以后中国砖佛塔的建筑技术水平。【《广东印记》（2），第73—74页】

蒋之奇有题《五仙（羊）观》诗，并礼南海神庙（西庙）。

蒋之奇《竹枝词（五羊观）》云："州宅之西敞华堂，我来跪拜焚宝香。堂中塑像何所见，乃有五仙乘五羊。"同时，与蒋之奇过从甚密的诗人郭祥正，有《五羊石》诗："番禺五仙人，骑羊各一色。手持六秬穗，翱翔绕城壁。翩然云乘云，诸羊化为石。至今留空祠，异像犹可识。"【谷羊昌瑞：《广州五羊传说》，第122—123页】

【注】五羊观：广州标志性建筑。张励《五仙观记》云："广为南海郡治，番禺之山，而城以五羊得名，所从来远。参考《南粤岭表记》诸录并《图经》所载，初有五仙人，皆手持谷穗，一茎六出，乘五羊而至，仙人之服与羊各异色，如五方。既遗穗与广人，仙忽飞升以去，羊留化为石。广人因即其地为祠祀之，今祠地是也。……政和三年春二月，余自乡郡移守此州，夏四月至官，闻州人之说，访闻故址犹有存者，又因读昔守程公师孟诗云：'欲

举轻舟印碧虚，善邻犹得道流居。’及蒋公之奇诗云：‘州宅之西敞华堂，我来拜跪焚宝香。堂中塑像何所见，乃有五仙乘五羊。’二公近在熙宁元祐间，则知其迁徙亦未久。今不复，将遂失其故处，遗迹扫矣。名存实废，后何所考据？秋八月，乃即故地规度，还其所侵。奋除瓦砾草莱，以胥栋宇，恭承玄圭。”【雍正《广东通志》卷59《艺文志》】

《方舆汇编·广州杂录》云：南海君，姓视，名赤；夫人姓翳，名郁寥。南海庙，唐天宝始封广利王。宋康定二年，加号洪圣，四渎之一也。……又宋真宗赐玉带。及番国进金书、刻表、龙牙、火浣布，各一，藏于市舶库。至和元年，加王冕。……赐明顺夫人。……宋建西庙于城西五里，谓之行祠。元祐五年，新州盗数千薄城下，忽风雨晦冥，俄蝙蝠绕楼橹，贼视戈甲森然，震慄遁去。经略蒋之奇、运判张升因祷之，不期月，生致渠魁。【《方舆汇编·职方典》卷1314】

蒋之奇广州诗选（参见《全宋诗》第12册，第8020页）。

蒋之奇《贪泉》诗云：贪夫徇利性多迁，一献千金亦信然。我意不为吴隐矫，过门自不见贪泉。【康熙《南海县志》卷16】

蒋之奇《石门山（二首）》云：吕嘉妄欲抗中原，积石江心尚岿然。岂料王师到寻狭，挫锋困粟遂无前。○楼船伏波安在哉，会兵曾破石门来。普年已过获嘉县，今日更登朝汉台。［康熙《南海县志》卷7］《贪泉》云：贪夫徇利性多迁，一歃千金亦信然。我意不为吴隐矫，过门自不见贪泉。［康熙《南海县志》卷7］【《西华胜概·岭南乡土历史文化纵横》，第64页】

蒋之奇《观波罗蜜果二偈（存一）》云：修行智能是筌蹄，入觉城中始不迷。莫见波罗便休去，更须进步看菩提。【成化《广州志》卷30】

雍正《广东通志·山川志》云：石门山，在城西北三十里。两山相峙，夹石如门。高二十余丈，前有控海楼，下有贪泉。晋吴隐之酌泉赋诗处。【雍正《广东通志》卷10《山川志》】

蒋之奇《茉莉（广州）》诗逸句：佛香红茉莉，番供碧玻璃。【《全宋诗》卷688，第8039页】

蒋之奇《道中十绝》云：南食有底不可意，北客相逢若个肥。何似大官共茧耳，堂厨将炙走绯衣。岭南没雪时一霜，榕叶无痒藤罗长。不如中原有分别，蒲柳凋落青松苍。〇山中无江都是溪，英州侧近有猿啼。修竹宁会，桃花得似武陵迷。〇春开冬开岩下花，朝虚暮虚溪里家。白色瘦，青裙樵女髻鬓丫。〇携家避地经瘴疠，放船薄海忧飓风。妻子，妄机心愧鹿皮翁。〇转参移斗送年华，碧落青松梦。汗漫，远如贾谊谪长沙。〇荔枝花发暗蛮村，孔雀惊。眼处，碧山无数插红云。〇小舫行无车马喧，桡轻。皇驾，素瑟重听五十弦。〇他时太平好世界，一旦荆棘。夷越，君看岁晚路傍情。〇与君同是西都客，石寺苗园各。南海，韶江愁卧和君诗。【成化《广州志》卷30】

【按】蒋《道中十绝》诗疑为广州回来时途中所作，此一并系之。

蒋之奇在广州日，所作诗文甚富，惜《全宋文》《全宋诗》大多未见收录，特从明成化《广州志》、嘉靖《广东通志》中采出，以供方家研究。[以下出嘉靖《广东通志》的，采自该志卷十三至卷十六（舆地志）]

《舆地纪胜·广南东路·新州·古迹》载：洪圣王庙，在南街。康与之为《记》，又云"休咎禅师故居。……"蒋之奇题诗云：休咎禅师亦异哉，神灵为害尚能回。海波舟楫无漂溺，广利元曾受戒来。【《舆地纪胜》卷97，第2362页】

【按】成化《广州志》卷25亦收录此诗，题为《咏灵化寺》诗。

蒋之奇《灵化寺记》云：广州扶胥口灵化寺者，休咎大师道场也。大师姓梁氏，新兴郡人。卯岁出家，寻师慕道，遂游东都圣善寺则天坛受戒，巡礼天下名山祖塔。还，游罗浮山延祥寺，传三乘行业，广度群迷。至天宝十二年，本道节度使李复响师道德，遣兵马使李玉往罗浮，迎师还番禺供养。师至东南道扶胥镇，望见稍西林木郁茂，即行至彼，见一祠庙，遂入焉。迨夜憩于西庑，方二鼓，睹二青衣童前谓师曰："此镇海将军庙也。大王威灵，性复严急。和尚何以来此？"师问："王何在？"童子曰："王暂出游海。”师曰：“贫道欲见大王。”童子：“请少待，王即归矣。”适三鼓，忽雷电暴风且雨，海浪飞砂石，须臾止息，天地开明。见一使者在廷下，云：“王归，欲顶谒和尚。”师仍整威仪，见王紫袍金带，至师前致敬，且言：“弟子适暂游海，辱和尚远降阙于迎延。”师曰：“贫道云游至此，拟从大王丐此庙为伽蓝，可否？”王曰：“弟子乃上天命遣来镇此土，岁久，烹宰无时，土地胜职，乃非和尚驻锡之所，弟子当为和尚别择一处。”言已辞去。五鼓复还，谓师曰：“已于扶胥北得一处，去此五里，以纸钱定四隅是已。”师比刻出庙，至其地，遂开基址，建草庵，即今寺也。自是僧众相继，住持不绝，号花果院。始师至扶胥，先遣（李）玉还。后玉再被遣，迎师入城。师复至庙，语王曰：“贫道受请入城，故来告辞。窃闻大王为性严急，往来舟楫遭风波溺死者甚多，王慎毋为此。贫道今为大王摩顶受戒，自兹已往，勿害生灵，保扶社稷。”即为授三皈五戒而行。时节度使司遣巡海将何傲往东莞县，取海光寺额归改城中西来院为海光寺，请师主持，终焉实元祐二年七月五日也，寿六十二。是年冬十月，敕赐谥号为休咎大师普通之塔。余元祐二年正月二十八日被命，祀南海王，遂过扶胥灵化寺，得道行大师古碣，载其详如此。窃以为昔岳神受元珪禅师之戒，而北岩松栝尽移东岭。今广利受休咎大师之戒，而南海舟楫遂无飘覆，则佛之慈悲护持众生如此。神且听之而况于人乎？予既为诗，更叙其事于后。【成化《广州志》卷25《寺》】

　　《舆地纪胜·广南东路·五羊菖蒲涧仙诗》载：拨破红尘入紫烟，五羊坛上访神仙。人间自觉无闲地，城里谁知有洞天。蒋之奇。【《舆地纪胜》卷89，第2208—2209页】

　　嘉靖《广州志·艺文》载：蒋之奇另有《修东西二庙记》，黄佐（嘉靖）广州志存其目。南海神庙，又称波罗庙、东庙。【嘉靖《广州志》卷36《艺文》】

　　蒋之奇《广州十贤赞》《〈广州十贤赞〉后序》（俱略）。【《全宋文》卷1707，第614—622页；卷1706，第595页】

　　《宋史·艺文志八》载：蒋之奇《广州十贤赞》一卷。【《宋史》卷209《艺

文志八》】

《蒲涧》诗云：仙山雄压五羊城，山中有涧见底清。槎牙乱石碍流水，九节菖蒲石上生。吾闻安期当得道，服此菖蒲能却老。时人但见千岁翁，卖药皤然头似葆。昔时金石出阜乡，蓬莱风涛浩茫茫。始皇固自匪仙骨，妄欲轻举宁非狂。十所祠堂海傍出，气象峥嵘此其一。迩来兹地成胜游，士女倾都在今日。崎岖盘道跻崭崭，飞雨白日洒碧岩。供炊兰若香积饭，井泉一缝满石函。老木苍藤倚深壑，时见飞来双白雀。散发之人傥可求，欲与浮游解尘缚。前登郑亭遥望海，海上沉沉云气作。将归眷恋炼丹泉，向暮徘徊飞鸟阁。长旗映日远悠悠，骏马踏尘骄跃跃。班荆恰匝具嘉肴，携手殷勤尽清酌。草间堕珥及遗簪，道上行歌或徒罘。俗登寿域寝明昌，人上春台遍纷错。朱幡不是为遨嬉，太守之心乐民乐。【《岭海名胜记校注·舆地一》，第168—169页】

《韶州》云：当日昌黎系缆初，曾瞻双阙整冠裾。致君虞舜今谁是，想象闻韶更起予。【《舆地一》】

《武山》云：海濒多名山，兹山最雄特。盘回几千里，屹立势无敌。峨峨峰峦高，去天仅盈尺。树含不老姿，石有太古色。绝壁走飞鼯，枯槎聚饥鹘。沧溟涨天浮，纵目望无极。缅怀余襄公，曾此候潮汐。【《舆地一》】

《南华卓锡泉》云：南斗东头第一山，白头初得扣禅关。祖衣半似云烟薄，金锁才开雾作团。【《舆地一》】

《番山亭》云：城南多好山，旗岭素云美。时平乐游衍，亭子翼然起。白日拥云根，寒泉发山址。沄沄出靡竭，湛湛清彻底。幽寻出瑶间，洞酌心最喜。尘缨已能濯，俗耳旧曾洗。前修富歌咏，佳致诚可纪。道州斯并称，石门焉能拟。贪夫倘饮之，其颡当有泚。【《舆地四》】

《朝汉台》云：元祐戊辰夏旬休，结友共作西场游。西场有台号朝汉，其下复见香炉丘。当时赵佗王南国，陆贾再来为说客。高皇之世授印章，文帝之朝除僭迹。送贾千金满橐回，从此年年朝汉来。小邦受命非绝物，涕出女吴真似哉。岂比刘鋹自高我，大明已升夸燋火。江南空致潘佑书，系颈络婴亡国祸。乃知雄绩有足贤，自比萧曹岂不然。屈伸能尔顺天理，宜乎传国九十年。照日戈鋋曾至止，低头望拜春风里。彩云眩转随旌麾，细草芊绵承步履。近城故有武王台，拂云千尺高崔嵬。谓之朝汉乃非是，岁时嘉会倾樽罍。郑伯曾孙羽使节，考按图经正讹说。真乘寺侧偶同寻，潜德幽光一朝发。登临若蹑鲸鳌背，超起迥出尘埃外。群仙缥缈如可攀，浮丘不远三山对。石门江势西南盘，东北连冈似马鞍。后人若欲访遗迹，车骑应须向此看。【《舆地四》】

《东莞凤凰台》云：山上百尺台，曾闻来凤凰。凤凰去已久，遗迹空凄凉。竹实饱霜露，梧桐始朝阳。于今际熙皞，凤兮当来翔。翩然衔瑞图，与时作祯祥。【《舆地七》】

《光孝寺潇洒轩》云：一斛槟榔互献酬，禅房亦自种浮留。凭师稍稍添松竹，便可封为潇洒侯。【《舆地七》】

蒋之奇《浮丘山》云：仙翁去登仙，遗迹治城右。巉岏巨石出，突光灵鳌瘦。下窥朱明门，一舞折夫窦。昔路沧溟中，浪舶屡奔凑。今居平地上，篙痕尚仍旧。何人乃一新，楼观耸层阜。茂林燔苍烟，啼禽杂哀猱。东风发群芳，喷鼻香入嗅。谁云远城市，宛若在岩岫。隔墙听丝篁，如闻瑶池奏。卓荦汾阳孙，高标凌宇宙。眸子炯而瞭，眉宇轩然秀。愧余得亲接，爽气横清昼。恰似梁昭明，再挹浮丘袖。【《嘉靖广东通志初稿》卷39】

蒋之奇以修撰、知广州时，常与郭祥正等游广州朱明、九曜石等古迹，郭祥正有多首同游诗及和诗，惜蒋诗大多已佚。郭祥正同游诗，存目。[皆采自郭祥正《青山集》，以下只注卷次。]

郭祥正另有《次韵颖叔修撰游朱明及字》《志游呈蒋帅颖叔》《再和颖叔志游》《独游药洲怀颖叔修撰》《九曜石奉呈同游蒋帅颖叔吴漕翼道》《和颖叔游浮丘观》《蒋颖叔招饮吴圃》《鹄奔亭呈帅漕二公》《将归三首》[卷5]；郭祥正《奉和运判吴翼道留题石室》《奉和广帅蒋颖叔留题石室》[卷13]；《同颖叔修撰游吴圃分得须字》《即席和颖叔送别四韵》《和颖叔千

岁枣》[卷19]；《次五羊先寄帅公颖叔》《闻五羊今岁有雪口号寄颖叔修撰》
《双溪呈帅座颖叔》《和颖叔别后见寄》《颖叔为余亲札补〈到难并和篇〉，
开刻既成，以二绝句送上》[卷28]。

闰十二月三日，苏轼田客筑室，挖到古墓，命掩之。作《祭古冢文》。
苏轼《祭古冢文》云：闰十二月三日，予之田客，筑室于所居之东南，
发一大冢，适及其顶，遽命掩之，而祭之以文。曰：……子非隐者也。子
之富贵，不独美其生，而又有以荣其死也。子之功烈，必有石以志其下，而
余莫之敢取也。昔子之姻亲族党，节春秋，悼霜露，云动影从，享祀乎其下。
今也仆夫樵人，诛茅凿土，结庐乎其上。昔何盛而今何衰乎？吾将徙吾之
宫，避子之舍，岂我力之不能，独将何以胜夫必然之理乎？（略）【《苏轼
文集编年笺注》卷63，第495—496页】

【按】苏轼筑室，当在宜兴，地理位置无考。很不凑巧，遇到世家巨族之墓，只能作罢。
文首云"闰十二月三日"，惟元祐三年为"闰十二月"。《宋史·哲宗纪一》载："（三年）
闰十二月癸卯朔，颁《元祐式》。甲辰，范镇定铸律、度量、钟磬等以进，令礼部、太常参定。"
故系此。

第三十卷　元祐四年（1089）

元祐四年（1089）己巳　五十九岁

是年，蒋之奇行部至东莞杯渡山（现属香港），作《杯渡山纪略》。

蒋之奇《杯渡山纪略》云：《广州图经》：杯渡之山，在东莞屯门界三百八十里。耆旧相传，昔有杯渡师来，居屯门山，因以为名。曾读《高僧传》，宋元嘉中，杯渡常来赴齐谐家，便辞去，云："贫道去交、广之间。"余是以知杯渡之至此不诬矣。退之诗云："屯门虽云高，亦应波浪没。"所谓屯门者，即杯渡山也。旧有军寨在北之麓，今捕盗廨之东，有伪刘大宝十二年己巳岁二月十八，伪封瑞应山，勒碑在焉。榜文："刘汉乾和十二年岁次甲寅，关翊卫副指挥、同知屯门镇、检点防遏右靖海都巡陈延，命工镌杯渡禅师之像，充杯渡山供养。"杯渡事详见《高僧传》。伪刘大宝己巳勒碑，至今元祐己巳，盖一百二十一年矣，事之显晦自有时哉。昔余读李白《南陵隐静》诗："岩种郎公橘，门深杯渡松"，意以为杯渡之迹，只见江淮之间，殊未知又尝应现于交广。为赋诗云："吾闻杯渡师，尝来交广间。至今东莞县，犹有杯渡山。兹山在屯门，相望黄水湾。往昔韩潮州，赋诗状险艰。飓风真可畏，波浪没峰峦。伪刘昔营军，攘摽防夷蛮。镌碑封瑞应，藓痕半斓斑。南邦及福地，达摩初结缘。灵机契震旦，飞航下西天。长江一苇过，葱岭只履还。渡也益复奇，一杯当乘船。大风忽怒作，巨浪高腾掀。须臾到彼岸，叠足自安然。掷杯入青云，不见三四年。安得

451

荷芦团，相从救急患。累迹巨浪侧，真风杳难攀。鲸波岂小患，浮游如等闲。仰止行道人，不辞行路难。"【《全宋文》卷1706，第609页】

《方舆汇编·广州府部汇考一》云：杯渡山，一名屯门山，在县城南一百九十里。相传昔有禅师以杯渡海，故名。南汉时封为瑞应山。上有瑞应岩，有滴水岩，前有虎跑井，下滨于海，有二石柱，相去四十步，高五丈余。《郡志》云：昔为鲸鱼入海所触，其木多橿杞，其草多莎蒌，县民多往取材焉。韩愈诗云："乘潮簸扶胥，近岸指一发。两岸虽云牢，木石互飞发。屯门虽云高，亦应波浪没。"蒋之奇《诗序》云："《广州图经》：杯渡之山在东莞屯门界三百八十里。相传昔杯渡禅师来居，屯门山因以为名。余曾读《高僧传》，宋元嘉年中杯渡尝来，赴斋诣家便辞去，云'贫道去交、广之间'。余是以知杯渡之至此，不诬矣。旧有军寨，在山北之麓，今捕盗廨之东南。汉大宝十二年己巳岁二月十八日，封为瑞应山，勒碑在焉。榜文刻"汉乾和十二年，岁次甲寅，关翊卫副指挥同知屯门镇检点防遏右靖海都巡检陈延命工镌杯渡禅师之躯，送杯渡山供养"。杯渡事详见《高僧传》，然其词猥杂，余已删定，著于篇。刘汉大宝己巳勒碑，至今元祐己巳，盖一百二十一年矣。事之显晦，自有时哉。余昔读李白《南陵隐静》诗，"岩种郎公橘，门深杯渡松"，意以为杯渡之迹只见江淮之间，殊未知又尝现于交广云。"【《方舆汇编·职方典》卷1299】

《明一统志·广州（山川）》载：杯渡山，在东莞县南一百九十里，上有滴水岩，一名屯门山。唐韩愈诗"屯门虽云高，亦映波浪没"，即此。【《明一统志》卷79】

崇祯《东莞县志·杯渡禅师传》谓：杯渡禅师，不知姓名，初在冀州，不修细行，神力卓越，世莫测其由。寄宿一家，家有一金像，杯渡袖而去。杯渡徐行，家主走马追之，不及。至于孟津，河浮木杯于水，凭之渡河，不假风棹，轻疾如飞。东游吴郡，路见钓翁，因就乞鱼。翁以一蒌者绝之，渡手弄反覆，投入水中，鱼复悠然而逝。又遇网师，更从乞鱼，师嗔骂不与。渡乃拾取两石子掷水中，俄而有两水牛斗，入其网。网既碎败，牛不复见，渡亦隐去。后至广陵，遇村舍李家八关斋，乃直入斋堂而坐，以芦团置于中庭，李视其中唯一破衲及一木杯而已。数人举之不胜，李知其异，敬请在家，眷待百日。又齐谐妻胡氏病，众医不愈，复请僧设斋。有僧劝迎杯渡师，师至一咒，病者即愈，齐谐复礼为师。晋元嘉三年九月，东行至赤山湖，托病而死。谐接尸还葬覆舟山。至五年三月，杯渡复来齐谐家，众皆惊异，须臾门外有一僧唤师，师辞去，云："当往交、广间，不复此间来也。"于是以杯渡海，憩邑屯门山，复人因名杯渡山。复驻锡灵渡山，山有寺，亦名灵渡。广帅蒋之奇云："元嘉中，杯渡至此。不诬。"有诗并序，刻于山巅。乾和中，靖海都巡检命工镌其像于杯渡山。【崇祯《东莞县志》卷8《外志·释传》】

《杯渡山》辞条：杯渡山，正名青山，古称屯门山，又名瑞应山、圣山、南山，俗名羊坑山。位于屯门墟西面，高583米，是新界西陲的最高峰，南粤名山之一。相传历代不少高僧云游至此山，其中最有名气的是距今1500年刘宋期间的杯渡禅师。他曾经居住于此，故有杯渡山、圣山之称。山顶巉岩重叠，状如欧洲中世纪城堡，故英国人称之为堡垒山。登山顶，可环视香港、深圳及伶仃洋一带。山上有著名的青山禅院及"韩陵片石亭"，顶处为电视发射站。旁有"高山第一"摩岩石刻，为宋代新界邓族之始祖邓符协仿唐代大作家韩愈的手迹所刻。【《香港大辞典》（经济卷），第616页】

二月癸丑，王子韶为太常少卿，被御史所议。同日，提点广南西路刑狱蒋之翰以病改授知州。

《长编》载：四年二月癸丑，朝散大夫、卫尉少卿王子韶为太常少卿（从四品）。右正言刘安世言："按子韶，资性憸佞，行己无耻。熙宁初，士大夫有'十钻'之谚，目子韶为'衙内钻'。盖以其造请公卿之门，不惮寒暑，交结权要子弟，巧于自媒，如刀锥之钻锐也。"……又言："臣近三具状论奏王子韶除太常少卿不当，至今未睹施行。近者风闻三省奏事之际，尝蒙宣谕以辨别君子小人为戒。辅弼大臣既承圣训，谓宜夙夜交儆，慎简庶僚，而谬引奸慝，尘污清选。考之众议，皆谓执政之间与子韶有旧者，怜其独未显达，力为主张。臣窃谓大臣不遗故旧之心则善矣，至于屈天下之公议而伸一己之私恩，则非所以为朝廷之计也。昨者王汾除谏议大夫，御史止言其诙谐口吃之类一二小事，犹即报罢。岂若子韶，奸邪反覆，见于已试，柔屈不耻，老而益甚，遽跻华胄，实辱簪绅。况汾以小过而弃捐，子韶负大罪而拔擢，用舍之道，显属不当。伏乞改授闲慢差遣，以允舆议。"［原注：三月十六日别与差遣；二十六日改卫尉卿。］……新差提点广南西路刑狱蒋之翰以病乞改，授知州，从之。【《长编》卷422】

蒋之奇《宋故朝请大夫知亳州军事之翰公墓志铭》云：当是时，裕陵（神宗）上宾，用事者以公在先朝擢常平官，疑必不附己，欲褫所迁官。而公初未拜命，乃撼前言非是，罢知楚州。寻提点广南西路刑狱，改知亳州，易寿州，复得亳，又徙提点京西北路刑狱。【《孝思堂蒋氏宗谱》卷3】

三月己卯，胡宗愈为资政殿学士、知陈州。三月丁酉，王子韶为卫尉卿，滕元发改知太原府。

《长编》载：三月戊寅，右正言刘安世言：臣伏自去年四月，后来凡十七次奏疏，论列胡宗愈罪状，乞行罢免，至今未蒙施行。……己卯，尚书右丞胡宗愈为资政殿学士、知陈州。【《长编》卷423】

《长编》载：三月丁酉，龙图阁直学士、知太原府曾布知成德军，龙图阁直学士、知成德军滕元发知太原府，朝散大夫、太常少卿王子韶为卫尉卿。右正言刘安世言：臣前四具状，论列王子韶差除不当。比闻已得指挥，别与差遣。今早伏睹除目授卫尉正卿，反覆思之，不得其说，须至辨析，上烦天听。臣累奏子韶罪状，皆天下之所共知，未尝有一语敢涉疑似。朝廷使之追改，则是不以臣言为妄。前日少常之命，既非所宜，今七寺正卿，又在太常少卿之上，岂可因人弹劾，更得超迁。予夺重轻，悉皆倒置是非好恶，众且何劝，开群小侥倖之门，启大奸窥伺之隙，政事如此，臣窃忧之。……况太常少卿系从五品，诸寺正卿乃从四品。子韶自卫尉方及一年，才擢少常，又正卿，列平日不挂贬议之人当有骤迁之路，以子韶之罪恶显著，而力排公论，必欲超擢，朝廷政事岂宜如此？……［原注：五月二十二日，子韶知沧州。］龙图阁直学士、知成德军滕元发知太原府。【《长编》卷424】

三月丁亥（十六日），以翰林学士苏轼为龙图阁学士、知杭州。

李之亮《两浙路郡守（杭州）》云：元祐四年己巳（1089），熊本；苏轼，《乾道志》："元祐四年三月丁亥，以翰林学士苏轼为龙图阁学士、知杭州。六年正月丙戌，除吏部尚书。"元祐五年庚午（1090），苏轼。【《宋两浙路郡守年表》，第16页】

三月乙酉，知广州蒋之奇为江淮荆浙等路制置发运使。

《长编》载：三月乙酉，知广州、宝文阁待制蒋之奇为江淮荆浙等路制置发运使。朝散郎、江淮荆浙等路发运副使路昌衡为直秘阁、权知广州。右正言刘安世言："窃惟南海之地，控制蛮獠，风俗轻悍，易动难安。祖宗以来，择帅尤重，必有绥怀之德，济以肃服之威，使之统临，乃能镇静。臣按：昌衡人品鄙下，资性残刻，清议不齿，为日已久。方陛下嗣膺大宝，驱逐群邪。昌衡与蹇周辅辈均号酷吏，在所废斥，素为蔡确鹰犬，极力主张，屡叨要官，众谓幸免。今岭表之寄，事任非轻，岂兹小人可称简拔？"［原注：二十八日，昌衡改潭州。］【《长编》卷424】

《南海志》云：蒋之奇，元祐间以朝议大夫、集贤殿修撰知。四年，移江淮发运使。【《地理志·海南六种》，第78页】

临行前，郭祥正有《送蒋颖叔待制拜六路都运》一诗相赠。行至端州，蒋、郭互有赠诗，蒋诗已佚。

郭祥正《送颖叔待制拜六路都运之命》诗云：朝闻紫诏下龙楼，夕卷红旌别海陬。六路理财烦侍从，一门传节继风流。［希鲁公尝以待制领发运。］

诗如老杜犹为达，策似刘蕡稍见收。廊庙乏材终大用，愿均和气及岩幽。[予
已乞将归庐。]【《青山集》卷22】

纪昀等《〈青山续集〉·提要》云：《青山集》载《送蒋颖叔待制拜六
路都运》一诗云："廊庙乏材终大用，愿均和气及岩幽。"自注云："予
已乞骸将归旧庐，再送颖叔"云。"云间骥尾终难附，梅子黄时公自归。"
自注云："公屡有佳句，见约同归，复有蒙诏许归。"【《青山续集》卷首】

郭祥正《谢发运颖叔宠寄新什》：春风冉冉送流年，一望云霄一惨然。
帝阁辍才闻出使，渔蓑终老不成仙。已甘荆棘填灵府，想见蛟龙走蜀笺。
正是水深波浪阔，忽逢高雁寄华篇。【《青山集》卷21】

**华镇有《代上发运待制启（四通）》，内容是代湘南发运分使逖恭贺
蒋之奇荣升。**

华镇《代上发运待制启》：右某启伏审：清衷密眷，延阁华资，焕纶
检以惟新，即使台而还旧。伏惟庆慰制置发运待制，英猷岳峙，俊采霜飞。
齐鲁观风，早擅澄清之美；江淮总计，荐腾丰羡之休。进参法从之荣，职
是元钧之渐。某属分使事，逖在湘南。莫修庆谒之仪，徒极欣瞻之意。

【按】逖，不知何许人。文中说"某属分使事，逖在湘南"，当是荆湖南路转运使或副使。

《又》：右某启伏审：茂简清衷，载扬明命，即计台之要地，还延阁之华资，伏惟欣
抃制置发运待制，干理长才，经纶远业，昔在齐鲁，克茂事功，今总江淮，复饶邦赋，果
延登于法从，行入秉于政机。某承乏部封，希光德宇，跂宾闳而虽远，望使节以惟欣。

《又》：右某启：淮壖假守，德宇承阴，借华衮之褒扬，劳仁心之教载。虽逖将于漕
计，曾未越于使封。有阕清尘，尚沾余润。制置发运待制长才周物，茂业冠时。敏名实以弥华，
耸班联而益重。暂总转输之要，尚迁调燮之资，将使事之云初，跂宾闳而方远。

《又》：右某启：滥被恩光，远分漕事，虽有江湖之阻，尚居封域之中。切迩使华，共
图邦计，制置发运待制，渊谋窒远，骏采疏通，早登襏绣之荣途，茂集刘钱之优最。会逢明盛，
总摄转输，行无千里之逢，坐有九年之畜。前席之召，翘足以须，顾有系于官居，愧莫登
于宾次。【俱《云溪居士集》卷26】

五月二十二日，蒋之奇移任六路制置发运使，途经英州凤凰驿，有题诗，已佚。后来，李孝博提点广东刑狱途中，有和诗。

李孝伯《晚泊凤凰驿次韵蒋颖叔》诗云：维舟亭下号三湾，万叠青山一水间。偏爱澄江照天碧，飞来几片白云闲。【《宋诗纪事》卷30】

【按】《宋诗纪事》卷二十六有李孝博《英州次蒋颖叔韵》一诗，与此相同。注云："孝博，广东提点刑狱。"

苏轼《次韵苏伯固游蜀冈送李孝博奉使岭表》诗云：新苗未没鹤，老叶方翳蝉。绿渠浸麻水，白板烧松烟。……渡江吊很石，过岭酌贪泉。与君步徙倚，望彼修连娟。愿及南枝谢，早随北雁翩。归来春酒熟，共看山樱然。［原注：起在颖州洎元祐壬申改知扬州寻以兵部尚书召还作。］【《施注苏诗》卷32】

蒋之奇携全家一路北归，经真阳碧落洞，有《携家人游碧落洞》题刻。

《英德摩崖石刻·碧落洞》载：宝文阁待制蒋之奇罢帅广州，移领六路制置发运使。携家来游真阳碧落洞，夜宿奉先寺。元祐四年五月二十二日。

［原注一］宝文阁待制：宝文阁为官署名，原名寿昌阁，庆历元年（1041）改名。阁内收藏了仁宗御书、御制文集和英宗御书。宋代治平四年（1067），神宗即位，设置学士、直学士、待制等职，负责管理宝文阁，待遇同龙图阁。［原注二］六路制置发运使：六路，即江淮六路，北宋时期国家财富的倚重之地，指江南东、江南西、淮南、两浙、荆湖南、荆湖北六路。江淮六路发运使的职能广泛，漕运上供粮食，监管盐茶、铸钱等及刺举官吏等均是其职能，其中漕运上供粮食，保证京师的物资供应是其核心职能。【《英德摩崖石刻》，第259—260页；《全宋文》卷1706，第611页】

蒋之奇碧落洞题名

蒋之奇过长沙湘阴县，有《书韩愈黄陵庙碑阴》石刻。

蒋之奇《书韩愈黄陵庙碑阴》（略）。【《永乐大典》卷5769；《全宋文》卷1707，第624页】

雍正《湖广通志·长沙府湘阴县》载：黄陵庙在县北，祀虞舜二妃。《后汉书·郡国志·罗县注》："《帝王世纪》曰有黄陵亭。"《湘中记》亦云"二妃之神"。《水经注》："湖水西流径二妃庙南，世谓之黄陵庙也。言舜之陟方也，二妃从征，溺于湘江，神游洞庭之渊，出入潇湘之浦。故民为立祠于水侧焉。"《方舆胜览》："黄陵庙在县北八十里。唐韩愈有碑。"【雍正《湖广通志》卷25《祀典志》】

蒋之奇途经江西赣州，与林和中（俟考）、郭正祥同游郁孤台。

郭正祥《同蒋颖叔林和中游郁孤台》诗云：匹马初从瘴岭来，登临喜上郁孤台。郁然而孤插天半，乱山却出晴云堆。双溪倒流玉绡飔，万屋蘸碧长城开。扪参历井岂足数，俯栏引手持斗魁。月空银浪试一酌，坐忧桂树生黄埃。妙娥舞袖回白雪，琵琶十面轰春雷。吟笺分轴造险语，酒令行赏无停杯。哀猿不断片帆没，归鸟自送残阳颓。脱身我作耕钓客，两翁均是岩廊材。共游绝境发佳唱，骊珠射目精光皑。升沉从此遂分手，愿借惠泽苏蒿莱。【《青山集》卷14】

《方舆胜览·赣州》载：郁孤台，在丽谯。坤维隆阜郁然，孤起平地数丈，冠冕一郡之形势，而襟带千里之江山。……苏子瞻《郁孤台》诗：吾生如寄耳，岭外亦闲游。赣石三百里，寒江尺五流。楚山微有霰，峦瘴久无秋。望断横云峤，魂飞咤雪州。晓钟时出寺，暮鼓各鸣楼。归路迷千嶂，劳生阅百州。不随猿鹤化，甘作贾胡留。秖有貂裘在，犹堪买钓舟。【《方舆胜览》卷20】

蒋之奇取道信州、江山、衢州、天台等地，过㢟溪驿、骑石山，有《和鲍娘㢟溪驿》等诗。

周辉《清波杂志》载：邮亭客舍，当午炊暮宿，弛担小留。次观壁间题字，或得亲旧姓字，写涂路艰辛之状，篇什有可采者，其笔画柔弱，语言哀怨，皆好事者戏为妇人女子之作。顷于常山道上得一诗："迢递投前店，飕飕守破窗。一灯明复暗，顾影不成双。"后书女郎张惠卿。迨回程，和已满壁。衢信间驿名"乡溪"，谓其水作三道来，作乡字形。鲍娘有诗云："溪驿旧名乡，烟光满翠岚。须知今夜好，宿处是江南。"后蒋颖叔和之，云："尽日行荒径，全家出瘴岚。鲍娘诗句好，今夜宿江南。"颖叔岂固欲和妇人女子之诗，特北归读此句，有当于心，戏次其韵，以志喜耳。【《清波杂志》卷10】

蒋之奇《骑石山》诗云：突星如落星，骑石如骑马。风雪满征衣，匆匆过山下。【康熙《江山县志》卷14《艺文志下》、卷1《舆地志·山川》】

《明一统志·衢州府（山川）》载：骑石山：宋蒋之奇诗：突星疑落星，骑石如骑马。【《明一统志》卷43】

蒋之奇《崇胜院》诗逸句：到门先见如丝瀑，恰似渊明醉石旁。【《全宋诗》卷688，第8039页】

雍正《浙江通志·寺观（衢州府）》载：崇胜教寺，《严州府志》：在县西唐村，旧名龙山白佛院。宋大中祥符八年赐名"崇胜院"。时有僧义澄，号"长坐不睡长老"。真宗尝赐以诗。院旧有真宗、仁宗赐义澄札子御书。后毁。【雍正《浙江通志》卷233】

蒋之奇《题万年妙莲阁（浙江天台）》诗云：佛陇遗芳鲜俪踪，主张三观揭禅丛。圆明珠系衣襦里，净妙莲生湿淤中。再现石桥真法界，重兴银地旧家风。未应赋述夸孙绰，序偈称扬复有公。【《天台集》卷中，第248—249页】

《嘉定赤城志·天台（禅院）》载："万年报恩光孝寺，在县西北五十里。唐太和七年僧普岸建。……建中靖国初火，崇宁三年重建。……故有亲到堂（以仁宗赐衣时口宣有"如朕亲到"之语故名）、妙莲阁、览众亭。……"【《嘉定赤城志》卷28】

是年夏，蒋长源知亳州。

米芾《元祐己巳岁，维扬后斋为亳州使君蒋公仲永写》诗云：水竹风清一梦甦，涛生月破紫瓯须。满堂爱客谈书画，且展宣王扇喝图。○小疾翻令吏日闲，明窗尽展古书看。何须新句能消暑，满腹风云六月寒。【宋米芾：《宝晋英光集》卷5】

董源《董北苑〈袁安卧雪图〉》跋云：真迹，神品上上。《题董元袁〈安卧雪图〉》：〔原注：图藏蒋仲永家，后有米元章手简，盖名迹云。〕董源卧雪图，高古愠万目。海岳控长源，纵观留尺牍。名誉盛流傅，奔腾珠有足。倾囊购墨皇，光怪烛茅屋。后学沈周启南……《元祐己巳夏，维扬后斋为亳使君蒋公长源写二首》："水竹风清一梦苏，涛生月破紫瓯须。满堂爱客谈书画，且展袁安卧雪图。○小疾翻令吏日闲，明窗尽展古书看。何须新句能消暑，满腹风云六月寒。"雅宜山人王宠录："玉峰张奉曰：北苑之画，画之神也。南宫之鉴，鉴之圣也，皆千秋绝诣也。此《袁安卧雪图》真迹，乃宋蒋仲永故物。南渡后入张受益家，有子昂跋。今为沈启南所得，而转属之于余。闲中校录以傅，可谓一举两得矣。丁丑夏五月望日书。"【《清河书画舫》卷6下】

【按】此前，蒋长源为梓州别驾（通判）。程俱《题蒋永仲蜀道图》有云："梓州别驾真雏凤，赏古探奇坐饥冻。要窥琼苑蔚蓝天，直上潼江历秦宋。每逢佳处静盘礴，流出胸中九云梦。乾坤块北本无迹，我独毫端发神用。"【《北山小集》卷5】

其间，蒋之奇顺道回乡探视，与弟之美、侄蒋津（不回）同游惠山，有题惠山等诗。

蒋之奇《游惠山》诗云：还家岂不乐，生事未应闲。朝日已复去，征鞍方更攀。伤心百道水，极目万重山。何以忘羁旅，萧然醉梦间。《题惠山寺》云：释子幽居远俗氛，停桡登览日将曛。湖光已叹千年变，山势犹惊九陇分。迸溜泠喷双沼雪，煮茶香透一瓯云。偶因流落寻佳致，何意声名世外闻。

蒋之美有《游惠山三首》，其一云：维舟上重巘，景物近斜晖。流水连珠落，残华碎锦飞。白云随步武，香鸟傍轩扉。拂井松倾盖，残崖藓上衣。池光清可鉴，竹色翠成围。更接高僧话，林梢带月归。【俱《无锡县志》卷 4 上】

【按】惠山，或作慧山。蒋之奇诗云"还家岂不乐""征鞍方更攀"，知其回乡是短暂之旅，之后还要继续征战。同时，袁默有《次韵蒋不回惠山行见赠》，知蒋津（不回）也有惠山之行，疑为同时所作。

六月初，苏轼至扬州，为米芾跋怀素等帖（蒋之奇于元丰六年曾有题跋）。知苏、米与蒋长源会于扬州后斋。

苏轼《书米元章藏帖》（略），元祐四年任杭州知州途经扬州时作。【《苏轼文集编年笺注》卷 75，第 623—624 页】

六月二十四日，苏辙兼吏部尚书。宝文阁待制蒋之奇刚刚到六路制置发运使任（驻真州），改为河北路都转运使、直秘阁。赴任之前，仍由谢卿材兼领。

《长编》载：六月癸亥，翰林学士苏辙兼吏部尚书。权河北路转运使、直秘阁、朝议大夫谢卿材今任满，令再任。宝文阁待制蒋之奇为河北路都转运使、直秘阁。【《长编》卷 429】

《长编》载：四年秋七月己巳朔……甲戌，诏复置外都水使者，令河北路转运使谢卿材兼领。［原注：六月二十四日，卿材再任河北。二年二月末，曾肇言；四年二月四日，范百禄言。可考。］【《长编》卷 430】

《宋史·职官志二》载：直秘阁，国初，以史馆、昭文馆、集贤院为三馆，皆寓崇文院。太宗端拱元年，诏就崇文院中堂建秘阁，择三馆真本书籍万余卷，及内出古画、墨迹藏其中，以右司谏直史馆宋泌为直秘阁。直馆、直院则谓之馆职，以他官兼者谓之贴职。元丰以前，凡状元、制科一任还，即试诗赋各一而入，否则用大臣荐而试，谓之入馆。官制行，废崇文院为秘书监，建秘阁于中，自监少至正字列为职事官。罢直馆、直院之名，独以直秘阁为贴职，皆不试而除，盖特以为恩数而已。故事，外官除馆职如秘阁校理、直秘阁者，必先移书在省执事，叙同僚之好，乃即馆设盛会宴之。

【《宋史》卷162《职官志二》】

蒋之奇领六路漕期间，应邀为广州府学作记，详论庠序（学校）与育材重要性。

蒋之奇《广州州学记》：元祐元年，番禺缺守，有诏以命臣之奇来治州事。始至下车，既见吏民，即谒先圣。明年仲春上丁，复行释奠之礼，陟降廷阤。顾瞻学宫，多历年所，堂庑庳狭，隔奥侧陋。师生所庐，曾莫攸处，讲肄之次，寖以毁废。怵然于心，思所以完葺之。会得乡亭余材，悉辇置以充用。先治两庑，次作讲堂。悦徒劝工，不出旬月，而两庑翼如，讲堂眈如。还顾夫子之殿，益卑庳不称，议道之堂，亦复摧挠。乃规广其基，而大新其构。然计费甚钜，遂以谋于漕司，欣然听许。增与之金，益市材用，伐山浮海，不期而集。而番禺、南海二属邑令，实分董其事，专精毕力，日督月趣。乃斲乃治，乃涂乃墍。劳徕劝向，功绪就毕。越明年夏，学成。为殿南向，横六楹，纵四楹。讲堂、议道堂，及于两序，总四百二十有四楹。于是典学之官与其正录，及凡在学之有职掌者，墙立而进曰："学已完矣，愿有纪述，以诏于后。"余曰：

此固学士大夫之职也，其何敢辞？然愚尝窃观古今缀文之士，纪郡县之学者盖亦多矣，其言率未尝及于夫子之道，以开学者之听明，而止叙其营作之近功与夫教学之浅事，非所先也。古人所谓因事以陈辞者，庶几以是寄余之言焉。余以谓：夫子之道广而大，故极天地而不能以盖载；夫子之道变而通，故亘古今而不能以终穷。彼其妙体存乎神，而人莫之能原；妙用藏乎《易》，而人莫之能测。盖自体而出焉，则始于无思无为，寂然不动，而其应也至于感而遂通；自用而入焉，则见于有为有行，问焉以言，而其极也至于不行而至。化而裁之存乎变，则一辟一阖之谓也；推而行之存乎通，则往来不穷之谓也。积焉而不已，以至于日新，是之谓盛德；运焉而不穷，以至于富有，是之谓大业。是以其言则为《诗》《书》，其行则为《礼》《乐》，其法则为《春秋》，其燕间谈说，造次践履，则为《孝经》《论语》，而其妙则总之于《易》焉。自子贡，门人之高弟也，性与天道不可得而闻，所可闻者，夫子之文章而已。颜渊，几于圣者也，而仰之弥高，钻之弥坚。瞻之在前，忽焉在后，如有所立，则卓尔而难从，奔轶绝尘，则瞠若乎其后矣。彼颜渊、子贡之徒亲见圣人，而犹若是，又况于闻而知之者乎！故自夫子之没，学而得其传、传而得其意者，孟轲氏、杨雄氏而止耳。至于荀况氏、韩愈氏，则择焉而不精，造焉而不醇，吾未见其无瘢[疵]也。抑余又闻之，有教无类，立贤无方。盖上之行教也，无华蛮之限；天之生贤也，无远近之间。韶之曲江，越在荒服，爱之日南，介于外夷，而犹有张九龄、姜公辅之俦出焉。岂以番禺之盛，而独无昂霄耸壑之材见于世哉！殆所以教养之道未尽其方耳。番禺，自古一都会也。五岭峙其北，大海环其东，众水汇于前，群峰拥于后，气象雄伟，非它州比。繇汉以来，实为南越，屈强一方，最为强国。自高后、武帝时，虽力征经营，而兵锋之出，尝辄挫衄。汉之名臣如陆贾、严助、终军之徒，皆尝奉使而谕意焉。彼椎结之尉佗，方以蛮夷大长老夫自处，传国五世九十余（年），终以灭亡。逮唐季之乱，刘氏陟[隐]、玢、晟、鋹，四世窃据，亦五十余年，穷奢侈，酷刑罚，诛近世，戮群弟，以至失国。其治寒浅，不足称列，夫岂暇遑庠序之事哉？此其所以历年之久，而未有魁伟卓越之士闻于时者，亦理然也。

庠序者，固育材之地，为政者舍此而不务，非知治者也。夫谨薄书，弊狱讼，趣办于目前，而收功浅；崇师儒，兴学校，初虽若迂迟阔缓，而其效尝见于千百年之后，虽至于衰乱之世，而余风遗烈犹未泯也。务其近小而忽其远大，不可谓智。是以卫飒下车，必修庠序，何武行部，先即学宫，彼盖知所本云。自斯学之成，会朝廷适除教官，专诲导之任。隆栋梲桷，屹其山立，褒衣峨冠，坌其云至。繇今以往，将见人伦益以明，礼义益以起，而士之秀异者亦益以出，则岂惟中州之人哉！虽卉裳罽衣，胡夷蛮蛮，犹将竭蹶而趋风，鼓舞而向化，永绥南邦，同底大道，然后为斯学之成也。余既为之记，又系以诗。曰：

　　诸侯之学，是谓泮水。诗人所颂，鲁侯戾止。献馘于是，献囚于是。采芹则美，饮酒维旨。淮夷来服，献弓搜矢。其挚维何，元龟象齿。区区鲁邦，陋无足纪。维泮之兴，功烈如彼。下逮郑国，学校不修。青青子衿，莫肯来游。谁欲毁之，侨告厥犹。视其所召，药之则瘳。我得吾师，实获所求。首善于京，其速置邮。矧在守长，宣化承流。德音不昭，维职之忧。番禺之学，莫原所作。岁月其绵，栋楹腐恶。藩级板夷，屋垣圮剥。图像之威，弗丹弗膡。圣经不谈，束置高阁。讲席其虚，维尘漠漠。譬彼弗殖，萎其将落。于嗟斯民，谁启谁觉。释老二氏，尚能尊师。岂伊吾儒，曾是弗为。道废若此，莫或耻之。振而起诸，岂不在兹。爰命鸠材，俾工以时。肇新两序，翼如翚飞。载辟祠庭，奂其轮而。颐指而化，鬼设神施。乃延师生，来燕来处。匪怒伊教，载笑载语。笾豆有践，殽核维旅。以妥以侑，礼仪具举。济济多士，进退规矩。夏弦春诵，各得其所。相彼错薪，有擢维楚。退不作人，成是才谞。在汉循吏，时则文翁。修起学宫，成都市中。常衮在闽，讲导从容。士比内州，岁贡以充。贤不天成，有养自蒙。谁谓越远，齐鲁同风。懹彼夷蛮，来顺来从。南交厎宁，猗学之功。【《全宋文》卷1706，第605—607页】

　　章楶《广州府移学记》云：我宋统一海宇，百有三十七年于兹矣。崇文向儒，圣圣相继。其礼义之教，道德之化，薰陶渐染，万里一俗。虽在穷荒之裔，僻邦陋邑、畎亩闾阎之人，皆知诵诗书、穷义理，洁身砥砺，以待乡里之选，蹑高科取显名者，比比有之。呜呼！盛矣哉。……熙宁元年，张田为州，惩艾侬知高之寇。请增筑东城，而学为城所侵，因徙国庆寺之东，未及营造而田卒。其后郡人刘富纳赀献材，戮力以自效，殿堂廊序，始将完矣。转运陈安道鄙其库陋，止富勿修，尽以官钱市良材而朴斫焉。始构东屋四十楹有畸，以为生员庐舍。太守程师孟继成其在西者。今开封尹蒋公颖叔初下车，谒先圣悯栋宇之化坏，惧庙貌之不严，而议道："讲堂反卑于廊庑？"规图经画，锐意于兴作。于是两庑翼然植其旁，大殿巍然起其中。

工告休而颖叔领六路漕，挽之寄，亲为撰记，又系之以诗。而二堂未甚宏伟，乃以遗执政右丞蔡公。……绍圣丙子七月六日记。【《永乐大典》卷21984】

蒋之奇赴真州任，渡江前赴镇江看望米芾。时，芾已卜居润州丹徒。不久，蒋寄诗以贺。

米芾《净名斋记》云：带江万里，十郡百邑，缭山为城，临水为隍者，惟我丹徒。……襄阳米芾，字元章，将卜老丹徒，而仲宜长老以道相契。会内阁蒋公颖叔以诗见寄，云：京尘汩没兴如何，归棹翩翩返薜萝。尽室生涯寄京口，满床图籍锁岩阿。六朝人物风流尽，千古江山北固多。为借文殊方文地，中间容取病维摩。于是宜公以其末句命名余居，亦冀公之与余同此乐也。余今来也，岁时在其间，去也自笔藏为图。念老矣，无佳句压其胜，后之登吾斋览吾胜者，得不为吾赋乎？元符纪元八月望日，涟漪郡嘉瑞堂书。【《宝晋英光集》卷6】

米芾《昨日少款帖》注疏云：元祐六年（1091）。……知"净名"（即维摩诘）乃仲宜取蒋诗末句命名者。蒋之奇访元章于甘露寺。唯任发运使时。……"乙酉，知广州、宝文阁待制蒋之奇为江淮荆浙等路发运使。"同年六月，"癸亥，宝文阁待制蒋之奇为河北路都转运使、直秘阁"。直秘阁，乃可称"内阁"矣。故知"净名"之有必至元祐四年六月之后，此帖当书于元祐六年，在改字初之作中，此或为最早也，【《中国书法全集》（第37—38卷），第481页】

蒋之奇行部至武昌、汉阳，有题鄂州诸诗，《郎官亭（清光亭）》诗署名后缀"待制"。

《舆地纪胜·荆湖北路·汉阳军诗》载：郑圃仆射陂，汉阳郎官湖。郎官何为名，张谓佩使符。泛舻江城南，乃与太白俱。明月一万顷，清光天下无。（蒋之奇待制《郎官亭》）【《舆地纪胜》卷79，第1980页；雍正《湖广通志》卷84《艺文志》；《全宋诗》卷687，第8023页】

【按】《(雍正)湖广通志》《全宋诗》亦录此诗,题为《清光亭》,作者署名无官职。《舆地纪胜》载蒋为"待制",故系于此。

蒋之奇《武昌怡亭序》:"怡亭,在殊亭东,唐裴鸥作。宋蒋之奇云:怡亭铭刻于江滨巨石上,乃唐李阳冰篆、李莒八分书、裴虬为铭,世谓三绝。"【雍正《湖广通志》卷77《古迹志》;《全宋文》卷1706,第601页】

《舆地纪胜·荆湖北路·寿昌军诗》载:圆坛展祀日,樊山开宴时。钓台高嵥嵘,离殿郁参差。蒋之奇《泊武昌》。泉明为邑日,漫叟卜居时。蒋之奇《石门》。二李妙分篆,裴铭语尤佳。郭祥正《怡亭》。【《舆地纪胜》卷81,第2016页】

蒋之奇《钓台》诗(已佚):"钓台,在县北门外大江中。《吴志》:孙权于武昌临钓台,饮酒大醉,使人以酒洒群臣面,曰:'今日饮惟醉,堕台下乃止耳。'张昭谏之,遂罢酒。谢朓、蒋之奇俱有诗。"【雍正《湖广通志》卷77《古迹志》】

蒋之奇《白云楼(鄂州)》诗逸句:白云飞鸟皆在下,一江峡水向东流。【《全宋诗》卷688,第8039页】

蒋之奇《叔伟(鄂州)》诗逸句:叔伟不见空缔建,正平何在独沧洲。【《全宋诗》卷688,第8039页】

蒋之奇《石门(鄂州寿昌)》诗逸句:泉明为邑日,漫叟卜居时。【《全宋诗》卷688,第8039页】

是年八月二十二日,以范子奇充河北路都转运使兼外都水使者。时,蒋之奇似仍未赴任。

《长编》载:元祐四年八月戊戌朔……己酉,河北路转运使兼都水使者谢卿材,为河东路转运使。直龙图阁范子奇为集贤殿修撰、充河北路都转运使兼外都水使者。时复议回河,故徙卿材。然子奇寻复以直龙图阁归故官。[原注:子奇复为直龙图阁、权河东都转运使,乃十月二十三日。卿材六月二十四日再任,七月八日兼领外使者,二十八日都水,复议回河。十月十二日,徙卿材河东。卿材《附传》在绍圣九年十月十四日，卿材为河北转运使兼外都水使者，议者欲复东流，卿材建言：近岁河流稍行地中，无可回之理。于是上河议一编，召赴政事堂会议。卿材争论不屈，用是忤大臣意，徙河东转运使。]【《长编》卷431】

《长编》载：元祐四年八月甲寅……乙丑，都水监勾当公事李伟言：已开拨北京南沙河直堤第三铺，放水入孙村口故道，通行具到，乘势闭塞，大河北流等利害。又言：沙堤第三铺水势顺快，故道渐亦为备，朝廷今日当极力必闭北流，乃为上策，若不明诏有司，即令回河，深恐上下迁延，议终不决，观望之间，遂失机会。乞复置修河司。从之。仍以都提举修河司为名，差都水使者吴安持、提举外都水使者范子奇同提举，以伟为专切管勾，应缘回河等事。【《长编》卷432】

【注】范子奇（1035—1097），字中济，河南人。尚书左丞、大学士范雍孙。神宗时历湖南转运副使，河东、陕西、河北、京东四路转运使，工部左司二郎中，加直龙图阁。使河北诸郡。元祐初为将作监司农卿，复使陕西。以病解，起知郑州，加集贤殿修撰、知河阳（兼河北路都转运使）。召权户部侍郎，未几出知庆州。入为吏部侍郎，以待制致仕。卒。【《宋史》卷288《范子奇传》】

八月三十日，泉州通判蒋长生游延福寺。

民国《福建通志·蒋长生等九日山题名（在南安，元祐四年）》云："乐安蒋长生（永伯）、陈留谢仲规（执方）、吴兴沈迈（中行）、济阳江与几（伯达）、京兆杜至（孟坚）、延陵吴翊（元升），元祐己巳仲秋晦日同游延福寺。"［原注］"陈略云：考《郡志》，长生于绍圣四年（1097）守泉，此题名盖先八年。其时当是以他官按泉也。"【民国《福建通志》卷8《石七》。另参见《九日山摩崖石刻诠释》，第79—80页】

蒋之奇《朝奉大夫之仪公墓志铭》载：元祐七年，吾兄德表（蒋之仪）任庆成军使终，更代还京。……未几，弟长生永伯又罢泉倅到阙。三人者僦居皆不远，于是朝会、郊祠会往往接毂连裀，朝夕得以会聚，而其乐有不可胜言者矣。【《孝思堂蒋氏宗谱》卷3】

【按】蒋长生罢泉州通判在元祐七年（1092），则四年（1089）时正在泉州任上。

《方舆胜览·泉州》载：九日山，去城十五里，延福寺之后山也。旧俗常以重阳日登高于此，故名。【《方舆胜览》卷12】

九月十三日，蒋之奇与许将在京城同观怀素《藏真帖》《律公帖》，并有题名。

《碑林语石》载：怀素《藏真帖》《律公帖》，藏陕西西安碑林第三室。释文（略）。石刻本所附之题跋可分为三组，第一组是景祐三年（1036）周越（署"越"）、马宗海所题。……第二组是元祐四年（1089）九月十二日同一天文意博（署其字"宽夫"）、吕大防（署其字"微仲"）、孙周（署"固"）、刘挚、赵瞻、韩仲彦等六人所题。此六人均为元祐年间先后位居宰执的重臣。此外还有许将（署其字"冲元"）、蒋之奇（其"颖叔"）二则，前者时间是"己卯岁九月十三日"，后者未署时间。"己卯岁"是元符二年（1099），于是出现这样一个矛盾：游师雄刻石是在元祐八年（1093），可是许、蒋二人观帖之题跋，怎么会比刻石还晚了6年呢？有两种可能，一是此帖刻成后二人来观刻石并加刻题跋，一是时间本身有误。如果是前一种可能，他们的跋文怎么会加刻于李白草书歌前面？从刻文的排列看，不该如此，而且二人均未提石刻一字。另外，许将跋云："己卯岁九月十三日宿斋中书，观怀素书，冲元记。"可知观帖那天许将宿于中书门下的官舍（时任门下侍郎平章事），地点是在汴京，自然看的是绢帖而非石刻。那么只能是所署时间有问题。元祐四年（1089）是己巳岁，会不会刻石时将"己巳"误刻成"己卯"？如果这样，则许、蒋二人观帖和题跋就是在文彦博等6人之后的第二天。这样解释虽嫌勉强，但却是惟一说得通的。【《碑林语石》（西安碑林藏石研究），第157—158页】

十月戊午，范子奇罢河北都转运使。之后，当是蒋之奇到任。时，陈佑之为河北路转运判官（负责河工）。

《长编》载：四年冬十月丁酉朔……辛丑，范祖禹言臣："窃闻已有旨除臣试给事中。……臣自九月以来，闻朝廷复置修河司。〔原注：九月二十八日，复置修河司。〕实见人情汹汹不安，皆言回河不便。……又闻差使臣五十九员，往五十九州划刷，差兵赴役，又差内臣大使臣四员，团结兴发次第，如此，天下岂不骚动？且河北百姓未尝告诉，乞朝廷回河，而无故兴此大役，逆天地之理，易山川之位，以国财民命，填无穷之壑，而取不测之忧。此亦安危所系，臣岂敢不力争？夫河不可回，臣论之已详。朝廷若以臣言为然，即罢回河之役，以免河北将来倒垂之急，息数十州困扰之患。臣愿以一身救数路生民之命，虽死无憾。"……戊午，河北都转运使兼外都水使者、集贤殿修撰范子奇，依旧直龙图阁、权河东路转运使。〔原注：八月二十二日〕【《长编》卷 434】

《长编》载：四年夏四月辛丑朔……戊申，陕西路转运使、直龙图阁李周为太常少卿；以提举河北路籴便陈佑之为河北路转运判官；〔原注：（以河事故特书，不然并籴便皆削去。〕河北路转运判官、承议郎张景先为陕西路转运判官。【《长编》卷 425】

楚州徐积有《大河上蒋宝文》诗赠，其中"大河"一事，即历史上著名的"元祐回河之争"。蒋之奇此前迟迟不愿赴任，大概也是和范祖禹一样，不同意兴此大役。

徐积《大河上蒋宝文》诗云：大河者大事，我辈安足明。野人好狂言，夫子知本情。念此有官守，不可从公行。心方愧古人，渤海之王生。【《节孝集》卷10】

【按】徐积的诗非常明确，像"回河"这样的大事，平民百姓是不可能知道真相的。而兴此议论的，也属"野人"一类的狂徒，而蒋之奇（夫子）内心也是不赞成的。

附：元祐回河之争。

李华瑞《元祐回河之役》云：吕大防说："本朝黄河持议者有三说，一曰回河，二曰塞河，三曰分水。"吕大防所讲三说，实际上是北宋治理黄河的主要对策或方案。吕大防讲"三说"之时，正值元祐回河之争白热化之际，因而他把回河放在了首位。实际上北宋治河对策较早出台的是分水方案，而且随着时间的推移，三说往往是相互交错。……哲宗元祐二年（1087），回河议再起，当时知枢密院事安焘深以东流为是，欲闭北流。太师文彦博、中书侍郎吕大防皆主其说："三人者力主其议，同列莫能夺。""回河之役遂兴。"中书舍人苏辙、右仆射范纯仁则坚决反对回河之役。元祐三年（1088）十月庚子，三省、枢密院奏事延和殿，文彦博、吕大防、安焘等谓："河不东，则失中国之险，为契丹之利。"范纯仁、王存、胡宗愈则以"虚费劳民"为忧，于是范纯仁、王存、胡宗愈、苏辙、曾肇、范百禄等反复论列回河之弊，及元祐四年（1089）正月己亥，"乃诏罢回河及修减水河"。但是尚书省、都水监仍不甘心，元祐四年（1089）四月，再提回河之议："七月二十八日，初用都水议，令诸司保明回河云。""诏以回复大河，置都提举修河司，调夫十万人"。至元祐七年（1092）十月辛酉，黄河复故道。其间，虽有右谏议大夫范祖禹、中书侍郎傅尧俞、知颍昌府范纯仁、御史中丞苏辙等人极力上章反对，但并未能阻止回河工程的实施。绍圣元年（1094）十月丁酉，都水使者王宗望言："大河自元丰溃决以来，东、北两流，利害极大，频年纷争，国论不决。水官无所适从。伏自奉诏凡九月，上禀成算，自阚村下至烤栳堤七节河门，并皆闭塞。筑金堤七十里，尽障北流，使全河东还故道，以除河患。又自阚村下至海口，补筑新旧堤防，增修疏浚河道之淤浅者，虽盛夏涨潦，不至壅决。望付史官，纪绍圣以来圣明独断，致此成绩。"但此次回河东流不及五年，至元符二年（1099）六月末，"河决内黄口，东流遂断绝"。于是，第三次回河以失败告终，亦结束黄河北流、东流并存的大变局，黄河北流直到北宋灭亡而未改。从皇祐年间至元符二年（1099）东流断绝，回河之争差不多历时近半个世纪，那么如何评价北宋的三次回河呢？先看主张回河东流者的动机，苏辙总结主回河东流的动机有三点："其一曰：御河堙灭，失馈运之利；其二曰：恩、冀以北，涨水为害，公私损耗；其三曰：河徙无常，万一自虏界入海，边防失备。凡其所以荧惑圣聪，沮难公议，皆以三说借口。"其中第三点是主回河说的核心所在。安焘的议论颇具代表性。【《宋代救荒史稿》（下），第671、677—678页】

蒋之奇在河北，奏复王从伓从父王继忠旧功。

沈括《咸平和议》云：咸平末，契丹犯边，戍将王显、王继忠屯兵镇定，虏兵大至，继忠力战，为契丹所获，授以伪官，复使为将，渐见亲信。……真宗后知之，录其先留九岁子牧为三班奉职，而累赠继忠至大同军节度使兼侍中。国史所书本末不甚备，予得其详于张牧及王继忠之子从伍之家。蒋颖叔为河北都转运使日，复为从伍论奏，追录其功。【《梦溪笔谈·补笔谈》卷3，第307—308页】

《宋史·王继忠传》云：王继忠，开封人。父琥，为武骑指挥使，戍瓦桥关，卒。继忠年六岁，补东西班殿侍。真宗在藩邸，得给事左右，以谨厚被亲信，即位，补内殿崇班，累迁至殿前都虞候、领云州观察使，出为深州副都部署，改镇定高阳关三路钤辖兼河北都转运使。迁高阳关副都部署，俄徙定州。咸平六年，契丹数万骑南侵，至望都，继忠与大将王超及桑赞等领兵援之。继忠至康村，与契丹战，……遂陷于契丹。真宗闻之震悼。初谓已死，优诏赠大同军节度，赗赗加等，官其四子。景德初，契丹请和，令继忠奏章，乃知其尚在，朝廷从之。自是，南北戢兵，继忠有力焉。岁遣使至契丹，必以袭衣、金带、器币、茶药赐之。继忠对使者亦必泣下，尝附表恳请召还。上以誓书约，各无所求，不欲渝之。赐诏谕意契丹主，遇继忠甚厚，更其姓名为"耶律显忠"，又改名"宗信"，封楚王。后不知其所终。子怀节、怀敏、怀德、怀政。【《宋史》卷279《王继忠传》】

十月、十一月间，高丽义天遣使来杭州，祭奠慧因寺净源法师。苏轼以为并非好事。

苏轼《论高丽进奉状》云：元祐四年十一月三日，龙图阁学士、朝奉郎知杭州苏轼状奏：臣伏见熙宁以来，高丽人屡入朝贡，至元丰之末十六七年间，馆待赐予之费，不可胜数。两浙、淮南、京东三路筑城造船，建立停馆，调发农工，侵渔商贾，所在骚然，公私告病，朝廷无丝毫之益，而夷虏获不赀之利。使者所至，图画山川、购买书籍，议者以为所得赐予大半归之契丹。……今月三日，准秀州差人押到泉州百姓徐戬，擅于海舶内载到高丽僧统义天手下侍者僧寿介、继常、颖流，院子金保、裴善等五人，及赍到本国礼宾省牒云：奉本国王旨，令寿介等赍义天祭文来祭奠杭州僧源阇黎。臣已指挥本州送承天寺安下，选差职员二人、兵级十人常切照管，不许出入接客。……又据高丽僧寿介有状称：临发日，奉国母指挥令，赍金塔二所，祝延皇帝、太皇太后圣寿。臣窃观其意，盖为二圣嗣位数年，不敢轻来入贡，顿失厚利，欲复遣使，又未测圣意，故以祭奠源阇梨为名，因献金塔，欲以尝试朝廷，测知所以待之之意轻重厚薄。不然者，岂有欲献金塔为寿而不遣使奉表，止因祭奠亡僧遂致国母之意？盖疑中国不受，故为此苟简之礼，以卜朝廷。若朝廷待之稍重，则贪心复启，朝贡纷然，必为无穷之患。待其已至，然后拒之，则又伤恩恭，惟圣明灼见，情状庙堂之议，固有以处之。臣忝备侍从，出使一路，怀有所见，不敢不尽，以备采择。谨具画一如左：……右谨件如前，若如此处置，使无厚利，以绝其来意，上免朝廷帑廪无益之费，下免淮浙京东公私靡弊之患。臣不胜区区，谨录奏闻，伏候敕旨。元祐四年十一月十三日，又上第二状（略）。【《东坡全集》卷 56】

【按】崇宁元年，蒋之奇知杭州，期间为慧因寺净源法师重新立石。可知蒋、苏于佛教的见解也有区别，特附此。见本谱第四十三卷"慧因寺立石"条。

约此时，苏轼得知蒋之奇已北上，寄书与蒋，感谢其寄惠长松（中草药）。

苏轼《与人三首（之二）》云：辱示长笺，词旨过重。适少冗迫，来使不敢久稽，未及占词为答，想知照未甚讶也。惶恐惶恐！迭蒙惠长松，以扶老病，感佩不可言。天觉临别时，亦许寄来，因到彼，可为督之。药名品方状，精详之极，非故人留意之深，何以及此？未有以答厚意，但积悲感。都下委示及，余面究。〔编年〕元祐二年任翰林学士、知制诰时作。……〔笺注〕长松：药草名，服之可黑须发。……天觉：张商英。此时张商英出任河东提刑。【《苏轼文集编年笺注》卷 60，第 106 页】

【注】长松：一种中药材，主要产于河西一带。李时珍《本草纲目》云：长松，生关

内山谷中，草似松叶，上有脂。山人服之。时珍曰：长松生古松下，根色如荠苨。长三五寸，味甘，微苦，类人参，清香可爱。按，张天觉文集云：僧普明居五台山，患大风，眉发俱堕，哀苦不堪，忽遇异人教服长松，示其形状。明采服之旬余，毛发俱生，颜色如故。今并、代间土人多以长松杂甘草、山药，为汤煎甚佳。然本草及方书皆不载。独释慧祥《清凉传》始叙其详如此。韩懋《医通》云：长松产太行西北诸山，根似独活而香。【《本草纲目》卷12上】

【按】苏轼《与人三首（之二）》，李之亮《笺注》中在题前加"扬州还朝"四字，又云此简作于"元祐二年"，自相矛盾。此简约作于元祐四年，时蒋之奇赴河北都转运使任，而张商英（天觉）则在年前赴提点河北西路刑狱任。张商英临行前答应苏轼的"长松"，并没有寄到，故苏轼请蒋之奇代为催促。

【又】苏轼简中"来使不敢久稽"，即对方专门派人送信过来的。又云"以扶老病"，知苏轼应在五十开外。另有"辱示长笺，词旨过重"，当指前有书简，或为规劝苏轼（苏轼对高丽僧一直持批评态度），知对方非一般人物、亦非一般关系。此时在河西的朋友，只有蒋之奇。故系此。

苏轼《谢王泽州寄长松兼简张天觉二首》诗，其二云：凭君说与埋轮使，速寄长松作解嘲。无复青黏和漆叶，枉将钟乳敌仙茅。【《东坡全集》卷17】

【注】天觉：即张商英。《宋史·张商英传》载：张商英，字天觉，号无尽居士。蜀州新津（今四川新津）人。……惇大喜，延为上客，归荐诸王安石。因召对，以检正中书礼房，擢监察御史。……责商英监荆南税。更十年，乃得馆阁校勘、检正刑房。……哲宗初，为开封府推官。屡诣执政求进，朝廷稍更新法之不便于民者，商英上书言："三年无改于父之道，可谓孝矣。今先帝陵土未干，即议变更，得为孝乎？"且移书苏轼，求入台，其廋词有"老僧欲住乌寺，呵佛骂祖"之语。吕公著闻之，不悦。出提点河东刑狱，连使河北、江西、淮南。哲宗亲政，召为右正言、左司谏。……乞追夺光、公著赠谥，仆碑毁冢。言文彦博背负国恩，及苏轼、范祖禹、孙升、韩川诸人皆相继受谴。……徽宗出为河北都转运使，降知随州。崇宁初为吏部、刑部侍郎，翰林学士。蔡京拜相，商英雅与之善。适当制，过为褒美，寻拜尚书右丞，转左丞。复与京议政不合，……罢知亳州。入元祐党籍。京罢相，削籍，

知鄂州。京复相，以散官安置归、陕两州。大观四年，京再逐，起知杭州。过阙赐对，……留为资政殿学士、中太一宫使。顷之，除中书侍郎，遂拜尚书右仆射。……宣和三年卒，年七十九，赠少保。【《宋史》卷 351《张商英传》】

【又】《长编》载：元祐二年秋七月庚戌朔……甲寅，朝奉郎权开封府推官张商英为提点河东路刑狱。［原注：按，苏轼三年九月五日上言："垂帘以来，除宰执、台谏、开封尹外，更无人得对。惟迩英讲读犹或亲近。张商英以三年七月六日，自开封推官出提点河东刑狱。"］《长编》又载：元祐五年十一月甲戌，提点河北西路刑狱张商英为江南西路转运副使。【《长编》卷 403、卷 450】

【按】王泽州，疑即王云。云，字子飞，泽州人。其父献可，与黄庭坚友善，时人称之。王云举进士，从使高丽，撰《鸡林志》以进，擢秘书省校书郎。【《宋史》卷 357《王泽州传》】

是年冬，苏轼游杭州南园、巽亭，此园、亭乃蒋堂所筑。

苏轼《次韵詹适宣德小饮巽亭》诗云：君方梦谪仙，我亦吊文园。江上同三黜，天涯共一尊。涛雷殷白昼，梅雪耿黄昏。归去多情雨，应随御史轩。［公自注：詹为御史台主簿。］［查慎行注］詹适宣德：詹适，事迹失考。……巽亭：赵清献公守杭有《八咏》，题云：有美堂、中和堂、清暑堂、虚白堂、巽亭、望海楼、望湖楼、介亭。《咸淳临安志》：南园、巽亭，庆历三年郡守蒋堂建，在凤皇山旧府治内。以在郡城东南，故名。【《苏诗补注》卷 31】

第三十一卷　元祐五年（1090）

元祐五年（1090）庚午　六十岁

是年，蒋之奇赴河北路都转运使任。同时，陈佑之罢兼权北外都水丞，为转运判官。

《长编》载：五年九月丁亥，河北转运判官陈佑之罢兼权北外都水丞。
【《长编》卷448】

正月，苏轼乞召还。

范祖禹《手记》云：苏轼，元祐五年正月，乞召还。【《范太史集》卷55】

二月丁巳，胡宗愈改知成都府。

《长编》载：二月丙申朔……丁巳，知陈州、资政殿学士胡宗愈知成都府。诏知成都府、广桂州支赐全给，不以任减。【《长编》卷438】

三月，蒋之奇跋《韩致尧手简十一帖》。

《珊瑚网·法书题跋》云："余观韩致尧出内庭后诗，忠义感激，诗语亦清壮，超一时体律，未尝不叹赏也。今观十一帖，字字笔到，乱离中借衣乞米，真复可怜。嘱李右司状，情至曲折可喜。元祐元年十月己亥，黄庭坚。""温陵（泉州）人韩奕出其祖致尧诗稿数十篇，字正类此。元祐丁卯九月望，吴兴天圣院竹轩林希题。同观者九人，王公约、莫士先、姚舜谐、李询、吴景渊、盛师仲、鲁百能、莫砥。""尝见韩书乃为诗数十章，其优游不及此也。丙辰五月十四日，西阁观，长乐冲元（即许将）题。""韩偓借米与鲁公乞米何异哉？蒋之奇颖叔题。""元祐五年三月十四日，孙元忠、王扬休、朱世英观太学北斋。""与人简牍，事尽则言止，至唐末尚然。元祐庚午三月丙子，绣江李格非题。"【《珊瑚网·法书提拔》卷2，第63—65页】

《六艺之一录·唐贤墨迹》载：《韩致尧手简十一帖》跋："昨日奉示及，不任悚荷。渥以风毒，脚气发动，今日亦不任入谒。彼此抱病，徒切咏思。出得且以相面为意，幸甚幸甚。谨状。八月二日渥状。……眷私借及女使衣服，不任悚荷。来早令入州人马，必希践言。泉州书谨封纳书中，亦说皆咨托。必望周而述之，幸甚。谨状　九日渥状。……忧眷借及米贰硕，不任济荷。钝拙无谋，惟挠知与，不胜愧报之至。即冀拜谒，它冀面述。谨状。念二日渥状。……""韩渥借米与鲁公乞米何异哉？蒋之奇颖叔题。""与人简牍，事尽则言止，至唐末尚然。元祐庚午三月丙子，绣江李格非题。"【《六艺之一录》卷393】

【按】蒋之奇跋语，当在元祐元年（1086）十月至元祐五年（1090）三月之间，而元祐初（1086—1087），蒋在广州任上。蒋跋此帖，或在元祐五年三月，故系于此。

五月丙寅，滕元发（1020—1090）改知扬州，未至而卒。

李之亮《宋河北河东大郡守臣（太原府）》云：元祐五年庚午（1090），滕元发；范纯仁，《长编》卷四三九："（元祐五年三月）癸酉，命知颍昌府范纯仁与知太原府滕元发两易其任。后六月，罢之。"滕元发，《长编》卷四四二："（元祐五年五月丙寅），知太原府、龙图阁直学士滕元发为龙图阁直学士、知扬州。"《宋史》卷三三二本传："徙真定，又徙太原。以老力求淮南，乃为龙图阁学士，复知扬州。未至而卒。"【《宋河北河东大郡守臣易替考》，第287页】

六月二十八日，陆佃改龙图阁待制，出知颍州；蒋之翰再次提点京西北路刑狱。

《长编》载：六月己酉，中书舍人郑雍言："新除礼部侍郎陆佃权礼部尚书。按，佃附会穿凿，苟容偷合，其始进已为清议不容，伏望更择贤才处之高位。"诏佃候《实录》书成日，别取旨。佃乞补外，乃以佃为龙图阁待制、知颍州。［原注：佃出知颍州在二十八日，今并书。］【《长编》卷443】

六七月间，苏轼有《送叶淳老》词，其中有"阳羡姑苏已买田"一说。

苏轼《浣溪沙·送叶淳老》云：阳羡姑苏已买田。相逢谁信是前缘。莫教便唱水中天。〇我作洞霄君作守，白头相对故依然。西湖知有几同年。【《苏轼词全集》（汇校汇注汇评），第360页】

苏轼守杭州时作《与叶淳老、侯敦夫、张秉道同相视新河，秉道有诗次韵二首》，有"荆溪父老愁三害，下斩长蛟本无赖。平生倔强韩退之，文字犹为鳄鱼戒"云云。施注云：浙江潮自海门东来，势如雷霆，而浮山峙于江中，与鱼浦诸山犬牙相错，洄洑激射，岁败公私船不可胜计。前知信州侯临葬亲杭之南荡，往来相视地形，反复讲求，建议自浙江上流地名石门，并山而奇东凿为运河，引浙江及溪谷诸水二十二里，以达于江。又并江为岸，凡八里，以达于龙山之大慈浦。自浦北折抵小岭，凿岭六十五丈，使叶温叟、转运判官张璹同往按视。如临言，遂奏疏以闻，乞令三省看详，支赐钱物，委临监督，而公以是月召还，役竟不成。先是，杭之西湖水涸草生，渐成葑田。公取葑积之，湖中为长堤，以通南北，杭人名为"苏公堤"，故云：我凿西湖还旧观，一眼已尽西南碧。劝农使者非常人（谓温叟），上饶使君更超轶（谓临也）。淳老，温叟字；敦夫，临字；张秉道，乃吴兴六客之一，时客于杭。［《施注苏诗》卷29］［查注］云：元祐六年辛未春，在杭守任，三月后还朝。八月，出知颍州。【《苏诗补注》卷33】

【按】叶温叟于四年（1089）秋七月权两浙路转运副使，六年（1091）春正月升为

主客郎中。知苏、叶在杭州日就在此期间。【《长编》卷 430、卷 454】

八月，法云法秀禅师圆寂，蒋之奇作祭文。

释晓莹《罗湖野录》载：枢密蒋公颖叔与圆通秀禅师为方外友。公（蒋之奇）平日虽究心宗，亦泥于教乘，因撰《华严经解》三十篇，颇负其知见。……及秀示寂，公以文祭之。曰："方外之友，唯余与师。念昔相见，一语投机。师来长芦，我漕淮沂。亦复交臂，笑言熙怡。我论华严，师为品题。陷虎机缘，脱略径畦。曷为舍我，先其往而。蔬奠致诚，庶其歆之。"呜呼！公于《华严》非素业矣，而欲追踪枣柏大士，游普贤行愿海，未免背驰。秀不敢孤方外契，为之辨明。然一字之师，似可羞张回浪称于齐己也。【《罗湖野录》卷下】

元释觉岸《汴京法云寺圆通禅师小传》云：圆通禅师，名法秀，生秦州陇城辛氏。随应乾寺鲁和尚学经，乃称鲁氏，年十九为大僧。……至是元丰七年，诏住京城法云寺，为第一祖。开堂日，帝遣中使降香，赐磨衲僧衣，传圣旨，表朕亲至，皇弟荆王致敬座下。至哲宗元祐五年八月示疾，诏以医诊。师挥去之，乃更衣说偈，曰："来时无物去时空，南北东西事一同。六处住持无所补。"乃良久，监寺慧当进曰："和尚何不道末后句？"师曰："珍重！珍重！"言讫而逝。寿六十四岁，坐四十五夏。师嗣天衣义怀禅师。【《释氏稽古略》卷 4】

蒋之奇《祭圆通法秀（1027—1090）禅师文》（略）。【《全宋文》卷 1707，第 626 页】

《佛学通典》云：法秀（1027—1090），秦州陇城（今甘肃秦安县东北）人，十九岁时试经得度，后从事讲经。既而到无为军铁佛寺参义怀，有所证悟，得到印可。初住持淮西四面山，既又住持栖贤、蒋山、长芦。后东京法云寺落成，他应诏为开山第一祖，号圆通禅师。其下有佛国惟白、保宁子英等五十九人。【《中华佛学通典》，第 1336 页】

九月二日，蒋之奇负责回河之役（董役），实地考察各处状况并上书奏明，并请求在相关地段清淤。正因有此经历，至元符二年冬十月甲子，蒋之奇被问责放罢。

《长编》载：九月二日，河北都运蒋之奇等奏准尚书省札子：北外丞梁铸管下河埽九，系北京界河堤；第三、第四、第七铺水口，分水入故道，最为纾缓，诸埽各得平安。今来河事虽然如此，缘北京城外出未成河道。又第三、第四、第七铺口地累经水势，涨落不定，不免失于秋深，逐旋更有淤淀，若不措置，窃恐明年有妨分减涨水。八月十三日，三省、枢密院同奉圣旨，令都水使者吴安持疾速前去，与本路监司外丞李伟同共相度，具合如何措置，事件连书疾速闻奏者。臣等寻躬亲往北京界梁村相度，乞候霜降水落，北丞司相度，将梁村口至孙村河身内妨碍处，所豁擗孙村、堰水、河门子，措置疏导，使清水渲刷故道，纵未得。今年入冬，常流次第亦未至，大段淤淀，候将来冰冻消释，相地形顺快处，随宜导口地一带河槽，务令深阔，并增葺紧急堤岸，酾为一渠，分减夏秋涨水，以解深、瀛、恩、德、博、冀之患。九月二日，奉圣旨依奏。【《长编》卷517】

《长编》载：元符二年冬十月甲子，郭知章罢中书舍人，以前官充集贤殿修撰、知和州。……以元祐间主导河东流之议无功也。……蒋之奇放罢，内郭知章、鲁君贶并放，谢辞。【《长编》卷517】

蒋之奇在河北日，有题黎阳大佛诗（已佚），状元彭汝砺有和诗。

彭汝砺《黎阳大佛高七十尺，和颖叔侍郎韵》诗云：百千妙法寄微尘，更向人间见大身。何怪黎阳七十尺，当时广倍百由旬。【《严州诗统鉴》，第173页】

《宋史·河北西路（浚州）》载：浚州，平川军节度，本通利军。端拱元年，以滑州黎阳县为军。天圣元年，改通利为安利。四年，以卫州卫县隶军。熙宁三年废为县，隶卫州。元祐元年复为军。……熙宁六年，废为镇入黎阳，后复。黎阳，中。【《宋史》卷86《地理志二》】

【注】《中国诗学大辞典》云：彭汝砺（1042—1095），字器资，饶州鄱阳（今属江西）人。英宗治平二年（1065），举进士第一历保信军推官、武安军掌书记、潭州军事推官。后补国子直讲，擢太子中允。神宗用为监察御史里行，陈时政十事，指摘利害，多言人所难言。神宗元丰初（1078），为江西转运判官，还，提点京西刑狱。哲宗元祐二年（1087），召为起居舍人，拜吏部侍郎。哲宗亲政，权吏部尚书。以尝附会刘挚，降知江州。绍圣元年（1094）卒，年五十四。……《宋史》卷三四六有传。【《中国诗学大辞典》，第 407 页】

九月二十六日，蒋之奇跋《唐人摹本兰亭》。

蒋之奇《跋〈唐人摹本兰亭〉》云：兰亭本最多，此本诚佳。庚午九月念六日，蒋之奇。【《兰亭考》卷 5；《全宋文》卷 1706，第 597 页】

约是年十月，知真州孙贲建韩忠献祠，蒋之奇作《韩忠献祠记》，有"淮海之间，扬为重地"之句，全文已佚。

《明一统志·扬州府》载：淮海重地：宋蒋之奇《韩忠献祠记》："淮海之间，扬为重地。"【《明一统志》卷 12】

《方舆汇编·扬州府祠庙考一》载：韩忠献祠，在雍熙院内，宋孙贲以所藏魏公（韩琦）图像，置祠祀之。蒋之奇有记。【《方舆汇编·职方典》卷 760】

《长编》载：五年十一月壬戌，开封府推官王诏与知真州孙贲两易其任。……六年春正月辛酉朔……辛未，监察御史徐君平言：知真州孙贲【黄州人，字公素。】除开封府推官，闻贲傲虐不检，秽迹甚著。诏罢。贲新除。【《长编》卷 450、卷 454】

【按】孙贲知真州年月无考，离任在六年春正月，姑系于此。

十月己亥，知越州钱勰改知瀛州。

《长编》载：十月己亥，龙图阁待制、知越州钱勰知瀛州；宝文阁待制、知瀛州张颉知荆南。【《长编》卷 449】

十二月戊申，知沧州王子韶为秘书少监。

《长编》载：十二月戊申，吏部侍郎刘奉世权户部尚书户部侍郎。……秘书少监王钦臣为秘书监，知沧州王子韶为秘书少监。【《长编》卷453】

第三十二卷　元祐六年（1091）

元祐六年（1091）辛未　六十一岁

正月丙戌，苏轼除吏部尚书。

《长编》载：六年春正月丙戌，龙图阁学士、知杭州苏轼为吏部尚书。先是，太皇太后两谕执政，令除轼此官。时以轼弟辙初入台，又杭方灾伤，故徐徐至今。［原注：此据刘挚《日记》增入，二月四日又兼承旨。］【《长编》卷454】

李之亮《宋两浙路郡守（杭州）》云：元祐六年辛未（1091），苏轼；熊本，《乾道志》："元祐六年正月丙戌，以龙图阁待制、知江宁府熊本知杭州。未行，召还。"林希。【《宋两浙路郡守年表》，第16页】

约是年初，苏轼在杭州致书王巩，告知宜兴原田主曹氏昏赖，拟索要出卖田地。东坡分别致书淮南、浙江两处转运使司，要求妥善处理此事，然似未有结果。延至元祐八年，此事又为黄庆基所劾。

苏轼《与王定国（巩）书四十九首（之三十四）》云：张公所戒，深中吾病，虽甚顽狠，岂忍不听，愿为致此意也。公向令作《滕达道埋铭》，已诺之，其家作行状送至此矣。又欲作《孙公神道碑》，皆不敢违。只告密之，勿令人知是某作，仍勿令以润笔见遗，乃敢闻命。来诗甚奇，真得冲替气力也。呵呵。故后诗未及和。朝夕别遣人，并致糟淮［淮漕之误］，白所欲宜兴田。某岂敢有爱于此等，然此田见元主昏赖。某见有公文在浙漕处理会，未见了绝，当亦申都省也。田在深山中，去市七十里，但便于亲情蒋君勾当尔。不知在公时，蒋能如此干否？更筹之。【按】李之亮［编年］云："元祐六年任颍州知州时作。原本题下注云：'扬州'，恐不切。按，东坡知扬州在元祐七年二三月间。而本文：'张公所戒，深中吾病，虽甚顽狠，岂忍不听？愿为致此意也。'明张方平尚在人世。方平元祐六年十二月二日辞世，则此简必作于元祐六年年底之前无疑。又本文：'公向令作《滕达道埋铭》。'该铭作成于元祐七年，则方平有嘱在元祐六年，亦合于常理。"【《苏轼文集编年笺注》卷52，第722—724页】［按］蒋君即"蒋公裕"。时间疑误："某见有公文在浙漕处理会"，说明苏轼在杭州。人物疑误：所谓"蒋公裕"，或为蒋之奇堂弟蒋之裕（见本谱第一卷《宜兴蒋氏家族》）。苏轼在宜兴的亲戚朋友，大致只有蒋之奇、单锡单锷兄弟、邵光（彦瞻）兄弟，当时苏轼正在"罪废"之中，单氏（单锡已故）、邵氏（邵光罪废中）等都无力相助，只有风头正健的蒋之奇才有可能办成如此"勾当"。如果仅依靠一位田客（蒋公裕），于情于理，难以办成。

　　【按】李之亮等所谓"颍州""扬州"等，暂且不问。苏轼云"某见有公文在浙漕处理会"，说明曹氏反悔时，苏轼在杭州任上。但此纠纷由"浙漕（浙江转运使司）""淮漕（江淮等路发运使司）"前后调查八年，一直未能了结。作此简时，事情仍未解决，故云"更筹之"。

　　苏轼《辨黄庆基弹劾札子》云：元祐八年五月十九日，端明殿学士兼翰林侍读学士、左朝奉郎、守礼部尚书苏轼札子奏：臣自少年从仕以来，以刚褊疾恶，尽言孤立，为累朝人主所知。然亦以此见疾于群小，其来久矣。……一庆基所言臣强买常州宜兴县姓曹人田地，八年州县方与断还。此事元系臣任团练副使日，罪废之中，托亲戚投状，依条买得姓曹人一契田地。后来，姓曹人却来臣处，昏赖争夺。臣即时牒本路转运司，令依公尽理根勘，仍便具状申尚书省。后来，转运司差官勘得，姓曹人招服非理昏赖，依法决讫。其田依旧合是臣为主，牒臣照会。臣悯见小人无知，意在得财。臣既备位侍从，不欲与之计较曲直，故于招服断遣之后，却许姓曹人将元价抽收，仍亦申尚书省及牒本路施行。今庆基乃言是本路断遣本人，显是诬罔。今来公案见在户部，可以取索案验。【《东坡全集》卷64】

【按】此札中有"别遣人并致淮漕""见有公文在浙漕处"，北宋时，常州府宜兴县和杭州同属浙西路（浙江东西路曾一度合并），但浙江路转运司（杭州）受江淮等路发运司制约。所谓"淮漕"，即发运司，俗称"六路大漕"，元丰中，蒋之奇曾长期担任此职。[《长编》卷466]元祐时，苏轼任职于杭州，故云"公文在浙漕"。期间的过程可能是：浙江转运司收到宜兴曹氏诉状，要求追究苏轼买田一事。因苏轼为浙江军政长官，"浙漕"只能转交至江淮等路发运司处置，但不知何故，两地都未妥善处理。最后又申告至"都省"，也即尚书省，弄得满朝皆知。

【又】苏轼简中所谓"不知在公时，蒋能如此干否"，这句话非常耐人寻味。苏轼作此简时，正外放于杭州，离开了权力中枢。而蒋之奇则远在瀛州，不再担任发运使。宜兴曹氏反悔，向"浙漕"起诉，转至"淮漕"，但一直未"了绝"。苏轼作此简时，又想起了自己的老友。意思是说，假如蒋之奇仍掌"淮漕"，不知会怎么干？心想，蒋有可能就不会下牒"浙漕"去根究，或者早已处置妥当。从苏的这席话看，当时买曹氏田地，确实是蒋之奇的干系。

二月癸巳，苏辙为尚书右丞（宰辅），苏轼为翰林学士、承旨。当时就有御史弹奏。

《宋史·宰辅表二》载：二月辛卯，王岩叟自龙图阁待制、知开封府，除签书枢密院事。癸巳，苏辙自龙图阁学士、御史中丞除中大夫、尚书右丞。六月辛酉，苏辙自守尚书右丞除中大夫、门下侍郎。【《宋史》卷210《宰辅表二》】

《长编》载：六年二月庚寅朔……癸巳，龙图阁学士、御史中丞苏辙为中大夫、守尚书右丞；龙图阁学士、吏部尚书苏轼为翰林学士、承旨；翰林学士、承旨邓温伯为端明殿学士、礼部尚书。……辙言：臣幼与兄轼同受业，先臣薄祜早孤，凡臣之宦学，皆兄所成就。今臣蒙恩与闻国政，而兄适亦召还，本除吏部尚书，复以臣故改翰林承旨。臣之私意尤不遑安，况兄轼文学政事皆出臣上。臣不敢远慕古人，举不避亲，只乞寝臣新命，得与兄轼同备从官，竭力图报，亦未必无补也。不听。……左司谏兼权给事中杨康国言：中书省送到画黄，苏辙除尚书右丞。臣伏读数四，为陛下深思远虑，且疑且惧，未测陛下选用执政之意，将欲垂衣拱手，坐享安静乎？……日近，中书侍郎傅尧俞、同知枢密院事韩忠彦因理会职事，而辙弹奏尧俞等以谓无礼无仪，见欺自解，欲擅威权，互相纷争，而又旁及吕大防、刘挚、苏颂，当时士论不平，皆谓弹奏不当，致使尧俞等居席不安，亵烦天听，乞解机务。……况辙天资狼戾，遇事不明，自长宪台，前后言事多不中理，若使同参大政，必致乖戾，亵烦圣听，更望陛下深思，追寝新命，则天下幸甚。【《长编》卷455】

三月初，苏轼离开杭州，三月中，经吴江至常州。三月底，在常州太平寺会余中。

《苏谱》云：（月初），取道湖州至苏州。……二十八日，游常州净土院，观牡丹，赋诗。……至润州。……别张弼（秉道），赋《临江仙》。【《苏谱》，第966—969页】

《同状元行老、学士秉道先辈游太平寺净土院观牡丹，中有淡黄一朵特奇，为作》（诗略）。【《东坡全集》卷30】

【按】此诗，古人大多编年于熙宁七年时。《苏谱》中编年于元祐六年，故再次录附。孔凡礼的依据是周必大《乾道丁亥五月纪事》。周必大云：过太平寺之弥陀院。观徐陟水壁，波涛隐起，毗陆所工之艺也。老僧守稠云：东坡元祐六年三月二十八日过寺，赋诗云："醉中眼缬自斓班，……右《净土院牡丹》。"……其碑近为何提干者取去。【《宋代日记丛编·游山录》，第936页】苏轼原碑肯定毁于崇宁中，此碑为后人重刻，疑误植。

【又】此时，余中已在京为秘书正字，八年升为秘阁校理。《长编》云：元祐八年二月癸亥，正字余中为秘阁校理。[《长编》卷481]余中不可能在常州陪苏轼。另外，孔凡礼将诗题标点为"状元行老学士"，亦不妥当。一是余中一生未仕至"学士"，不能称"行老"学士，这个学士指的是"秉道先辈"。当然，这个"学士秉道先辈"也不能轻易注释为苏轼的杭州同僚张弼，应该是另有其人。（见本谱第十卷"熙宁七年"）【《苏谱》，第968页】因诗涉苏轼与宜兴人的关系，姑系于此。

苏轼回京师期间，或与张弼（字秉道）、僧仲殊等游宜兴张公（庚桑）

洞。苏轼至润州所作《临江仙》，或记其事。五月，僧仲殊在张公洞有留题。

苏轼《临江仙·辛未离杭至润别张弼秉道》词云：我劝髯张归去好，从来自已忘情。尘心消尽道心平。江南与塞北，何处不堪行。○俎豆庚桑真过矣，凭君说与南荣。愿闻吴越报丰登。君王如有问，结袜赖王生。【《苏轼·东坡词》】

【注】庚桑：即庚桑洞。《辞海》载，庚桑洞，一称张公洞。在江苏省宜兴县东南湖汊镇西北。传为庚桑子所居，故名。为著名石灰岩溶洞，多钟乳石和石笋。有海王厅、洞中洞等胜景，为游览胜地。【《辞海》（修订稿）"地理分册"，第418页】

《毗陵志·山水》载：张公洞，在县东南五十五里，高六十仞，麓周五里。三面皆飞崖绝壁，不可跻攀。……南唐韩熙载记洞灵观，援《白龟经》曰："天下福地七十有二，此居五十八。"《道书》亦云："第五十八福地，庚桑公治之。即庚桑楚也。"《风土记》云："汉天师道陵得道之地。"【《毗陵志》第15《山水》】

【按】词中"髯张"，即指陪同苏轼至润州的张弼。邹同庆等［编年］云："元祐六年辛未（1091年）四月，作于润州。"无疑。[《苏轼词编年校注》，第683页]苏轼词下阕中"俎豆庚桑"，可能就是途经宜兴，顺道去庚桑（张公）洞祈祷。

【注】在北宋时，张公洞是一神圣之地，宋真宗（章圣）曾到这里祈求子嗣。《宜兴旧志·寺观》载：洞灵观，在县东南四十里张公洞前。……宋大中祥符四年，赐金帛，一新栋宇。乾道六年，内侍刘能真入道，请升为宫，赐额"天申万寿宫"。[《宜兴旧志》卷末《寺观》]《方舆汇编》云：张公洞：宋元符逸士王绎来游，谓洞以张公名者，非道陵。乃其四代孙辅光也。且纪其诗，有"辅光灶冷留香壤"之句。又云：洞灵观，今名天申宫，在县南四十里均山区张公洞，前单氏《风土志》云：吴赤乌年间建，初为佛寺。[《方舆汇编·山川典》卷99]元丰七年，苏辙、单锷有题张公洞诗，张有《张公洞纪行石刻》。【见本谱第十六卷】

【又】北宋时，张公洞中有陈襄题刻、宋真宗及刘皇后祷嗣遗迹。岳珂《问道宜兴二首》云：买田阳羡说东坡，想见溪山胜概多。……我欲问津先访古，古灵题迹试摩挲。[原注：宜兴张公洞，洞刻古灵题迹，客有为予言，古灵后乃仙去者，末句故云。]○粹仪夹绽盛花钿，人说先朝祀玉仙。……书阁苍龙应不远，为君重写白云篇。[原注：天申宫夹纻玉仙圣母，章

圣祷嗣之地。]【《玉楮集》卷8】

【又】杨维桢《游张公洞诗序》云：至正丙戌（1346）立春之明日为人日，宿雨早歇。……晚饭湖浟，乘月至张公山，宿天申馆。……南下小洞曰"投龙"，宋章献投金简王符，获甘露，故云。【陶宗仪辑：《游志续编》卷下】

【按】苏轼所谓"俎豆庚桑"，或是暗指张公洞（洞灵观）的神妙，或是讥讽某种风俗。最吊诡的是：苏轼仙逝之后，张公洞（洞灵观）竟然也成了他自己的香火之地。费衮《毗陵东坡祠堂记》云：东坡自黄移汝，上书乞居常。其后谢表有"买田阳羡，誓毕此生"之语。在禁林，与胡完夫、蒋颖叔唱和……记成，强伯刻石为二碑，一置之郡斋，一置之阳羡洞灵观。用杜元凯之法，盖欲俱传不朽。其措意甚美，然东坡公之名节，固自万世不磨矣。【《梁溪漫志》卷4】

周必大《泛舟录》载："乾道丁亥闰七月甲午早，同仲宁、仲贤、净如出南门，过横涧，入袁氏庵观地，投宿洞灵观。……元丰间刘宜夫谊及元祐辛未（1091）五月僧仲殊留题，然后寝。"【《文忠集》卷168】

三月壬午，赐进士诸科及第、出身、同出身，蒋之奇家族中蒋圆、蒋芊、蒋琳及第。

《长编》载：元祐六年三月庚申朔……壬午，御集英殿，赐进士诸科马涓以下及第、出身、同出身；假承务郎、文学总六百有二人。涓，阆中人也。宗室八人。【《长编》卷456】

张守《左中奉大夫充秘阁修撰蒋公墓志铭》载：公讳圆，字粹仲。……毗陵故号多士，凡四预荐书，一为举首。中元祐六年（1091）进士第。【《毗陵集》卷12】

《毗陵志·选举》《（乾隆）江南通志·选举志》中分别有："元祐六年（1091）马涓榜……蒋琳""元祐……蒋琳，武进人"的记载，此蒋琳当是蒋之奇从子。【《毗陵志》卷11《选举》；乾隆《江南通志》卷119】

万历《宜兴县志·选举志》载：元祐六年马涓榜：蒋圆，旧志缺。蒋芊，旧志缺。【万历《宜兴县志》卷7《选举志》】

【按】蒋琳，蒋之奇侄、之武（1037—1107）之子。《蒋氏宗谱》载为蒋之奇四子。蒋圆，蒋昂孙、蒋之奇堂侄、之裕（公裕）之子。蒋芊，康熙《宜兴县志》作"蒋竿"；《万历常州府志》作"蒋竿"；乾隆《江南通志》则作"蒋莘"。《蒋氏宗谱》中无蒋芊、蒋竿、蒋竿、蒋莘。【《方东蒋氏宗谱》卷7】

三月癸酉，林希、陆佃、黄庭坚都有升迁。乙酉，前知杭州苏轼应召入京。

《长编》载：三月癸酉，诏右正议大夫、端明殿学士、礼部尚书邓温伯，朝请大夫、翰林学士、知制诰赵彦若，左朝奉郎、给事中范祖禹，左朝请郎、宝文阁待制、知应天府曾肇，左朝奉大夫、天章阁待制、知杭州林希各迁一官。龙图阁待制、知颍州陆佃为龙图阁直学士，著作佐郎黄庭坚为起居舍人。……乙酉，龙图阁学士、前知杭州苏轼言："臣近蒙恩诏，召赴阙庭，窃以浙西二年水灾苏湖为甚，虽访闻已详，而百闻不如一见。……"【《长编》卷456】

四月七日，选西北边帅，刘挚荐蒋之奇可以帅渭州（今甘肃陇西）。未行。

《长编》载：元祐六年夏四月丁酉，熙河兰岷路钤辖李祥升本路都钤辖。……礼部言："知广州路昌衡奏：请自今除北朝、夏国、高丽外，欲令诸蕃进奉人如遇监司、帅臣，其驿铺令回避安泊。"从之。先是，枢密院进拟雄州团练使王崇拯神龙卫四厢都虞候，知代州曹诵知雄州，知保州李谅知代州，新大名府路副总管邢佐臣知保州。既得旨，于都堂聚议两御封，一追崇拯，一追佐臣，未得施行，须再进呈。及对诏，以崇拯在雄未久，今诏泾原经略使刘舜卿入领环卫，仍以知河阳范子奇代舜卿，众皆不敢承。……延安奏报："西贼数入境掠人马，因请且留舜卿当泾原，俟疆事定徐议。"太皇太后曰："环卫不甚阙人，则宜令在渭。"大防又曰："子奇俟将来帅阙则差。"又进呈佐臣文字，欲不许其辞免。从之。［原注：此据王岩叟《系年录》：……四月七日集都堂，微仲议欲寝舜卿之召，则一切俱不动矣，军职亦未阙事。挚曰："上或问以军职不阙，则前日何故拟崇拯？如此则是见有（范）子奇之举而寝，恐未安也。"微仲曰："且如此耳。若不可，则以章楶帅渭，子奇帅庆。"师朴曰："楶之除，庆人犹以为不胜任，渭则可乎？"挚曰："蔡京、蒋之奇皆可帅渭。谢二亦可。"微仲、彦霖、子由皆曰："恐招言语，兼子奇皆不可以代三人。"挚曰："然则竟何如？"微仲曰："不得已，则子奇径帅渭耳。"挚曰："其如公望何？"四月八日，延和奏事，得寝舜卿之召。谕曰："子奇可作帅否？"对曰："可候有阙取旨尔。"]【《长编》卷457】

七月二日，苏轼上表，进单锷《吴中水利书》。

苏轼《进单锷〈吴中水利书〉状》云：元祐六年七月二日，翰林学士、承旨、左朝奉郎、知制诰兼侍读苏轼状奏：右臣窃闻议者多谓吴中本江海大湖故地，鱼龙之宅，而居民与水争尺寸，以故常被水患，盖理之当然，不可复以人力疏治。是殆不然。臣到吴中二年，虽为多雨，亦未至过甚，而苏、湖、常三州皆大水害稼，至十七八，今年虽为淫雨过常，三州之水遂合为一，太湖、松江与海渺然无辨者，盖因二年不退之水，非今年积雨所能独致也。父老皆言，此患所从来未远，不过四五十年耳，而近岁特甚。盖人事不修之积，非特天时之罪也。三吴之水，潴为太湖，太湖之水，溢为松江以入海。海水日两潮，潮浊而江清，潮水常欲淤塞江路，而江水清驶，随辄涤去，海口常通，故吴中少水患。昔苏州以东，官私船舫，皆以篙行，无陆挽者。古人非不知为挽路，以松江入海，太湖之咽喉不敢鲠塞故也。自庆历以来，松江始大筑挽路，建长桥，植千柱水中，宜不甚碍。而夏秋涨水之时，桥上水常高尺余，况数十里积石壅土筑为挽路乎？自长桥挽路之成，公私漕运便之，日葺不已，而松江始艰噎不快。江水不快，软缓而无力，则海之泥沙随潮而上，日积不已，故海口湮灭，而吴中多水患。近日议者但欲发民浚治海口，而不知江水艰噎，虽暂通快，不过岁余，泥沙复积，水患如故。今欲治其本，长桥挽路，固不可去，惟有凿挽路于旧桥外，别为千桥，桥碕各二丈，千桥之积为二千丈，水道松江，宜加迅驶，然后官私出力，以浚海口。海口既浚，而江水有力，则泥沙不复积，水患可以少。衰臣之所闻，大略如此，而未得其详。旧闻常州宜兴县进士单锷有水学，故召问之，出

489

所著《吴中水利书》一卷，且口陈其曲折，则臣言止得十二三耳。臣与知水者考论其书，疑可施用，谨缮写一本，缴连进上。伏望圣慈深念两浙之富，国用所恃，岁漕都下米百五十万石，其他财赋供馈不可悉数。而十年九涝，公私凋弊，深可悯惜。乞下臣言与锷书，委本路监司躬亲按行，或差强干知水官吏，考实其言，图上利害，臣不胜区区。谨录奏闻，伏候敕旨。录单锷《吴中水利书》（略）。【《东坡全集》卷59】

单旻《跋〈吴中水利书〉》云：《水利》一书，宋进士宜兴单锷所著。元祐间，苏文忠公知杭州事，闻其有水学，召问，乃以书并图上献。书云：锷存心水利，凡三十年，谓有水学，信然。文忠以其策可用，录上，上不果行。皇明来，吴中水患滋甚，每遣官督治，工曹姚主政预焉，板行是书。未及尽录，宏治壬子科南省策问及此，士子不能条答。旻近阅家乘及县志，始祖讳锡，与文忠为同榜进士，又妻其甥女，自眉山同徙居宜兴，因占籍。锷乃锡之弟，旻忝为云孙之辈，因锲全书贮之家塾。后有董水利者，效规图圆，较场屋者，强学待问，未必无小补云。【《宜兴旧志》卷10《题跋》】

《宜荆新志·杂著》云：单锡，宋嘉祐二年章衡榜进士。《旧志·选举》列其名《文苑传》，亦云：锡世居邑东南乡湖汊。按单旻《跋〈吴中水利书〉》，"近阅家乘及县志，始祖与文忠为同榜进士，又妻其甥女，自眉山同徙居宜兴，因占籍。锷乃锡之弟"云云。据此，则锡登第后乃徙宜兴，弟锷占籍，成嘉祐四年进士耳。旻于锡为云孙之辈，其言当可信。今之《旧志》，盖非旻所见《邑乘》原文矣。【《宜荆新志》卷末《杂著》】

【按】单锡、单锷兄弟小考，参见本谱第九卷。

七月或八月初一日，蒋之奇书寄苏轼，史称《北客帖》。

蒋颖叔《北客帖（行书纸本）》云：之奇顿首启：改朔，伏惟台候万福。北客少留，方此甚热，又房室隘窄，良不易处。亦闻小苦痔疾，更乞调饮食，将息为佳。久阔不展，深以想念也。谨驰启上问，不宣。之奇顿首再拜修史承旨侍读台坐。【《书画汇考》卷12】

【按】此帖历代都有著录，但书写背景十分模糊。或说是寄予王安石，或说寄予司马光，或说寄予王珪，大都纠结于"修史承旨侍读"的称呼，而没有注意到"北客少留""小苦痔疾"等细节。苏轼曾多次参与北使的接待，此年正是"辽使耶律迪"来访，即帖中所谓"北客"，也与帖中所说相合。如果说这是年轻的蒋之奇书寄予尊长的信札，那么像"痔疾"一类的隐讳话题，不太可能直言的。与蒋同时期的官员中，苦于"痔疾"的只有苏东坡，故笔者认为，这一简是寄予苏轼的。苏轼此时的官职，正是"承旨侍读"，唯一不能确认的，就是苏轼是不是仍然兼职"史馆"。相关印证，引述如下。

苏轼《与程正辅书（绍圣二年）》云：轼旧苦痔疾，盖二十一年矣。近日忽大作，百药不效，虽知不能为甚害，然痛楚无聊两月余，颇亦难当。出于无计，遂欲休粮，以清净胜之，则又未能遽尔。【《苏轼文集编年笺注》卷54，第186—187页】

【按】照此推算，苏轼"苦痔疾"，约始于熙宁八年（1075），之后，经常提及此疾。

《中国书法大事年表》云：1061年辛丑，北宋嘉祐六年〇辽清宁七年：△五月，蒋之奇作行书《北客帖》（又称改朔帖）。【张天弓编著：《中国书法大事年表》，第1060页】

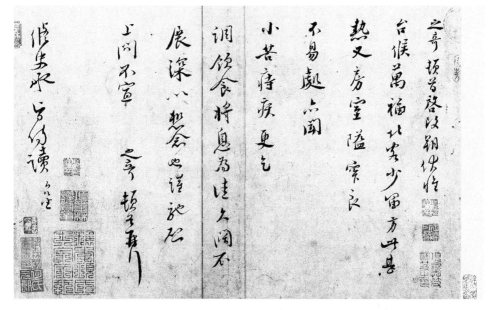

蒋之奇《北客帖》

【按】嘉祐六年，蒋之奇丁忧在家，似无可能。《中国书法大事年表》误。

蒋之奇《北客帖》：蒋之奇（1031—1104），字颖叔，常州宜兴（今属江苏）人。他也是北宋政坛上的要人。这封信除了书法上的价值，还有重要的文献价值——这是蒋之奇写给大史学家司马光的。那时候司马光正在主持编写《资治通鉴》的工作。知道了这段掌故，说不定能大大提高我们赏玩的兴致呢。【《明前名人手札赏评》，第39页】

【按】司马光为"修史、承旨、侍读"，在熙宁二、三年间，蒋之奇在宣州任上，正与王安石交往热络，似与司马光无涉。《长编》载：熙宁三年九月戊子朔……癸丑，翰林学士兼侍读学士、右谏议大夫、知制诰、史馆修撰司马光为端明殿学士、兼翰林侍读学士、集贤殿修撰知永兴军。[《长编》卷215]另外，司马光任职期间，与"北客""痔疾"亦不相关。

徐邦达《辱书帖（即远宦帖）一页》云：……此帖书法苍劲，与上记一帖（即此《北客帖》）大不相同。……应是中晚年的手笔。【《古书画过眼要录·晋隋唐五代宋书法》，第290—291页】

曹宝麟《蒋之奇〈改朔帖〉》云：这本帖我们要抓住的关键词是最后的"修史""承旨""侍读"六个字，涉及三个官名。我们来看看徐邦达先生是怎么来分析的："此帖上款称'修史承旨侍读'应是指司马光。考光于神宗朝初年（1068）官翰林学士兼翰林侍读学士，修撰《资治通鉴》，完成亦在其时，之奇年未迫四十，其书笔法稍弱，与后录晚年《辱书帖》不同，正可互证。"【《古书画过眼要录》，205页。】可以看出里面有疏漏，他认为"承旨"就是"翰林学士"，这是不对的，司马光恰恰没有做过翰林学士承旨。另外"修史"这两个字，徐先生就只考虑到《资治通鉴》，我被他一误导就想到宋祁，他当过承旨，也是侍读，还是修史的（参加欧阳修主编的《新唐书》），宋祁的"承旨"是他逝世之前两个月才得到的官职。大家看，帖里面提到"小苦痔疾"不过是小病，在这行提到"小苦痔疾"好像不大可能。其实我们恰恰忽视了"修史"这件事，所谓"修史"，对于朝廷而言最大的事就是修"国史"，即所谓"实录"，皇帝去世后，继位者马上要修"实录"的，修"国史"的挂名领班人是宰相。后来我通过排比发现，王珪符合这个条件，王珪就是"乌台诗案"迫害苏轼的主要策划人，王珪当时是少壮派领袖。我们知道宋仁宗没有后裔，到晚年时找了一个嗣子，那就是英宗，英宗上台后生父怎样称呼变成一个很难堪的事情了，从而引起了朝廷两派的斗争，老臣欧阳修认为应该称皇考的，那些年轻的认为称皇亲才对，其实无非借事端争夺权力而已。新进的想把老臣扳倒，然后取而代之，王珪就是新进中年龄最大的领军人物。蒋之奇是欧阳修的门生，他在"濮议"这件事上是押宝欧阳修的，由此被欧荐举为"监察御史里行"，被老臣赏识必然被孤立于新进，于是他诬告欧阳修乱伦以讨好他们并改换门庭。那么这本帖写给王珪就提供了这样一个信息，也是蒋之奇为人污点的一个证据吧。当然后来因诬告使皇帝震怒，把他贬到道州酒税，又改为宣州，写这本帖应该是从道州回朝廷再去宣州，从道州到朝廷故称为"北客"。蒋之奇非常聪明，后来官做得很大，而且理财有方，在做发运使时有很多有效的做法。【《中国（苏州）书法史讲坛文集》，第 319 页】

【按】徐邦达所言"笔法稍弱"，笔者也认可。但此帖不一定出自蒋之奇手笔，或许是由其他人代笔。曹宝麟所言也是一种推测，考蒋之奇经历与交往，不可能作于"道州回朝廷再去宣州"的途中。蒋之奇由道州迁宣州，在治平四年（1067）十二月至熙宁元年（1068）初，正值冬季，而帖中"方此甚热"，明显不合。

闰八月四日，邵光受命，与本路监司同导太湖积水。

《宋会要辑稿·食货》载：闰八月四日，知杭州林希言："太湖积水未退，为苏湖大患。乞转委监司，躬诣濒海泄水处，相度开决，庶使积水渐退，民田复出，流移归业。"诏左朝奉郎邵光与本路监司同导积水。【《宋会要辑稿·食货六一》】

《长编》载：元祐六年闰八月庚申，知杭州林希言："太湖积水未退，为苏湖大患。乞专委监司，躬诣濒海泄水处，相度开决，庶使积水渐退，民田复出，流移归业。"诏左朝奉郎邵光与本路监司同导积水。【《长编》卷 465】

八月壬辰，苏轼知颍州。

《长编》载：八月壬辰，翰林学士、承旨、兼侍读苏轼为龙图阁学士、知颍州。【《长编》卷 463】

苏轼《到颍未几公帑已竭斋厨索然戏作》《与赵陈同过欧阳叔弼新治小斋》等诗（略）。另有《送路都曹（并引）》中有："我田荆溪上，伏腊亦粗供。怀哉江南路，会作林下逢。"【《苏轼诗集合注》，第 1790、1722、1752 页】

苏轼在颍州日，兴工治西湖，未成而改知扬州。

苏轼《轼在颍州与赵德麟同治西湖未成改扬州三月十六日湖成德麟有诗见怀次其韵》诗（略）。【《苏轼诗集合注》，第 1772 页】

【按】苏轼在颍，时间不长，与京西路提刑蒋之翰的交集。而之翰后来弹奏苏轼，有一条是滥用公款治园亭。故录此。

九月辛亥，钱勰罢知瀛州，蒋之奇接任，旋入为户部侍郎。

《长编》载：九月辛亥，直龙图阁、江淮荆浙等路发运使王觌为刑部侍郎。龙图阁待制、知瀛州钱协为江淮荆浙等路发运使。【《长编》卷 466】

李之亮《宋河北河东大郡守臣（瀛州、河间府）》云：元祐六年辛未（1091），钱勰，《长编》卷 466："（元祐六年九月辛亥），知瀛州钱勰为江淮荆浙等路发运使。"蒋之奇，《宋史》卷 343 本传："知瀛州。入为户部侍郎。"【《宋河北河东大郡守臣易替考》，第 95 页】

【按】《宋史·蒋之奇传》"知瀛州。入为户部侍郎。"疑误。蒋除户部在七年六月甲戌。

九月二十二日，命蒋之奇为刑部侍郎。当时，刑部尚书一直未有合适人选。后因孙升重新奏其劾欧阳修故事，蒋被改知瀛州。

《宋会要辑稿·职官》载：九月二十二日，河北都转运使蒋之奇罢，新除刑部侍郎。以中书舍人孙升言："之奇昔为御史，以阴私事中伤所举之

人欧阳修。”故有是命。【《宋会要辑稿·职官六七》】

《长编》载：六年九月癸卯，宝文阁待制、河北路都转运使蒋之奇为刑部侍郎。中书舍人孙升言："之奇昔为御史，以阴私事中伤所举之人欧阳修，不当擢用。"从之。寻命之奇知瀛州。〔原注：孙升言之奇在二十二日，今并书。〕【《长编》卷466】

《长编》载：四年八月乙卯，诏谢景温除权刑部尚书，告令缴纳。……六年闰八月甲子，是日，刑部尚书范纯礼、彭汝砺过都堂，论列刑名。刘挚谓：近日断敕下刑部，连缴三案求贷，凡狱既取旨，则轻重出于朝廷，有司议法则可驳，特旨则非，从来未有稽留制命。曲求宽贷之事者纯礼、汝砺实始为之。此事坏法惠奸，别无义理。【《长编》卷432、卷465】

是年，蒋之奇在河北都转运使、知瀛州任上。举荐张叔夜（1065—1127）、陈遘（1090—1127），后皆为北宋末年股肱名臣。张、陈都曾参与平定宋江、方腊之事。靖康之变中，张叔夜守卫汴梁，城陷被掳，途中自缢死。陈遘则为兵马大元帅，后为手下部将所害。

《宋史·张叔夜传》云：张叔夜，字嵇仲，侍中耆孙也。少喜言兵，以荫为兰州录事参军。……知襄城、陈留县，蒋之奇荐之。易礼宾副使、通事舍人、知安肃军，言者谓太优，还故官。……进资政殿学士，令以兵入城，俄签书枢密院。连四日，与金人大战，斩其金环贵将二人。帝遣使赏蜡书，以褒宠叔夜之事檄告诸道，然迄无赴者。城陷，叔夜被创，犹父子力战。……卒年六十三。讣闻，赠开府仪同三司，谥曰"忠文"。【《宋史》卷353《张叔夜传》】

《宋史·陈遘传》载：陈遘，字亨伯，其先自江宁徙永州。登进士第，知莘县，为治有绩。魏尹蒋之奇、冯京、许将交荐之，知雍丘县。徽宗将以为御史，而遭父祐甫忧，毕丧，为广西转运判官。……（靖康时）诏康王领天下大元帅，命遘为兵马元帅。受围半年，外无援师，京都既陷，割两河求和。遘弟光禄卿适至中山，临城谕旨。遘遥语之，曰："主辱臣死，吾兄弟平居以名义自处，宁当卖国家为囚絷乎？"适泣曰："兄但尽力，勿以弟为念。"遣呼总管使尽括城中兵击贼。总管辞，遂斩以徇。又呼步将沙振往。振素有勇名，亦固辞。遣固遣之，振怒且惧，潜衷刃入府。遣妾定奴责其辄入，振立杀之，遂害遣于堂，及其子锡并仆妾十七人。长子钜，以官淮南获免。【《宋史》卷447《忠义传二·陈遘》】

是年冬，兜率从悦禅师（1044—1091）圆寂，追谥真寂大师。蒋之奇为其作传（存逸句）。

《舆地纪胜·楚州（四六）》中有：淮山之高，上干云霄。淮水之清，东浮沧溟。［原注：蒋之奇撰《真寂大师传》。］【《舆地纪胜》，第1343页】

雍正《江西通志·仙释·赣州府》载：兜率从悦，赣州熊氏子。初谒云盖智和尚，令谒洞山文。和尚深领奥旨，嗣真静。一日，张商英按部分宁，就云岩说法甚多，往复室中，尝设三语以验学者。一曰拨草瞻风祇图见性，即今上人性在甚么处？二曰识得自性方脱生死，眼光落地时作么生？三曰脱得生死便知去处，四大分离向甚么处？元祐六年冬，浴讫奄然而化。其徒遵遗诫，欲火葬之，捐骨江中。无尽居士（张商英）遣使持祭，且曰：师于祖宗门下有大道力，不可使来者无所起敬。俾塔于龙安之乳峰，为特请于朝，追谥真寂大师。【雍正《江西通志》卷105】

第三十三卷　元祐七年（1092）

元祐七年（1092）壬申　六十二岁

正月甲辰，以辽使耶律迪卒于道，灵柩所过，郡守皆再拜致祭，蒋之奇奠而不拜。

《宋史·蒋之奇传》云：徙河北都转运使、知瀛州。辽使耶律迪道死，所过郡守皆再拜致祭。之奇曰："天子方伯，奈何为之屈膝邪！"奠而不拜。入为户部侍郎。

《宋史·哲宗纪一》云：七年春正月甲辰，以辽使耶律迪卒，辍朝一日。【《宋史》卷17《哲宗纪一》】

《长编》载：春正月甲申朔……甲辰，以辽宁昌军节度使耶律迪卒，辍视朝一日。先是，太常寺言："典故无例辍朝，用节度使葬格，特辍一日。"迪丧所过州致祭，守倅皆再拜。知瀛州蒋之奇以为："生觌且长揖，奈何屈膝向死者？"乃奠而不拜。识者韪之。〔原注：《政目》十四日，北使死，依节度使辍朝。〕【《长编》卷469】

是年冬，张舜民至瀛州会蒋之奇。此行，张舜民陪同辽使而来。

张舜民（芸叟）《至瀛州小雪贻蒋颖叔》云：梁苑瑶池醉梦阑，忽随北客度燕山。马头点缀飞才密，日脚微明意尚悭。疏布久抛南海上，貂裘初袭两河间。好留幕府陪樽俎，刚被行人不放闲。【《画墁集》卷3】

蒋之奇知瀛州期间，辟郭逢原（1040—1099）为镇阳（河北真定）将。

黄裳《郭公墓志铭》云：元符己卯仲秋之庚寅，朝散郎郭逢原，字公域，终于京师之甘泉坊。九月丁卯，其孤举葬开封县新里乡张村先茔之侧。公域之先出汾阳王后，高祖葬开封，遂为开封人。……元丰七年，丁其父忧。释服，会司马光执政，以为元丰党人，闲居久之。请受监仓，迁朝奉郎，俄除磁州通判。公域素豪迈，达官要人皆喜与之游。是时内相蒋公时以巡辖边郡，致之镇阳中书张公定武、枢密韩公。公域至，必优游樽俎间，论事道旧，累日而后去。【《演山集》卷33】

【按】镇阳，即今河北真定。《苏过年谱》云：宣和五年癸卯（1123）十二月，苏过因事入镇阳（河北真定），暴疾，卒于行道中。年五十二。【《苏斜川集校注》（附录），第787页】

春正月丙午，以知颍州苏轼改知郓州，未行。是月二十八日，改知扬州。苏轼在颍州时，反对开凿邓艾沟、黄堆，朝廷从之。又指派李直方抓捕尹遇，并许以嘉赏，未果。

《长编》载：七年春正月甲申朔……丙午，诏勿受尚书右丞苏颂乞致仕章奏。丁未，知郓州、观文殿学士刘挚知大名府；知大名府、资政殿学士张璪知扬州；知颍州、龙图阁学士苏轼知郓州。御史中丞郑雍言：……殿中侍御史杨畏言：……殿中侍御史吴立礼言："窃以朝廷罢免大臣，谪命固有轻重，恩礼固有厚薄，盖因其轻重厚薄之际，所以明赏罚而示劝戒也。……今到任曾未两月而遽易重镇，不惟留守陪京，复兼一路绥抚之寄，牵复太速，物论未平。伏乞圣慈断自宸衷，追寝新命。庶几赏罚昭明，下厌公议。"从之。璪与挚皆不迁，苏轼改扬州。〔原注：轼改扬州在二十八日，今并书。〕先是，开封诸县多水患，吏不究本末，决其陂泽，注之惠民河，河不能胜，则陈亦多水。至是又将凿邓艾沟，与颍河并，且凿黄堆注之于淮。议者多欲从之。轼至颍，遣吏以水平准之，涨水高于新沟几一丈。若凿黄堆，水反流浸州境，决不可为。朝廷从之。颍有宿贼尹遇等数人，群党惊劫，杀被主及捕盗吏兵者非一，朝廷以名捕不获，被杀者噤不敢言。轼召汝阴尉李直方，谓之曰："君能擒此，当力言于朝乞行赏，不获，亦以不职奏免君矣。"直方退，缉知群盗所在，命弓手往捕其党，而躬往捕遇，获之。然小不应格，推赏不及。轼为言于朝，请以年劳改朝散郎阶为直方赏。朝廷不从。其后吏部以轼当迁，以符会轼考，轼谓已许直方，卒不报。……工部侍郎钱勰为户部侍郎。【《长编》卷469】

【按】苏轼在颍州时的一些作为，曾被提点河北刑狱的蒋之翰（蒋之奇堂兄）弹劾。故录于此。

五月甲辰，知瀛州蒋之奇改知河中府（治所在今山西省永济市蒲州镇）。

《长编》载：五月癸未朔……甲辰，龙图阁待制钱勰知青州；龙图阁学士、知青州曾布知府州；宝文阁待制、知瀛州蒋之奇知河中府。【《长编》卷473】

《宋史·地理志三》云：陕西路。庆历元年，分陕西沿边为秦凤、泾原、环庆、鄜延四路。熙宁五年，以熙、河、洮岷州、通远军为一路，置马步军都总管、经略安抚使。又以熙、河等五州军为一路，通旧鄜延等五路，共三十四州军，后分永兴、保安军、河中、陕府、商、解、同、华、耀、虢、鄜、延、丹、坊、环、庆、邠宁州为永兴军等路，转运使于永兴军、提点刑狱于河中府置司。……

北宋疆域（政和元年，1111年）
引自谭其骧《中国历史地图集》

永兴军路。府二：京兆，河中。……河中府，次府，河东郡，护国军节度。旧兼提举解州、庆成军兵马巡检事。大中祥符中，以荣河为庆成军。【《宋史》卷87《地理志三》】

蒋之奇出游府城东临晋县王官谷，有题休休亭诗。

蒋之奇《休休亭》诗云：势利煎人漫白头，休休休去是良谋。应须买取堪骑鹤，跨入芝田阆苑游。【《全宋诗》卷 687，第 8026 页】

【注】雍正《山西通志》卷 226 作《游休休亭》，内容相同。

《明一统志·宫室（临晋县）》载：休休亭，在王官谷中，又有濯缨、莹心、览照、证因四亭，皆唐司空图建，因作文以见志。【《明一统志》卷 20】

《宋史·地理志三》载：河中府，次府，河东郡，护国军节度。旧兼提举解州、庆成军兵马巡检事。大中祥符中，以荣河为庆成军。……县七：河东、临晋、猗氏、虞乡、万泉、龙门、荣河。庆成军。【《宋史》卷 87《地理志三》】

六月甲戌，知河中府蒋之奇入为户部侍郎。时钱勰为户部尚书。史称"元祐四友"的苏子瞻（轼）、钱穆父（勰）、王仲至（钦臣）及蒋齐聚京师，常常欢聚一堂。

《长编》载：六月癸丑朔……甲戌，刑部侍郎范纯礼为吏部侍郎；宝文阁待制、知河中府蒋之奇为户部侍郎。之奇建请天下金谷悉隶户部，户部与诸道转运司职事得以相通。更任其责。【《长编》卷 474】

《长编》载：六月癸丑朔……辛酉，左正议大夫、守尚书左仆射兼门下侍郎吕大防为右光禄大夫。右光禄大夫、守尚书左丞苏颂为左光禄大夫、守尚书右仆射兼中书侍郎。中大夫、守尚书右丞苏辙为太中大夫、守门下侍郎。……左朝请大夫、宝文阁待制、权户部尚书刘奉世为枢密直学士、签书枢密院事。梁焘辞尚书左丞……戊辰，天章阁待制、吏部侍郎顾临，礼部侍郎范祖禹并为翰林学士。……龙图阁待制、知青州钱勰权户部尚书。【《长编》卷 474】

苏轼《见和仇池》云：上穷非想亦非非，下与风轮共一痴。翠羽若知牛有角，空瓶何必井之眉。还朝暂接鸳鸾翼，谢病行收麋鹿姿。记取和诗三益友，他年弭节过仇池。【《东坡全集》卷 21】

【按】"和诗三益友"，即指蒋之奇、钱勰、王钦臣三人。陆游《老学庵续笔记》载：元祐四友：苏子瞻、钱穆父、王仲至、蒋颖叔。【《说郛》卷41上】

六月丙午，上清储祥宫成，苏轼作《上清储祥宫碑》。

苏轼《上清储祥宫碑》云：元祐六年六月丙午，制诏臣轼："上清储祥宫成，当书其事于石。"臣轼拜手稽首，言曰："臣以书命待罪北门，记事之成职也。然臣愚，不知宫之所以废兴，与凡材用之所从出，敢昧死请。"乃命有司具其事以诏臣轼。……[注]上清储祥宫碑：郎注云："《大洞玉真经》曰：上清有宫门，有两阙。左金阙，右玉阙。有羽衣守土。内有玉芝、流霞之泉，刻金以题众真飞仙之号。太宗赐名之意，盖取诸此。其后神宗修宫，复加'储祥'二字。"《铁围山丛谈》卷二："上清储祥宫者，乃太宗出藩邸时艺祖所锡予而建也。中遭焚毁，神庙时，召方士募人将成之，未就。及宣仁高后垂帘，乃损其服御而考落焉，因诏东坡公为之记，而哲庙自为书其额。"【《苏轼文集编年笺注》卷17，第616、618页】

约在此时，蒋之奇奉敕至启圣院祭太宗。之后，还参与秘阁曝书会等，有诗。

蒋之奇《奉陪穆父尚书、仲至侍郎、德和吏部至启圣院》诗云：惟此休祥地，相传庆育时。绕枢飞电转，流渚彩虹垂。郁郁余佳气，绵绵嗣庆基。九龙曾洒濯，三圣共扶持。《和秘阁曝书会》云：宴豆追儒雅，簪缨成礼容。中天开璧府，左海见鳌峰。汗简陈三馆，仙游列玉京。丹青浮象魏，盛典照蓬瀛。《上清储祥宫》云：万计损珠宝，千章列栋楹。秋毫思颇挫，不日庆厘成。青简流芳远，丹书霈泽倾。袖人罔恫怨，道路沸欢声。【《全宋诗》卷687，第8021页；卷688，第8035页】

【按】启圣院，即启圣禅院，宋太宗建。供奉旃檀释迦瑞像。启圣院，即太宗诞生之地，晋护圣营也。太平兴国六年建院，雍熙二年成，赐名"启圣"。《东京记》曰"本晋护圣营。天福四年宣祖典禁兵，太宗诞圣其地。兴国中建院也。"[《事物纪原》卷7]《宋史·太宗纪二》云：雍熙二年夏四月乙亥朔，遣使行江南诸州，振饥民，及察官吏能否。戊寅，遣忠武军节度使潘美复屯三交口。己卯，诏以帝所生官舍，作启圣院。[《宋史》卷5《太宗纪二》]《宋史·真宗纪一》载：咸平二年九月庚辰朔，日有食之。戊子，召宗室宴射后苑。甲午，奉安太宗圣容于启圣院新殿。帝拜而恸，左右皆掩泣，赐修殿内侍缗钱。【《宋史》卷6《真宗纪一》】

　　附：秘书省（监、少监）、秘阁

　　《宋史·职官志四》载：秘书省（监、少监）：丞各一人，监掌古今经籍图书、国史实录、天文历数之事，少监为之贰，而丞参领之。其属有五：著作郎一人，著作佐郎二人，掌修纂日历；秘书郎二人，掌集贤院、史馆、昭文馆、秘阁图籍，以甲乙丙丁为部，各分其类；校书郎四人，正字二人。……岁于仲夏（农历五月）曝书，则给酒食费，尚书、学士、侍郎、待制、两省谏官、御史并赴。遇庚伏，则前期遣中使谕旨，听以早归。

　　秘阁：系端拱元年就崇文院中堂建阁，以三馆书籍真本并内出古画墨迹等藏之。淳化元年，诏次三馆置直阁（以朝官充）、校理（以京朝官充），以诸司三品、两省五品以上官一人判阁事。直阁、校理通掌阁事，掌缮写秘阁所藏。供御人、装裁匠十二人。元丰五年，职事官贴职悉罢，以崇文院为秘书省官属，始立为定员，分案四，置吏八。……元祐初，复置直集贤院、校理。……三年二月，诏御试唱名日，秘书丞至正字升殿侍立。九月，覆试贤良于阁下。五年，置集贤院学士并校对黄本书籍官员。……十二月，诏礼部，本省长贰定校雠之课，月终具奏。入伏午时减半，过渡伏依旧，从苏轼之请。又罢本省官任满除馆职法。元符二年，诏职事官罢带馆职，悉复元丰官制。……陈傅良上言："请以右文、秘阁修撰并旧馆阁校勘三等为史官。自校勘供职，稍迁秘阁修撰，又迁右文。"【《宋史》卷164《职官志四》】

蒋之奇奉敕，宿斋于上清馆储祥宫，有诗。

　　蒋之奇有《奉敕宿斋于上清馆储祥宫》诗云：日月圜丘吉，前期告上清。竭来修祀事，斋洁奉祇明。灵圃宾瑶馆，仙游列玉京。丹青浮象魏，盛典照蓬瀛。【《全宋诗》卷687，第8021页】

秦观有《次韵蒋颖叔南郊祭告上清储祥宫》诗，知蒋之奇有同题诗（非前诗），已佚。

秦观《次韵蒋颖叔南郊祭告上清储祥宫》诗云：特起朝阳内，祠宫极邃清。高窗窥玉女，巨阙守昌明。盛掩秦诸畤，雄逾汉两京，垣横天上紫，洲露海中瀛。黄帝初龙跃，中原罢虎争。樵夫亦谈道，行旅不持兵。此地修禳襘，于时保利亨。柏梁灾未几，陈宝诏重营。御帑金缯出，慈闱服玩并。标题动宸翰，撰次属鸿生。玉刻黄冠印，金书秘殿名。妙经藏洞观，真篆佩威盟。仙溜花门静，琼枝物外荣。肇禋承帝祉，肆眚顺民情。天施宁论报，风行不计程。近传闻磬管，时或见旄旌。海岳朝双阙，星辰集上楹。礼如尊太一，事异宠文成。大以圆丘报，长于至日迎。侍臣来祭告，法驾欲时行。厘事通元气，高真达孝诚。庆增黄帝系，寿续太阴精。西北夷门峻，东南辇路倾。云行博山气，风卷步虚声。符贶方期应，英髦各汇征。讴歌兴法从，可见泰阶平。【《淮海集》卷7】

【注】景灵宫：《宋朝会要》曰："大中祥符五年十一月，诏以圣祖临降，令择地建宫，遂锡庆院建，约唐太清宫制度，仍上新宫名曰景灵。神宗元丰中，又广其制，尽奉诸帝后御容也。"上清宫：宋敏求《东京记》曰："端拱元年二月，太宗诏取晋邸时，太祖所赐金帛建宫。至道元年八月，宫成，帝御书额，金填其字，赐之。仁宗庆历三年十一月，遭焚毁。熙宁元丰间，灵惠法师王太初再营之。元祐初年，宣仁太皇太后重建置也。"【《事物纪原》卷7《真坛净社部·三十六》】

是年，苏轼、蒋之奇、钱穆父等多有唱和，惜蒋、钱诗俱佚。

苏轼《次韵蒋颖叔钱穆父从驾景灵宫二首》诗云：归来病鹤记城闉，旧踏松枝雨露新。半白不羞垂领发，软红犹恋属车尘。雨收九陌丰登后，日丽三元下降辰。粗识君王为民意，不才何以助精禋。［原注：前辈戏语有西湖风月不如东华软红香土。］〇与君并直记初元，白首还同入禁门。玉殿齐班容小语，霜廷稽首泫微温。［原注：适与穆父并拜庭中，地皆流湿，相与小语道之。］病贪赐茗浮铜叶，老怯香泉滟宝樽。回首鹓行有人杰，坐知羌虏是游魂。【《苏

文忠公全集·东坡后集》卷2】

苏轼《次韵奉和钱穆父蒋颖叔王仲至四首（《见和西湖月下听琴》《见和仇池》《玉津园》《耤田》）》《王晋卿示诗，欲夺海石，钱穆父、王仲至、蒋颖叔皆次韵。穆、至二公以为不可许，独颖叔不然。今日颖叔见访，亲睹此石之妙，遂悔前语。仆以为晋卿岂可终闭不予者，若能以韩幹二散马易之者，盖可许也。复次前韵》《轼欲以石易画，晋卿难之。穆父欲兼取二物，颖叔欲焚画碎石，乃复次前韵，并解二诗之意》（诗俱略）。【《苏诗补注》卷36】

蒋之仪（1036—1093）、蒋之奇、蒋长生（罢泉州通判）会于京师。旋，蒋之仪出知广德军、蒋之奇为尚书户部侍郎、蒋长生擢守海州。

蒋之奇《朝奉大夫之仪公墓志铭》载：元祐七年，吾兄德表（蒋之仪）任庆成军使终，更代还京。时之奇蒙恩召为尚书户部侍郎，亦到辇下。方恳丐辞免，未就职，寓居于城北乾元福圣院数日。公自城中不远十余里，日一来，虽风雨晦冥不渝也。至疾，犹往往扶掖以至，其意盖伤契阔之易久，惜晤言之难值，笃于情好而忘其来之勤也。之奇既不得辞，遂入就职。未几，弟长生永伯又罢泉倅到阙。三人者僦居皆不远，于是朝会、郊祠会往往接辔连裀，朝夕得以会聚，而其乐有不可胜言者矣。居数月，之奇首被命帅镇洮，而兄与永伯又出饯于城西之普安寺。已闻公选知广德军矣，而永伯亦擢守海州。【《孝思堂蒋氏宗谱》卷3】

八月至十月间，蒋之翰时任提点京西北路刑狱，曾弹劾苏轼在颍州重处文氏子，且滥用常平钱数万治亭榭，久而不偿。

蒋之奇《宋故朝请大夫知亳州军事之翰公墓志铭》云：（之翰）提点京西北路刑狱。颍民文氏子无赖，怼其父不恤之，语人曰："我必杀吾父所嬖，窜而西。"其意盖父婢而西走蔡州也。伺于道，有肩舆主者，闻其仆识之，以为嬖人至矣，而徂击之，误中其车，捕得狱具。知州陆佃已报论，未决。而苏轼代之，欲变其狱，谕治狱者曰："是欲杀其父，遂奔西夏耳，故曰'窜而西'也。今云'所擘西之'，蔡治不情，是人谋杀父叛国，必当以十恶载。"又有用常平钱数万治亭榭，久不偿。轼亲党二人官颖州，倚轼为奸，吏无敢谁何。公曰："是不可容也。"并案之。会轼移杭州，过阙言："公（之翰）'弄法舞文'，用常平钱，他僚属不知，请独坐。"且力为二人辨。轼弟方执政右之，更使他司究治，提刑司毋得闻预。公连奏轼挟亲佑势，横恣不法，请得穷治。奏累上不已，人皆危之，而公不恤也。会更赦，事遂已。公代还，得对哲宗，复面谕之。文氏子竟免，缘坐悉偿所用常平钱，其守正不挠如此。迁职方郎中。【《孝思堂蒋氏宗谱》卷3】

【按】元祐八年（1093）五月十九日，苏轼有自辨札子。此处言"文氏子"，苏轼奏折中为"尹真"。不知何故，俟考。"用常平钱数万治亭榭"一事，苏轼云"所用皆是法外支赏"，未知孰是。【《苏轼文集编年笺注》卷36，第438页】

约七八月间，苏轼在扬州任上，蒋球前往看望。

《东坡先生年谱》载：七年壬申，先生年五十七，在颖州任。……已而改知扬州。先生之在颖也，与赵德麟同治西湖，未几有维扬之命。三月十六日，湖成德麟有诗见怀，先生次韵。……已而，以兵部尚书召，有《召还至都门先寄子由》诗。……复兼侍读。是年，南郊先生为卤簿使，寻迁礼部尚书，迁端明侍读学士。【《东坡全集》卷首】

苏轼《（扬州还朝）与人三首（之一）》云：吏役往还，得见风采，为幸已多。重承存录，延顾极厚，感佩无量。自别来，一向冗迫，不即裁谢，惭负可知。令子斋郎至，领手教，且审起居佳胜。乍此暌隔，翘想日深。尚冀珍调，少慰鄙愿。［编年］元祐七年自扬州知州受召回朝时作。《东坡先生纪年录》："（元祐七年）二月，移知扬州。九月，以兵部尚书召，兼侍读。"按，此三首原本无"扬州还朝"四字，为与前"与人"之作区别，特加"扬州还朝"四字。［笺注］斋郎：郊社斋郎和太庙斋郎的简称，均为朝臣子弟荫补起家官，在非品官荫补中属最低等。大祠祭时，参与应奉给

使杂事。【《苏轼文集》卷60，第1550页；《苏轼文集编年笺注》卷60，第105—106页】

【按】令子斋郎，即蒋之奇长子蒋球。详见本谱第十五卷"沈辽隐居池州"事。

八九月间，苏轼卸任扬州时，枉道至宜兴看望张堂。

苏轼《书赠张临溪》云：吾友张希元有异材，使其登时遇合，当以功名闻，不幸早世，其命矣夫！元祐七年九月二日，行临溪道中，见其子堂来令兹邑，问以民事，家风凛然，希元为不亡矣。勉之勉之！岂常栖枳棘间乎？东坡居士书。［编年］元祐七年任扬州知州受召回京途中作。《东坡先生纪年录》（元祐七年）八月，作张文定公、滕元发志铭。九月，以兵部尚书召，兼侍读。"［笺注］张临溪：即文中之张希元。《苏轼年谱》卷三一："《丹渊集》卷四十《张大夫墓志铭：年二十，嫁始平先生希元。希元有才名，喜接士，宾客日满门下。督子学。'以愿成妆父之志励之'，似希元早逝，或为记中所云之希元。"又《云麓漫钞》卷一："常州宜兴县张渚镇临溪，有山木之胜，乃过广德大路。镇有张氏名大年，临涧为圃，号桃溪，尝倅黄，藏书教子，一子登第，一恩科。"则此张临溪成为张大年，字希元，非《年谱》所说始平先生也。○其子堂来令兹邑，谓张临溪之子张堂来任宜兴县令。临溪属宜兴县，故云。【《苏轼文集编年笺注》卷71，第69—70页】

【按】张临溪、张堂，俱无考。苏轼在黄州时，黄倅为张规。苏轼匆匆有宜兴之行，当亦为田事官司而来。之所以行至张渚，疑其田地即在善权山附近。此行，很可能就是办理交割事宜。

【又】元祐中宜兴知县：李权，奉议郎，元祐元年任；周明之，奉议郎，元祐四年任；贺玮，左奉议郎，元祐七年任；王梁材，宣义郎，绍圣二年任。【《宜兴旧志》卷5《守令》】未见有张姓县令，不知何故。

约此时，苏东坡为蒋之奇侄蒋彝（1074—1122）跋其祖父蒋堂所藏杨

亿（文公）与王旦（魏公）帖。

叶梦得《蒋侍郎家藏帖》载：蒋侍郎堂家藏杨文公《与王魏公》一帖，用半幅纸，有折痕记。其略云："昨夜有进士蒋堂携所作文来，极可喜，不敢不布闻。谨封拜呈。"后有苏子瞻跋云："夜得一士，旦而告人，察其情若喜而不寐者。蒋氏不知何从得之，在其孙彝处也。世言文公为魏公客，公经国大谋，人所不知者。独文公得与观此帖，不特见文公好贤乐士之急，且得一士必亟告之，其补于公者，亦固多矣。片纸折封，尤见前人至诚，相与简易平实，不为虚文，安得复有隐情不尽，不得已而苟从者，皆可为后法也。"【《避暑录话》卷下】

陆友仁《苏东坡跋蒋堂藏帖》：蒋侍郎堂家藏杨文公《与王魏公》一帖，用半幅纸，有折痕。记其略云："昨夜有进士蒋堂携所作文来，极可喜，不敢不布闻，谨封拜呈。"后有苏子瞻跋云："夜得一士，旦而告人，察其情，若喜而不寐者。"蒋不知何从得之，在其孙彝处。【陆友仁：《吴中旧事》】

程俱《北山小集朝散郎直秘阁赠徽猷阁待制蒋公墓志铭》云：公讳彝，字子有，姓蒋氏，常州宜兴人。……曾祖讳九皋，累赠太傅，祖讳堂，尚书礼部侍郎，为时名臣，国史有传，累赠少师。考讳长源，庄重博雅，不以势利累心，官至朝奉大夫，以公升朝，累赠至中奉大夫。自侍郎始居吴，故今为吴郡人。公幼嗜学，不妄交，弱冠以大夫遗表恩，授太庙斋郎，调润州金坛簿。迁开封府陈留丞，未赴，丁祖母仁寿县太君陈氏忧。【《北山小集》卷30】

【注】杨文公，即杨亿（974—1020），官至工部侍郎，谥号为文。王魏公，即王旦（957—1017），景德三年（1006）拜相，卒赠太师、尚书令兼中书令、魏国公，谥号文正。

【按】苏轼跋文不知作于何年，因蒋彝授太庙斋郎约在此时。另外，此后东坡已贬谪岭南，无缘再见此帖，姑系于此。

九月戊子，西北边事紧张，经略使范育上书请示如何应对。同时，朝廷集议郊祀典礼，范祖禹、钱勰、蒋之奇、王钦臣等都参与此事。

　　《长编》载：七年九月辛巳朔，熙河兰岷路经略使范育言："准朝旨，具本路如何应援。今相度，西贼并边啸聚，虽未测所向，本路可豫于通远军界屯兵为备。若贼犯秦凤，本路择便出奇挠击，或断其粮道，或击其惰归。若本路被寇，秦凤亦尔，则邻路合势并力，足以制贼，又依得策应掎角指挥。"秦凤路经略使吕大忠言："方今防秋，熙河既未肯递遣将兵，若泾原有寇，欲且遣第四将行，其熙河有寇，本路除策应牵制外，亦难别那兵将前去。已依此指挥统制官施行讫。"诏泾原有寇，令秦凤量事势遣发一将，或两将军马赴援。其鸡川、甘谷两将，仍常留一将通管本处边面。余依熙河兰岷路经略司所奏，仍遵守前后所降掎角牵制策应指挥施行。……戊子，先是诏侍从官及六曹长贰、给舍、台谏、礼官集议郊祀典礼（三月十八日）。于是，翰林学士兼侍读顾临翰林侍讲学士范祖禹、权户部尚书钱勰、御史中丞李之纯、户部侍郎蒋之奇、中书舍人乔执中、殿中侍御史吴立礼、太常博士张璪等八人议曰："臣谨按，《经》曰：'昔者明王事父孝，故事天明；事母孝，故事地察。'《礼》曰：'天子祭天地，祭四方，祭山川，祭五祀，岁遍。三代之礼，天子无不亲事天地。'《周礼》：'冬日至，祀天于地上之圜丘，夏日至，祭地于泽中之方丘。'自玉器、牲币、乐舞皆不同，由汉以来，乃有合祭之文，至于国朝踵为故事。……南北郊与明堂间祀，则南郊愈疏，亦未为得礼也。或六年、或九年而一郊，此岂《周礼》乎？今近舍祖宗百余年已行之礼，而欲远复三代千余年不举之祭，守《周礼》为空文，虚地祇之大祭，失今不定，后必悔之。伏乞圜丘合祭，依熙宁十年典礼。"吏部侍郎范纯礼、彭汝砺，户部侍郎范子奇，礼部侍郎曾肇，刑部侍郎王觌、丰稷，权知开封府韩宗道，枢密都承旨刘安世，中书舍人孔武仲、陈轩，太常少卿盛陶、宇文昌龄，侍御史杨畏，监察御史董敦逸、黄庆基，左司谏虞策，礼部郎中孙路，员外郎欧阳棐，太常丞韩治，博士朱彦、宋景年、阎才等二十二人议曰……【《长编》卷477】

　　岳珂《南北郊（祭祀）》云：元祐初政，两行大䄍。七年三月，始议复合。九月戊子，上议。戊戌，诏以初见于郊，姑设地位竣事复议。十一月癸巳郊。

八年二月壬申，轼议始上。四月丁巳，诏罢集议，仍用合祭。……[按]元祐之议，主合祭者吕大防、苏颂、苏辙、郑雍、苏轼、顾临、范祖禹、钱协、李之纯、蒋之奇、乔执中、吴立礼、张璪、王钦臣；主分祭者范百禄、范纯礼、彭汝砺、范子期、曾肇、王觌、丰稷、韩宗道、刘安世、孔武仲、陈轩、盛陶、宇文昌龄、杨畏、董敦逸、黄庆基、虞策、孙路、欧阳棐、韩治、朱彦、宋景年、阎木、杜纯。而钦臣则仅乞以初见天地并祭。以谢丕、况纯又主苑中爇火望祠之议者也。武仲议亦稍异。【《愧郯录》卷3】

范祖禹、钱勰、蒋之奇等人联合上《议合祭状一（九月朔日）》《议合祭状二（初十日）》。时蒋之奇为户部侍郎，加尚书衔。

范祖禹、钱勰、蒋之奇等《准尚书礼部牒亲祠皇地祇三省同奉圣旨令侍从官尚书侍郎给舍台谏礼官集议闻奏者》云：右，臣等谨案：……此则三王之盛，复见于今矣，其谁敢以为不然？然臣等窃恐北郊之礼，未必亲行，徒崇空文，则天子长无亲事地之礼，亦非圣情之所安也。伏请合祭天地，如祖宗故事，俟将来亲行北郊之礼，则合祭可罢。谨录奏闻。[原署名：太常博士臣张璪、殿中侍御史臣吴立礼、起居郎权给事中臣乔执中、尚书户部侍郎臣蒋之奇、御史中丞臣李之纯、权户部尚书臣钱勰、翰林侍讲学士臣范祖禹、翰林学士兼侍读臣顾临。]
【《范太史集》卷23】

九月甲申，王子韶罢秘书少监。

《长编》载：九月甲申，王子韶罢秘书少监。以将命使辽，而御下苛细，致指挥使刃其子，并伤子韶，故罢之。[原注：八年十二月十六日，除集校。]
【《长编》卷477】

是年秋冬，西北诸蕃内政动荡，西北边境不宁。

《宋史·哲宗纪一》载：八月己未，诏西边诸将严备，毋轻出兵。乙亥，戒边将毋掊克军士。……九月己酉，永兴军、兰州、镇戎军地震。……冬十月庚戌朔，环州（今甘肃庆阳环县）地震。……丁卯，夏人寇环州。……

十一月丙戌，于阗入贡。【《宋史》卷 17《哲宗纪一》】

在正式任命之前，苏轼已经知道蒋之奇将出镇熙州。

苏轼《次韵蒋颖叔二首》（《扈从景灵宫》《凝祥池》）中有"已向词臣得颇牧，路人莫作老儒看。"【《苏轼诗集合注》卷 36，第 840—1841 页】

冬十月乙亥，蒋之奇受命出知熙州。苏轼等有多首诗相赠。

《长编》载：七年冬十月庚戌朔……乙亥，户部侍郎、宝文阁待制蒋之奇知熙州。【《长编》卷 478】

《宋史·蒋之奇传》云：知熙州。夏人请画疆而伏兵山谷间，之奇亦以兵自卫，而令其属至定西城会议。往来二年，议卒不合。朝廷知其诈而罢之。之奇益务修守备、谨斥堠，常若寇至。终之奇去，敌不敢犯。

【注】熙河：《九域志》秦凤路：熙州，临洮郡，镇洮军节度。唐宝应元年陷于西蕃。熙宁五年收复，治狄道县。西界至河州（甘肃临夏）一百里。河州安乡郡军事，唐河州，后废。熙宁六年收复，仍置。南至洮州一百九十五里，东至长安一千五百里。【《苏诗补注》卷 36】

《宋史·神宗纪二》载：熙宁五年冬十月戊戌，升镇洮军为熙州、镇洮军节度，置熙河路。减秦凤囚罪一等。……十二月、乙未，筑熙州南、北关及诸堡砦。己亥，辽遣萧瑜等来贺正旦。【《宋史》卷 15《神宗纪二》】

苏轼《次韵蒋颖叔、钱穆父从驾景灵宫二首》中云："……回首鹓行有人杰，坐知羌虏是游魂。"［原注：人杰，指蒋颖叔。时颖叔新除熙河帅，故结句云然。］《次韵蒋颖叔二首（《扈从景灵宫》《凝祥池》）》，其中《扈从景灵宫》中有"已向词臣得颇牧，路人莫作老儒看"。原注："公自注，时颖叔新除熙河帅。"《送蒋颖叔帅熙河（并引）》中说："颖叔出使临洮，与穆父、仲至同饯之，各赋诗一篇，以今我来思为韵，致遄归之意，得我字。"另有《再送二首》《次韵颖叔观灯（安西老守是禅僧）》《次韵钱穆父马上寄蒋颖叔二首》诸诗。【《苏诗补注》卷 36】

【按】苏轼诸诗，作于"壬申秋杪，自扬州召还为兵部尚书，寻迁礼部尚书。至明年癸酉九月出京以前"。《扈从景灵宫》，《苏文忠公全集（明成化本）·东坡续集》卷二作"奉和颖叔万寿观"。

是年入冬之后，苏轼致书钱勰，约蒋之奇、王钦臣会。

《与钱穆父二十九首（十四）》云：数日不接奉，渴仰之至。苦寒，起居佳胜。欲见近岁天下户口数，告为录示，早得为佳。不知几日与颖叔、仲至见临？匆匆，不宣。○《与钱穆父（二十五）》云：今日早不免谒告，今已颇安，来晨幸同颖、至二公临访，早屈为佳，不能遍致简，恐烦回答，只告穆父转呈也。○《与钱穆父（二十六）》云：经宿台候万福，十日之约，却为昨晚奉敕旬休致斋。翌日，定光行事，须至退日，惭悚不已。一会何微末，而艰故如此。乃知永叔"鼎彝"之句，真非虚语。公转呈颖、至二公，此简芭蕉之诮，不能逃也。呵。呵。【《苏轼文集·佚文汇编》卷3，第2467—2668、2470—2471页】

苏轼有《王晋卿示诗欲夺海石，钱穆父、王仲至、蒋颖叔皆次韵。穆、至二公以为不可许，独颖叔不然。今日颖叔见访，亲睹此石之妙，遂悔前语。轼以谓晋卿，岂可终闭不予者。若能以韩干二散马易之者，盖可许也。复次前韵》《轼欲以石易画，晋卿难之，穆父欲兼取二物，颖叔欲焚画碎石，乃复次前韵，并解三诗之意》诗（略）。【《苏轼诗集合注》卷36，第1843—1846页】

【按】苏轼简中"颖、至二公"，指蒋颖叔、王仲至。此三简二诗，皆作于蒋之奇离开开封之前。从这些诗文中可以看出，蒋、苏、钱、王四人是无话不谈的好友，这段时间也是四人人生中最开心日子。因考不清诗文具体日月，故一并书之。简中"芭蕉之诮"，指不足数。［参见《苏轼文集编年笺注》卷51，第646页］意思是四人聚会，苏轼常常不会如期出席。

蒋之奇赴熙州任，苏轼、钱勰、王钦臣、范祖禹诸友为之饯行，并有

诗相赠。蒋、钱、王诸诗已佚。

苏轼《送蒋颖叔帅熙河（并引）》诗云：颖叔出使临洮，轼与穆父、仲至同饯之，各赋诗一篇，以"今我来思"为韵，致遄归之意。轼得我字。○西方犹宿师，论将不及我。苟无深入计，缓带我亦可。承明正须君，文字粲藻火。自荐虽云数，留行终不果。正坐喜论兵，临老付边琐。新诗出谈笑，僚友困掀簸。我欲歌枞杜，杨柳方婀娜。边风事首虏，所得盖么么。愿为鲁连书，一射聊城笴。阴功在不杀，结草酬魏颗。《再送蒋颖叔帅熙河二首》云：使君九万击鹏鹍，肯为阳关一断魂。不用宽心九千里，安西都护国西门。○余刃西屠横海鲲，应予诗谶是游魂。归来趁别陶弘景，看挂衣冠神武门。【《东坡全集》卷21】

范祖禹《和钱穆父尚书蒋颖叔侍郎从驾景灵宫二首》诗云：紫嵩清洛映重闉，〔原注：紫嵩清洛西都二馆。〕旧隐荒芜白发新。麋鹿未能驯野性，鸾凰何敢望前尘。分班拜舞趋文陛，扈跸赓歌纪庆辰。共助成王朝太室，惭非史佚奉明禋。○寝庙威神挟正元，〔原注：天兴殿左右门名曰正元。〕初晨天仗下端门。寒生碧瓦气葱郁，日丽雕舆景晏温。霜露感时知世远，星辰拱极见君尊。自怜多病思归客，唯有山川役梦魂。《送蒋颖叔赴熙州》诗云：诗书谋帅得豪英，去拥洮河十万兵。舒卷风云为号令，笑谈樽俎是功名。胡尘不近弹筝峡，汉月长悬细柳营。莫谓安边无上策，农桑千里见升平。【《范太史集》卷3】

蒋之奇离京时，京城开始下雪了，钱勰等骑马并行，出城相送，有《马上寄蒋颖叔》诗。苏轼因卧病未能面别，后有追和诗及与蒋之奇简。秦观有唱和诗。

苏轼《（扬州还朝）与人三首（之三）》云：叠辱临访，欲少歇奉，多事因循，继以卧病，负愧深矣。知明日启行，无缘面别，尚冀保练。〔编年〕元祐七年自扬州知州受召回朝后，任礼部尚书、兼翰林侍读时作。【《苏轼文集编年笺注》卷60，第107页】

苏轼《次韵钱穆父马上寄蒋颖叔二首》诗云：玉关不用一丸泥，自有长城鸟鼠西。剩与故人寻土物，腊糟红曲寄驼蹄。○多买黄封作洗泥，使君来自陇山西。高才得兔人人羡，争欲寻踪觅旧蹄。〔○原注：红曲，《本草》造曲法，出近世，亦奇术也。入酒及鲊醢中，鲜红可爱。……陇山，《说文》陇山，天水大坂也。泉流四注，登者七日乃越，有大小二陇。《凤翔志》陇山，在陇川西北六十里。〕【《苏诗补注》卷36】

【按】此短简原不明寄与何人，赠与对象与上文"令子斋郎"同。其内容为送别朋友的前一日，苏轼因病不能出席，这与蒋之奇赴熙州情形契合。简中文字表明，蒋临行时，苏未至现场。其诗则是后来次韵。姑系于此。

钱穆父（勰）《马上寄蒋颖叔二首》诗云：西春雪京城一尺泥，并鞍还忆蒋征西。碧幢红旆出关去一路东风送马蹄。○不论埃墢与涂泥，封印还家日已西。岂比元戎碧油下，貔貅绕帐马千蹄。【秦观：《淮海集》卷11】

秦观《次韵出省马上有怀蒋颖叔》诗云：新淬鱼肠玉似泥，将军唾手取河西。偏裨万户封龙额，部曲千金赐袅蹄。○制诏行闻降紫泥，簪花且醉玉东西。羌人谁谓多筹策，止有黔驴技一蹄。【《淮海集》卷11】

苏轼好友吕陶（1028—1104）有《送蒋熙州》诗。

吕陶《送蒋熙州》诗云：昔登蒋公门，忽忽五十载。于今见犹子，省记似前代。庆源得余波，家范禀性诲。笔下吐雄文，滔滔涌江海。胸中抱英气，落落等嵩岱。十尝试一二，卓荦已称最。还朝才几时，何时又补外。河湟复古地，形势壮且大。册府图籍存，充国城垒在。临洮建都府，节制中机会。守之扼喉吭，动则攻腹背。西羌辄犯顺，种落异向背。呼嗟秦雍间，氛祲恐未艾。连年困飞挽，何日贮仓廥。一病费调养，已甚其可再。绥怀与剪荡，黑白灿利害。吾君鉴勤远，静制六合内。仁如天地心，万类悉容贷。不矜灵旗伐，未奏短箫凯。一旦春风来，生意入穷塞。载瞻将军钺，犹识使者旆。治边信有术，岂徒威克爱。【《全宋诗》卷622，第7752页】

王应麟《元祐三党》云：元祐三党：洛党（程颐为领袖，朱光庭、贾易等为翼羽）；蜀党（苏轼为领袖，吕陶等为羽翼）；朔党（刘挚为领袖）。
【《小学绀珠》卷6】

王称《吕陶传》载：吕陶，字元钧，眉州彭山人也。徙居成都。举进士，为绵谷簿。复举制科，试秘阁。会王安石新用事，陶对策，有"愿陛下不惑理财之说，以慰生民；不间老成之谋，以结公卿；不兴疆场之事，以怀夷狄"之语，策入四等，安石颇不悦。乃以为通判蜀州。……苏轼撰策题，朱光庭弹轼讥议先烈。陶奏曰："台谏为天子耳目，当徇至公，不可假借事权，以报私隙。轼素疾程颐，所以光庭为颐报怨，臣恐朋党之弊自此起矣。"迁左司谏上疏论韩维。……除京西路转运副使，改梓州成都府路，召为右司郎中，除起居舍人，迁中书舍人。使契丹，还拜给事中。哲宗亲政，陶上疏曰：……除集贤院学士、知陈州，改集贤殿修撰、知梓州。坐元祐党，落职。再谪分司、衡州居住。元符三年，大赦北还，提举玉局观、知印州，复集贤殿修撰、知梓州，遂致仕，卒年七十七。【《东都事略》卷94《吕陶传》】

蒋之奇赴熙河，辟季子蒋琋为书写机宜文字。

汪藻《徽猷阁待制致仕蒋公墓志铭》载：绍兴八年（1138）正月癸卯，左大中大夫、徽猷阁待制致仕蒋公卒于家。其孤及祖以公治命，用其年三月丁酉，葬公宜兴县筱岭之原。既葬，议不可无铭，乃以丹阳邵彪之状来请。曰：……故蒋氏世为常州宜兴人。公讳琋，字梦锡，以赠太傅讳九皋者为曾祖，赠太师讳滂者为祖，而观文殿学士、赠太师、魏国公讳之奇之季子也。……擢元祐三年进士第，调寿州司户参军。魏公帅熙河，奏为书写机宜文字。【《浮溪集》卷27】

八月十八日，蒋之奇修建镇洮帅府西斋，有诗。

蒋之奇《开园命客为花下之饮，示尧文安国（镇洮帅府西斋）》诗云：云收雨霁天垂幕，洗尽纤尘净池阁。明朝欲作后园游，一夜东风发红萼。烟含新火气腾腾，日射彤霞光烁烁。香炉薰书迎荀令，绣被堆春逢越鄂。

○琼粉深涂艳态浓，胭脂匀染红妆薄。忽惊机杼露娉婷，乍似缣图焕丹雘。
乘时若不把金杯，回首绿荫堪寂寞。急令张宴就花饮，更逼芳丛绞华幄。
○不教翠盖穿林飞，直恐枨拨仙葩落。席间豪饮尽风流，亭下优伶纵排谑。
耳边不遣绝歌声，唱彻李姓珠一索。玉山任倒不须扶，缘蚁十分皆满酌。
○人生从古会合难，分飞便即天涯各。未容归看上林花，随分西川且行乐。
［原注云：绍圣乙亥（1095）八月十有八日，镇洮帅府西斋书，有石刻碑存诗。］【《大华
蒋氏宗谱》卷1】

**蒋之奇守熙河，上书请贡汗血宝马，未许。时，苏轼任礼部尚书，请
李公麟作《三马图》。**

苏轼《三马图赞（并引）》云：元祐初，上方闭玉门关，谢遣诸将。太
师文彦博，宰相吕大防、范纯仁建遣诸生游师雄行边，策武备。师雄至熙河，
蕃官包顺请以所部熟户除边患，师雄许之，遂擒猾羌大首领果庄青宜结以
献，百官皆贺。旦，遣使告永裕陵。时西域贡马，首高八尺，龙颅而凤膺，
虎脊而豹章。……蒋之奇为熙河帅，西蕃有贡骏马汗血者，有司以非入贡
岁月，留其使与马于边。之奇为请，乞不以时入。事下礼部，轼时为宗伯，
判其状云："朝廷方却走马以粪，正复汗血，亦何所用。"事遂寝。于时
兵革不用，海内小康，马则不遇矣。而人少安，轼尝私请于承议郎李公麟
画当时三骏马之状，而使果庄青宜结校之，藏于家。【《东坡全集》卷94】

《东坡全集本传》云：轼使御营巡检使，问之，乃皇后及大长公主。时
御史中丞李之纯为仪仗使。轼曰："中丞职当肃政，不可不以闻。"之纯
不敢言。轼于车中奏之。哲宗遣使赍疏，白太皇太后。明日，诏整肃仪卫，
自皇后而下皆毋得迎谒。寻迁礼部兼端明殿、翰林侍读两学士，为礼部尚书。
高丽遣使请书，朝廷以故事尽许之。【《东坡全集》卷首】

《东坡先生年谱》载：七年壬申（1092），在颍州任。……改知扬州。
先……已而以兵部尚书召有召还。至都门，先寄子由诗，有"一味丰年说
淮颍"之句。复兼侍读。是年，南郊先生为卤簿使。寻迁礼部尚书，迁端

明侍读学士，有《读朱晖传》《题文潜语后》，及作《醉翁操》。【《东坡全集》卷首】

【注】汗血宝马：侯丕勋《蒋之奇获西蕃汗血马》云：蒋之奇，北宋仁宗至哲宗间（1064—1100）常州宜兴（今江苏宜兴县）人。历任监察御史、陕西副使等职，哲宗元祐（1086—1094）间，曾"为熙河（今甘肃临洮）帅"。据宋王应麟《玉海》记载：元祐初，蒋之奇任"熙河帅"时，"西蕃有贡骏马汗血者，有司以非入贡岁月，留其马于边"。这是笔者所见北宋时获贡汗血宝马的唯一记载，此处的"西蕃"，当指宋代洮河之西的吐蕃族。这表明，这匹汗血宝马并非直接来自西域的纯种汗血宝马。若联系到南北朝后期，在"西蕃"所居的青海湖地区出产过"青海骢"的记载，据此笔者推断，这匹"西蕃"汗血马或许是流散"西蕃"地区的汗血马与当地土种马杂交而来的一匹良马。【侯丕勋：《汗血宝马研究》，第62—63页】

是年十二月三日，朝廷授邈川首领阿里骨（鄂特凌古）特进。

《宋史·哲宗纪一》云：七年十二月辛亥，阿里骨、李乾德（交趾国主）加食邑实封。【《宋史》卷17《哲宗纪一》】

《宋会要辑稿·蕃夷》载：七年十二月三日，西蕃邈川首领、河西军节度使阿里骨授特进，加食邑食实封。【《宋会要辑稿·蕃夷六》】

【注】《中国少数民族名人辞典》云：阿里骨（1040—1096），宋代青海吐蕃部落首领，本于阗人。少从其母事董毡，故为其养子。初为肃州团练使，元丰间兰州之战有功，进防御使。元祐元年（1086）养父董毡死，嗣事。同年任冠军大将军、检校司空、河西军节度使，封宁塞郡公。次年扰宋边。三年奉表谢罪，加金紫光禄大夫、检校太保。绍圣元年（1094）以狮子献宋。【《中国少数民族名人辞典》，第559页】

【又】《青海百科全书》云：阿里骨（1040—1096），宋时河湟吐蕃唃厮啰政权第三代主。亦名鄂特凌古。出生在于阗国（今新疆和田）。后随父母定居青唐，被董毡收为养子。经常跟随养父出征夏国和征服异己，屡建战功。神宗熙宁十年（1077），宋授以松州刺史。元丰五年（1082），改授肃州防御使。董毡晚年，令其代理国事。六年，董毡卒，他继为青唐主。但因政权纷争，直到哲宗元祐元年（1086）才向宋朝报丧请封，宋哲宗封其为冠军大将军、右金吾卫大将军、员外置同正员、检校司空、使持节凉州诸军事、凉州刺史、充河西军节度、凉州管内观察处置押蕃落等使、西蕃邀川首领、宁塞郡开国公，并以董毡例支赐。执政初期，改变政策，依夏抗宋。二年（1087），联合夏国相梁乙逋，进攻熙河6州。是年四月，以大将鬼章与子结吺龊出兵占据洮州，亲率大军10万配合鬼章围攻河州，被宋将游师雄等击败，从此一蹶不振，导致唃厮啰政权由盛至衰。后又改变对宋和西夏的态度，于三年（1088）派人携贵重物品"上表宋廷谢罪"。宋虽历数其罪状，但仍加封官爵，破例赐铜铁等军事物资。八年（1093），向宋进"蕃"字，要求与宋各立文约，永不相犯。绍圣三年（1096）九月病殁，终年57岁。【《青海百科全书》，第110页】

【又】《宋代人物辞典·阿里骨》载：阿里骨（1040—1096），宋代唃厮啰政权第三代继嗣者，又作阿令骨、阿骨，清代译作鄂特凌古，生于于阗（今新疆和田）。少从母掌牟瞎逋至青唐（今青海西宁）。因其母事董毡，故为养子，早年随侍董毡左右，勇敢善战，屡立战功，为当地吐蕃首领所折服。宋熙宁十年（1077），受宋封为松州刺史。元丰五年（1082），兰州之役，战功显赫，改授肃州防御使。六年，董毡卒，以养子身份承袭王位。因非唃厮啰氏血统，且出身寒门，为唃厮啰家族及诸首领所不容，政权出现危机。为稳定政局，封锁董毡死讯，匿丧不发，出令如董毡在日。几经斗争，政局稳定，始于元祐元年（1086）向宋奏报董毡死讯，并请册封。获准承袭前代官爵，依旧例赐予，并封宁塞郡开国公。二年，为收复被宋占领的熙河等六州地，与夏国秘密立约，共同向宋发动进攻，遣属下大首领鬼章率众取洮州（今甘肃临潭），攻河州（今甘肃临夏），兵败，鬼章被俘。受挫后，于次年遣使携厚礼向宋上表谢罪，请求释放鬼章等被俘首领，息兵修好。宋准其依旧例往来贡使，并加封金紫光禄大夫、检校太保。为人性残忍，尝以杀戮为事；又专宠夏国公主，从其所好；修寺造塔，科配国中出金，族人大怨，其属下部落多据地而治，政局动荡。八年（1093），遣使向宋进"蕃"字书，要求与宋订立文约，"汉蕃子孙不相侵犯"。以求边界宁静，集中力量对付反叛者。绍圣三年（1096），接待宋礼宾使李宇等人访青唐，获准按元丰四年（1081）赐董毡例封赐。同年九月十三日卒。宋赐祭，赠绢500疋、羊100只、酒50瓶，以示慰问。【《宋代人物辞典》（上），第1208页】

年底岁前，阳翟（今河南禹州）竞传"蒋颖叔为辞熙帅、夺待制，以

本官谴知舒州（今安徽安庆）"。

　　李廌《师友谈记》云：（元祐癸酉）二月十日，出陈桥门稍西十里白沟上原，谒阳翟县令孙敬之愭，会开府承议郎张弼非夜话，张浙人也。传云刘签枢知定州，钱穆父居枢位，其实则无也。廌谓："孙敬之曰：'岁前廌到阳翟，竟传蒋颖叔为辞熙帅，夺待制，以本官谴知舒州。'廌曰：'出京时上宫谢，见蒋颖叔以待制扈从，不足信。'众乡人咻之。今日穆父之拜，窃恐如颖叔之传也。"已而果然。乃知虚传之书不必远方，虽国门之外已不足信矣。

第三十四卷　元祐八年（1093）

元祐八年（1093）癸酉　六十三岁

正月十一日，阿里骨遣人与熙河兰岷路经略安抚使范育讲和。

《长编》云：八年正月己卯朔……己丑，熙河兰岷路经略安抚使范育言：鄂特凌古（阿里骨）遣人以蕃字求各立文约，汉蕃子孙不相侵犯。得朝旨，令谕之。鄂特凌古（阿里骨）已如所谕，约永不犯汉，复求事汉，如已要结。臣再三计之，边防重事，恐害久远事机，欲且作迤逦之意，详为奏达。枢密院以鄂特凌古既自要结永不犯汉，若无文字答之，恐其生疑开隙。欲自范育报鄂特凌古云："汝但子孙久远，常约束蕃部，永无生事，汉家于汝蕃界自无侵占。"从之。【《长编》卷480】

《宋会要辑稿·蕃夷》载：正月十一日，熙河兰岷路经略安抚使范育言：阿里骨遣人以蕃字求各立文约，汉蕃子孙，不相侵犯。得朝旨，令谕之。阿里骨已如所谕，约永不犯汉，复求事汉，如已要结。臣再三计之，边防重事，恐害久远事机，欲且作迤逦之意，许为奉达。枢密院以阿里骨既自要结永不犯汉，若无文字答之，恐虑自疑开隙。欲令范育报阿里骨云："汝但子孙久远，常约束蕃部，永无生事，汉家于汝蕃界，自无侵占。"从之。【《宋会要辑稿·蕃夷六》】

正月十六日，苏轼谒钱勰，作《跋〈再送蒋颖叔〉诗后》，并为蒋之奇写小扇。

苏轼《（补遗）跋〈再送蒋颖叔〉诗后》云：颖叔未有帅洮之命，作扈驾诗，轼和之，有"游魂"之句，遂成吟谶。正月十六日，偶谒钱穆父，作小诗写之扇上，颖叔、穆父、仲至皆和，轼亦再赋。请颖叔收此扇与此轴，旋复迎劳，吾诗之必谶也。［编年］元祐八年在京师任礼部尚书时作。【《苏轼文集编年笺注》卷68，第377页】

二月二十日，蒋之奇作《河州司户帖（远宦帖）》。

徐邦达《辱书帖（即远宦帖）一页》云：［本文］行书：之奇启。辱书承。比来体履佳愈，远宦枹罕，想难于行计也。往使陕右。乃所尝到一味，只有人与兵马，便可以习帅才也。呵呵。承国门尝见访，非谕及则不知也。方暄自爱自爱。不宣。之奇顿首。○彦和河洲（州）司户。二月二十日。［按］此帖书法苍劲，与上记一帖（即《辱书帖》）大不相同。帖中说道："远宦枹罕"，又说："往使陕右，乃所尝到"，考蒋之奇在元祐末年曾出知熙州，枹罕县就在熙河路，亦正相合。应是中晚年的手笔。【《古书画过眼要录·晋隋唐五代宋书法》，第290—291页】

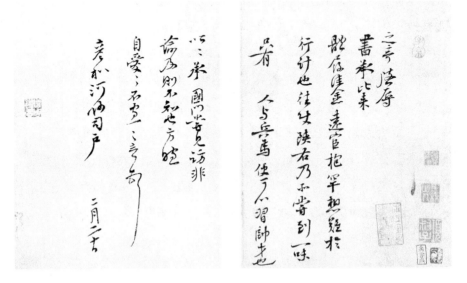

蒋之奇《河州司户帖》

《中国历代书法家人名大辞典》云：蒋之奇（1031—1104），字颖叔。常州宜兴（今江苏宜兴）人。宋代书法家。蒋之奇系嘉祐进士，复举制科，官太常博士。宋英宗时，为监察御史。宋神宗时，任殿中侍御史。宋绍圣中，为中书舍人，改知开封府，后为翰林学士兼侍读。徽宗时，拜同知枢密院。他工于书法，长于楷、行，尤精篆书。他学书上溯魏、晋，宗法"二王"，旁及苏东坡、黄庭坚。传世书迹有《辱书帖》《北客帖》《遂往法济帖》等。且多有题榜于世。【《中国历代书法家人名大辞典》，第218页】

【按】此帖写作时间地点，大概能确定是蒋之奇在知熙州期间。而"河州司户""彦和"不知是谁。与蒋之奇同时期的叫"彦和"的人，至少有四位：一是龚夬（1056—1111），瀛州人，元祐三年进士第三名，尝为"河阳判官"，绍圣初，入京。二是徐常，福建浦城人，是知秦州、常州胡宗回的从官。三是曾旼，龙溪人，熙宁六年进士，著名学者，与苏轼、吕惠卿等有交往。四是胡侔，后改名胡侃，新安人，登进士第，后归隐，号柳湖居士。从这四人的经历看，蒋之奇帖中的"彦和"当为龚夬。

【又】蒋之奇、龚夬曾一起主张弃守河湟。冯澥《上徽宗论湟廓西宁三州》注云："（崇宁）元年，蔡京入相，日以兴复为事。于是，侍御史钱适言：乞除雪王赡、王厚罪名，及正当时议弃地者之罪。诏厚叙皇城副使，赡追复供备库副使。而一时议弃地之臣韩忠彦、曾布、安焘、李清臣、蒋之奇、范纯礼、陈次升、都贶、钱景祥、秦希甫、龚夬、张庭坚并贬责有差。收复湟鄯之谋，自此始矣。至是，命厚知河州兼洮西安抚。厚请择人以自助，诏遣内客省使童贯与偕。"【《宋名臣奏议》卷141】

在熙州任上，蒋之奇曾与西夏谈判，并与游师雄等加强守备，西夏不敢犯边。

《宋史·蒋之奇传》云：未几，复出知熙州。夏人论和，请画封境。之奇揣其非诚心，务守备，谨斥候，常若敌至。终之奇去，夏人不敢犯塞。

嘉庆《大清一统志·兰州府（名宦）》载：蒋之奇，宜兴人。元祐中知熙州，夏人论和，请画封境。之奇揣其非诚，务守备、谨斥候，常若敌至。夏人不敢犯塞。……游师雄，武功人。元祐初，吐蕃谋据熙河，诏遣师雄与边臣措置。师雄请于帅刘舜卿，分兵二道以攻之，遂破洮州，擒鬼章。绍圣中诏摄熙州，以夏人扰边，诏使者与熙帅、秦帅共谋之。使者锐于讨击，师雄谓"进筑城垒以自蔽，未应深入"，上章争之，不报。既而卒用师雄策。【嘉庆《大清一统志》卷93】

蒋瑎协助父亲筹理边事。

汪藻《徽猷阁待制致仕蒋公墓志铭》云：魏公帅熙河，奏为书写机宜文字。夏人来议疆事，命公馆之。敌以重兵屯并塞山谷间，使者援例期必得。公陈祸福与相撑距，敌为诎服，不敢言。魏公召罢，为保宁、镇南两军节度推官，不以秩卑故于事有所怠忽。【《浮溪集》卷27】

四月初一，西夏派使者至京师谢罪，以兰州易塞门砦，不许。

《宋史·哲宗纪一》载：夏四月丁未朔，夏人来谢罪，愿以兰州易塞门砦，不许。【《宋史》卷17《哲宗纪一》】

《宋史·地理志三》载：延安府，中，都督府，延安郡，彰武军节度。本延州。元祐四年，升为府。旧置鄜延路经略、安抚使。……熙宁五年，省丰林县为镇、金明县为砦，并入焉。有金明、龙安二砦，安塞一堡。元丰四年，又收复塞门砦。……塞门砦，延州北蕃部旧砦，至道后与芦关、石堡、安远砦俱废。元丰四年收复，仍隶延州肤施县。东至殄羌砦五十里，西至平戎砦六十里，南至安塞堡四十里，北至乌延口九十里。【《宋史》卷87《地理志三》】

【按】塞门砦，也作塞门寨，位于今陕西安塞县城北60公里，是延州的第一道防线。

五月十九日，苏轼上书，辨黄庆基、董敦逸弹劾札子。其中涉及宜兴曹氏田地、蒋之翰上书弹奏。

《宋史·哲宗纪一》载：五月癸未，置蕲州罗田县。丁亥，罢二广铸折二钱。己丑，录囚。辛卯，监察御史董敦逸、黄庆基以论苏轼、苏辙，罢

为湖北、福建转运判官。己亥，祁国公偲为开府仪同三司。【《宋史》卷17《哲宗纪一》】

苏轼《辨黄庆基弹劾札子》云：元祐八年五月十九日，端明殿学士兼翰林侍读学士、左朝奉郎、守礼部尚书苏轼札子奏：臣自少年从仕以来，以刚褊疾恶，尽言孤立，为累朝人主所知。然亦以此见疾于群小，其来久矣。自熙宁、元丰间，为李定、舒亶辈所谗，及元祐以来，朱光庭、赵挺之、贾易之流，皆以诽谤之罪诬臣。前后相传，专用此术，朝廷上下所共明知。然小人非此无以深入臣罪，故其计须至出此。今者又闻台官黄庆基复祖述李定、朱光庭、贾易等旧说，亦以此诬臣。并言臣有妄用颍州官钱、失入丁真死罪、及强买姓曹人田等，虽知朝廷已察其奸，罢黜其人矣。然其间有关臣子之大节者，于义不可不辨。谨具画一如左：一臣先任中书舍人日，适值朝廷窜逐大奸数人，所行告词，皆是元降词头，所述罪状，非臣私意所敢增损。内吕惠卿自前执政，责授散官安置，诛罚至重。……一庆基所言臣行陆师闵告词云：侵渔百端，怨讟四作，亦谓之谤讪指斥。……一庆基所言臣妄用颍州官钱。此事见蒙尚书省勘会次然，所用皆是法外支赏，令人告捕强恶贼人，及逐急将还前知州任内公使库所少贫下行人钱物。情理如此，皆可覆验。一庆基所言臣强买常州宜兴县姓曹人田地，八年州县方与断还。此事元系臣任团练副使日，罪废之中，托亲戚投状，依条买得姓曹人一契田地。后来，姓曹人却来臣处，昏赖争夺。臣即时牒本路转运司，令依公尽理根勘，仍便具状申尚书省。后来，转运司差官勘得，姓曹人招服非理昏赖，依法决讫。其田依旧合是臣为主，牒臣照会。臣悯见小人无知，意在得财。臣既备位侍从，不欲与之计较曲直，故于招服断遣之后，却许姓曹人将元价抽收，仍亦申尚书省及牒本路施行。今庆基乃言是本路断遣本人，显是诬罔。今来公案见在户部，可以取索案验。一庆基所言臣在颍州失入尹真死罪。此事已经刑部定夺，不是失入，却是提刑蒋之翰妄有按举。公案具在刑部，可以覆验。右臣窃料庆基所以诬臣者非一，臣既不能尽知，又今来朝廷已知其奸妄，而罢黜其人。臣不当一一辩论，但人臣之义，以

名节为重。须至上烦天听。取进止。【《东坡全集》卷64】

《长编》载：元祐八年五月丁丑朔……己亥（二十六日），黄庆基、董敦逸既责，苏轼以札子自辨。曰：臣自少年从仕以来，以刚褊疾恶，尽言孤立，为累朝人主所知。……太皇太后令辙谕轼，曰："缘近来众人正相捃拾，且须省事。"轼乃具札子称谢。【《长编》卷484】

【按】蒋之翰按举一事，在元祐六年（1091）八月左右，见本谱第二十四卷。

五月甲午，钱勰罢户部尚书，以龙图阁直学士知开封府。

《长编》云：元祐八年五月丁丑朔……甲午，权户部尚书钱勰为龙图阁直学士、知开封府。〔原注：勰权户部，当检。〕宝文阁待制、权知开封府韩宗道为户部侍郎。〔原注：六年十二月以户侍为宝制、知开封。〕【《长编》卷484】

七月乙未，蒋之奇堂兄蒋之仪（1036—1093）卒，尚书户部侍郎蒋之奇作铭。

蒋之奇《朝奉大夫之仪公墓志铭》云：元祐七年，吾兄德表任庆成军使终，更代还京。时之奇蒙恩召为尚书户部侍郎，亦到辇下，方恳丐辞免，未就职，寓居于城北乾元福圣院。……之奇到镇洮未久，而兄之讣音至矣。东望号恸，不能胜哀，即日上书求罢帅，东归以送兄葬，庶几预执绋之列，以终天伦之戚。而疏奏不报。呜呼，勤于王事而不得从其私者，此古人所以悲于仕宦也！盖兄卒以八年七月乙未，葬以是年十一月甲申，墓在宜兴县均山乡大成山龙潭之原，享年六十有九。既葬之明年，诸孤乃遣价赍永伯所撰行状，走万里抵绝塞，来求铭。呜呼，其尚忍铭吾兄也，遂泣而铭之。公讳之仪，字德表，常州宜兴人。蒋氏系出后汉亭乡侯澄之后，其得姓之始与迁徙之由，语在家谱。曾祖王父讳宏谨。大父讳九皋，累赠兵部尚书。父讳航，以兄堂仕至太子洗马致仕，累赠中大夫。母沈氏，由吴兴郡太君皇祐中进封长寿、长安二邑太君。伯考太尉守苏州，会乾元节得推恩官子孙，奏授守将作监主簿。……又以除庆成，得粟及六十万，格应赏，得减二年磨勘。庆成濒河多盗，公严赏格，禁藏匿，尽其囊橐区处，盗发辄得，皆屏迹奔于他境。蒲宗孟闻而荐之。迩制：许大中大夫以上荐通判，又入知州。兵部郎赵彦若曰："吾得其人矣。"即以公充荐，而公已前授庆成矣。及罢，彦若又欲以监司科荐，公恳辞之。江州缺守，众劝公可授，公病于涉远，不就。会广德有阙，距乡里数舍而近，遂就广德。及拜命，喜曰："官满，吾将老矣。"是年，与永伯同出都，谓永伯曰："我欲乘舟自常取近道苏湖，以至治所，庶几与弟为一月之会。"至苏而公病矣，馆于太尉之东园。永伯日往问疾，尚冀其愈，而竟不起，哀哉！公在京师，之奇与永伯会饮公家，将罢，固留，曰："后会安得必哉，不夜无归也。"然自此而死生分矣，今思之然后知其言之悲也。……公娶宋氏，累封崇德、永嘉两县君。宋有贤行，奉承尊长，克尽妇道，母有多子，厚薄如一，乡闾称之。男十二人，璀、璿、玘、璱、莹、瑛、瑄、琚、珝、玠、珲、谷，皆修饬有立。女八人，四人嫁为士妻，余在室。【《孝思堂蒋氏宗谱》卷3，第37—42页】

七月戊寅，令陕西沿边铁钱、铜钱悉还近地。

《宋史·哲宗纪一》载：秋七月丙子朔……戊寅，令陕西沿边铁钱、铜钱悉还近地。……八月庚午，诏陕西复铸小铜钱。【《宋史》卷17《哲宗纪一》】

是年秋，蒋之奇堂兄之翰知宣州，旋改知苏州。蒋之奇有书寄赠，史称《遂往法济帖》。

《宋人手简十七条·遂往法济》载：之奇启知：遂往法济，不胜依依。长安酥二个，葱雀鲊二罐，水梨、凤栖梨各十枚，小药少许，聊荐宾盘，幸冀容纳。以鞫大狱，不果拜违，怆恨之怀，不能胜述。乍远，乞保重，不备。弟之奇再拜。○九兄知府郎中。【《书画题跋记》卷1；《珊瑚网·法书题跋》卷6，第143页】

【注】水梨、凤栖梨，都是梨类水果，一般秋日成熟。宋曾慥《类说》卷十二中载："陕州山中有棠树，贞观初有凤栖止，结实肥美，因号凤栖梨。"长安酥，宋代一种西北特产。

文彦博《蒙惠咸阳水梨、橄佳快（陶隐居谓利为快果），太原凤栖梨少许纳上，非报也，欲校其味耳（吕大忠运使惠）》：凤栖佳果玉浆寒，马乳龙须味一般（太原葡萄名重天下）。未敢便教充钉坐，更将冰蜜校量看（咸阳有冰密之名）。【《潞公文集》卷7，第97页】

黄庭坚《世弼惠诗求舜泉，辄欲以长安酥共泛一杯，次韵戏答》云：寒斋薄饭留佳客，蠹简残编作近邻。避地梁鸿真好学，著书扬子未全贫。玉酥练得三危露，石火烧成一片春。沙鼎探汤供卯饮，不忧问字绝无人。……世弼，即王纯亮，字世弼，山谷之妹婿。尝官于蒲城（今山西永济）。【《山谷外集诗注》卷4】

【又】此手札本无年月，更不知寄与谁，所书何意。然通过书中提的"长安酥""水梨""凤栖梨"等食物，可略知一二。长安酥，应该产于西安一带，而水梨则是北宋时咸阳名产，凤栖梨，则产于陕州。而梨一般成熟于秋天。故知蒋之奇此书作于西北，而且在秋日。"九兄知府郎中"，肯定是蒋之奇兄长，官职为"某州知府"，官阶为"职方郎中"。考蒋之奇兄弟辈，符合这二个条件的只有蒋之翰。此书开头"遂往法济"四字，让人一头雾水，不知所云。其实，"法济"是寺院名称，而且在常州。时，蒋之翰受命为知宣州，近在家乡。道经常州时，过法济寺，为亡兄之仪治丧。蒋之奇远在熙州，故只能委托兄长料理。而"以翰大狱"云云，讲的是蒋之奇赴任时，蒋之翰为提点京西北路刑狱，正忙于公务（按举苏轼），兄弟之间没有道别。或云，蒋之奇于元丰中、元祐初曾宦于西北，此帖或许为彼时所作。考蒋家群从，此前未有官至知府者。相关史料，引证于后。

蒋之奇《宋故朝请大夫知亳州军事之翰公墓志铭》云：公讳之翰，宪仲其字也。赠司空讳宏谨、庆国太夫人史氏之曾孙，卫国太夫人尚氏之孙。赠大中大夫讳章、彭城郡太君钱氏之子。……迁职方郎中。哲宗亲政，摄吏部，方向用公，而以疾乞补外，得宣州。未至，易苏州。苏大水，民田不收。二漕靳公赋讽守令禁民，毋得诉水灾。公力争不能得，即移文尽蠲太守所得圭租。漕不安，乃听自陈，民欢呼抃叫集道左。苏多盗，公以术取渠魁，黥为城旦（筑城四年的劳役），盗悉屏迹，民以安堵。俗喜佛，因夜聚，男女淆杂。公设条教，明厉禁，浮屠有阴讼者，并坐首恶，少僧亡籍者，皆震慑远遁，自是风俗为清。【《孝思堂蒋氏宗谱》卷3】

《建中靖国续灯录·法济善○法济元轼》载：庐山开先善暹禅师法嗣

十三人（六人见录）：云居山佛印禅师、东京智海正觉禅师、庐山万杉善爽禅师、越州天章宝月禅师、洪州九仙元舜禅师、筠州洞山惠圆禅师。[金陵广惠文深禅师、庐山开先海渊禅师、常州法济善禅师、湖州上方义全禅师、饶州安国思皎禅师、江西鹅湖恭禅师、庐山长庆绍新山主。已上七人，未见机缘语句。]〇秀州本觉守一法真禅师法嗣七人（二人见录）：福州越峰粹圭禅师、福州寿山本明禅师。[越州福果奉华禅师、明州西峰惟辩禅师、常州法济元轼禅师、福州牛头翌先禅师、秀州本觉钦禅师。已上五人未见机缘语句。]【《建中靖国续灯录》卷1、卷3】

《武进县志·儒学》记载：县学，宋咸淳以前，附设在（常州）府学内。咸淳元年（1265），就已废的法济寺改建成县学，以寺租充作学粮。后毁废，明、清曾多次修葺、扩展。【《武进县志》第二十篇，第717页】

八月一日，苏轼妻丧，旋以两学士充河北西路安抚使、出知定州，罢礼部尚书。

苏轼《阿弥陀佛赞》云：苏轼之妻王氏，名闰之，字季章。年四十六，元祐八年八月一日卒于京师。临终之夕，遗言舍所受用使其子迈、迨、过为画《阿弥陀像》。绍圣元年六月九日，像成，奉安于金陵清凉寺。赞曰：……【《东坡全集》卷95】

《长编》载：八年五月丁丑朔……甲寅，礼部尚书苏轼乞知越州。诏不允。……壬申，礼部尚书、端明殿学士、翰林侍读学士、左朝散郎苏轼知定州。[原注：按《苏轼奏议》：八月十九日，以端明侍读《礼书论》，读汉唐正史，则六月二十六日不应已除定。又《实录》于九月十三日再书除定州，恐六月二十六日所书或误。不然六月二十六日初除，寻不行，故九月十三日再除，而《实录》不能详记，所以也当考。六月八日，轼乞越州，不允。七月二十四日，轼又以新知定州乞改知越州，诏不允。《政目》亦于二十六日书"苏轼知定州"。]【《长编》卷484】

九月，高太后薨，赵煦亲政。

《宋史·后妃传上》载：英宗宣仁圣烈高皇后，亳州蒙城人。……文思院奉上之物，无问巨细，终身不取其一。人以为女中尧舜。元祐八年九月属疾，崩，年六十二。后二年，章惇、蔡卞、邢恕始造为不根之谤。皇太后太妃力辨其诬，事乃已。【《宋史》卷242《后妃传上》】

冬十月，帝始亲政，检讨之前政事，开启绍述之政。期间，蒋之奇曾上书言事，得到哲宗信任，惜奏疏已佚。

《宋史纪事本末·绍述》云：哲宗元祐八年冬十月，帝始亲政，时太后既崩，中外汹汹，人怀顾望，在位者畏惧，莫敢发言。翰林学士范祖禹虑小人乘间害政，上疏曰："陛下方揽庶政，延见群臣，今日乃国家隆替之本，社稷安危之机，生民休戚之端，君子小人进退消长之际，天命人心去就离合之时也，可不畏哉。先后有大功于宗社，有大德于生灵，九年之间始终如一，然群小怨恨亦不为少，必将以改先帝之政，逐先帝之臣为言，以事离间，不可不察也。先后因天下人心变而更化，既改其法，则作法之人有罪当退，亦顺众言而逐之，是皆上负先帝，下负万民，天下之所仇疾而欲去之者也。岂有憎恶于其间哉？唯辨析是非，深拒邪说，有以奸言惑听者付之典刑，痛惩一人以警群慝，则帖然无事矣。此等既误先帝，又欲误陛下天下之事，岂堪小人再破坏邪？"【《宋史纪事本末》卷10】

《宋史·蒋之奇传》：崇宁元年，除观文殿学士、知杭州。……后录其尝陈绍述之言，尽复官职。之奇为部使者十二任，六典会府，以治办称。

十一月，蒋之奇撰《左中散大夫徐师闵（1014—1093）墓表》。早在蒋之奇任江西转运使期间，两人就已相识。

《左中散大夫徐师闵墓表（实物）》：北宋元祐八年十一月，蒋之奇撰、黄履正书、章衡篆，徐隆刻石。文云："葬于吴县丞山龙窝坞"。洪武《苏州府志》有载，原石存苏州高新区东渚蒸山。

韩崇《宋中散大夫徐师闵墓志铭（元祐八年十一月）》云：右，徐师闵墓志铭，蒋之奇撰，黄履书，章衡篆盖。……师闵，为徐奭之子。年

蒋之奇《左中散大夫徐师闵墓表》

六十余，以左中散大夫、普宁郡侯致仕。居苏，为蒋堂、蔡襄所知。在官自辅臣以下荐之者几百人。及退归，与元绛、程师孟诸人诗酒相过，号"十老"，乡人荣之。年八十乃卒，葬于吴县蒸山龙窝坞。《宋史》无传。歌诗二十卷，杂文十卷，亦不载于艺文志。【《宝铁斋金石文跋尾》卷中，第22页】

正德《姑苏志·名臣》载：徐师闵，字圣徒，其先建安人。父奭，历官苏浙，子孙遂为苏人。师闵，治平初，虞部员外郎知江阴军，作漏壶、修鼓、角门。熙宁十年，以司农少卿知袁州。时江西剧贼詹遇屠劫，列城为之骚动。袁独预修武事，具战舰，号令严肃，常若寇至。遇引避不敢犯境，袁民歌之。且有瑞粟嘉禾之异，绘图以进，为治镇静，有惠爱，吏民生为立祠。转运蒋之奇荐于朝，部使者第课优等，知洪州王韶皆列奏，留再任。尤为蒋堂、蔡襄所知。在官自辅臣以下荐之者，几百人，官至正议大夫、东海郡侯。告老，以中散大夫、普宁郡侯致仕。有以黄白术为献，师闵问能久乎？曰"五十年乃变耳"。师闵曰："吾平生不妄语，若欺人于五十年后，岂吾心哉？"退居里中，与元绛、程师孟辈以诗酒为乐，号"十老"，乡人荣之。年八十卒，子铸。【正德《姑苏志》卷49《人物七》】

宜兴邵光、邵刚之弟邵叶为新昌宰，住所生五色灵芝。

雍正《江西通志·祥异》载：元祐八年，晋陵邵叶为新昌宰，视事之三月，灵芝五色十二，生于便坐之室。【雍正《江西通志》卷170】

黄庭坚《筠州新昌县瑞芝亭记》记曰："晋陵邵君叶为新昌宰，视事之三月，灵芝五色十二，生于便坐之室。吏民来观，无不动色。相与言曰：吾令君殆将有嘉政以福我民乎？"【《豫章黄先生文集》卷17】

陆心源《宋诗纪事补遗》记载：邵叶，晋陵人。元丰二年进士，元祐间宰新昌，视事之顷，芝生于室。黄山谷为之记。【《宋诗纪事补遗》卷23】

张守《宋故孺人邵氏墓志铭》记载：奉议郎致仕詹公成老卒之明年，妻孺人邵氏亦卒。……邵氏其先吴兴人。乾符中，右补阙安石以吴兴卑垫，徙常之宜兴。曾祖灵甫、祖藏、父宗回，皆隐居不仕。孺人钟爱于父母，不轻以予人。公方英妙，乡誉籍甚，贵人右族争以女归之。公不为意，独以邵氏女贤有闻，又群从光、刚、如、叶相继登进士第，学行著称，因愿交焉。【《毗陵集》卷13】

邵叶收藏《唐怀素自序帖》，三年后，谪居高安的苏辙为其题跋。

苏辙跋《唐怀素自序帖》：世传怀素书未有若此完者。绍圣三年三月，予谪居高安，前新昌宰邵君（邵叶）出以相示，予虽知其奇，然不能尽识其妙。余兄和仲特善行草，时亦谪惠州，恨不令一见也。眉山苏辙同叔记。【《赵氏铁网珊瑚》卷1】

苏迟跋《唐怀素自序帖》：辨老藏怀素自叙，后有先人题字。盖绍圣三年谪居高安时，为邵叶稽仲书也。不知流传几家，以至辨老。绍兴癸丑三月九日，迟观于婺女马军桥潘氏之第。【《书画汇考》卷8】

十二月，苏轼外放，得知定州。旋上书求知越州，未允。时，东坡有少量田地在宜兴。他自己"久荒不治"，无人打理。

苏轼《乞越州札子》云：臣自去岁蒙恩召还，即时奏乞越州，盖为臣从仕以来，三任浙中，粗知土俗所宜，易于为政。又以老病日加，切于归休。旧有薄田在常州宜兴县，久荒不治，欲因赴任，到彼少加完葺，以为归计。越虽僻陋，在臣安便。及近者蒙恩知定州，……臣不胜幸甚。取进止。[《东坡全集》卷65]［编年］元祐八年任礼部尚书兼侍读、有定州之命后作。【《苏

轼文集编年笺注》卷37，第499页】

《宋史纪事本末·绍述》云：十二月，端明殿侍读学士苏轼乞外补，出知定州。时国事将变，轼不得入辞，既行，上书言："天下治乱出于下情之通塞，至治之极，小民皆能自通，迫于大乱，虽近臣不能自达。陛下临御九年，除执政、台谏外，未尝与群臣接，今听政之初，当以通下情、除壅蔽为急务。臣日侍帷幄，方当戍边，顾不得一见而行，况疏远小臣，欲求自通难矣。然臣不敢以不得对之故不效愚忠，古之圣人将有为也，必先处晦而观明，处静而观动，则万物之情，毕陈于前。陛下圣智绝人，春秋鼎盛，臣愿虚心循理，一切未有，所为默观庶事之利害与群臣之邪正，以三年为期，俟得其实，然后应物而作，使既作之后，天下无恨，陛下亦无悔，由此观之，陛下之有为，惟忧太蚤，不患稍迟，亦已明矣。臣恐急进好利之臣辄劝陛下轻有改变，故进此说。敢望陛下留神社稷，宗庙之福，天下幸甚。"【《宋史纪事本末》卷10】

蒋之奇在陕西，改"凤台"名为"超然台"，并作《寄超然台故友》赠苏轼。

蒋之奇《寄超然台故友》云："超然台上望超然，一别悠悠路八千。春水满濠花满谷，不知今此得依前。"李林会《〈寰宇通志〉所见〈全宋诗〉佚作考（二）》云：《寰宇通志》收第一句，以为乃苏轼诗；嘉靖《陕西通志》卷一三虽然也仅录第一句，但作者署蒋之奇，不误；乾隆《狄道县志》卷一一收此诗全篇，亦署蒋之奇作，故改题作者并补齐全诗。【《乐山师范学院学报》2019年第2期】

乾隆《甘肃通志·山川》载：超然台，在县东一里岳麓山上，古名"凤台"。后宋蒋之奇登台眺望，易名曰"超然"，有《超然台》诗。明杨继盛谪狄道典史，建书院于上。【乾隆《甘肃通志》卷5《山川》】

乾隆《甘肃通志·古迹》载：超然台，在府东一里，本名"凤台"。宋熙宁中蒋之奇改名。明嘉靖三十年，杨继盛改建超然书院于其上。【乾隆《甘肃通志》

卷22《古迹》】

苏轼《次和潞公超然台》补注云：超然台，子由《超然台赋序》略云：子瞻守高密，因其城上之废台而增葺之，以告辙曰：将何以名之？辙曰：天下之士奔走于是非之场，浮沉于荣辱之海，嚣然尽力而忘返，亦莫自知也。而达者哀之，非以其超然不累于物耶！老子曰：虽有荣观，燕处超然。试以超然名之，可乎？乃为之赋云云。【《苏诗补注》卷14】

【按】蒋之奇此诗，或云在熙宁时作，或说其任陕漕时作，乾隆《甘肃通志》记载前后不一。熙宁时蒋未至临洮。元丰时，蒋为陕漕，至临洮亦只是行部"路过"，似无此意境。蒋将"凤台"改名为"超然台"，与东坡在高密的做法前后呼应。此诗题为"寄超然台故友"，且有"一别悠悠路八千"之句，知此诗当寄京城诸友。而超然台故友，当特指苏东坡。蒋之奇在此时寄上此诗，用意非常深刻。

苏轼离京赴定州前，将身边随从高俅（？—1126）托付给王诜。不久，苏迨妇欧阳氏卒，从孙苏彭娶丁骘之女。

《苏谱》云：赴定州前，轼以小史高俅属王诜（晋卿）。不久，苏迨妇欧阳氏卒。元祐中，从孙彭娶丁骘之女。骘卒于绍圣元年，蒋之奇撰墓铭。【《苏谱》，第1104—1105、1107、1133页】

蒋之奇熙州诗选。

蒋之奇《天水湖》诗云：灵源符国姓，丽泽应州名。地脉熏来润，云根出处清。【《明一统志》卷35】

蒋之奇《升仙台》诗云：主台犹在碧山层，想象真仙为勉登。况是仙风久倾挹，何当骑鹿共飞升。【《明一统志》卷35】

【按】天水湖，在巩昌府，即今甘肃省陇西县。升仙台，在秦州（即今甘肃天水）西南一十五里大霄观。世传老子于此升仙。《永乐大典》卷二六〇三亦载此诗，首句为"玉台尤在碧山层"。

蒋之奇《即事》[或作陆游诗]云：渭水岐山不出兵，欲携琴剑锦官城。醉来身外穷通小，老去人间毁誉轻。扪虱雄豪空自许，屠龙工巧竟何成。雅闻崦下多区芋，聊试寒炉玉糁羹。【《宋诗纪事》卷21；《全宋诗》卷687，第8022页】

【按】宋陆游《放翁诗选》卷七亦有此诗。另，苏轼在惠州时，有《过子忽出新意，以山芋作玉糁羹，色香味皆奇绝，天上酥陀则不可知，人间决无此味也》诗，云："香似龙涎仍酽白，味如牛乳更全清。莫将北海金齑鲙，轻比东坡玉糁羹。"[《东坡全集》卷29] 蒋诗与苏诗意境相近，《即事》当为蒋之奇所作。

第三十五卷　元祐九年（1094）

元祐九年（1094）甲戌 绍圣元年 六十四岁

正月十五日，枢密院讨论蒋之奇上书，已谕阿里骨释放温溪心，然阿里骨不听。

《宋会要辑稿·蕃夷》载：绍圣元年正月十五日，枢密院言："蒋之奇奏：昨遣人至青唐，谕阿里骨释温溪心，仍旧统邈川。巴溪温（即溪巴温）不听。"诏："再以'蕃'字书，使人赍谕阿里骨。"【《宋会要辑稿·蕃夷六》】

【注】《青海百科大辞典·温溪心》载：温溪心，吐蕃首领。宋时与俺温讷支郢成共有邈川之地。后与青唐主董毡、阿里骨不协而附宋。神宗元丰三年（1080），封为宋内殿崇班。元祐七年（1092），阿里骨将其诱至青唐城（今西宁市）拘留，宋闻后遣使与阿里骨交涉，遭到拒绝。后名不见史籍。【《青海百科大辞典》，第1069页】

【又】《青海百科大辞典·溪巴温》载：溪巴温，吐蕃大首领。其父必鲁匝纳死后，承袭其位，并由其舅郎格占协理内外事务。后部属首领鬼章势力渐强，被鬼章所逐，走木波部，被尊为首领。元祐七年（1092），阿里骨杀温溪心，溪巴温祸及自己，又西走陇逋部，以西海（今青海湖）率吐蕃、回鹘人马，驻兵于距青唐200里处，反抗阿里骨统治。陇逋部、洗纳族、心牟族部分人归附。阿里骨死后，举兵入据溪哥城，自称王子。有6子：陇拶、枹拶、溪赊罗撒（又称小陇拶）、昌三、顺律坚戩、益麻党征（赵怀德）。【《青海百科大辞典》，第1069页】

苏轼赴定州任，接宜兴单锷书信。回信中向单锷索取治痫药方，想为长孙治病。

苏轼《尺牍》云：寄惠洞庭珍苞，塞上所不识。分饷将吏，并戴嘉贶也。无以为报，亲书《松醪》一赋为信，想发一笑也。近得单季隐书云：公有一痫药方，极神奇。某长孙有此病，多年不差，可见传否？如许，幸递中示及。【《东坡全集》卷83】

【按】李之亮《苏轼文集编年笺注》中亦有此简，而"塞上所不识"作"穷塞所不识"，并将此编作"绍圣元年任定州知州时作"。【《苏轼文集编年笺注》卷53，第4页】

春二月，丁骘（？—1094.2）因食河豚而卒。蒋之奇为其作墓志铭，全文已佚。

蒋之奇《丁骘墓志铭》（残篇）：元祐九年二月，骘卒官宿州。……从臣苏辙、刘攽、张问、曾肇、孔文仲列荐于朝，胡宗愈又荐之司马光。光曰："士大夫无不登光门者，而骘不来，真自重之士。"监司皆言骘信道笃，不违所学，恬处二十年，不屑求进。久之，乃除太常博士。……官制行，以阶寓禄，朝散大夫视前行郎中、朝议大夫视少卿、中散大夫视光禄卿，旧制进士出身常调自职方郎中，一迁为太常少卿，再迁为光禄卿，今自朝散大夫再迁为中散大夫，可也。无出身人自驾部郎中四迁方至正卿，而今一概再迁为中散，是紊旧制，迟速混淆无别。其后朝廷于朝议中散加左右字，无出身者，皆自右为左，以别异之。又分朝议至金紫光禄为左右，皆细转以应旧制。承务郎以上，亦以有无出身分左右，自是清浊稍判，其议多自骘发之。【《全宋文》卷1707，第625页】

《长编》注云：丁骘墓志，蒋之奇作。元祐九年二月，骘卒官宿州。之奇云：从臣苏辙、刘攽、张问、曾肇、孔文仲列荐于朝，胡宗愈又荐之司马光。光曰：士大夫无不登光门者，而骘不来，真自重之士。监司皆言：骘信道笃，不违所学，恬处二十年，不屑求进。久之，乃除太常博士。【《长编》卷402】

张耒《明道杂志》："苏文定公辙尝记：吴人丁骘因食河豚而死，以为世戒。"【《吴郡志》卷29《土物》】

或传，二月庚戌，蒋之奇除宝文阁待制。

《续资治通鉴长编拾补·哲宗》载：绍圣元年二月庚戌，集贤殿修撰、知庆州〔案，《东都事略》作"广州"。〕蒋之奇除宝文阁待制。〔原引：《长编》卷481元祐八年二月乙卯，之奇知庆州。又卷482：八年三月，之奇权户部侍郎。原注：绍圣元年二月八日，自集撰《除宝制》。〕【《续资治通鉴长编拾补》卷9】

【按】蒋除宝文阁待制早在广州任上，《长编拾补》或为误录。

三月壬申，苏辙罢。夏四月，苏轼降知英州。

《九朝编年备要·哲宗皇帝》载：绍圣元年三月壬申朔，苏辙罢。……夏四月，苏轼降知英州。侍御史虞策论："端明殿学士兼翰林侍读学士知定州苏轼所作《吕惠卿诰词》，语涉讥讪。"来之邵亦言："轼在元祐间，凡作文字，讥斥先帝。"【《九朝编年备要》卷24】

四月九日，枢密院谕熙州，驳回阿里骨所乞请的封赏。

《宋会要辑稿·蕃夷》载：四月九日，枢密院言："押伴阿里骨进奉人、大首领纳麻抹毡令译语言：阿里骨乞朝廷别与一称呼名字，兼董毡时曾赐凉伞、交椅、纱罗等，亦乞给赐。"诏押伴人说谕："当日董毡得赐，虑有所因，自求蕃家请事。"并属熙州经略司："今所乞无例，不敢申奏。"【《宋会要辑稿·蕃夷六》】

四月壬子，苏轼落职知英州。癸丑，改元。壬戌，章惇守尚书左仆射兼门下侍郎，"绍述之政"正式开启。

《宋史·哲宗纪二》载：夏四月乙巳朔，阿里骨进狮子。……壬子，苏轼坐前掌制命语涉讥讪，落职知英州。癸丑，改元。白虹贯日。……壬戌，

以资政殿学士章惇为尚书左仆射兼门下侍郎。范纯仁罢。【《宋史》卷18《哲宗纪二》】

《宋史·宰辅表三》载：四月壬戌，章惇自通议大夫、提举洞霄宫加左正议大夫、守尚书左仆射兼门下侍郎。【《宋史》卷212《宰辅表三》】

《宋史纪事本末·绍述》云：绍圣元年二月丁未，以李清臣为中书侍郎，邓润甫为尚书右丞。润甫首陈武王能广文王之声，成王能嗣文武之道，以开绍述，故有是命。……夏四月癸丑，白虹贯日。曾布上疏，请复先帝政事，且乞改元，以顺天意。帝从之。诏改元祐九年为"绍圣元年"。于是天下晓然知帝意所向矣。壬戌，以章惇为尚书左仆射兼门下侍郎。时帝有绍复熙丰之志，首起惇为相，于是专以绍述为国是。遂引其党蔡卞、林希、黄履、来之邵、张商英、周秩、翟思、上官均等居要地，任言责协谋报复。【《宋史纪事本末》卷10】

绍圣时逐元祐党人，言官刘安世（1048—1125）首当其冲。

《宋史纪事本末·绍述》云：五月，以黄履为御史中丞。元丰末，履为中丞，与蔡确、章惇、邢恕相交结，每惇、确有所嫌恶，则使恕道风旨于履，履即排击之，时谓之"四凶"。为刘安世所论而出。至是，惇复引用俾报复仇怨，元祐旧臣无一得免者矣。【《宋史纪事本末》卷10】

张邦基《以水土美恶系罪之轻重》云：绍圣初逐元祐党人，禁中疏出当责人姓名及广南州郡，以水土美恶系罪之轻重，而贬窜焉。执政聚议，至刘安世器之时，蒋之奇颖叔云："刘某平昔人推命极好。"章惇子厚以笔于"昭州"上点之，云："刘某命好，且去昭州试命一回。"【《墨庄漫录》卷1】

《宋稗类钞·诛谪》载：绍圣初逐元祐党人，禁中疏出当谪人姓名及广南州郡，以水土之美恶较量罪之轻重而贬窜焉。执政聚议，至刘安世器之时，蒋之奇颖叔云："刘某平昔人推其命极好。"时相章惇子厚即以笔于"昭州"上点之，云："刘某命好，且去昭州试命一巡。"其他苏子瞻贬儋州，子由贬雷州，黄山谷贬宜州，俱配其字之偏傍，皆惇所为也。惇恨安世，必欲见杀。人言："春循梅新，与死为邻。高窦雷化，说着也怕。"八州恶地，安世历遍七州，所以当时有"铁汉"之称。【《宋稗类钞》卷4】

《宋史·刘安世传》云：刘安世，字器之，魏人。父航，第进士。……安世少时持论已有识。航使监收时，文彦博在枢府，有所闻，每呼安世告之。安世从容言："王介甫求去，外议谓公且代其任。"彦博曰："安石坏天下至此，后之人何可为？"安世拱手曰："安世虽晚进，窃以为未然。今日新政果顺人所欲而为人利乎？若不然，公当去所害、兴所利，反掌间耳。"……光薨，宣仁太后问"可为台谏"于吕公著，公著以安世对。擢右正言。……文彦博以下七人皆耆德魁旧，不少假借。章惇以强市昆山民田罚金，安世言："惇与蔡确、黄履、邢恕素相交结，自谓社稷之臣，贪天之功，徼幸异日，天下之人指为四凶。今惇父尚在，而别籍异财，绝灭义理，止从薄罚，何以示惩？"……迁起居舍人兼左司谏，进左谏议大夫，有旨暂罢讲筵。民间欢传宫中求乳婢，安世上疏谏曰："陛下富于春秋，未纳后而亲女色，愿太皇太后保祐圣躬，为宗庙社稷大计。……"哲宗俛首不语。……章惇用事尤忌恶之。初黜知南安军，再贬少府少监，三贬新州别驾、安置英州。同文馆狱起，蔡京乞诛灭安世等，家谳虽不行，犹徙梅州。惇与蔡卞将必置之死。因使者入海岛诛陈衍讽，使者过安世，胁使自裁。又擢一土豪为转运判官使杀之。判官疾驰将至梅。梅守遣客来劝安世，自为计。安世色不动，对客饮酒谈笑。徐书数纸付其仆，曰："我即死，依此行之。"顾客曰："死不难矣。"客密从仆所视，皆经纪同贬当死者之家，事甚悉，判官未至二十里，呕血而毙，乃得免。昭怀后正位中宫，惇、卞发前谏乳婢事，以为为后设。时邹浩既贬，诏应天少尹孙鼛以槛车收二人赴京师。行数驿而徽宗即位，赦至，鼛乃还。凡投荒七年，甲令所载远恶地无不历之。移衡及鼎，然后以集贤殿修撰知郓州真定府。曾布又忌之，不使入朝。蔡京既相，连七谪至峡州羁管，稍复承议郎，卜居宋都。宣和六年复待制，中书舍人沈思封还之。明年卒。年七十八。安世仪状魁硕，音吐如钟。初除谏官。未拜命入白母曰："朝廷不以安世不肖，使在言路，倘居其官，须明目张胆，以身任责，脱有触忤，祸谴立至。主上方以孝治天下，若以老母辞，当可免。"母曰："不然，吾闻谏官为天子诤臣，汝父平生欲为之而弗得，汝幸居此地，当捐身以报国恩。正得罪流放，无问远近，吾当从汝所之。"于是受命。在职累岁，正色立朝，扶持公道。其面折廷争，或帝盛怒，则执简却立伺怒稍解，复前抗辞，旁侍者远观蓄缩悚汗目之，曰"殿上虎"，一时无不敬慑。家居未尝有惰容，久坐身不倾倚，作字不草书，不好声色货利。其忠孝正直皆则象司马光。年既老，群贤凋丧略尽，岿然独存而名望益重。梁师成用事，能生死人心服其贤求得小吏，吴默尝趋走前后者使持书来啖以即大用，默因劝为子孙计。安世笑谢曰："吾若为子孙计，不至是矣。吾欲为元祐全人，见司马光于地下。"还其书不答。死，葬祥符县。后二年，金人发其冢，貌如生相，惊语曰"异人也"，为之盖棺乃去。【《宋史》卷345《刘安世传》】

绍圣初，考功郎中余中主持编《元祐章疏》。

陈均《编元祐章疏》云：（绍圣元年），寻诏崇政说书沈铢赴枢密院，编类。铢以进讲在近，求免。宰执进呈，曾布曰："此事外议多不以为然，故铢亦不愿。且元祐中妄论者非一，此令一行，则人不安。岂有朝廷行一事，而使天下之人皆不自安之理？然业已行，则止于两府、侍从、台谏可也，其他且已。"上以为然。布又言："铢恐难强。"遂命考功郎中余中代之。【《九朝编年备要》卷24】

闰四月，苏轼过汝州，会苏辙。辙分俸与苏迈，赴宜兴安家。

苏轼《与参寥子二十二首（之十三）》云：某垂老再被严谴，皆愚自取，无足言者。事皆已往，譬之坠甑，无可追。计从来奉养陋薄，廪入虽微，亦可供粗粝。及子由分俸七千，迈将家大半就食宜兴，既不失所外，何复挂心，实翛然此行也。已达江上，耳目清快，幸不深念。知识中有忧我者，以是语之，纱裹肚、鞋各一，致区区而已。英州南北物皆有，某一饱之外，

亦无所须。承问所干，感惧而已。【《苏轼文集编年笺注》卷 61，第 145 页】

五月甲辰，朝廷立宏词科，宜兴慕容彦逢中选。

《宋史·哲宗纪二》载：绍圣元年五月甲辰，罢进士习试诗赋，令专二经，立宏词科。【《宋史》卷 18《哲宗纪二》】

蒋璨《慕容彦逢铭》云：元祐三年进士第，调主池州铜陵簿。比少师捐馆舍，公承讣号绝，哀感行路。卒丧，调主婺州金华簿，改瀛州防御推官，知鄂崇阳县。会朝廷初设宏词科，以罗天下文学之士。公从试中之，迁淮南节度推官。【《摛文堂集·附录》】

五月十八日，朝廷对西蕃首领分别给予封赏。

《宋会要辑稿·蕃夷》载：五月十八日，诏阿里骨进奉人、大首领纳麻抹毡、沈党征注彪充本族副军主，小首领都指挥使溪毡充本族军主指挥使，小首领副指挥使阿驴充本族都指挥使，小首领军主结、副军主阿客比纳结逋充本族军主，小首领都虞候党征斯鸡、巴毡并充本族副军主，仍并授银青光禄大夫、检校国子祭酒兼监察御史、武骑尉。【《宋会要辑稿·蕃夷六》】

六月，苏轼被再贬建昌军司马、惠州安置。苏迈、苏迨归宜兴居住。

苏轼《书六赋后》云：予中子迨，本相从英州，舟行已至姑熟（安徽当涂），而予道贬建昌军司马、惠州安置，不可复以家行。独与少子过往，而使迨以家归阳羡，从长子迈居。迨好学，知为楚词，有世外奇志，故书此六赋以赠其行。绍圣元年六月二十五日，东坡居士书。【《苏轼文集编年笺注》卷 66，第 98 页】

苏轼《答陈季常书》云：轼启：惠兵还，辱得季常手书累幅，审知近日尊候安胜。择、括等三凤毛皆安，为学日益，喜慰无量。轼罪大责薄，圣恩不赀。知幸念咎之外，了无丝发挂心，置之不足复道也。自当涂闻命，便遣骨肉还阳羡，独与幼子过及老云并二老婢共吾过岭。到惠将半年，风土食物不恶，吏民相待甚厚。孔子云："虽蛮貊之邦，行矣。"岂欺我哉？……
【《东坡全集》卷75】

六月，知汝州苏辙降知袁州。甲戌，苏轼责授宁远军节度副使、惠州安置。是年十月三日到惠州，寓居嘉祐寺。

《通鉴后编·宋纪九十一》载：绍圣元年六月，知汝州苏辙降授左朝议大夫知袁州。……来之邵等言："知英州苏轼诋斥先朝。"甲戌，责授宁远军节度副使、惠州安置。【《通鉴后编》卷91】

《东坡先生年谱》云：绍圣元年甲戌，先生年五十九。知定州，就任落两职、追一官，知英州。……行至南康军出陆，赴任，未到任间，再贬宁远军节度副使、惠州安置。……是年以十月三日到惠州，寓居嘉祐寺。有初到惠州诗，当月十二日，与幼子过同游白水佛迹，浴于汤池。【《东坡全集》卷首】

七月，熙河路安抚使蒋之奇奏攻、守、和三策，未有结论。

《群书考索后集·兵门》云：绍圣元年七月，三省、枢密院同对，以熙河路安抚使蒋之奇所奏《攻守和三策》进读于前。李清臣奏曰：攻所言《春秋》《左氏》用三师以疲楚者，固为上策。然庆历中，元昊寇边，韩琦、范仲淹尝献议，近边屯劲卒为三屯，互出捣虚，使羌人并塞不得耕收，乃制胜之道计。已定，会元昊乞和。章惇曰："先朝是浅攻法，及扰耕硬探，但使旁边一二百里，羌人不敢耕，则自当困弊，故制羌之要数出，有利制敌，无如浅攻最良。"曾布曰："此但残夷老幼甚可伤。"上曰："岂吾人所欲哉。盖为彼杀掠我老幼，如河西被患尤酷，故不得已报之，使惩创，冀不复来尔。非欲杀也。"【《群书考索后集》卷46《兵门》】

约是年秋，知耀州毕仲游（1047—1121）至熙州，拜访蒋之奇。

毕仲游《熙州蒋颖叔侍郎席上》诗云：仗钺出金门，投壶开玉帐。高

秋沸箫鼓，万叠环青嶂。白云衬湖底，舟行若天上。绝胜后将军，峡中惟四望。【《西台集》卷18】

《宋史·毕士安传（附）》云：仲游，字公叔，与仲衍同登第。调寿、邱、柘城主簿，罗山令，环庆转运司干办公事。从高遵裕（1027—1086）西征。……元祐初，为军器卫尉丞，召试学士院，同策问者九人，乃黄庭坚、张来、晁补之辈，苏轼异其文，擢为第一，加集贤校理、开封府推官，出提点河东路刑狱。……召拜职方、司勋二员外郎，改秘阁校理、知耀州（今陕西铜川市耀州区）。是岁大旱，仲游先民之未饥，揭喻境内，曰："郡振施与平籴若干万石。"实虚张其数，富室知有备，亦相劝发廪，凡民就食者十七万九千口，无一人去其乡。徽宗时历知郑、郓二州，京南、淮南转运副使，入为吏部郎中。……【《宋史》卷281《毕士安传》】

八月十五日，蒋之奇上书，汇报温溪心被抓之后，其侄温阿明潜逃，要求严防其借兵复仇。

《宋会要辑稿·蕃夷》载：八月十五日，知熙州蒋之奇言："阿里骨縶取温溪心后，溪心侄温阿明亡入西夏，欲借兵复雠。今谍报夏贼点集，或云往西蕃收邈川，西蕃常为备御之计。臣欲因其不安，遣人谕阿里骨：若夏人果犯汉界，即令出兵牵制；若犯西蕃，即本路亦与出兵应援。"诏从之。【《宋会要辑稿·蕃夷六》】

是年，胡宗愈卒。

《东都事略·胡宗愈列传》云：宗愈，字完夫。举进士甲科。世父宿罢枢密副使，出守杭州。陛辞之日，英宗问子弟谁可继卿者，以宗愈对。……哲宗问朋党之弊，宗愈曰："君子义之与比，谓小人为奸邪，则小人必指君子为朋党。陛下择中立不倚者用之，则朋党自消。"明日，进《君子无党论》，拜尚书右丞。为言者所攻，以资政殿学士知陈州，徙成都府。明年召还，为吏部尚书。哲宗亲政，以宗愈帅定武。未行，卒，年六十六，谥曰

"修简"。后坐元祐党入籍云。【《东都事略》卷71】

《元祐党人传·胡宗愈》载：胡宗愈，字完夫，常州晋陵人。元祐初，进起居郎、中书舍人、给事中、御史中丞。哲宗尝问朋党之弊，对曰："君子指小人为奸，则小人指君子为党。"明日，具《君子无党论》以进。拜尚书右丞。谏议大夫王觌论其不当，而刘安世、韩川、孙觉等合攻之，罢为资政殿学士、知陈州，徙成都府。召为礼部尚书，迁吏部。绍圣元年，罢为通议大夫、知定州，卒。崇宁元年，列名党碑。【《元祐党人传》卷1】

是年，苏轼之子苏迈、苏迨及家人都移居宜兴。苏过随父南行。

苏轼《与友人一首》云：迈往宜兴，迨过随行，此二子为学颇长进，迨论故事废兴治乱，稍有可观。过作诗楚词，亦不凡。此亦竟何用，但喜其不废其家业耳。蒙问，亦及之。轼白。［《苏轼文集·佚文汇编拾遗》卷上，第2659页。］此一简，李之亮作《与参寥子二十二首（二十二）》。［《苏轼文集编年笺注》卷61，第153—154页。］〇又《与友人一首》云：子由在筠，甚安。此中只儿子过罄身相随，余皆在宜兴，子由诸子在许州也。法眷各安，不及一一奉书。轼又上。【《苏轼文集·佚文汇编》卷3，第2511页】

【按】苏轼开始是由苏迨陪同南行，或考虑苏迈、苏迨学业，最后仅由苏过随行，其余家庭成员悉数安置于宜兴。

第三十六卷　绍圣二年（1095）

绍圣二年（1095）乙亥　六十五岁

元祐末绍圣初的熙州守臣。

乾隆《甘肃通志·职官》载：宋罢藩镇，命朝臣出守列郡，号权知军州事。其后文武官参为之，而庆、渭、熙三州则兼经略安抚使、马步军都总管事，余州并兼兵马钤辖巡检，或带安抚提辖。县令若有戍兵，则兼兵马都监或监押。又环庆、秦凤、泾原、熙河四路，置经略。崇宁间，置河南安抚司经略司。政和中，熙、秦用兵，设制置使，又有宣慰、安抚、防御、团练诸使。……范育，知熙州；范纯粹，知庆州；曲珍，环庆副总管；种谊，知兰州；蒋之奇，知熙州；刘昌祚，知渭州；叶康直，知秦州；章楶，知渭州；穆衍，知庆州；吕大忠，知渭州；种朴，熙河兰会钤辖知河州；……【乾隆《甘肃通志》卷27《职官》】

正月二十四日，苏轼在惠州作诗寄阳羡苏迈、苏迨。

苏轼《正月二十四日与儿子过赖仙芝、王原秀才，僧昙颖行全道士何宗一同游罗浮道院及栖禅精舍。过作诗，和其韵寄迈迨一首》诗云：断桥寻胜践，脱屦欣小揭。瘴花已繁红，官柳尤疏细。……寄书阳羡儿，并语长头弟。门户各努力，先期毕租税。【《苏诗补注》卷39】

【按】从东坡简中可知，曹氏田地被原主赎还之后，仍有田产在宜兴。而且嘱咐儿子"先期毕租税"，疑是官方田地。

是年初，蒋之翰至苏州任。

李之亮《两江郡守（苏州·平江府）》云：绍圣二年乙亥（1095）：章衡。蒋之翰：《姑苏志》：蒋之翰，右朝散大夫，绍圣三年八月乙亥，徙知荆南府。〇绍圣三年丙子（1096）：蒋之翰。贾青。【《宋两江郡守易替考》，第105页】

蒋之翰、之奇兄弟唱和诗。

蒋之奇《贺兄之翰宠换苏印（二首）》诗云：久次含香厌粉闱，恳求茂苑得州麾。却寻旧日池台锗，〔原注：苏台有池合之胜，之奇与太尉日游此。〕犹忆当年几杖随。入里下车修敬日，过家上冢致哀时。应怜二弟犹羁绊，万里逷沙远帅熙。〔原注：之奇两乞东南一麾，以遂拜扫，皆不允。〕〇早同侍宦向长洲，今拥旌麾访旧游。自古风流诗酒地，韦苏州后蒋苏州。蒋之翰《和答》诗云：耻向承平便拂衣，乡邦还得拥旌麾。昔年曾预儿孙列，投老犹疑笔砚随。〔原注：伯考太尉凡有撰述，翰与颖叔必预检阅，或口授书之。〕忠义一门均许国，箕裘万石亦遭时。〔原注：太尉之后帅边典郡者五人矣。〕朝廷虚日方图任，功业当看帝载熙。〔原注：谓颖叔也。〕〇从来疏拙懒身谋，揽辔登车已倦游。幸有醉乡为乐地，何妨吟啸老东州。【《吴都文粹》卷10】

【按】《宋诗纪事》卷二十一中亦有收录，蒋之奇诗题为《贺兄之翰宠换苏郡（二首）》，蒋之翰和诗为《换苏印和弟颖叔》。原注云"帅边典郡者五人"，即蒋之仪（庆成军）、蒋之翰（苏州）、蒋之奇（熙州）、蒋长生（海州）、蒋续（端州）。

八月六日，邵材为刑部员外郎。翌年四月六日，邵材病忘（即健忘症）而出知越州，招言官非议。

《长编》载：绍圣四年九月辛亥朔……奉议郎权通判通远军李深上书：……今雄州用宰臣之妻弟，泾原用宰相之兄，熙河用宰相之妹夫。熙河虽曰权摄，而实领帅事逾年矣。三帅皆宰执之亲，凡有指挥边事，但用私书而已。陛下能不为万世虑患乎？祖宗故事有此者乎？……若夫王雱（雾）心疾而为馆职，〔原注：三年十月三日。〕邵材病忘而出知越州，梁之美提点刑狱，〔原注：三年四月六日。〕周之道为刑部侍郎。……此皆陛下待遇近臣过于仁柔，为所制也。〔原注：刘何，五月六日以永兴提刑转一官；邵麃，闰二月十七日自河北副除陕副，五月六日以陕副转一官；……王雱（雾）二年十月三日为正字；邵材八月六日为刑外；……〕【《长编》卷491】绍圣四年八月丁亥，朝请大夫邵材为刑部员外郎。元符二年十二月甲寅，刑部郎中邵材管勾玉局观。【《长编》卷490、卷519】

八月癸未，林希等提议，拟诏用蒋之奇权知开封府。

林文节《绍圣日记前帖》云：首尾糜烂，仅存一幅。盖记施珣岳事。按李氏《续通鉴长编》：绍圣二年八月癸未，宰臣章惇奏：臣向闻开封府司勘，盖渐公事户曹施珣。……上曰："安得如此可信者？"因遍问从官。曰："许将如何？"布与忠彦曰："前执政差难。"上曰："蔡京又妨碍，黄履如何？"又曰："蒋之奇、孙览亦不可，丰稷乃煮门人，王古又不可。"忠彦曰："虞策近勘公事，上又恐与前勘妨碍。"布曰："台谏官可差否？常安民如何？"上摇首。布曰："不平稳否？"上曰："然。"布曰："郭知章或可使？"上曰："谬人。"于是命昌衡及谔，后七日忠彦等再对。【《宝真斋法书赞》卷17】

《苏州历代人物大辞典·林希》载：林希（1035—1101），宋吴县（今江苏苏州）人。字子中，号醒老。林概长子。嘉祐二年（1057）进士，别头省试第一人。调杭州于潜县，为福州怀安县主簿。治平二年（1065）以宣州泾县主簿编校集贤院书籍，后编校昭文馆书籍。熙宁三年（1070）为馆阁校勘、集贤校理。同知太常礼院。遣使高丽惧行，责监杭州楼店务。通判秀州，复知太常礼院，迁著作佐郎。元丰五年（1082）为礼部郎中。与修《两朝宝训》。元祐元年（1086）历秘书少监、起居舍人，充集贤殿修撰知平江府，徙知宣州。三年知湖州。四年以天章阁待制知润州，奏复吕城堰。六年转知杭州，名苏轼所筑西湖堤为苏公堤。七年除礼部侍郎。八年出知亳州。绍圣元年（1094）进宝文阁直学士知成都府，留任试中书舍人，劾元祐党人，修《神宗实录》兼侍读。二年权礼部尚书权、发遣开封府。三年以权吏部尚书为翰林学士，知制诰。绍圣四年（1097）除同知枢密院事。元符元年（1098）出知亳州，改知杭州，以端明殿学士知太原府。徽宗立（1100），以资政殿学士知大名府，降端明殿学士知扬州。建中靖国元年（1101）降知舒州。卒，赠资政殿学士，谥文节。与米芾交厚。好古博雅，尤工书，有《定力帖》。著有《两朝宝训》《林氏野史》《林子中集》《林子中奏议集》等。【《苏州历代人物大辞典》，第550页】

【按】林希、林旦少年时为蒋堂收留，与蒋之奇共读，有同窗之谊。见本谱第三卷。

是年秋，苏迈、苏迨丧满，赴惠州看望父亲。

苏轼《与程正甫七十一首（四十）》云：小儿荷问及，宜兴两儿服阕后欲南来。又赦后痴望量移稍北，不知可望否？［《苏轼文集》卷54，第1606页］李之亮［笺注］云：王闰之卒于元祐八年，三年丧满，当在绍圣二年夏季之后。【《苏轼文集编年笺注》卷54，第170页】

约于是年秋，蒋之奇被章惇召入京，初为中书舍人。

《宋史·蒋之奇传》云：绍圣中，召为中书舍人，改知开封府，进龙图阁直学士，拜翰林学士兼侍读。

《苏诗补注》"蒋颖叔"注云：蒋颖叔，名之奇。时由户部侍郎知熙州，……绍圣间，章子厚秉政，召为中书舍人、知开封，除翰林学士，出守汝、庆。【《苏诗补注》卷36】

蒋之奇门生华镇有《代上中书蒋舍人启》。

华镇《代上中书蒋舍人启》云：右。某启伏审：光膺制诏，荣典丝纶，金议惟谐，舆情均庆。恭惟中书舍人阁下，英资异禀，茂识少成，学穷游夏之渊，文掞渊云之丽。羡冠英彀，人倾杜牧之才；发策贤科，世服平津之对。羽翼已成而谁阏，金玉其相而莫遗。升荣峻陟于乌台，结课浸更于凤历。益华远业，频据要津。六路转输，集丰余于指顾；三隅统制，收晏静于笑谈。克懋事功，稔闻天听；果膺神检，归步掖垣。法从清华，暂屈涌泉之思；庙堂密迩，伫观和鼎之勋。某夙庇云阴，早尘鹗表。随牒浪游于南北，登门浸阔于阳秋。大厦则遥，虽莫陪于贺燕；皎日可见，切自效于倾葵。【《云溪居士集》卷26】

雍正《浙江通志·人物六》载：华镇，字安仁，会稽人。元丰二年进士，官至朝奉大夫。好学博古，工诗文。尝为《会稽览古》诗百余篇，历按史策，旁考传记，以及稗官琐语所载记，咸见采撷。……子初平，登大观三年第。为太常博士，讨论典故，据今考古，无所阿附，靖康初卒。【雍正《浙江通志》卷180】

纪昀《〈云溪居士集〉提要》云：镇，字安仁，会稽人。元丰二年进士，官至朝奉大夫、知漳州军事。……观其学术，大抵以王安石为宗，且与蔡京、章惇辈赠答往来，干祈甚至。……特幸不为京辈所汲引，故尚未丽名奸党，身败名裂耳。至其所为诗文，则才气丰蔚，词条畅达，虽不足与欧、曾、苏、黄比絜长短，而在元丰元祐之际，亦戛然自成一家。【《云溪居士集》卷首】

是年冬十月左右，范仲淹四子纯粹（1046—1117）由知延安府改知熙州。

《通鉴后编·宋纪九十一》载：绍圣二年八月辛未，诏范纯粹降一官，为直龙阁、知延安府。以元祐间尝献议弃地也。……三年春正月壬子，知熙州范纯粹改知邓州。以元祐初尝献议弃地也。【《通鉴后编》卷91】

【按】范纯粹知延安府的诏命在"八月辛未"，而卸任"知熙州"则在翌年"正月壬子"，推知其并未至延安府而改任熙州。

【注】《宋史·范仲淹传（附）》载：纯粹，字德孺，以荫迁至赞善大夫、检正中书刑房，与同列有争，出知滕县，迁提举成都诸路茶场。……复代兄纯仁知庆州。时与夏议分疆界，纯粹请弃所取夏地。……元祐中，除宝文阁待制，再任，召为户部侍郎，又出知延州。绍圣初，哲宗亲政，用事者欲开边衅，御史郭知章遂论纯粹元祐弃地事，降直龙图阁。明年，复以宝

文阁待制知熙州。章惇、蔡卞经略西夏，疑纯粹不与共事，改知邓州。……党禁解，复徽猷阁待制，致仕。卒，年七十余。【《宋史》卷314《范仲淹传》】

蒋之奇还朝后，有《观灯》诗寄苏轼（已佚），苏轼有和诗。

苏轼《次韵颍叔观灯》诗云：安西老守是禅僧，到处应然无尽灯。永夜出游从万骑，诸羌入看拥千层。便因行乐令投甲，不用防秋更打冰。振旅归来还侍燕，十分宣劝恐难胜。【《东坡全集》卷21】

【按】《施注苏诗》《苏诗补注》等都将此诗编年在苏轼"在兵部洎迁礼部尚书"时作。苏诗中有"振旅归来还侍燕"之句，知此诗作于蒋还朝之后。施注、查注并误。

三子蒋瑎为保宁（治所即今太原）、镇南（治所即今南昌）两军节度推官。

汪藻《徽猷阁待制致仕蒋公墓志铭》云：魏公（蒋之奇）帅熙河，奏为书写机宜文字。……魏公召罢，为保宁、镇南两军节度推官，不以秩卑故于事有所怠忽。当路交荐，改宣德郎。【《浮溪集》卷27】

十月十九日，蒋之奇以宝文阁待制权知开封府。

李之亮《京师及东西路大郡守臣（开封府）》载：〇绍圣二年乙亥（1095）：王震：《会要·职官》六七之一二："（绍圣二年十月）二十五日，知开封府王震落龙图阁直学士，降授朝散郎、知越州。"范纯礼：《题名记》："绍圣二年六月十六日，试部侍郎权发遣。"王震：〔按〕据上引《会要·职官》文，王震至本年十月自开封府降知越州，其间范纯礼代权发遣，时间必不长久。林希：《题名记》："绍圣二年十月十日，权礼部尚书权发遣。"蒋之奇：《题名记》："绍圣二年十月十九日，宝文阁待制权知。"【《北宋京师及东西路大郡守臣考》，第28页】

蒋之奇开封府尹题名

蒋公之奇尹京，辟庄徽（1043—1120）为右军巡判官。庄以"非其官"
不就。

汪藻《徽猷阁待制致仕赠少师谥僖简庄公墓志铭》云：宣和二年九月
壬寅，通奉大夫、徽猷阁待制致仕庄公卒于常州宜兴县之里第。……君讳徽，
字君猷，世家扬州之江都。曾祖余庆、祖允明，皆居乡称善人长者。父询，
始南渡徙居于宜兴，以公贵赠通议大夫。……蒋公之奇尹京，辟右军巡判
官，以非其官不就。无何，章丞相惇荐公于上，召对，擢提举秦凤路常平，
遭成夫人忧。【《浮溪集》卷26】

十一月十三日，因蒋之奇在熙州时，迁延了与吐蕃划界的时间，由太
中大夫降授左朝议大夫（降了四级）。

《宋会要辑稿·职官》载：绍圣二年十一月十三日，太中大夫、充
宝文阁待制、知开封府蒋之奇降授左朝议大夫；皇城使、嘉州刺史、权发
遣本路兵马都监高永亨，朝奉郎、通判熙州王本并冲替（贬降官职）。内
永亨仍特降遥郡一官。以枢密院言：按熙河兰岷路经略司分画地界迁延，并
西人掠取，军司并不申奏。永亨申状虚诞，故有是命。而之奇先任经略使，
亦预责焉。【《宋会要辑稿·职官六七》】

《宋史·职官志九》载：文阶：开府仪同三司、特进、金紫光禄大夫、银
青光录大夫、光禄大夫、宣奉大夫（大观新置）、正奉大夫、正议大夫、通奉
大夫（大观新置）、通议大夫、太中大夫（以上旧为侍从官）；中大夫、中奉大
夫（大观新置）、中散大夫、朝议大夫（以上系卿、监）……【《宋史》卷
169《职官志九》】

十二月二十八日，蒋之奇妻弟沈迥知台州。

《嘉定赤城志·秩官》云：绍圣二年（1095）：沈迥，十二月二十八日以
朝奉大夫兼（知台州），四年二月五日替。【《嘉定赤城志》卷9】

第三十七卷 绍圣三年（1096）

绍圣三年（1096）丙子 六十六岁

是年，蒋之奇权知开封府，进龙图阁直学士。

李之亮《京师及东西路大郡守臣（开封府）》载：绍圣三年丙子（1096）：
蒋之奇，《宋史》卷三四三《蒋之奇传》：绍圣中，召为中书舍人，改知开封
府，进龙图阁直学士，拜翰林学士兼侍读。【《北宋京师及东西路大郡守臣考》，第
28、29页】

在翰苑，蒋之奇作《春帖子》诗，一时传为佳话。

蒋之奇《春帖子》诗云：未旦求衣向晓鸡，蓬莱仗下日将西。花添漏
鼓三声远，柳映春旗一色齐。【《全宋诗》卷687，第8020页】

苏颂《春帖子》题注云：又云《翰苑春帖子》。往往秀丽可喜，如苏
子容、邓温伯、蒋颖叔、梁君贶诗，皆佳作也。余观郑毅夫《新春词（四
首）》，与《帖子》格调何异？岂久于翰苑，而笔端自然习熟耶？【《竹庄
诗话》卷17】

《西清诗话·误传蒋之奇诗》云：鲁公在玉堂七年，屡草大典册，余近
类比，逮岁余方成编，荐绅类能传颂。如《春帖子》："三十六宫人第一，
玉楼春困梦熊罴。""龙烛影中犹是腊，凤箫声里已吹春。"世传蒋颖叔
之作，殆非也。【《西清诗话》卷中】

正月十五日，蒋之奇有《上元》诗，仅存逸句。

张福清《蒋之奇逸句》云：鳌山灯火亘天明。【《宋代集句诗校注》，第 129 页】

【注】鳌山灯火：堆成巨鳌形状的灯山，指宫中上元的场景。陈藻《元夕同社众携灯上山谒神祠》诗云："城中箫鼓闹鳌山，灯火千村别一般。今夕崔嵬行乐处，向时模仿仰头看。"【《乐轩集》卷 2】刘志渊《元夜》诗云："鳌山灯火爇金莲，九陌楼台闹管弦。眼底珠玑千点乱，妆成不夜一壶天。"【《启真集》卷 1】

【按】蒋之奇逸句不知作于何时，姑系于《春帖子》之后。

六月，宜兴邵材以朝散大夫知越州。

李之亮《两浙路郡守（越州）》云：绍圣三年丙子（1096）：张修。胡廉飞：《浙江通志》卷 114《越州守臣题名》："胡廉飞，哲宗时任。"在张修后一人。按：此当是张修离任后权发遣者。邵材：《会稽志》："绍圣三年六月以朝散大夫知。"【《宋两浙路郡守年表》，第 62 页】

是年，王子韶卒于知明州任。

《宋会要辑稿·选举》载：三年（1096），知明州王子韶卒于任。【《宋会要辑稿·选举三三》】

八月乙亥，蒋之翰徙知江陵府（今湖北荆州市）。

李之亮《两湖大郡守臣（江陵、荆南）》云：绍圣三年丙子（1096）：吕嘉问。蒋之翰：《姑苏志》卷三："绍圣三年八月乙亥，之翰徙知荆南府。"【《宋两湖大郡守臣易替考》，第 18 页】

是年，蒋之翰重刻《亚亭乡侯蒋公碑铭》。约于是年，蒋氏家族重修谱牒。

《宜兴旧志·碑刻》记载：《亚亭乡侯蒋公碑铭》，唐秘书少监齐光义撰。宋绍圣三年，蒋之翰重刻，在冲寂观。【《宜兴旧志》卷 9《碑刻》】

蒋之奇《书〈亚亭乡侯碑记〉碑阴》云：吾宗世家宜兴，有二碑焉。其一在漏湖之东，天宝十载文部侍郎洌为其父、延州都督挺之所作也。其一《后汉亍亭乡侯碑》，在漏湖之西，监察御史晁为其远祖亍亭乡侯澄之所建也。……本朝伯考堂仕至枢密直学士，赠太尉，皆出于澄之后也。裔孙之翰、之奇以二碑历年兹多，寖以湮洌，乃合族以完石重刻之。庶几祖德家声又千百年不朽矣。凡族人襄其事者，共书其名于碑阴云。宋绍圣三年癸丑九月十五日。裔孙左朝议大夫、充宝文阁待制权、知开封府兼劝农使、上柱国、弋阳郡开国侯、食邑二千户、赐紫金鱼袋之奇记；裔孙朝散大夫、知荆南军事兼管畿内劝农事、充荆湖北路兵马都钤辖、上柱国、武功开国男、食邑三百户、赐紫金鱼袋之翰书；裔孙进士之方、之杰、之策奉命建立。〇蒋之奇《大宗碑记》（唐蒋洌撰，碑文略）碑阴署名，同前。【《方东蒋氏宗谱》卷1】

蒋之奇作《蒋氏姓源辨说》《蒋氏远祖总要》《蒋氏近祖总要》。【《武岭蒋氏宗谱》卷1】又作《谱系序》《蒋氏世系赋》《亭侯枝系赞》（俱略）。【《方东蒋氏宗谱》卷1】

苏轼《敕修蒋氏宗谱序》云：周室初兴，同姓封国，五十有三。……我宋祥符五年，希鲁公讳堂以六经第徐奭榜进士，占本邑之开科，擅儒林之硕望。修宗祠四十九间，辑《宗史》二十一卷。逮颍叔先生益修祖业，再集家章，更设义学若干楹，义田若干亩，重树大宗碑于祠之东庑，亭碑于祠之西庑。持其已谱者未谱者，属成于予。新例井然，予亦何容赞一辞哉。欧阳少师云："义兴邑志，半为颍叔《家乘》。"可也，其言岂虚誉哉。颍叔名之奇，号南，伯龄九十世孙。嘉祐丁酉，与余同第章衡榜进士，追维姬姓祖西岐之盛德，而蒋氏之方兴更未可量云。宋崇宁二年癸未春三月甲子，赐进士第礼部尚书兼端明殿翰林侍读学士苏轼，奉旨为同年进士蒋之奇纂修《宗史》序。【《方东蒋氏宗谱》卷1】

【按】苏轼卒于建中靖国元年，文末署"崇宁二年癸未"，故多疑此文乃后人假托。而文中言颍叔家事及引欧阳修之语，堪称精辟。修与之奇交好在治平三年（1066）之前，此时修已阅读过《蒋氏家乘》，疑即蒋堂所辑《宗史》二十一卷。约三十年之后，之奇再修家谱，邀东坡为序，也在情理之中。本谱姑采其数语，供方家探讨。

第三十八卷　绍圣四年（1097）

绍圣四年（1097）丁丑　六十七岁

二月甲辰，苏轼谪授琼州别驾、移昌化军安置。

《宋史纪事本末·绍述》云：四年二月甲辰，苏轼谪授琼州别驾、移昌化军安置；范祖禹移宾州安置；刘安世移高州安置。……章惇议遣吕升卿、董必察访岭南，将尽杀流人。帝曰："朕遵祖宗遗志，未尝杀戮大臣，其释勿治。"惇志不快。【《宋史纪事本末》卷10】

是年，邵材在知越州任。蒋之翰在知江陵府任，夏日大旱，亲赴承天寺祈雨。

李之亮《两浙路郡守（越州）》云：绍圣四年丁丑（1097）：邵材。詹康：《浙江通志》卷114《越州守臣题名》："詹康，哲宗时任。"在胡廉飞后一人。【《宋两浙路郡守年表》，第62页】

李之亮《两湖大郡守臣（江陵、荆南）》云：绍圣四年丁丑（1097）：蒋之翰。【《宋两湖大郡守臣易替考》，第19页】

袁中道《天皇寺瑞像辨》云：楚中有瑞像三，其一为武昌寒溪寺文殊像。……其一为荆南（湖北荆州）万寿寺弥勒瑞泰像。……宋绍圣四年，蒋之翰迎至承天寺，祈雨，甘霖即澍。政和间，建新华会，像放光明。【袁中道：《珂雪斋集》（前集）卷19】

杨守敬《荆南弥勒瑞像碑》云：适会绍圣四年夏旱，府官遍祷无应，因语知府蒋公之翰："今瑞相英灵殊常，而府人未尝知焉。"蒋乃迎至承天寺，府城士庶皆往瞻礼。是夕果雨，欲送相还寺，余又率提举常平周公伸同祷焉，次日复雨。郡境沾足，岁有丰望。……[原按]《荆南弥勒瑞像碑》，黎珣撰，绍圣四年此记。胡氏《府志》以为蒋之翰撰，非是。施氏府志谓不知何人所作。【《湖北金石志》卷9】

史称蒋之翰雅好《楚辞》，颇有心得。

晁公武《晁端彦藏本〈楚辞〉》云：《楚辞》十七卷：其卷后有蒋之翰跋，云"晁美叔家本也"。【《郡斋读书志》卷4上】

蒋之翰称《骚经》：若惊澜奔湍，郁闭而不流；若长鲸苍虬，偃滞而不得伸。若温金璞玉，泥沙掩匿而不得用；若明星皎月，云汉蔽蒙而不得出。【《源流至论》（后集）卷1】

【按】晁美叔：即晁端彦（1035—1095），字美叔，澶州清丰（今河南濮阳）人，晁端友之兄。与蒋之奇、苏轼同登进士第。蒋之翰跋《楚辞》不知作于何时，特附于其知江陵府时。

孟春，蒋之奇为母族宜兴《周氏宗谱》题跋。

蒋之奇《〈周氏宗谱〉跋》云：周氏为江南巨族，其来久矣。汉秦以前，不必遽述，即自晋及今几八百年，而孝侯之脉愈衍愈长，非其忠义之隆所获报软？世有权臣著姓，煊赫一时，乃不一二传而灰飞烬灭。今观周氏之谱，宁不为寒心也耶？周氏，余之世戚也，其孙出谱求跋，不佞乌能文哉？独有感于惟德获后，因识之，以为后人鉴。宋绍圣丁丑孟春，观文殿大学士蒋之奇。【《黄干周氏宗谱》卷1】

【按】此《跋》是针对宜兴世族周氏族人的，一般文人不可能有如此话语，当是蒋之奇原话。姑录之。《跋》文后落款的"观文殿大学士"，当是周氏后人为张扬门楣而私补。

三月初三日，蒋之奇戏慰坠入金明池的蔡京（1047—1126）。此时，苏轼责授琼州别驾。

宋佚名《有宋佳话》云：元符中上巳日（三月初三）锡燕，从臣命御新龙舟，蔡元长忽坠于金明池，万众喧骇。蔡得浮木凭出，遂入次舍，方一身淋漓。蒋颖叔之奇唁公曰："元长幸免潇湘之役。"蔡大笑答曰："几同洛浦之游。"【《说郛》卷31上】

《宋史·哲宗纪二》载：四年闰二月丙戌朔，张天说坐"上书诋讪先朝"，处死。壬寅，以曾布知枢密院事，许将为中书侍郎，蔡卞为尚书左丞，吏部尚书黄履为尚书右丞，翰林学士林希同知枢密院事。癸卯，大雨雹。甲辰，苏轼责授琼州别驾，移昌化军安置。……己酉，御集英殿策进士。庚戌，策武举。……三月甲戌，幸金明池。丙子，刓胡山，新砦成，赐名"平羌砦"。【《宋史》卷18《哲宗纪二》】

《九朝编年备要·哲宗皇帝》载：绍圣四年，三月亲试举人，赐何昌言以下及诸科六百余人及第、出身有差。幸金明池。风甚，池浪如山，新作龙舟舣于水心殿东，不复登。水嬉等船皆罢。殿中侍御史陈次升上疏，略曰："伏闻金明池新造龙船，费用万贯，肆为侈靡，穷极工巧，必非陛下意也。陛下躬不世之资，袭祖宗之庆，勤俭过于夏禹，天下之所共仰。有司乃不能宣明德意，所造不乘之舟，其费如此。而游幸之日，天乃大风，岂非爱祐陛下而使觉悟有司之过乎？兹事既往，虽不可救，亦足以为来者之戒。"【《九朝编年备要》卷24】

《宋史·奸臣传·蔡京》云：蔡京，字元长，兴化仙游人。登熙宁三年进士第。……使辽还，拜中书舍人。时弟卞已为舍人，故事，入官以先后为序，卞乞班京下。兄弟同掌书命，朝廷荣之。改龙图阁待制、知开封府。……绍圣初，入权户部尚书。……卞拜右丞，以京为翰林学士兼侍读，修国史。……京觊执政，曾布知枢密院，忌之，密言卞备位承辖，京不可以同升，但进承旨。……徽宗即位，罢为端明、龙图两学士，知太原，皇太后命帝留京毕史事。……御史陈次升、龚夬、陈师锡交论其恶，夺职，提举洞霄宫，居杭州。……宣和二年，令致仕。……钦宗即位，边遽日急，京尽室南下，为自全计。天下罪京为六贼之首，侍御史孙觌等始极疏其奸恶，乃以秘书监分司南京，连贬崇信、庆远军节度副使，衡州安置，又徙韶、儋二州。行至潭州死，年八十。【《宋史》卷472《奸臣传·蔡京》】

【按】《有宋佳话》中记载为"元符中"，疑误。《宋史》等都记载为"绍圣四年"，元符中未见有"幸金明池"记录，故系于此。

是年三月至五月，贡举，年届六十的蒋之武（1038—1108）及第。

《宜兴旧志·选举》载：绍圣四年丁丑何昌言榜：蒋之武。【《宜兴旧志》卷7《选举》】

《九朝编年备要·哲宗皇帝》载：三月，亲试举人，赐何昌言以下及诸科六百余人及第、出身有差。幸金明池。【《九朝编年备要》卷24】

《长编》载：五月甲寅朔，御文德殿视朝，以及第进士何昌言为承事郎，签书武宁军节度判官；方天若为曹州节度推官；胡安国为常州军事判官。〔原注：三月十日。〕【《长编》卷487】

蒋静《宋故宣德郎致仕之武公墓志》云：公讳之武，字文翁。……礼部侍郎赠太尉讳堂之侄，知枢密院事、故观文殿学士讳之奇之亲弟也。幼不喜弄，卓有成人之风。年十五，出其所为词赋，宿儒大惊。弱冠试春官，累迁贡魁，以目疾废，逾三十年。学士大夫咸嗟悼之公曰："命也"，处之怡然。绍圣丁丑，枢密公尹京，强之试于礼部，既触闻罢而奏名，对策高第。校沂川（即沂州）文学，格令尚可，赴调官。公曰："吾久不试，今老矣，安能折腰五斗耶？"乃浩然而归隐。【《孝思堂蒋氏宗谱》卷3】

蒋之奇查获贡院举人挟书作弊，拟定罪，为徐铎所阻。

《宋史·徐铎传》云：徐铎，字振文，兴化莆田人。熙宁进士第一，签书镇东军判官。绍圣末，以给事中直学士院，謇序辰建议编类元祐诸臣章牍事状，诏铎同主之，凡一时施行文书，攟拾附著，纤悉不遗，迁礼部侍郎。

铎虽云封驳，而是时凡给事中不肯书读者，辄命代行之。贡院获举人挟书，开封尹蒋之奇将以徒定罪，铎争不可。之奇为从轻比。既上省，章惇怒，罚府吏举人，竟坐刑。铎不复敢有言，众传以为笑。后议除御史中丞，或撼此事以为无所执持，乃止。【《宋史》卷329《徐铎传》】

五月壬戌，知开封府蒋之奇为翰林学士，甲子，兼侍读学士。

《长编》载：五月壬戌，龙图阁直学士、权知开封府蒋之奇为翰林学士。……宝文阁待制、知瀛州路昌衡权知开封府。……甲子，观文殿大学士、西太一宫右银青光禄大夫韩缜乞致仕，诏不允。已而特授太子太保，依前充观文殿大学士，致仕。翰林学士蒋之奇兼侍读。【《长编》卷487】

李之亮《京师及东西路大郡守臣（开封府）》载：绍圣四年丁丑（1097）：蒋之奇，《长编》卷四八七："（绍圣四年五月）壬戌，龙图阁直学士、权知开封府蒋之奇为翰林学士。宝文阁待制、知瀛州路昌衡权知开封府。"【《北宋京师及东西路大郡守臣考》，第29页】

《长编》载：绍圣四年五月甲寅朔……甲子，翰林学士蒋之奇兼侍读。……翰林学士林希言："乞出官使臣，亦依进士，试策三道。"从之。〔原注：林希以学士改知枢，在四年闰二月。此不应犹称学士。当此时，蔡京为承旨，蒋之奇为学士。〕【《长编》卷487】

蒋之奇升翰林学士，韦骧有贺启。

韦骧《贺蒋内翰》云：右某伏审：拜命枫宸，升华翰苑。硕德进而昌时愈盛，大儒显而熙朝益尊。莫非胥庆以同辞，况在冒恩之旧物。恭以内翰太守，材高应变，学粹逢原，仁谊充于胸中，声闻溢于天下。出颛帅阃，羌戎重足而畏威；入治王畿，奸盗革心而远罪。伸矣壮行之志，伟哉中立之贤。副南南之柬求，登北门之清近。谋猷密启，虽钦内相之荣；膏泽沛余，犹为四邻之望。某尸官巴峡，引领门阑。修庆谒以末由，第颂瞻而尤切。伫聆当轴之拜，少慰荐绅之情。某卑诚无任，欣抃依归之至。【《钱塘集》

卷 12】

雍正《浙江通志·人物志（三）》载：韦骧，字子骏，钱塘人。皇祐五年进士，以荐擢利州路运判，移福建路。年饥，不俟奏闻，亟发仓廪，赈活甚众。闽盗炽，骧设方略捕获，诛之。召为主客郎中，出知明州。乞祠。【雍正《浙江通志》卷 167】

《御选历代诗余·词人姓氏》云：韦骧，字子骏，钱塘人。皇祐五年进士，历官尚书主客郎中，提点夔州路刑狱。有集。【《御选历代诗余》卷 102】

六月十四日，翰林学士蒋之奇奉命举荐监察御史二员。时蒋之奇与蔡京共事。

《长编》载：六月丙申，诏翰林学士、承旨蔡京，翰林学士蒋之奇，权吏部尚书邢恕各举监察御史二员以闻。【《长编》卷 489】

【按】《宋会要辑稿·职官一七》云在“四年六月十四日”。

蒋之奇与沈括论律历。

《宋史·律历志十四》载：中原既失，礼乐沦亡。高宗时，胡铨著《审律论》曰：臣闻司马迁有言，曰：“六律为万事根本，其于兵械尤所重。望敌知吉凶，闻声效胜负，百王不易之道也。”……然由律生吕，数十有二，止矣；京氏演为六十，钱乐之广为三百六十，则与黄帝之说悖矣。盖乐之用《淮南》之术，一律而生五音，十二律而为六十音，而六之，故三百六十音，以当一岁之日。以黄钟、太蔟、姑洗、林钟、南吕生三十有四，以大吕、夹钟、中吕、蕤宾、夷则、无射生二十有七，应钟生二十有八，始于包育，而终于安运。然由黄钟迄于壮进百有五十，则三分损一焉以下生；由依行迄于亿兆二百有九，则三分益一焉以上生；惟安运为终而不生。其言与黄帝之法大相牴牾。自迁、固而下，至是杂然莫适为主，至五季王朴而后议少定，沈括、蒋之奇论之当矣。是不亦汩其泥而扬其波乎？呜呼！律也者，固以实为本而法为末，陛下修其实于上，而有司方定其法于下，

以协天地中和之声，则夫数子者，其说有可考焉，臣敢轻议哉！【《宋史》卷81《律历志十四》】

李如篪《太玄踦赢二赞》中记：蒋永叔《韶音集进》卷中却云："扬雄立两赞，多于期数四分日之一者，日行迟缓，常至后天。故雄多此分数，以足周天之度。历数家固有此法，然岂有四岁加一日之理？"【《东园丛说》卷上】

宋人王灼《碧鸡漫志》中记"周（邦彦）贺（铸）词语意精新"时云：江南某氏者解音律，时时度曲。周美成与有瓜葛，每得一解，即为制词，故周集中多新声。贺方回初在钱塘作《青玉案》，鲁直喜之，赋绝句云："解道江南断肠句，只今惟有贺方回。"贺集中如《青玉案》者甚众。大抵二公卓然自立，不肯浪下笔，予故谓语意精新，用心甚苦。

【按】蒋之奇之论吕律，已佚，故不知作于何时，疑其在太常博士或翰林学士期间，姑系此。王灼文中"周贺"，即词家周邦彦、贺铸；所谓"江南某氏者"，当指蒋之奇或沈括。元祐中蒋为六路发运使时，周邦彦知溧水县，两人有"瓜葛"。周亦曾步蒋之后，题《左伯桃墓羊角哀墓》长诗。【参见《景定建康志》卷43《风土志二》】

蒋颖叔《观太史局铜浑仪》诗，已佚。

高似孙《乾坤一弹丸》记云：蒋颖叔《观太史局铜浑仪》诗："日月双连璧，乾坤一弹丸"。弹丸，字出孔颖达，曰："天包地外，犹鸡卵之裹黄，圆如弹丸，"然《汉书》曰："日月如连璧耳。""连璧"二字出《易·坤灵图》，曰："至德之明，日月若合璧。"余愚见用"日月双旋蚁"对之，亦佳。"旋蚁"二字出《抱朴子》，曰："天圆如盖，地方如棋局，天［左行，日月右行，如］蚁行磨上。磨左旋，蚁右去，磨行速，蚁不得已，［随磨行。""旋蚁］对"弹丸"尤妙。【《纬略》卷10】

【按】"［ ］"内的文字，笔者据宋人朱胜非编《绀珠集》卷3补。

六月二十二日，余中到知湖州任。

李之亮《两浙路郡守（湖州）》云：绍圣四年丁丑（1097）：马城。余中，《吴兴志》："余中，朝奉郎、充秘阁校理。绍圣四年六月二十二日到任。"【《宋两浙路郡守年表》，第189页】

是年下半年，蒋之奇堂兄长生知泉州。

李之亮《福建路郡守（泉州）》云：绍圣四年丁丑（1097）：唐坰。蒋长生，《泉州志》："蒋长生，四年任。"【《宋福建路郡守年表》，第92页】

八月癸未，蒋之奇上书，分析官制"试""守"之差别和对错。

《长编》载：八月癸未，翰林学士兼侍读蒋之奇言：次当转对，伏以官制之弊久矣，名秩舛迕，位序颠倒。在汉，何武尝请建三公而不能定，在周，卢辨尝述著六官而不能久。先帝元丰之间，慨然一变，以阶寓禄，虽用旧文而傅以新意，可谓尽善矣。然有所未安者，"试""守"之谓也。盖所谓"试"，则非正官也。今为尚书、侍郎者，皆正官也，而谓之"试"，此失之矣。本其始，所谓"试"者，为其阶之卑也。如以其阶卑，则谓之"守"可也。臣按《贞观令》，以职事尊者为"守"，职事卑者为"行"，旧制阶尊职卑为"行"，阶卑职尊为"守"，阶与职等者，不行不守，此三者足以该之矣。其不必谓之"试"亦明矣。何以知阶卑职尊可以谓之"守"也？"守"者，非真也。臣按《李固传》注：汉故事，先守一岁，然后为真。又《马援传》注曰："守"者，一岁乃为真，食其全俸。故薛宣入守左冯翊，满岁称职为真；张敞守太原，满岁为真；王尊守京兆尹，后为真。又《茂陵守令尹公》注云：守茂陵令，未真为之。以此考之，则阶卑职尊者谓之"守"，足矣，是不必"试"也，且如正议大夫视六曹，侍郎光禄大夫视左右丞，通议大夫视给事中，今六曹侍郎自正议大夫除，则官与阶等不守不行也。自光禄大夫以上除，则阶尊官卑，谓之"行"，可也。自通议大夫以下除，则阶卑官尊，谓之"守"，可也，何必云"试"哉？凡此等者，皆古之制也。今中大夫为尚书侍郎，则称"试"，为左右丞则称"守"，且新制左右丞为辅臣，在尚书之上，岂有中大夫可以"守"左右丞，而不可以"守"尚书侍郎乎？此可谓倒置也。臣请参酌典故，特为厘改：凡为正官者，皆改"试"为"守"，庶几协于名义，成一代之盛典。议者谓：以"试"为"守"，如制禄之差何？臣应之曰：定制禄之差，使"守"如"试"，无不可者。臣闻明圣润色祖业，传之无穷，先帝考复官名，规模宏远，则修饰而润色之，正在陛下，惟留神裁。幸。【《长编》卷490】

蒋之奇《请厘改官制去试为守奏》（略）。【《全宋文》卷1705，第583—584页】

《宋史·职官志九》云：叙迁之制：凡除职事官，以寄禄官品之高下为准。高一品已上为行，下一品为守，下二品已下为试。品同者否。绍圣三年，户部侍郎吴居厚言：……四年，翰林学士蒋之奇言：所谓试，则非正官也。今尚书、侍郎皆正官，而谓之试，失之矣。如以其阶卑则谓之守，可也。臣请凡为正官者，皆改试为守。崇宁中，吏部授选人差遣，亦用资序高下分行、守、试三等。政和三年，诏选人在京执事官依品序带行、守、试，其外任则否。宣和以后，官高而仍旧职者谓之领，官卑而职高者谓之视，故有庶官视从官、视执政，执政视宰相，凡道官，亦视阶官云。【《宋史》卷169《职官志九》】

八月己丑，大理寺官员蒋之美被罚铜三十斤。

《长编》载：八月己丑，诏复神臂弓射法。旧射一百二十步，元祐中减为八十步，今复如旧。御批："大理寺官吏勘断，内中作贼，修内司雄武兵士邱安，本寺并不奏裁，止以京城内窃盗条断决讫。缘本人所犯，事理重轻，自与常法不同，不惟断遣失当，亦无以惩诫。"除别作施行外，其本寺官李孝博特罚铜二十斤，朱牧、蒋之美、杜宗旦、滕友各罚铜三十斤，推法司等当行人吏，送开封府各决臀杖二十放。【《长编》卷490】

【按】蒋之美，蒋之奇胞弟。熙宁六年余中榜进士。见厉鹗《宋诗纪事》卷二十六。罚铜，通常适用于官员的小失误。

十一月丙辰，钱勰卒于知池州任上。

《长编》载：十一月辛亥朔……丙辰，朝议大夫、知池州钱勰卒。〔原注：
《旧录》云：钱勰绍圣初为翰林学士，批答不允。郑雍乞出，诏以诐辞害政，夺职，知池州，
卒年六十四。勰在元祐，附会为奸。绍圣初，朝廷黜其党，而勰止以微罪去，终与奸党云。《新录》
辨曰：此《实录》窃迹当时之事，大抵元祐之人，为绍圣用事之臣所不喜者，皆诬以诽谤
朋党之罪。顾可信乎？今删去。〕【《长编》卷493】

传蒋之翰之子蒋津除吏部侍郎。

《蒋玤世表》云：之翰公子玤（一作津），字公济，宋神宗熙宁三年（1070）
进士。兖州教授，召为直学，迁太傅。神宗元丰三年（1080），除江东提刑。
以政著声，诏奖谕，进秩一级，除右正言，辞不就。出持宪福建江浙，守信州。
哲宗绍圣四年（1097），除吏部侍郎，以敷文阁待制终。生于宋皇祐二年（1050）
庚寅，卒于宋政和七年（1117）丁酉，享年六十八岁。葬蒋墓。配司谏苏
舜举公女，封郑国夫人。子二，天麟、天衷。【《方东蒋氏宗谱》卷7】

《蒋玤世表（二）》又云：玤，旧谱："津，字不回。载元祐党人碑。"
之翰公子，字公济。……配苏司谏舜举公女，封郑国夫人。子二，天麟、天衷，
寿六十有八岁。生于宋神宗皇祐二年庚寅，卒于徽宗政和七年丁酉。葬弋庄。
【《陵上蒋氏宗谱》卷5】

陆佃有《依韵和蒋津雪中见寄》诗（略）。【《陶山集》卷2】

袁默有《次韵蒋不回惠山行见赠》诗（略）。【《无锡县志》卷4上】

《通鉴后编·宋纪九十六》载：崇宁三年五月戊午，诏重定元祐元符党
人及上书邪等者合为一籍，通三百九人，刻石朝堂，余并出籍，自今毋得
复弹奏。元祐奸党：文臣：曾任宰臣执政官司马光等二十七人（……蒋之
奇）；待制以上官苏轼等四十九人（苏轼……）；余官秦观等一百七十六
人（秦观、黄庭坚……蒋津）……【《通鉴后编》卷96】

【按】蒋津除吏部侍郎，正史无考，然《元祐元符党人碑》确有其名，故录之备考。

是年，蒋之奇收养侄儿蒋璨。

《宜兴旧志·蒋璨小传》云：蒋璨（或误作灿），字宣卿。父之美，早卒。璨方十三岁，鞠于世父魏公之奇。博览载籍，操笔成章，尤善为诗。魏公器重之，赋诗曰："渥洼之驹必汗血，青云之干饱霜雪。"以魏公荫补将仕郎。历知平江、临安二府。尝与转运司计料开浚常熟十四浦，以通江。后以侍郎守临川，告归，卒。赠正议大夫。孙觌称其诗："奇丽清婉，咀嚼有味如啖蔗，然读之惟恐尽。其拟东坡作，置苏集中，殆不可辨。"所著有《景坡堂诗集》十卷。【《宜兴旧志》卷8《文苑》】

孙觌《宋故右大中大夫敷文阁待制赠正议大夫蒋公（璨）墓志铭》载：公讳璨，字宣卿，曾祖九皋，赠太傅，祖滂，江宁县主簿，赠太师。考之美，奉议郎通判直州，赠正议大夫；姚硕人程氏，所生母李氏，令人。公生十三岁而孤，鞠于世父魏公。【《鸿庆居士集》卷37】

蒋之奇兄弟对蒋璨寄予很大希望，常以诗励之。

仲并《跋蒋颖叔兄弟与其侄宣卿诗》云："乃知贫贱别更苦，吞声踯躅涕泪零。"此少陵杜甫别其侄勤诗也。"出守吾家侄，殊方此日欢。"此宴忠州侄诗也。"嗣宗诸子侄，早觉仲容贤。旧谙疏懒叔，须汝故相携。"此皆寄其侄佐诗也。每诵其词，见其于犹子勤勤亲爱之，盖不啻其子，可以见少陵孝友有余，仁厚之至也。太师蒋公（即蒋之奇）赓唱二诗，其得少陵之心乎？唯二父能知龙阁公于少时。龙阁公不负二父之知于今日，此诗尤可伤也。少陵诸侄其后不皆有闻，而龙阁公出入践更，显名当世。过少陵诸侄远甚，亦见二父于犹子中非苟亲爱之如此。【《浮山集》卷4】

【按】仲并，扬州人。宜兴庄安常婿，蒋瑎子庆祖连襟。汪藻《左朝请大夫主管台州崇道观庄君墓志铭》云：君姓庄氏，讳安常，字子尚。曾祖曰允明，世家广陵；祖询，始徙宜兴。宜兴之庄，逮君三世矣。皇考曰徽，以进士起家。……四女子，右承务郎蒋庆祖、左奉议郎仲并、右从政郎王直谅，其婿也；季，末行。【《浮溪集》卷27】

是年，朱长文（1039—1098）卒。蒋之奇曾赠诗云："玉杯旧学无施设，空有新诗满锦囊。"

张景修《乐圃先生墓志铭》云：乐圃先生朱伯原卒于京师，识与不识者皆叹之。……先生讳长文，伯原字也，其先为越州剡人。……擢嘉祐四年进士第，吏部限年未即用。……内相蒋公诗曰："玉杯旧学无施设，空有新诗满锦囊。"盖叹之也。暨登芸省，〔秘书省别称。〕有喜色，尝曰："天下奇书在吾目中矣。"明年，枢密曾公、林公荐兼尚书局，未期月，以疾终于家。命夫！实元符元年二月十七日丙申也，享年六十。【《乐圃余稿》（附录）】

正德《姑苏志·人物七（名臣）》载：朱长文，字伯原，其先剡人。……比生十岁，能属辞，读书辄竟夕。从泰山孙复授经于太学，无所不知，尤邃于《春秋》。博闻强识，笃学力行，年十九擢乙科进士第。……既冠，授秘书省校书郎，守许州司户参军，以坠马伤足，不肯从吏。……家居凡二十年，筑室故吴越钱氏金谷园。知州章岵表曰"乐圃"，乡人遂称为"乐圃先生"。……元祐中，起为本州教授。州有两教授，以长文故也。同举者徐积、陈烈，时号三先生。……绍圣间，改宣教郎，除秘书省正字，兼枢密院编修文字。元符初卒，年六十。哲宗嘉其清，赠绢百匹。博士米芾为表其墓。【正德《姑苏志》卷49】

【按】《宋史·蒋之奇传》说，蒋之奇"孜孜以人物为己任"，三先生中徐积、陈烈皆由其荐起，而与朱长文也交往颇深，足见其为人、处世、从政，处处以大局为重，而非讲求私恩亲情。

第三十九卷　元符元年（1098）

绍圣五年元符元年（1098）戊寅　六十八岁

正月七日，方外好友了元（1032—1098）示寂，蒋之奇为撰《塔记》（已佚）。

释惟白《云居山佛印禅师》云：（禅师）讳了元，姓林氏，饶州浮梁人也。至道壬申六月六日诞生，祥光上烛。须发爪齿，宛然具体。风骨爽拔，孩孺异常。发言成章，语合经史，闾里先生称曰神童。年将顶角，博览典坟。卷不再舒，洞明今古。才思俊迈，风韵飘然。志慕空宗，投师出家。试经圆具，感悟夙习。即遍参寻，远造庐山开先暹禅师法席，投机印可。丛林拔萃，出为宗匠。三十余年，九坐道场，四众倾向，搢绅硕儒，咸钦道望，名动朝野。神宗皇帝宣赐高丽磨衲金钵，以旌师德。元符元年元正七日，写偈坐灭本山。余如知院大尉蒋公之奇《塔记》。【《建中靖国续灯录》卷6】

是年，蒋长生在知泉州任上。

李之亮《福建路郡守（泉州）》云：绍圣五年（元符元年）戊寅：蒋长生。【《宋福建路郡守年表》，第92页】

三月壬戌，修订籍田耕种收割礼仪。蒋之奇作《籍田令》诗。

蒋之奇《籍田令》诗云：规地余千亩，三推示劝耕。廪牺犹故宇，浚麦有新楹。日至土膏动，雪消泉脉生。城中若羁束，野径得闲行。〔原注：
本朝元丰三年，诏"籍田令隶太常寺"（《续会要》）。渡江初阙。绍兴十五年初，除康
与之为籍田令。三十一年，诏"田籍司权罢，官吏并罢"，后复置（《中兴会要》）。〕【《记
纂渊海》卷31】

《长编》载：元符元年三月壬戌，尚书省言：太常寺与阁门修定《刈
麦仪》："车驾出将至籍田门外，礼部太常寺官、籍田令迎驾起居讫，赴殿
下，西向侍立。……阁门使御前承旨，临阶宣付藉田令，付有司变造礼食，
以俟荐献宗庙，藉田令授讫。再拜退。俟乘舆次赴插稻綵殿，降舆升御座，
插稻人员起居讫，阁门使诣御座前承旨，临阶传付有司，兵士一名驾牛一
具，以水碌轴自稻池西南角下池往来讫，于东岸上出，一次插稻讫。上降座，
退幸玉津园，如阁门仪。秋刈禾准此。"从之。【《长编》卷495】

【按】蒋之奇《籍田令》诗不知作于何时，因元符元年修定《刈麦仪》，故附此。

《宋史·神宗纪二》载：元丰二年冬十月丙申，西南石蕃来贡。癸卯，
置籍田令。【《宋史》卷15《神宗纪二》】

《宋史·职官志四》载：籍田令，掌帝籍耕耨出纳之事，植五谷蔬
果，藏冰以待用。【《宋史》卷164《职官志四》】

**三月乙丑，诏翰林学士蔡京等辩验段义所献玉玺。蒋之奇参与其间，
是年七月获赏赐。**

《宋史·哲宗纪二》载：元年三月乙丑，诏翰林学士、承旨蔡京等辩
验段义所献玉玺，定议以闻。【《宋史》卷18《哲宗纪二》】

杨慎《玉玺考》云：宋哲宗元符元年五月，咸阳民段义斸地得玉玺。蔡
京及讲议玉玺官十三员奏曰："皇帝寿昌者，晋玺也；受命于天者，后魏
玺也；有德者昌，唐玺也；惟德允昌者，石晋玺也；则既寿永昌者，秦玺。"
可知若蔡京辈，小人媚上，不惮诬天，而况于欺人乎？纵使真是秦玺，亦
无道之物，亡国之器，岂舜之五瑞禹之玄圭乎？噫！宋之君臣，可谓迷惑
无识矣。【《丹铅总录》卷7】

五月初一日，接受民间所献宝玺；六月初一日，改元"元符"。

《宋史·哲宗纪二》载：五月戊申朔，御大庆殿，受"天授传国受命"宝，行朝会礼。……癸丑，受宝，恭谢景灵宫。戊午，宴紫宸殿。庚申，诏献宝人段义为右班殿直，赐绢二百匹。六月戊寅朔，改元。【《宋史》卷18《哲宗纪二》】

六月二十二日，余中罢知湖州。

李之亮《两浙路郡守（湖州）》云：绍圣五年元符元年戊寅：余中。丰稷《吴兴志》："丰稷，朝请郎、充龙图阁待制。元符元年六月二十二日到任，二年三月八日移知杭州。"【《宋两浙路郡守年表》，第189页】

七月戊辰，蒋之翰罢知江陵府。

李之亮《两湖大郡守臣（江陵、荆南）》云：绍圣五年、元符元年戊寅：蒋之翰。吕仲甫，《长编》卷500："（元符元年七月戊辰），江淮荆浙等路发运副使吕仲甫为直秘阁、知荆南。"【《宋两湖大郡守臣易替考》，第19页】

七月十九日，蒋之奇因担任讲议玉玺官，赐银、绢一百匹、两。

《宋会要辑稿·舆服》载：元符元年七月十九日，礼部言："讲议玉玺官：翰林学士蒋之奇与秘书省、御史台、少府将作监官凡十三员。"诏之奇赐银绢一百匹两，余官各二十匹两。【《宋会要辑稿·舆服》】

《长编》云：秋七月乙丑，诏将来礼自礼仪使以下改差执政官，仍著为令。以知枢密院事曾布为礼仪使，中书侍郎许将为仪仗使，尚书左丞蔡卞为卤簿使，尚书右丞黄履为桥道顿递使。……礼部言："讲议玉玺官：翰林学士蒋之奇，与秘书省、御史台、少府、将作监官十三员。"诏之奇赐银绢各一百匹两，余各赐二十匹两。【《长编》卷500】

八月辛丑，蒋之奇应诏，荐耿南仲、陈遘（见本谱第二十二卷），靖

康时虽皆为重臣，但主和主战态度不一。同日，吕嘉问则荐常州邹浩。

《长编》载：八月丙子朔……辛丑，翰林学士蒋之奇应诏，荐国子监主簿耿南仲，堪台阁清要；知开封府阳武县陈遘，堪不次繁难。……户部侍郎吕嘉问荐宣德郎邹浩，堪太学教导、台阁顾问；知常州无锡县李积中，堪言事官或监司。【《长编》卷501】

《宋史·耿南仲传》云：耿南仲，开封府人。与余深同年登第。……政和二年，以礼部员外郎为太子右庶子，改定王、嘉王侍读，俄试太子詹事、徽猷阁直学士，改宝文阁直学士。在东宫十年。钦宗辞内禅，得疾，……南仲与吴敏至殿中侍疾。明日，帝即位，拜资政殿大学士、签书枢密院事。未几，免签书。……升尚书左丞、门下侍郎。金人再举乡京师，请割三镇以和，议者多主战守，唯南仲与吴开坚欲割地。康王使军前，请南仲偕。帝以其老，命其子中书舍人延禧代行。……康王在相州，南仲偕金使王汭往卫州。乡兵谷杀汭，汭脱去，南仲独趣卫，卫人不纳。……高宗既即位，薄南仲为人，因其请老，罢为观文殿大学士、提举杭州洞霄宫。延禧以龙图阁直学士知宣州。已而言者论其主和误国罪，……命降授别驾，安置南雄，行至吉州卒。建炎四年，复观文殿大学士。【《宋史》卷352《耿南仲传》】

十一月己酉，诏蒋之奇赎金十斤（一说罚铜十斤）。原因是在元丰二年，蒋为黄庭坚舅舅李莘申诉"冲替罪犯"量刑太重。

《长编》载：十一月己酉，御史中丞安惇言：近奏翰林学士蒋之奇于元祐初，奏雪知亳州李莘前任江西提刑日冲替罪犯为太重事，望详前奏，早赐处分。诏之奇赎金十斤。【《长编》卷504】

黄庭坚《送舅氏野夫之宣城二首》诗（略）。〔原注：李莘，字野夫。〕【黄庭坚：《山谷内集诗注》卷2】

《长编》载：元符二年秋七月癸丑，右正言邹浩奏……浩又尝奏：臣伏见看详诉理文字，所节次看详过文字进呈，已蒙朝廷施行了毕。臣契勘元降看详指挥，系分两等，一谓语及先帝，一谓语言过当。除语及先帝之人外，其余所诉虽情犯不齐，大率皆以官司锻炼致罪，抱负冤抑。得遇朝廷清明，辨雪矜贷为词，只是语言过当一等而已。……一蒋之奇奏雪李（莘）〔莘〕罪犯状内称"今来冲替、显是太重"等语言，罚铜十斤。〔原注：元年十二月五日。〕伏望圣慈深赐省察，以为来事之鉴。不胜幸甚。【《长编》卷513】

《长编》载：元丰二年五月戊辰朔，诏权发遣江南西路提点刑狱李莘冲替，展磨勘二年。知建康军蔡若水等罚铜差替。并坐廖恩发所部，初不觉察故也。【《长编》卷298】

【按】李莘在江西时，尝与蒋之奇为同僚，而受处分时，蒋之奇已移任陕西发运副使。

第四十卷 元符二年（1099）

元符二年（1099）己卯 六十九岁

三月乙酉，因蒋之奇从西北边境召还入朝不久，未再赴西北，改由蔡京知太原府。

《长编拾补·哲宗》载：三月乙酉，翰林学士承旨蔡京以端明殿学士兼龙图阁学士、知太原府。郭知章先除河东帅，韩忠彦私与曾布谋，欲留知章，使京代之。黄履亦谓当然，于是同进呈。河东久阙帅，乞趣知章陛辞之任，忠彦遂言："知章初任帅，岂可付以河东？河东须事体重，曾作帅知边事者乃可往。"布曰："非不知此，但无人可差，故且以知章充选。"蔡卞曰："自来须用曾经河北作帅人。"布曰："旧例须用故相及前两府，今近上从官如吴居厚、安惇皆不作帅，蒋之奇新自边上召还。"忠彦曰："如此只有蔡京。"上曰："如何？"布曰："若令京去，须优与职名。"章惇曰："承旨自当除端明殿。"布曰："兼两学士不妨。"蔡卞曰："之奇曾经边帅，莫亦可去？"许将曰："朝廷阙人，莫且教知章去。"上曰："且教去。"将又曰："且教知章去。"布曰："不知圣旨是且教知章去，是教京去？"惇上曰："蔡京。"布曰："如此，则批圣旨。"蔡京除端明殿学士兼龙图阁学士、知太原府遂定。蔡卞曰："兄不敢辞行，然论事累与时宰违戾，人但云为宰相所逐。"上不答。翌日，布再对，上谕布曰："蔡京、张商英、范镗皆已去，只有安惇、刘拯、王祖道未去。"布曰："言者稍

举职，则此辈亦何可安也！"【《续资治通鉴长编拾补》卷15】

三月己巳，新知洪州蒋之翰建言，选马军、禁军人犯补刺，充本州马军。

《长编》载：元符二年三月甲辰朔……己巳，朝散大夫、新知洪州蒋之翰言：伏睹诸路总管钤辖司许招置马军一指挥，昨知荆南日，少人投换，乞下诸路总管钤辖司，遇有移配到他州马军禁军，仰子细试验等状，年少壮及格，不犯徒刑，并许选补刺充本处马军。从之。【《长编》卷507】

六月戊子，中大夫蒋之奇叙复太中大夫。

《长编》载：元符二年六月戊子，翰林学士承旨蔡京等言："臣等每缘职事请对，待次或逾旬日，方得瞻望清光，而文字遇有急速，深恐失事。伏望指挥下阁门，今后许翰林学士依六曹、开封府例，先次挑班上殿，仍不隔班。"从之。中大夫蒋之奇，叙复太中大夫。从刑部检举也。【《长编》卷511】

【按】此记载表明，蒋之奇年前被处罚时，曾经由太中大夫降中大夫。

六月二十三日，蒋之翰到知湖州任，是年冬，遣乌程主簿祷雪。

李之亮《大郡（湖州）守臣考》云：元符二年己卯（1099）：丰稷。蒋之翰，《吴兴志》："蒋之翰，朝散大夫。元符二年六月二十三日到任，三年十二月二十六日罢，赴阙。"按，原作"蒋之幹"，疑误。【《宋两浙路郡守年表》，第189页】

《吴兴续志·渊应庙》云：渊应庙，在响应山下，碧玉潭侧，潭水瀫澄，神龙居之。唐元和八年，县令刘泭祷雨有验，始载祀典。宋朝元符元年，邑大旱，县令毛滂驰祷，未出山而雨。自是有请必应。刺史蒋之翰遣乌程簿祷雪，即如所请。以其事闻，敕赐今额。建中靖国元年，邑人相与立祠宇，滂有记刻石在庙。【《永乐大典》卷2281】

是年上半年，蒋长生在知泉州任上，年中罢。

李之亮《福建路郡守（泉州）》云：元符二年己卯（1099）蒋长生。江公著：《泉州志》："江公著，元符二年任，三年充提举本路常平茶事。"【《宋福建路郡守年表》，第92页】

八月乙未，皇上与曾布讨论词臣，想起用蒋之奇。曾布引荐叶涛，蒋有《贺中书叶舍人启》。

蒋之奇《贺中书叶舍人启》（略）。【《全宋文》卷1706，第595页】

《长编》载：元符二年八月乙未，枢密院再对。上谓曾布曰："中书舍人阙，殊未有可除者？"……布又曰："词臣尤难得人，如前日龙喜宴，朝廷庆事，乐词无一堪者，不足以称扬朝廷庆喜之意。"上曰："殊无可道，文字极少，只数句尔。"布曰："只如皇子庆诞，降一德音，乃与四方同庆，诏语亦殊不足称副盛事。"上大笑，极以为然。因言："蒋之奇如何？"布曰："之奇文字虽繁，然却有可道，亦时有好语，非蔡京可比。"上曰："蔡京诚不可比之奇。"布曰："何以逃圣鉴。因言文学之士，虽为难得，然以天下之大，文物鼎盛之时，岂可谓无人？但以执政好恶，人材隔塞者多。如陈瓘（莹中）辈，文采作舍人有余，然执政不肯用。陛下向排众论，擢叶涛、沈铢等，莫不称职。今如涛辈，未见其人。"【《长编》卷514】

《宋史·叶涛传》：叶涛，字致远，处州龙泉人。进士乙科，为国子直讲。虞蕃讼起，涛坐受诸生茶纸，免官。涛，王氏婿也。即往从安石于金陵，学为文词。哲宗立，上章自理，得太学正，迁博士。绍圣初为秘书省正字，编修《神宗史》，进校书郎。曾布荐为起居舍人，擢中书舍人。司马光、吕公著、王岩叟追贬，吕大防、刘挚、苏辙、梁焘、范纯仁责官，皆涛为制词，文极丑诋。……曾布引为给事中，居数月而病，以龙图阁待制提举崇禧观，卒。【《宋史》卷355《叶涛传》】

　　九月丙午，蒋之奇奉旨，为嫔妃刘氏封后草诏。此事，后来也引起不少风波。

　　吕希哲《杂记》云：元符二年八月丙申，宣吕惠卿移镇制，章子厚诣文德，押麻〔押麻：监督宣读诏书。〕询许、蔡二公云："夔连三日留身，又留三札子，莫是荐士否？"冲元笑云："必是大差除。"元度云："非也。"是日，乃刘后满月。九月丙午，召学士蒋之奇入见，上指御座后文字付之奇，立贤妃刘氏。之奇奏云："封建嫔妃、诸王，皆中书具熟状，付学士院，唯拜相则面受诏旨，此不知是何人文字？"上云："此皇太后所降手诏，亦不须进熟状，只依此批旨。"之奇乃启封，云："皇帝所咨近臣请建中宫事，刘贤妃柔明懿淑，德冠后宫，诞育元良，为宗庙万世之福。今中宫将建，非斯人其谁可当，所宜备举典册，以正位号。"之奇读讫，乃批云："九月七日，内东门面奉圣旨：贤妃刘氏可立为皇后，以今月八日降旨处分。"【《吕氏杂记》卷下】

　　《宋史·哲宗纪二》载：四年九月己卯，封婉仪刘氏为贤妃。……元符二年九月庚子朔……丁未，立贤妃刘氏为皇后。己未，青唐酋陇拶以城降。壬戌，雨，罢秋宴。甲子，右正言邹浩论刘氏不当立，特除名勒停、新州羁管。丙寅，御文德殿，册皇后。闰月癸酉，置律学博士员。诏详议庙制。以青唐为鄯州、陇右节度。邈川为湟州，宗哥城为龙支城，俱隶陇右。【《宋史》卷18《哲宗纪二》】

　　《宋史·昭怀刘皇后传》载：昭怀刘皇后，初为御侍，明艳冠后庭，且多才艺。由美人、婕妤进贤妃。生一子二女。有盛宠，能顺意奉两宫。时孟后位中宫，后不循列妾礼，且阴造奇语以售谤，内侍郝随、刘友端为之用。孟后既废，后竟代焉。右正言邹浩上疏极谏，坐窜。徽宗立，册为元符皇后。明年，尊为太后，名宫崇恩。帝缘哲宗故，曲加恩礼，后以是颇干预外事，且以不谨闻。帝与辅臣议，将废之，而后已为左右所逼，即帘钩自缢而崩，年三十五。【《宋史》卷243《后妃传下》】

　　《长编》云：九月丁未，诏立贤妃刘氏为皇后，诏已降制，贤妃刘氏立为皇后。今月二十七日行册礼，以尚书左仆射兼门下侍郎章惇摄太尉，充册礼使、中书侍郎许将摄司徒，充册礼副使、尚书左丞蔡卞撰册并书册宝文。先是，将立后，内出皇太后手诏，曰："非此人其谁可当？"翰林学士蒋之奇载其语于白麻，故有"谅非斯人，谁可为后"之语。其后，皇太后临朝，以瑶华无辜被废，追治元符立后之因。诏之奇进所奉手诏，验其字画，乃刘友端所书。之奇帝前奏曰："当时降制用手诏，谓皆得旨，不谓皇太后不知也。"皇太后谕曰："当时实未尝见，惟九月二日先帝来殿中，云章惇等乞立中宫，议已定，欲初七日降制，自后文字皆不曾见。友端、郝随辈误先帝多矣。"他日曾布问惇："立元符手诏是刘友端书，外间有人进入文字，皇太后未尝见闻，何也？"惇遽曰："是惇进入内，先帝云已得两宫旨，令撰此诏意。"于是二府以惇语奏。徽宗及皇太后曰："惇罪诚不可贷，然不可暴扬者，正为先帝尔。"是时，章惇专制，结内侍郝随以固权宠，刘友端助之，三人凶狡相济，故长乐手札，惇撰定进入，友端矫制书之。宫禁事秘，人莫得而辨也。〔原注：曾布《日录》元符三年四月庚戌，上问蒋之奇元符事，令取所受皇太后手书进入。蒋遂留身，然上对布询问无所隐。布以其欲留，遂先退及至帘前。蒋具道其事，太母云："当时所降文字及刘友端所书，太母未曾见，如绍圣初增崇圣瑞礼数，乃本殿人书写，此书未尝见也。"是时九月二日，先帝来殿中云："章惇等乞立中宫，答云'此事官家更子细'，先帝云'宰臣等议已定，欲以初七日降制'。若如此，如何了得？"太母云："且更相度，自后文字皆不曾见，刘友端、郝随误先帝处多。"蒋云："当时降制用手诏，谓皆是得旨，却不知皇太后不知。"太母云："从初废瑶华时，亦来商量，亦答他云。此大事不可不谨。"先帝云："避不得，亦已怒。"蒋云："从初所受文字，并已于上前纳下。"太母云："已见当时，实不曾见，并不知布云如此，诚可骇也。"臣于绍圣初议圣瑞建宫，安焘云："除是教皇太后降一手诏。"先帝正色折之，云："皇太后怎生教？皇太后手诏皆是本殿中人书写，如何教得？"臣闻德音，称叹不已。今日所闻，则异于此。如此是刘友端等所误，内外之人误先帝。如此，诚可罪也。〕【《长编》卷515】

九月八日，蒋之奇《立刘皇后制》。

蒋之奇《立刘皇后制》曰："朕获以菲质，绍承宝图。历观王化之兴，莫非内德之茂。惟时淑媛，祗事掖庭，生尔天材，立我国本。其涓谷旦，升冠长秋，章妇道于家人，焕母仪于天下。贤妃刘氏心容具善，德履参和。弓韣祠禖，夤歆帝武之敏；簟笏考室，遂占熊梦之祥。诞降元良，来符亨会。属中宫之虚位，适宰府之有言，以七庙祭祀必有以共承，两宫奉养不可以无助。朕躬禀慈训，钦聆玉音，谓其有柔明之姿，懿淑之德，载育长嗣，垂庆万年，亮非斯人，谁可为后。宜举典册之备，以正位号之崇。播告治朝，是颁休命。于戏！虞舜之厘二女，帝喾之登四妃。冠德后宫，远则贵人选建于永平之岁；锺英甲族，近则德妃礼命于祥符之年。匪朕私恩，具咨故实。尚协修于阴教，其笃叙于壸彝。忧若《关雎》之进贤，仁如《樛木》之逮下，成《麟趾》之信厚，致《螽斯》之众多，燕及家邦，永绥福祚。可立为皇后，令所司备礼册命。"【《宋会要辑稿·礼五三》】

九月二十五日，邹浩上殿，论册后事不当。当日，邹浩勒停，新州羁管。蒋之奇尝与之通简，落职小郡。吕嘉问举官不当，削一职。

吕希哲《杂记》云：元符二年九月八日降册，册贤妃刘氏为后，择二十七日发册。正言邹浩自试院中出，乃以二十五日上殿，论册后事不当。是日批出："邹浩勒停，新州羁管。"仍令开封府即日差人押出门。二十六日，习仪殿庐中批付三省，以吕嘉问举官不当，削一职，展三年磨勘。已而御史左肤论开封迟留浩，不即日出城，又于城外稽留累日。下嘉问问状，又送御史台，令元差人具析有何人祖送浩者。上至面谕，辅臣云："士大夫有易服自别门出往劳送之者，而所差人不能尽识往还之人。"中丞安惇又乞根治，遂送御史台制勘，悉得姓名。都讲王回乃吏部尚书叶祖洽所荐，与浩最为密熟，首就逮系，至台中诘之，乃能诵浩所上章千余言。安惇等上章，以为回尝预谋，先削籍编置，余出谒者皆冲替，有赠遗者皆追官勒停，唯举人罚金。蒋之奇、吕嘉问、叶祖洽尝通简，皆落职小郡。未几，又摄浩弟沼就台诘之，得朱绂、傅楫辈尝赆以金者，亦皆追停。都水使者曾孝广又以张商英曾对已言邹浩立如此大名节，岂肯要人物？遂申尚书省陈告。崇政殿说书周穜尝对馆阁方天若称浩曰：难天若以告蔡京，京以上闻，穜、天若皆贬。黄履右丞引刘禹锡、唐介事欲徙之内地，罢政守亳州，国子祭酒周尝对客称终是好人，贬柳州监酒。又朝奉郎监进奏院曾诚素与浩友善，诚乃嘉问婿，浩本诚所引，亦送部与外任差遣。已而又遣广西漕臣钟正甫就劾，问浩于新州，除已施行之外，人更有馈赆者否？未报而哲庙遗制已下矣。【《吕氏杂记》卷下】

吕中《诸贤罢黜》云：元符二年九月，邹浩以言得罪。蒋之奇、叶嘉问、叶洽等二十六人各落职停罢，坐与邹言语交通，及以钱银遗浩也。【《宋大事记讲义》卷20】

冬十月甲子，因追究元祐年间"主导河东流之议无功"，蒋之奇放罢。

《长编》载：冬十月己亥朔……甲子，郭知章罢中书舍人，以前官充集贤殿修撰、知和州。吴安持落宝文阁待制，降授朝散大夫、少府监、分司西京，陈州居住。鲁君贶罢司农少卿，以前官知均州。王森罢仓部郎中。梁铸罢工部员外郎。郑佑追所授恩赏，责授鼎州团练副使、筠州安置。李仲、李伟追所授恩赏，仲添差监永州在城酒税，伟添差监全州盐酒税，并候任满日，更不差人。俞瑾罢都水监丞。文及甫差知汉阳军，吕希纯责授舒州团练副使、道州安置。王令图、王宗望并追所授恩赏，其应缘恩赏转官所得恩例，令所属追夺。黄偲等十六员并追所授恩赏，内窦讷仍令吏部与监当差遣，以元祐间主导河东流之议无功也。〔原注：元祐五年九月二日，河北都运蒋之奇等《奏准尚书省札子》：北外丞梁铸管下河埽（埽：临时堵口或护岸），九系北京界河堤，第三、第四、第七铺水口，分水入故道最为纾懈，诸埽各得平安。……随宜导口地一带河槽，务令深阔，并增葺紧急堤岸，酾为一渠，分减夏秋涨水，以解深、瀛、恩、德、博、冀之患。九月二日，奉圣旨依奏。……三省同奉圣旨：吴安持落职，追两官，少府少监分司西京、陈州居住。……黄思等十六员并追所授恩赏，内窦讷仍令吏部与监当差遣。

蒋之奇放罢。内郭知章、鲁君贶并放，谢辞。〕【《长编》卷517】

十一月乙亥，蒋之奇又因与谏官邹浩语言交通而罢翰林学士兼侍讲，出知汝州。其子蒋球（1055—1114）特冲替。是时，胡宗回为熙河经略使。

《宋史·蒋之奇传》载：元符末，邹浩以言事得罪，之奇折简别之，责守汝州。阅月，徙庆州。

《长编》记载：十一月乙亥，翰林学士兼侍读蒋之奇落翰林学士兼侍讲，〔原注：各本及《宋会要》职官六七之二八均同，《宋史》卷343《蒋之奇传》则作"侍读"。〕知汝州。宝文阁待制、知开封府吕嘉问落宝文阁待制，知怀州。……坐与谏官邹浩语言交通也。……诸王府翊善傅楫特追一官，勒停。……宣德郎、监元丰库蒋球特冲替。……坐以银钱遗浩，且致简叙别也。〔原注：尚书省送到御史台取问所收取到吏部员外郎毕渐称：赵务本托带与邹浩书，并还金二两。……务本以此依随，毕渐虚妄供析。奉圣旨，毕渐前断冲替，私罪事理重，特不用。今来赦恩，递减除落，令吏部与一外任监当差遣。……傅楫，兴化人，有传。蒋球，之奇子，元符三年二月二十四日，邹浩等牵复。〕枢密院言："已降旨，令熙河经略使胡宗回相度贼势，如王赡在鄯州粮草果是阙乏，即令拘收统制林金阿尔等处城守将、蕃汉兵马还湟州驻扎，仍严切责，付将佐于大军，内裹护伪公主及大小首领前来时，朝廷已议弃青唐，独未晓然行下耳。"【《长编》卷518】

《九朝编年备要·徽宗》记载：元符二年十一月，蒋之奇落翰林学士，吕嘉问落待制，叶祖洽罢吏部尚书，并补外。王回特除名、勒停，坐与邹浩语言交通也。王琳、吴师礼、李友谅、陈举、朱绂、傅楫、胡安修、范致君、王溥勒停，白时中、岑穰、张庭坚、毕渐、蔡蹈、范致虚、蒋球、叶承各冲替，坐以钱银遗浩且致简叙别也。【《九朝编年备要》卷25】

《宋会要辑稿·职官》载：元符二年十一月七日，翰林学士、知制诰、兼侍讲蒋之奇落职知汝州。宝文阁待制、权知开封府吕嘉问落职知怀州。权吏部尚书叶祖洽罢知济州。奉议郎王回除名、勒停。奉议郎勾当杂买务田衍……承议郎诸王府翊善傅楫、通直郎监在京曲院胡安修……监元丰库蒋球、吏部员外郎毕渐、考功员外郎蔡蹈、承议郎张琳、试太学博士范致虚各冲替。宣德郎、秘书省正字叶承差替，王溥落阁门祗候、勒停。坐与谏官邹浩语言交通及以钱银遗浩，且致简叙别也。【《宋会要辑稿·职官六七》】

雍正《河南通志·职官·名宦》载：蒋之奇，宜兴人。知汝州，后知开封。……蒋之奇，宜兴人。元符末知汝州，孜孜民事，和平乐易，郡人颂之。【雍正《河南通志》卷30、卷56】

附：邹浩谏《废立后疏》真伪。

《长编》载：元符二年九月庚子朔……甲子，右正言邹浩上疏，曰：臣闻…今陛下为天下择母，而所立乃贤妃刘氏，一时公议莫不疑惑，诚以国家自有仁祖故事，不可不遵用之耳。……兼臣闻顷年冬享景灵宫，贤妃实随驾以往。是日雷作，其变甚异。今又宣麻之后，大雨继日，已而飞雹。又自告天地宗庙社稷以来，阴霾不止，以动人心，则上天之意益可见矣。陛下事天甚谨，畏天甚至，尤宜思所以动天而致然者，考之人事，既如彼求之天意又如此，安可不留圣虑乎？伏望圣慈，深赐照纳，不以一时改命为甚难，而以万世公议为足畏，追停册礼，别选贤族。如初诏施行，庶几上答天意，下慰人心，为宗庙社稷之计。不胜幸甚。疏奏诏：浩言多狂妄，事实不根，特除名勒停，送新州羁管。

［原注一］崇宁元年闰六月辛未，诏：朕仰惟哲宗皇帝严恭寅畏，克勤祗德。元符之末，是生越王，奸人造言，谓非后出。比阅臣僚旧疏，适见椒房诉章，载加考详，咸有显证。其时两官亲临抚视嫔御，执事两傍，缘何外人得入宫禁，杀母取子，实为不根。为人之弟，继体承祧，岂使沽名之贼臣重害友恭之大义，诋诬欺罔罪莫大焉？其邹浩可重行黜责，以戒为臣之不忠者，庶称朕昭显前人之意，如更有言及者，亦仰依此进奏院遍牒施行，仍检会邹浩原奏札子，并元符皇后诉章，宣示中外。

［原注二］邹浩《札子》：臣闻仁宗皇帝在位四十二年，邦国无流离之患，边境无征伐之苦，黎民繁庶万国咸宁。……杀卓氏而夺之子，欺人可也，讵可欺天乎？卓氏何辜焉，得不愈于桀纣也。废孟氏而立刘氏，快陛下之志，可也，刘氏何德哉？得不甚于幽王也。……

臣今谏陛下废立后之丑行，行复后之贤德，听臣之直谏而斥惇之奸言，使天下之人共仰首，以见日月之光盛大之世，不然祖宗百有余年基业，将颠覆于陛下之手矣。……今臣谏陛下不愿归田里，力农灌园，为乱世之民，愿脍臣心肝以献惇，斩惇首以谢天下。

　　[原注三]元符三年五月，元符皇后《上皇太后表》：臣妾以臣僚数有章疏，妄言妾生故越王事非其实，流言中外，谤莫能止。在妾之分，寝处难安，重念朽质，不能殒灭，至使上累哲宗皇帝。况降制之日，亲承两宫玉音，一旦几成虚诞之文，若官掖尚行欺罔之议，则何以取信天下？窃以其时大臣及掌事之人，即今尽存。伏望圣慈降下臣僚章疏，付与有司，明行鞫问。倘有实状，岂不知过？若系虚妄，亦乞严行惩戒，以绝反覆兴谤之端。如默而不言，虑玷哲宗皇帝，载于方册，曷可传之万世。妾伏睹绍圣之间，元祐皇后亲被睿旨，放逐一尼，后来通说事端，差官制勘有雷公式图画之迹，御史录验，备载案牍，迁徙道官，众所共知，岂缘他人？方今新进之人，不究其理，谓妾遭遇哲宗皇帝，欲快人情，务撼前怨，岂存内外重轻之理，只报先朝未申之怨。众口铄金，可不惧哉？欲乞特降睿言，检取元祐皇后制院一宗公案，及推勘官吏付有司再行讯治，以示中外。如妾稍有干涉用情，不敢拱手而居后位之列。若不沥诚详具奏闻，安能辨雪？伏望皇太后、陛下悯怜哲宗至孝至仁，照鉴妾之负冤无告，出自宸断，特赐矜察。

　　[原注四]于是贬通直郎、宝文阁待制、新知越州邹浩为卫州别驾，永州安置。

　　[原注五]元符皇后刘氏上表称谢（略）。

　　[原注六]浩之本章。绍圣间即焚之，今所降者"伪疏"也。此据汪藻所编《诏旨》。今浩上疏，实元符元年九月，藻误称"绍圣间"，合改正。《徽宗实录》乃削去，但于《邹浩传》载浩本章及诏耳。《旧录》于此年闰九月二十六日乙未，越王薨，因载（崇宁元年闰六月十八日）手诏并元符皇后谢表，《新录》辨诬曰：初元符皇后之立，邹浩上疏极论，坐贬新州。太上皇帝即位，遂复召用。时蔡京浸用事，忌浩，因求浩旧疏不得，乃使其党作"伪疏"，曰："臣闻仁宗皇帝垂拱四十二年，至丐惇之首，以谢天下。"此疏盛行而实非浩疏也。继而京执政，故有是诏及皇后刘氏上表。按《实录》止合载当时之事，以事系曰：以上三项系事在三年之后，见合删修入《徽宗实录》，今去全文一千三十七字。然《旧录》初不载邹浩伪疏，又今所修《徽宗实录》既删去崇宁诏书及刘后谢表，但于《邹浩传》略载浩本疏及诏书耳。又《哲录》旧本元亦不载浩"伪疏"及元符皇后《上皇太后表》，盖蔡京当日假手

施行，寻亦自知不可欺世，故于《旧录》即加删削。此段今据汪藻诏旨编入，史院《诏旨》又除去《上皇太后表》，只作上皇帝比前诏旨，亦复删削，不知何故也。《玉牒》云：右正言邹浩坐奏疏言皇子茂非后出，诬罔宫闱，削仕籍，羁管新州。此《玉牒》所书，犹以浩伪疏为据也。三年二月二十四日，浩复官。【《长编》卷515】

十一月庚辰、辛巳，哲宗与曾布讨论朝中人事，因章惇、蔡卞两派互不相让，朝中用人十分困难。其间，皇上认为蒋之奇不可多得，但因犯事而不得所用。曾布说蒋之奇在朝廷颇平稳自守。

《长编》载：十一月庚辰，起居郎孙杰为太常少卿。先是，三省以体量孙杰事进呈，内有差与常安民船及庇赃吏路班等罪，章惇欲黜之，而蔡卞以为复吕温卿之怨，惇亦以卞为立党，面相诋讦。久之，或有言杰与安民亲，而上亦嘉其能击温卿，故止罢左史。惇留身论之甚久。既退，曾布再对，上以谕布且问："杰之罪何如？"布曰："臣悉不知所体量事，然杰击温卿，诚可激赏，若有过以此少宽假之，亦无害。"上曰："杰击温卿诚可嘉，惇与温卿兄弟诚为党与？"布曰："此众所知，惇既有此嫌，亦不当力乞罢杰。"上曰："惇必欲罢杰，蔡卞实不曾称荐杰。杰击温卿，张商英以书称之，云排巨奸、破大党，巨奸大党为谁？"布曰："大党必是惇，商英乃惇门下士，然亦每事谄奉蔡卞，只如近命蹇序辰词云，尝助国是，岂以一眚遂忘前功，朝廷与序辰复职，本无此意，此盖谄词。"上曰："既为惇门下人又却如此士人何可尔，章惇以为可作翰林学士，还作得否？"布曰："若文采及人望亦可为之，然不能自立，亦诚如圣谕。"上曰："如此之人，终不可在朝廷，莫可以作藩，兼诰命亦不甚佳。"上又曰："章惇只听贾种民，言语如何？"……上亦哂之。布曰："惇之党衰，卞之党盛，故众皆畏卞而惇亦畏之，谓卞为不立党，尤不可也。惇、卞纷纷固未足道，然三省密院皆阙人，陛下不可不留意，宗庙社稷大计，天下安危，士民休戚只系此三二人者。惇卞既暌，许将凛凛畏此两人，不敢复启口，每有一事惇以为可，而卞未答，卞以为可，而惇未然，则将莫敢对，直俟两人者稍同，将乃敢应答，两人者又交恶，自此政事愈乖谬矣。故上下内外阙官，鲜有差除，纵有差除，人必以为不当，两人好恶各有所偏，各有党类，若有一人能执义理，持公论，以自处，无不可胜人之理。古人云，正己而物正，未有枉己而能直人也。"上云："深欲补人，卿视在朝谁为可进者？若补得两人，方不阙事。蒋之奇亦不可得，又适有事。"布曰："之奇官是大中大夫，数月间未可进职，且移一藩，亦可。"上曰："亦无事复职，亦不妨。"又曰："年岁间，莫却可用。"布曰："之奇比在朝廷颇平稳自守，亦老成故尔。"上又曰："韩忠彦可用否？"……上又曰："蔡京亦不平稳。"布曰："京所引乃天若辈，安得平稳？陛下论人材性行，皆曲尽之矣。"布又曰："章惇多轻信，初力引序辰、嘉问，既而反为仇怨。嘉问何足引王安石力，欲以为待制，而先帝终不与，后处之以光禄卿而已。"上曰："安石称道嘉问过当？"布曰："诚如圣谕，安石平生交游多暌乖，独与嘉问始终，故称之太过。作《嘉问母祭文》云'是生贤子，经德秉哲'，此乃商周先王之德，嘉问何足以当之？"上笑曰："安石性强。"布曰："安石以义理、名节、忠信自任，不肯为非。至于性强，自是以此骄人，故时有过举，岂他人可比？"上曰："安石诚近世人所未见。"布曰："此非可与章惇、蔡卞同日而语，其孳孳于国事，寝食不忘，士人有一善可称，不问疏远、识与不识，即日招用，诚近世所无也。"【《长编》卷518】

十一月仲冬晦日（月末），蒋之奇知汝州阅月，出巡龙山香山寺，寺僧呈览唐代传本《香山大悲菩萨传》，喜为润色。

蒋之奇《香山大悲菩萨传》略云：通议大夫同知枢密院事弋阳郡开国公食邑二千户食实封三百户蒋之奇撰；翰林学士承旨中大夫知制诰兼侍读修国史上柱国食邑一千二百户食实封二百户蔡京书。如是我闻，道宣律师在长安终南山灵感寺行道，律师宿植德本，净修梵行，感致天神，给侍左右。师一日问天神曰：我闻观音大士于此土有缘，不审灵踪显发何地最胜？天神曰：观音示现无方，而肉身降迹惟香山因缘最为胜妙。……予读之，本末

蒋之奇撰《香山大悲菩萨传》

甚祥，但其语或俚俗，岂义常者少文而失天神本语耶？然至菩萨之言，皆卓然奇特入理之极谈。予以菩萨之愿化香山若此，而未有碑记此者，偶获本传，岂非菩萨嘱咐，欲予著乎！遂为纶次，刊灭俚辞，采菩萨实语著于篇，噫！天神所谓后三百年重兴者，岂在是哉！元符三年岁次庚辰九月朔书。

　　蒋之奇《润色〈香山大悲菩萨传〉之因缘》云：元符二年仲冬晦日，余出守汝州，而香山实在境内。住持沙门怀昼遣寺僧命予至山，安于正寝，备蔬膳，礼貌严谨。乘间从容言："此月之吉，有比丘入山，风貌甚古，三衣兰缕。问之，云：'居于长安终南山，闻香山有大悲菩萨，故来瞻礼。'及延馆之。是夕，僧绕塔行道达旦已。已乃遣方丈谓昼曰：'贫道昔在南山灵感寺古屋经堆中，得一卷书，题曰《香山大悲菩萨传》，乃唐南山道宣律师问天神所传灵妙之语，叙菩萨应化之迹。藏之积年，晚闻京西汝州香山，即菩萨成道之地，故跋涉而来。冀获瞻礼，果有灵迹在焉。'遂出传示昼。昼自念住持于此久矣，欲求其传而未得之。今是僧自携以来，岂非缘契？遂录传之。翌日，寻其僧，卒无得处，乃曰：'日已夕矣，彼僧何诣？'命追之。莫知所止。昼亦不知其凡耶圣耶。"因以其传为示，予读之，本末甚详，但其语或俚俗，岂义常者少文而失天神本语耶？然至菩萨之言，皆卓然奇特，人理之极谈。予以菩萨之显化香山若此，而未有碑证此者，偶获本传，岂非菩萨付嘱予撰著乎？遂为伦次，刊灭俚辞，采菩萨实语著于篇。噫！天神所谓后三百年重兴者，岂在是哉！岂在是哉！【宝丰书画研究院、香山普门禅寺：《香山大悲菩萨传》】

三年九月前，蒋之奇撰《香山〈大悲成道传〉赞》（全文略）。【《全宋文》卷1707，第622—623页】

朱弁《蒋颖叔润色香山大悲故事》云：蒋颖叔守汝日，用香山僧怀昼之请，取唐律师弟子义常所书天神言大悲之事，润色为传，载过去国庄王，不知是何国王，有三女，最幼者名妙善，施手眼救父疾。其论甚伟，然与《楞严》及《大悲观音》等经颇相函矣。《华严》云：善度城居士鞞瑟睒罗颂大悲为勇猛丈夫，而《天神》言妙善化身千手眼以示父母，旋即如故。而今香山乃是大悲成道之地，则是生王宫，以女子身显化。考古德翻经所传者，绝不相合。浮屠氏喜夸大自神，盖不足怪，而颖叔为粉饰之，欲以传信后世，岂未之思耶？【《曲洧旧闻》卷6】

【按】蒋之奇谪汝州事在元符二年冬，故一并书之。

十二月壬寅，环庆路经略安抚使兼马步军都总管（边帅）、知庆州高遵惠卒。后数日，朝廷无法任命新的边帅，急命新知汝州的蒋之奇改知庆州（边帅）。

《长编》载：元符二年十二月戊戌朔……壬寅，龙图阁直学士、朝奉大夫、环庆路经略安抚使兼马步军都总管、知庆州高遵惠卒。先是，上谕曾布曰："高遵惠再检，见元祐中有章疏论罢吏禄以为先帝法度，不问是非，一切欲改。此大臣有私意于其间，不可不察。"又规切太母云："不可敛怨天下，此极不可得。"布曰："当时敢出此语，诚众人所难。陛下累欲召遵惠还，若尔尤不可不召。臣当与三省更议可代之者。"上曰："甚好。"……上曰："遵惠归作尚书、侍郎，皆可。"布曰："龙图阁直学士恐难作侍郎，权尚书可也。"布退语三省，但以上云："遵惠又有章疏，欲召还，莫可别议庆帅否？蒋之奇是太中大夫，自可帅。"众曰："未敢议除之奇。"布曰："上不以为不可。"惇曰："庆不须两制，一直阁可矣。"布曰："直阁固可帅，但未知谁可为？"直阁许将、蔡卞皆曰："未见其人。"既而又欲以孙览帅庆。……其后，上累谕布欲召还遵惠，而惇终未决。布因言："陛下累欲召遵惠还朝，亦曾与三省议，但以难其代者。惇谓'不必两制，直阁皆可往'。众皆曰'未见有可除直阁者'。臣意谓蒋之奇是太中大夫，似可除庆帅，兼未须除职。"上曰："之奇亦无事，除职亦不妨。"布曰："圣意如此，中外所不知，只如前日面谕韩忠彦，岂众论所敢及？然尚书而下，从官太阙少，若非断自圣意，恐议论必难合。前日圣谕欲以遵惠权吏部尚书，臣以为太重。刑部久不得人，以遵惠为刑部，必称职，忠彦为吏部甚允，况韩琦定策立英庙，此功不可忘。陛下留意忠彦如此，臣退而鼓舞称诵，此岂今日大臣所能启发圣虑？然忠彦、遵惠召还，皆出圣断。又之奇亦未当除帅，若出自中批，使人知出圣意，不须政府进拟也。"上欣然曰："待批出。"既而寂然，疑有间言之入者。已而遵惠卒，后数日，遂除之奇为代。〔原注：此段在十一月二十八日丙申、十四日辛亥，新知汝州蒋之奇知庆州。……〕陕西转运判官秦希甫奏：王赡、王厚盗取邈川青唐府库中金珠等物，因此致变，及杀森摩乾展等以灭口，及分遗走马将士等。走马后至所得，亦不赀。诏令希甫及胡宗回、李譓体量，访实闻奏。【《长编》卷519】

蒋之奇《为邹浩事乞行黜责奏（崇宁元年）》云：近上札子，为元符二年内送简子与邹浩，见殷出观音院待罪，乞重行黜责。……哲宗皇帝隆宽善借贷，止解近职，出守便郡（汝州），到官，未几复移帅府（庆州）。天地之施，死且不报。……【《全宋文》卷1705，第585—586页】

蒋之奇在庆州建临川阁，并题诗。

蒋之奇《临川阁》诗略云：陕右号名郡，庆阳乃雄镇。……地险诚在兹，贼骑安可近。【《明一统志》卷36】

蒋之奇《鹅池临川阁诗碑碑（佚）》：临川阁，在鹅池上，宋元符间，知庆州蒋之奇建，有诗刻石，文曰：陕右号名郡，庆阳乃雄镇。临拊多时才，结构甚闳峻。城端耸华阁，千里归一瞬。不窬陵庙存，其旁接烽燧。人家住深峘，檐瓦俯可认，陶穴尚遗风，前书自传信。俯窥鹅池泉，窈黑深万仞。黄流缭如带，漱激似湍迅。地险城在兹，贼骑安可近？欹危架略构，过者恐颠愤。抱瓮何累累，远汲就深浚。负担入城门，往来亦劳顿。去年谷不熟，往往见道殣。念此尤系怀，其敢忘贷赈？比来春雨足，稍觉山川润。东原兢犁耕，远望疑寸进。我愿惜民力，勿使城远郡。庶无农事妨，永使地力尽。伫观富边储，且复宽输运。【刘文戈注：《凤城诗词》，第136—137页】

【按】临川阁，在庆州（庆阳府），在今甘肃庆阳一带。《御定渊鉴类函·州郡部四》卷337亦收录此诗，题名为《庆阳府》。

【注】《宋史·地理志三（庆阳府）》载：庆阳府，中，安化郡，庆阳军节度。本庆州。建隆元年，升团练。乾德元年，复为军事。政和七年，升为节度，军额曰"庆阳"。宣和七年，改庆州为府。旧置环庆路经略、安抚使，统庆州、环州、邠州、宁州、乾州，凡五州。其后废乾州，置定边军，已而复置醴州，凡统三州一军。……元丰四年，废府城砦、金村堡、平戎镇。五年，收复疆诈砦，赐名安疆砦。元祐元年，复平戎镇。【《宋史》卷87《地理志三》】

【又】乾隆《甘肃通志·古迹（临洮府）》载：临川阁，在府城中。唐天宝中建，下临清流，为一郡登临之胜。【乾隆《甘肃通志》卷22《古迹》】乾隆《甘肃通志·艺文》李梦阳《华池杂记》云：华池，古乐蟠县也，故城川。华池东天子沟、夫人洞，并故城川蒙恬斩山堙谷处也，今驰道存焉。……庆阳东山傅介子墓，西山范仲淹宅，今为府库；范纯仁遗栋，今为府仪门。过木鹅池，庆阳城凿通河处；临川阁，鹅池上，宋蒋之奇建，今废。【乾隆《甘肃通志》卷47《艺文》】

西北青唐吐蕃地区动荡不宁，朝廷争论不暇。翌年，终有弃守之论。

　　《长编》载：元符二年十二月戊戌朔……癸丑，枢密院言：西蕃自嘉勒斯赍（即唃厮啰）以来，向化效顺，世受朝廷封爵，因董戬（即董毡）无后，鄂特凌古（即阿里骨）父子相继篡夺。今部族逼逐，辖正（亦即瞎征）出汉，虽已立隆赞（亦即陇拶），寻亦归降。缘溪巴乌（即溪巴温）、隆赞并系嘉勒斯赍房族，非本族子孙。按右骐骥使赵怀义在河州，乃嘉勒斯赍之嫡长曾孙，于董戬最是亲的子姓。今青唐已降，敕命建作鄯州，合如何措置？诏隆赞候到阙朝见，讫已降朝旨，除河西节度使、差知鄯州军州事，充西蕃都护。仍自今依府州折氏例，世世承袭。知鄯州管下部族，并令仍旧文法管勾。其赵怀义除郭州团练使，同知湟州军州事，兼本州管下部族同都巡检使。其逐州城寨，除通接鄯、湟州道路处，令熙河兰会路经略司次第精加修葺，差使臣兵马戍守。其余并令王赡、隆赞、王厚、赵怀义同相度，分布与近上忠白首领管勾，内青圭、伦正结、嘉沁扎实之类，向汉有功之人，速具其力量功状等第以闻。当议依格优与官赏兼差，逐处本地分部族都同巡检。其王赡依旧熙河兰会路钤辖兼陇右沿边安抚都巡检使，充鄯、湟等州都护，仍与隆赞同管勾陇右军马司公事。其合留守戍兵马及应干合措置事件，并令经略司详细相度，条具奏听。朝旨仍令王赡、王厚以诏旨明谕鄯、湟二州管下大小首领及部族，其溪巴乌并硕陇赞如能归顺，亦合优与官爵。内溪巴乌如愿归鄯州，与隆赞同处，或愿同硕陇赞在锡勒噶尔城住坐，并听从便。令经略司依此传送恩信，分明晓谕，早令出汉，仍详具逐节已施行次第以闻。〔原注：《青唐录》以此指挥乃十一月，误也。实在十二月十六日，明年二月四日，正隆赞位，辖正上，三月十七日乃除官，四月六日改姓名赵怀德。〕诏陕西河东经略司："夏国已进誓表及降誓，诏令不得侵犯及收接投来人口。"……乙卯，三省密院同呈李彀奏青唐利害：乞立溪巴乌，且言王赡一罪魁不足惜，一行将佐何辜，乞早令还湟州等事。上犹疑，令溪巴乌从便回鄯州。蔡卞遂和之，曾布曰："向者陛下尝云王赡朝出青唐，则溪巴乌暮入，此无疑矣。今纵不听其从便，能令溪巴乌不入乎？与其令彼擅入，不若听其从便也。今日青唐之变，扰攘未定排难解纷，固合如此，若更守株致赡等陷没，或更有不测之变，则朝廷更难处置。若朝廷必欲有鄯州，则西有湟，东有洮，鄯州亦难立矣。隆赞其能国乎？异日以渐消磨，亦必为朝廷有不患，不如府州折氏也。若不如此措置，倘有人能保王赡不陷没河南北，别不生变，则昨日指挥，尚可追改也。"卞默然，不敢措一言。上遂悟。布因言：青唐之事从初便，合如此处置，国人本以不平辖正父子篡夺，故欲逐之而立董戬之后。朝廷当助顺为之，建立君长，乃仁义之举，反欲因其扰攘而夺其地，此人情所以不服。臣自七八月间，累与章惇争论，以为理当如此。适会惇、卞二人议论叶同，已而辖正隆赞出降，臣无以启口。今日变故如此，已是误朝廷举措，若更遂非固执，万一更有不测之变，何以处之？上曰："已降指挥如此施行矣。"布曰："臣固不合喋喋，然昨进拟隆赞指挥，卞犹以为未须急兼，恐更生异议，望陛下圣断，力赐主张。自绍圣以来，经营边事所向无不如意，不幸于此生事，狼狈如此！今但且于已然中多方医治，庶稍弭边患，兼不失鄯州之名，亦足以掩覆四方观听。昔人以火喻国事，云曲突徙薪无恩泽，焦头烂额为上客。臣从初争论正曲突徙薪之比也，今已焦头烂额，而论者未免犹惑，愿圣意深察安危之几，知言者必不轻信尔。"上曰："甚善。"……戊午，枢密院言：吕惠卿奏：本路沿边汉蕃弓箭手蕃捉生，自来每遇事宜作一番差，在沿边巡防把截，及将下准备使唤，每无事日，分作两番。今西贼进上誓表，已裁减东兵外，寻令逐将据分定，巡防把截，等合用数作三番或四番，令一番在边防守，余令下番，更不支口食、草料，仍诸路并合，依此裁减上番人数，庶汉蕃军兵稍得休息，及时耕种安业，并不至坐糜粮食。从之。……己未，王厚言：星章峡叛羌，其势甚炽，已遣使促王赡回湟州。先是，朝廷遣苗履、姚雄等领兵援青唐。有诏悉诛啸聚叛羌乃还。时廓州大酋罗日、准凌结、溪丹、布哩克等自阿尔城据本敦谷，援军既不敢击，从而附之者日滋。王赡遣李忠等击之，不胜，势益张。后十余日，赡复令忠及高永年等出兵讨荡，羌迎战，为永年等所败。本敦残众不能军，乃与青唐峟伪主硕陇赞合兵，移屯乾谷峟。庚申，胡宗回奏："已遣使臣催王赡回湟州。"【《长编》卷519】

十二月甲寅，刑部郎中邵材管勾玉局观。

《长编》载：元符二年十二月甲寅，刑部郎中邵材管勾玉局观（在成都）。【《长编》卷519】

《明一统志·邵材》云：邵材，宜兴人。熙宁中试开封第一，举进士。为监察御史。时王安石当国，司马光论新法，一日语材曰："劾去司马，大官可立待。"材毅然曰："君实正人也，可厚诬之乎？"即自劾归。后终鸿胪卿。【《明一统志》卷10《常州府》】

第四十一卷　元符三年（1100）

元符三年（1100）庚辰　七十岁

正月己卯（十二日），哲宗崩，皇太后垂帘，召端王入，即皇帝位，皇太后权同处分军国事。

《宋史·徽宗纪一》载：徽宗皇帝，讳佶，神宗第十一子也，母曰钦慈皇后陈氏。元丰五年十月丁巳生于宫中。……绍圣三年，以平江、镇江军节度使封端王，出就傅。五年，加司空，改昭德、彰信军节度。元符三年正月己卯，哲宗崩，皇太后垂帘，哭谓宰臣曰："国家不幸，大行皇帝无子，天下事须早定。"章惇又曰："在礼律当立母弟简王。"皇太后曰："神宗诸子，申王长而有目疾，次则端王当立。"惇厉声对曰："以年则申王长，以礼律则同母之弟简王当立。"皇太后曰："皆神宗子，莫难如此分别，于次端王当立。"知枢密院曾布曰："章惇未尝与臣等商议，如皇太后圣谕极当。"尚书左丞蔡卞、中书门下侍郎许将相继曰："合依圣旨。"皇太后又曰："先帝尝言，端王有福寿，且仁孝，不同诸王。"于是惇为之默然。乃召端王入，即皇帝位，皇太后权同处分军国事。庚辰，赦天下常赦所不原者，百官进秩一等，赏诸军。【《宋史》卷19《徽宗纪一》】

《宋会要辑稿·礼》载：徽宗元符三年正月十二日，徽宗入继大统，诏有司议尊崇之典，追尊皇太妃，推恩外家，逮其姻戚，崇奉园寝，朔望、岁时荐新。【《宋会要辑稿·礼三三》】

徽宗命蒋之奇进所降册封皇后诏书，章惇冒认草诏一事为众人所知。

吕希哲《杂记》云：元符三年，上皇践阼，长乐（向太后）垂帘，有诏命蒋枢密进入所降诏书。长乐乃云："初并不知验得，乃是内侍刘友端书写。"宰执方相顾询，问章子厚，遽云："是惇进入。先帝云已得两宫旨，令撰，大意云'非斯人其谁可当'，莫不指大意否？"卞云："且不知有此因依。"之奇云："当时只道东朝语，故著之麻。"询论及帘前，太母闻惇自认草诏事，再三嗟叹，云："当初将谓刘友端稍亲文墨，恐友端所撰，即不知是相公做。"之奇云："惇更不成，人无可议者。"惇略无怍色。【《吕氏杂记》卷下】

【按】蒋之奇罢庆州年月无考，疑在是年初，旋掌制诰。《吕氏杂记》所谓"蒋枢密"，乃事后追记。

正月乙酉，章惇、曾布等聚议空缺尚书及从官的人选，皇上想以蒋之奇兼学士。

《长编》载：元符三年春正月戊辰朔……乙酉，诏尚书省官权于门下中书省治事。上批付三省，以尚书及从官阙令，与枢密院参议，具前执政十人，余可充从官者二十人姓名进入。章惇、曾布等聚议，以陆佃、曾肇、龚原、郭知章及蒋之奇、叶祖洽、邢恕等名闻奏。……至林希，无所可否。次及蒋之奇，上曰："亦当召，兼学士见阙。"又及叶祖洽，布曰："在先朝无所附丽，亦可用。"上许之。【《长编》卷520】

正月癸酉，徽宗谕曾布、蒋之奇，劝退蔡卞。

《宋史全文·宋徽宗》载：元符三年正月癸酉，诏："近经登极大赦及累降赦宥中外臣僚，无不甄叙，唯瑶华废后未复位号，理所未安。令三省、枢密院同详议闻奏。"乙亥，瑶华以犊车四还禁中，至内东门，皇太后遣人赐以冠服，令易去道衣乃入。中外闻者莫不欢呼。丙子，制废后孟氏可复为元祐皇后。上谕曾布、蒋之奇曰："台谏攻蔡卞已十余章，如何得卞知，令自图去就。"皆莫敢对。上曰："只说与章惇,则卞自知矣。"惇欲召吴伯举往谕之。己卯,共奏遣伯举。上遣伯举谕旨。卞遂草表乞宫观。布又言:"卞之去固已定,然外议皆以京进为忧。"上默然。忠彦翌日留身,具道京不可进。上曰:"本无用之之意,但于帘前更开陈。"太后曰:"相公第安心,必无此。"忠彦退,以语同列,皆相庆。【《宋史全文》卷14】

正月,陕西转运判官秦希甫首议弃守鄯州,熙河兰会经略使胡宗回几次阻止。壬辰,朝廷公议弃、守之利弊。

《长编》载:元符三年春正月壬辰,……先是,陕西转运判官秦希甫在河州,尝以所见具奏曰:"熙河既受辖正之降,以兵至青唐,即求嘉勒氏之后,或只令隆赞承袭,方合人心。据地里,从河州至湟州二百四十五里,道路险阨,不通车乘。惟是头口驮载,人夫担负。斡楚峡中,多遇寇掠。道无宿顿,人无饮食,畜无刍秣,顾到头驮及管押之人,如赴死地。即今欲全师而归,已是难事。缘鄯州招下新羌万余人,若一离本处,皆为雠敌。望朝廷早追隆赞及三伪公主入鄯州,分付降羌,令自抚循。求故主温锡沁之后守湟州,徐议引出,尚为万全之计,于朝廷存亡继绝之道,两无亏损。汉罢朱崖郡,弃轮台,皆盛德事,未为国耻。今所陈事机,间不容息,乞早措置。万一后时,边祸不轻,臣及州郡官吏虽被重诛,无益成败,然犹未敢深言后患也。"熙河兰会经略使胡宗回怒其异己,数沮之,希甫乞移他官。是日,三省、密院同进呈,曾布请并以前后臣僚章疏论鄯州弃守利害不同者备录,送宗回、希甫公共叶心体度边情,具果决指定可守可弃事状闻奏。如有可守之理而轻易废弃,或不可强守而妄称可守,致误措置,当重行典宪。如挟私避事,故相违戾,亦当根究理曲之人窜黜。仍令宗回计置般运粮草。布因言:"青唐本以国人不平鄂特凌古父子篡位,故逐辖正而立隆赞边人,因而欲有其地。臣自事初,累曾力争以为不可为,及辖正隆赞相继出降,宰臣率百官称贺,建置鄯州,臣不敢复启口。然西蕃寻复反叛,亦累于大行前敷陈,以为此事本不可为,业已建置州郡,颁告天下,百官四方上章称庆，一旦弃之，岂不取笑中外？今于不得已中，但当尽力医治拯救，若鄯州不可守，犹当西守湟州，东建洮州，以相维持，且以成先帝谓神宗。以熙河、洮岷为一路诏旨。其后贼愈猖獗，至覆军杀将，遂降旨以隆赞为河西节度使、知鄯州，与王赡同为陇右都护，同管勾军马司公事。然议者尚以为隆赞父子恐未肯听，命亦累下胡宗回、秦希甫，令具鄯州合弃守利害闻奏。今更责以果决指定弃守事。"上曰："如此行遣，亦已尽矣。"布又曰："自绍圣已来，经营边事，进筑城寨五十余所，无不如意，临了作此一事，至今狼狈，了当不得，无如之何？"【《长编》卷520】

正月乙未，皇上再次提议任用蒋之奇，曾布、蔡卞、章惇等未予理会。

《长编》载：元符三年春正月乙未，相州观察使向宗回为彰德军留后，利州观察使向宗良为昭信军留后。……是日，上又语辅臣以尚书从官阙人，曾布曰："姓名已进入。"上曰："只是韩忠彦、李清臣、黄履三人，安焘不堪，其次从官如何？"布曰："陆佃、曾肇、龚原、郭知章及叶涛等恐可除。"上曰："蒋之奇。"布曰："叶祖洽亦是。"上曰："待批出。"布又曰："不唯从官，执政亦阙，本是八员，今止有其半。"章惇曰："三省、密院各只一人。"上亦曰："少一半。"蔡卞遽曰："此尤不可不审。"至帘前，布白太后："上旨又及尚书从官阙，臣等奏云，姓名已进入，在圣断裁处。"因言前执政只三人。……寻批出除忠彦等七人，忠彦以资政殿大学士知大名府，除吏部尚书；李清臣以资政殿大学士知真定府，除礼部尚书；黄履以右正议大夫知亳州，除资政殿大学士、提举中太一宫兼侍读。惇尝言前执政有例作经筵，故履有是除。又以集贤殿修撰、知蔡州陆佃为吏部侍郎，集贤殿修撰，知和州郭知章为工部侍郎，集贤殿修撰、知海州曾肇为中书舍人，集贤殿修撰、知润州龚原为秘书监兼侍讲。三省得御批，即施行。布谓惇曰："昨御批本令密院参议进入姓名，今乃不见御批，何也？"寻呼堂吏诘责，惇遣吏白布："此依官制，不敢卤莽。"布曰："然则御批违官制也。"【《长编》卷520】

二月二十四日，邹浩复官，监袁州酒税。蒋之奇、蒋球同时复职。

《长编拾补·哲宗》载：△元符三年，蒋球、蒋之奇等牵复。〔原注：《续长编》卷五百十八注。案《宋编年通鉴》云：复邹浩等官，同时坐累者王回等二十六人，悉牵复有差。案同时受累之人，元符二年十一月乙亥可考。《续长编》原注言：邹浩复官及蒋球、蒋之奇等牵复，并云二月二十四日。是在是月辛酉也。《九朝编年备要》云：先是，曾布言："登极大赦，非常赦之比，窜谪之人，延颈以望生还，方春、夏瘴疠之时，早得迁徙，为赐实大。兼臣尝蒙圣谕，谓邹浩岂可置之死地？如浩万一不得生还，于先朝亦非美事。"上曰："浩击悍甚力，章疏且存，悍必未肯便与移叙。"布曰："不若批付三省，不必指名，但以大赦因牵复移叙之人速具姓名取旨，则必不敢缓也。"上欣纳之。于是诏浩复官，监袁州酒税；回监泉州商税；余或复官，或除落冲替，或与官除差遣。〕【《续资治通鉴长编拾补》卷15】

三月甲申，任命西蕃王陇拶为河西军节度使，寻赐姓名赵怀德。

《宋史·徽宗纪一》载：三月戊辰朔……甲申，以西蕃王陇拶为河西军节度使，寻赐姓名曰赵怀德，邈川首领瞎征为怀远军节度使。【《宋史》卷19《徽宗纪一》】

四月甲辰，蒋之奇除同知枢密院事。时为京畿常平提举的唐庚（1070—1120）及毕仲游有贺《启》。丁巳，诏苏轼等徙内郡居住。

《宋史·徽宗纪一》载：夏四月丁酉朔，日有食之。……甲辰，以韩忠彦为尚书右仆射兼中书侍郎，礼部尚书李清臣为门下侍郎，翰林学士蒋之奇同知枢密院事。……丁巳，诏范纯仁等复官、宫观；苏轼等徙内郡居住。……乙丑，赐礼部奏名进士及第、出身五百十八人。【《宋史》卷19《徽宗纪一》】

《宋史·宰辅表一》载：三年庚辰。徽宗正月己卯即位。……四月甲辰，李清臣自左正议大夫、礼部尚书加门下侍郎。蒋之奇自翰林学士、通议大夫、知制诰除同知枢密院事。【《宋史》卷210《宰辅表一》】

　　唐庚《贺蒋枢密启》云：伏审诞敷明命，擢贰鸿枢。世稔服于重名，人共欣于显拜。恭惟某官，才高兼济，志切经纶。文章秀法于妙龄，器业养成于晚节。中外荐更之久，所宁益完；纵横应变之才，无施不可。出而颇牧，入则卿云。先帝深知，欲大用而未果；嗣皇优眷，遂图任而无疑。召还自外，而归直禁林；曾未阅时，而延登枢府。参裁机政，宁穆邦猷。朝廷取决于坐筹，边鄙折冲于燕俎。君臣千载，敦窥造膝之谋；冠带百蛮，行见止戈之武。某侧闻除目，阻远钧严。莫伸贺夏之思，永愧登门止旧。其如欢跃，罔知端倪。【黄鹏：《唐庚集编年校注》，第294页】

　　《宋史·唐庚传》云：唐庚，字子西，眉州丹棱人也。善属文，举进士，稍为宗子博士，张商英荐其才，除提举京畿常平。商英罢相，庚亦坐贬，安置惠州。会赦，复官承议郎，提举上清太平宫。归蜀，道病卒。年五十一。……【《宋史》卷443《文苑传五·唐庚》】

　　《巴蜀历代文化名人辞典·唐庚》云：唐庚（1071—1121），字子西，眉州丹棱（今眉山市丹棱县）人，唐淹子。宋哲宗绍圣元年（1094）进士。调利州治狱掾，除知阆中县。徽宗朝，入为宗子博士。以张商英荐，除提举京畿常平。政和元年（1111），以商英罢相，坐贬、安置惠州。遇赦，复官承议郎，提举上清太平宫。后归蜀，病卒于道。【《巴蜀历代文化名人辞典·古代卷》，第142页】

　　毕仲游《贺蒋枢密启》云：光被制恩，延登枢府，天下幸甚。伏惟枢密通议，俊明迪哲，敦大秉彝。以仲舒师友之尊，济茂先王佐之略。危言告后，切时者甚多；劲节立朝，临事而可纪。比畴尹政之效，入翔扃禁之严。摘伏发奸，治独神于广汉；高文大策，人必属于马卿。间虽出处之异途，益见险夷之一贯。明光视草，方增纶綍之华；宥密本兵，遂委枢机之重。谅由初政，尤藉老成，伫闻经世之谋，别究安民之策。由兹注意，遂正秉钧。益尊吾道于盛时，始见大儒之能事。某蒙知惟旧，违德方新，侧闻恩典之绍隆，第极情条而忭仰。【《西台集》卷8】

　　【按】毕仲游文中有"枢密通议"，知其启作于四月十一日之前。

595

　　蒋之奇加官进爵，其以上三代及妻子都有封赏，惜制敕已佚。其祖父追赠太傅，正二品，时蒋之奇官阶当为从一品。

　　《事文类聚》载：蒋九皋"东朝二品"：《行蒋九皋太傅制》。东朝，太子朝也。【《事文类聚外集》卷1】

　　【附】北宋时赠官，父、祖父、曾祖父逐级递减一档，妻、母、祖母、曾祖母则同等。《宋史·职官志十》载：［赠官］建隆已来，凡有恩例，文武朝官、诸司使副、禁军及藩方马步都指挥使以上，父亡皆赠官。……宰相、枢密使赠二官。使相、参知政事、枢密副使、尚书已上、三司使、节度使、留后、观察使、统军上将军、内臣任都知副都知者，赠一官。……宰相、三师、……枢密使副、知院、同知院事……并赠三世。……凡赠官至三世者，初赠东宫三少，次陈官三太，次三公，次中书令，次尚书令，次封小国，自小国升次国，自次国升大国，已大国者移国名而已。……即父曾任中书、枢密使、使相、节度使并一品官者，无止限。待制已上持服经恩，服阕亦许封赠。……咸平四年，诏舍人院详定。知制诰李宗谔等请："追赠三世如旧。其东宫一品以下虽曾任宰相，止从本品。文武群臣功隆位极者，特恩追封王爵亦如旧。若因子孙封赠，虽任将相，并不许封王，仍须历品而赠，勿得超越。"从之。宰相初拜，有即赠三世者。其后签书枢密以上皆即时赠，他官须经恩。［叙封］建隆三年，诏定文武郡臣母妻封号……枢密使副、知院、同知、参知政事、宣徽节度使，曾祖母、祖母、母封郡太夫人；妻，郡夫人。签书枢密院事曾祖母、祖母、母封郡太君；妻，郡君。同知枢密院以上至枢密使、参知政事再经恩及再除者，曾祖母、祖母、母加国太夫人。……亡母及亡祖母当封者并如之。……凡初除及每遇大礼封赠三代者，太师、……知枢密院事、参知政事、同知枢密院事、枢密副使、签书枢密院事。……初赠，曾祖，太子少保；祖，太子少傅；父，太子少师。封赠曾祖母、祖母、母、妻国夫人。【《宋史》卷170《职官志十》】

　　四月十一日，通议大夫、同知枢密院事蒋之奇晋右正议大夫。韦骧再次上书以贺。

　　《宋会要辑稿·礼》载：元符三年四月十一日，左正议大夫、尚书右仆射、兼中书侍郎韩忠彦为右光禄大夫；知枢密院事曾布为左光禄大夫；左正议大夫、门下侍郎李清臣为右光禄大夫；中书侍郎许将为右银青光禄大夫；右正议大夫、尚书右丞黄履为左正议大夫；通议大夫、同知枢密院事蒋之奇为右正议大夫。宰臣用曾公亮例迁两官，并以永泰陵复土也。【《宋会要辑稿·礼三七》】

韦骧《贺枢密蒋正议》云：右某伏审，光膺中诏，进贰西枢。熙帝载于一时，具民瞻于四海。真儒当轴，太平之势益隆；舆论同辞，诚服之情胥悦。恭以某官，问世异禀，经邦巨材。学造圣贤之微，识通今古之变。演经纶而增华国体，纳谋猷而仰契天心。爰倚弼谐之患，亟参机密之政。文武斯宪，未高申伯之能；股肱惟良，雅合呀驎之咏。坐振国威之远，行消边警之严。某假守偏州，驰诚崇屏。闻风抃跃，虽在群情之先；展庆恭勤，莫阶后进之末。卑诚无任，激切依归之至，谨具状贺。【《钱塘集》卷11】

门生华镇则上书，一是称贺，二是请蒋之奇为诗集作序。

华镇《上蒋枢密书》云：某生十有一年，知学为诗，二十岁而会朝廷更科举之法，以经术论议取士，八年之内，两上而后成，因寻绎旧闻，以成凤昔之习。当是时，集贤学士、给事中程公守越之三年，被召赴阙。程公，近世诗人之宗匠也，于是越之能诗者，皆有篇咏以饯其行，长句短阕，盖以百数。某亦勉强搜缀，与宾客旅进，比阅众制，独见称述，殆及终篇，屡蒙激赏，谓有作者之趣，许以他日之名，诱掖谆谆，俾毋荒坠。某严长者之训，感知音之遇，早夜自力，庶几有成。虽苦心甚勤而未能自信，日徯师范，订其是非。曩岁枢密先生总六路之大计，建台江淮之上，某幸备高邮县，适在封域之内，时得望使车，承教令。每念当世鸿儒巨公提衡鉴、主宗盟于翰墨之林，使后进可以辨惑释疑，见堂奥之所在者，莫先于门下，辄怀数篇进干典谒，先生扩敦大之德，以诱进为务，忘其疏贱僭易之昝，与其好学修洁之诚，借以重言，为之荣观。既辱许可，又靡拂之，遂以名闻，收置诸生之列。某于是时，心地了然，无复疑滞。德赐甚厚，常思有以为之报称。虽绵力弱羽，未能遽举远至，困于尘劳，东穷沧海，南薄沉湖，崎岖道路之修，涉历私门之变，忧悲勤瘁，无所不有。自违门墙，屈指于兹十有八年，亦可谓险阻艰难备尝之矣。然而初心旧闻，未始一日而暂忘。感物兴怀必自勉，率以成篇什。今辄取五言七字古律歌诗，自两韵以至五十韵，合一百篇，谨缮写为一编，诣门下尘献。伏惟天下有道，守在四夷，樽俎折冲，帏幄多暇，暂迂钧重，少赐省览，曷胜荣幸之甚。非谓有少陵惊人之佳句，吉甫穆如之清风，可以进渎聪明，动回盼睐，聊以见门下鲰生，虽离教诲，为日滋久，知服明训，不忘本心，自强汩没之中，少称平昔赏遇之厚耳！干冒钧严，伏深惴栗。【《云溪居士集》卷24】

四月庚戌，皇上询问蒋之奇元符废后一事。

《长编拾补·哲宗》载：三年四月［案《宋史·本纪》：是月丁酉朔。］庚戌，上问蒋之奇元符废后［案，原注脱"废后"字，今补。］事，令取所受皇太后手书进入，蒋遂留身。然上对布询问无所隐，布以其欲留，遂先退。及至帘前，蒋具道其事："太母云当时所降文字乃刘友端所书，太母未曾见。如绍圣初增崇圣瑞礼数，乃本殿人书写，此书未尝见也。是时九月二日，先帝来殿中，云章惇等乞立中宫。答云：'此事官家更子细。'先帝云：'宰臣等议已定，欲以初七日降制。若如此，如何了得。'太母云：'且更相度。'自后文字皆不曾见，刘友端、郝随误先帝处多。"蒋云："当时降制用手诏，谓皆是得旨，却不知皇太后不知。太母云从初废瑶华时亦来商量，亦答他云'此大事不可不谨。'先帝云：'避不得，亦已恕。'"蒋云："从初所受文字，并已于上前纳下。太母云已见，当时实不曾见，并不知。"布云："如此，诚可骇也。臣于绍圣初议圣瑞建宫，安焘云：'除是教皇太后降一手诏。'先帝正色折之，云：'皇太后怎得教？皇太后手诏皆是本殿中人书写，如何教得？'臣闻德音，称赞不已。今日所闻，则异于此。如此是刘友端等所误，内外之人误先帝，如此诚可罪也。"【《长编拾补》卷15】

六月二十七日，蒋之奇再次力荐徐积，授宣德郎，依旧职差遣。

蒋之奇《乞与徐积改官再任楚州州学教授奏（元符三年六月）》（略）。
【《全宋文》卷1705，第584页】

《宋会要辑稿·选举》载：元符三年六月二十七日，徽宗即位，未改元。以和州防御推官、知寿春县事、充楚州州学教授徐积特授宣德郎，差遣依旧。以同知枢密院事蒋之奇言积："词学登科，久不仕宦，退居山阳，以清节笃行，为乡里所高。顷奉朝命，俾就充州学教授。博闻强识，士论归服。以今岁满罢任，尝乞致仕，不报。前后从官荐举自代者不少，欲望朝廷特与改官再任。不惟东南士人有所矜式，且以崇奖名节，劝励风俗。"故有是命。【《宋会要辑稿·选举三四》】

是年，米芾上书与蒋之奇，请其举荐。此书史称《廷议帖》（亦称《自荐帖》）。

米芾《廷议帖》云：芾老矣！先生勿恤浮议，荐之曰："襄阳米芾，在苏轼、黄庭坚之间，自负其才，不入他党与。今老矣，困于资格，不幸一旦死，不得润色帝业，黼黻皇度，臣厶（某）惜之。愿明天子去常格料理之。"先生以为何如？芾皇恐。【《中国书法全集》卷38，第500页】

《宋稗类钞·米芾》云：米芾尝为书博士，后迁礼部员外郎，数遭白简逐出。一日，以书抵蔡京，诉其流落，且言举室百指，行至陈留，独得一舟如许大，遂画一艇于行间。京哂焉。京子絛得是帖而藏之。时弹文正谓其颠，而米又历言诸执政，自谓久列中外，并被大臣知遇，举主数十百，皆用吏能为称首，一无有以颠蒙者，世遂传米老《辨颠帖》。又尝以书抵西府蒋颖叔云："芾老矣，先生勿恤浮议，荐之曰：襄阳米芾，在苏轼、黄庭坚之间，自负其才，不入他党。今者老矣，困于资格，不幸一旦而死，不得润色皇猷，黼黻王度，臣僚实共惜之。愿圣天子去常格料理之。先生以为何如？"【《宋稗类钞》卷15】

王世贞《小酉馆选帖》云：余尝取家所有古墨，刻行草非丰碑所记全文者，以雪堂义墨例例之，汇而为册，得十有七。……其五、其六、其七，皆苏长公《寄文与可三十韵》，字差小《松醪赋》，《楚颂》一纸差大，皆正书，而不能不带行笔，贵在取姿态耳。……其九、其十、其十一，皆米襄阳尺牍，凡十八章，俱遒逸有气。读至书内："芾老矣先生，勿恤廷议，荐之曰：襄阳米芾，在苏轼、黄庭坚之间，自负其才，不入党与。"此大可笑又可恼也。【《弇州续稿》卷166】

苏轼一路北归，初想安家宜兴，后又决定赴苏辙处。

苏轼《答李端叔十首（五）》略云：今已到虔州，即往淮、浙间住，度多在毗陵也。[《苏轼文集》卷52，第1541页]〇《答王幼安三首（二）》略云：某初欲就食宜兴，今得子由书，苦劝归颍昌，已决意从之矣。舟已过庐山下，不久当获造谒。未间，冀若时保啬。【《苏轼文集》卷59，第1807页】〇《与黄师是五首（五）》略云：某已决意北行，从子由居。但须令儿子往宜兴干事，舣舟东海亭下，以待其归，乃行矣。【《苏轼文集》卷57，第1744页】

七月初一日，皇太后诏罢同听政，徽宗亲政。

《宋史·徽宗纪一》载：秋七月丙寅朔，奉皇太后诏，罢同听政。丁卯，告哲宗钦文睿武昭孝皇帝，谥于天地、宗庙、社稷。戊辰，上宝册于福宁殿。癸酉，以皇太后还政，减天下囚罪一等，流以下释之。【《宋史》卷19《徽宗纪一》】

九月初一日，章惇落职，出知越州，蒋之奇以手简送之（已佚）。

洪迈《判府知府》云：国朝著令，仆射、宣徽使、使相知州府者为"判"，其后改仆射为特进，官称如昔时。唯章子厚罢相守越，制词结尾云："依前特进知越州。"虽曰"黜典"，亦学士院之误。同时执政蒋颖叔以手简与之，犹呼云"判府"，而章质夫只云"知府"，盖从其实。予所藏《名公法书册》有之。吾乡彭公器资有遗墨一帖，不知与何人？其辞曰："某顿首，知郡相公阁下。"是必知州者，故亦不以"府"字借称。今世蕞尔

小垒，区区一朝官承乏作守，吏民称为"判府"，彼固偃然居之不疑。风俗淳浇之异，一至于此！【《容斋三笔》卷14】

《通鉴后编·宋纪九十三》载：元符三年九月甲子朔，诏修《哲宗实录》。尚书左仆射章惇上表乞罢政事，诏答不允。翌日，复上表，又不允。惇径出居僧舍，帝谓辅臣曰："朕待惇如此礼貌，不为不至矣。惇乞越州，当与之。"初台谏丰稷、陈师锡、陈瓘屡劾惇，有以定策时异议为言者。至是，帝将罢惇，谓辅臣曰："朕不用定策事贬惇，但以扈从灵驾不职罢之。余事候有人论及，别议行遣。"……辛未，章惇罢为特进、知越州，仍放，辞谢。【《通鉴后编》卷93】

九月己未，又开具臣僚上章疏者姓名，区分正邪，钟正甫、蒋静入正榜，蒋津、蒋琳邪榜。

《长编纪事本末·徽宗皇帝》载：《编类元符章疏》：〔元符三年〕九月癸巳，降授朝议郎、提点淮南东路刑狱钟正甫为金部员外郎。正甫于元符末应诏上书，第为正上第一人，故擢用之。〔原注：《实录》载正甫除金部外，它书不载。正上乃检《会要》增入，或削去。〕是月己未，诏中书省开具《元符臣僚章疏》，姓名如后：正上：钟世美……（六人）。正中：耿毅……蒋静（十三人）。正下：许奉世……（二十二人）：邪上尤甚：范柔中……（三十九人）：邪上（四十一人）：梁宽……蒋津……。邪中（一百五十）：赵越……。邪下（三百一十二人）：王革……蒋琳……。【《长编纪事本末》卷123】

【按】蒋静、蒋津、蒋琳，俱蒋之奇、蒋之翰子侄，官职不详。

十一月甲辰，蒋津等二十九人并冲替，系私事理重，仍不得改官。

《长编拾补·徽宗》云：十一月甲辰，诏曰："元符之末下诏求直言，盖欲广朕闻见，裨益政治。比以所上章疏，付之有司，考其言邪正。今具名来上，其间昌言谠议，指陈阙失，皆有所嘉纳，不能释手，至其言当于理，力陈父子兄弟、继述友恭之义者四十一人，悉加精擢，用劝多士。内有附会奸慝、诬毁先帝政事者，总百四十人。[案，当依《十朝纲要》《东都事略》作"总五百四十一人"，详见上九月己未。]然言有浅深，罪有轻重，取其诋讥谤斥言之尤甚者三十八人，[案，《十朝纲要》同《东都事略》作"三十人"，非，依九月己未所书，又作"三十九人"。]览之流涕，费忍再观，得罪宗庙，朕不敢贷，可责逐远方。次等者四十一人，其言亦多诋讥，各与等第降官，责远小处监当，以戒为臣之不忠者。"勘会邪上尤甚系范柔中等三十八人，内郭执中已除名勒停，吴朋、王古已身亡，朱纮致仕老疾；邪上次等系梁宽等四十一人，内陈唐、扈充、许安修已身亡，刘吉甫系承务郎致仕。诏："……蒋津等二十九人并冲替，系私事理重，仍不得改官。"【《续资治通鉴长编拾补》卷20】

【按】据宜兴蒋氏宗谱载：蒋津为之子、蒋之奇从侄。受处分时未详具体官职。

十二月甲午，皇太后（向氏）不豫。

《宋史·徽宗纪一》载：十二月甲午，以皇太后不豫，祷于宫观、祠庙、岳渎。【《宋史》卷19《徽宗纪一》】

十二月二十六日，蒋之翰罢知湖州，徐铎接任。

李之亮《两浙路郡守（湖州）》云：元符三年庚辰（1100）：蒋之翰。徐铎，《吴兴志》："徐铎，朝奉大夫。元符三年十二月二十六日到任，崇宁元年二月十五日移知河中府。"【《宋两浙路郡守年表》，第189页】

第四十二卷　建中靖国元年（1101）

建中靖国元年（1101）　辛巳七十一岁

正月甲戌，皇太后崩。

《宋史·徽宗纪一》载：元年春正月壬戌朔……癸酉，范纯仁薨。甲戌，皇太后崩，遗诏追尊皇太妃陈氏为皇太后。丁丑，易大行皇太后园陵为山陵，命曾布为山陵使。【《宋史》卷19《徽宗纪一》】

正月十八日，徽宗命蒋之奇撰《钦慈皇后哀册文》并书。

《宋会要辑稿·礼》载：元年正月十六日，诏大行皇太后山陵五使而下，并兼领追尊皇太后园陵。又诏祔葬永裕陵。同日，三省进呈章懿皇后故事，仁宗皇帝诣园寝者四：一展告，二上谥，三启菆，四发引。上不欲数出城，将减上谥，余如故事。并谕辅臣裁节山园陵浮费，凡于用不急、非有益神灵者除之，命户部侍郎王古主其事。十八日，命同知枢密院事蒋之奇撰哀册文并书，中书侍郎许将撰谥册文并书册宝，给事中兼直学士院徐绩撰谥议。同日，太史局言："园陵斥土宜用二月十九日，发引用四月十七日，大葬用五月六日。"从之。【《宋会要辑稿·礼三三》】

蒋之奇《钦慈皇后哀册》曰：维建中靖国元年岁次辛巳，四月辛卯朔，六日丙申，〔三月壬戌朔，二十二日癸未。〕上神宗皇帝妃陈氏尊谥曰"钦慈皇后"。粤五月辛丑朔，六日丙寅，迁座于永裕陵之次，礼也。羡道凤启，告奠鸾撤。

羽卫警而有行，翳辂隐其将发。孝子嗣皇帝臣佶［某］，永慕徽音，恭率礼典。瞻繡筵以踊恸，奉灵车而躬遣。乃诰迩臣，敬扬圣善。其词曰：维陈肇氏［降氏］，实生尧母。有妫之后，维舜之胄。陈之启封，实始于周。繇汉历唐，或相或侯。逮我有宋，世远弥盛。族出京兆，为时显姓。皇图有赫，益充［光］炎正。关雎成化，曾沙协庆。乃钟淑哲，爰际神圣。女功是缵，妇职是听。乐修四教，懋崇六行。齐戒从桑，左右流荇。仪若兰郁，度如玉莹。逮下惟仁，奉上惟敬。两宫隆爱，九御怿美。女谒无私，彤管有炜。妙彰笔札，戒视图史。克厚人伦，以受帝祉。日符表运，履敏延祥。超任遐姒，翼夏生商。宜民宜人，为君为王。则［爰］笃斯庆，于邦有光。昔在元丰，帝龄见梦。抚神鼎以号绝，睇凤台而茹痛。怆桥山之已远［桥山忽其已远］，惜苍梧之未从。怊兮永怀，窈兮至静。袿裳无饬，珠藏金屏。乐施不倦，好谦自秉。忧勤克念，夙夜犹警。月望未几，华殒斯顷。盖与世以皆昌，胡畀年而不永？呜呼哀哉！钩陈动色，阴灵堕辉。林有风而不止，露在草而先晞。昊天不吊，慈颜早违。有屡其车，有缟其旐。旗继纚緌，翟缀褕衣。衡綎晦采，幽室［堂］阖扉。望国郊其未远，空故庭兮不归。呜呼哀哉！时龙天飞，离明玉丽。祗通遗训，亶隆前制。乃正坤极，允尊皇孀。瑞琮陈司［笥］，重翟在庭。玉琢有册，实［宝］上尊名。金范有玺，实奉至荣。文备邦礼，哀贯皇情。以万国之贵，而聿追于后；以四海之养，而不逮其生。呜呼哀哉！灵殿云构，神阙山立。乘舆亲谒，献斝躬执。衣黄悦［恍］见，泪俎纷如［入］。二仪感而风悲，千官侍而雨泣。灵之下兮既享［飨］，澹将归兮陵邑。呜呼哀哉！吉月兮辰良，嵩霏兮缑［维］雾。龟兆兮告迁，辒龙［龙辒］兮莫驻。鸣箛递咽，杠旐列注。背吹台以右转，越巩冈而西去。［盛夏徂兮不复春，晨不复兮夜台路。］呜呼哀哉！仰烈考兮在天，溯从之兮洛川。洛川兮斯莹，松柏兮有阡。九虞续［靖］兮其返，神顾我兮来还。原既安兮不骞，祚后之人兮万年。呜呼哀哉！【《全宋文》卷1705，第577—579页；《宋大诏令集》卷16】

【按】《全宋文》录此文，即采自《宋会要辑稿·礼三三》。而《宋大诏令集》亦录此文，文字略有不同，上文"[ ]"中所引文字，见于此集。

同时，米芾有《大行皇太后挽辞》，其时，已官"奉议郎、充江淮荆浙等路制置发运司管勾文字、武骑尉、赐绯鱼袋"。知蒋之奇在西府确实助其一臂之力。

米海岳《大行皇太后挽辞》云：余庆元真相，求贤佐裕陵。知几卷箔早，裁变叱龙升。静德群邪震，清心后世矜。大恩知欲报，圣孝已逾曾。温厚同光献，刚廉法宝慈。拥扶乐推圣，照彻托公欺。南纪归忠魄，东朝足素规。仁明存旧幄，常似补天时。奉议郎、充江淮荆浙等路制置发运司管勾文字、武骑尉、赐绯鱼袋臣米芾上进。【《珊瑚网·书法提拔》卷6，第163页】

三月一日，蒋之奇上《皇后皇太后称号奏》。

《宋会要辑稿·礼》载：建中靖国元年三月一日，以追尊皇太后启菆，[菆：灵柩。] 命园陵使曾布奏告宗庙、社稷。八日，同知枢密院事蒋之奇言："诏撰谥册文，检详故事，或称太后，或称皇后某氏。……"诏太常寺详议以闻。于是太常寺检会慈圣光献故事，袝陵庙则去"太"字，其余则存之。册文初称"大行太皇太后"，尊谥即曰"慈圣光宪皇后"，今合遵用。诏恭依。【《宋会要辑稿·礼三三》】

蒋之奇《皇后皇太后称号奏》云：诏撰谥册文，检详故事，或称太后，或称皇后某氏，惟祭别庙者加"太"字，而袝太庙者去"太"字，祖母则称"太皇太后"，崩亦如之。加"太"字者，所以别尊称也。谨按：唐顺宗庄宪皇后王氏，初称并云庄宪皇后。开元六年正月，太常奏昭成皇太后谥号，礼部非之。太常报曰："入庙称皇后，义系于夫；在朝称太后，义系于子。"臣窃详册文云"孝子嗣皇帝"，则前合存"太"字，以申陛下臣子之志。既从先帝之谥，又纳之陵寝，则复合去"太"字，以正从夫之号。盖事干典礼，名不可以不正，望下礼官详议。所有大行皇太后，亦应视此。【《全宋文》卷1705，第585—586页】

三月丁丑，以河西军节度使赵怀德知湟州。

《宋史·徽宗纪一》载：三月丁丑，诏以河西军节度使赵怀德知湟州。
【《宋史》卷19《徽宗纪一》】

六月，患病中的苏轼行止常州，上表请致仕。相传曾于宜兴求宅，未果，借常州顾塘桥孙氏居暂憩。

《东坡先生年谱》：建中靖国元年辛巳，先生年六十六。……五月，行至真州，瘴毒大作，病暴下中止于常州。……六月，上表请老，以本官致仕。【《东坡全集》卷首】

苏轼《乞致仕表》曰：臣轼先自端明殿学士兼翰林侍读学士、朝奉郎、定州路安抚使，蒙恩落职，降授承议郎、知英州，遂贬宁远军节度副使、惠州安置。经涉四年，蒙恩责授琼州别驾、昌化军安置。又三年半，该陛下登极大赦，量移廉州安置。又经皇子赦恩，移舒州团练使、永州居住。臣以老病，久伏瘴毒，顿仆道涂。未至永州，特蒙圣恩，复授臣朝奉郎、提举成都府玉局观，外州、军任便居住。臣素有薄田，在常州宜兴县，粗了饘粥，所以崎岖万里，奔归常州，以尽余年。而臣人微罪重，骨寒命薄，难以受陛下再生之赐，于五月间行至真州，瘴毒大作，乘船至润州，昏不知人者累日。今已至常州，百病横生，四肢肿满，渴痟唾血，全不能食者二十余日矣。自料必死。臣今行年六十有六，死亦何恨？但草木昆虫贪生之意，尚复留恋圣世，以辞此宠禄，或可苟延岁月。欲望朝廷哀怜，特许臣守本官致仕。臣无任。【《东坡全集》卷65】

费衮《东坡卜居阳羡》载：建中靖国元年，东坡自儋北归，卜居阳羡，阳羡士大夫犹畏而不敢与之游，独士人邵民瞻从学于坡。坡亦喜其人，时时相与杖策过长桥、访山水为乐。邵为坡买一宅，为钱五百缗，坡倾囊仅能偿之。卜吉入新第，既得日矣，夜与邵步月，偶至一村落，闻妇人哭声极哀。坡徙倚听之，曰："异哉，何其悲也！岂有大难割之爱触于其心欤？吾将问之。"遂与邵推扉而入，则一老妪，见坡泣自若。坡问妪何为哀伤至是，妪曰："吾家有一居，相传百年，保守不敢动，以至于我。而吾子不肖，遂举以售诸人。吾今日迁徙来此，百年旧居，一旦诀别，宁不痛心？此吾之所以泣也。"坡亦为之怆然，问其故居所在，则坡以五百缗所得者也。坡因再三慰抚，徐谓之曰："妪之旧居乃吾所售也，不必深悲，今当以是屋还妪。"即命取屋券对妪焚之，呼其子，命翌日迎母还旧第，竟不索其值。坡自是遂还毗陵，不复买宅，而借顾塘桥孙氏居暂憩焉。是岁七月，坡竟殁于借居。前辈所为类如此，而世多不知，独吾州传其事云。【《梁溪漫志》卷4】

方岳《深雪偶谈》纪：东坡居阳羡，士人邵民瞻为之买宅，坡卜吉入居有日。后同邵行，闻老妪之哭而问之，妪曰："百年之宅，因子不肖，一旦售人。吾今日迁徙，故泣也。"遂焚券还之。然既曰"卜吉入居"矣，何又曰"今迁徙"耶？即使上文言差，坡翁故不识卖主矣？邵不识耶？邵或不识其老妪矣，不识其居耶？且邵又推扉而见老妪，何茫然亦答？坡悯其泣而问耶？前后文义乖错，言非遗逸，事必纪误无疑。【《说郛》卷20下】

《毗陵志·纪遗·宜兴》云：○苏文忠公建中靖国初北归阳羡，倾囊底得五百缗市屋。将迁，月夜与邵民瞻散步，一妪亦恸泣，人问故，对如前妪。取券立焚，呼其子令奉母还，竟不索直，遂入城府借屋以居。前辈急谊，大抵类此。二事适在吾州，尤可敬叹。○苏文忠寓顾塘孙氏馆，初在仪真，得暑疾，至是寖革，不能卧。陆宰元光遗一懒版，纵横三尺，偃植以受背，公殊以为便，竟据此终。陆之子属胡苍梧（胡珵）为铭，曰："参殁易箦，由殛结缨。毙而得正，匪死实生。堂堂东坡，斯文栋梁，以正就木，犹不忍僵。昔我邑长，君先大夫，侍闻梦奠，启手举扶。木君戚施，匪屏匪几，贻尔子孙，无曰不祥之器。"【《毗陵志》卷30《纪遗·宜兴》】

【按】费衮之说，或是传闻，方岳之辨，甚明了。宋之后文人多有传抄，讹传为多。东坡回常州时，已经病重，月余即谢世，期间已不大可能来宜兴买宅。另外，如果"邵民瞻"真是邵彦瞻（光）之讹，其时邵已经作古，不可能又于建中靖国中买宅。所传之事，或在元丰、元祐间。

七月丁亥（七月二十八日），蒋之奇进知枢密院事（正一品）。同日，苏轼卒于常州。

《宋史·徽宗纪一》载：秋七月丙戌，安焘罢。丁亥，以蒋之奇知枢密院事，吏部尚书陆佃为尚书右丞，端明殿学士章綖同知枢密院事。【《宋史》卷19《徽宗纪一》】

《宋史·宰辅表一》载：七月丁亥，蒋之奇自正议大夫、同知枢密院事进知枢密院事。陆佃自试吏部尚书除中大夫、尚书右丞。章綖自端明殿学士、通议大夫、提举中太乙宫兼集禧观事除同知枢密院事。【《宋史》卷210《宰辅表一》】

《东坡先生年谱》：建中靖国元年辛巳，先生年六十六，度岭北归。建中靖国元年正月五日，自南陵还，过南安军。……正月，到虔州，有与钱济明书云：某已到虔州二月十间方离此。……四月，舟行至豫章彭蠡之间。……又有《与胡仁修书》，云：旦夕到仪真，暂令迈一至常。五月，行至真州，瘴毒大作，病暴下，中止于常州。……六月，上表请老，以本官致仕。七月丁亥，卒于常州，实七月二十八日也。【《东坡全集》卷首】

苏辙《东坡先生墓志铭》曰：予兄子瞻谪居海南，四年春正月，今天子即位，推恩海内，泽及鸟兽。夏六月，公被命渡海北归。明年，舟至淮浙。秋七月，被病卒于毗陵。吴越之民相与哭于市，其君子相吊于家。讣闻，四方无贤愚，皆咨嗟出涕。太学之士数百人相率饭僧惠林佛舍。【《东坡全集》卷首】

邹浩《蒋之奇知枢密院制》曰：内握万兵之本，外制四夷之命。朕所倚赖，尤在老成。既得其人，就加褒陟。具官某，顷由登用，入赞谋谟，以夫高世之才，行乃康时之志。惟助成于绥靖，曾不动于声容。阅岁于兹，厥功甚茂。其峻迁于位序，俾专总于枢衡。断自朕心，实谐公议。若夫长虑却顾，偃革息民，以承宗社无疆之休，则尔既熟，其所当为者矣。慎终如始，讵假训言。【《道乡集》卷17】

朝廷追赠（封）蒋之奇曾祖（曾祖母）、祖（祖母）、父（母）、妻官爵。

《蒋之奇赠曾祖制》曰：内安百姓，外抚四夷。朕所赖乎辅臣者重矣，是岂一时之功哉！夫赖其功者既不止于一时，则荣其先者宜追及于三世。盖不如是，不足以为称。具官曾祖某，躬行仁义，迹晦丘园，佑启后人，总冠枢极，积德之报，至此益彰。虽已表于储宫，尚未配其流泽，从于一品，就陟崇阶，服我命书，永光泉壤。

《蒋之奇赠曾祖母制》曰：朕之所以待柄臣者，隆名显秩，既已藩饰其身矣，苟于其先，无以异之。与凡卿大夫等，则何以昭体貌而崇劝奖乎！追贲所加，宜及累世。具官曾祖母某氏，躬有淑德，归于令门，惟积善以滋深，故庆流而益远。执我大政，实尔曾孙。用新列国之封，光配宫僚之峻。尚其冥漠，不昧歆承。

《蒋之奇追赠祖制》曰：为善之报，不在其身，必在其子孙。盖虽迟速不同，其效未有不如此者。夫为善岂期于报哉！天道固当然耳。朕率是意，宠待臣邻，肆有追崇，远及王父。具官祖某，安于隐约，以德自丰，源深流长，至孙而显，总于宥密，清议归之。越从宫傅之崇，进陟公台之峻。用昭尔祉，以对天休。

《蒋之奇追赠祖母制》曰：笃于尊祖，虽学士大夫之所同；贲以殊恩，乃执政大臣之所独。礼惟其称，义则当然。具官祖母某氏，被服七章，兼全四行。既归从于望族，遂协济于肥家。积是休祥，蔚其孙子。朕所登用，赖以乂安。载嘉流泽之光，式茂追荣之数。进封显国，增焕私庭。

《蒋之奇追赠父制》曰：自昔言孝，有曰立身扬名，以显父母。夫为人子者，孰不有是心哉！惟二三辅弼，勋与位称，然后足以极其显亲之荣。具官服在下僚，阴自殖德。命有所制，志不获伸。笃生贤英，擢总枢极。肆厥谋猷之助，丞成夷夏之安。推原所从，褒锡敢后，冠三公之峻秩，正一品之崇阶。兹谓异恩，往告子弟。

《蒋之奇等追赠母制》曰：曾参有言曰："吾及亲仕，三釜而心乐，后仕，三千钟不洎，吾心悲。"自古及今，未有历仕而心不再化者。朕于一时通籍之士，既皆有以慰其心矣，而况股肱近辅，追显其亲，其可后乎？某氏以正承夫，以恩睦族。祥发闺门之内，功形夷夏之中。有子而然，朕所眷赖。自郡开国，褒进尔封。尚克承之，以昌厥后。

《蒋之奇追赠妻制》曰：朕既延登老成，总冠枢极，其在闺门之内，宜昭伉俪之贤。虽曰旧章，实为异数。某氏顺承夫义，协致家齐。凤彰辅佐之功，不愧图书之训。惟时君子，方厚倚毗。用陟尔封，以鸿厥庆。往祗朕命，益懋德声。【俱《道乡集》卷17】

【按】《追赠父制》中有云"冠三公之峻秩，正一品之崇阶"，知蒋之奇官阶为正一品。

许将有《与蒋颖叔枢密》简（已佚）。

杨万里《跋许将状元〈与蒋颖叔枢密帖〉》云：前辈与执政书亦犹字之，今人年未三十，一举于礼部，则乡先生不敢字之，且称曰"张丈""李丈"矣。呜呼！其益薄矣夫。【《诚斋集》卷99】

《宋史·许将传》载：许将，字冲元，福州闽人。举进士第一。……神宗召对，除集贤校理、同知礼院，编修《中书条例》。自太常丞当转博士，超改右正言；明日，直舍人院；又明日，判流内铨，皆神宗特命，举朝荣之。……绍圣初，入为吏部尚书，……拜尚书左丞、中书侍郎。章惇为相，与蔡卞同肆罗织，贬谪元祐诸臣，奏发司马光墓。哲宗以问将，对曰："发人之墓，非盛德事。"……哲宗皆纳之。……崇宁元年，进门下侍郎，累官金紫光禄大夫，抚定鄯、廓州。……将以复河、湟功转特进，凡居政地十年。御史中丞朱谔取将旧谢章表，析文句以为谤。……遂以资政殿大学士知河南府。言者不已，降资政殿学士、知颍昌府，移大名，加观文殿学士、奉国军节度使。……政和初，卒，年七十五。赠开府仪同三司，谥曰"文定"。【《宋史》卷343《徐将传》】

九月丙寅，堂兄、知亳州军事蒋之翰卒。蒋之奇作墓志铭、蒋长生书丹、蒋续篆额。

蒋之奇《宋故朝请大夫知亳州军事之翰公墓志铭》云：〔弟观文殿学士右
正议大夫知杭州军州事兼管内劝农使充两浙西路兵马钤辖兼提举本路兵马巡检公事上柱国
弋阳县开国公食邑三千六百户实食七百户之奇撰，弟左朝议大夫提点淮南东路刑狱公事兼
本路劝农提点河渠公事专切提举本路盐事上柱国赐金紫鱼袋长生书，任承议权通州滑州权
勾当军州兼管内劝农事兼专提举黄河埽岸武骑尉赐绯鱼袋续额。〕建中靖国元年九月
丙寅，朝请大夫知亳州军事蒋公宪仲以疾终于州廨之正寝。讣闻，弟之奇
适在右府，闻讣号恸。越翼日，诣精舍制服发哀，设蒲塞馔，诵贝多罗典，
为浮屠所谓荐往生之法。公自为文以祭，以致其区区哀，且遣使臣具舟楫，
助诸孤护神柩以归。越明年十二月庚申，葬公于宜兴县神安乡易庄之原，祔
大中之茔。诸孤璘等自状公之行，驰价走京师来请铭。……改知湖州，满
秩还朝，复知亳州。公欲得京师官，以便婚嫁，而当轴者衔之，伎不解。久
之，朝廷诏还，公已不起矣。不然，高官可驯致也，岂非命乎！……公春
秋七十有二，累官至朝请大夫，勋上柱国，爵武功县开国男，食邑四百户，
赐四品服。公之才，入为郎官，出为幕职、监司以至守帅，皆以称职闻。其
所措置设施，皆便利可久，后人多遵用之，虽好改者不能易也。置之省台、
监寺，亦何适不宜？自左官楚州，凡四易地，继一至亳，两月而罢。除广西、
寿州，皆不行，盖当轴者畏公议已，阳为升迁，而实以见困也。待次辄二
年，羁居窘甚，皆哀公，而公处之怡然，不以为怀。晚年，复以事忤时相，
连蹇不遇，以终身焉，论者惜之。公事亲孝，丁大中、彭城忧，毁瘠柴立。
泣多，目视为耗昏，疗治竟不愈。好施恤贫，至老不衰。……公为人慎畏
温厚，有局量，喜愠不形于色。平居庄重，虽燕处不倾倚，虽子弟不冠不
见也。尤喜下士宾客，无少贱与亢礼。博通经史，晓律术数，工篆隶，而
楷字尤雄浑奇劲，成一家法。历官居身，无丝毫过失。勤吏职，遇事不苟，
所至剔奸决伏，挫强佑弱，事或可疑而法不可决者，辄断以古义，人竟服
之。历苏湖，皆剧藩，簿书堆案，使客系道，承前为守者倦之，公从容绰
然。有余裕，饮酒赋诗，高会为乐。为政平易不扰，然不假贷，豪猾虽以
卸，丛脞而支分节解，游刃有裕，故屡典大州，有严静称。淫雨旱干，斋

祷辄应。前后疑狱，平反得活者尤多。不以喜怒进退吏属，引荐士类以百数，不用势援而先寒微，故后有多显者，更践中外，缙绅乡慕，皆愿登其门。每除目下，所部相庆，将代去，无不怀爱者。不自矜伐，有功利未尝言，或谤之亦恬不较。民疾事蠹皆于萌芽拯救之，如良医治未病，故无显功名。尝语族人曰："士之行己，不必处高任，苟一官可以自效，爱人利物，积小致大。"此公之持心也。故仕宦四十年，无刻剥名，世称君子长者云。先娶薛氏，封金华县君，次娶邵氏，旌德县君，皆先公卒。后娶郎氏，永和县君，治家睦族，咸有条序。之奇蒙恩擢长枢府，遇天宁节，奏赐冠帔。三子，长即璘也，郏府湖城尉，尝锁厅以进士试漕司，褒举首。珣，饶州德兴县尉。珊，苏州常熟簿，皆延赏所及也。……四女，适信州军事判官邵如，宣德郎、知扬州天长县事郑祖吉，博州防御推官、河东路转运司管勾帐司陈彦文，镇南宁节度推官徐文，莅官业儒，皆有声称。蒋氏自周公第三子封于蒋，实期思县。……入本朝，自太尉堂以进士起家，擢第祥符间，职至枢密直学士，官至尚书礼部侍郎，致仕，累赠至太尉，为一时名宦，传在国史。大中兄弟十一人，而三人早亡，则广州司相与大中及我考太师也，故之奇与公为从兄弟，初皆受太尉荫补后，而后乃分散仕宦云。【《孝思堂蒋氏宗谱》卷3】

蒋之奇起用任谅，后官至龙图阁直学士、知京兆府。

《宋史·任谅传》载：任谅，字子谅，眉山人，徙汝阳。九岁而孤，舅欲夺母志，谅挽衣泣曰："岂有为人子不能养其亲者乎？"母为感动而止。谅力学自奋，年十四即冠乡书，登高第。调河南户曹，以兵书谒枢密曾布。布使人邀诣阙，既见，觉不能合，径去。布为相，犹欲用之，谅予书规以李德裕事，布始怒。蒋之奇、章棨在枢府，荐为编修官。布持其奏，不下，为怀州教授。徽宗见其所作新学碑，曰："文士也。"擢提举夔路学事。历京西、河北、京东，改转运判官。……加龙图阁直学士、知京兆府，徙渭州。以母忧去。宣和七年，提举上清宝箓宫，修国史。……又言郭药师必反。帝不听，大臣以为病狂，出提举嵩山崇福宫。是冬，金人举兵犯燕山，药师叛降，皆如谅言。乃复起谅为京兆，未几卒，年五十八。【《宋史》卷356《任谅传》】

徽宗久任曾布，元祐老几被排挤一空。上谕蒋之奇、章棻要感谢曾布。

《纪事本末·久任曾布》载：建中靖国元年九月己未，陈瓘既黜，上谕蒋之奇、章棻曰："瓘为李清臣所使，元祐人逐大半，尚敢如此。曾布以一身当众人挤排，诚不易。卿等且以朕意，再三慰劳之。"是日，布入对，留身面谢，慰劳加勤。且谓布曰："先朝法度，多未修举。"又曰："元祐小人，不可不逐。"布对曰："陛下初下诏，以为用人无彼时此时之异。若臣下，便能将顺奉行，则必不至今日如此分别。然偏见之人终不可率，当更缓治之。"上曰："卿何所畏？"且曰："卿多随顺元祐人。"布曰："臣非畏人者，处众人汹汹中，独赖眷属，有以自立。偏见异论之人诚不少，彼不肯革面，固当去之。然上体陛下仁厚之德，每事不敢过当，故欲从容中节耳。若言臣随顺及畏元祐人，不知圣意谓为如何？"上笑曰："岂有此？但人言如此，故及之。"【《长编纪事本末》卷130】

约是年，蒋之奇将宜兴法藏寺别院请为坟刹，徽宗亲赐"显亲追孝禅寺"额。

《宜兴旧志·寺观》载：显亲追孝禅寺："显亲追孝禅寺，在县南门外里许，一名光孝。旧在古法藏寺东，为寺别院，名福生寺。宋建中靖国元年（1101），蒋枢密之奇请为坟刹，赐今额。"【《宜兴旧志》卷末《寺观》】

十一月，邵材再知越州。翌年三月替。

《会稽志·太守》载：邵材，绍圣三年六月，以朝散大夫知。建中靖国元年十一月，再以朝奉大夫权知；崇宁元年三月替。【《会稽志》卷2】

十一月庚辰，蒋之奇抱病参加郊礼。

　　王明清《建中靖国徽宗初郊》载：十一月庚辰四鼓，赴郊坛幕次。少顷乘舆至大次，布跪奏于帘前，请皇帝行礼［景灵、太庙皆然］，遂导至小次前，升坛奠币，再诣罍洗。又升坛酌献，天色晴明，星斗灿然，无复纤云。上屡顾云，星斗灿然。至小次前，又宣谕布云：圣心诚敬，天意感格，固须如此。又升坛饮福，行过半，蒋之奇屡仆于地，既而当中，妨上行。布以手约之，遂挽布衣不肯舍而力引之，行数级复僵仆。上问："为谁？"布云："蒋之奇。"上令礼生掖之，登坛坐于乐架下。至上行礼毕，还至其所，尚未能起。上令人扶掖出就外舍，先还府。又令遣医者往视之，及亚献升，有司请上就小次而终，不许。东向端立，至望燎。布跪奏礼毕，导还大次。故事，礼仪使立于帘外，俟礼部奏解严乃退。【《挥麈后录》卷1】

　　【按】此段记载中描述非常详细，蒋之奇在登台过程中屡屡仆倒，行礼过程中，蒋一直"坐于乐架下"，并未行礼。说明蒋之奇病情非常严重，身体十分衰弱。

第四十三卷 崇宁元年（1102）

崇宁元年（1102）壬午 七十二岁

是年初，逢蒋之奇生日，慕容彦逢作《蒋颖叔生日》诗以贺。

慕容彦逢《蒋颖叔生日》诗云：宗派源流远，家声竹帛垂。灵晖钟岳渎，吉梦袭熊罴。凤擅乡评美，寻膺国士知。文章追往哲，学识判群疑。试若穿扬叶，科如摘颔髭。绣衣趋观阙，霜简照轩墀。谏拂龙鳞逆，身探虎穴危。忠猷耸鸳鹭，直气慑狐狸。要路淹风鹢，丹心比日葵。使台专漕挽，帅阃肃边陲。久郁公台望，初还辇毂时。蚝筒争讼恩，囊橐寇攘衰。莲炬惊宵漏，花砖候晓曦。暂分方面寄，复演禁林词。廊庙先图任，枢衡遂倚毗。雍容承昼接，密勿奉畴咨。已冠中枢府，犹虚百斛姿。两輈将画鹿，五总旧名龟。儒效流弦吹，王功镂鼎彝。更增箕翼寿，余庆在庭芝。【《摛文堂集》卷2】

【按】蒋之奇生辰不明，据其《墓志铭》云在"正月十二日"，而慕容彦逢诗中有"已冠中枢府"，知诗作于蒋知枢密院之后，故系于此。

约是年，蒋长生充郎官，被龚夬论驳。

谏议大夫龚夬《论封驳差除状》曰：臣伏闻新除程伯孙、王畿、蒋长生、黎珣、鲍朝宾等充郎官、给事中，以伯孙等皆大臣姻戚，已行驳奏，未奉俞音，复命他官书读，侧闻清议，殊未为允。盖执政荐士，自当旁招俊义，若有姻戚果贤邪人自知之，今中外朝臣资任人材如伯孙者，何可胜数，又况贤俊如林，未蒙识擢，而首论用此数人，是以士论纷纷，不以为当。若大臣专引亲旧，多非其才，则朝廷不得无疑，若是则后日虽欲进贤，不可得也。于是天下之真才，朝廷不可得而用矣。门下本以省审为职，若给事中所驳改付别官书，则是非不可不决，后官所书是耶，则前官不为无罪。若前官所驳是耶，则后官岂可谬书，若一切不问，惟命令之速行，则给事中之职几于废矣。恐非建官设属，转相维持，补救政事之意。伏望圣慈特赐详酌施行。【《历代名臣奏议》卷141《用人》】

【按】龚夬（彦和）《论封驳差除状》不知作于何时，因本年正月乙酉，龚夬、邹浩被窜岭南，故系于此。

是年，蒋之奇遣将讨沅州（今湖南芷江一带）等地徭蛮。翌年春，舒亶等平定辰州、沅州。

《宋史·蒋之奇传》云：明年，知院事。沅州蛮扰边，之奇请遣将讨之，以其地为徽、靖二州。

《宋史·徽宗纪一》载：崇宁元年十一月乙酉，邵州言："知溪洞徽州杨光衔内附。"……是岁，辰、沅州徭入寇。……二年春正月辛巳朔。乙酉，窜任伯雨、陈瓘、龚夬、邹浩于岭南，马涓等九人分贬诸州。知荆南舒亶平辰、沅州徭贼，复诚、徽州，改诚州为靖州，徽州为莳竹县。【《宋史》卷19《徽宗纪一》】

黄以周《长编拾补》载：《续宋编年资治通鉴》云：崇宁二年春正月，辰、沅州蛮纳土。［案］《东都事略》系乙未日，《十朝纲要》《宋史》系之乙酉。《东都事略·舒亶传》云："亶知南康军。辰州蛮叛，以直龙图阁、知荆南州亶选形势，得飞山福纯坡，建新城为控扼之要，以功除待制。"《编年备要》云："辰州故黔中地。汉、唐皆建郡县，五代弃而不通。自熙宁始复置沅、辰，元祐又弃之。猺人恃险作过。去秋，诏以知南康军舒亶知荆南府。"又"以荆南去辰州七百里，非用兵应急之术，令亶交府事与监司，亲往辰州措置。至是奏知辰州杨晟臻等一千六百余人及李阅奏知徽州杨昌金等六百余人并纳土讫。诏奏告太庙及永裕陵，加直待制，并臣表贺。未几，曲赦荆湖两路，改诚州为靖州。"《宋史·蒋之奇传》云："徽宗立，复为翰林学士，拜同知枢密院。明年，知院事。沅州蛮扰边，之奇请遣将讨之，以其地为徽、靖二州。"崇宁元年，知杭州。考蒋之奇知院事在建中靖国元年，沅州蛮扰在崇宁元年，得地在崇宁二年。《十朝纲要》云："崇宁二年正月，改诚州为靖州，徽州为莳竹县。"《蒋之奇传》语皆失实。【《续资治通鉴长编拾补》卷21】

【按】黄以周以为"《蒋之奇传》语皆失实"，其实《蒋传》只是表述不准确而已。沅州蛮扰时，蒋正在枢密院，指挥调度，当是其本职。至于说"得地""改名"，或许在蒋罢枢密院之后，但其中确实有蒋的一份功劳。

五月庚申，有人建议贬逐"元祐党人"，从兹有此称呼。

《通鉴后编·宋纪九十四》载：五月庚申，尚书左仆射韩忠彦罢。忠彦为相，召还流人，进用忠谠之士。于是，张庭坚、陈瓘、邹浩、龚夬、江公望、常安民、任伯雨、陈次升、陈君锡、张舜民等皆居台谏，翕然称为得人。然与曾布不协。至是，左司谏吴材、右正言王能甫希布意，论忠彦变神考之法度，逐神考之人材，遂出知大名府。臣僚上言："神考在位凡十有九年，所作法度皆本先王。元祐党人秉政，紊乱殆尽，朋奸罔上，更倡迭和者，皆神考之罪人也。绍圣追复，虽已窜逐。陛下即位，仁德涵养，使之自新，一旦牵复。不以其渐，内外相应，寖以滋蔓，为害弥甚。今奸党姓名具在，文案甚明，有议法者，有行法者，有为之倡者，有从而和者。罪有轻重，情有浅深，使有司条析区别行遣，使各当其罪，数日可毕。伏望早赐施行。"【《通鉴后编》卷94】

【按】《长编纪事本末》卷一百二十一云："据邹余奏议，其文颇有与诏旨不同者，当考。然上言者必邹余也。更详之。"

五月，公布第一批元祐党人名单。

《长编纪事本末·禁元祐党人上（元符附）》载：十一月先责安焘等，曾布所草制书，今附见。奸言无所忌惮至此，固宜存之。诏书见二十二日。诏：应元祐并元符末今来责降人韩忠彦曾任宰臣，安焘系前任执政官，王觌丰稷见任从官外，苏辙、范纯礼、张舜民、欧阳棐、黄庭坚、毕仲游、孔平仲、王巩、晁补之、陈瓘、龚夬（等57人），并令三省籍记，不得与在京差遣。【《长编纪事本末》卷121】

闰六月壬申，新知越州邹浩降为衡州别驾、永州安置。同时，蒋之奇上书，为邹浩一事乞行黜责（贬降）。

《长编纪事本末·禁元祐党人上（元符附）》载：闰六月壬戌，右银青光禄大夫、尚书右仆射兼中书侍郎曾布罢为观文殿大学士、知润州。壬申，通直郎、宝文阁待制、新知越州邹浩衡州别驾、永州安置。【《长编纪事本末》卷121】

蒋之奇《为邹浩事乞行黜责奏（崇宁元年闰六月）》云：近上札子，为元符二年内送简子与邹浩，见般出观音院待罪，乞重行黜责。伏蒙圣恩特降中使宣押，仍封还札子者。窃以邹浩上章，狂妄不根，王法所弃。臣于是时，身为从官，不能详审，乃缘乡闬之故，猥以尺牍通问，罪应窜斥。哲宗皇帝隆宽善借贷，止解近职，出守便郡，到官未几，复移帅府。天地之施，死且不报。伏遇皇帝陛下膺天宝命，绍履尊极，臣旋被宠擢，召还禁直，继蒙简拔，擢贰枢管，甫及期年，擢冠右府。望轻德厚，粉骨难酬，惟夙夜戮力尽瘁，庶以少答万分。今邹浩旧章发露，降散官闲置。臣备位大臣，前日之事，不敢蔽欺不言，以幸苟免。伏望圣慈下臣章有司，俾详议臣罪，特从贬降。【《全宋文》卷1705，第585—586页】

蒋之奇尝为颍川陈公（瓘）作《举潭》诗（已佚），知蒋、陈两人一直友善。

李纲《举潭诗卷跋尾》云：故奉议郎致仕颍川陈公，事其母夫人乐氏以孝闻。夫人既捐馆舍，卜葬于举潭。公为之筑庵曰"悟真"，堂曰"追远"，亭曰"归真"，以为祭祀焚修之所。故枢密蒋公、右丞陆公（陆佃）已下百余人，赋诗以咏歌之。而夫人淑德懿行，益彰闻于时。【《梁溪集》卷162】

朱熹《谏议陈忠肃公》曰：公名瓘，字莹中，南剑州沙县人。中元丰二年进士甲科，为湖州书记，签书镇东军判官事，除太学博士，辞不就。绍圣初，复除博士、秘书省校书郎，通判沧州，除著作佐郎、枢密院编修官，皆辞不赴，差知卫州。徽宗即位，召除右正言，迁右司谏。责监扬州粮料院，改知无为军。复召为著作郎、实录院检讨官。辞史局，除右司员外郎，以上宰相书责监建州武夷观。坐党籍，除名勒停，送袁州编管。崇宁元年，移送廉州，量移郴州，得自便。以子正汇事逮系诏狱，送通州安置，坐进《尊尧集》，送台州编管。复宣教郎、主管江州太平观，令居南康军，徙楚州。宣和六年卒。靖康中赠谏议大夫。……

[原注：《闻见录》云：陈莹中绍圣初用章惇荐，为太学博士。先是，惇之妻尝劝惇，无修怨。惇作相，专务报复，首起朋党之祸。惇妻死，惇悼念不堪。莹中见惇客甚众，谓惇曰："公与其无益悲伤，曷若念夫人平生之言？"盖讥惇之报怨也。惇以为忤，不复用。]【《五朝名臣言行录》卷24】

章惇书尺牍

七月十二日，张耒在颍州荐福禅院饭僧，祭奠苏轼，被谪房州别驾、黄州安置。

《长编纪事本末·禁元祐党人上（元符附）》载：七月庚戌（十二日），臣僚上言："朝散郎、管勾明道宫张耒在颍州闻苏轼身亡，出己奉于荐福禅院为轼饭僧，缟素而哭。"诏张耒责授房州别驾、黄州安置。八月丙子，诏："司马光、孔平仲、孔文仲、苏轼、范纯仁、范祖禹、邹浩、张舜民

（等202人）子弟并不得与在京差遣；陆傅、吴储、吕好问、吕凝问、苏适、吕能问、王抚、张禹并与外任合入差遣。"九月乙亥，御批付中书省："应系元祐责籍并元符末叙复过当之人，各具元籍，定姓名、人数进入，仍常切契勘，不得与在京差遣。"【《长编纪事本末》卷121】

是年秋，蒋堂孙蒋彝为润州金坛主簿，入都参加锁厅试，未考中。

程俱《朝散郎直秘阁赠徽猷阁待制蒋公（彝）墓志》云：公讳彝，字子有，姓蒋氏，常州宜兴人。……弱冠以大夫遗表恩，授太庙斋郎，调润州金坛簿，迁开封府陈留丞，未赴，丁祖母仁寿县太君陈氏忧。【《北山小集》卷30】

程俱《送蒋主簿入都赴试一首（壬午）》诗云：东南贡吏紫髯郎，一马骎骎客路长。袖里山林洗尘雾，腹中文字了缣箱。流年过我长如许，乐事知君讵未央。行恐饥来驱我去，也遮西日上河梁。〔原注：蒋有名画小轴，常置怀袖，名《壶中图》。〕【《北山小集》卷9】

秋试时，宜兴慕容彦逢建言，愿诏有司凡选择务先理致，后文采，诡僻不醇者，黜之。

蒋瑎《慕容彦逢墓志铭》云：崇宁初元，赐对便殿，敷纳明辨。方秋试进士，公建言以为迩来学者程文往往尚浮靡，畔经术，愿诏有司凡选择务先理致，后文采，诡僻不醇者，黜之。诏从其请。除秘书省校书郎。未几，擢监察御史兼权殿中侍御史，燕见一再，上益才之。除左正言，迁左司谏。章数十上，大抵以拾遗补阙、辅教化、慎命令为先。劾按权近，无所回挠。后言执政以某事当去，上亟为罢之。论议坚正，风望隐然，除起居舍人。逾月召试制诰，擢中书舍人。预编修《哲宗皇帝御集》。三年春，罹嘉国夫人忧。【《摛文堂集·附录》】

秋七月，蔡京弄权，自尚书左丞超拜右相。蒋之奇、许将等无缘进阶，

中外大骇。

　　《九朝编年备要·徽宗》云：秋七月，行久任法。……以蔡京为右仆射，自曾布罢免，而相位阙者逾月。时知枢密院蒋之奇、门下侍郎许将皆应次补，京乃自尚书左丞超拜右相，制下，中外大骇，赐京坐延和殿。【《九朝编年备要》卷26】

　　《宋会要辑稿·兵》载：崇宁元年七月，蔡京自尚书左丞入相，日以兴复熙宁、元丰、绍圣为事。于是侍御史钱通言，乞除雪赡、厚罪名，及正当时议弃地者之罪。于是，诏王厚叙皇城副使，王赡追复供备库副使，而一时议弃地韩忠彦、曾布、安焘、李清臣、蒋之奇、范纯礼、陈次升、都贶、钱景祥、秦希甫、龚夬、张庭坚，并贬责有差。收复湟、鄯之谋，自此始矣。时上又问知枢密院事蔡卞曰："鄯、湟可复否？"卞对曰："可复。"问："谁可将？"对曰："王厚可为大将，高永年可统兵。"上从之。于是命厚知河州，兼洮西安抚。厚请择人以自助，诏遣内客省使童贯与偕。朝廷自弃鄯、湟，畔羌多罗已迎陇拶之弟曰溪赊罗撒立之。赵怀德奔河南。〔原注：朝廷赐陇拶姓名曰"赵怀德"，拜河南节度使，还邈川，溪赊罗撒之党谋掩杀之。怀德惧，奔河南，郎阿章及缅什罗等，更挟以令众种落。〕【《宋会要辑稿·兵九》】

九月丙戌，李清臣密奏曾布任用私人，皇上告知蒋之奇、章築，曾布所用并非营私结党。

　　岳珂《四察八侦》云：曾布独对，上谕布："人物有可诏对者，但奏取来，便当批付阁门。"布寻以刘焘、王防、周寿、白时中四人名闻。上悉批令对。四人者，皆布门下士。清臣密启上谓："焘、防等为四察八侦。"既而对众显白："四察八侦，不可为言事官。"上色变，众莫晓其语。上以谕蒋之奇、章築，曰："清臣盖指王防、刘焘等也。"令谕布知。且曰："清臣所为妇人女子之事。"寻召焘告之，仍令转达上旨，时九月丙戌也。后二日，在留身谢上，谕以察侦之语，且言："所谓察侦，皆臣所亲接之人。君子小人各有党，类此等人皆知顺圣意，奉行法度者，非营私也。"【《愧郯录》卷5】

约十月间，毕仲游上《贺枢密启》，旋，蒋之奇罢。

毕仲游《贺枢密启》云：奉膺尊册，入长鸿枢，凡在见闻，交深庆幸。伏惟枢密太尉，学经百行，道冠万殊。传孔孟之微言，纂伊皋之绝业。感会尚文之运，发挥开物之谋。爰自先朝，预闻机政。以利仁之常德，循辅世之宏规。贯金石以存诚，等权衡而及物。訏谟方略，动系安危；出纳将明，断无吐茹。虽暂辞于机要，尤深轸于睿怀。召以锋车，对于便坐。安民之策得以屡陈，许国之诚昭然嘉纳。遂即本兵之地，进当魁柄之雄。风动四夷，式是百辟。而况君臣相合如符契，兄弟对秉于钧枢。岂特专美于一门，兼示大公于来世。帷幄之任，既足有为；鼎铉之崇，乃其固有。垂作圣朝之范，冠于盛事之图。若夫经纶，岂待敷叙；惟当跃距，以俟太平。某蹇舛余生，栖迟末路；侧闻涣号，实踊欢诚。幸沟壑之未填，企门墙而惟旧。所期亮察，永托埏镕。【《西台集》卷8】

【按】毕仲游所谓"兄弟对秉于钧枢"，当指蔡京兄弟。建中靖国元年，宰辅大臣为范纯礼（六月止）、李清臣（十月止）、韩忠彦、曾布和安焘（七月止）、蒋之奇、陆佃、章楶、温益（十一月进），其中似无兄弟。崇宁元年为蔡京（七月进）、韩忠彦（五月止）、曾布（闰六月止）及许将（六月进）、温益、赵挺之（六月进）、张商英（六月进）、蔡卞（十月进）、陆佃（六月止）、章楶（七月止）、蒋之奇（十月止）。故知此启当在蔡卞进知枢密院事之时。

冬十月，徽宗听信蔡京之言，认为蒋之奇"昏老"。蒋"觉上眷衰"，上章求去。

《九朝编年备要·徽宗》载：初，之奇奏河湟事，蔡京曰："弃之可惜。"之奇以为当时兵败粮乏，盖不得已。上入蔡语，每对执政言："之奇昏老，且曰湟鄯虽未能复，然须责当日议弃者。"意在之奇也。之奇觉上眷衰，上章求去，遂自知枢密院出知杭州。之奇为都使者十二任，六典都府，所至以治辨称。……十二月，论弃湟州罪，再贬韩忠彦等九人。韩忠彦散官安置济州，曾布散官仍旧衡州，安焘濮阳，蒋之奇以下六人皆责降有差。【《九朝编年备要》卷26】

十月十二日，蒋之奇以观文殿学士出知杭州。韦骧有贺《启》。

《宋宰辅编年录·徽宗》载：元符三年十月癸亥，蒋之奇罢知枢密院事。［原注：自右正议大夫，授依前官充观文殿学士知杭州。］制曰："朝廷之上，辅弼之臣，入则总枢机之繁，以承庙略；出则制兵民之重，以壮藩维。内外之任匪轻，体貌之隆惟一。［具官蒋之奇］，材猷博大，器识闳深。贯穿百家之书，该通六艺之意。学为劝讲，文以代言。威名著于敌中，教治行于辇下。践更臒仕，被遇累朝。进掌枢衡，遂制兵武。惟时塞垣彻警，羌戎咸宾，方有赖于论思，乃屡形于冲退，勉从均逸之义，用举优贤之章。加以秘殿之隆名，往镇余杭之巨屏。虽乃身在外，获遂解于政机，而雅意本朝，宜无忘于辰告。茂尔告履，体予眷怀。"之奇自元符三年四月除同知枢密院事，建中靖国元年七月除知枢密院事，至是年十月罢。执政逾二年，俄夺职，以疾告归，提举灵仙观。卒复观文殿学士。同日，蔡卞知枢密院事。
【《宋宰辅编年录》卷11】

《宋史·徽宗纪一》载：冬十月癸亥，蒋之奇罢。戊辰，诏：责降宫观人不得同一州居住。甲戌，以御史钱遹、石豫、左肤及辅臣蔡京、许将、温益、赵挺之、张商英等言，罢元祐皇后之号，复居瑶华宫。丙子，刘奉世等二十七人坐元符末党与变法，并罢祠禄。戊寅，以资政殿学士蔡卞知枢密院事。【《宋史》卷19《徽宗纪一》】

《宋史·宰辅表一》载：十月戊寅，蔡卞自资政殿学士、左正议大夫、中太乙宫使兼侍读除知枢密院事。十月癸亥，蒋之奇自知枢密院事，依前右正议大夫，以观文殿学士出知杭州。【《宋史》卷210《宰辅表一》】

《宋会要辑稿·职官》载：元年十月十二日，右正议大夫、知枢密院事蒋之奇罢为观文殿学士、知杭州。以言者论之奇尝议弃湟州地，故有是命。
【《宋会要辑稿·职官七八》】

《乾道临安志·牧守（政绩）》：蒋之奇，崇宁元年十月癸亥，以知枢密院事蒋之奇为观文殿学士，知杭州。【《乾道临安志》卷3】

韦骧《上蒋颖叔判府枢密》云：右某言念自违钧庇，日企台光，怅竿牍之莫修，恋门墙而徒剧。伏惟坐颙方面，倍拥福禧。恭以判府枢密观文禀天元精，为国重器，学贯古今而行之以道，智穷事物而处之以中。颙然具多士之瞻，伟矣富真儒之业。玉堂挥翰，润色训辞之严；枢府运筹，宣威沙漠之远。功茂寝兵之盛，恳辞秉政之劳。诚心上感于清衷，俞旨曲从于勤请。压全吴而临重镇，人庆歌襦；过故里而拥高牙，世钦昼锦。某凤叨恩遇，久玷仕途，窃惭无补于时，已遂投闲之乞。方图问舍，即从桑梓之归；将获望尘，复戴岍嵝之赐。愿延鼎鼐之召，庶慰旄倪之情。伏望上为庙朝，精调寝餗。卑情无任依归祝颂之至。【《钱塘集》卷9】

蒋之奇有送侍者诗（已佚），黄裳有和诗。

黄裳《和蒋枢密送侍者归》诗云：谩来非为利名场，随侍还寻野径香。静极恐生天上梦，不妨吟入帝云乡。【《演山集》卷12】

【按】蒋之奇时已七十有二，赴杭州任时，徽宗皇帝派侍者护送。此侍者应该与黄裳相识。

《中国诗学大辞典·黄裳》云：黄裳（1044—1130），字冕伸，一作勉仲，号演山，延平（今福建南平）人。宋神宗元丰五年（1082）进士。徽宗政和间知福州，累迁端明殿学士，礼部尚书。宋高宗建炎四年（1130）卒，年八十七。其诗文骨力坚劲，不为委靡之音。……为《演山集》六十卷，今存。【《中国诗学大辞典》，第408页】

《长编》载：元丰五年三月乙巳，御集英殿，赐进士明经诸科黄裳以下及第、出身、同出身五百九十三人。裳，南剑州人也。……戊申，御试初考官，大中大夫苏颂、集贤校理王子韶、……集贤校理陆佃各罚铜三十斤，坐颂等考黄裳等下，上亲擢为第一，故罚之。【《长编》卷324】

朱彝尊《黄裳〈周易澶州讲义〉》云：程瑀撰《碑》曰：公讳裳，字勉仲，其先金陵人。五代时迁延平。元丰五年登进士第一。历越州签判、太学博士、秘书省校书郎、大宗正丞、尚书考功员外郎、起居舍人、太常少卿。徽宗朝迁兵部侍郎，又迁礼部侍郎。求外任，差知颍昌府，移河南府，未行，留为礼部尚书。阅数月，申前请，除显谟阁学士，出知青州，移庐州，又移郓州。久之，丐宫祠，差提举杭州洞霄宫。政和四年，以龙图阁直学士起知福州，历二任，除龙图阁学士。于是复以提举杭州洞霄宫居钱唐。至宣和七年，除端明殿学士，再领宫祠。建炎二年始归延平，抗章乞致仕，转正议大夫。【《经义考》卷21】

蒋之奇游杭州慈恩开化教寺、六和塔，各有诗（东坡诗附）。

《咸淳临安志·慈恩开化教寺》云：慈恩开化教寺，开宝三年吴越王就南果园建寺，造六和宝塔以镇江潮。宣和毁于兵。绍兴二十二年北僧智昙以衣钵募缘重造，十载始成。隆兴二年赐今额。有秀江亭、金鱼池。[题咏]东坡《六和塔送张吉甫赴闽漕》诗：羡君超然鸾鹤姿，江潮欲下还飞去。空使吴儿怨不留，青山漫漫七闽路。门前江水去掀天，寺后清池碧玉环。君如大江日千里，我如此水千山底。蒋之奇《金鱼池》诗：全体若金银，深藏如自珍。应知嗅饵者，固自是常鳞。冲师闻《溪水轩》诗：欲放清溪自在流，忍教冰雪落沙洲。出山定被江潮涴，能为山僧更少留。【《咸淳临安志》卷77《寺观》】

蒋之奇至节招饮，韦骧以病不赴，以诗相赠。

韦骧《至节蒋颖叔见召，以病不赴》诗云：一阳潜复自黄宫，难变霜鬐作少容。方伯以时均宴衎，野人不幸困龙钟。望尘修敬惭无及，举白承欢恨莫供。但有诚心腾善颂，愿随寿斝祝椿松。【《钱塘集》卷7】

马端临《钱塘〈韦先生集〉十八卷》云：陈氏曰：主客郎中钱塘韦骧子骏撰。皇祐五年进士。元祐中以近臣荐为监司数路，知明州，以左朝议大夫致仕。崇宁中乃卒。少以词赋有声场屋，王荆公喜其《借箸赋》，颇称道之。陈师锡志墓。【《文献通考》卷237】

【按】韦骧诗中"难变霜鬐作少容""举白承欢恨莫供"，知诗作于暮年。

蒋之奇为杭州南山慧因寺净源法师立石。法师圆寂于元祐三年十一月

己酉，吕惠卿为其建行业碑，并作《华严阁记》。

　　释觉岸《杭州南山慧因寺法师》云：法师名净源，生晋江杨氏。先世泉之晋水人，故学者以"晋水"称师。受具参方，受《华严》于五台承迁，学《合论》于横海明覃。南还，听《楞严》《圆觉》，起信于长水法师子璇。四方宿学，推为义龙，因省亲于泉。泉主请住清凉，复游吴，住报恩、观音。杭守沈文通置贤首院于祥符寺以延之。迁秀州青镇密印宝阁，移华亭普照之善住。左丞蒲宗孟抚杭，愍其苦志于宗，奏慧因寺以居师。高丽义天僧统之来也，申弟子礼以见师。初华严一宗疏钞，久矣散坠，因义天持来咨决逸而复得。义天之还国也，以金书《华严》三译本一百八十卷，自高丽遣使遗师，建大阁安奉之，故俗呼慧因为高丽寺。至是，元祐三年十一月己酉，师乃入灭，世寿七十八岁。塔舍利于寺西北隅，其宗称为中兴教主。太尉吕惠卿（1032—1111），字吉甫，为建行业碑，仍作《华严阁记》。蒋之奇立石。【《释氏稽古略》卷4】

　　吕惠卿《杭州慧因教院华严阁记》云：

　　镇南军节度、洪州管内观察处置等使、检校司徒、持节都督洪州诸军事、洪州刺史、知杭州军州事兼管内劝农使、充两浙西路兵马铃辖兼提举本路兵马巡检公事、柱国、东平郡开国公、食邑三千四百户、食实封五百户□□□撰。

　　钱塘有大法师，曰净源，以贤首教为东南学者宗，所注经文，传布外国。有高丽僧义天者，见其文而悦之。元丰八年春，因以其王命使于我，请从源师口授经旨，天子可其奏。义天至杭，礼见源师。源师为说法要。义天竟其学，还本国。其兄国王与其母命以青纸金书晋义熙，唐证圣、正元中所译《华严经》三本，凡一百七十卷，附海舟舍入源师所住慧因教院，以报皇帝之德。至元符元年冬，其国遣使贡方物。及建中靖国元年，复遣使贺今上登宝位，继附白金千数百两，请于慧因院造华严经阁及卢舍那佛、普贤、文殊菩萨像，并供具等置于其阁，乞差童行管勾，岁与剃度。部使者及引伴各以其状闻，朝廷皆许之。未几，阁成，源师之法子曰希仲以余与源师有旧，请为文以记之。

　　贤首教者世传《华严经》之学，始于帝心杜顺，次尊者智俨，次贤首国师法藏，次清凉国师澄观，次圭峰禅师宗密。帝心有《法界观》，尊者有《搜玄记》，贤首有《探玄记》，皆释晋《经》而已。至清凉为唐《经》作《疏》，而证圣、正元之二译始备，圭峰复为清凉作《讲义》，源师因以五师为华严五祖，以其判教自贤首始，故谓之贤首教。而源师所注，乃以清凉《疏》分列于《经》文之下，使学者晓然易见者也。

　　夫道未始有物，而神无乎不在。通乎此者，大小而小大，多少而少多，唯心之从，莫之能御。此《华严》所以以一真之境，融通事理，交相摄入，而出大千经卷于一尘之内者也。然群生沈迷，不知反本，至虽轮转生死而莫之悔，虽世所谓贤有智者，未免乎此也。今义天不以夷夏之异，山海之远，求师以问其说。及其得请，又作佛事以为报。而源师究极义学，至为殊方之所师慕，如此是皆可书也。乃为之记云。建中靖国元年三月初一记。

　　右正议大夫、知杭州军州事兼管内劝农使、充两浙西路兵马铃辖兼提举本路兵马巡检公事、上柱国、弋阳郡开国公、食邑三千六百户、食实封七百户蒋之奇立石。【《玉岑山慧因华严教寺志》卷6；《慧因高丽寺》，第312—313页】

　　【按】鲍志成《慧因高丽寺》一书中将此文作者署为蒋之奇，误。据《释氏稽古略》当作吕惠卿。其《本传》云："徽宗立，易节镇南，因曾布有宿憾，徙为杭州。"或因吕惠卿最后入《奸臣传》，故将其名磨去。吕文作于"建中靖国元年三月初一"。蒋之奇立碑之事，诸史不纪其年月，姑系此。

　　《慧因华严教寺志·檀那》载：苏文忠公轼。据文忠《却贡疏》云："自熙宁以来，高丽屡入朝贡，两浙骚然，皆因奸民徐戬等交通诱引，妄谈庸僧净源通晓佛法，以致义天羡慕来朝，从源讲解。源死，其徒复持真影舍利，违禁过海，以致义天差人祭奠，兼进金塔探瞰，朝廷受之，则以贪示外夷，计构纷然，朝贡踵接。夷使所至，图画山川，购买书籍。不惟中国受疲，而边防亦疏。乞却金塔勿受，绝其来意。"云云。则是文忠目晋水为庸僧矣。

何以伽蓝之誓，护持兹寺如此其大且久也？大都文忠此时护国之心甚于护法，因晋水之名高且远，恐以一高丽为诸岛夷倡，县官费且不赀，终酿祸衅，不得不加"庸"之一字，以杜夷使之来耳！若曰源非中国所尊，而远夷向往如此，不几贻笑中国耶！然玩其《疏》中云"从源讲解"，非善知识，何由得讲解？又云"持源舍利过海"，非真罗汉，何由得舍利？既已善知识、真罗汉矣，尚得谓之"庸"乎？是文忠故矛盾己说，以示此僧之不庸，而姑借一字之贬，以（距）（拒）外夷而安中国也。欲示中国之尊，即佛印之据座以为得体；欲弥中国之衅，即晋水之方来以为生事，总文忠护国之心，甚于护法耳。异日伽蓝之誓，不独补赤山，亦以谢晋水也。赘言以识观者之惑。［蒋之奇］蒋之奇，以上柱国、弋阳郡公、正议大夫知杭州军事，捐俸助建华严经阁，兼为立石。【《玉岑山慧因华严教寺志》卷4；《慧因高丽寺》，第300—301页】

【按】慧因高丽寺的檀那（即施主），吕惠卿当然是其一，然毕竟名声太差，《寺志》将其忽略。

【又】苏轼知杭州日，曾斥慧因寺净源法师为"庸僧"，一度被排斥。其实，净源法师是华严宗一代宗师，在海外有很大影响。蒋之奇到杭州后，认识到净源法师在佛教界的地位，所以重新为其立石。由此也可知苏、蒋于佛学的认知存在较大差距。

蒋枢密赠诗南屏清辩法师。

释宗晓《南屏清辩法师》云：法师蕴齐，生于钱唐周氏。为僧专习台教，深入法华堂奥，名称普闻。七坐道场，其从如云。主南屏日，枢使蒋颖叔赠诗曰："道人重演莲华教，佛陇家风好谛听。"师尝曰："吾观法华一乘，先贤多事赞述，而未闻以偈敷扬者。昔善慧大士颂金刚殊不恶，余早岁涉六籍百氏之学，喜为言句。今虽老矣，于此下语亦无愧也。"因揭二十八品，各赋一颂，序品曰："一多深妙昔年稀，云影飞华景像奇。弥勒文殊两饶舌，始知躬禀旧威仪。"方便品曰："重关无键叹难入，妙手敲开处处通。密叶残枝顿零落，卓然高格战清风。"此颂旧有印本流行，聊记一二。庶

与同道者仰止焉。【《法华经显应录》卷下】

释宗鉴《蕴齐小传》云：蕴齐，字择贤，锡号清辨，钱唐周氏。师湖山净明子猷，二十三试经进具，传教观于法明、会贤。慈润灵玩，因患疫病，百药不治，力课观音尊号。梦大士以斤斧凿开胸臆，易以他脏，用手扪摩，所患即愈。凡平日经服，微文奥义，靡不洞达。讲唱无滞，举笔成章，咸谓大士以"辨才三昧"锡之。住钱唐道林、常熟上方、次东灵、次南屏、次姑苏广化、次三衢浮石，后又住上方，老于东。方丈南屏乃蒋枢密所请，赠诗云："道人重演莲华教，佛陇家风好谛听。"浮石《疏》云："坐断顶山，悲垂广化。酌东灵之水，润焦谷牙；起南屏之云，注甘露雨。"政和中，述《菩萨戒记》于上方，世号《顶山记》，有二十八偈赞妙经，皆囊括经旨，匪恃骚雅也。如序品云：弥勒文殊两饶舌，方知躬禀旧威仪。建炎四年正月十一集众，讽弥陀经，称弥陀号。作颂曰：七十七年机关木，逢场作戏任纵横。如今线索俱收了，北斗藏身即便行。门人法清分舍利藏于上方。方丈高弟姑苏景德法云，编《翻译名义》七卷。【《释门正统》第6】

蒋之奇作诗纪南园、巽亭，已佚。题杭州圣果寺三佛石诗，存逸句。西湖飞来峰龙泓洞有其篆书题名。

雍正《浙江通志·古迹二（杭州府）》载：南园巽亭，《乾道临安志》：庆历三年，郡守蒋堂于旧治之东南建巽亭，以对江山之胜。崇宁三年，蒋之奇作诗纪其事。苏舜钦《南园巽亭》诗："公自登临辟草莱，赫然危缔压崔嵬。凉翻帘幕潮声过，清入琴尊雨气来。畴肯登临何处好，平生怀抱此中开。东南地本多幽胜，此向东南特壮哉。"【雍正《浙江通志》卷40】

清佚名《江干杂录》载：岿然三佛示真形，高卧安然醉不醒。独上中峰一长啸，岩前月桂影亭亭。〇《西湖游览志》：月岩之左为中峰，峰上有亭，曰"天峰孤啸"。〇《仁和县志》：三佛石，在圣果寺后，去城南二里。宋蒋之奇诗：岿然三佛石，若在嘉州岸。【《钱塘江文献集成》（第17册），第52页】

《西湖游览志·北山胜迹》云：龙泓洞，一名通天洞。俗传其底可

通浙东，有采乳石者入之，闻江涛浪浪然，橹声聒耳。壁间有蒋之奇篆书。贾似道、廖莹中等题名。【《西湖游览志》卷10】

蒋之奇礼孤山宗敏秀法师，问《楞严》大旨，敬以师礼，并赠以诗（存佚句）。

《佛祖统纪·法师宗敏》云：法师宗敏，秀当湖鲁氏名族也，赐号法云。年十五具戒，遍参讲席，如超果照广化明南屏玩无不历事。后入慈辩室，顿有发明。辩谋首座非其才，乃请与之抗论，座为之屈。绍圣初，主杭之菩提。元符中迁孤山。枢密蒋之奇时来谒，问《楞严》大旨，为谈心要之妙。之奇言下有契，敬以师礼。久之，退处报恩六一泉之上，宴坐三十年，世高其风。兀术陷杭，寺为煨烬，乃还止当湖庵居。绍兴七年冬示寂，命以衣盂修报恩塔，即山椒而葬焉。后十八年，有司以其地为延祥观，迁其塔于山北鸟窠之侧。弟子慧静取全身阇维之，视容貌如其生，薪尽火灭，收舍利百粒如菽。【《佛祖统纪校注》（上）卷14】

《佛祖统纪·诸师列传第六之五》载：法云敏法师法嗣枢密蒋之奇。同书《佛祖世系表第十》又载：法云宗敏法师，枢密蒋之奇，慧觉清月法师，……【《佛祖统纪》卷15、卷24】

【按】《佛祖统纪》所载，蒋之奇与法云宗敏既是法兄，又是法嗣，不知孰是。

释宗鉴《宗敏小传》云：宗敏，字子修，锡号法云，当湖鲁通奉子。襁褓失所恃，成髫力学精进。深梵书，通儒典。不乐世谛，志慕空寂。八岁师德藏惟穆，十五进具。参超果照、广化明、南屏玩及天竺慈辨。慈辨谋首座，或非其人，乃杭议请与论辨，同门畏服。绍圣初，丰侍郎（求之）典杭，请主西湖菩提。元符中，吕大尉（吉甫）迁于马脑。蒋枢密（之奇）时至湖上，访问《楞严》大旨，赠诗云："每受楞严学，孤山最有闻。"寺西即勤公所居报恩院，东坡以勤与欧公为诗友，名其泉以六一。退居泉上，宴坐三十年。【《释门正统》卷6】

是年，知亳州傅楫卒于任，归葬宜兴善权山。

汪藻《朝请郎龙图阁待制知亳州赠少师傅公墓志铭》云：崇宁间，钩党之论起，元祐以来士大夫为世指名者，悉堕党中，故一时盛德精忠之人，往往赍志以没。既没矣，子孙惧及，率秘其阀阅不敢传。逮靖康党禁除，人人争言嘉祐、治平以前事。于是昔之悼不幸土中者，咸振耀于时。公虽没于崇宁之初，为不预其祸，然用事者犹指公为党人。……公讳楫，字元通，姓傅氏。……闻孙觉、陈襄有学行，抠衣从之。襄门人有许安世、江衍之流，皆尝以文艺冠多士，襄不之取，独称公曰："傅元通，金石人也。"以其女妻之。擢治平四年进士第。……官太学四年，足未尝及宰相执政之门。秩满，即日诣曹，曾布知枢密院与其副林希共荐之，宰相亦雅知公名，除太常博士。……建中靖国秋，见时事寖更张，窃叹曰："祸其始此乎？不去，楚人将钳我于市。"闻者莫不甚其言，公笑曰："后当以吾言为信。"遂求补外，诏不许，恳祈不已。最后，中书舍人邹浩为请，乃听。除龙图阁待制、知亳州，到郡数月属疾，易衣趺坐而卒，年六十一。实崇宁元年二月五日也。……大观中，大臣屡欲以公入党籍，徽宗念公旧学之臣而止。后每因事必及公姓名，而卒不为大臣所右。故公之没，恤典不加焉。公之葬，在今常州宜兴县善拳山之原。累以诸子恩赠少师。【《浮溪集》卷26】

《方舆汇编·常州府祠庙考》载：善权禅寺，宋名广教禅院，在县西南五十里永丰区。齐建元二年以祝英台故宅创建，唐会昌中废，其址为海陵锺离简之所得。唐咸通中，李司空蟾尝肄业于此，奏以私财赎之复建，僧舍刻疏于石。宋崇宁中，傅待制楫以徽宗潜邸恩，请为坟刹。宣和中改为崇道观。【《方舆汇编·职方典》卷718】

十二月，因前参与弃守湟州廷议一事，知杭州蒋之奇落职。

《宋会要辑稿·职官》载：元年十二月二日，诏责授太中大夫、提举西京嵩山崇福宫、怀州居住韩忠彦为崇信军节度副使，济州安置。武泰军节度副使、衡州安置曾布为贺州别驾。降授端明殿学士、右光禄大夫、提举西京嵩山崇福宫安焘为宁国军节度副使,汉阳军安置。观文殿学士、右正议大夫、知杭州蒋之奇落职。以御史中丞钱遹言,忠彦等辅政日弃湟州之地故也。【《宋会要辑稿·职官六八》】

《宋会要辑稿·蕃夷》载:元年十二月二十九日,臣僚奏:"仰惟哲宗用王赡等谋议,不烦一甲,不费一镞,坐致青唐、邈川之众,籍其土地、甲兵而有之。前日以臣挟爱憎之私,情逞一偏之曲说,以欺罔朝廷,尽委而弃之,更以他罪戮及赡之身。臣闻枢密臣安焘唱其说,韩忠彦、曾布佐其意,蒋之奇又从而和之,朝廷不追正当时主议弃地权臣之罪而显黜之,则无以伸往昔之冤。"诏除李清臣身亡已追贬,龚夬、张庭坚除名勒停编管外,韩忠彦、曾布、安焘、蒋之奇、范纯礼责降有差。【《宋会要辑稿·蕃夷六》】

第四十四卷　崇宁二年（1103）

崇宁二年（1103）癸未　七十三岁

北宋朝局党争不断，元祐大臣被逐，贬黜蒋之奇也只是其中之一，最终导致南方兵祸（方腊起义）。

《九朝编年备要·徽宗皇帝》载：二月，以吕希纯知瀛州。……再窜章惇。初苏轼责雷州，不许占官舍，遂僦民屋。而惇以为强夺民居，下州追民究治。及惇责雷州，亦问舍于民，民曰："前苏公来，为章丞相几破我家，今不可也。"……孟后既发惇等，念极毁宣仁事，未有实，欲因追灭元祐数大臣。……又引刘安世、范祖禹论顾乳媪，谓上已亲女宠，欲有倾摇，于是同文馆之诏狱起矣。又欲遣使岭表置狱，连逮元祐之臣尽诛之。又请发司马光墓。上并不听，甚至请追废宣仁，上虽不从，然犹遣使杖杀陈衍等于海岛，徙司马光等家属，毁拆宣仁故宫，常侍宫人皆逐出，有诛者。邹浩之窜也，惇以士大夫与语言交通，或致简、叙别、赂遗白上，置狱劾浩，自京师至新州连逮数百人，黜蒋之奇以下数十人，天下之士益以冤愤。初，惇之经制南北江也，定懿洽建沅州，乘势得梅山，然二年之间，死伤凡二十万兵，所至不以有罪无罪，肆行诛戮，无辜死者亦十八九，南方兵祸自此始。而所谓田亩租税皆妄，为邓绾所劾，及为相，首以开边劝上，因言元祐臣僚蹙国弃地之罪，谪降之外，欲诛范纯粹以行法纪。【《九朝编年备要》卷26】

三月初旬休日，蒋之奇请元照律师开讲《戒律》。蒋率全家俱预法筵。

蒋之奇《请元照律师开讲〈戒律〉简》云：之奇顿首。即日想惟戒体安隐，为大导师，幸甚幸甚。之奇旬休，欲携蒙诣讲席，愿闻略讲《戒律》大意，并佛法名，以涤家咎。敢辄先禀闻，幸希。道炤。之奇顿首。【《芝园遗编》卷之下；《全宋文》卷1706，第594页】

释元照《为判府蒋枢密开讲要义（请简、谢诗附）》云：判府枢密，三月初十日，与令嗣提宫寺丞、婿发勾陈奉议、同群夫人，俱预法筵，焚香拜请。讲曰："如来为一大事因缘故，出现于世。唯以佛之知见，示悟众生，欲令众生入佛智慧。是以种种方便，为一切众生作成佛之由也。（略）……我皇庶境，同集妙因。能说所闻，俱沾利益。"【《芝园遗编》卷之下】

蒋之奇《谢元照律师开讲〈戒律〉》诗云：心净佛土净，境空无一毫。风柯响林薄，华雨积庭皋。说法龙象绕，放生鳞羽逃。知师精戒律，功行不唐劳。【《芝园遗编》卷之下】

《武林梵志·灵芝寺》云：宋大智元照律师，字湛然，余杭唐氏，少依祥符东藏慧鉴师学毗尼，及见神悟。谦公讲《天台教观》，遂抠衣出门，博究群宗，以律为本。又从广慈受菩萨戒，戒光发见，顿渐律仪，罔不兼备，南山一宗，蔚然大振。常披布伽黎、杖锡持钵，乞食于市。杨无为赞之曰："持钵出，持钵归，佛心常在四威仪，初入廛时人不识，虚空常有鬼神知。"四主郡席，晚居灵芝，凡三十年，众常数百。尝言："化当世莫若讲说，垂将来莫若著书。"撰次《持济缘行宗应法》《住法报恩诸记》《十六观小弥义疏》及《刚定律尼本》，共百余卷，《芝园集》二十卷。自号安忍子。政和六年秋，命讽普贤行愿品，趺坐而化，渔人闻天乐声，建塔灵芝西北。谥大智。……佛印名了元，居灵芝寺，二岁通语论，五岁日诵诗三千首，稍长通五经，因喜《楞严》语，入释得旨。纳公与苏轼倡酬时，策励之。听客语，合心一笑，轩渠而化。【《武林梵志》卷10】

三月初一、甲子，蒋之奇、苏轼分别为宜兴《蒋氏宗谱》作序。

蒋之奇《恭述远祖序》云：落款"大宋崇宁癸未三月朔日，七十九世孙大学士开国侯之奇薰沐敬撰"。（全文略）。苏轼《敕修蒋氏宗谱序》云：落款"宋崇宁二年癸未春三月甲子，赐进士第礼部尚书兼端明殿翰林侍读学士苏轼，奉旨为同年进士蒋之奇纂修宗史序"。（全文略）。

【按】宜兴诸《蒋氏宗谱》卷一俱载两文，时间皆作"崇宁癸未三月"。考其时，蒋之奇并非"大学士"，而苏轼已作古，且此时苏氏文字皆在禁锢之中。苏轼之序或在此前已经完稿，后人刊印时，错记了年岁。当然，大多学者认为这是后人伪托之作。

四月丁巳，诏毁苏轼《文集》印板。乙亥，三苏等文集印板悉行焚毁。

《长编纪事本末·禁元祐党人上（元符附）》载：四月丁巳，诏"焚毁苏轼《东坡集》并《后集》印板"。……乙亥，诏三苏、黄、张、晁、秦及马涓文集、范祖禹《唐鉴》、范镇《东斋记事》、刘攽《道话》、僧文莹《湘山野录》等印板悉行焚毁。【《长编纪事本末》卷121】

《通鉴后编·宋纪九十五》载：四月乙亥，诏苏洵、苏轼、苏辙、黄庭坚、张耒、晁补之、秦观、马涓《文集》，范祖禹《唐鉴》，范镇《东斋记事》，刘攽《诗话》，僧文莹《湘山野录》等，印板悉行焚毁。【《通鉴后编》卷95】

六月底，蒋之奇送刘逵奉使三韩。

朱弁《曲洧旧闻》记曰：刘逵（1061—1110）公达奉使三韩，道过余杭，时蒋颖叔为太守，以其新进，颇厚其礼，供张百色，比故例特异。又取金色鳅一条，与龟献于逵，以致"今秋归"之意。颖叔老大，不能以前辈自居，尚何求哉？【《曲洧旧闻》卷8】

徐兢《贱使》云：妇人之髻，贵贱一等，垂于右肩，余发被下，束以绛罗，竖以小簪。细民之家，特无蒙首之物，盖其直准白金一斤，力所不及，非有禁也。亦服旋裙，制以八幅，插腋高系，重叠无数，以多为尚。其富贵家妻妾制裙，有累至七八辁者，尤可笑也。崇宁间，从臣刘逵、吴栻等奉使，至彼值七夕，会馆伴使柳伸顾作乐女倡，谓使副曰："本国梳得头发，慢必是古来坠马髻。"逵等答云："坠马髻，乃东汉梁冀妻孙寿所为，似不足法。"伸等唯唯然。至今仍贯不改，岂自其旧俗椎结而然耶？【《宣和奉使高丽图经》卷20】

盛熙明《补陀洛迦山传》云：崇宁间，户部侍郎刘逵、给事中吴栻使高丽，及还自群山岛，经四昼夜。月黑云翳，海面冥蒙，不知向所。舟师大怖，遥叩宝陀。未几，神光满海，四烛如昼，历见招宝山，遂得登岸。【《补陀洛迦山传·应感祥瑞品第三》】

六月，复湟州。七月，蔡京、蔡卞等以复湟州之功进官。八月初一日，论弃湟州罪，削蒋之奇秩三等［一说降授中大夫，依旧知杭州］。

《宋史·徽宗纪一》载：二年六月，复湟州。秋七月己卯，学士院火。辛巳，以复湟州，进蔡京官三等，蔡卞以下二等。……八月丁未朔，再论弃湟州罪，贬韩忠彦为磁州团练副使，安焘为祁州团练副使，范纯礼为静江军节度副使，削蒋之奇秩三等。戊申，张商英罢。辛酉，诏张商英入元祐党籍。【《宋史》卷19《徽宗纪一》】

《御批历代通鉴辑览·复湟鄯》载：六月，童贯及安抚王厚复湟州，贬韩忠彦等官有差。……蔡京议复湟鄯，还王厚前秩。……捷闻，进蔡京官三等，蔡卞以下二等，降德音于熙河兰会路。论弃湟州罪，贬忠彦为磁州团练副使，安焘为祁州团练副使，曾布为贺州别驾，范纯礼为静江军节度副使。夺蒋之奇三秩。凡预议者贬黜有差。秋八月，张商英罢。【《御批历代通鉴辑览》卷79】

《宋史·蒋之奇传》云：崇宁元年，除观文殿学士、知杭州。以弃河、湟事夺职，由正议大夫降中大夫。以疾告归，提举灵仙观。三年卒，年七十四。

《宋会要辑稿·职官》载：二年八月一日，龙图阁直学士、提举西京嵩山崇福宫李南公落职至仕，内侍阁守懃责贺州长史，金州安置。以言者论其元符置使修奉哲宗庙室，南公、守懃领其事，而升祔之日，乃置于东隅夹室中，藏之祝板之室，处以祧主之地，神帐、鼎俎皆裁损以就狭小，故有是责。同日，除名勒停人龚夬、张庭坚移化州、象州编管。责崇信军节度副使韩忠彦为磁州团练副使，安焘为祁州团练副使，依旧安置。降右正议大夫、知杭州蒋之奇为中大夫。除名勒停人陈次升移循州居住，降授承议郎、知坊州都贶降宣议郎，添差监抚州盐矾酒税务。并以尝议弃湟州地，今湟州已复，故责之。【《宋会要辑稿·职官六八》】

《长编纪事本末·徽宗》载：三年正月十六日，王厚言：……二年八月丁未朔，诏："湟州近已收复，其元行废弃及迎合议论、沮坏先烈之人，理当更加降黜。除许将已放罪曾布已责廉州司户参军衡州安置外，龚夬移送化州，张庭坚送象州，并编管。责授崇信军节度副使韩忠彦责授磁州团练副使，依旧济州安置；责授定国军节度副使、汉阳军安置安焘责授祁州团练副使，依旧汉阳安置；右正议大夫、知杭州蒋之奇降授中大夫，依旧知杭州；降授朝请大夫、少府少监、分司南京、徐州居住范纯礼责授静江军节度副使、徐州安置，除名勒停人陈次升移送循州居住；降授承议郎、权发遣坊州都贶降授宣义郎、添差监抚州盐矾酒税务，任满更不差人；钱景祥、秦希甫并勒停；李清臣身死，其男祉当时用事，移送英州编管；降授复州防御使姚雄恃勒停、光州居住。"【《长编纪事本末》卷139】

《宋史纪事本末·熙河之役》云：元符三年三月，诏弃鄯湟州，以界吐蕃。初王赡留鄯州，纵所部剽掠，羌众携贰森摩等结诸族帐谋反。赡击破之，悉捕斩，城中羌积级如山。赡又讽诸羌酋籍胜兵者，皆涅其臂，无应者，绰尔结请归帅本路为倡，赡听之去，遂啸聚数千人围邈川，夏众十万助之。城中危甚，苗履、姚雄帅所部兵来援，围始解，赡因弃青唐而还。溪巴乌与其子锡罗萨勒据之，群羌复合兵攻邈川，王厚亦不能支。朝论请并弃邈川，且谓隆赞乃穆珍之子，遂命知鄯州，赐姓名曰赵怀德，其弟巴尔辟勒鄂丹斡曰怀义，同知湟州。加玛尔珍怀远军节度使，而贬赡于昌化军，厚于贺州，胡宗回夺职、知蕲州，赠至穰县自缢死。徽宗崇宁元年十二月，蔡京论前宰执韩忠彦等议弃湟州失策，复荐高永年、王厚为帅。从之。二年夏四月，诏宦者童贯监洮西军。六月，童贯复湟州。初，蔡京复开边，还王厚前职。……贯至湟州，适禁中太乙宫火。帝下手札止贯毋西兵。贯发视，遽纳靴中。厚问故，贯曰："上趣成功耳！"遂行。都尔伯知王师且至，集众以拒。厚声言驻兵而阴戒行，羌备益弛，乃与偏将高永年异道而进。都尔伯三子以数万人分据要害，厚击杀其二子，唯少子阿蒙中流矢去，道遇都尔伯，与俱遁。厚遂拔湟州。捷闻，进蔡京官三等，蔡卞以下二等，降德音于熙河兰会路。论弃湟州罪，贬韩忠彦为磁州团练副使，安焘为祁州团练副使，曾布为贺州别驾，范纯礼为静江军节度副使，夺蒋之奇三秩。凡预议者贬出有差。【《宋史纪事本末》卷9】

《通鉴后编·宋纪九十五》载：八月丁未，再论弃湟州罪。除许将已放罪，曾布已责廉州司户外，韩忠彦、安焘、范纯礼、蒋之奇各贬官。龚夬化州，张庭坚象州编管；陈次升循州，姚雄光州居住；钱景祥、秦希甫并勒停；李清臣身死，其子祉当时用事，送英州编管。又诏："胡宗回顷帅熙州日，屡陈坚守鄯湟之议，见落职罢任，可特与复宝文阁待制、知秦州。"【《通鉴后编》卷95】

附：元祐崇宁宋军西进之战（俗称邈川青唐之战）

一、元符年间宋军第一次西进湟中之役

厮啰政权在瞎征（董毡孙）执政时，国内政局混乱，部众离心，处于分崩离析的状态。宋绍圣四年（1097），瞎征杀死叔父苏南党征。贵族溪巴温、篯罗结等割据溪哥城（今贵德河阴镇），以抗瞎征。宋朝见瞎征无力维持日益衰败的政权，对他也失去了信心。宋哲宗元符二年（1099）六月，宋采纳河州知州、洮西安抚使王赡攻取青唐的建议，令熙河兰岷经略使孙路筹划进兵湟中地区事宜。孙路以王赡所统河州官兵为先锋，王愍所统岷州及熙州兵马为策应西进。七月，宋军从河州安乡关（今甘肃永靖莲花渡）渡过黄河，很快占领了邈川。这时青唐主瞎征被大首领心车钦毡逐出青唐旧城，遁入塔寺林立的青唐新城，并削发为僧。八月，王愍率宋军入据宗哥城（今乐都）。瞎征及其妻子、亲信赶至宗哥城投降了宋军。但宋军以"羌情叵测"，迟疑不敢及时西进，心牟钦毡又与大首领篯罗结等将木征之子，即唃厮啰嫡曾孙（一说是河南"王子"溪巴温之次子）陇拶迎入青唐，立以为主。九月，宋以胡宗回代孙路为主帅，连连督促王赡西进。王赡兵至青唐，陇拶与各首领以及契丹、西夏、回鹘诸公主一并出降。唃厮啰政权从此基本解体。宋在青唐置鄯州，在邈川置湟州。

宋军轻易占有河湟，一部分河湟吐蕃首领不愿向宋朝俯首称臣，加之宋军入青唐后，纵兵掳掠，大失民心。公元 1099 年闰九月，吐蕃大首领心牟钦毡、篯罗结以及陇拶旧属嘉勒摩等又内外策应，发动吐蕃各部十余万人围攻青唐城。交战中，心牟钦毡被王赡斩首，但篯罗结等仍保聚于青唐崄，与宋军抗衡。与此同时，邈川一带吐蕃也聚集数千人，西夏遣星多等三监军率十余万人相助，共同围攻驻在城内的王愍所率宋军。蕃夏联军先断炳灵寺桥，烧毁省章峡（今老鸦峡）栈道，然后四面急攻。这时湟州守军才 2400 余人，且武器缺乏。总管王愍令军士拆下门板当盾，削尖木棍涂上墨作戈，让城中 100 余名女子穿上男人衣服充军，数十名儿童用瓦炒糜谷供饷，募敢死之士 300 人头裹黄布，由王愍率领打开城门出击。经拼死战守 16 天，就在城将破时，幸胡宗回派兰州苗履、河州姚雄率秦凤等路兵渡河，还有朝廷所派泾原路准备将领李忠杰率先锋来援，湟州才得以保全。同期，宗哥城也被围 10 天才解。姚雄、苗履等随后又西援青唐，与王赡联兵攻打青唐崄。宋军虽然取胜，但也遭到吐蕃兵的殊死抵抗。不久，篯罗结和嘉勒摩又拥立溪巴温第三子溪赊罗撒即小陇拶为主，再度保聚于青唐崄，并阻断通往湟州的道路。宋朝鉴于深入湟中后，受到当地人民的强烈反对，加之后勤供应艰难，难以立足，遂于这年十二月，授权已归宋的陇拶（赐名赵怀德）以河西节度使、知鄯州、西蕃都护的名义，管理湟中地区。元符三年（1100），宋朝军队、官员开始撤出鄯州，后又撤出湟州。首议攻取青唐的王赡受到处罚。宋军东撤后，建中靖国元年（1101）十一月，宋廷又授予溪赊罗撒"西平军节度使、邈川首领"的称号，扶持小陇拶代表宋朝统治河湟地区。大陇拶无法在湟州立足而逃到黄河南。大、小陇拶互相敌对，河湟吐蕃力量分散，为宋军第二次西进创造了有利条件。

二、崇宁年间宋军第二次西进湟中之役

宋崇宁元年（1102），徽宗欲效法熙宁之治，在西北地区开疆拓地，遂任用熟知边事的王韶之子王厚为知河州兼洮西安抚使，主持收复鄯湟诸州事宜。崇宁二年（1103）六月，宋军分兵两路，一路 8 万兵马，由主帅王厚和监军童贯统领，从河州安乡关北渡黄河，连克来宾（今民和县中川丹阳城）、宁洮（今民和转导乡黑城）及安陇（今民和县柴沟北古城）诸寨，直抵湟州城下；另一路 2 万兵马，由统制官、岷州蕃将高永年和权知兰州姚师闵等率领，出京玉关（今甘肃永登县河口一带），破通川（今甘肃永靖县北）、通湟（今兰州市红古区红古城）诸堡，然后与王厚所部合攻湟州城。二十二日，宋军来到湟州城下，列旗帜、鸣钟鼓攻城，吐蕃首领丹波秃令结率众坚守。宋军昼夜强攻。次日，宋骑将王用率精骑在湟水上游击败吐蕃援军，乘胜夺占湟水北岸的桥城，晚上烧毁湟水桥，诸将乘火光尽力猛攻，王亨还夺水门进入城中。半夜，丹波秃令结率十骑由西门逃遁。二十四日，宋军进入湟州。王厚又分兵收复湟州所辖城寨 10 座，吐蕃部民归降者 10 余万口。这时溪赊罗撒率众自青唐东援湟州，军至安儿城（今海东市平安区）时，得知湟州城已破，遂进至宗哥城，准备抵抗。王厚在省章峡西洒金坪（约今民和县莲花台之北）筑 500 步城一座，名绥远关，派兵据守。溪赊罗撒遣使请求以绥远关渴驴岭为界议和，得到王厚的同意。宋军将赵怀德（大陇拶）迎至湟州"以顺人心"，大力开展招抚工作。并于七、八两月开赴黄河南部一带，攻取吐蕃诸部的重要据点。朗家部落首领角四结等归降。十月，王厚、童贯等返回熙州。

崇宁三年（1104）三月，宋军自熙州出发再进湟中。四月七日集结于湟州。宋军兵分三路由湟州西进鄯州，中路由王厚与童贯率领，经绥远关直指宗哥城，北路高永年部取道胜铎谷（今海东市乐都区东北马厂乡），南路张诚等取道汪田丁零宗谷（今民和县米拉沟），包抄宗哥。四月九日，溪赊罗撒亲率吐蕃军在宗哥城东 20 里处迎战。一交战，蕃军因指挥不当而大败，被宋军斩俘 7000 余人。溪赊罗撒单骑奔回宗哥，却见城门紧闭，只得西奔鄯州。宗哥城内早有与宋军暗通的吐蕃首领，开门降于宋军。溪赊罗撒逃回鄯州后，本想组织力量继续抗击宋军，但部众不从，不得已逃到环湖地区，最后投奔了西夏。王厚、童贯等于四月十二日兵临鄯州城下，龟兹公主青宜结牟及吐蕃首领李阿温等，率城中大小首领、西域客商等开城出降。十八日，王厚又攻占廓州（治今化隆县群科）。五月，宋改鄯州为西宁州，"西宁"一名，从此开始使用。宋军前后招降户口 70 余万。自唐后期河湟地区陷于吐蕃王国之后，至此这一地区重又纳入中央王朝直接统治的范围之内。崇宁四年（1105），已投降西夏的溪赊罗撒等引来数万西夏兵助其复国，在宣威城之战中，宋将高永年轻敌，被俘杀。廓州等地蕃民相继叛宋，王厚急忙派兵弹压。大观二年（1108），宋廷又令童贯率军进讨黄河南吐蕃诸部，在赵怀德的协助招谕下，占据溪哥城的吐蕃"王子"臧征扑哥归降，宋遂在此置积石军。又过了七八年，宋军与西夏兵战于古骨龙城（在今门源县境），宋获胜并置震武军，从而控制了整个河湟地区。【《青海省志·军事志》，第425—427页】

九月，蒋之奇落观文殿学士。

《宋朝大诏令集·蒋之奇落职制》曰：城于湟中，先朝勇智之举也。戍而守知，保以万世，弃于无故，其情谓何？用惩怠以儆在位。观文殿学士、左正议大夫、知杭州蒋之奇，蔽自朕志，擢之本兵，资其谋谟，赞我绍述。而乃雷同奸画，蹙割竟土，覆军恤将，祸逮生齿，铠甲缯粟，一资于寇。弹章交上，请重厥责。尚以旧德，久在枢近，聊褫尔职，仍为大州，往哉省循，钦我宽贷。可落观文殿学士，特授依前右正议大夫，差遣如故。【《宋朝大诏令集》卷212】

约此时，朝廷一度命蒋之奇出镇成都（仍为大州），上书丐辞以免。

蒋之奇《天府帖》云：之奇再启：辱书承比来，所履清豫，良慰良慰！之奇近蒙恩，有天府之除。衰晚，何以堪此？已丐辞免矣。余需面究。之奇顿首。〔原注：右建中靖国枢密使蒋公之奇，字颍叔，《钱塘》《天府》二帖真迹一卷。予往来于常，与诸蒋游，盖世家文献，几二百年矣。是帖以嘉定壬辰岁二月得之西湖羽士刘元纲，刘得之蒋之孙腾云起。予亦识之，自以选诗名，亦云仍之秀者。〕……岳珂《蒋观文〈钱塘〉〈天府〉二帖赞》曰：尺瑜寸瑕，工所不弃。如公平生，抑有清议。虽翰墨之仅存，亦世俗之共悆。予独区区于别白，是亦或出于有意。昔邹忠公以言得罪，士皆缩颈以避去。公乃折简以自丽，由是而去，盖已无怼。然则操觚刻棐，片言幅纸，其知所以行己也必矣，以字达识，以识行字，举一知二，兹帖之所以可贵。【《宝真斋法书赞》卷18】

【按】蒋之奇此书未系年月，未明寄于何人。因其内容与此时情景契合，故附于此。

蒋之奇短暂知扬州（附录蒋氏族人在两江诸州郡任职情况）。

乾隆《江南通志·职官志·文职（三）》载：统部：蒋堂、吴居厚、陈遘［以上淮南转运使］；张商英、蒋之奇［以上江淮发运使］。分辖：徐绩、蒋静、姚祐……赵明诚［以上江宁府知府］；蒋堂……蒋之翰……盛章［以上知苏州］；……蒋璨［知平江府］；吴伯厚、蒋之奇、王资深……［以上知扬州］。陈侗、蒋续、侯利建、黄庭坚［以上知宣州］。【乾隆《江南通志》卷101】

【按】蒋之奇知扬州，诸书不载，或是在罢知杭州后，有此任命，蒋或未赴任。姑系于此。

九月乙巳，蒋之奇罢知杭州，宇文昌龄接任。过余杭县护法院，有题诗（存逸句）。

《乾道临安志·牧守》载：蒋之奇，崇宁元年十月癸亥，以知枢密院事蒋之奇为观文殿学士知杭州。宇文昌龄，崇宁二年九月乙巳，以宝文阁待制知越州宇文昌龄知杭州。四年三月，以中大夫致仕。【《乾道临安志》卷3】

蒋之奇《护法院》诗逸句：古寺当江湄，归舟昔尝往。【《全宋诗》卷688，第8038页】

《咸淳临安志·寺观（余杭县）》载：护法院，在县西二十五里，旧名护安。天祐中建，治平二年改今额。【《咸淳临安志》卷83】

【按】蒋诗云"归舟昔尝往"，知是其回乡途中所作。

九月二十五日，有人建言，"列奸党姓名，下外路州军监司厅立石刊记"。

《宋会要辑稿·职官》载：九月二十五日，臣僚上言："乞具列奸党姓名，下外路州军监司厅立石刊记，以示万世。"从之。【《宋会要辑稿·职官六八》】

《长编纪事本末·禁元祐党人上（元符附）》载：九月壬午，诏宗室不得与元祐奸党人子孙及有服亲为婚姻，内已定未过礼者并改正。……丙申，诏建中靖国元年及元符末奸党并合焚毁文字等，并依元祐辛丑。臣僚上言，近出使府界陈州，士人有以端礼门石刻元祐奸党姓名问臣者。其姓名朝廷虽尝行下，至于御笔刻石，则未尽知也。陛下孚明赏罚，奸臣异党，无问存没，皆第其罪恶，亲洒宸翰，纪名刊石，以为天下臣子不忠之戒。而近在畿内辅郡，犹有不知者，况四远乎？欲乞特降睿旨，具列奸党，以御书刊石端礼门姓名下，外路州军，于监司、长吏厅立石刊记，以示万世。"从之。御史台钞录到下项：《元祐奸党》（名单略）。【《长编纪事本末》卷121】

约于是年，蒋璨娶同郡李畸之女。

邹浩《李季侔墓志铭》云：季侔，字，讳畸，实李氏，常州晋陵人。曾大父振、大父宿、父选。妻裴氏。男三人，长曰元善，尝中上舍选，盖将贡以入官，以成先志。次曰元美、曰元义，皆幼。女八人，长适登仕郎辟雍直学施㘰，次适登仕郎婺州兰溪县主簿蒋璨，假将仕郎邵罴，太庙斋郎霍端本。【《道乡集》卷36】

蒋璨 《冲寂观诗帖》

是年，已故王子韶追赠显谟阁待制。

《宋史·王子韶传》云：崇宁二年，子相录元祐中所上《疏稿》闻于朝，诏赠显谟阁待制。【《宋史》卷329《王子韶传》】

第四十五卷　崇宁三年（1104）

崇宁三年（1104）甲申　七十四岁

正月，诏毁苏轼等人诗文集及印板。蒋之奇再降官阶。四月初一日，又诏"元符奸党"并入"元祐党籍"，入籍党人子弟不得擅到阙下（京城）。

《长编纪事本末·徽宗禁元祐党人下》载：崇宁三年正月，诏三苏集及苏门学士黄庭坚、张耒、晁补之、秦观等集并毁板。……四月甲辰朔，尚书省勘会党人子弟，不问有官无官，并令在外居住，不得擅到阙下。令具逐路责降安置、编管等臣僚姓名下项。除名勒停、编管人，落职知州人：〔降授承议郎〕两浙路杭州：蒋之奇；益州路成都府：虞策。……六月甲辰，诏："元符末奸党并通入元祐籍，更不分三等。应系籍奸党已责降人，并各依旧，除今来入籍人数外，余并出籍。"今元祐奸党：陆佃、黄履（故）、张商英、蒋之奇。曾任待制以上官：苏轼（故）……【《长编纪事本末》卷122】

蒋之奇告老在家，作《梅花诗二首》。

《梅花二首》诗云：○五言古·蒋之奇：昨夜雪初霁，寒梅破蕾新。满头虽白发，聊插一枝春。○五言八句·蒋荆溪：玉骨绝纤尘，前生清净身。无花能伯仲，得雪愈精神。冷澹溪桥晚，殷勤江路春。寒郊瘦岛外，同气更何人。【《全芳备祖前集》卷1】

【按】蒋之奇两诗，不知作于何年。诗中"满头虽白发"之句，表明是其晚年之作；"昨夜雪初霁"则知其作于冬日，姑系于此。

【注】梅花也是宜兴名花之一，宋时有多处赏梅佳处，如颐山梅花坞、城南西石亭。《宜兴旧志》卷一云："松岭、偃月岭、梅花坞，俱在颐山。"唐陆希声《阳羡杂咏·梅花坞》诗："冻蕊凝香雪艳新，小山深坞伴幽人。知君有意凌寒色，羞共花一样春。"宋陈克《阳羡春歌》则有"石亭梅花落如雪"之句。

蒋之奇在宜兴冲寂观的题留，并为冲寂观作记，全文已佚。

蒋璨《冲寂观（二）》诗云：惯见琳宫全盛时，朅来荒梗倍伤凄。虚堂不复瞻遗迹，败壁才容觅旧题。自注：伯考枢密太师题三史院，仅留数字。【《宋诗纪事》卷46】

王世贞《宋名公二十帖》跋云：蒋璨，字宣卿。绍兴中为户部侍郎、敷文待制。史不载，载书史。所题《冲寂观》二诗极俚浅，而书笔圆美，翩翩得晋人意。考诗注称伯考太师枢密，当是蒋颖叔。颖叔尝知密院，其称太师，则以子阶历侍从加恩故也。冲寂观，在阳羡，乃其家香火地。绍兴甲子已不无黍离之叹，今不知有遗迹否？【《弇州续稿》卷161】

宜兴湖㳇东坡阁

［元］薛举《冲寂观重建玉皇殿记》云：故枢密蒋魏公之记谓其前对张公之洞，旁连山亭之山，仙风道气薰沐，浸淫陶冶渐渍者，盖实录也。【《荆溪外记》卷16】

是年，杭州天竺寺重刻蒋之奇《香山大悲菩萨传》碑落成。由此而衍生的《香山宝卷》得以诞生，观音信仰传播至江南。

韩秉方《观音信仰与吴越佛教》考证说：根据《香山宝卷》题记，该卷是上天竺寺普明禅师受神人之示感悟而撰写出来的，时在宋崇宁二年（1103）。考证这一年，恰好是杭州天竺寺重刻《香山大悲菩萨传》碑正式落成的前一年。更意味深长的是，那位在汝州香山寺主持撰文立《香山大悲菩萨传》碑的太守蒋之奇，也恰好在崇宁元年（1102）十一月至崇宁二年（1103）十月调任为杭州知府。蒋之奇于崇宁元年来杭州任知府、天竺寺僧普明于崇宁二年撰《香山宝卷》、天竺寺于崇宁三年《香山大悲菩萨传》重刻落成。这三件事依次相继发生，难道仅仅是历史的巧合吗？否。其中必有某种历史的因果机缘在！按照历史与逻辑的统一来考察，《香山宝卷》题记所言，上天竺寺普明禅师所谓"受神人之示"，显然是受到"汝妙香山寺"那本为天神传示且由太守蒋之奇撰文刻石立碑的《香山大悲菩萨传》的启示而已，岂有他哉！这中间的关键人物是那位翰林学士蒋之奇。他不仅全力襄助《香山大悲菩萨传》得以促成汝妙香山寺树碑这一善举，还在于他乘崇宁元年（1102）调任自古繁华的杭州任知府之便，特别把本人撰文、蔡京书碑的《香山大悲菩萨传》携带到任所，且将传扬此《大悲传》视为重大功德，散播于杭州佛教界知名人士。尔后才有天竺寺主持僧道育见碑文大悦，遂发愿把香山寺原碑，重刻于寺内这件大事的发生。同时，可以连带推想，《香山大悲菩萨传》中妙善故事，也深深感动了该寺中善于讲唱佛教故事的普明禅师。他遂依据该《传》故事，敷衍编撰成流传后世的《香山宝卷》。以上的推理，应属合情合理，可谓是对"神人之示"这一神秘"托词"严丝合缝的解读。至此，我们根据这一珍贵史料的发掘，完全可以将郑振铎先生的"可能性"，更改成"现实性"啦！也就是说，《香山宝卷》题记"宋崇宁二年普明禅师编集"，虽有神秘的"受神人之示"的托词，似神话传说，但那只不过是编撰者为了神圣其《宝卷》的惯常变通手法而已，丝毫不影响该《宝卷》出笼面世于"崇宁二年"的历史真实性。【《吴越佛教学术研讨会论文集》，第30—31页】

　　杜德桥《妙善故事版本的演变（节录）》说：观音故事最早的文字记载，见于河南省宝丰县香山寺内一块石碑的碑文，日本学者发现碑文后著文研究它的内容，从而为杜德桥所知。碑文的作者是北宋翰林学士兼侍读蒋之奇。1099年，他因为与上疏谏言的邹浩有接触，得罪了皇上，被贬出守汝州。蒋之奇在宝丰县任职时间不长，但仍在闲逛时经过宝丰东南数里龙山上的一座佛寺，看见了代表密教里千手千眼观音菩萨形象的大悲塔和观音的画像。处在失意和悲愤中的蒋之奇对此产生了极大兴趣，精神为之一振，遂撰写"大悲菩萨传"及"赞"，邀请北宋奸臣兼书法家蔡京书写了碑文，于游寺第二年立碑于寺。寺院方丈希望通过蒋之奇把已兴起三四百年的观音崇拜推向新热潮的愿望实现了，此处圣迹日后可不愁声誉的远播及经济上的收入。蒋之奇离开河南到杭州上任后，又重刻一碑立于上天竺寺，使观音传说在江南盛传开来。1797年，《宝丰县志》的编纂者记录了"大悲菩萨传"的碑文，但已是原碑残破以后重刻的一篇，不过清朝时有杭州上天竺寺碑文的拓本，因此蒋之奇碑文得以传世。杜德桥认为，早在唐代就已出现的妙善传说演变为佛教密宗观音菩萨的信仰热潮，很大程度上源于蒋之奇和寺院方丈代表的宗教需求。在宗教意义以外，妙善故事在中国文学史上占有一席之地，《妙善传说》一书用了许多篇幅考证了妙善故事的文学版本。【《西方中国古代史研究导论》，第357—358页】

　　六月戊午，重定元祐、元符党人名册，合为一籍，通三百九人，刻石朝堂，史称《元祐党人碑》。蒋之奇、苏轼、蒋津等入党籍。

　　《通鉴后编》载：崇宁三年六月戊午，诏重定元祐元符党人及上书邪等者，合为一籍，通三百九人。刻石朝堂，余并出籍，自今毋得复弹奏。元祐奸党（文臣）：曾任宰臣执政官司马光等二十七人（司马光……苏辙……胡宗愈……蒋之奇）；待制以上官苏轼等四十九人（苏轼……朱师服）；余官秦观等一百七十六人（秦观、黄庭坚……傅楫……蒋津、王守……梁士能）。……壬戌，蔡京奏："奉诏令，臣书元祐奸党姓名……"于是，诏颁之州县，令皆刻石。有长安石工安民当镌字，辞曰："民愚人，固不知立碑之意。但如司马相公者，海内称其正直，今谓之奸邪，民不忍刻也。"府官怒，欲加之罪。民泣曰："被役不敢辞，乞免镌安民二字于石末，恐得罪后世。"闻者愧之。……四年十二月庚戌，三省同奉旨叙复元祐党籍：曾任宰臣执政官刘挚等十一人（刘挚……黄履）；待制以上官苏轼等十九人（苏轼……邹浩……叶祖洽）；文臣余官任伯雨等五十五人（略）；选人吕谅卿等六十七人（轻第二等吕谅卿……董庠、蒋津、王守……）。【《通鉴后编》卷 96】

【按】立《元祐党人碑》时，蒋之奇仍在世。蒋津，字不回，仕历不详。宜兴蒋氏宗谱载其为蒋之翰之子，官吏部侍郎，后罢官。能诗，著《苇航纪谈》。从同入党籍的其他同僚看，蒋津当时还很年轻，可能是吏部的从官。

《宋史全文·宋徽宗》载：六月壬寅朔，诏熙宁元丰功臣图形于显谟阁。癸卯，诏荆国公王安石配享孔子庙庭。甲辰，诏元符末奸党并通入元祐籍，更不分三等，应系籍奸党已责降人并各依旧除。今来入籍人数外，余并出籍，今后臣僚更不得弹劾奏陈，令学士院降诏。元祐奸党：文臣［曾任宰臣执政官］司马光、文彦博、苏辙……张商英、蒋之奇。［曾任待制已上官］苏轼、刘安世、范祖禹……［余官］秦观、黄庭坚、晁补之……傅楫……蒋津、王守……。［内臣］（略）。为臣不忠［曾任宰臣］王珪（故）章惇。【《宋史全文》卷 14】

七月乙亥，宜兴沉苏轼题《蛟桥碑》于溪水。

《宋史全文·宋徽宗》载：秋七月乙亥，淮西提刑霍汉英言应天下苏

轼所撰碑刻，乞并令一例除毁。从之。【《宋史全文》卷 14】

王升《长桥考》云：元丰二年，郡丞钱垂范行县，庖舟遗之，蓺之殆尽。四年辛酉，令褚理鼎新，名曰忻济。蜀苏轼偶过焉，为大书其榜，曰"晋平西将军周孝侯斩蛟之桥"。仍旁书李赞皇（李华）长桥诗，著其本末，刻石道左。崇宁禁锢祸作，沉其石于溪水。【万历《宜兴县志》卷 2《营建》】

陈继儒《妮古录》载：苏文忠爱阳羡山水之胜，而欲居之。今所存惟"斩蛟桥"八字而已。［按］桥题经崇宁禁锢，沉石水中，今十二字乃天台谢采伯家真迹，绍定间其子奕修宰义兴，携以入石者，非当时之物也。【《妮古录》卷 2】

七月七日，蒋之奇追复右正议大夫。

《宋史·蒋之奇传》云：崇宁元年，除观文殿学士、知杭州。……后录其尝陈绍述之言，尽复官职。之奇为部使者十二任，六典会府，以治办称。

《宋会要辑稿·职官》云：徽宗崇宁三年七月七日，诏追复降授中大夫蒋之奇为右正议大夫。【《宋会要辑稿·职官七六》】

《通鉴后编·宋纪九十六》载：七月壬申朔，诏应入籍人父并不得任在京差遣。癸酉，以婉仪王氏为德妃。戊寅，降授中大夫蒋之奇追复右正议大夫，念其进对之际，尝陈绍述之说也。【《通鉴后编》卷 96】

《长编纪事本末·徽宗》载：三年七月壬申朔，诏应入籍人父，并不得任在京差遣。戊寅，降授中大夫蒋之奇追复右正议大夫，念其进对之际，尝陈绍述之说也。诏李称、阎守勤并依元祐系籍人逐次已降指挥，其子及亲兄弟，并与外路远处监当差遣。李洵仁落阁门祗侯，阎休落寄班祗侯，李洵直入续籍。内臣子并亲兄弟有系入内使臣者，并送内侍省。丙申，诏除第一次立石入籍元祐奸党，及今年六月十七日降指挥，章惇等十一人子并亲兄弟逐次已降指挥外，其续入籍人，并合依今年六月二十六日指挥。【《长编纪事本末》卷 122】

【注】绍述之政：宋神宗时，王安石为相，创行新法，不久废除。后哲宗时，章惇入相，复行王安石新法，历史上称为"绍述之政"。绍述：续承。哲宗亲政，次年改年号为绍圣，

表示"绍述"神宗的新法。【《古书典故辞典》，第 304 页】

冬十月庚申，河西军节度使赵怀德等出降。

《宋史·徽宗纪一》载：冬十月辛居朔……戊午，夏人入泾原，围平夏城，寇镇戎军。庚申，熙河兰会路经略安抚使王厚言，河西军节度使赵怀德等出降。【《宋史》卷 19《徽宗纪一》】

十一月甲戌，徽宗幸太学，赐国子司业蒋静四品服。

《宋史·徽宗纪一》载：十一月甲戌，幸太学，官论定之士十六人，遂幸辟雍，赐国子司业吴纲、蒋静四品服，学官推恩有差。【《宋史》卷 19《徽宗纪一》】

《宋史·蒋静传》云：蒋静，字叔明，常州宜兴人。第进士，调安仁令。俗好巫，疫疠流行，病者宁死不服药，静悉论巫罪，聚其所事淫像，得三百躯，毁而投诸江。知陈留县，与屯将不协，罢去。徽宗初立，求言。静上言，多诋元祐间事，蔡京第为正等，擢职方员外郎。中书舍人吴伯举封还之。京怒，黜伯举。明年，迁国子司业。帝幸太学，命讲《书·无逸篇》，赐服金紫，进祭酒，为中书舍人。以显谟阁待制知寿州，徙江宁府。茅山道士刘混康以技进，赐号"先生"。其徒倚为奸利，夺民苇场，强市庐舍。词讼至府，吏观望不敢治，静悉抵于法。徙睦州，移病，提举洞霄宫。越九年，召为大司成，出知洪州。复告归，加直学士。卒，年七十一，赠通议大夫。【《宋史》卷 356《蒋静传》】

约是年秋冬，蒋之奇卒，享年七十有四。

《宋史·蒋之奇传》云：崇宁元年，除观文殿学士、知杭州。……三年卒，年七十四。后录其尝陈绍述之言，尽复官职。之奇为部使者十二任，六典会府，以治办称。且孜孜以人物为己任，在闽荐处士陈烈，在淮南荐孝子徐积，每行部至，必造之。特以畔欧阳修之故，为清议所薄。子：瑎，至侍从。曾孙，芾，别有传。

王称《蒋之奇传》云：蒋之奇……崇宁元年，除观文殿学士知杭州。俄夺职，以疾告归，提举灵仙观。卒年六十四。复观文殿学士。之奇为部使者十二任，六典会府，所至以治办称。有文集、杂著共百余卷。【《东都事略》卷97《蒋之奇传》】

【按】蒋之奇逝世日期，不详。王称所谓"卒年六十四"，误。蒋之奇复资政殿学士在大观四年十月，今并书之。

门人华镇有诗挽蒋尊师。

华镇《挽蒋尊师》诗云：少服羽人衣，年耆道更肥。未容青雀至，俄驾白云归。海上蟠桃熟，人间晚露稀。空留墨妙在，鸾鹤自翻飞。［原注：师善大字。]【《云溪居士集》卷7】

是年，蒋之奇长子球、季子瑎等丁忧，居家。

徐勣《蒋球墓志铭》云：公讳球，字天粹，姓蒋氏，常州宜兴人，观文殿学士、中奉大夫、弋阳郡开国公、赠开府仪同三司讳之奇之长子也。……监在京元丰库，时元符二年也。谏官（邹浩）得罪徙岭南，亲戚莫敢省顾。公与有旧，因以尺牍遣之，坐免。明年至太府寺簿，又迁本寺丞。会弋阳公（蒋之奇）解机政，请于朝，管勾南京鸿庆宫，晨夕不离亲侧，先意承志，无不得其欲。及薨，居墓尽哀，宗族称其孝。服除，管勾亳州明道宫，通判扬州，提举孔、兴等军常平等事。赐对便殿，上劳问甚悉，宣谕曰："卿可留官京师。"翊日，除尚书司勋员外郎。……凡三年不徙，稽考精明，吏莫能欺，士不贪利。俄以疾致仕，未几卒，享年六十。实政和四年九月三日也。【《桥下蒋氏宗谱》卷2】

汪藻《徽猷阁待制致仕蒋公墓志铭》云：公讳瑎，字梦锡，以赠太傅讳九皋者为曾祖，赠太师讳滂者为祖，而观文殿学士、赠太师、魏国公讳之奇之季子也。……魏公请外，出为发运司管勾文字官，丐闲便亲，得监兖州东岳庙。魏公薨，服竟，乞提点西京嵩山崇福宫。寻通判庐州。召为秘书省校书郎，未至改著作佐郎。……迁鸿胪少卿，丁内艰，终制，除光禄卿。居亡何擢大司乐。……岁终求罢，除提举南京鸿庆宫。奉祠数年，遂抗章请老。既得请，淡然与世相忘。遭金渡江，生涯焚剽，乃退居无锡西山之麓，结庐终焉。杖屦婆娑泉石间，如是者七年不厌，卒年七十六。【《浮溪集》卷27】

第四十六卷　崇宁三年（1104）及之后

崇宁三年（1104）甲申　卒后

蒋之奇封赠：魏国公、鲁国公，太子少师；谥文穆、文忠。南宋时，曾孙蒋芾为相，加恩赠太师。

【赠太师、魏国公、谥文忠】李纲《蒋之奇墓志铭》云：殿中御史、宝文阁待制、观文殿大学士、枢密使、刑部侍郎，赠太师、魏国公，谥文忠公颖叔之奇，于政和甲午秋八月二十八日以疾终于正寝。……靖国元年，敕为枢密院使。公不亲私谒，克勤王事，为刑部侍郎，诰封太师、魏国公致仕。……娶胡氏，封魏国夫人。

【魏国公】孙觌东坡先生与蒋魏公游最善，宣卿侍郎蓄东坡诗文，自公始也。心慕手追，遂入手于室。尝某赋景坡堂诗，宣卿谓余知音者，遂标藏之棟中。比守吴门，治有状，玺书褒进待制敷文阁。某驰小舟往贺。宣卿出诗三章，见属句法华妙为一时绝唱，有云"正索解人那复得，其谁知我固无从"，此真东坡语也。辄次韵，书于卷末。诗云：家声籍籍冠中州，健笔纵横贯九流。三世祖孙吴郡牧，两朝人物晋亭侯。颐印自快披云睹，衰陋空遗倚玉羞。便恐追锋天上去，不辞投辖为公留。【《鸿庆居士集》卷6】

【太子少师】蒋璨跋《唐怀素自序帖》云：辩老方艰难时，流离转徙江湖间，犹能致意于此，可见志尚。又获观伯考少师品题，并以嘉叹。绍兴二年（1132）仲春廿日阳羡蒋璨。【《赵氏铁网珊瑚》卷1】

653

【魏国公】仲并撰《三贤堂记》云：绍兴二十八年（1158）春，敷文阁待制、阳羡蒋公（璨）之镇吴门也，既期年矣，治最上闻。帝用褒宠，民安初政，郡以无事，公唯益勤不懈，事有关于风教，纤悉必举，前人遗踪胜概，以次复焉。思以前政信安孟玉之意，尝捐金欲兴三贤堂，祀唐左司郎中曰洛阳韦公，太子少傅曰太原白公，太子宾客曰中山刘公，皆尝牧此邦者，邦人尊之曰"三贤"。……并闻元祐中，魏公帅南海郡，人绘前刺史吴公隐之、宋公景而下八人筑室以祠之。魏公阅图籍所载，又得滕公修、王公林，合前八人者号十贤，各为之赞叙。公今新斯堂也，视十贤之举，盖不谋而契，益知公之心真魏公之心哉！敢并书以告来者。五月庚申朔，左朝奉郎、前差通判信州军州、主管学事江都仲并记；广平程绍祖书。【正德《姑苏志》卷22】

【魏国公】洪迈《蒋魏公逸史》云：蒋魏公《逸史》二十卷，颖叔所著也，多纪当时典章文物。云旧有数百册，兵火间尽失之，其曾孙芾始攟摭遗稿，而成此书。将以奏御，以其副上之太史，且板行之，传之天下后世，既而不果。蒋公在熙宁、元祐、崇宁时，名为博闻强识。【《容斋四笔》卷9】

【魏国公】仙溪傅藻编纂《东坡纪年录》云：嘉祐二年，唱第锡宴琼林，与蒋魏公接席情话，约卜居阳羡。初倅钱塘，诿亲党单君贶问田，及移临汝，自言"有田阳羡"。建中靖国初，奉祠玉局，留毗陵。居无何，请老而终。【《增刊校正王状元集注分类东坡先生诗》卷1】

【魏国公】徐一夔《蜀山草堂记》云：太湖之阴川回而野迥，有清旷之适，是曰阳羡。异时，东坡先生始领第，锡宴琼林，与蒋魏公接席。魏公极言其地之胜，先生遂有买田筑室之意。崇宁初，先生归自海南，因告老于朝而居阳羡，酬前志也。【《始丰稿》卷4】

【太师】孙觌《蒋璨墓志铭》云：义兴之蒋，祖孙相望，名迹班班，然以官学世其家，为闻姓，奕世显融。……咸平中有讳堂者，以进士起家，事仁宗皇帝为吏部侍郎、枢密直学士、赠太尉，而犹子太师魏公之奇，又以

文学政事称天下，繇开封尹擢翰林学士、知枢密院。尊显三朝，而蒋氏子孙有名籍于朝者，比比出焉。【《鸿庆居士集》卷37】

【太师】仲并《跋蒋颖叔兄弟与其侄宣卿诗》云："乃知贫贱别更苦，吞声踯躅涕泪零。"此少陵杜甫别其侄勤诗也。……可以见少陵孝友有余，仁厚之至也。太师蒋公（即蒋之奇）赓唱二诗，其得少陵之心乎？唯二父能知龙阁公（即蒋璨）于少时。龙阁公不负二父之知于今日，此诗尤可伤也。少陵诸侄其后不皆有闻，而龙阁公出入践更。显名当世。过少陵诸侄远甚。亦见二父于犹子中非苟亲爱之如此。【《浮山集》卷4】

【太师】王世贞《宋名公二十帖》跋云：蒋璨，字宣卿。绍兴中为户部侍郎、敷文待制，史不载，载《书史》。所题《冲寂观》二诗，极俚浅，而书笔圆美，翩翩得晋人意。考诗注称"伯考太师枢密"，当是蒋颖叔。颖叔尝知密院，其称"太师"，则以子阶历侍从，加恩故也。【《弇州续稿》卷161】

【魏国公，谥文穆】全祖望《宋枢密蒋文穆公端研记》曰：其旁以小楷字志曰："曾大父魏公在禁林日，以此研赐从祖待制。后六十有六年，蒂蒙恩寓直，季父复以归于蒂，子子孙孙，其世宝之。乾道改元二月八日，蒂书。"其阴志以草字，曰："玉堂挥翰。颖书。"而不知所谓"蒂"者为谁？所谓曾大父魏公为谁？所谓颖者为谁也？予长藐山，蔡生持是研来问于予。予曰：是元祐枢密蒋文穆公之奇物也。文穆封于魏，其曾孙则丞相蒂也。【《鲒埼亭集》卷30，第380页】

【魏国公】正德《姑苏志·宦迹三》载：蒋（燦）[璨]，字宣卿，宜兴人，枢密魏公之奇从子也。以户部侍郎，除集贤院修撰、知平江府，进敷文阁待制、右大中大夫。……卒赠右正议大夫。【正德《姑苏志》卷39】

【太师、魏国公】楼钥《上蒋参政（蒂）书》云：恭惟某官：怀绝世之才，辅之以硕大光明之学。……仰惟先正太师魏公勋业，誉望为前朝第一等人。彪炳俊伟，具在史册。……卒以此取卿相，蒋氏之家声日大。以肆天下，以是知魏公之有孙。……一日，有闻于人曰"朝廷大用蒋公矣"！问其家世，

则曰"太师魏公之曾孙也"。【《攻媿集》卷36】

【鲁国公】楼钥《陈都官文集后序》云：制置使陈公（陈舜俞曾孙陈杞）由地官贰卿出镇四明，政成暇日，以家藏曾祖都官文集刻之郡庠，属钥为序，谢不敢，且曰："蒋鲁公之序详矣，何敢赘？"【《攻媿集》卷51】

【鲁国公】楼钥《北行日录（下）》云：乾道六年二月一日壬午后，风力稍平，众舟齐行，迫暮仅能入洪泽，舟人交口相贺。昔蒋鲁公开运河六十里，以避长淮之险，所活不知几人。中间欧家渡最浅，使人往还，非借潮于神不可行。官司惮开河剥载之扰，创议行淮，使舟才四，往返无不惊虞。此行至三宿淮上，波涛舂撞，有鱼腹之忧。鲁公，今丞相（蒋芾）曾祖，为发运使，将入奏计，自洪泽至龟山率一二里，辄凿一井以测地之土石，既得请，遂开运河。前辈用心至矣，可轻改乎？【《攻媿集》卷112】

《周书·谥法解》云：经纬天地曰文。道德博厚曰文。勤学好问曰文。慈惠爱民曰文。悯民惠礼曰文。锡民爵位曰文。……布德执义曰穆；中情见貌曰穆。【《读礼通考》卷64《丧仪节二十七·谥》】

【按】综以上诸家所言，蒋之奇卒时，封太子少师，赠魏国公，谥文穆；南宋时，曾孙芾为相，追赠太师。所谓谥"文忠"，封"鲁国公"，或为误记，或为南宋时追封。

蒋之奇尝置义庄赡养族人。

《宜兴旧志·人物》载：蒋之奇，字颖叔。登嘉祐二年进士，中《春秋》三传科，又举贤良方正，试六论。英宗览而善之。……崇宁元年，除观文殿学士、知杭州。以弃河湟事夺职，免归，提举灵仙观。三年，卒。后录其尝陈绍述之言，尽复官职。赠魏国公，谥文忠。真西山《祠堂记》云"国朝若乐安蒋公，儒术为世所宗，虽金陵犹推尊之，何况其他。"又尝置义田以赡族，今其地曰"南庄"。许有谷诗云："功成身退欲投闲，颖叔湖南旧买田。自是耕云钓溪月，几家分粟共炊烟。"所著有《尚书集解》十四卷、《孟子解》六卷、《逸史》二十卷、《广州十贤赞》一卷、《刍言》五十篇、《厄言集》五卷、《老子解》二卷、《老子系辞解》二卷、《别集》九卷、《北

扉集》九卷、《西枢集》四卷、《荆溪前后集》八十九卷。【《宜兴旧志》卷8】

《宜兴旧志·科则》载：宜兴县平沙田，共二万三百七十八顷六十五亩一分五厘二毫二丝，内有魏国公庄田一百四十六顷二亩八分四厘；徐义庄田九顷九十亩一分三厘。《杂税》又载：查芦课银两原系魏庄、徐义庄田亩，另征起解。【《宜兴旧志》卷3】

是年，侄蒋静以显谟阁待制知寿州。侄蒋续知宣州。侄蒋圆为丹徒令，丁母忧。长子蒋球管勾南京鸿庆宫，伺父左右。季子蒋瑎丐闲便亲，得监兖州东岳庙。从子蒋璨奏补假承务郎。

《宋史·蒋静传》云：蒋静，字叔明，常州宜兴人。第进士，调安仁令。……徽宗初立，求言。静上言，多诋元祐间事，蔡京第为正等，擢职方员外郎，中书舍人吴伯举封还之。京怒，黜伯举。明年，迁国子司业。帝幸太学，命讲《书·无逸篇》，赐服金紫，进祭酒，为中书舍人。以显谟阁待制知寿州，徙江宁府。【《宋史》卷356《蒋静传》】

李之亮《两江郡守（江宁府）》载：江宁府：崇宁二年癸未（1103）至四年乙酉（1105），蒋静。……崇宁五年（1106）正月，蒋静以徽猷阁待制知府事。【《宋代郡守通考·两江》，第327—328页】

乾隆《江南通志·职官志·文职（三）》载：分辖：陈侗、蒋续、侯利建、黄庭坚［以上知宣州］。【乾隆《江南通志》卷101】

张守《左中奉大夫充秘阁修撰蒋公（圆）墓志铭》云：迁润州丹徒令，有能名。夏不雨，行路多暍死，公凿井道傍，九十有三人赖其惠，或号"蒋公泉"。曾丞相布买山于邑人，邻者讼之。曾为上，邻法当得。公直言之。时蔡京用事，怨于曾氏者不遗余力也，谓公夺民田为曾氏葬地。属漕臣刘何劾治甚急，何百诘公，公恬不为意。敛板进曰："与曾公无一日雅，法当耳，尔何怒！"语侵公，公不少屈。何即悔悟，谓州曰："丹徒奉法如此，吾其可诬人以微福耶！"遂反荐公，时人两贤之。丁内艰，终丧，除提举在京外诸司文字。用举者，改宣德郎知无为军无为县。【《毗陵集》卷12】

徐绩《蒋球墓志铭》云：监在京元丰库，时元符二年也。谏官（邹浩）得罪徙岭南，亲戚莫敢省顾。公与有旧，因以尺牍遣之，坐免。明年，至太府寺簿，又迁本寺丞。会弋阳公（蒋之奇）解机政，请于朝，管勾南京鸿庆宫，晨夕不离亲侧，先意承志，无不得其欲。及薨，居墓尽哀，宗族称其孝。【《桥下蒋氏宗谱》卷2】

汪藻《徽猷阁待制致仕蒋公墓志铭》云：魏公请外，出为发运司管勾文字官。丐闲便亲，得监兖州东岳庙。魏公薨，服竟，乞提点西京嵩山崇福宫。【《浮溪集》卷27】

孙觌《宋故右大中大夫敷文阁待制赠正议大夫蒋公（璨）墓志铭》云：奏补假承务郎。崇宁五年调将仕郎、婺州兰溪县主簿。【《鸿庆居士集》卷37】

崇宁四年（1105）乙酉

二月乙酉，下诏：元祐党人五服内亲属不许充三卫官，知情不报者，斩。

《长编纪事本末·徽宗》载：四年二月乙酉，诏："元祐奸党五服内亲属不许保明充三卫官，亲、勋、翊卫郎。知同保系籍元祐奸党五服内亲属而不告者，处斩。"【《长编纪事本末》卷122】

七月甲寅，御批：蒋之奇等人所管坟寺本身所乞寺额特免毁拆，不得充本家功德院。

《长编纪事本末·徽宗》载：七月甲寅，御批："元祐奸恶，即今皆有坟寺，岁度僧行及紫衣师号等尚如故，未曾降指挥冲改。可令从今并住罢，更不施行，以戒为臣之不忠者。"礼部勘会吕大防、韩维、司马光、韩忠彦、傅尧俞、孙固、郑雍、曾布、胡宗愈、黄履、蒋之奇、陆佃、文彦博、吕公著、李清臣、王岩叟、苏辙、张商英、刘挚十九人所管坟寺，诏本身所乞寺额特免毁拆，不得充本家功德院，并改赐敕额为寿宁禅院，别召僧住持。丁巳，御笔手诏："应上书、奏疏见羁管、编管人，可特与放还乡里，仰州县长吏及监司取责亲属保任其身，仍令三省量轻重，具名立法闻奏。"【《长编

纪事本末》卷122】

是年，蒋静请文宣王（孔子）用"冕十二旒，服九章"。

《长编本末·徽宗》载：徽宗崇宁四年，从司业蒋静请："文宣王用冕十二旒，服九章。"臣按，此宣圣用天子冕旒之始。【《长编纪事本末》卷122】

蒋之奇著作，存目。

《宋史·艺文志》载：蒋之奇《广州十贤赞》一卷；蒋之奇《孟子解》六卷；蒋之奇《老子解》二卷，又《老子系辞解》二卷；蒋之奇《荆溪前、后集》八十九卷，又《别集》九卷，《北扉集》九卷，《西枢集》四卷，《卮言集》五卷，《刍言》五十篇；《蒋之奇集》一卷。【《宋史》卷203《艺文志二》、卷209《艺文志五》】

乾隆《江南通志·艺文志》云：《孟子解》六卷（宜兴蒋之奇）；《广州十贤赞》一卷、《蒋魏公古今逸史》二十卷（俱宜兴蒋之奇）。〔按〕之奇所辑《逸史》凡数百卷，兵火散佚，其曾孙芾摭拾成此书）；《刍言》五十篇、《卮言集》五卷（俱宜兴蒋之奇）、《谨始五事》（宜兴蒋之奇）、《老子解》一卷、《老子系辞解》二卷（俱宜兴蒋之奇）；《荆溪集前、后》八十九卷、《别集》九卷、《北扉集》九卷、《西枢集》四卷（俱宜兴蒋之奇）。【乾隆《江南通志》卷190《文艺志·经部》、卷191《文艺志·史部》、卷192《文艺志·子部》、卷193《文艺志·集部》】

马端临《文献通考》云：《尚书集解》十四卷。晁氏曰：皇朝顾临、蒋之奇、姚辟、孔武仲、刘敞、王会之、周范、苏子才、朱正夫、吴牧所撰，后人集之为一编，然非全书也。【《文献通考》卷177】

蒋之奇有《韶音集进》，已佚。

李如篪《太玄踦嬴二赞》云：蒋永叔《韶音集进》卷中却云："扬雄立两赞，多于期数四分日之一者，……"【《东园丛说》卷上】

蒋颖叔《蒋颖叔日录》《枢府日记》，已佚。

尤袤《遂初堂书目》云：本朝杂史：《蒋颖叔逸史》《蒋颖叔日录》。【《说郭》卷10上】

周必大《跋蒋颖叔〈枢府日记〉》云：蒋魏公元符三年春，自西帅再入翰林，四月擢贰西枢。明年改元靖国，七月升知院事。又明年改崇宁，十月以观文知杭州，在政府二年有半，此其《日记》也。延之所以谓"廋词"者，如以祐陵为乘舆之乘，盖协《律令》第十卷，两指曾子宣为淮西，岂非以为其谪亳祠耶？然《九域志》云：亳隶淮东，不应言西也。淳熙十二年九月晦。【《文忠集》卷18】

【按】尤袤所记《蒋颖叔日录》、周必大所记蒋颖叔《枢府日记》，不知是不是同一著作，且存之。

北宋后期，蒋之奇被推为博闻强识之儒。

真德秀《宜兴先贤祠堂记》云：古者乡先生没而祭于社。夫社者，报本之事也。乡先生何功而祭于此耶？盖尝深思社之为群祀首者，以其产嘉谷育蒸民，而乡先生之重于乡，亦以其蹈道秉德，而牖民于善也。……迨至国朝，则若乐安蒋公，儒术为时所宗，虽金陵犹推尊不敢后。若古灵陈公，则尝守郡而卒葬于此；东坡苏公则买田筑室而终此。二公之学行节守，盖皆一世伟人，茔域所藏，寝庙所寄，虽非其乡而谓之乡人，可也。若道乡邹公，则归自岭南，一托宿于道流之馆尔，而邑之人至今曰"吾邹公"也。乌乎！民之秉彝，好是懿德，若是非耶！……祠在县山川最胜处。甫成，而瑞木叶符，异材奋兴，此其兆也。侯于此多美政，今皆不书，独书所以幸乎宜兴之士者。是年十月乙未，建安真德秀记。【《毗陵志》卷21《词翰》】

洪迈《蒋魏公逸史》云：蒋魏公《逸史》二十卷，颖叔所著也，多纪当时典章文物。云旧有数百册，兵火间尽失之，其曾孙芾始攘摭遗稿，而成此书。将以奏御，以其副上之太史，且板行之，传之天下后世，既而不果。蒋公在熙宁、元祐、崇宁时，名为博闻强识。【《容斋四笔》卷9】

全祖望《宋枢密蒋文穆公端研记》曰：山阴蔡生绍基之父遨游诸幕府，得端研一区，细润吐青花，其阴有鸲鹆眼十双，雕之为星，旁皆作云气护之。雕工之精，非后世所能也。其阳有眼二，其居中者作蕉叶色，其旁以小楷字志曰："曾大父魏公在禁林日，以此研赐从祖待制。后六十有六年，芾蒙恩寓直，季父复以归于芾，子子孙孙，其世宝之。乾道改元二月八日，芾书。"其阴志以草字，曰："玉堂挥翰。颖书。"而不知所谓"芾"者为谁？所谓曾大父魏公为谁？所谓颖者为谁也？予长蕺山，蔡生持是研来问于予。予曰：是元祐枢密蒋文穆公之奇物也。文穆封于魏，其曾孙则丞相芾也。文穆在熙宁、元祐、崇宁推为博闻强识之儒，曾在禁林，记诸典章文物之旧，曰《逸史》，至数百卷，兵火后尽失之。丞相为捃摭遗稿，廑得二十卷。将以奏御以其副上之，太史且板行之，已而不果。洪文敏公记之，马竹村《通考》尚载其目。是研也，正属蒋氏禁林世直之物。当日花砖视景，如椽之笔，前光后辉，研其豫有力焉。靖康之变，汴都之球璧弓刃已与文穆之书，不可复问，而砚尚存于其家。德祐之变，至今几同于蓬莱之三浅，丞相之书，不可复问，而研尚得留落人间，可不谓幸欤？其所谓颖者殆工部尚书章公也，与丞相同时。文穆名在元祐党籍，章公亦名在庆元党籍，其人均足为是研重也。其旁别有志曰"天籁阁真赏"，曰"墨林家藏"，曰"项氏子京秘用"，乃知明时在禾中，盖墨林之法物甲于天下，而今日亦寥寥。蔡生其宝之矣。文穆于北宋时固名臣也，惜其受欧公之知而好不终，竟至于劾之，荐祢之墨，射羿之弓，至今读之有余恫焉。是则文穆平生一大玷也。东坡谓褚文忠公之书以大节重，而惜其有刘洎一事。予于文穆亦以为然，所幸者晚节牴牾新法，卒得以风概见。七百余年，摩挲故物，尚不免论及生平，君子可不慎欤？吾友中吴宝研居士沈君李岩，其人雅有研癖，所酷嗜者尤在古研，其藏弄最富，惜不得与共赏之，乃以是记邮寄之。【《鲒埼亭集》卷30，第380页】

【按】文中"从祖待制"，即蒋芾从祖、敷文阁待制蒋璨，孙觌有《蒋璨墓志铭》。

大观二年三月二十八日，甄别元祐放废老臣，诏蒋之奇等四十八人并出元祐元符党籍。

《宋会要辑稿·职官》载：大观二年三月二十八日，三省言：检会今年正月一日八宝赦书："元祐之初，奸臣放废，言念岁月之外，屡更赦宥，可议等第，取情理轻者与落罪籍，特与甄收差遣。"具到孙固、陆佃、王存、蒋之奇、赵瞻、安焘……邓忠臣、廖正一、吕希哲、秦希甫、张耒、杜纯四十五人，编写成册。诏除孙固、安焘、贾易外，余并出籍。续奉圣旨，孙固为系神宗随龙人，王珪初怀犹豫，终能协济，特与出籍。续诏叶祖洽、郭知章、上官均、朱绂、种师极、钱景祥并出罪籍。【《宋会要辑稿·职官七六》】

《长编纪事本末·追复元祐党人》载：大观二年三月戊辰，门下、中书后省、左右司言："检会今年正月一日赦书，元祐之初，奸臣乘间得罪放废，言念岁月之久，屡更赦宥，怀奸睥睨，报怨不已，公肆诬诋，罪在宗庙，朕不敢贷。其尚及贬所，或情轻法重，例被放弃，或非身自犯，因人得罪，止缘贪冒，附会朋比，或志匪诬谤，言有近似，或缘辨理，语涉讥讪，或止因职事，偶涉更改。凡此之类，可据元贬责罪犯审量其情，分轻重等第，取情理轻者与落罪籍，特与甄叙差遣。今将元编类册内，依详赦文，先次看详到孙固、陆佃、王存、蒋之奇……邓忠臣、廖正一、吕希哲、秦希甫、张耒、杜纯四十五人。"诏除孙固、安焘、贾易外，余并出籍。寻又看详到叶祖洽、郭知章、上官均、朱绂、种师极、钱景祥等六人。诏并出籍。【《长编纪事本末》卷122】

大观四年十月二十七日，追复龙图阁学士蒋之奇为资政殿学士。

《宋会要辑稿·职官》云：大观四年十月二十七日，诏追复光禄大夫曾布、龙图阁学士蒋之奇，并与资政殿学士。【《宋会要辑稿·职官七六》】

吴曾《复曾布蒋之奇资政学士》记载：大观四年十月圣旨：曾布、蒋之奇初虽异论，终曾开陈绍述，可特追复资政殿学士。【《能改斋漫录》卷13】

蒋之奇、陈襄、邹浩、苏轼等入祀宜兴先贤祠（乡贤祠）。

《毗陵志·坛庙》载：先贤祠，在（宜兴）县西南二里。绍定间令赵与悊建，祀蒋枢密之奇、陈密学襄、邹侍郎浩、苏端明轼、汪内翰藻、王待制居正、周简惠葵、周文忠必大，且给田以廪守祠者。【《毗陵志》卷14《坛庙》】

真德秀《宜兴先贤祠堂记》有云："古者，乡先生没而祭于社。夫社者，报本之事也。乡先生何功而祭于此耶？盖尝深思社之为群祀首者，以其产嘉谷、育烝民，而乡先生之重于乡，亦以其蹈道秉德而牖民于善也。……阳羡自晋以来，世有显人，若周孝侯迁善之勇、死国之忠，卓然为百代标表。繇梁而唐，文章事业亦或闻见可观。迨至国朝，则若乐安蒋公，儒术为时所宗，虽金陵犹推尊，不敢后。……"【《毗陵志》卷21《词翰》】

《宜兴旧志·四祠》载：乡贤祠，旧在县西南二里，名先贤祠。宋宝庆三年，知县事赵与悊建。浦城真德秀记。曰：……迨至国朝，则有若乐安蒋公，儒术为时所宗，虽金陵犹推尊不敢后。若古灵陈公则尝守郡而卒葬于此，东坡苏公则买田筑室而终于此，二公之学行节守，盖皆一代伟人。茔域所藏，寝庙所寄，虽非其乡而谓之乡人，可也。若道乡邹公则归自岭南，一托宿于道流之馆耳，而邑之人至今曰"吾邹公"也。【《宜兴旧志》卷4《四祠》】

蒋之奇被目为宋朝二百家名臣之一。

《郡斋读书志·国朝二百家名臣文粹》云：右论著二十二门，策四门，书十门，碑记十二门，序六门，杂文八门，总目六，分门六十二。所谓二百家者：赵普、柳开……曾巩、王无咎、蒋之奇、苏轼、苏辙、程颢……王十朋、赵雄。【《郡斋读书志》卷5】

附录一 蒋之奇后人简述

蒋续（生卒不详），堂孙，其父当为堂长子群玉。仕至知端州、知海州、皇祐中金判平江军。堂卒，续自言：少孤，育于祖，乞服衰以报。朝议以堂有别子，不许。遂辞疾谒医，去职行服。见《万姓统谱》。另外，《（正德）姑苏志》《西溪文集》《淮安府志》《广东通志》《（嘉庆）大清一统志》等有记载。

蒋结（生卒不详），字季山，长生子（行二十六）。以父荫任太庙斋郎，即转文林郎，知平江府吴县事。生三子。见《柚山蒋氏宗谱》。另外，《（嘉靖）惟扬志》《绍定吴郡志》《（正德）姑苏志》《（同治）苏州府志》等亦有记载。

蒋圆（1043—1130），字圣规，之裕公子。宋神宗元祐六年进士。知宝庆府、工部侍郎，后以文华阁致仕。生于宋神宗嘉祐五年庚子，卒于宋高宗绍兴二年，寿登七十三岁。葬宜兴蒋墓。配鸿胪卿邵材公女。子二，天经、天统。见《三径堂方东蒋氏宗谱》。另外，张守《毗陵集》载《蒋圆墓志铭》。

蒋珪（1050—1117），一作津，之翰公子珪，字不回，又字公济，宋神宗熙宁三年进士。兖州教授，召为直学，迁太傅。神宗元丰三年除江东提刑。以政著声，诏奖谕，进秩一级，除右正言，辞不就。出持宪福建江浙，守信州。哲宗绍圣四年，除吏部侍郎，以敷文阁待制终。生于宋皇祐二年庚寅，卒于宋政和七年丁酉，享年六十八岁。葬蒋墓。配司谏苏舜举公女，封郑国夫人。子二，天麟、天衷。见《三径堂方东蒋氏宗谱》《三径堂陵上蒋氏宗谱》另外，蒋津，《宋史》有载，入元祐党人碑。《无锡县志》《陶山集》《通鉴后编》等有记载。

蒋球（1055—1114），字天粹，之奇长子。宋元丰中荫补太庙斋郎，七迁至朝奉大夫，行尚书员外郎，致仕。生于宋致和二年乙未，卒于宋徽宗政和四年，享寿六十。葬易庄蒋墓。配钱庄钱瑾公女，封宜人。子四，似祖、继祖、师祖、道祖。见《三径堂方东蒋氏宗谱》《柚山蒋氏宗谱》。后谱载徐绩《宋故朝奉大夫尚书司勋员外郎球公墓志》。《东都事略》《长编》《九朝编年备要》有记载。

蒋静（1057—1130），字叔明，之义公子，迁居江阴县。宋神宗元丰二年登进士第，调安仁县令。毁淫祠神像三百余区，后迁国子司业。徽宗幸太学，命讲《书经·无逸篇》，赐紫金服，进祭酒，终显谟阁直学士。生于宋仁宗嘉祐二年丁酉，卒于宋建炎四年庚戌。寿登七十四岁。葬江阴。配江阴修撰刘谷公女，继配张直之公女，封庆国夫人。子二，天秩、天时。见《三径堂方东蒋氏宗谱》。另《宋史》有蒋静列传，《宋两江郡守易替考》《万姓统谱》有载。

蒋珍（1059—1120），字梦儒，之奇次子。哲宗朝仕为中散大夫。生于宋仁宗嘉祐四年己亥，卒于宋徽宗宣和二年庚子，享寿六十有二。葬易庄蒋墓。配正言丁骘公女，封安人。子二，宁祖、循祖。见《三径堂方东蒋氏宗谱》。汪藻《浮溪集》中《左朝请大夫知全州汪君（恺）墓志铭》有载。

蒋瑎（1063—1138），字梦锡，之奇三子。诸史、志、谱都有载。登元祐三年进士第。知兴元府事，时有军卒王靖作乱，公擒斩之。奉祠鸿庆宫。生卒缺。葬易庄蒋墓。配晋陵双桂坊秘阁丁公宝臣女，封安人。子三，兴祖、绍祖、益祖。见《三径堂方东蒋氏宗谱》。汪藻有《徽猷阁待制致仕蒋公墓志铭》。

蒋琳（1066—1134），字梦玉，之奇四子。登元祐六年马涓榜进士第。历集贤院校理，同修起居注，累迁至尚书，知枢密院事。生于治平三年丙午，卒于宋绍兴四年甲寅。享寿六十有九岁。葬蒋墓。配翰林马公元康女。子一，尊祖。见《三径堂方东蒋氏宗谱》。另外《（乾隆）江南通志》《（万历）常州府志》有载。之奇弟之武有子，亦名"蒋琳"，疑为之奇从子。

蒋玑（1070—1147），字梦珝，之奇五子。宋哲宗元祐三年复居亭方东（今宜兴市杨巷镇芳东村）。至高宗朝，因子显赠司勋员外郎。生于宋神宗熙宁三年庚戌，卒于宋高宗绍兴十七年戊辰。寿登七十九岁。葬蒋墓。配陈善道公女，封宜人。子一，及祖。仅见《三径堂方东蒋氏宗谱》等家谱。

蒋彝（1074—1122），字子有，长源子，堂孙，居苏州。仕至朝散郎、直秘阁，赠徽猷阁待制。生三子，曰嗣康，迪功郎，起复秀州仪曹；曰嗣宗，将仕郎；曰嗣昌。程俱撰《蒋公墓志铭》。

蒋璨（1085—1159），字宣卿，号景坡，之美长子，之奇从子。宋高宗朝为中散大夫，直龙图阁学士，知临安府事，兼管畿内劝农使，主管两浙西路抚司公事、马步军都总管，赐紫金绯袍。生于宋神宗元丰二年己未，卒于宋高宗绍兴二十七年丁丑。寿登七十九。葬永丰碧云山寺旁乐安墓，墓曰西归庵。配许国忠公女，封宜兴县太君。子二，荣祖、耀祖。见《三径堂方东蒋氏宗谱》。另外，史、志、谱都有记载。孙觌《宋故右大中大夫敷文阁待制赠正议大夫蒋公（璨）墓志铭》。

婿：邵纳史（1058—1095），字公言，润州人。邵必之子，蒋之奇之婿。官至秀州通判。《京口耆旧传》有载，宜兴诸蒋氏谱失载。

婿：黄云（1060—？），黄肇中之子，蒋之奇婿，宜兴人。《福全圩黄氏宗谱》中蒋之奇撰《忠毅先生墓志铭》有载，宜兴诸蒋氏谱失载。

婿：陈中夫，陈襄次子。蒋之奇婿。崇宁中官奉议郎、发运司管勾。释元照《芝苑遗编》中《为判府蒋枢密开讲要义》一文有载。

附：蒋之奇嫡孙

蒋起，字腾云，蒋之奇孙。岳珂朋友。岳珂《宝真斋法书赞》云："枢密使蒋公之奇，字颖叔。《钱塘》《天府》二帖真迹一卷。予往来于常，与诸蒋游。盖世家文献，几二百年矣。是帖以嘉定壬辰岁二月，得之西湖羽士刘元纲。刘得之蒋之孙腾云起，予亦识之。自以选诗名，亦云仍之秀者。"

蒋世昌，蒋之奇孙。陆友仁《吴中旧事》云："至和中，乐安公守姑苏日，虎邱厓下水涌出竹简数十小片，皆朱书，有孝建年号，盖宋武时纪年也。蒋颖叔自记于手稿，其孙世昌录收之。"

蒋球之子：似祖，承务郎，早卒。继祖，监恩州酒税，承务郎。师祖，承务郎管勾南康，逍遥而卒。道祖，将仕郎。仅见家谱。

蒋珍之子：宁祖（进士，因进书升职）、循祖（知建昌军事）。

蒋瑨之子：兴祖（《宋史》云：开封武阳知县）、绍祖、益祖。后二位仅见家谱。汪藻撰《墓志铭》载："子五人：康祖，承务郎、知饶州永平监；宁祖，左朝奉大夫致仕；益祖，文林郎、东平府刑曹掾；及祖，左奉议郎、主管台州崇道观；庆祖，承务郎。而康祖、宁祖亦前卒。庆祖陷敌中。……孙七人，曰华，曰蘩，曰蒂、登仕郎，曰荀，曰著，曰庄、将仕郎，曰芹。"

蒋琳之子：尊祖。仅见家谱。

蒋玑之子：不详。

从子蒋璨之子：志祖，右文林郎、监潭州南狱庙。

蒋之奇曾孙：

蒋芾，乾道二年八月辛亥，自中书舍人除端明殿学士、签书枢密院事。八月戊子，兼权参知政事。十二月甲申，迁左中大夫，除参知政事。四年二月，自参知政事除左正议大夫，守右仆射兼枢密使。七月，以母丧去位。【《宋史》卷210《宰辅表四》】

余略。

附录二《宋史》卷343《蒋之奇传》

蒋之奇字颖叔，常州宜兴人。以伯父枢密直学士堂荫得官。擢进士第，中《春秋》三传科，至太常博士；又举贤良方正，试六论中选，及对策，失书问目，报罢。英宗览而善之，擢监察御史。

神宗立，转殿中侍御史，上谨始五事：一曰进忠贤，二曰退奸邪，三曰纳谏诤，四曰远近习，五曰闭女谒。神宗顾之曰："斜封、墨敕必无有，至于近习之戒，孟子所谓'观远臣以其所主'者也。"之奇对曰："陛下之言及此，天下何忧不治。"

初，之奇为欧阳修所厚，制科既黜，乃诣修盛言濮议之善，以得御史。复惧不为众所容，因修妻弟薛良孺得罪怨修，诬修及妇吴氏事，遂劾修。神宗批付中书，问状无实，贬监道州酒税，仍榜朝堂。至州，上表哀谢，神宗怜其有母，改监宣州税。

新法行，为福建转运判官。时诸道免役推行失平，之奇约俶庸费，随算钱高下均取之，民以为便。迁淮东转运副使。岁恶民流，之奇募使修水利以食流者。如扬之天长三十六陂，宿之临涣横斜三沟，尤其大也，用工至百万，溉田九千顷，活民八万四千。

历江西、河北、陕西副使。之奇在陕西，经赋入以给用度，公私用足。

比其去，库缗八十余万，边粟皆支二年。移淮南，擢江、淮、荆、浙发运
副使。元丰六年，漕粟至京，比常岁溢六百二十万石，锡服三品。请凿龟
山左肘至洪泽为新河，以避淮险，自是无覆溺之患。诏增二秩，加直龙图阁，
升发运使。凡六年，其所经度，皆为一司故事。

元祐初，进天章阁待制、知潭州。御史韩川孙升、谏官朱光庭皆言之
奇小人，不足当斯选。改集贤殿修撰、知广州。妖人岑探善幻，聚党二千人，
谋取新兴，略番禺，包据岭表，群不逞借之为虐，其势张甚。之奇遣钤辖
杨从先致讨，生擒之。加宝文阁待制。南海饶宝货，为吏者多贪声，之奇
取前世牧守有清节者吴隐之、宋璟、卢奂、李勉等，绘其象，建十贤堂以祀，
冀变其习。

徙河北都转运使、知瀛州。辽使耶律迪道死，所过郡守皆再拜致祭。之
奇曰："天子方伯，奈何为之屈膝邪！"奠而不拜。入为户部侍郎。未几，
复出知熙州。夏人论和，请画封境。之奇揣其非诚心，务修守备，谨斥候，
常若敌至。终之奇去，夏人不敢犯塞。

绍圣中，召为中书舍人，改知开封府，进龙图阁直学士，拜翰林学士
兼侍读。元符末，邹浩以言事得罪，之奇折简别之，责守汝州。阅月，徙
庆州。

徽宗立，复为翰林学士，拜同知枢密院。明年，知院事。沅州蛮扰边，
之奇请遣将讨之，以其地为徽、靖二州。崇宁元年，除观文殿学士、知杭州。
以弃河、湟事夺职，由正议大夫降中大夫。以疾告归，提举灵仙观。三年，
卒，年七十四。后录其尝陈绍述之言，尽复官职。

之奇为部使者十二任，六典会府，以治办称。且孜孜以人物为己任，在
闽荐处士陈烈，在淮南荐孝子徐积，每行部至，必造之。特以畔欧阳修之故，
为清议所薄。

子瑎至侍从，曾孙芾别有传。

参考文献

（汉）孔安国：《尚书注疏》，库本。

（唐）姚思廉：《陈书》，库本。

（金）刘志渊：《启真集》，《正统道藏》洞真部。

（宋）包拯：《包孝肃奏议集》，库本。

（宋）毕仲游：《西台集》，库本。

（宋）蔡絛：《西清诗话》，郭绍虞辑：《宋诗话辑佚》，中华书局1980年版。

（宋）曾布，顾宏义点校：《曾公遗录（残卷）》，中华书局2016年版。

（宋）曾丰：《缘督集》，库本。

（宋）曾巩：《元丰类稿》，库本。

（宋）曾巩：《隆平集》，库本。

（宋）曾几：《茶山集》，库本。

（宋）曾慥：《东轩笔录》，库本。

（宋）曾慥：《类说》，库本。

（宋）曾肇：《曲阜集》，库本。

（宋）晁公武：《郡斋读书志》，库本。

（宋）陈傅良：《止斋集》，库本。

（宋）陈景沂：《全芳备祖》，农业出版社1982年影印本。

（宋）陈均：《宋九朝编年备要》，库本。

（宋）陈耆卿：《嘉定赤城志》，库本。

（宋）陈舜俞：《都官集》，库本。

（宋）陈襄：《古灵集》，库本。

（宋）陈藻：《乐轩集》，库本。

（宋）陈造：《江湖长翁集》，库本。

（宋）程俱：《北山小集》，人民文学出版社2018年版。

（宋）程颐：《二程文集·伊川文集》，库本。

（宋）董更：《书录》，库本。

（宋）董逌：《广川书跋》，浙江人民美术出版社2016年版。

（宋）杜大圭：《名臣碑传琬琰》，库本。

（宋）范成大：《吴郡志》，江苏古籍出版社1999年版。

（宋）范祖禹：《范太史集》，沈阳出版社1998年影印版。

（宋）方崧卿：《韩集举正》，库本。

（宋）方信孺：《南海百咏》，《丛书集成初编》本，中华书局1985年版。

（宋）方岳：《深雪偶谈》，《丛书集成初编》本，商务印书馆1936年版。

（宋）费衮：《梁溪漫志》，三秦出版社2004年版。

（宋）高承：《事物纪原》，中华书局1989年版。

（宋）高似孙：《纬略》，浙江大学出版社2012年版。

（宋）高似孙：《蟹略》，中国农业出版社2013年版。

（宋）郭祥正：《青山集》，库本。

（宋）郭祥正：《青山续集》，库本。

（宋）郭祥正，孔凡礼点校：《郭祥正集》，黄山书社2014年版。

（宋）韩元吉：《南涧甲乙稿》，《丛书集成初编》本，商务印书馆1936年版。

（宋）何薳：《春渚纪闻》，中华书局1983年版。

（宋）何溪汶：《竹庄诗话》，中华书局1984年版。

（宋）洪迈：《容斋三笔》，库本。

（宋）洪迈：《容斋四笔》，库本。

（宋）胡仔：《渔隐丛话》，库本。

（宋）扈仲荣：《成都文类》，库本。

（宋）华镇：《云溪居士集》，库本。

（宋）黄裳：《演山集》，库本。

（宋）黄升：《花庵词选》，库本。

（宋）黄庭坚：《豫章黄先生文集》，《四部丛刊初编》集部，商务印书馆1912年缩印本。

（宋）黄庭坚撰，史容注：《山谷外集诗注》，库本。

（宋）黄震：《黄氏日抄》，库本。

（宋）黄震：《黄氏日抄》，中文出版社1979年影印本。

（宋）计敏夫：《唐诗纪事》，上海古籍出版社2013年版。

（宋）江端礼：《节孝语录》，库本。

（宋）江休复：《嘉祐杂志》，库本。

（宋）蒋堂：《春卿遗稿》，《常州先哲遗书》第1集，光绪二十一年（1895）武进盛氏思惠斋刊本。

（宋）蒋之翰、蒋之奇：《蒋之翰之奇遗稿》，《常州先哲遗书》第1集，光绪二十一年（1895）武进盛氏思惠斋刊本。

（宋）蒋之奇：《蒋氏日录》，《说郛》卷31上，库本。

（宋）蒋之奇：《三径集》，（宋）陈思辑，（元）陈世隆补辑：《两宋名贤小集》，库本。

（宋）孔平仲：《谈苑》，库本。

（宋）孔武仲撰，孙永选校点：《清江三孔集》，齐鲁书社2002年版。

（宋）孔延之编，邹志方点校：《会稽掇英总集》，人民出版社2006年版。

（宋）郎晔：《经进东坡文集事略》，《四部丛刊初编》集部，商务印书馆1912年缩印本。

（宋）乐史编纂：《太平寰宇记》，中华书局2000年版。

（宋）李昌龄撰，郑清之等注：《太上感应篇》，《道教典籍丛刊》，中央编译出版社2016年版。

（宋）李纲：《梁溪集》，库本。

（宋）李庚等编，郑钦南、郑苍钧点校：《天台集》，上海古籍出版社2018年版。

（宋）李昴英撰，杨芷华点校：《文溪存稿》，《岭南丛书》本，暨南大学出版社1994年版。

（宋）李如箎：《东园丛说》，库本。

（宋）李焘撰，华东师范大学古籍所点校：《续资治通鉴长编》，中华书局1995年版。

（宋）李攸：《宋朝事实》，库本。

（宋）李埴：《宋十朝纲要》，中华书局2013年影印版。

（宋）李廌：《曲洧旧闻》、（宋）朱弁：《师友谈记》，中华书局2002年版。

（宋）梁克家、陈傅良：《淳熙三山志》，库本。

（宋）林駉：《源流至论》，上海古籍出版社1992年版。

（宋）刘敞：《公是集》，库本。

（宋）楼钥：《玫瑰集》，库本。

（宋）陆佃：《陶山集》，库本。

（宋）陆游：《渭南文集》，库本。

（宋）陆游撰，李剑雄、刘德权点校：《老学庵笔记（续笔记）》，中华书局1979年版。

（宋）罗从彦：《豫章文集》，库本。

（宋）罗泌：《路史》，北京图书馆出版社2003年版。

（宋）罗愿：《淳熙新安志》，库本。

（宋）吕陶：《净德集》，库本。

（宋）吕希哲：《吕氏杂记》，库本。

（宋）吕中：《宋大事记讲义》，库本。

（宋）吕祖谦：《宋文鉴》，库本。

（宋）马端临撰，上海师范大学古籍研究所、华东师范大学古籍研究所点校：《文献通考》，中华书局2018年版。

（宋）马光祖、周应合纂：《景定建康志》，南京出版社2008年版。

（宋）米芾：《宝晋英光集》，中华书局1985年版。

（宋）米芾：《画史》，中华书局1985年版。

（宋）慕容彦逢：《摘文堂集》，库本。

（宋）欧阳修著，李之亮笺注：《欧阳修集编年笺注》，巴蜀书社2007年版。

（宋）欧阳修：《归田录》，库本。

（宋）欧阳修：《集古录》，库本。

（宋）欧阳修撰，李逸安点校：《欧阳修全集》，中华书局2001年版。

（宋）潘自牧：《记纂渊海》，库本。

（宋）朋九万：《东坡乌台诗案》，《丛书集成初编》本，商务印书馆1939年版。

（宋）彭百川：《太平治迹统类》，库本。

（宋）彭乘撰，孔凡礼点校：《墨客挥犀》，中华书局2002年版。

（宋）普济辑，朱俊红点校：《五灯会元》，海南出版社2011年版。

（宋）强至：《祠部集》，台北新文丰出版社1984年版。

（宋）秦观：《淮海集》，库本。

（宋）秦观撰，徐培均笺注：《淮海集笺注》，上海古籍出版社2000年版。

（宋）阮阅：《增修诗话总龟》，《丛书集成初编》本，商务印书馆1936年版。

（宋）桑世昌：《兰亭考》，中国书店出版社2018年版。

（宋）沙门道融：《丛林盛事》，《卍续藏》第148册。

（宋）邵伯温：《闻见录》，库本。

（宋）邵伯温：《闻见录》，中华书局1983年版。

（宋）邵浩：《坡门酬唱集》，库本。

（宋）沈遘、沈括、沈辽：《沈氏三先生文集》，《四部丛刊三编》集部，商务印书馆1936年版。

（宋）沈遘：《西溪集》，四部丛刊本。

（宋）沈括：《梦溪笔谈》，库本。

（宋）沈括：《梦溪笔谈补笔谈》，上海书店出版社2003年版。

（宋）沈辽：《云巢编》，库本。

（宋）施宿等：《会稽志》，库本。

（宋）史能之修：《咸淳重修毗陵志》，常州图书馆藏嘉庆二十五年（1820）秋重刻本。

（宋）释道潜：《参寥子诗集》，上海古籍出版社2017年版。

（宋）释善月：《楞伽经通义》，《佛教十三经注疏》，线装书局2016年影印版。

（宋）释绍昙纂：《五家正宗赞》，《中国灯录全书》，中国藏学出版社1993年版。

（宋）司马光：《传家集》，吉林出版集团2005年版。

（宋）司马光撰，邓广铭、张希清点校：《涑水记闻》，中华书局1989年版。

（宋）宋敏求：《春明退朝录》，库本。

（宋）宋祁：《景文集》，库本。

（宋）苏过撰，舒大刚等校注：《苏斜川集校注》，巴蜀书社1996年版。

（宋）苏轼著，李之亮注：《苏轼文集编年笺注》，巴蜀书社2011年版。

（宋）苏轼：《苏东坡全集》，燕山出版社2009年版。

（宋）苏轼：《东坡全集》，库本。

（宋）苏轼：《东坡志林》，青岛出版社2010年版。

（宋）苏轼：《东坡词》，库本。

（宋）苏轼著，（清）查慎行补注：《苏诗补注》，库本。

（宋）苏轼著，（清）冯应榴注，黄任轲、朱怀春校：《苏轼诗集合注》，上海古籍出版社2001年版。

（宋）苏轼著，（清）王文诰辑注，孔凡礼点校：《苏轼诗集》，中华书局1982年版。

（宋）苏轼著，（宋）施元之注：《施注苏诗》，库本。

（宋）苏轼著，（宋）王宗稷：《苏文忠公全集》，明成化刊本。

（宋）苏轼著，孔凡礼点校：《苏轼文集》，中华书局1986年版。

（宋）苏轼著，石声淮、唐玲玲笺注：《东坡乐府编年笺注》，华东师范大学出版社1990年版。

（宋）苏轼著，邹同庆、王宗堂：《苏轼词编年校注》，中华书局2002年版。

（宋）苏颂：《苏魏公文集》，库本。

（宋）苏象先：《丞相魏公谭训》，库本。

（宋）苏辙：《栾城集》，库本。

（宋）苏辙著，俞宗宪校：《龙川别志》，中华书局1982年版。

（宋）孙觌：《鸿庆居士集》，库本。

（宋）唐庚撰，黄鹏校注：《唐庚集编年校注》，中央编译出版社2012年版。

（宋）汪藻：《浮溪集》，《四部丛刊初编》集部，商务印书馆1936年版。

（宋）王安礼：《王魏公集》，库本。

（宋）王安石：《临川文集》，吉林出版集团2005年版。

（宋）王安石：《临川先生文集》，中华书局1959年版。

（宋）王安石：《王文公文集》，上海人民出版社1974年版。

（宋）王安石撰，李之亮笺注：《王荆公文集笺注》，巴蜀书社2005年版。

（宋）王安石著，宁波、刘丽华、张中良校点：《王安石全集》，吉林人民出版社1996年版。

（宋）王称：《东都事略》，台北文海出版社1967年版。

（宋）王存：《元丰九域志》，库本。

（宋）王珪：《华阳集》，库本。

（宋）王令：《广陵集》，库本。

（宋）王明清：《挥麈录、挥麈后录》，上海古籍出版社2012年版。

（宋）王明清：《挥麈余话》，北京图书馆出版社2003年版。

（宋）王辟之：《渑水燕谈录》，库本。

（宋）王十朋：《增刊校正王状元集注分类东坡先生诗》，《四部丛刊初编》集部，商务印书馆1929年版。

（宋）王十朋：《东坡诗集注》，库本。

（宋）王象之编著，赵一生点校：《舆地纪胜》，浙江古籍出版社2012年版。

（宋）王象之：《舆地碑记目》，商务印书馆1939年版。

（宋）王应麟：《小学绀珠》，中华书局1987年版。

（宋）王应麟：《玉海》，库本。

（宋）王灼：《碧鸡漫志》，库本。

（宋）韦骧：《钱塘集》，库本。

（宋）惟白撰，朱俊红校：《建中靖国续灯录》，海南出版社2011年版。

（宋）魏了翁：《鹤山集》，库本。

（宋）文天祥：《文山集》，中国华侨出版社1996年版。

（宋）文彦博：《潞公文集》，库本。

（宋）吴曾：《能改斋漫录》，上海古籍出版社1979年版。

（宋）晓莹：《罗湖野录》，民族出版社2008年版。

（宋）谢维新：《古今合璧事类备要》，上海古籍出版社1992年版。

（宋）徐积：《节孝集》，库本。

（宋）徐兢：《宣和奉使高丽图经》，国家图书馆出版社2009年影印版。

（宋）徐自明：《宋宰辅编年录》，库本。

（宋）杨杰撰，曹小云校笺：《无为集校笺》，黄山书社2014年版。

（宋）杨时：《龟山集》，库本。

（宋）杨万里：《诚斋集》，库本。

（宋）杨智远纂：《梅仙观记》，库本。

（宋）杨仲良：《宋通鉴长编纪事本末》，黑龙江人民2006年版。

（宋）叶梦得：《避暑录话》，上海古籍出版社2012年版。

（宋）佚名撰，（宋）刘宰校证：《京口耆旧传》，江苏大学出版社2016年版。

（宋）佚名编：《宋朝大诏令集》，上海古籍出版社2002年版。

（宋）佚名：《群书会元截江网》，上海古籍出版社1991年版。

（宋）佚名：《宣和书谱》，上海书画出版社1984年版。

（宋）佚名纂：《氏族大全》，库本。

（宋）元照：《芝园遗编》，《卍续藏》第59册。

（宋）岳珂：《愧郯录》，商务印书馆1960年版。

（宋）岳珂：《玉楮集》，库本。

（宋）岳珂：《宝真斋法书赞》，库本。

（宋）赜藏辑：《古尊宿语录》，上海古籍出版社1991年版。

（宋）张邦基撰，孔凡礼校：《墨庄漫录》，中华书局2002年版。

（宋）张端义：《贵耳集》，库本。

（宋）张敦颐编：《六朝事迹编类》，南京出版社2010年版。

（宋）张守：《毗陵集》，库本。

（宋）张舜民：《画墁集》，库本。

（宋）章如愚：《群书考索》，书目文献出版社1992年版。

（宋）赵希弁：《郡斋读书后志》，库本。

（宋）赵彦卫：《云麓漫钞》，辽宁教育出版社1998年版。

（宋）郑虎臣：《吴都文粹》，库本。

（宋）志磐撰，释道法校注：《佛祖统纪校注》，上海古籍出版社2012年版。

（宋）仲并：《浮山集》，《丛书集成初编》本，商务印书馆1936年版。

（宋）周必大：《文忠集》，库本。

（宋）周淙修纂：《乾道临安志》，库本。

（宋）周煇：《清波杂志》，北京图书馆出版社2004年版。

（宋）周紫芝：《太仓稊米集》，江西人民出版社2015年版。

（宋）朱胜非：《绀珠集》，台湾商务印书馆1970年版。

（宋）朱熹，李幼武：《五朝名臣言行录》，商务印书馆1929年版。

（宋）朱熹：《宋名臣言行录后集》，库本。

（宋）朱彧：《萍洲可谈》，上海古籍出版社1989年版。

（宋）朱长文：《乐圃余稿》，库本。

（宋）祝穆：《方舆胜览》，中华书局2003年版。

（宋）祝穆：《古今事文类聚》，上海古籍出版社1992年版。

（宋）宗鉴：《释门正统》，商务印书馆1923年版。

（宋）宗晓：《法华经显应录》，《卍续藏》第78册。

（宋）邹浩：《道乡集》，上海古籍出版社1987年影印本。

（元）陈岩：《九华诗集》，《知不足斋丛书》本，道光四年（1824）修刊本。

（元）富大用纂：《古今事文类聚外集》，库本。

（元）陆友仁：《吴中旧事》，《丛书集成初编》本，商务印书馆1939年版。

（元）盛熙明：《补陀洛迦山传》，《大正藏经》第51卷。

（元）释觉岸：《释氏稽古略》，《大正藏经》第49卷。

（元）释圆至：《牧潜集》，北京图书馆出版社2005年版。

（元）陶宗仪编：《说郛》，中国书店1986年版。

（元）脱脱：《宋史》，库本。

（元）王仁辅：《无锡县志》，中国社会出版社2005年版。

（元）熙仲：《历朝释氏资鉴》，《卍新续藏》第76册。

（元）徐硕纂：《至元嘉禾志》，上海古籍出版社2010年版。

（元）佚名：《无锡县志》，库本。

（元）佚名：《宋史全文》，库本。

（元）袁桷：《延祐四明志》，库本。

（元）张铉：《至大金陵新志》，库本。

（明）安世凤：《墨林快事》，库本。

（明）曹学佺：《石仓历代诗选》，库本。

（明）陈继儒：《妮古录》，华东师范大学出版社2011年版。

（明）陈遴玮修、王升纂：《（万历）宜兴县志》，国家图书馆藏万历十八年（1590）刻本，宜兴市档案馆影印。

（明）陈循、彭时等纂修：《寰宇通志》，明景泰内府刊本。

（明）陈贞慧：《秋园杂佩》，《丛书集成初编》本，商务印书馆1936年版。

（明）戴璟、张岳等纂修：《（嘉靖）广东通志初稿》，《北京图书馆古籍珍本丛刊》第38册，北京图书馆出版社1996年版。

（明）董斯张：《吴兴备志》，库本。

（明）方信撰，肖建新、李永卉点校：《（嘉靖）新安志补》，安徽师范大学出版社2012年版。

（明）方以智撰，张永义校注：《青原志略》，华夏出版社2012年版。

（明）冯梦龙：《情史（上）》，岳麓书社1984年版。

（明）冯琦、陈邦瞻：《宋史纪事本末》，中华书局1977年版。

（明）郭棐编撰，陈兰芝增辑，王元林点校：《岭海名胜记增辑点校》，三秦出版社2016年版。

（明）郭棐撰，黄国声、邓贵忠点校：《粤大记》，《岭南丛书》本，中山大学出版社1998年版。

（明）郭裴编撰，王元林校注：《岭海名胜记校注》，三秦出版社2012年版。

（明）胡企参、吕杰等纂：《（弘治）抚州府志》，《天一阁藏明代方志选刊》，上海书店出版社1990年版。

（明）黄瑜：《双槐岁钞》，上海古籍出版社2012年版。

（明）黄仲昭撰，廖宗刚、陈衡铨点校：《（弘治）八闽通志》，福建人民出版社1990年版。

（明）黄佐等纂修：《（嘉靖）广东通志》，广东省地方史志办公室1997年版。

（明）解缙编，刘凯点校：《永乐大典（残编）》，线装书局2011年版。

（明）邝璠修，（明）熊相纂：《（正德）瑞州府志》，库本。

（明）李蓘纂：《宋艺圃集》，库本。

（明）李濂纂：《汴京遗迹志》，中华书局1999年版。

（明）李时珍：《本草纲目》，人民卫生出版社2005年版。

（明）李贤修：《明一统志》，库本。

（明）李蒿撰，（清）丁丙补：《玉岑山慧因华严教寺志》，西泠印社2012年版。

（明）廖用贤：《尚友录》，库本。

（明）林大钦撰，黄挺校注：《林大钦集》，广东人民出版社1995年版。

（明）凌迪知：《万姓统谱》，上海古籍出版社1994年版。

（明）吕柟编：《二程子抄释》，库本。

（明）莫旦：《（弘治）吴江志》，台北学生书局1987年影印本。

（明）申时行：《赐闲堂集》，库本。

（明）沈敕编：《荆溪外纪》，宜兴档案馆藏清光绪宣统间盛宣怀刻本。

（明）释居顶：《续传灯录》，《卍新续藏》第83册。

（明）释心泰：《佛法金汤编》，民族出版社2008年版。

（明）孙凤：《孙氏书画钞》，库本。

（明）汤宾尹辑，王景福、石巍、童达清校注：《宣城右集》，黄山书社2017年版。

（明）陶宗仪辑：《古刻丛钞》，库本。

（明）陶宗仪辑：《游志续编》，库本。

（明）田汝成著，陈志明编校：《西湖游览志》，东方出版社2012年版。

（明）汪砢玉：《珊瑚网》，上海书画出版社2022年版。

（明）王鏊：《（正德）姑苏志》，苏州地方志办公室影印正德元年（1506）刊本。

（明）王世贞：《弇州续稿》，库本。

（明）王世贞、孙鑛撰，汤志波点校：《书画题跋》，上海书画出版社2020年版。

（明）王扬德纂：《狼五山志》，1935年上海私藏复印本。

（明）吴道行，（清）赵宁等修纂：《岳麓书院志》，岳麓书社2010年版。

（明）吴宽：《家藏集》，上海古籍出版社1991年版。

（明）吴之鲸：《武林梵志》，上海古籍出版社1993年版。

（明）吴中、王文凤纂：《（成化）广州志》，《北京图书馆古籍珍本丛刊》第38册，北京图书馆出版社1996年版。

（明）夏允彝纂修：《（崇祯）长乐县志》，厦门大学出版社2016年版。

（明）徐显卿：《天远楼集》，库本。

（明）徐一夔：《始丰稿》，浙江古籍出版社2008年版。

（明）叶溥、张孟敬纂修：《（正德）福州府志》，福建师大图书馆藏正德十五年刊本。

（明）佚名修纂，朱玉林、张平生、叶舟点校：《明永乐常州府志》，广陵书社版2006年版。

（明）郁逢庆纂辑，赵阳阳点校：《书画题跋记　续书画题跋记》，上海书画出版社2020年版。

（明）袁中道：《珂雪斋集》，上海古籍出版社2019年版。

（明）张丑：《清河书画舫》，上海古籍出版社2011年版。

（明）张二果、曾起莘纂修：《（崇祯）东莞县志》，东莞市地方志办公室1995年影印版。

（明）赵锦修，张衮纂、刘徐昌点校：《（嘉靖）江阴县志》，上海古籍出版社2011年版。

（明）赵琦美：《赵氏铁网珊瑚》，上海古籍出版社1991年版。

（明）朱存理撰，王允亮注：《珊瑚木难》，浙江人民美术出版社2012年版。

（明）朱怀干修，盛仪纂：《（嘉靖）惟扬志》，广陵书社2013年版。

（明）朱时恩纂：《佛祖纲目》，《中国灯录全书》，中国藏学出版社1993年版。

（清）毕沅编：《关中胜迹图志》，三秦出版社2004年版。

（清）卞永誉纂辑，谷红岩点校：《式古堂书画汇考》，浙江人民美术出版社2020年版。

（清）陈焯编：《宋元诗会》，库本。

（清）陈梦雷编纂：《钦定古今图书集成》，中国戏剧出版社2008年版。

（清）仇巨川纂：《羊城古钞》，广东人民出版社2011年版。

（清）崔弼辑，闫晓青校注：《波罗外纪》，广东人民出版社2017年版。

（清）翟均廉：《海塘录》，库本。

（清）杜诏、岳濬等纂：《（乾隆）山东通志》，库本。

（清）冯桂芬：《（同治）苏州府志》，清光绪九年刊本。

（清）葛万里：《别号录》，库本。

（清）宫梦仁：《读书纪数略》，台北新兴书局1971年版。

（清）宫伟镠：《微尚录存》，《泰州文献》第15册，凤凰出版社2015年版。

（清）郭柏苍：《竹间十日话》，海风出版社2001年版。

（清）郭尔撕、胡云客等纂：《（康熙）南海县志》，《日本见藏稀见中国地方志丛刊》，书目文献出版社1986年版。

（清）韩崇：《宝铁斋金石文跋尾》，商务印书馆1936年版。

（清）郝玉麟、鲁曾煜等纂：《（雍正）广东通志》，库本。

（清）何焯：《义门读书记》，上海古籍出版社1992年版。

（清）何庆朝纂修：《（同治）武宁县志》，《中国地方志集成·江西府县志辑》第16册，江苏古籍出版社1996年版。

（清）《（嘉庆）大清一统志》，库本。

（清）弘历撰，剑野点校：《御选宋诗》，吉林出版集团2005年版。

（清）洪亮吉、凌廷堪：《（嘉庆）宁国府志》，黄山书社2007年版。

（清）胡釴纂：《（乾隆）直隶秦州志》，《甘肃府县旧志全编》，天津古籍出版社2020年版。

（清）黄家驹编：《麻姑山志》，江西人民出版社1998年版。

（清）黄以周编，顾吉辰校：《续资治通鉴长编拾补》，中华书局2004年版。

（清）黄佑棠等修：《福全圩黄氏宗谱》，宜兴档案馆藏清光绪六年（1880）残本。

（清）黄宗羲：《宋元学案》，浙江古籍出版社2012年版。

（清）嵇曾筠等：《（雍正）浙江通志》，库本。

（清）嵇璜修：《钦定续通志》，库本。

（清）金鉷等纂：《（嘉庆）广西通志》，库本。

（清）觉罗石麟、储大文纂：《（雍正）山西通志》，库本。

（清）康熙编，（清）徐乾学等编注：《御选古文渊鉴》，吉林出版集团2005年版。

（清）康熙主修：《御定佩文韵府》，吉林出版集团2005年版。

（清）李德淦主修，洪亮吉总纂，汪渭、童果夫点校：《（嘉庆）泾县志》，黄山书社2008年版。

（清）李迪、许容等纂：《（乾隆）甘肃通志》，库本。

（清）李瀚章等编：《（光绪）湖南通志》，岳麓书社2009年版。

（清）李先荣修、徐喈凤纂：《（康熙）宜兴县志》，天津图书馆藏乾隆二年（1737）增刻本，宜兴市档案馆影印。

（清）厉鹗：《宋诗纪事》，上海古籍出版社1983年版。

（清）梁诗正等编：《石渠宝笈》，江西美术出版社2012年版。

（清）刘名芳：《五山全志》，江苏广陵古籍刻印社1991年影印版。

（清）陆心源：《元祐党人传》，清光绪十五年（1889）归安陆氏刊本。

（清）陆心源：《宋诗纪事补遗》，山西古籍出版社1997年版。

（清）陆增祥：《八琼室金石补正》，文物出版社1985年版。

（清）迈柱、夏力恕等纂：《（雍正）湖广通志》，库本。

（清）缪荃孙撰，张银廷、朱玉麒主编：《缪荃孙全集》，凤凰出版社2014年版。

（清）倪涛：《六艺之一录》，浙江人民美术出版社2017年版。

（清）潘永因：《宋稗类钞》，书目文献出版1985年版。

（清）钱大昕撰，陈文和主编：《嘉定钱大昕全集》，凤凰出版社2016年版。

（清）乾隆主修：《御批历代通鉴辑览》，库本。

（清）全祖望撰，詹海云校注：《鲒埼亭集》，台北鼎文书局2003年版。

（清）阮升基修，宁楷纂：《重刊宜兴县旧志》，日本早稻田大学藏嘉庆十一年增订重刻本，宜兴市档案馆影印。

（清）阮元主修：《（道光）广东通志》，广东人民出版社2011年版。

（清）申良翰纂修：《（康熙）香山县志》，中山图书馆1958年影印本。

（清）圣祖玄烨：《御定全唐诗》，库本。

（清）施惠、钱志澄等修，吴景墙纂：《宜兴荆溪县新志》，光绪八年刻本，宜兴档案馆藏。

（清）释超永：《五灯全书》，《新纂续藏经》第81册。

（清）释起永编：《五灯全书目录》，商务印书馆1923年版。

（清）宋俊纂：《（康熙）江山县志》，《中国地方志集成·浙江府县志辑》第59册，上海书店2011年版。

（清）孙岳颁：《御定佩文斋书画谱》，北京中国书店1984年版。

（清）田文镜、顾栋高等纂：《（雍正）河南通志》，《中国地方志集成·省志辑》，江苏凤凰文艺出版社2011年版。

（清）王彬修，陈鹤翔等纂：《（同治）江山县志》，《中国地方志集成·浙江府县志辑》第59册，上海书店出版社2000年版。

（清）卫哲治修、叶长扬纂，荀德麟点校：《（乾隆）淮安府志》，方志出版社2008年版。

（清）卫鹓鸣修：《（道光）万载县志》，《天一阁藏历代方志汇刊》，国家图书馆出版社2017年版。

（清）吴景旭：《历代诗话》，京华出版社1998年版。

（清）吴骞：《桃溪客语》，上海博古斋1922年版。

（清）锡德修，石景芬等纂：《（同治）饶州府志》，《中国地方志集成·江西府县志辑》第29册，凤凰出版社2013年版。

（清）夏荃：《退庵笔记》，凤凰出版社2011年版。

（清）谢道承、刘敬与纂：《（乾隆）福建通志》，库本。

（清）谢旻、陶成纂：《（雍正）江西通志》，库本。

（清）徐景熹修、鲁曾煜纂：《（乾隆）福州府志》，《中国方志丛书·华南地方》，台北成文出版社1967年版。

（清）徐乾学：《读礼通考》，库本。

（清）徐乾学：《资治通鉴后编》，库本。

（清）徐松辑：《宋会要辑稿》，中华书局1957年影印版。

（清）徐松辑，刘琳、刁忠民、舒大刚校点：《宋会要辑稿》，上海古籍出版社1999年版。

（清）徐陶璋等辑：《格言纂要》，《四库未收书辑刊》8辑，北京出版社1997年影印版。

（清）玄烨等编：《御选历代诗余》，吉林出版社2005年版。

（清）杨守敬：《湖北金石志》，谢承仁主编：《杨守敬集》第5册，湖北人民出版社、湖北教育出版社1997年版。

（清）张晋生、黄廷桂纂：《（雍正）四川通志》，库本。

（清）张廷玉修：《明史》，库本。

（清）赵宏恩修、黄之隽纂：《江南通志》，库本。

（清）赵绍祖：《赵绍祖金石学三种》，黄山书社2011年版。

（清）赵翼：《陔余丛考》，商务印书馆1957年版。

（清）周茂泛等纂：《黄干周氏宗谱》，宜兴档案馆藏光绪二十年本。

（清）朱彝尊：《经义考》，吉林出版集团2005年版。

（清）朱筠：《笥河诗集》，清嘉庆刻本（复制）。

宝丰书画研究院、香山普门禅寺编：《香山大悲菩萨传》，文物出版社2009年版。

鲍志成：《慧因高丽寺》，西泠印社2006年版。

本书编委会：《九华山大辞典》，黄山书社2001年版。

本书编委会编：《英德摩崖石刻》，广东人民出版社2014年版。

本书编委会编纂：《湖汊镇志》，中央文献出版社1999年版。

本书编写组：《文史大全》，河北教育出版社1991年版。

本书编纂委员会，荀德麟、章大李主编：《洪泽湖志》，方志出版社2003年版。

曹宝麟主编：《中国书法全集》，荣宝斋出版社1992年版。

曹淳亮主编：《香港大辞典（经济卷）》，广州出版社1994年版。

曹慕樊、徐永年主编：《东坡选集》，四川人民出版社1987年版。

曾翔：《艺术巨匠·米芾》，河北教育出版社2013年版。

曾枣庄、刘琳等主编：《全宋文》，上海辞书出版社、安徽教育出版社2006年版。

陈布雷、吴敬恒、沙孟海等：《武岭蒋氏宗谱》，宜兴档案馆藏1948年印本。

陈楚鹏主编：《揭东县志（1992—2010）》，方志出版社2012年版。

陈代湘等编：《湘学》第7辑，湘潭大学出版社2017年版。

陈广宏、侯荣川编校：《明人诗话要籍汇编》第8册，复旦大学出版社2017年版。

陈国仕编：《丰州集稿》，《泉州文库》影印本，商务印书馆2018年版。

陈浚等主修：《德星堂陈氏宗谱》，宜兴档案馆藏1917年续修本。

陈新、谈凤梁、吴锦译注：《历代游记选译（宋代部分）》，中国戏剧出版社1991年版。

陈以沛、陈鸿钧、陈宇晖编：《羊城药洲要览》，中国戏剧出版社2004年版。

陈振宇：《北宋开封府尹传略》，中国文联出版社2006年版。

陈蔚纂辑：《齐山岩洞志》，《丛书集成续编》第61册，上海书店出版社1994年版。

程宗锦：《丛林胜境：江西佛教名山名寺游》，百花洲文艺出版社2006年版。

滁州市地方志编纂委员会编：《滁州市志》，方志出版社2013年版。

戴扬本：《北宋转运使考述》，上海古籍出版社2007年版。

丁传靖：《宋人轶事汇编》，中华书局1981年版。

董平主编：《杭州佛教文献集萃》第1辑，宗教文化出版社2012年版。

吴廷燮：《北宋经抚年表》，《二十五史补编》，中华书局19552年版。

方诗铭编：《中国历史纪年表》，上海书店出版社2013年版。

方韦编：《严州诗统鉴》，文汇出版社2018年版。

冯国栋：《佛教文献与佛教文学》，宗教文化出版社2011年版。

冯国瑞：《麦积山石窟志》，甘肃人民出版社2002年版。

傅璇琮、龚延明、祖慧编：《宋登科记考》，江苏教育出版社2009年版。

傅璇琮、许逸民等主编：《中国诗学大辞典》，浙江教育出版社1999年版。

傅璇琮等主编：《全宋诗》，北京大学出版社1998年版。

傅璇琮总主编：《中国古代诗文名著提要（宋代）》，河北教育出版社2009年版。

高慎涛、张昌红编：《参寥子诗集校注》，中州古籍出版社2014年版。

龚延明、祖慧编：《宋代登科总录》，广西师大出版社2014年版。

龚延明：《中国历代职官别名大辞典》，上海辞书出版社2006年版。

顾宏义编：《宋代日记丛编》，上海书店2013年版。

广东省人民政府地方志办公室编：《广东印记（2）》，广东人民出版社2017年版。

韩刚：《米芾书画考论》，人民美术出版社2010年版。

杭州佛学院编：《吴越佛教学术研讨会论文集》，宗教文化出版社2004年版。

侯丕勋：《汗血宝马研究》，甘肃文化出版社2016年版。

胡海帆、汤燕、陶诚：《北京大学图书馆藏历代墓志拓片目录（下）》，上海古籍出版社2013年版。

胡志宏：《西方中国古代史研究导论》，大象出版社2002年版。

湖南省道县县志编纂委员会编：《道县志》，中国社会出版社1994年版。

华人德主编：《中国（苏州）书法史讲坛文集》，苏州大学出版社2013年版。

黄柏龄辑录，黄威廉编注：《九日山摩崖石刻诠释》，福建南安丰州镇2002年内刊版。

黄佛颐：《广州城坊志》，广东人民出版社1994年版。

黄荣春编：《福州摩崖石刻》，福建美术出版社1999年版。

黄荣春主编：《福州十邑摩崖石刻》，福建美术出版社2008年版。

黄应中等：《孝思堂云阳蒋氏宗谱》，宜兴档案馆藏民国庚午（1930）。

黄应中等纂：《孝思堂北店蒋氏宗谱》，宜兴档案馆藏民国十八年（1929）刻本。

黄雨选注：《历代名人入粤诗选》，广东人民出版社1980年版。

暨南大学中国文化史籍研究所、江门市档案局主编：《陈乐素先生诞生一百十周年纪念文集》，齐鲁书社2014年版。

江畬经编辑：《历代小说笔记选》，广东人民出版社1984年版。

江苏省武进县县志编纂委员会编：《武进县志》，上海人民出版社1988年版。

江苏通志局、缪荃孙总纂：《江苏省通志稿》，江苏古籍出版社1991年版。

蒋潮淙主修：《三鹤堂丹阳大华蒋氏宗谱》，宜兴档案馆藏1930年刊本。

蒋德寿、蒋汝铭等纂：《孝思堂柚山蒋氏宗谱》，宜兴档案馆藏1929年刊本。

蒋萼、蒋魁元等重修：《三径堂湖岭蒋氏宗谱》，宜兴档案馆藏1927年刊本。

蒋凤枝、蒋福颖：《孝义堂桥下蒋氏宗谱》，宜兴档案馆藏1920年刊本。

蒋福颖等纂：《追远堂北店蒋氏宗谱》，宜兴档案馆藏1942年刊本。

蒋厚堃纂修：《追远堂茶亭蒋氏宗谱》，宜兴档案馆藏1887年刊本。

蒋金钟、蒋柏清修：《永思堂回图蒋氏宗谱》，宜兴档案馆藏宣统元年（1909）刊本。

蒋聚祺、蒋葆辰、蒋型洛等修：《世德堂西余蒋氏宗谱》，宜兴档案馆藏1920年刊本。

蒋惟高等纂：《贻谷堂茗岭蒋氏宗谱》，宜兴档案馆藏宣统元年（1909）刊本。

蒋信大主修：《三径堂陵上蒋氏宗谱》，宜兴档案馆藏1928年刊本。

蒋兆兰等修：《三径堂蒋氏宗谱》，国家图书馆藏1928年重修本。

蒋重英、蒋子元等修：《方东蒋氏家乘》，宜兴档案馆藏1914年重修本。

靳永编：《明前名人手札赏评》，山东美术出版社2006年版。

孔凡礼：《苏轼年谱》，中华书局1998年版。

琅琊山志编纂委员会编：《琅琊山志（评议稿）》，1987年稿本。

乐史等编：《地理志（海南六种）》，海南出版社2006年版。

李坚怀：《四库提要小传斠补》，上海古籍出版社2020年版。

李峰、汤钰林编：《苏州历代人物大辞典》，上海辞书出版社2016年版。

李华瑞：《宋代救荒史稿》，天津古籍出版社2014年版。

李天白编：《江西山水志》，江西人民出版社2014年版。

李彤编：《历代经典书论释读》，东南大学出版社2015年版。

李晓：《宋朝政府购买制度研究》，上海人民出版社2007年版。

李晏墅、郭宁生：《泰州通史》，凤凰出版社2014年版。

李兆贵、王申筛编：《独特的泰州税文化》，中国文联出版社2002年版。

李之亮：《宋代郡守通考》，巴蜀书社2001年版。

梁诗正：《西湖志纂》，浙江人民出版社2016年版。

林子青编：《弘一法师书信（增订版）》，生活·读书·新知三联书店2016年版。

刘德仁等编：《中国少数民族名人辞典》，四川辞书出版社1989年版。

刘刚：《湖湘碑刻（1）》，湖南美术出版社2009年版。

刘洪辟、李有鋆：《昭萍志略》，江西教育出版社2016年版。

刘文戈编注：《凤城诗词》，甘肃文化出版社2017年版。

刘文戈：《宋金时期庆阳职官辑补及其他》，天津古籍出版社2014年版。

刘雁翔：《秦州文史研究》，甘肃教育出版社2014年版。

刘禹昌、熊礼汇译注：《唐宋八大家文章精华》，荆楚书社1987年版。

陆羽等撰，鲍思陶纂注：《茶典》，山东画报出版社2004年版。

路远：《碑林语石——西安碑林藏石研究》，三秦出版社2010年版。

罗积勇：《礼部韵略与宋代科举》，武汉大学出版社2015年版。

雒启坤、韩鹏杰主编：《永乐大典精编》，九洲图书出版社1998年版。

吕宗力主编：《中国历代官制大辞典（修订版）》，商务印书馆2015年版。

马鞍山历史与文化研究会编：《历史与文化研究（第1辑）》，黄山书社2006年版。

闵智亭、李养正编：《道教大辞典》，华夏出版社1994年版。

南通盐业志编纂委员会主修：《南通盐业志》，凤凰出版社2012年版。

彭嘉志编：《谷羊昌瑞（广州五羊传说）》，广东教育出版社2013年版。

青海百科全书编纂委员会编：《青海百科全书》，中国大百科全书出版社1998年版。

青海省地方志编纂委员会编：《青海省志·军事志》，青海人民出版社2001年版。

阙修纂：《三鹤堂柚山蒋氏宗谱》，宜兴档案馆藏道光二十七年（1847）刊本。

沙似鹏主编：《上海名镇志》，上海社会科学院出版社2003年版。

沙向军等、南通市政协学习文史委员会编：《五山灵秀》，黄山书社2002年版。

上高县史志编纂委员会编：《上高县志》，南海出版公司1990年版。

沈柔坚、邵洛羊主编：《中国美术大辞典》，上海辞书出版社2002年版。

释印光重修：《九华山志》，学海书局1938年版。

舒建勋：《长夜流风》，百花洲文艺出版社2015年版。

孙彬荣编：《邠州石室全录：彬县大佛寺石窟、匾额、题记、石碣、石碑考释》，三秦出版社2017年版。

谭其骧主编：《清人文集地理类汇编（六）》，浙江人民出版社1990年版。

谭新红、萧兴国、王林森编：《苏轼词全集（汇校汇注汇评）》，湖北辞书出版社2015年版。

天津图书馆编：《天津图书馆孤本秘籍丛书》，中华全国图书馆文献缩微复制中心1999年版。

天水师范学院60周年校庆文库编委会编：《"一带一路"视域下的西北史地研究》，光明日报出版社2019年版。

天水市政协文史资料委员会编：《天水石窟文化》，甘肃文化出版社2014年版。

汪明校注：《麦积区金石校注》，三秦出版社2015年版。

汪涌豪、骆玉明编：《中国诗学》第3卷，东方出版中心2008年版。

王贵忱编：《可居丛稿》，广东人民出版社2014年版。

王国平总主编：《西溪洪氏沈氏家族史料》，《西溪文献集成》第2册，杭州出版社2015年版。

王国维：《人间词话》，北京联合出版公司2015年版。

王水照、崔铭：《欧阳修传》，天津人民出版社2013年版。

王小红等编：《巴蜀历代文化名人辞典（古代卷）》，四川人民出版社
2018年版。

王云五主编、吴曾祺编：《旧小说》，《万有文库》本，商务印书馆1930
年版。

王仲德编：《铜川旧志拾遗》，中国社会出版社1997年版。

王仲德编：《玉华寺》，三秦出版社1994年版。

文化部文物局主编：《中国名胜词典（江苏省）》，辞书出版社1986年版。

芜湖市地方志编纂委员会编：《芜湖市志》，社会科学文献出版社1993年版。

吴枫、宋一夫主编：《中华佛学通典》，南海出版公司1998年版。

吴敏霞：《秦岭碑刻经眼录》，三秦出版社2014年版。

吴文治：《中国文学史大事年表（中）》，黄山书社1987年版。

伍庆禄、陈鸿钧：《广东金石图志》，线装书局2015年版。

徐邦达著，故宫博物院编：《古书画过眼要录（晋隋唐五代宋书法）》，
紫禁城出版社2005年版。

徐曦编：《东坡毗陵诗文编年》，南京大学出版社2017年版。

严正德、王毅武主编：《青海百科大辞典》，中国财政经济出版社1994年版。

杨倩描主编：《宋代人物辞典（下）》，河北大学出版社2015年版。

杨欣主编：《大德毗陵志辑佚》，凤凰出版社2013年版。

叶羽编：《茶书集成》，黑龙江人民出版社2001年版。

宜兴市风景园林管理处编印：《善卷洞诗文选萃》，1994年内刊本。

宜兴市政协文史资料委员会编：《宜兴人物志（上）》，《宜兴文史资
料》1995年第22辑。

宜兴县政协文史资料委员会编：《历史文化名人研讨会征文选辑》，《宜

兴文史资料》1988年第15辑。

袁长生：《古邑望蔡是沧桑（上高五千年掠影）》，江西高校出版社2014年版。

张福清校注：《宋代集句诗校注》，上海古籍出版社2013年版。

张士岳等纂修：《宜兴东桥张氏宗谱》，宜兴档案馆藏同治庚午（1870）刻本。

张栓才：《成县风物英华》，世界图书出版公司1997年版。

张天弓编：《中国书法大事年表》，上海书画出版社2012年版。

张玉书、陈廷敬等编：《康熙字典》，宜兴市档案馆藏清代刊印本。

张志哲主编：《中华佛教人物大辞典》，黄山书社2006年版。

赵平编辑：《中国西北地区历代石刻汇编》（第6册），天津古籍出版社2001年版。

郑炳林主编：《佛教艺术与文化国际学术研讨会论文集》，三秦出版社2009年版。

郑翰献主编：《钱塘江文献集成》（第17册），杭州出版社2016年版。

郑天挺、谭其骧主编：《中国历史大辞典》，辞书出版社2010年版。

郑翔、胡迎建编：《庐山历代诗词全集》，上海古籍出版社2010年版。

郑翔主编，李宁宁、吴国富副主编：《江西历代进士全传（5）》，上海古籍出版社2016年版。

中国国家博物馆田野考古研究中心等编：《连云港孔望山》，文物出版社2010年版。

周承水主编：《鄂州西山志》，长江文艺出版社2008年版。

周秋良：《观音故事与观音信仰研究》，广东高等教育出版社2009年版。

周晓音：《苏轼两浙西路仕游研究》，浙江工商大学出版社2018年版。

周欣、唐艳、邹定霞：《归安皕宋楼书目题跋研究》，四川大学出版社

2015年版。

诸葛忆兵编：《宋代科举资料长编（北宋卷）》，凤凰出版社2017年版。

宗伟方编：《宜兴科举考》，中国国际广播出版社2017年版。

宗伟方编：《宜兴家谱提要》，中国文史出版社2017年版。

宗伟方主编：《闲品阳羡》，广陵书社2008年版。

邹德忠、徐福山编：《中国历代书法家人名大辞典》，新世界出版1998年版。

邹德忠主编：《怀素草书全集》，冶金工业出版社1995年版。

邹景良主编：《西华胜概》，华南理工大学出版社2014年版。

《辞海（修订稿）·地理分册》，上海人民出版社1977年版。

北宋纪年表

公元	干支	公历元旦的农历日期	北宋		
960	庚申	11.30	太祖（赵匡胤）	建隆	1
961	辛酉	12.12			2
962	壬戌	11.22			3
963	癸亥	12.3		乾德 ⑪	1
964	甲子	12.14			2
965	乙丑	11.26			3
966	丙寅	12.7			4
967	丁卯	11.18			5
968	戊辰	11.29		开宝 ⑪	1
969	己巳	12.11			2
970	庚午	11.21			3
971	辛未	12.2			4
972	壬申	12.12			5
973	癸酉	11.24			6
974	甲戌	12.5			7
975	乙亥	11.16			8
976	丙子	11.27	太宗（赵光义）⑩太平兴国 ⑫		1
977	丁丑	12.9			2
978	戊寅	11.20			3
979	己卯	11.30			4
980	庚辰	12.11			5

公元	干支	公历元旦的农历日期	北宋	
981	辛巳	11.23		6
982	壬午	12.4		7
983	癸未	12.15		8
984	甲申	12.26	雍熙 ⑪	1
985	乙酉	12.8		2
986	丙戌	11.18	雍熙	3
987	丁亥	11.29		4
988	戊子	12.10	端拱	1
989	己丑	11.21		2
990	庚寅	12.2	淳化	1
991	辛卯	12.13		2
992	壬辰	11.24		3
993	癸巳	12.6		4
994	甲午	11.17		5
995	乙未	11.27	至道	1
996	丙申	12.8		2
997	丁酉	11.20		3 ③
998	戊戌	11.30	真宗（赵恒） 咸平	1
999	己亥	12.11		2
1000	庚子	11.22		3
1001	辛丑	12.4		4
1002	壬寅	12.15		5
1003	癸卯	11.26		6
1004	甲辰	12.7	景德	1
1005	乙巳	11.18		2
1006	丙午	11.29		3
1007	丁未	12.10		4
1008	戊申	11.20	大中祥符	1
1009	己酉	12.3		2
1010	庚戌	12.14		3

公元	干支	公历元旦的农历日期	北宋	
1011	辛亥	11.24		4
1012	壬子	12.5		5
1013	癸丑	11.17		6
1014	甲寅	11.27		7
1015	乙卯	12.8		8
1016	丙辰	11.19		9
1017	丁巳	12.1	天禧	1
1018	戊午	12.12		2
1019	乙未	11.23		3
1020	庚申	12.4		4
1021	辛酉	12.16		5
1022	壬戌	11.26		乾兴 1 ②
1023	癸亥	12.7	仁宗（赵祯）	天圣 1
1024	甲子	11.17		天圣 2
1025	乙丑	11.29		3
1026	丙寅	12.10		4
1027	丁卯	11.21		5
1028	戊辰	12.2		6
1029	己巳	12.12		7
1030	庚午	11.25		8
1031	辛未	12.6		9
1032	壬申	11.16	明道⑪	1
1033	癸酉	11.27		2
1034	甲戌	12.8	景祐	1
1035	乙亥	11.19		2
1036	丙子	11.30		3
1037	丁丑	12.12		4
1038	戊寅	11.23	宝元⑪	1
1039	己卯	12.4		2
1040	庚辰	12.15	康定②	1

公元	干支	公历元旦的农历日期	北宋	
1041	辛巳	11.26		庆历⑪ 1
1042	壬午	12.7		2
1043	癸未	11.18		3
1044	甲申	11.28		4
1045	乙酉	12.11		5
1046	丙戌	11.22		6
1047	丁亥	12.3		7
1048	戊子	12.13		8
1049	己丑	11.25		皇祐 1
1050	庚寅	12.5		2
1051	辛卯	闰 11.16		3
1052	壬辰	11.27		4
1053	癸巳	12.9		5
1054	甲午	11.20		志和③ 1
1055	乙未	12.1		2
1056	丙申	12.12		嘉祐⑨ 1
1057	丁酉	11.22		2
1058	戊戌	12.4		3
1059	己亥	12.15		嘉祐 4
1060	庚子	11.25		5
1061	辛丑	12.7		6
1062	壬寅	11.18		7
1063	癸卯	11.29		8④
1064	甲辰	12.10	英宗（赵曙）	治平 1
1065	乙巳	11.22		2
1066	丙午	12.3		3
1067	丁未	12.13		4①
1068	戊申	11.24	神宗（赵顼）	熙宁 1
1069	己酉	12.6		2
1070	庚戌	闰 11.16		3

公元	干支	公历元旦的农历日期	北宋	
1071	辛亥	11.27		4
1072	壬子	12.9		5
1073	癸丑	11.20		6
1074	甲寅	12.2		7
1075	乙卯	12.12		8
1076	丙辰	11.22		9
1077	丁巳	12.4		10
1078	戊午	12.15		元丰 1
1079	己未	11.26		2
1080	庚申	12.7		3
1081	辛酉	11.19		4
1082	壬戌	11.30		5
1083	癸亥	12.11		6
1084	甲子	11.21		7
1085	乙丑	12.3		8③
1086	丙寅	12.13	哲宗（赵煦）	元祐 1
1087	丁卯	11.24		2
1088	戊辰	12.5		3
1089	己巳	12.17		4
1090	庚午	11.28		5
1091	辛未	12.9		6
1092	壬申	11.20		7
1093	癸酉	12.2		8
1094	甲戌	12.12		绍圣④ 1
1095	乙亥	11.22		2
1096	丙子	12.3		3
1097	丁丑	12.15		绍圣 4
1098	戊寅	11.26		元符⑥ 1
1099	己卯	12.7		2
1100	庚辰	11.18		3①

公元	干支	公历元旦的农历日期	北宋		
1101	辛巳	11.30	徽宗（赵佶）	建中靖国	1
1102	壬午	12.11		崇宁	1
1103	癸未	11.21			2
1104	甲申	12.2			3
1105	乙酉	12.14			4
1106	丙戌	11.24			5
1107	丁亥	12.6		大观	1
1108	戊子	11.17			2
1109	己丑	11.28			3
1110	庚寅	12.9			4
1111	辛卯	11.20		政和	1
1112	壬辰	12.1			2
1113	癸巳	12.12			3
1114	甲午	11.23			4
1115	乙未	12.4			5
1116	丙申	12.15			6
1117	丁酉	11.27			7
1118	戊戌	12.8		重和⑪	1
1119	己亥	11.18		宣和②	1
1120	庚子	11.29			2
1121	辛丑	12.11			3
1122	壬寅	11.21			4
1123	癸卯	12.2			5
1124	甲辰	12.13			6
1125	乙巳	11.25			7 ⑫
1126	丙午	12.6	钦宗（赵恒）	靖康	1

此表根据陈久金《中朝日越四国历史纪年表》（群言出版社2008年版）制作。

后 记

　　翻着一沓一沓的初稿，看着一摞一摞的书籍，再打开电脑，审阅已经写成的书稿，蒋之奇的一生的精彩画面，渐渐连贯了起来，终于可以轻松地叹口气，接下来就等待出版社帮助处理了。

　　回忆本谱的编纂过程，已经记不起从何年开始了，这实际上是一个日积月累的过程。二十多年来，因工作关系，我开始关注苏轼与宜兴、苏轼与蒋之奇的话题，并搜集各种相关的资料和信息。后来，我来到了档案局工作，开始反复研读宜兴、常州等地的地方志，梳理宜兴地方文化和人文遗存的脉络。苏轼、蒋之奇的话题，显得越来越重要。

　　大概在 2008 年，我的老领导撰写了一本《苏轼与宜兴》的书稿，要我参与修改定稿。看完书稿之后，深感分量不足，而且许多关键节点尚未厘清。2010 年左右，又有朋友邀请我去讨论宜兴东坡书院的改造规划，深感本地对苏东坡的研究十分欠缺，许多说法显得是杂乱无章、人云亦云。自此，我开始搜罗苏轼与宜兴相关的书籍、资料。期间，多次与常州市相关组织取得联系，了解他们的研究情况，结果也不乐观。就此决定独立研究这一课题。

　　随着我国档案馆、图书馆数字化进程的加速，给我的研究带来了极大方便，过去苦苦寻求、收购的书刊，大部分可以借助网络迅速查找。西方史学界有一种称谓，叫 e-考古，非常形象，但我们的互联网技术、数字化水平还没有达到这种水平。于是，只能从有限的文献资源出发，逐渐开始我的研究求索。由于日常工作头绪较多，我只能在完成其他工作的同时，注意积累资料、下载文本，并将一人一事，抽空记录成稿，存入专门的文件夹。不知过了多少年月，文件夹越来越大。多少次想静下心来从头整理，每次开工整理时，又发现资料不充分，再回头搜集、购置。

2014 年，我又主持了宜兴所有老家谱的整理工作，并多次参与蒋氏各支系的续修家谱活动，期间发现和搜集到比较完整的《蒋氏宗谱》近三十套，大多是晚清、民国时期保留下来的。这些家谱我都认真检阅，几个不同堂号的代表性家谱，则全文阅读，相互对照。当然，其中存在许多问题，但还是保留了大量历史信息，这对研究宜兴蒋氏家族、研究蒋之奇，无疑是最大利好。到档案局工作之后，有幸遇到山东大学、东南大学、南京大学、北京大学的一些专家学者，他们有的是研究蒋氏家族、有的是研究苏轼买田、有的是研究苏轼交游，通过多次交流学习，给我不少启发。自此，决定梳理蒋之奇的一生，并从蒋之奇的角度，查考苏轼与宜兴、宜兴人的关系，为大家研究苏轼提供一个新视角。

本谱从蒋之奇出生开始记述，开头部分，提供了蒋氏家族的大背景和蒋之奇亲属的一般情况。接下来，比较详细地介绍了蒋之奇伯父蒋堂的仕宦经历、交游情况，毕竟，这些都是蒋之奇成长、成才的前提和基础。不了解蒋氏家族、不了解蒋堂，就不可能正确理解蒋之奇。而后，则是蒋之奇历年的经历，一直到其逝世之后的恢复荣誉。

叙述蒋之奇期间，重点穿插了与苏轼相关的人和事，对所谓历史上的"定论"，包括苏轼首次到宜兴、在宜兴的交游、买田置舍、与宜兴相关的诗文等等，都一一给予考辨，并给出了自己的粗浅看法和结论。另外，本谱还考察了蒋之奇家族中蒋之翰、蒋之仪、蒋续、蒋琩等人的仕历，作为蒋之奇成长的佐证和参照。对与蒋之奇、苏轼都比较亲近的常州钱公辅、胡宗愈、丁骘、邹浩及钱勰、沈辽、郭祥正、了元等也给予了关注，对同时代的宜兴人单锡兄弟、余中、邵刚、邵光兄弟、邵材等，也作了考辨，特别是苏轼诗文集和宜兴、常州方志当中记载的差异、讹误，进行了辨析。

在本谱撰写过程中，坚持哲学中强调的"回到文本"这个前提和原则，重点对原始文本作仔细解读，并参照历代以来的编年、笺注，给出自己认为比较合理的结论，或许可以给大家带来一些新的认知。

全书正文部分约有五十多万字，厘为四十六卷，这是参照老一辈们的做法，目的之一是让年谱更具条理，另外就是方便读者阅读、查考。谱中有详有略，是随资料多少而定。蒋之奇一生逐年的年份没有缺失，但月份时有缺失，主要是历史资料太少，无从查证。当然，有些缺失也是自然现象，毕竟在同一职位期间，不可能天天有大事围绕蒋之奇。

除了正文之外，本谱还有序言、凡例、参考文献、附录等等，这些都是本谱重要的内容，请读者认真阅读。

本谱的写作，得到了社会各界的支持和帮助。我的夫人张玲女士无疑给予了最大的支持，除了不让我操心生活琐事外，还帮我购置相关书籍、接待各种来访。宜兴档案馆丁燕平、史月波、卫平、李农飞、沈涛、史云青、高超同志，宜兴图书馆杨芝琴、王勇等同志，在本谱资料搜集、整理过程中，给予了大力支持，特别是一些难以查找的资料，宜兴图书馆给了我最大帮助。南京大学夏维中教授、北京大学刘墨研究员、原山东大学刘冰莉博士、原东南大学朱文明先生、无锡《江南晚报》何小兵先生、常州家谱档案馆朱炳国先生、常州苏轼研究会苏慎先生等等，都给过我无私的帮助和指点，并就有关话题进行过深入探讨。宜兴档案馆老领导汤虎君先生、宜兴市政协文史委的叶聚森同志、宜兴社科联戴菊华女士、宜兴桃溪文学社余中民同志等等，都为本谱的写作提供过帮助。最后，在本谱的装帧、排版、出版、校对过程中，得到了人民出版社翟金明同志、南京思弘致道文化传媒有限公司戚逸旸同志、宜兴三杯茶文化艺术有限公司张学锋同志等的帮助。

特别是中共宜兴市委宣传部、宜兴市档案史志馆及江苏宜安建设有限公司负责人蒋剑波先生、宜兴蒋氏文化研究会的蒋福培、蒋勤明、蒋建强等几位热心人士，为本谱的出版提供了资金支持。对以上各位同仁的无私帮助，在此一并表示最诚挚的感谢，同时奉上我最真诚的祝福。

俗话说"无错不成书"，尽管有几分自嘲，但也说明了写作、出版的艰难。为了减少书中的差错，特别邀请了南京大学历史系的几位专家为本书把脉，夏维中教授综合了大家意见，多次给予指导，并提供了书面修改意见。正因为有他们的认可，我才有信心将本谱正式出版。当然，因本人学识浅薄，写作水平不高，书中肯定存在许多差错和疏漏，敬请大家批评指正。如有必要，将来再出修订版本。

本谱成稿到出版，大概花费了三年时间。这三年是不平凡的三年，新冠疫情肆虐，这也是本谱迟迟未与读者见面的原因。本谱的经历，也正应了"世事无常"这句老话，相比蒋之奇、苏东坡的年代，你我对付"无常"的办法或许多了许多，惟愿诸位心安、运好。

宗伟方

2023 年清明前夕　于清水潭畔